KB197795

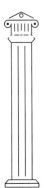

민법강의:
채권총론

권재문 저

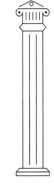

박영사

머리말

　공교육과 사교육의 혼돈. 공교육을 통한 법조인 양성이라는 목표로 법학전문대학원 체제가 도입되었으나, 사교육 의존도는 제가 이른바 '사시 낭인'으로 신림동을 배회하던 1990년대 후반보다 더 심해졌으면 심해졌지 절대 덜해졌다고 볼 수는 없는 것이 현실입니다. 이 와중에 공교육 종사자로서 무엇이라도 해야 할 것 같아서 교과서 작업을 시작했고, 친족상속법, 민법총칙, 물권법에 이어 채권총론 교과서를 출간하게 되었습니다. 선택형 답지로 출제될 리 없는 설명도 구구절절 늘어놓고, 조문이나 판례도 원문을 정리해서 수록하다 보니 적지 않은 분량이 되어 버렸습니다. 채권각론까지 마무리하고 나면 분량 하나는 존경하는 지원림 교수님 교과서를 능가할 수 있게 될 듯합니다.

　민법 공부는 조문과 판례를 정확하게 이해하는 데서 출발해야 하므로 기본 강의용 교재라면 어떤 책이든 실질적으로 동일한 내용을 다른 방식으로 기록한 것이라고 볼 수 있습니다. 그런데 교과서이든 수험서이든 수요자의 입장에는 가성비를 생각하지 않을 수 없으니 책을 고름에 있어서 분량은 중요한 기준이 되는 것은 당연합니다. 그런데도 이런 '벽돌책'을 쓰게 된 이유는 찬찬히 읽고 밑줄치고 요약정리해 보는 것만으로도 즉 인터넷 강의 없이 혼자 공부해도 충분히 이해할 수 있는 교재를 만들고 싶었기 때문입니다.

　이 책은 제 친형이자 선배 교육자인 권재원 선생님을 생각하면서 집필했습니다. 권재원 선생님께서는 입시교육이 필요한 현실과 타협하지 않기 위해 중학교 근무를 고집해 온 교육자로서, 그리고 청소년들을 위한 교양서적을 다수 집필한 저술가로서 지난 30여 년 세월을 한결같이 채워 오셨습니다. 동종, 유사 업계에 종사하는 동생의 입장에서는 형만큼은 해야 한다는 동기부여와 도저히 따라잡을 수 없다는 좌절감을 동시에 느끼게 하는 존재였다고 고백하면서, 앞으로도 오랫동안 이런 양가감정을 가지고 바라볼 수 있게 되기를 기원합니다.

　이 책을 준비하면서 서울시립대학교 법학전문대학원에 재학 중인 김재윤 님의 도움을 받았습니다. 채권법 중간고사 성적 우수자라는 이유로 초고 교정 작업에 동참 (당)하여, 이 책에 수록된 모든 판례와 사례 문제들을 꼼꼼하게 검증해 주신 덕분에 더 좋은 책이 될 수 있었습니다. 이번 작업을 계기로 민법을 전략과목으로 삼아 변호 사시험 고득점 합격을 성취하실 것으로 믿습니다.

끝으로 어려운 여건하에서도 가족법 교과서에 이어 이 책의 출간도 허락해 주신 박영사 안상준 대표님, 출판에 필요한 모든 여건을 조성해 주신 장규식 팀장님, 그리고 언제나처럼 의욕 과잉 성향이 반영된 교정지를 잘 다스려 주신 윤혜경 대리님께 감사 드립니다.

2025년 1월
권재문

목 차

3장
채권자대위권

4장
채권자취소권1: 요건

5장
채권자취소권2: 행사 방법과 그 효과

6장
다수당사자의 채권관계

9장
채권의 소멸1: 변제

10장
채권의 소멸2: 공탁, 상계

일러두기

- 판례나 조문에서 [ ]으로 묶인 부분은 필자가 보충한 내용이다. 또한 굵은 글씨나 밑줄도 필자가 보충한 내용이다.
- 판례의 사실관계는 설명에 필요한 부분만 남기고 최대한 단순화하였으며, 판례 원문을 이해하기 편하도록, 판례의 '원고', '피고', '소외인' 등을 판례 설명에 등장하는 인명인 甲, 乙, 丙 등으로 변경한 부분이 있음을 밝혀둔다.
- 민법 이외의 법률명은 다음과 같이 요약하였다.
  - 부동산 실권리자명의 등기에 관한 법률 → 부동산실명제법
  - 가등기담보 등에 관한 법률 → 가등기담보법
- 본문에서 법조문을 인용할 때, '조'는 '§'로 표기하였다.
- 판례는 판례공보 2024년 10월 15일자까지 반영하였다.
- 본문에서 인용된 참고문헌은 다음과 같다.
  - 지원림, 민법강의 제20판, 홍문사, 2023 → '지원림, [문단번호]'의 형식으로 인용
  - 권재문, 민법강의: 민법총칙 · 물권, 박영사, 2024 → 저자명 없이 '민총물권, 면수'의 형식으로 인용
  - 권재문, 민법강의: 친족상속법, 박영사, 2023 → 저자명 없이 '친족상속, 면수'의 형식으로 인용

1장

채권의 목적, 채권의
일반적인 효력

채권의 목적, 채권의 일반적인 효력

I 채무구조론

1. 개관

- 채무구조론의 의미: 채무를 구성하는 급부는 하나일 수도 있지만 여러 개일 수도 있다. 이러한 여러 급부들의 기능·가치는 서로 다를 수 있으므로, 이들을 어떤 기준에 따라 어떻게 분류할 것인지가 문제된다. 이에 관한 논의를 채무구조론이라고 한다.
- 채무구조론의 실익: 채무가 여러 급부들로 구성된 경우, 모두 급부를 제대로 수행해야 비로소 채무 이행으로 인정되므로 여러 급부들 중 일부를 제대로 수행하지 못한 경우에도 채무불이행이 성립한다. 채무불이행 책임은 계약 유지를 전제하는 강제이행·손해배상과 계약 파기를 전제하는 법정해제로 나누어 지는데, 계약 파기는 여러 급부들 중 주된 급부의 불이행에 대해서만 인정되어야 한다.

2. 채무구조론의 내용

가. 견해가 일치하는 부분: 주된 급부의 의미·판단 기준

(1) 개관

A. 주된 급부의 의미

- 채무를 구성하는 급부가 여러 개이면 이들은 주된 급부와 부수적 급부로 나누어진다. 주된 급부란, 계약 체결 당시의 당사자의 명시적 또는 묵시적 의사를 기준으로 판단할 때, 계약의 체결 자체의 목적이거나 계약의 내용 결정의 원인이 되었다고 볼 수 있는 급부를 뜻한다.
- 예컨대 상가건물의 임대차 계약이나 분양 계약에서 업종 제한 약정이 있으면 이에 따른 의무는 임대인과 임차인 모두에 대해 주된 급부로 인정된다(2004다67011,

5면).

B. 판단 기준

(a) 개관

• 어떤 급부가 주된 급부와 부수적 급부 중 어디에 해당하는지는 급부의 객관적 성질이나 가치가 아니라 당사자들의 합리적 의사에 따라 판단해야 한다. 이러한 당사자의 의사는 계약 체결 당시 표명되었거나 그 당시의 여러 상황에 비추어 객관적으로 분명하게 나타난 것이어야 한다.

• 어떤 급부의무가 이행되지 않으면 채권자가 계약의 목적을 달성할 수 없어서 채권자로서는 그 계약을 체결하지 않았을 것으로 여겨지는 경우, 이러한 급부의무는 주된 급부의무에 해당한다.

대법원 2012. 5. 17. 선고 2011다87235 전원합의체 판결

‣ 계약상의 의무 가운데 주된 채무와 부수적 채무를 구별함에 있어서는 급부의 독립된 가치와는 관계없이 계약을 체결할 때 표명되었거나 그 당시 상황으로 보아 분명하게 객관적으로 나타난 당사자의 합리적 의사에 의하여 결정하되, 계약의 내용·목적·불이행의 결과 등의 여러 사정을 고려해야 한다.

‣ 채무불이행을 이유로 계약을 해제하려면, 당해 채무가 계약의 목적 달성에 있어 필요불가결하고 이를 이행하지 아니하면 계약의 목적이 달성되지 아니하여 채권자가 그 계약을 체결하지 아니하였을 것이라고 여겨질 정도의 주된 채무이어야 하고 그렇지 아니한 부수적 채무를 불이행한 데에 지나지 아니한 경우에는 계약을 해제할 수 없다.

계약으로부터 발생하는 부수적 채무의 불이행을 원인으로 하여 계약을 해제할 수 있는 것은 그 불이행으로 인하여 채권자가 **계약의 목적을 달성할 수 없는** 경우 또는 **특별한 약정이 있는** 경우에 한정된다(대법원 2012. 3. 29. 선고 2011다102301 판결).

(b) 주된 급부가 아니라고 인정된 사례

• 어떤 급부의무의 불이행이 약정해제 사유로 명시되지 않았거나, 채권자가 그 불이행에 대해 이의제기를 하지 않았다는 사정 등은 이러한 급부의무가 주된 급부에 해당하는지를 판단하기 위한 기준이 될 수 없다.

원고가 이 사건 계약을 체결함으로써 대한민국에서의 체류 및 영주 자격을 얻을 수 있었다는 점, 이 사건 특약사항 불이행을 약정해제 사유에 포함시키지 않았다는 점, 원고가 상당한 기간 동안 이 사건 특약사항의 불이행에 대해 이의를 제기하지 않았다는 점 등만을 들어 곧바로 피고의 고압선 지중화 의무가 **주된 채무가 아니라고 단정하기는 어렵**다(대법원 2022. 6. 16. 선고 2022다203804 판결).

• 급부 불이행이 발생한 경우에도 채권자가 계약 파기 이외의 구제 수단을 통해 계약의 목적을 달성할 수 있다고 여겨지면 그 급부는 주된 급부가 아니다.

원고가 이 사건 서류를 교부할 의무를 이행하지 아니하더라도, 피고로서는 신고를 할 수 있으므로 위 서류 교부의무가 이 사건 계약의 목적 달성에 필요불가결한 것이라고 보기 어렵다(대법원 2005. 11. 25. 선고 2005다53705 판결).

• 계약 체결 후의 추가 약정을 근거로 발생한 급부는 주된 급부가 아니다. 이 급부가 없는 상태에서 이미 계약이 체결되어 있었기 때문이다. 예컨대 임대차계약과 이에 수반된 보증금계약이 체결된 후에 보증금반환채무에 대한 담보제공 약정이 추가된 경우, 이에 따른 임대인의 담보제공 의무는 주된 급부가 아니므로 그 위반을 이유로 임대차계약을 해제할 수는 없다.

전대차계약을 체결한 후 중도금 수수시에 비로소 전차보증금의 반환을 담보하기 위하여 전대인이 그 소유 부동산에 근저당권을 설정하여 주기로 약정한 경우, 근저당권설정약정이 이미 전대차계약이 체결된 후에 이루어진 점에서 전대인의 근저당권설정약정이 없었더라면 전차인이 전대인과 사이에 전대차계약을 체결하지 않았으리라고 보기 어렵다(대법원 2001. 11. 13. 선고 2001다20394 판결).

C. 구별의 실익
• 채무불이행의 효과들 중 법정해제권은 주된 급부 위반의 경우에만 인정되는 것이 원칙이다.
• 판례는 채무자가 불이행한 급부가 부수적 급부에 해당하더라도 ㉠ 이러한 부수적 급부의 위반으로 인해 채권자가 계약의 목적을 달성할 수 없는 경우나 ㉡ 당사자들이 특정한 부수적 급부 위반을 해제 사유로 약정한 경우에는, 부수적 급부 위

반을 이유로 하는 해제도 가능하다고 본다.

✓ 그러나 계약 목적 달성과 직결된 급부라면 주된 급부라고 보아야 하고(2004다67011, 5면), 당사자들이 특정한 부수적 급부 위반을 해제 사유로 정했다면 이에 근거한 해제는 법정해제가 아니라 약정해제라고 보아야 한다.

계약으로부터 발생하는 **부수적 채무의 불이행을 원인으로 하여 계약을 해제**할 수 있는 것은 그 불이행으로 인하여 채권자가 **계약의 목적을 달성할 수 없는 경우** 또는 **특별한 약정이 있는 경우**에 한정된다고 볼 것이다(대법원 2012. 3. 29. 선고 2011다102301 판결).

(2) 사례: 상가건물 분양 계약에 수반된 업종 제한 약정

A. 의미

• 상가건물의 분양 계약에 업종 제한 약정이 포함된 경우, 이에 근거한 급부의무는 당사자 쌍방 모두에게 주된 급부에 해당한다. 따라서 수분양자가 지정 업종 아닌 업종으로 영업을 하거나, 분양자가 수분양자에게 지정된 업종과 동종 영업을 하는 자에게 점포를 분양하거나 임대하는 것은 모두 주된 급부의무 위반이고 계약 해제의 사유가 된다. 이러한 업종 제한 의무는 분양 당시 뿐 아니라 그 후에도 유지된다.

대법원 2005. 7. 14. 선고 2004다67011 판결

▸ 경업금지를 분양계약의 내용으로 하여 만약 <u>분양계약 체결 이후라도 수분양자가 경업금지의 약정을 위배하는 경우에는 그 분양계약을 해제하는 등의 조치를 취함으로써 기존 점포를 분양받은 상인들의 영업권이 실질적으로 보호되도록 최선을 다하여야 할 의무</u>를 부담한다.

▸ **분양자의 이러한 경업금지의무**는 이 사건 상가 분양계약의 목적달성에 있어 필요불가결하고 이를 이행하지 아니하면 **분양계약의 목적이 달성되지 아니**하여 원고 <u>수분양자들이 분양계약을 체결하지 아니하였을 것이라고 여겨질 정도의 **주된** 채무</u>라고 봄이 상당하다.

• 다만 분양자의 의무는 수분양자의 영업 이익 보장을 위해 인정되는 것이므로, 분양자가 업종 재조정을 하더라도 이로 인해 영업 이익에 영향을 받지 않는 수분양자에 대해서는 급부의무 위반으로 인정되지 않는다.

지정업종에 관한 경업금지의무는 수분양자들에게만 적용되는 것이 아니라 분양자에게도 적용된다. 이 경우 분양자의 수분양자에 대한 의무는 수분양자의 영업권을 실질적으로 보호하기 위한 것이므로, 비록 분양자가 업종의 일부를 변경하고 매장의 위치를 재조정하여 상가의 구성을 변경한다고 하더라도 이로 인하여 기존의 영업상 이익을 침해받을 처지에 있지 아니한 수분양자에 대하여는 의무 위반이 있다고 할 수 없다 (대법원 2008. 5. 29. 선고 2005다25151 판결).

B. 업종 제한 약정에 따른 권리의 내용

(a) 개관

* 업종 제한 약정은 수분양자뿐 아니라 이들로부터의 임차인이나 양수인에게도 구속력이 미친다.
* 업종 제한 약정에 따라 영업을 하는 수분양자에게는 영업상 이익 침해를 배제하기 위한 동종 영업 금지 청구권이 인정되지만, 영업독점권이 인정되는 것은 아니다(대법원 2004. 9. 24. 선고 2004다20081 판결).
* 다만 동종 영업에 대해 이의를 제기하지 않아도 동종 영업 금지 청구권은 유지되며 그 소멸시효기 기산히지도 않는디(대법원 2022. 5. 26. 선고 2020다226452 판결).

(b) 사례: 동종 영업에 대한 승낙의 의미

* 업종 제한 약정에 따라 영업을 하는 수분양자가 다른 점포에서 동종 영업을 하는 것을 승낙한 경우, 이러한 승낙은 동종영업 금지 청구권의 상대방에 대한 채무면제에 해당하여 상대적 효력만 인정되는 것이 원칙이다.
* 다만 승낙의 상대방뿐 아니라 그로부터 영업을 승계한 자에게도 묵시적 승낙을 한 것으로 해석된다.

건축주가 상가를 건축하여 점포별로 업종을 정하여 분양한 경우 점포의 수분양자나 그의 지위를 양수한 자 또는 그 점포를 임차한 자는 특별한 사정이 없는 한 상가의 점포 입점자들에 대한 관계에서 상호 묵시적으로 분양계약에서 약정한 업종 제한 등의 의무를 수인하기로 동의하였다고 봄이 상당하므로, 상호간의 업종 제한에 관한 약정을 준수할 의무가 있다고 보아야 한다. 따라서 점포 **수분양자의 지위를 양수한 자, 임차인** 등이 분양계약 등에 정하여진 업종 제한 약정을 위반할 경우 이로 인하여 영업상의 이익을 침해당할 처지에 있는 자는 침해배제를 위하여 **동종업종의 영업금지를 청구할 권리**가 있다(대법원 2012. 11. 29. 선고 2011다79258 판결).

분양자와 수분양자 상호간에 동종영업의 영업금지청구권이 인정되는 것일 뿐이며, 분양계약의 당사자가 아닌 다른 수분양자 등에 대하여 주장할 수 있는 **영업독점권이 인정될 수 없는** 것이므로, 기존 업종의 영업자인 수분양자나 구분소유자의 다른 수분양자 등에 대한 동종영업에 대한 승낙은 자신의 영업금지청구권을 상대방에게 행사하지 않겠다는 의사표시로서 업종 제한 의무의 상대적 면제에 해당한다 할 것이고, 이는 특정 점포에서의 영업에 대한 것이므로 **승낙의 상대방은 물론 그 승계인이 특정 점포에서 동종영업을 하는 것도 묵시적으로 승낙**한 것으로 보는 것이 당사자들의 합리적 의사에 합치한다(대법원 2004. 9. 24. 선고 2004다20081 판결).

나. 견해대립

(1) 부수적 급부의 유형론

• 판례는 주된 급부 이외의 모든 급부를 부수적 급부라고 파악한다.
• 이에 비해, 주된 급부 이외의 급부를 다시 '종된 급부'와 '신의칙상 부수적 급부'로 나누는 견해가 있다. 이 견해에 따르면 ㉠ 종된 급부는 채무 성립 당시부터 식별할 수 있고 강제이행의 대상이 될 수 있는 데 비해 ㉡ 신의칙상 부수적 급부는 채무불이행이 발생했을 때 비로소 식별될 수 있으므로 그 위반으로 인한 손해배상청구권을 근거지울 수 있을 뿐이고 강제이행의 대상이 될 수는 없다는 점에서 다르다.

(2) 보호의무의 법적 성질론

A. 개관

• 보호의무란 채무자가 채권자의 생명·신체·재산적 이익 등의 일반적인 법익을 보호해 줄 의무를 뜻하며, 보호의무론이란 모든 채무에는 채권자의 일반적인 법익을 보호해 줄 의무가 부수적 급부의무로서 포함되어 있다고 보는 견해를 뜻한다. 즉 보호의무론을 따르더라도 모든 채무에 채권자의 일반적 법익을 증진시켜 줄 적극적 의무가 포함된다고 볼 수는 없다.
• 실익: ㉠ 보호의무론에 따르면, 채권자의 일반적 법익이 손상되면 채무의 주된 급

부의 내용을 가리지 않고 항상 §390의 채무불이행 책임이 성립할 수 있다. ⓒ 이에 비해 보호의무론에 반대하는 견해에 따르면, 계약의 목적이나 당사자의 의사표시에 비추어 보호의무가 급부의 내용에 포함된 경우에만 채권자의 법익 손상이 §390의 채무불이행 책임을 발생시킬 수 있고, 그 밖의 경우에는 §750의 불법행위 책임만이 문제될 수 있을 뿐이다.

B. 견해의 대립

(a) 제1설(보호의무론)

• 모든 채무에 대한 '신의칙상 부수적 급부의무'에는 보호의무가 포함된다. 이처럼 보호의무는 신의칙상 부수적 급부의무의 일종이므로 채무 성립 당시에는 식별될 수 없어서 강제이행의 대상이 될 수는 없다.

• 그러나 채무자의 귀책사유로 인한 채권자의 일반적 법익 침해가 발생하여 보호의무 위반이 인정되면 §390의 손해배상책임 성립할 수 있다. 보호의무 위반은 항상 신의칙상 부수적 급부의무 위반에 해당하기 때문이다.

(b) 제2설(판례)

• 모든 채무에 채권자의 일반적 법익에 대한 보호의무가 포함되는 것은 아니다. 다만 계약의 유형 또는 당사자간 특약에 따라 채권사의 법익 보호가 계약싱의 주된 급부나 부수적 급부를 구성할 수는 있다.

• 부수적 급부의 일종으로 파악되는 보호의무를 위반하면 불완전 이행에 해당하고 §390의 손해배상책임을 근거지울 수 있다(2016다33196, 12면).

✓ 예컨대 반려동물 보관 계약은 보호의무 자체가 주된 급부이다. 이에 비해 임대차 계약의 경우 임차물의 특성이나 당사자의 특약 내용에 따라 보호의무가 임대인의 급부의무에 포함될 수 있는지가 결정된다.

다. 보호의무와 관련된 사례

(1) 임대차: 임차물의 성질에 따라 보호의무 인정 여부가 결정됨

A. 일반적인 임대차계약

• 채권자인 임차인의 생명·신체·재산 등의 전반적인 법익을 보호해 주어야 하는 일반적 보호의무는 임대차 계약상의 주된 급부의무는 물론 신의칙상 부수적 급부의무에도 포함되지 않는다.

• 예컨대 주택 임대인이 임차 주택을 사용·수익에 적합한 상태로 제공하여 주된 급

부를 이행했다면 채무 이행을 마친 것이므로 §390의 책임이 발생하지 않는다. 임차 주택의 도난 방지 시설이 불완전하여 도난 사고가 발생하고 이로 인해 채권자인 임차인이 재물 도난이라는 손해를 입었더라도 임대인에게 임대차 계약상의 채무불이행 책임이 발생하지는 않는다.

대법원 1999. 7. 9. 선고 99다10004 판결

‣ **통상의 임대차관계**에 있어서 임대인의 임차인에 대한 의무는 특별한 사정이 없는 한 단순히 임차인에게 임대목적물을 제공하여 임차인으로 하여금 이를 사용·수익하게 함에 그치는 것이고 **임차인의 안전을 배려하여 주거나 도난을 방지하는 등의 보호의무까지 부담한다고 볼 수 없다.**

‣ 임차인이 방범창이 설치되지 않았다는 사정을 알면서도 임차하였고, 임대인이 1차 도난사건 직후 임대목적물에 방범창을 설치하여 주었음을 알 수 있는바, 사정이 이러하다면, 임대인인 피고로서는 임차목적물을 사용·수익하게 할 임대인으로서의 의무를 다하였다고 할 것이고, 이에 더하여 **임차인에 대한 안전배려의무까지 부담한다고 볼 수는 없**다.

B. 숙박업소의 객실 임대차계약

• 일반적인 임대차계약과는 달리 임대인의 귀책사유로 인해 임차인의 일반적 법익이 손상되면 임대인은 §390의 책임을 진다. 숙박계약의 특성상 보호의무도 신의칙상 부수적 의무의 내용에 포함되므로, 임대인의 보호의무 위반은 채무불이행에 해당하기 때문이다. 이 경우 채권자인 임차인은 보호의무의 존재·내용과 임대인의 보호의무 위반으로 인한 법익 손상 등의 사실만 증명하면 되고, 이에 대해 채무자인 임대인은 무과실 항변을 할 수 있다.

• 특정 객실을 일정 기간 임차하여 사용하는 장기투숙의 경우에도 같은 법리가 적용된다(대법원 1997. 10. 10. 선고 96다47302 판결).

대법원 2000. 11. 24. 선고 2000다38718 판결

‣ 공중접객업자인 숙박업자가 투숙객과 체결하는 **숙박계약은** 숙박업자가 고객에게 숙박을 할 수 있는 객실을 제공하여 고객으로 하여금 이를 사용할 수 있도록 하고 고객으로부터 그 대가를 받는 일시 사용을 위한 **임대차계약으로서**, 객실 및 관련 시설은 오로지 숙박업자의 지배 아래 놓여 있는 것이므로 숙박업자는 통상의 임대차

와 같이 단순히 여관 등의 객실 및 관련 시설을 제공하여 고객으로 하여금 이를 사용·수익하게 할 의무를 부담하는 것에서 **한 걸음 더 나아가** 고객에게 위험이 없는 안전하고 편안한 객실 및 관련 시설을 제공함으로써 고객의 안전을 배려하여야 할 보호의무를 부담하며 이러한 의무는 **숙박계약의 특수성을 고려하여 신의칙상 인정되는 부수적인 의무**로서 숙박업자가 이를 위반하여 고객의 생명, 신체를 침해하여 투숙객에게 손해를 입힌 경우 **불완전이행**으로 인한 채무불이행책임을 부담한다.

‣ 이 경우 **피해자로서는 구체적 보호의무의 존재와 그 위반 사실을 주장·입증**여야 하며, 숙박업자로서는 **통상의 채무불이행에 있어서와 마찬가지**로 그 채무불이행에 관하여 자기에게 **과실이 없음을 주장·입증하지 못하는 한 그 책임을 면할 수는 없다.

(2) 특약이 없는 한 일반적인 보호의무가 인정될 수 없다고 본 사례

A. 위임 계약

- 사안의 개요: 수임인인 변호사가 사취된 수표에 관한 본안소송만 위임받고 이에 관한 보전처분은 위임받지 않은 상태에서 사고신고 담보금에 대한 보전조치를 하지 않았고 이에 다른 피해자가 사고신고 담보금을 수령했다. 이로 인해 위임인은 사고신고 담보금 상당의 손해를 입게 되었다.

- 쟁점과 판단: 사고신고 담보금에 대한 보전조치를 하지 않은 것 자체가 보호의무 위반은 아니다. 수임인이 위임인의 모든 재산적 이익에 대한 일반적인 보호의무를 부담하는 것은 아니기 때문이다. 다만 사고신고 담보금에 대한 직접청구권 행사 가능성 등에 관한 법적 조언을 하지 않은 것은 보호의무 위반에 해당한다.

✓ 사무 처리와 관련된 조언이나 설명을 할 의무는 §681의 선관주의의무에 포함된다고 볼 수 있기 때문이다.

대법원 2002. 11. 22. 선고 2002다9479 판결

‣ 소송대리를 위임받은 변호사는 그 수임사무를 수행함에 있어 전문적인 법률지식과 경험에 기초하여 성실하게 의뢰인의 권리를 옹호할 의무가 있다고 할 것이지만, **구체적인 위임사무의 범위는 변호사와 의뢰인 사이의 위임계약의 내용**에 의하여 정하여지고, 변호사에게 이와 같은 **위임의 범위를 넘어서서 의뢰인의 재산 등 권리의 옹호에 필요한 모든 조치를 취하여야 할 일반적인 의무가 있다고 할 수는 없**으므로, 피사취수표와 관련된 본안소송을 위임받은 변호사가 사고신고담보금에 대한 권리

보전조치의 위임을 별도로 받은 바 없다면, 적극적으로 사고신고담보금에 대한 권리 보전조치를 할 의무가 있다고 볼 수는 없다.

‣ 의뢰인과 변호사 사이의 신뢰관계 및 사고수표와 관련된 소송을 위임한 의뢰인의 기대와 인식 수준에 비추어 볼 때, 피사취수표와 관련된 본안소송을 위임받은 변호사는, 비록 사고신고담보금에 대한 권리 **보전조치의 위임을 별도로 받은 바 없다고 하더라도** 법률전문가의 입장에서 승소 판결금을 회수하는 데 있어 **매우 실효성이 있는 이와 같은 방안을 위임인에게 설명하고 필요한 정보를 제공하여 위임인이 그 회수를 위하여 필요한 수단을 구체적으로 강구할 것인지를 결정하도록 하기 위한 법률적인 조언을 하여야 할 보호의무**가 있다고 보아야 할 것이다.

(3) 보호의무가 급부의 내용에 포함될 수 있다고 본 사례

A. 법률에 의한 보호의무

(a) 상가임대차보호법상 권리금 보호의무

• 상가임대차보호법이 적용되는 경우, 임차인의 권리금 회수 방해행위를 한 임대인이 지게 되는 손해배상책임은 법률에 의한 보호의무 위반으로 인한 것이다.

• 따라서 임대차 계약 종료에 의해 발생한 임차인의 상가건물 반환의무와 권리금 회수 방해로 인한 임대인의 손해배상채무 사이에는 견련성이 인정되지 않으므로, 이들은 동시이행 관계가 아니다.

임차인의 임차목적물 반환의무는 임대차계약의 종료에 의하여 발생하나, 임대인의 권리금 회수 방해로 인한 손해배상의무는 상가건물 임대차보호법에서 정한 권리금 회수기회 보호의무 위반을 원인으로 하고 있으므로 양 채무는 **동일한 법률요건이 아닌 별개의 원인에 기하여 발생한 것**일 뿐 아니라 공평의 관점에서 보더라도 그 사이에 이행상 견련관계를 인정하기 어렵다. 따라서 피고들의 **동시이행항변을 배척**한 원심 판단은 정당하다(대법원 2017. 7. 10. 선고 2018다242727 판결).

(b) 정보통신서비스 제공자의 개인정보 보호의무

• 정보통신서비스 제공자는 고객이 제공한 개인정보 보호를 위한 기술적 조치를 취해야 할 법률상 의무를 부담한다.

• 법정된 기술적 보호조치를 모두 취했으면 법률상 또는 계약상 의무를 위반했다고 보기 어렵다.

정보통신서비스제공자는 개인정보의 안전성 확보에 필요한 기술적·관리적 조치를 취하여야 할 **법률상 의무**를 부담한다. 나아가 정보통신서비스제공자가 정보통신서비스를 이용하려는 이용자와 정보통신서비스 이용계약을 체결하면서, 이용자로 하여금 이용약관 등을 통해 개인정보 등 회원정보를 필수적으로 제공하도록 요청하여 이를 수집하였다면, 정보통신서비스제공자는 위와 같이 수집한 이용자의 개인정보 등이 분실·도난·누출·변조 또는 훼손되지 않도록 개인정보 등의 **안전성 확보에 필요한 보호조치를 취하여야 할 정보통신서비스 이용계약상의 의무**를 부담한다(대법원 2015. 2. 12. 선고 2013다43994 판결).

그러나 정보통신서비스 제공자가 법령으로 정해진 기술적·관리적 보호조치를 다하였다면 특별한 사정이 없는 한 정보통신서비스 제공자가 개인정보의 안전성 확보에 필요한 보호조치를 취하여야 할 법률상 또는 계약상 의무를 위반하였다고 보기는 어렵다(대법원 2018. 12. 28. 선고 2017다207994 판결).

B. 계약에 의한 보호의무
(a) 개관
• 계약 중에서는 당사자의 묵시적 의사표시 해석을 근거로 안전배려의무나 보호의무가 급부의무에 포함되어 있는 것으로 볼 수 있는 것들도 있다. 고용, 위임 등이 그 예이다.
• 예컨대 재학계약의 경우 학교법인은 학생에 대한 안전배려의무를 부담하므로 안전사고 발생시 불완전 이행으로 인한 §390 책임을 진다. 다만 안전사고로 인한 손해는 특별손해이므로 학교장이나 교사가 안전사고의 발생 가능성을 알았거나 알 수 있었다는 사정이 인정되어야 손해배상책임이 성립한다.

대법원 2018. 12. 28. 선고 2016다33196 판결
‣ 학교법인은 학생과의 **재학계약에서 다음과 같은 내용의 안전배려의무**를 부담한다. 즉 학교법인은 학생의 생명, 신체, 건강 등의 안전을 확보하기 위하여 교육장소의 물적 환경을 정비하여야 하고, 학생이 교육을 받는 과정에서 위험 발생의 우려가 있을 때에는 미리 위험을 제거할 수단을 마련하는 등 합리적 조치를 하여야 한다.

- 학교법인이 안전배려의무를 위반하여 학생의 생명, 신체, 건강 등을 침해하여 손해를 입힌 때에는 불완전이행으로서 채무불이행으로 인한 손해배상책임을 부담한다. 이를 위해 문제가 된 사고와 재학계약에 따른 교육활동 사이에 직접 또는 간접적으로 관련성이 인정되어야 하고, 학교장이나 교사가 사고를 교육활동에서 통상 발생할 수 있다고 예견하였거나 예견할 수 있었음에도 사고 위험을 미리 제거하기 위하여 필요한 조치를 다하지 못하였다고 평가할 수 있어야 한다.

• 또한 입원계약의 경우에도, 병원의 계약상 채무에는 진료뿐 아니라 숙식 제공, 도난 방지 등과 같은 일반적 법익에 대한 보호의무가 포함된다. 따라서 입원 중 발생한 도난사건으로 인해 환자의 재산권이 침해된 경우 병원은 §390의 책임을 진다.

환자가 병원에 입원하여 치료를 받는 경우에 있어서, 병원은 **진료뿐만 아니라** 환자에 대한 **숙식의 제공을 비롯하여 간호, 보호 등 입원에 따른 포괄적 채무**를 지고 입원환자의 휴대품 등의 **도난을 방지함에 필요한 적절한 조치를 강구하여 줄 신의칙상의 보호의무**가 있다(대법원 2003. 4. 11. 선고 2002다63275 판결).

(b) 근로계약
• 일반적인 근로계약에서, 사용자는 근로자의 생명·신체·건강에 대한 보호의무를 진다. 이러한 보호의무는 설령 근로계약의 내용에 포함되어 있지 않더라도 신의칙상 부수적 의무에 포함된다고 볼 수 있다.

사용자는 **근로계약에 수반되는 신의칙상의 부수적 의무**로서 피용자가 노무를 제공하는 과정에서 생명, 신체, 건강을 해치는 일이 없도록 인적·물적 환경을 정비하는 등 필요한 조치를 강구하여야 할 보호의무를 부담하고, 보호의무를 위반함으로써 피용자가 손해를 입은 경우 이를 배상할 책임이 있다(대법원 2001. 7. 27. 선고 99다56734 판결).

• 파견근로의 경우: ㉠ 파견근로자와 사용사업주가 계약 당사자는 아니지만 이들 사이의 묵시적 약정을 근거로 하는 보호의무가 인정된다. ㉡ 따라서 사용사업주의 귀책사유로 인해 파견근로자의 생명·신체에 대한 손해가 발생한 경우 사용사업주의 손해배상책임은 §750의 책임이 아니라 §390의 책임이므로 §766 ①의 상대기간은 적용되지 않는다.

대법원 2013. 11. 28. 선고 2011다60247 판결

‣ 사용사업주는 파견근로와 관련하여 그 자신도 <u>직접 파견근로자를 위한 보호의무 또는 안전배려의무를 부담함을 용인</u>하고, 파견사업주는 이를 전제로 사용사업주와 근로자파견계약을 체결하며, 파견근로자 역시 사용사업주가 위와 같은 보호의무 또는 안전배려의무를 부담함을 전제로 사용사업주에게 근로를 제공한다고 봄이 타당하다.

‣ 근로자파견관계에서 사용사업주와 파견근로자 사이에는 특별한 사정이 없는 한 파견근로와 관련하여 사용사업주가 파견근로자에 대한 **보호의무 또는 안전배려의무를 부담한다는 점에 관한 묵시적인 의사의 합치**가 있다고 할 것이다. 따라서 사용사업주의 보호의무 또는 안전배려의무 위반으로 손해를 입은 파견근로자는 사용사업주와 직접 고용 또는 근로**계약을 체결하지 아니한 경우에도 위와 같은 묵시적 약정에 근거하여 사용사업주에 대하여 보호의무 또는 안전배려의무의 위반을 원인**으로 하는 손해배상을 청구할 수 있다. 이러한 약정상 의무 위반에 따른 **채무불이행책임**에 대하여는 **불법행위책임에 관한 제766조 제1항의 소멸시효 규정이 적용될 수는 없**다.

(c) 기획여행계약

• 기획여행계약의 성질상 기획여행업자에게는 전문성에 기초한 우월적 지위가 인정되므로 기획여행업자는 여행자의 생명·신체·재산 등의 일반적 법익에 대한 안전배려의무·보호의무를 부담한다. 여기에는 예견되는 위험에 대한 방지·제거 등을 위한 조치를 할 의무, 여행자에게 이에 대해 설명하고 선택의 기회를 제공할 의무가 포함된다.

• 여행 중 발생한 사고가 기획여행업자의 채무불이행으로 인정되려면, ㉠ 우선 사고와 여행 일정과의 직·간접적 관련성이 인정되고 그 사고가 여행과 무관한 일상 생활에서 발생할 수 있는 것이 아니어야 한다(상당인과관계). ㉡ 또한 기획여행업자의 예견·방지 조치 가능성이 인정되어야 한다(귀책사유). 기획여행업자는 모든 추상적 위험에 대한 방지 조치를 다할 필요까지는 없고 문제된 사고와 관련된 구체적 위험에 대한 통상적인 예견·방지 조치를 다할 의무를 진다.

대법원 2017. 12. 22. 선고 2015다221309 판결

- ▸ 기획여행업자는 통상 여행 일반은 물론 목적지에 관하여 <u>전문적 지식을 가진 자로서</u> 우월적 지위에서 <u>계약 내용을 일방적으로 결정</u>하는 반면, 여행자는 그 안전성을 신뢰하고 기획여행업자가 <u>제시하는 조건</u>에 따라 여행계약을 체결하는 것이 일반적이다. 따라서 기획여행업자가 여행자와 여행계약을 체결할 경우에는 다음과 같은 내용의 **안전배려의무를 부담**한다고 봄이 타당하다.

- ▸ 기획여행업자는 여행자의 생명·신체·재산 등의 안전을 확보하기 위하여 미리 충분히 조사·검토하여야 하고, 여행자가 부딪칠지 모르는 <u>위험을 예견할 수 있을 경우에는 여행자에게 그 뜻을 알려 여행자 스스로 그 위험을 수용할지를 선택할 기회를 주어야 하고, 그 여행계약 내용의 실시 도중에 그러한 위험 발생의 우려가 있을</u> 때는 미리 그 위험을 제거할 수단을 마련하는 등의 합리적 조치를 하여야 한다.

- ▸ 기획여행업자의 안전배려의무 위반을 이유로 손해배상책임을 인정하기 위해서는, 문제가 된 사고와 기획여행업자의 여행계약상 채무 이행 사이에 **직접 또는 간접적으로 관련성**이 있고 그 사고 위험이 여행과 관련 없이 일상생활에서 발생할 수 있는 것이 아니어야 하며, 기획여행업자가 그 **사고 발생을 예견하였거나 예견할 수 있었음에도 불구하고 그러한 사고 위험을 미리 제거하기 위하여 필요한 조치를 다하지 못하였다고 평가**할 수 있어야 한다. 이 경우 기획여행업자가 취할 조치는 여행 일정에서 상정할 수 있는 모든 추상적 위험을 예방할 수 있을 정도일 필요는 없고, <u>개별적·구체적 상황에서 여행자의 생명·신체·재산 등의 안전을 확보하기 위하여 통상적으로 필요한 조치</u>이면 된다.

- • 여행 중 사고가 기획여행업자의 채무불이행으로 인정되고 여행계약상 귀환운송의무가 예정되어 있는 경우, 사회통념상 귀환 치료가 필요하다고 인정된다면 귀환을 위한 제반 비용은 여행계약상 안전배려의무 위반과 상당인과관계가 인정되는 통상손해이고, 설령 특별손해라고 보더라도 예견가능성이 인정되므로 손해배상 대상이 된다.

여행자가 해외 여행계약에 따라 여행하는 도중 **여행업자의 고의 또는 과실로 상해를** 입은 경우, 그 **계약상** 귀환운송의무가 예정되어 있고, 여행자가 입은 상해의 내용, 해외 현지의 사정 등의 구체적 사정에 비추어 예정된 여행기간 내에 현지에서 치료를 완료하기 어렵거나, 전문적 치료가 요구되어 **사회통념상 여행자가 국내로 귀환할 필요성이 있었다고 인정**된다면, 국내 후송비용은 여행업자인 피고의 **여행계약상 주의의무 내지 신의칙상 안전배려의무 위반과 상당인과관계가 있는 통상손해**라고 볼 수 있고, 이 손해가 **특별한 사정으로 인한 손해라고 하더라도 예견가능성이 있었다고** 보아야 한다. 나아가 원고가 해외에서의 치료와 국내로의 귀환과정 또는 사고 처리과정에서 **추가로 지출한 체류비와 국제전화요금 등의 비용 또한 그와 같은 통상손해**라고 볼여지가 충분하다(대법원 2019. 4. 3. 선고 2018다286550 판결).

Ⅱ 채권의 목적

1. 개관

- §373 이하에 규정된 '채권의 목적'이란, 채무자의 특정한 행위인 급부를 통해 채권자가 얻고자 하는 이익의 원천을 뜻한다. 채권의 목적은 크게 재화와 용역으로 나누어지며, 재화를 목적으로 하는 급부를 '주는 급부'라 하고 용역을 목적으로 하는 급부를 '하는 급부'라고 한다.
- §373 이하의 규정들은 이러한 채권의 목적 전반을 다루고 있지 않음에 유의해야 한다. 예컨대 '하는 급부'의 특성을 반영한 규정은 없다.

2. 특정물채권

가. 개관

(1) 전제: 물건의 유형 분류

- 특정물·불특정물: 주는 급부의 목적물이 어떤 물건 자체로 한정된 경우 이러한 물건을 '특정물'이라고 한다. 이에 비해 주는 급부의 목적물이 종류와 수량으로만 정해져 있는 경우 이러한 물건을 '종류물' 또는 '불특정물'이라고 한다.
- 주는 급부의 목적물은 이를 대체할 수 있는 다른 물건이 있는지에 따라 대체물·비

대체물로 나누어지기도 한다. 특정물·불특정물은 당사자들의 의사를 기준으로 정해지는 데 비해, 대체물·비대체물은 목적물의 객관적 성질을 기준으로 정해진다.

(2) 특정물 채권

• 급부의 내용이 특정물의 인도인 채권을 특정물채권이라고 하고, 급부의 내용이 불특정물의 인도인 채권을 종류채권이라고 한다.

• 특정물 채권의 법률관계에 대해서는 '채권의 목적' 부분에서 특칙으로 정해진 것 외에는 민법의 일반적인 법리가 적용된다. 예컨대 특정물 채무자가 특정물을 인도해야 급부가 이행되는데 이때 '인도'가 이루어졌는지의 여부는 물권법에 따라 결정된다.

• §374 이하는 급부의 목적물이 특정물이라는 특성을 반영한 특칙들이다. 다만 이들은 모두 임의법규이므로 당사자들의 약정으로 달리 정할 수 있다.

나. 특정물채권에 관한 특칙

(1) 채무자의 보존의무

A. 의미

• 채무자는 특정물을 선량한 관리자의 주의로 보존해야 한다. '보존'은 목적물의 현상을 유지하는 것을 뜻하고, '선량한 관리자의 주의'는 사회통념상 요구되는 주의를 뜻한다.

• 이러한 선관주의의무는 종된 급부의무라고 볼 수 있다. 특정물의 인도가 주된 급부에 해당하기 때문이다. 따라서 특정물 인도 의무 자체는 이행했으나 §374의 의무 위반이 인정되면 §390의 책임이 성립하고, 특정물이 손상되었더라도 채무자가 §374의 의무를 위반하지 않았음이 증명되면 §390의 책임은 성립하지 않는다.

B. 존속기간

(a) 개관

• 이행기 전에 특정물이 손상된 경우 §374에 따라 즉 채무자가 선량한 관리자의 주의를 다해 보존할 의무를 악의나 과실로 위반했는지의 여부에 따라 채무자의 §390 책임 성립 여부가 결정된다.

• 채무자의 보존의무는 계약 체결시부터 특정물 인도시까지 적용된다. 여기서 보존의무의 종기인 '인도시'는 약정된 이행기가 아니라 실제로 인도한 날을 가리킨다는 것에 유의해야 한다. 채무자가 채권자에게 목적물의 소유권을 먼저 양도했

더라도 점유가 이전되는 인도가 이루어지기 전까지는 보존의무가 존속한다.

> 제374조(특정물인도채무자의 선관의무) 특정물의 인도가 채권의 목적인 때에는 채무자는 그 물건을 인도하기까지 선량한 관리자의 주의로 보존하여야 한다.

(b) 이행기 후 실제 인도 전에 특정물이 손상된 경우

- 이행지체 사안: 채무자가 동시이행항변권 등의 정당한 사유가 없는데도 이행기에 인도의무를 이행하지 않으면 인도의무에 대한 이행지체가 성립한다. 이행지체 중인 채무자는 무과실책임을 져야 하므로 특정물의 보존에 대한 선관주의 의무를 다하더라도 손상에 대한 §390 책임을 진다. 다만 인도 의무의 이행지체와 특정물의 손상 사이에 인과관계가 없음이 증명되면 면책된다(§392).

> 제392조(이행지체 중의 손해배상) 채무자는 자기에게 과실이 없는 경우에도 그 이행지체 중에 생긴 손해를 배상하여야 한다. 그러나 채무자가 이행기에 이행하여도 손해를 면할 수 없는 경우에는 그러하지 아니하다.

- 채권자지체 사안: 이행기 후 채권자지체 상태에서 특정물이 손상되었다면 채무자의 경과실로 인한 책임은 면책된다. 따라서 채무자가 중과실이나 고의로 선관주의의무를 위반하지 않았음이 증명되면, 특정물의 손상으로 인한 §390 책임을 면한다.

> 제401조(채권자지체와 채무자의 책임) 채권자지체 중에는 채무자는 고의 또는 중대한 과실이 없으면 불이행으로 인한 모든 책임이 없다.

(2) 채무자의 인도의무

A. 개관

- 특정물 채무는 채무자가 특정물을 채권자에게 인도해야 변제로 소멸한다.
- 인도 장소는 계약 체결 당시에 특정물이 있었던 곳임이 원칙이다. 다만 채무의 성질, 당사자의 약정, 특칙 등에 의해 달리 정해질 수 있다.

> 제467조(변제의 장소) ① 채무의 성질 또는 당사자의 의사표시로 변제장소를 정하지 아니한 때에는 특정물의 인도는 채권성립 당시에 그 물건이 있던 장소에서 하여야 한다.

B. 연구: §462와 §374의 관계

> 제462조(특정물의 현상인도) 특정물의 인도가 채권의 목적인 때에는 채무자는 이행기의 현상대로 그 물건을 인도하여야 한다.

- 특정물 채권을 발생시키는 계약이 체결된 후 그 목적물인 특정물이 손상된 경우, 채무자는 이행기에 그 특정물을 손상된 상태 그대로 인도할 수밖에 없다. 특정물 채권의 본질상 주된 급부에 해당하는 '인도'의 목적물은 손상 여부를 불문하고 당사자가 약정한 특정물 그 자체이어야 하기 때문이다.
- 그러나 §462는 특정물 채무를 이행하는 방법에 관한 조문이므로, 손상된 특정물 인도로 인해 채권자에게 손해가 발생한 경우 이로 인한 책임에 대해서는 §374가 적용된다. 예컨대 채무자의 선관주의의무 위반이 인정되면 채무자는 손상된 특정물을 인도하는 것으로 주된 급부의무를 이행한 것이 되지만, §374의 종된 급부의무 위반으로 인해 채권자가 입은 손해에 대해서는 §390의 책임을 져야 한다.

3. 종류채권

가. 개관

(1) 의미

- 종류채권은 주는 급부의 목적물이 '특정되지 않은 대체물'로 정해진 채권이다.
- 종류채권이 발생하려면, 급부의 목적물의 종류와 수량은 정해져야 한다. 주는 급부의 목적물의 종류와 수량이 모두 정해지지 않으면 '목적의 불명확성'으로 인해 계약 자체가 무효가 되기 때문이다.
- 종류물의 종류·수량뿐 아니라 그 품질도 당사자의 약정으로 정할 수 있다. 당사자가 이에 대해 약정하지 않았으면 임의법규인 §375에 의한 보충적 해석을 통해 중등품이 목적물인 것으로 정해진다.

> 제375조(종류채권) ① 채권의 목적을 종류로만 지정한 경우에 법률행위의 성질이나 당사자의 의사에 의하여 품질을 정할 수 없는 때에는 채무자는 중등품질의 물건으로 이행하여야 한다.

(2) 제한종류채권

* 제한종류채권은 주는 급부를 목적으로 하는 채권으로서 급부의 목적물을 판별하는 기준에 종류·수량뿐 아니라 일정한 속성이 추가되어 있는 경우를 뜻한다. 예컨대 ㉠ 토지구획정리사업 관련 법령에 따른 체비지 매매 계약의 매수인(2006다37465, 21면), ㉡ 특정한 속성을 가진 주식에 대한 양도담보권자 등은 제한종류채권을 취득하게 된다(대법원 1994. 8. 26. 선고 93다20191 판결).
* 사례: 아파트는 동·호수를 기준으로 특정되므로 아파트 수분양자는 특정물 채권자임이 원칙이다. 다만 대지 매수대금 지급에 갈음하여 장차 신축될 아파트를 분양하기로 하는 대물변제 약정이 체결된 경우에는 수분양자는 종류채권자라고 보아야 한다(대법원 2007. 12. 13. 선고 2005다52214 판결).

나. 종류채권에 관한 특칙: 특정

(1) 특정의 의미와 특정 방법

A. 특정의 의미

* 종류채권은 목적물의 종류·수량만 정해져 있기 때문에 채무자가 급부를 이행하려면 실제로 인도할 물건을 정해야만 한다.
* 이처럼 이처럼 종류물 중 실제로 인도할 물건을 선정하는 것을 특정이라고 한다.

B. 특정 방법의 결정

(a) 약정에 의한 결정

* 특정 방법은 당사자들의 약정으로 정하는 것이 원칙이다. 만약 이러한 약정이 없으면 임의법규에 따라 특정 방법이 정해지는데, 채무자가 ㉠ 이행에 필요한 행위를 완료하거나 ㉡ 채권자의 동의를 얻어 인도할 목적물을 결정하면 특정이 이루어진다.

> 제375조(종류채권) ② 전항의 경우에 채무자가 이행에 필요한 행위를 완료하거나 채권자의 동의를 얻어 이행할 물건을 지정한 때에는 그때로부터 그 물건을 채권의 목적물로 한다.

* '이행에 필요한 행위'의 의미: ㉠ 종류채무는 채무자가 채권자의 주소나 영업소에서 인도하는 '지참채무'임이 원칙이므로(§467 ②) 채무자가 채권자의 주소나 영업소에서 이행제공을 할 때 특정이 일어난다. ㉡ 이에 비해 당사자의 약정이나 특칙으로 달리 정해진 경우 즉 이행 방법이 채권자가 채무자의 주소나 영업소에서 목

적물을 인수하는 '추심채무'나 채무자가 제3자에게 배송을 의뢰하는 '송부채무'로 정해진 경우에는, 채무자가 인도할 물건을 분리하기만 하면 그 때 특정이 일어난다.

> 제467조(변제의 장소) ② 전항의 경우에 특정물 인도 이외의 채무변제는 채권자의 현주소에서 하여야 한다. 그러나 영업에 관한 채무의 변제는 채권자의 현영업소에서 하여야 한다.

(b) 법률에 의한 결정

• 특정 방법에 관한 약정이 없으며 채무자가 이행에 필요한 행위를 완료하거나 목적물을 특정하지도 않아서 §375 ②이 적용될 수 없는 경우에는 §381가 유추 적용된다. 따라서 채권자가 채무자에게 특정을 위한 지정을 최고해도 채무자가 이에 불응하면, 채권자가 지정권을 행사할 수 있다.

✓ 종류채무자가 목적물을 특정하지 않으면 이행지체에 해당하므로 채권자는 굳이 특정을 위한 지정권을 행사하지 않은 채 §544에 기한 법정해제를 주장할 수도 있다.

당사자 사이에 지정권의 부여 및 지정의 방법에 관한 합의가 없고, 채무자가 이행에 필요한 행위를 하지 아니하거나 지정권자로 된 채무자가 이행할 물건을 지정하지 아니하는 경우에는, 선택채권의 선택권 이전에 관한 제381조를 준용하여, 채권의 기한이 도래한 후 채권자가 상당한 기간을 정하여 지정권이 있는 채무자에게 그 지정을 최고하여도 채무자가 이행할 물건을 지정하지 않으면 지정권이 채권자에게 이전한다 (대법원 2009. 1. 30. 선고 2006다37465 판결).

(2) 특정의 효과

• 특정에 의해 인도 의무의 대상인 물건이 특정되면 그 때부터는 특정물 채권이 된다.
• 다만 특정물 채권이 되더라도 급부의 목적물이 대체물이라는 특성은 그대로 유지되므로, 이를 반영하여 채무자에게는 신의칙상 급부변경권이 인정된다. 즉 특정된 목적물의 인도가 불가능해진 경우 채무자가 동종·동량의 물건으로 대체 급부를 하면 변제로 인정된다.

4. 선택채권과 임의채권

가. 개관

(1) 비슷한 점

* 선택채권·임의채권은 급부의 성질에 따른 분류가 아니라는 점에서 특정물 채권· 종류채권·금전채권 등과 다르다.
* 선택채권·임의채권은 모두 채권 발생 당시에 급부가 여러 개로 상정되어 있으나 이들 중 일부만이 실제로 이행되어야 하는 급부에 해당한다.
* 선택채권·임의채권에서 상정된 '급부'는, 특정물·종류물·금전 등을 목적물로 하는 '주는 급부'일 수도 있고, '하는 급부'일 수도 있다. 즉 여러 급부들의 성질이나 가치가 달라도 이들을 대상으로 하는 선택채권·임의채권이 인정될 수 있다.
* 선택채권·임의채권은 선택권·대용권이라는 형성권을 전제하는데 이러한 형성권을 누가 행사할 것인지는 당사자의 약정으로 정해진다. 당사자 일방이나 쌍방 또는 제3자에게 형성권이 주어질 수도 있다.

(2) 다른 점

* 선택채권의 경우, 형성권의 일종인 선택권이 행사되어야만 비로소 원래 상정되어 있던 여러 급부 중 일부가 계약 체결시로 소급하여 이행 대상인 급부로 결정된다. 이에 비해 임의채권의 경우, 이행 대상 급부는 채권 발생 당시 이미 정해져 있고 '대용권'이라는 형성권 행사에 의해 다른 급부로 대체될 수 있는 가능성이 있을 뿐이다.

> 제386조(선택의 소급효) 선택의 효력은 그 채권이 발생한 때에 소급한다. 그러나 제 삼자의 권리를 해하지 못한다.

* 선택채권은 선택권이 행사되어야만 이행이 가능한 데 비해 임의채권은 대용권이 행사되지 않아도 이행이 가능하다. 이행 대상인 급부가 이미 정해져 있기 때문이다. 따라서 선택권자가 선택권을 행사하지 않는 경우에 대비한 임의법규인 §381 는 임의채권에 대해서는 유추 적용될 필요가 없고 오히려 종류채권에 대해 유추 적용될 필요가 있다.

나. 선택채권에 관한 특칙

(1) 선택권

A. 선택권의 의미와 행사방법

* 선택권은 형성권의 일종이고 선택권의 행사는 단독행위에 해당한다. 따라서 불요식 행위이고 조건·기한을 붙일 수 없는 것이 원칙이다.
* 선택권자가 선택권을 행사하는 의사표시를 한 후 이를 번복하거나 철회하려면 상대방의 동의를 얻어야 한다.

> 제382조(당사자의 선택권의 행사)
> ① 채권자나 채무자가 선택하는 경우에는 그 선택은 상대방에 대한 의사표시로 한다.
> ② 전항의 의사표시는 상대방의 동의가 없으면 철회하지 못한다.

B. 선택권자의 결정

(a) 원시적 결정

* 선택권자는 당사자들의 약정으로 지정되는 것이 원칙이다.
* 선택권자 지정 약정이 없으면 선택권은 채무자에게 주어진다.

> 제380조(선택채권) 채권의 목적이 수개의 행위 중에서 선택에 좇아 확정될 경우에 다른 법률의 규정이나 당사자의 약정이 없으면 선택권은 채무자에게 있다.

(b) 선택권의 이전

* 선택권자가 선택권을 행사하지 않으면 상대방은 상당한 기간을 정해 최고할 수 있고 이러한 최고에 선택권자가 불응하면 선택권은 상대방에게 이전한다.
* 상대방이 최고할 수 있는 시점은, 행사 기간에 관한 약정이 있으면 이에 따른 기간 경과 후이고 이러한 약정이 없으면 이행기가 도래한 때이다.

> 제381조(선택권의 이전)
> ① 선택권 행사의 기간이 있는 경우에 선택권자가 그 기간내에 선택권을 행사하지 아니하는 때에는 상대방은 상당한 기간을 정하여 그 선택을 최고할 수 있고 선택권자가 그 기간내에 선택하지 아니하면 선택권은 상대방에게 있다.
> ② 선택권 행사의 기간이 없는 경우에 채권의 기한이 도래한 후 상대방이 상당한 기간을 정하여 그 선택을 최고하여도 선택권자가 그 기간내에 선택하지 아니할 때에도 전항과 같다.

(c) 제3자에게 선택권이 주어진 경우

- 제3자가 선택권을 행사하려면 당사자 쌍방에게 단독행위를 해야 하고, 쌍방의 동의가 없는 한 철회할 수 없다.
- 제3자가 선택권을 행사할 수 없으면 선택권은 채무자에게 이전된다. 제3자가 선택권을 행사할 수 있는데도 이를 행사하지 않는 경우 채권자나 채무자는 상당 기간을 정해 최고할 수 있고 이에 대해 제3자가 불응하면 선택권은 채무자에게 이전된다.

> 제383조(제삼자의 선택권의 행사)
> ① 제삼자가 선택하는 경우에는 그 선택은 채무자 및 채권자에 대한 의사표시로 한다.
> ② 전항의 의사표시는 채권자 및 채무자의 동의가 없으면 철회하지 못한다.

> 제384조(제삼자의 선택권의 이전)
> ① 선택할 제삼자가 선택할 수 없는 경우에는 선택권은 채무자에게 있다.
> ② 제삼자가 선택하지 아니하는 경우에는 채권자나 채무자는 상당한 기간을 정하여 그 선택을 최고할 수 있고 제삼자가 그 기간내에 선택하지 아니하면 선택권은 채무자에게 있다.

(2) 선택대상 급부 중 일부의 불능

A. 원시적 불능

- 불능인 급부는 선택의 대상에서 배제된다.
- 선택채권의 목적인 여러 급부 중 하나 이외의 급부들이 모두 원시적 불능이었다면 선택채권이 아니다.

B. 후발적 불능

(a) 후발적 불능이 선택권 행사 전에 일어난 경우

- 선택권자 자신의 귀책사유나 불가항력에 의해 후발적 불능이 발생했으면 불능이 된 급부는 선택 대상에서 배제되고 이행 가능한 급부만 선택 대상으로 남는다.
- 이에 비해 선택권자 아닌 자의 귀책사유로 인해 후발적 불능이 발생한 경우, 선택권자는 이행 가능한 급부는 물론 불능인 급부도 선택할 수도 있다. 선택권자가 불능인 급부를 선택한 경우, 채무자의 귀책사유가 없으면 §537·§538가, 채무자에게 귀책사유가 있으면 §546·§551가 각각 적용된다.

> **제385조(불능으로 인한 선택채권의 특정)**
> ① 채권의 목적으로 선택할 수개의 행위 중에 처음부터 불능한 것이나 또는 후에 이행불능하게 된 것이 있으면 채권의 목적은 잔존한 것에 존재한다.
> ② 선택권 없는 당사자의 과실로 인하여 이행불능이 된 때에는 전항의 규정을 적용하지 아니한다.

(b) 후발적 불능이 선택권 행사 후에 일어난 경우

• 선택된 급부가 불능이 된 경우: 급부불능 처리에 관한 일반 법리가 적용되어, §537·§538 또는 §546·§551 중 하나로 처리된다.

• 선택되지 못한 급부가 불능이 된 경우에는 선택된 급부를 중심으로 하는 법률관계에는 아무런 영향이 없다.

(3) 비교: 임의채권과 급부불능

• 대용권 행사 전: 대용권 없는 자의 귀책사유로 원래 급부나 대용 급부가 불능이 되면 대용권자는 불능이 된 급부를 선택할 수 있다. 이에 비해 대용권자의 귀책사유나 불가항력으로 원래 급부가 불능이 되면 대용권자는 대용권을 행사할 수 없고 급부불능 처리에 관한 일반 법리가 적용된다.

• 대용권 행사 후: 원래 급부의 불능은 고려 대상이 아니고, 대용급부의 불능에 대해서는 급부불능 처리에 관한 일반적 법리가 적용된다.

(4) 사례: 토지의 위치를 특정하지 않고 면적만 정하여 처분한 경우

A. 사안의 개요

• 甲이 소유한 X토지(200㎡)는 맹지이어서 공장설립 허가를 받을 수 없는 상태였고 乙이 소유한 Y토지(100㎡)는 형상이 좁고 길어서 활용이 어려운 상태였다.

• 공장 설립을 원하던 甲은 乙이 Y토지의 소유권을 甲에게 양도하면 甲이 두 토지를 합필하여 새 토지(300㎡)를 조성한 후 그 중 Y토지의 면적에 상응하는 만큼의 토지를 乙에게 양도해 주기로 약정했다. 그런데 甲·乙은 합필 후 새 토지 중에서 乙이 취득하게 될 100㎡의 위치에 대해서는 약정하지 않은 상태였다.

B. 쟁점과 판단

• 토지 매매계약의 목적물이 일정한 면적으로 정해진 경우, 위치가 특정된 일정 면적의 토지 소유권을 목적물로 하는 채권이 발생하고, 이러한 채권은 선택채권에 해당한다. 따라서 특약이 없는 한 채무자인 甲은 새 토지 중 100㎡를 선택하여 그

소유권을 乙에게 이전해 줄 의무를 진다.

- 파기된 원심은 乙의 甲에 대한 채권의 목적물은 새 토지의 1/3지분이라고 보았다.

> 토지소유자가 1필 또는 수필의 <u>토지 중 일정 면적의 소유권을</u> 상대방에게 양도하기로 <u>하는 계약을 체결한 경우</u>, 위치와 형상이 중요시되는 토지의 특성 등을 감안하여 볼 때 특별한 사정이 없는 한 **위치가 특정된 일정 면적**의 토지 소유권을 양도받을 수 있 는 권리를 가지는 것으로 보아야 한다. 따라서 양도받을 토지의 위치가 확정되지 아니 하였다면 상대방이 토지소유자에 대하여 가지는 채권은 제380조에 규정된 **선택채권 에 해당**하는 것으로 보아야 한다. 그럼에도 불구하고 위치 선정에 관한 합의가 되지 않았다는 사정만으로 **공유관계 설정에 관한 합의를 의제**하여 甲에게 지분소유권이전 등기를 명한 원심판결에는 잘못이 있다(대법원 2011. 6. 30. 선고 2010다16090 판결).

5. 금전채권

가. 개관

- 금전채권이란 급부의 내용이 일정액의 금전을 지급하는 것인 채권을 뜻한다. 금 전채권은 매매·소비대차·도급 등 다양한 계약으로부터 발생하지만, §741· §750 등의 법률에 의해서도 발생한다.
- 금전채권의 본질은 일정한 금액을 지급하는 것이다. 따라서 ㉠ 화폐의 종류는 문 제되지 않는다. 만약 급부의 내용이 특정한 종류의 통화 지급이면 금전채권이 아 니라 제한종류채권이라고 보아야 한다. ㉡ 또한 금전 급부의 이행불능은 있을 수 없고 이행지체만 인정될 수 있다.

> 제376조(금전채권) 채권의 목적이 어느 종류의 통화로 지급할 것인 경우에 그 통화가 변제기에 강제통용력을 잃은 때에는 채무자는 다른 통화로 변제하여야 한다.

- 금전의 특성을 반영하여, 금전채권에 대해서는 §390 책임의 요건·효과에 관한 특칙이 적용된다.

나. 금전채무 불이행에 관한 특칙

(1) 적용범위: 통상손해

- 금전채무 불이행에 관한 특칙인 §397 ①, ②은 통상손해에 대해서만 적용된다.
- 금전채무 불이행으로 인해 발생한 특별손해의 가액이 §397 ①의 법정이자보다

크더라도 §393에 따른 특별손해 배상 요건이 충족되면(81면) 채권자는 법정이자를 초과하는 특별손해의 가액을 배상받을 수 있다.

피고가 원고들로부터 이 사건 매매대금을 약정된 기일에 지급받지 못한 결과, 소외인으로부터 그 소유의 대지 및 건물을 매수하고 그 잔대금을 지급하지 못하여 그 계약금을 몰수당함으로써 피고가 손해를 입었다고 하더라도, 이는 <u>특별손해로서 원고들이 이를 알았거나 알 수 있었다고 볼 증거가 없으므로 원고들이 책임질 수 없다</u>(대법원 1991. 10. 11. 선고 91다25369 판결).

(2) 요건에 관한 특칙

> 제397조(금전채무불이행에 대한 특칙) ② 전항의 손해배상에 관하여는 채권자는 손해의 증명을 요하지 아니하고 채무자는 과실 없음을 항변하지 못한다.

- 일반적인 채무불이행으로 인한 손해배상채무의 경우, ㉠ 채권자가 손해의 발생사실과 그 가액을 주장·증명해야 하고 ㉡ 채무자는 무과실 항변으로 면책될 수 있다(§390 단서).
- 이에 비해 금전채무 불이행의 경우, ㉠ 채권자는 손해의 발생과 그 가액에 대해 주장만 하면 되고 증명할 필요는 없다. 채권자가 손해배상에 대한 주장조차 안 했는데도 법원이 손해배상을 명하면 변론주의 위반에 해당한다. ㉡ 채무자는 무과실 항변을 할 수 없다.

피고의 채무불이행으로 인하여 채무불이행 기간 동안 이 사건 매매대금에 대한 법정이자 상당액을 손해로 **청구한 바가 전혀 없다**. <u>제397조는 그 이행지체가 있으면 지연이자 부분만큼의 손해가 있는 것으로 의제하려는 데에 그 취지가 있는 것이므로 지연이자를 청구하는 채권자는 그 만큼의 **손해가 있었다는 것을 증명할 필요가 없**는 것이나, 그렇다고 하더라도 채권자가 금전채무의 불이행을 원인으로 손해배상을 구할 때에 지연이자 상당의 **손해가 발생하였다는 취지의 주장은 하여야 하는 것**이지 주장조차 하지 아니하여 그 손해를 청구하고 있다고 볼 수 없는 경우까지 지연이자 부분만큼의 손해를 인용해 줄 수는 없다</u>(대법원 2000. 2. 11. 선고 99다49644 판결).

(3) 효과에 관한 특칙: 이행지체로 인한 손해배상액의 법정

A. 개관

(a) 기능

- §397 ①은 금전채무 이행지체로 인한 손해배상액인 '지연배상금'의 산정 방법에 관한 특칙으로서, 지연손해금의 가액을 의제한다.

✓ 따라서 금전채권자가 지연손해금 아닌 위약금의 지급을 청구하는데도 법원이 §397 ①에 따라 간주된 가액의 지급을 명할 수는 없다.

(b) 이자와 지연손해금

- 이자와 지연손해금은 원본에 대한 비율로 정해지며 기간에 비례하여 산출된다는 점에서 비슷해 보이지만 법적 성질은 서로 다르다. 다만 이들 모두에 대해 이자제한법이 적용된다.
- 이자는 금전(원본) 이용의 대가이며 금전채무의 변제기 도래시까지 발생하고 §163 1호의 단기 소멸시효가 적용된다. 이에 비해 지연손해금은 금전채무의 이행지체로 인한 손해배상금으로서 변제기 다음 날부터 다 갚는 날까지 계속 발생하고, 단기 소멸시효가 적용되지 않는다. 또한 지연손해금 약정은 손해배상액 예정 약정에 해당하므로 §398 ②에 의한 감액의 대상이 될 수 있다(손해배상액 예정 약정에 대해서는 100면 이하 참조).

> 금전채무의 이행지체로 인하여 발생하는 지연손해금은 그 성질이 손해배상금이지 이자가 아니며, 제163조 제1호가 규정한 '1년 이내의 기간으로 정한 채권'도 아니므로 3년간의 **단기소멸시효의 대상이 되지 아니**한다(대법원 2010. 9. 9. 선고 2010다24435)

> 금전채무에 관하여 **이행지체에 대비한 지연손해금 비율을 따로 약정한 경우에 이는 손해배상액의 예정으로서 감액의 대상**이 된다고 보아야 한다(대법원 2017. 8. 18. 선고 2017다228762 판결).

B. 금전채무의 이행지체로 인한 지연배상금의 산정

- 지연손해금율, 이자율이 모두 약정되지 않은 경우에는 법정이자율이 적용된다.

> 제397조(금전채무불이행에 대한 특칙) ① 본문: 금전채무불이행의 손해배상액은 법정이율에 의한다.

- 지연손해금율이 약정되지 않았고 이자율은 약정된 경우: ㉠ 이자율이 법정이자율보다 높을 때만 약정이자율이 적용된다(§397 ① 단서의 축소해석). 이자율 약정이 없어서 약정이자율이 0%이더라도 법정이자율이 적용되는 것과 균형을 맞춰야 하기 때문이다. ㉡ 채권자가 약정이자율에 따른 이자를 청구한 경우, 약정이자율이 법정이자율 이상이면 변제기 이후의 기간에 대해서는 약정이자율에 따른 지연손해금을 청구하는 취지도 포함된다.

> 제397조(금전채무불이행에 대한 특칙) ① 단서: 그러나 법령의 제한에 위반하지 아니한 약정이율이 있으면 그 이율에 의한다.

제397조 제1항 단서는 약정이율이 법정이율 이상인 경우에만 적용되고, **약정이율이 법정이율보다 낮은 경우에는 그 본문으로 돌아가 법정이율에 의하여 지연손해금을** 정할 것이다. 금전채무에 관하여 아예 이자약정이 없어서 이자청구를 전혀 할 수 없는 경우에도 채무자의 이행지체로 인한 지연손해금은 법정이율에 의하여 청구할 수 있으므로, **이자를 조금이라도 청구할 수 있었던 경우에는 더욱이나 법정이율**에 의한 지연손해금을 청구할 수 있다(대법원 2017. 9. 26. 선고 2017다22407 판결).

당사자 일방이 금전소비대차가 있음을 주장하면서 **약정이율에 따른 이자의 지급을 구하는 경우**, 특별한 사정이 없는 한 그 대여금채권의 변제기 이후의 기간에 대해서는 **약정이율에 따른 지연손해금을 구하는 것으로 보아야** 하고, **약정이율이 인정되지 않는다고 하더라도 법정이율에 의한 지연손해금을 구하는 취지가 포함**되어 있다고 볼 수 있다(대법원 2017. 9. 26. 선고 2017다22407 판결).

- 지연손해금율이 별도로 약정된 경우에는 약정된 지연손해금율이 법정이자율보다 높든 낮든 약정된 지연손해금율이 적용된다(대법원 2009. 1. 30. 선고 2011다50509 판결). 따라서 지연손해금 면제 특약도 유효이다.

다. 외화채권

(1) 개관
- 외화채권은 외국 통화의 지급을 급부의 내용으로 하는 채권을 뜻한다.
- 외화채권도 금전채권의 일종이므로 외화채권의 주된 급부는 외국 통화라는 물건의 인도가 아니라 외국 통화가 가지는 가액의 지급이다.

> 제377조(외화채권)
> ① 채권의 목적이 다른 나라 통화로 지급할 것인 경우에는 채무자는 자기가 선택한 그 나라의 각 종류의 통화로 변제할 수 있다.
> ② 채권의 목적이 어느 종류의 다른 나라 통화로 지급할 것인 경우에 그 통화가 변제기에 강제통용력을 잃은 때에는 그 나라의 다른 통화로 변제하여야 한다.

(2) 특징: 임의채권

- 외화채권은 당사자의 특약이 없는 한 임의채권이다. 원래 급부가 외화 지급이더라도 우리나라 통화 지급이라는 대용급부도 가능하다.
- 외화채권에서 외화 지급을 우리나라 통화 지급으로 대체할 수 있는 '대용권'은 채무자는 물론 채권자에게도 인정된다(90다2147, 31면). 외화채권의 본질은 금액 지급이기 때문에 누가 대용권을 행사하든 상대방에게 불리하지 않기 때문이다.

(3) 외화채권의 환산시점

> 제378조(외화채권) 채권액이 다른 나라 통화로 지정된 때에는 채무자는 지급할 때에 있어서의 이행지의 환금시가에 의하여 우리나라 통화로 변제할 수 있다.

A. 개관

- 외화채권을 우리나라 통화로 지급하려면 외국환 시세에 따라 환산해야 하는데, 이때 환산의 기준시가 언제인지가 문제된다.
- 환산의 기준시를 '지급하기로 한 때'가 아니라 '지급한 때'로 규정한 §378의 문리해석상, 금전채무를 이행하기로 한 날인 이행기가 아니라 채무자가 실제로 이행하는 날이 환산의 기준시가 된다.

B. 환산시점인 '실제로 지급하는 날'의 의미

- 채무자가 대용권을 행사하는 경우에는 채무자가 채권자에게 우리나라 통화로 이행제공을 한 날을 뜻한다.
- 채권자가 대용권을 행사하는 경우에는 채권자가 실제로 지급받게 되는 날과 가장 가까운 시점을 뜻한다. 따라서 환산 시점은 ㉠ 채권자가 이행소송을 제기하여 승소확정판결을 받은 경우에는 사실심 변론종결시이고, ㉡ 채권자가 배당에 참가한 경우에는 배당기일이며 ㉢ 채권자가 담보물을 임의환가하여 외화채권에 충당하는 경우에는 변제충당시이다.

대법원 1991. 3. 12. 선고 90다2147 전원합의체 판결

- 외화채권을 **채무자가 우리나라 통화로 변제**함에 있어서는 제378조가 그 환산시기에 관하여 "지급할 때"라고 규정한 취지에서 새겨볼 때, 그 환산시기는 이행기가 아니라 **현실로 이행하는 때, 즉 현실이행시의 외국환시세**에 의하여 환산한 우리나라 통화로 변제하여야 한다고 풀이함이 상당하다.
- 따라서 **채권자가 위와 같은 외화채권을 대용급부의 권리를 행사**하여 우리나라 통화로 환산하여 청구하는 경우에도 **법원이 채무자에게 그 이행을 명함에 있어서는 채무자가 현실로 이행할 때에 가장 가까운 사실심 변론종결시**의 외국환시세를 우리나라 통화로 환산하는 기준시로 삼아야 한다.

대법원 2011. 4. 14. 선고 2010다103642 판결

- 이와 같은 법리는 **외화채권자가 경매절차를 통하여 변제를 받는 경우에도 동일하게 적용**되어야 할 것이므로, 집행법원이 경매절차에서 외화채권자에 대하여 배당을 함에 있어서는 특별한 사정이 없는 한 배당기일 당시의 외국환시세를 우리나라 통화로 환산하는 기준으로 삼아야 한다.
- 집행법원이 외화채권자인 원고에게 배당을 하면서 원고의 외화채권을 경매신청 시가 아닌 배당기일 당시의 외국환시세를 기준으로 환산한 조치는 정당하다.

우리나라 통화를 외화채권에 변제충당할 때도 특별한 사정이 없는 한 현실로 변제충당할 당시의 외국환시세에 의하여 환산해야 한다(대법원 2000. 6. 9. 선고 99다56512 판결)

(4) 외화채무 불이행과 손해배상

A. 개관

- 외화채무의 이행지체로 인해 §390의 책임이나 §750의 책임이 성립한 경우, 이들의 효과로서 발생하는 손해배상채무는 외화채무가 아니다. §394·§763에 규정된 '손해배상금'은 우리나라 통화를 뜻하기 때문이다.
- 따라서 손해배상금 산정을 위한 환산시점에 대해서는 §378가 적용되지 않는다. 그 대신 §390 책임의 경우에는 손해 발생일, §750 책임의 경우에는 불법행위시가 각각 환산 시점이 된다.

대법원 2007. 8. 23. 선고 2007다26455 판결
- **제394조에서 말하는 금전은 우리나라의 통화**를 가리키는 것이어서 채무불이행으로 인한 손해배상을 구하는 채권은 당사자가 외국통화로 지급하기로 약정하였다는 등의 특별한 사정이 없는 한 채권액이 외국통화로 지정된 외화채권이라고 할 수 없다.
- 원심이 위 수출대금 상당의 손해배상금을 우리나라 통화로 지급할 것을 명하면서 그 손해배상액을 산정함에 있어서 **손해발생일** 당시 미화 1달러의 매매기준환율을 적용하여 계산한 것은 위 법리에 따른 것으로 정당하다.

대법원 2018. 3. 15. 선고 2017다213760 판결
- **불법행위로 인한 손해배상에서 제763조, 제394조의 '금전'이란 우리나라의 통화**를 가리키는 것이어서 이 사건에 있어서와 같이 불법행위로 인한 물품대금 상당의 손해배상을 구하는 채권은 당사자가 외국통화로 지급하기로 약정하였다는 등의 특별한 사정이 없는 한 채권액이 외국통화로 지정된 외화채권이라 할 수 없다.
- 불법행위로 인한 **손해배상의 범위는 원칙적으로 불법행위 시를 기준으로 산정하여야** 하므로, 외화로 표시된 물품대금 상당의 손해배상금을 우리나라 통화로 지급할 것을 명하는 경우 그 배상액을 산정함에 있어서는 외화채권의 경우처럼 사실심 변론종결 당시를 기준으로 하는 것이 아니라 **불법행위 시의 외국환 시세**에 의하여 우리나라 통화로 환산하여야 한다

B. 사례: 투자계약 위반으로 인한 §390의 손해배상채무와 외화채권

(a) 사안의 개요

- 甲은 강행법규에 의한 투자일임업 등록을 갖추지 못한 乙과 투자계약을 체결하면서 손실 분담액을 미국 달러화로 지급받기로 약정했다.
- 乙의 투자로 인해 甲에게 손실이 발생하자 甲은 乙에게 손실 분담을 요구하면서, 손실 발생 확정일 기준 환율로 환산한 우리나라 통화의 지급을 청구한다.

(b) 쟁점과 판단

- 자본시장법상 무허가 투자일임업 금지조항은 단속법규이다. 따라서 甲·乙 간 투자계약 자체는 유효이고, 손실 분담 약정도 유효이다.
- 손실 부담 약정에 근거한 甲의 손실 분담 청구권은 §390의 손해배상채권이 아니라 유효한 계약에 근거한 외화채권이고 채권자 甲이 대용권을 행사했으므로 사

실심 변론종결시가 환산 시점이다.

대법원 2019. 6. 13. 선고 2018다258562 판결

- 자본시장법 제17조를 위반하여 체결한 투자일임계약 자체가 <u>그 사법상의 효력까지</u> <u>도 부인하지 않으면 안 될 정도로 현저히 반사회성, 반도덕성을 지닌 것이라고 할</u> <u>수 없을 뿐만 아니라 그 행위의 사법상의 효력을 부인하여야만 비로소 입법 목적을</u> <u>달성할 수 있다고 볼 수 없고</u>, 오히려 위 규정을 효력규정으로 보아 이를 위반한 행 위를 일률적으로 무효라고 할 경우 거래 상대방과 사이에 법적 안정성을 심히 해하 게 되는 부당한 결과가 초래되므로, 위 규정은 **강행규정이 아니라 단속규정**이라고 보아야 한다.
- 원고가 피고에게 위 손실분담 약정에 따라 지급을 구하는 위 손실분담금 채권은 채 권액이 미국 달러화로 지정된 외화채권이고, 원고가 이를 우리나라 통화로 환산하 여 청구하고 있으므로, 원심으로서는 <u>외화채권에 대하여 원심 변론종결 당시의 외</u> <u>국환시세를 기준</u>으로 삼아 우리나라 통화로 환산한 금액의 지급을 명해야 한다.

6. 이자채권

가. 개관

(1) 이자의 의미(28면)

(2) 이자와 지연손해금(28면)

나. 이자제한법

(1) 적용 요건

A. 적용 대상, 적용 범위

- 이 법은 원금이 10만원 이상인 금전 소비대차 계약에 대해서만 적용되며(법 §2 ①, ⑤), 이자약정 당시를 기준으로 최고이자율을 판단한다(법 §2 ②).

> 법 제2조(이자의 최고한도)
> ① **금전대차**에 관한 계약상의 최고이자율은 연 25퍼센트를 초과하지 아니하는 범위 안에서 대통령령으로 정한다.
> ② 제1항에 따른 최고이자율은 약정한 때의 이자율을 말한다.
> ⑤ 대차원금이 10만원 미만인 대차의 이자에 관하여는 제1항을 적용하지 아니한다.

- 간주이자: ㉠ 금전대차에 대한 대가성이 인정되는 돈은 명칭을 불문하고 이자로 간주된다. ㉡ 법령·거래관행·약정 등에 비추어 채권자가 부담해야 할 비용을 채무자에게 전가한 경우에도 이자로 간주된다.

> 법 제4조(간주이자)
> ① 예금(禮金), 할인금, 수수료, 공제금, 체당금, 그 밖의 명칭에도 불구하고 금전의 대차와 관련하여 채권자가 받은 것은 이를 이자로 본다.
> ② 채무자가 금전대차와 관련하여 금전지급의무를 부담하기로 약정하는 경우 의무 발생의 원인 및 근거법령, 의무의 내용, 거래상 일반원칙 등에 비추어 그 의무가 원래 채권자가 부담하여야 할 성질인 때에는 이를 이자로 본다.

- 복리 약정 자체는 유효이지만, 단리를 기준으로 산정한 최고이자를 초과하는 부분은 무효이다.

> 법 제5조(복리약정제한) 이자에 대하여 다시 이자를 지급하기로 하는 복리 약정은 제2조 제1항에서 정한 최고이자율을 초과하는 부분에 해당하는 금액에 대하여는 무효로 한다.

B. 적용 배제

- 위약금 중 손해배상 예정액에 대해서는 이 법이 적용되어 법원의 재량으로 감액할 수 있다. 이에 비해 위약벌에 대해서는 이 법이 적용되지 않으며 §104가 적용될 수 있을 뿐이다.

> 법 제6조(배상액의 감액) 법원은 당사자가 금전을 목적으로 한 채무의 불이행에 관하여 예정한 배상액을 부당하다고 인정한 때에는 상당한 액까지 이를 감액할 수 있다.

> 이자제한법의 최고이자율 제한에 관한 규정은 금전대차에 관한 계약상의 이자에 관하여 적용될 뿐, 계약을 위반한 사람을 제재하고 계약의 이행을 간접적으로 강제하기 위하여 정한 **위약벌의 경우에는 적용될 수 없**다(대법원 2017. 11. 29. 선고 2016다259769 판결).

- 등록대부업자, 미등록된 사실상 대부업자에 대해서는 이 법이 적용되지 않는다.

> 법 제7조(적용범위) 다른 법률에 따라 인가·허가·등록을 마친 금융업 및 대부업과 「대부업 등의 등록 및 금융이용자 보호에 관한 법률」 제9조의4에 따른 미등록대부업자에 대하여는 이 법을 적용하지 아니한다.

(2) 적용의 효과

A. 법정 최고이자 초과액의 처리

- 이자약정 중 최고이자율을 초과하는 부분은 무효이다.

> 법 제2조(이자의 최고한도) ③ 계약상의 이자로서 제1항에서 정한 최고이자율을 초과하는 부분은 무효로 한다.

- 법정 최고이자율에 따라 산정한 가액인 최고이자를 초과하는 가액을 채무자가 임의로 지급한 경우, 그 초과액은 원금에 충당된다. 원금 전부를 소멸시키고도 남은 가액이 있으면 채무자는 그 반환을 청구할 수 있다.

> 법 제2조(이자의 최고한도) ④ 채무자가 최고이자율을 초과하는 이자를 임의로 지급한 경우에는 초과 지급된 이자 상당금액은 원본에 충당되고, 원본이 소멸한 때에는 그 반환을 청구할 수 있다.

- 초과이자 상당액에 대한 경개계약이나 준소비대차 계약도 무효이다.

채무자가 최고이자율을 초과하는 이자를 임의로 지급한 경우에는 초과 지급된 이자 상당 금액은 원본에 충당되고, 이러한 초과 지급된 이자 상당 금액에 대하여 준소비대차계약 또는 경개계약을 체결하더라도 그 금액 부분에 대하여는 효력이 발생하지 아니한다(대법원 2015. 1. 15. 선고 2014다223506 판결).

B. 선이자의 처리

- 선이자가 공제된 경우, 채무자가 실제로 수령한 가액을 원금으로 간주하여 이를 기준으로 산정한 최고이자를 초과한 가액은 원금에 충당한 것으로 간주된다.
- 예컨대 100만원을 1년간 대여하면서 선이자 40만원을 공제했고 최고이율이 연 20%인 경우, 채무자가 실제로 수령한 60만원에 대한 최고이자는 12만원이므로 선이자 40만원 중 이를 초과하는 28만원은 원금에 충당된다. 따라서 채무자가 변제해야 할 원금은 72만원이다.

> 제3조(이자의 사전공제) 선이자를 사전공제한 경우에는 그 공제액이 채무자가 실제 수령한 금액을 원본으로 하여 제2조 제1항에서 정한 최고이자율에 따라 계산한 금액을 초과하는 때에는 그 초과부분은 원본에 충당한 것으로 본다.

C. 초과이자 수취에 대한 제재

- 초과이자 수취 행위는 형사 처벌 대상일 뿐 아니라(법 §8), 불법행위에 해당한다. 초과이자에 대해 채무자가 §741 청구를 할 수 있는 상태이더라도 실제로 반환을 받기 전이라면 §750의 불법행위 성립에는 지장이 없다. 다만 초과이자가 원본에 미치지 못하는 경우에는 원본에 충당되므로 채무자에게 손해가 발생하지 않아서 불법행위가 성립하지 않는다.
- 채권자에게 §750의 책임이 인정되는 경우 초과이자 수취 행위에 가담한 대출중개업자 등도 공동불법행위자로서 §750의 책임을 진다.

> **대법원 2021. 2. 25. 선고 2020다230239 판결**
> ▸ 금전을 대여한 채권자가 **고의 또는 과실로** 이자제한법을 위반하여 **최고이자율을 초과하는 이자를 받아 채무자에게 손해를 입힌 경우**에는 특별한 사정이 없는 한 제750조에 따라 불법행위가 성립한다. 최고이자율을 초과하여 지급된 이자는 법 제2조 제4항에 따라 원본에 충당되므로, 이와 같이 충당하여 **원본이 소멸하고도 남아 있는 초과 지급액은 이자제한법 위반 행위로 인한 손해**라고 볼 수 있다. 부당이득반환청구권과 불법행위로 인한 손해배상청구권은 서로 별개의 청구권으로서, 제한초과이자에 대하여 부당이득반환청구권이 있다고 해서 그것만으로 불법행위의 성립이 방해되지 않는다.
> ▸ 나아가 채권자와 공동으로 위와 같은 이자제한법 위반 행위를 하였거나 이에 가담한 사람인 대출 중개업자 등도 **제760조에 따라 연대하여 손해를 배상**할 책임이 있다.

III 채권의 효력

1. 실체법적 효력과 절차법적 효력

가. 개관

- 채권의 실체법적 효력: 채권은 급부 요구의 적법성의 근거가 되고, 급부에 의한 이익 보유를 정당화시켜주는 법률상 원인이 된다. 만약 채권자 아닌 자가 타인에게 어떤 행위를 요구하면 불법행위에 해당하고, 이러한 타인의 행위를 통해 이익을 얻으면 이 이익은 부당이득에 해당한다.

- 채권의 절차법적 효력: 채권의 절차법적 효력은 채무불이행으로부터 채권자를 구제하기 위해 필요하다. 채권자는 이행소송을 제기할 수 있으며 확정 판결을 받아 채권의 존재와 내용을 공적으로 확인받은 후 이를 근거로 채무자의 책임재산에 대한 강제집행을 함으로써 채권을 실현할 수 있다
- 채권에는 실체법적 효력뿐 아니라 절차법적 효력도 인정되는 것이 원칙이다. 다만 채권 중에서는 실체법적 효력만 있고 절차법적 효력은 없는 것도 있다. 그 예로서 자연채권과 집행력 없는 채권을 들 수 있다.

  자연채무와 같이 예외적인 경우를 제외하고, 입법자는 채권의 강제적 실현이 불가능한 영역을 남겨두고 있지 않다(대법원 2021. 7. 22. 선고 2020다248124 전원합의체 판결).

나. 채권의 효력이 축소된 경우

(1) 자연채권

A. 의미

- 자연채권이란 절차법적 효력이 전혀 없는 채권을 뜻한다. 자연채권도 실체법적 효력은 인정된다. 따라서 ㉠ 채무자의 임의 이행에 의한 재산적 이익 이전의 법률상 원인이 되므로 채무자는 급부부당이득 반환청구를 할 수 없고, ㉡ 상계의 자동채권이 될 수는 없으나 수동채권은 될 수 있으며, ㉢ 재산권의 일종이므로 채권양도의 대상이 될 수도 있으나, 이의유보 없는 승낙이 없는 한 자연채권이라는 성질은 그대로 유지된다(지원림, [3018]).
- 자연채권에는 절차법적 효력이 없으므로 채무불이행이 발생해도 채권자는 채무자를 상대로 이행소송을 제기할 수 없고, 이미 집행권원을 확보해 두었더라도 강제집행을 할 수 없다.

  회사정리법에 의해 자연채권을 발생시키는 면책이라 함은 **채무 자체는 존속**하지만 회사에 대하여 **이행을 강제할 수 없다**는 의미라고 봄이 상당하다(대법원 2001. 7. 24. 선고 2001다3122 판결).

B. 자연채권의 발생 사유

- 자연채권은 계약 또는 법률에 의해 발생한다. 채권자와 채무자가 부제소 합의를 한 경우 자연채권이 발생한다. 부제소 합의를 한 채권자가 소를 제기하면 권리 보

호 이익이 인정되지 않을 뿐 아니라 민사소송법 §1의 신의칙 위반으로 인정된다 (대법원 2013. 11. 28. 선고 2011다80449 판결).

- 법률에 의한 자연채권의 예로서, 피보전채권의 이행을 구하는 소송이 확정판결의 기판력에 저촉되는 경우, 종국 판결 후 소 취하로 인한 재소금지가 적용되는 경우 등을 들 수 있다. 또한 채무자회생법에 따른 면책결정이 확정된 개인회생채권은 채무자에 대한 관계에서 자연채권으로 존속한다(대법원 2017. 10. 26. 선고 2015다224469 판결).

(2) 집행력 없는 채권(채무와 책임의 분리)

A. 개관: 책임의 의미

- 책임의 의미: 책임이란 법익에 대한 비자발적 손실을 감수해야 하는 상태를 뜻한다. 책임은 계약을 근거로 발생하지만 법률을 근거로도 발생할 수 있다. 책임은 자유·재산 등과 같은 기본권적 이익의 제한을 의미한다. 따라서 개인에게 책임을 지우려면 법률에 근거가 있어야 할 뿐 아니라 책임의 정도는 과실에 상응해야 한다(과실책임주의).

- 책임재산의 의미: 책임이 귀속되는 자로부터 박탈되는 법익이 재산인 경우, 이러한 재산을 책임재산이라고 한다. 책임이 귀속되는 자가 보유한 모든 재산은 원칙적으로 책임재산에 해당하지만, 생존이나 생계유지를 위해 필요한 경우 예외적으로 책임재산에서 제외된다(민사집행법 §246).

- 민사책임은 §390의 책임과 §750의 책임으로 크게 나누어지는데, 어떤 것이든 금전 박탈이라는 불이익만 부과되는 것이 원칙이다(금전배상 원칙, 96면).

B. 채무와 책임

- 채무자의 귀책사유로 인한 채무불이행이 발생하면 채무자는 금전으로 손해를 전보해 주어야 하는 금전배상 책임을 지는 것이 원칙이다. 따라서 채권자는 채무자가 가진 금전 이외의 재산을 법정 절차에 따라 처분하여 현금화할 필요가 있다.

- 채권 중 실체법적 효력만 인정되고 ㉠ 책임재산을 현금화할 수 있는 효력이 전혀 없거나, ㉡ 이러한 효력이 특정한 재산에 대해서만 인정되는 것도 있다. ㉠의 예로서 '강제집행 배제 특약'이 있는 경우를 들 수 있으며 이를 위반한 집행은 청구이의 사유가 된다. ㉡의 예로는 상속인이 한정승인을 한 경우를 들 수 있다(구체적인 효과에 대해서는 친족상속, 334면).

부집행의 합의는 실체상의 청구의 실현에 관련하여 이루어지는 사법상의 채권계약이라고 봄이 상당하고 이것에 위반하는 집행은 실체상 부당한 집행이라고 할 수 있으므로 청구이의의 사유가 된다(대법원 1996. 7. 26. 선고 95다19072 판결).

- 비교: ㉠ 물상보증인, 담보물의 제3취득자 등은 채무자가 아닌데도 타인의 채무불이행으로 인해 자신의 특정한 재산을 박탈당하는 불이익을 입게 된다. 이처럼 특정한 재산의 상실이라는 책임을 진다는 점에서 이들은 '물적 유한 책임'을 부담하게 된다. ㉡ 이에 비해 보증채무자나 연대채무자는 자신의 고유한 채무를 부담하고 모든 책임재산을 대상으로 하는 무한책임을 진다.

2. 제3자의 채권침해

가. 개관

(1) 채권의 상대적 효력 원칙과 이에 대한 예외

- 채권은 채권자가 채무자의 특정한 행위를 요구할 수 있는 권리이므로 채권계약의 당사자인 채권자와 채무자 사이에서만 효력이 인정되는 것이 원칙이다. 이에 대한 예외로서 채권자가 채무자 이외의 제3자에게 직접 채권을 주장할 수 있는 경우가 있다.
- 다만 이를 위해서는 채권의 상대효 원칙에 대한 예외를 규정하는 특칙이 필요한데 여기에는 제3자로 하여금 채권의 내용을 알 수 있게 해 주는 '대항요건'이 포함되어야 한다. 주택임대차보호법 §3에 규정된 '임차권의 대항요건'이 그 예이다.

(2) 채권에 대한 침해와 §750의 책임

- '제3자의 채권 침해'가 발생하면 채권자는 제3자에게도 자신의 채권을 주장할 수 있다. 채권도 재산권의 일종이고 재산권 침해는 불법행위가 될 수 있기 때문이다.
- 따라서 제3자가 채권 행사에 지장을 주는 행위를 하고 이러한 행위에 위법성이 인정되면 채권자는 제3자에게 불법행위 책임을 추궁할 수 있다.

나. 제3자의 채권침해

(1) 요건

- 제3자의 채권침해란 채무자 아닌 제3자의 불법행위로 인해 채권이 실현되지 못한 경우를 뜻한다.

- 채권 실현에 지장을 초래하는 제3자의 행위가 §750의 요건을 충족한 이상, 채권 실현에 대해 ㉠ 법적 장애가 발생한 경우는 물론 ㉡사실적 장애가 발생한 경우에도 제3자의 채권침해로 인정될 수 있다. ㉠의 예로서 제3자의 방해로 인해 채무자의 귀책사유 없는 급부불능이 초래된 경우를 들 수 있고, ㉡의 예로서 제3자가 금전채무자의 책임재산 유출에 가담한 경우를 들 수 있다.

(2) 효과

A. §390 손해배상책임 불성립

- 채권 실현을 방해한 제3자는 채권자에게 §390의 책임을 부담하지는 않는다.
- 채권의 상대효 원칙에 따라 채권자는 채무자에게만 권리를 주장할 수 있기 때문이다.

B. §750 손해배상책임 성립 가능

(a) 개관

- 방해행위가 §750의 일반적인 요건을 충족한 경우 방해자는 채권자에 대해 이로 인한 손해배상책임을 진다. 따라서 ㉠ 제3자가 선의로 채권 실현에 지장을 초래했다면 §750의 책임이 성립할 수 없다. 채권은 공시되지 않으므로 과실로 타인의 채권을 침해할 수는 없기 때문이다. ㉡ 또한 제3자가 고의로 채권 실현을 방해했더라도 이러한 행위의 위법성이 인정되지 못하면 §750의 책임이 성립할 수 없다.
- 결국 제3자의 채권 침해는 위법성이 인정되는 고의 행위인 경우에 비로소 §750의 불법행위가 될 수 있다.

(b) 위법성의 판단 기준

- 민사 법률관계에서는 자유 경쟁이 원칙이고 채권은 배타성이 없는 권리이므로, 제3자가 고의로 타인의 채권 실현을 방해한 것 자체만으로는 위법성을 근거지울 수 없다.
- 위법성이 있는지의 여부는, 방해행위의 모습이나 이익형량 등의 사정을 고려하여 개별·구체적으로 판단해야 한다. 예컨대 제3자가 강행법규를 위반하거나 공서양속·사회상규에 반하는 수단·방법을 사용하여 채권 실현을 방해했다면 이러한 행위에는 위법성이 인정된다.

대법원 2003. 3. 14. 선고 2000다32437 판결

‣ 일반적으로 채권에 대하여는 <u>배타적 효력이 부인되고 채권자 상호간 및 채권자와 제3자 사이에 자유경쟁이 허용되는 것이어서 제3자에 의해 채권이 침해되었다는 사실만으로 바로 불법행위가 되는 것은 아니지만</u>, 거래에 있어서의 자유경쟁의 원칙은 법질서가 허용하는 범위 내에서의 공정하고 건전한 경쟁을 전제로 하는 것이므로, 제3자가 채권자를 해한다는 사정을 알면서도 **법규에 위반하거나 선량한 풍속 또는 사회질서에 위반하는 등 위법한 행위**를 함으로써 채권자의 이익을 침해하였다면 이로써 불법행위가 성립한다.

‣ 여기에서 채권침해의 위법성은 침해되는 채권의 내용, 침해행위의 태양, 고의 내지 해의의 유무 등을 참작하여 구체적, 개별적으로 판단하되, 거래자유 보장의 필요성, 경제·사회정책적 요인을 포함한 공공의 이익, 당사자 사이의 이익균형 등을 종합적으로 고려하여야 한다.

C. 방해배제청구권은 부정됨

• 제3자의 채권침해가 위법한 경우에도 §750의 책임만 인정되는 것이 원칙이다.
• 따라서 금전손해배상만 인정되고(§394·§763) 방해배제청구권은 인정되지 않는다.

甲이 설령 통학버스 운행계약에 기하여 통학생들을 통학을 시키고 통학버스 이용요금을 징수할 수 있는 독점적 권리를 취득하였다고 인정된다 하더라도, 이는 <u>채권적 권리에 불과하여 대세적인 효력이 없으므로</u> 甲의 위 권리가 사실상 침해되고 있다고 하더라도, 제3자인 乙에 대하여 통학버스의 **운행금지 등을 구할 수는 없**다 할 것이다(대법원 2008. 12. 15.자 2006마689 결정).

다. 제3자의 채권침해가 문제된 사례

(1) 제3자가 채무자의 급부를 방해한 경우

A. 공연티켓 판매 방해 사건(대법원 2001. 7. 13. 선고 98다51091 판결)

(a) 사안의 개요

• 甲(공연기획사)은 A(가수)의 콘서트를 주관하면서 B(은행)와 공연티켓 판매대행 계약을 체결했다.
• A의 행실을 문제삼아 오던 乙(시민단체)은 A의 콘서트를 무산시키기 위해, B에 대한 항의 방문이나 피켓팅 등의 방법으로 압력을 가하면서 판매 대행 계약의 불

이행을 요구했고, B는 乙의 압력을 견디지 못하고 甲에게 판매 대행 채무에 대한 이행거절 의사를 표시했다.

- 甲은 B에게 이행거절로 인한 §390의 책임을, 乙에게 §750의 책임을 각각 추궁한다.

(b) 쟁점과 판단

- 乙은 甲·B 간 계약에 의한 甲의 채권 실현을 방해한 것으로 인정되며, 이를 위해 동원된 방법인 항의방문이나 피켓팅 등은 사회상규에 비추어 위법성이 인정된다.
- 따라서 乙은 甲에 대해 §750의 책임을 진다. 설령 乙이 주장하는 '목적의 공익성'이 인정되더라도 마찬가지이다.

B. 우선변제권 없는 자의 실질적 우선변제

(a) 사안의 개요

- 상가건물 신축·분양 사업의 시행사인 A는 乙을 시공사로 선정했다. A·乙은 丙(은행)과 자금관리 위탁계약을 체결하면서 특약 사항으로, 乙이 丙으로부터 예금을 인출하려면 丙에게 사업비라는 취지를 증명해야 하고, A가 丙으로부터 예금을 인출하려면 乙의 동의를 받아야 한다는 취지가 기재되어 있었다.
- A로부터 위 상가건물을 분양받았던 甲이 분양계약을 해제하고 기지급대금 반환을 청구했는데, A의 자금 부족 상황을 알고 있던 乙은 A가 甲에게 지급할 해약환급금 인출에 대한 동의를 요청하자 이를 거절하고 자신의 공사비를 인출했다.

(b) 쟁점과 판단

- 甲은 자신의 A에 대한 §548의 채권 실현을 乙이 방해했음을 이유로 乙에게 §750의 손해배상 청구를 했고, 이러한 甲의 청구는 인용되었다. 乙의 공사비 채권도 A에 대한 일반채권에 불과하여 乙은 甲과 평등하게 변제받아야 하는데도 A·乙간 약정에 의한 동의권을 남용하여 법적 근거 없이 자신의 공사비 채권의 우선변제를 받았으므로 위법성이 인정된다.

✓ 변형: 자금관리 위탁계약에서 乙의 공사비에 대한 우선변제 순위가 명시되어 있었다면 乙의 공사비 인출은 적법하다고 볼 수 있을 것이다.

피고는 원고의 이 사건 해약금 반환채권이 자신의 행위로 침해됨을 알면서도 원고에 대한 관계에서 법률상 우선변제권이 인정되지 않는 피고의 공사대금을 우선적으로 추심하기 위하여 금원을 인출하였다. 피고의 이러한 행위는 이 사건과 같은 부동산 선분양 개발사업 시장에서 거래의 공정성과 건전성을 침해하고 사회통념상 요구되는 경제질서를 위반하는 **위법한 행위**이다. 원고는 피고의 위와 같은 위법행위로 말미암아 해약금을 반환받지 못하는 손해를 입었으므로 피고는 원고에게 그 손해를 배상할 책임이 있다(대법원 2021. 6. 30. 선고 2016다10827 판결).

C. 도로공사 주유소 사건(99다38699, 139면)

(2) 제3자가 채무자의 책임재산 유출을 도운 경우

A. 개관

- 채무자의 책임재산 유출에 가담한 제3자가 채권자에 대해 §750의 책임을 지는지와 관련하여, 위법성, 손해 발생 등의 요건이 충족되는지가 문제된다.
- 위법성이 인정되기 위한 요건: 제3자의 악의만으로는 부족하고, 제3자가 ㉠ 자신이 가담한 책임재산 유출로 인해 채무자의 책임재산이 부족해져 채권침해를 초래한다는 사실을 알면서도 채무자와 적극 공모하거나 ㉡ 해의로 사회상규에 반하는 수단을 사용했다는 사실이 인정되어야 한다.

제3자가 채무자에 대한 채권자의 존재 및 그 채권의 침해 사실을 알면서 **채무자와 적극 공모**하거나 **채권행사를 방해할 의도로 사회상규에 반하는 부정한 수단을 사용**하는 등으로 채무자의 책임재산을 감소시키는 행위를 함으로써 채권자로 하여금 채권의 실행과 만족을 불가능 내지 곤란하게 한 경우 채권자에 대한 불법행위를 구성할 수 있다(대법원 2019. 5. 10. 선고 2017다239311 판결).

- 손해 발생 여부의 판단: ㉠ §390·§750에 대해 적용되는 일반원칙인 차액설에 따라 판단한다. 즉 제3자가 가담한 책임재산 유출이 없었다면 채권자가 채무자로부터 회수할 수 있었던 가액만큼이 제3자의 채권침해와 상당인과관계 있는 손해로 인정된다. ㉡ 이러한 판단을 하려면 책임재산 유출 당시 채무자의 책임재산과 채무의 총액을 파악해야 하는데, 이때 이행기가 도래한 채무는 가압류 등의 보전처분이 마쳐져 있는지를 불문하고 원칙적으로 고려 대상이 된다. ㉢ 이에 비해 채권자가 채무자에 대해 사해행위취소, §741의 부당이득 반환청구, 부동산실명제법 §4에 의한 물권변동 무효 등을 주장하여 유출된 책임재산을 회복할 가능성이 있더라도 이러한 사정은 고려 대상이 아니다.

제3자가 채무자의 재산을 은닉하는 방법으로 채권자의 채권을 침해하는 불법행위를 한 경우, 그 손해는 불법행위 시를 기준으로 제3자의 채권침해가 없었다면 채권자가 채무자로부터 회수할 수 있었던 채권 금액 상당이다. 이때의 회수 가능성은 불법행위 시에 존재하는 채무자의 책임재산 가액과 채무자가 부담하는 채무의 액수를 비교하는 방법으로 판단할 수 있다(대법원 2022. 5. 26. 선고 2017다229338 판결).

제3자의 채권침해 당시 채무자가 이미 다액의 채무를 부담하고 있어서 제3자의 채권침해가 없었더라도 채권자가 채무자로부터 일정액 이상으로 채권을 회수할 가능성이 없었다고 인정될 경우에는 위 일정액을 초과하는 손해와 제3자의 채권침해로 인한 불법행위 사이에는 상당인과관계를 인정할 수 없다. 이때의 채권회수 가능성은 불법행위 시를 기준으로 채무자의 책임재산과 채무자가 부담하는 채무의 액수를 비교하는 방법으로 판단할 수 있고, 불법행위 당시에 **이미 이행기가 도래한 채무는 채권자가 종국적으로 권리를 행사하지 아니할 것으로 볼 만한 특별한 사정이 없는 한 비교대상이 되는 채무자 부담의 채무에 포함**되며, 더 나아가 비교대상 채무에 해당하기 위하여 불법행위 당시 채무자의 **재산에 대한 (가)압류가 되어 있을 것을 요하는 것은 아니다**(대법원 2019. 5. 10. 선고 2017다239311 판결).

B. 사례: 책임재산 은닉에 협조한 제3자의 손해배상액 산정

(a) 사안의 개요

• 甲은 강제집행을 면탈할 목적으로 X부동산을 乙에게 명의신탁했으며 乙은 甲의 친지로서 甲의 채무면탈 목적을 잘 알고 적극 협조하였다.

• 丁은 甲에게 5억원의 금전채권을 가지고 있으며, 戊는 甲에게 15억원의 금전채권을 가지고 있다. X부동산의 가액 중 배당가능 금액은 2억원이다.

(b) 쟁점과 판단

• 乙의 §750 책임 성립과 손해배상액 산정: ㉠ 乙의 행위에는 위법성이 인정되므로 乙은 甲과 공동불법행위자가 된다. 甲·乙 간 X부동산 명의신탁은 부동산실명제법 §4에 의해 무효이므로 X부동산이 甲에게 회복될 수 있지만 이러한 가능성은 §750의 요건을 판단할 때는 고려되지 않는다. ㉡ 乙의 丁에 대한 손해배상액은 X부동산의 배당가능 금액 2억원의 1/4인 5000만원이다. 丁은 戊와 안분배당을 받아야 하기 때문이다.

• 변형: X부동산의 배당가능 금액이 증명되지 못한 경우, 법원은 석명권을 행사하여 증명을 촉구해야 하며, 필요한 경우 직권으로 합리적·객관적인 손해액을 심리하여 판단할 수도 있다.

채무자의 재산 은닉 목적으로 채무자의 재산 일부를 허위로 양수받은 후 이를 처분하는 방법으로 이루어진 채권침해의 경우, 그러한 처분행위로 인하여 <u>은닉된 재산의 가액을 정확히 알 수 없게 되어</u> **손해액에 대한 입증이 불충분**하더라도, 법원은 그 이유만으로 손해배상청구를 배척할 것이 아니라 그 손해액에 관하여 적극적으로 **석명권을 행사하고 입증을 촉구하여 이를 밝혀야** 할 것이고, 경우에 따라서는 **직권으로 합리적이고 객관성 있는 손해액을 심리·판단**할 필요도 있다고 할 것이다(대법원 2009. 11. 26. 선고 2008다24494 판결).

2장

채무불이행과
채무불이행 책임

채무불이행과 채무불이행 책임

I 개관

1. 급부장애와 채무불이행

가. 급부장애

- 급부장애란 급부가 실현되지 않아서 채권자가 만족을 얻지 못한 상태 자체를 뜻하고, 그 모습에 따라 급부지체, 급부불능, 불완전 급부 등으로 나누어진다.

- 이들 중 급부불능의 경우, 발생 시점과 원인이 무엇인지에 따라 효과가 달라진다. ㉠ 원시적 불능의 경우에는 채권이 소멸하고 급부부당이득 반환이나 계약체결상의 과실책임(§535)이 문제된다. ㉡ 후발적 불능의 경우에는 채무자의 귀책사유로 인한 급부장애인 '채무불이행'이 성립하면 채무불이행 책임의 효과가 발생하고, 그 밖의 사유 즉 불가항력이나 채권자의 귀책사유로 인한 급부장애가 발생하면 위험부담(§537)이 문제된다.

나. 채무불이행

- 채무자의 귀책사유로 인한 급부장애를 채무불이행이라고 하는데, 채무불이행도 급부장애의 모습에 따라 이행지체, 이행불능, 불완전 이행, 이행거절 등의 하위 유형으로 나눠진다.

- 다만 §390는 채무불이행의 요건을 '채무의 내용에 좇은 이행을 하지 않은 때'라는 일반조항으로 규정하고 있으므로 위의 유형들에 속하지 않는 채무불이행도 인정될 수 있다.

2. 채무불이행의 요건 · 효과 개관

가. 채무불이행의 요건 개관

(1) 급부장애

(2) 귀책사유

- 귀책사유란 급부장애의 원인행위에 대한 채무자의 고의나 과실을 뜻한다.
- 채무자 자신의 귀책사유만이 채무불이행 책임의 요건이 될 수 있음이 원칙이지만, 이에 대한 예외로서 채무자의 이행보조자나 법정대리인의 귀책사유는 채무자 자신의 귀책사유로 간주된다(§391).

(3) 위법성

- 채무불이행은 그 자체로서 위법성이 인정된다. 따라서 채무불이행이 성립한 경우 이로 인한 책임을 부정하는 채무자가 위법성 조각사유에 해당하는 특별한 사정을 주장·증명해야 한다.
- 사례: 강박에 의한 증여계약 후 피해자가 이행을 회피할 목적으로 목적물을 이중 매매하여 수증자에 대한 이행불능이 성립한 경우, §110의 취소권 행사 등의 적법한 구제수단이 있었으므로 이중매매는 위법성 조각사유인 '자구행위'로 인정되지 않는다. 따라서 강박 피해자인 증여자는 채무불이행책임을 면할 수 없다.

채무불이행에 있어서 확정된 채무의 내용에 좇은 **이행이 행하여지지 아니하였다면 급부장애 그 자체가 바로 위법한 것으로 평가되는 것**이고, 다만 그 이행하지 아니한 것이 위법성을 조각할 만한 행위에 해당하게 되는 특별한 사정이 있는 때에는 채무불이행이 성립하지 않는 경우도 있을 수 있으나, 피고들이 원고의 강박에 의하여 행한 이 사건 증여약정의 효력발생을 방지하거나 그 증여의 결과를 회피하기 위하여 이 사건 각 부동산을 제3자에게 매도하고 소유권이전등기를 경료해 주는 것 외에 달리 방법이 없었던 것으로 인정되지 아니하므로(위 피고들로서는 강박의 상태가 끝난 후 원고에 대하여 증여의 의사표시를 취소하는 것만으로 위 증여약정의 효력을 소멸시킬 수 있었다), 위 피고들의 양도행위가 정당방위, 긴급피난, 자구행위, 사회상규에 위배되지 않는 정당행위 등에 해당한다고 할 수 없다(대법원 2002. 12. 27. 선고 2000다 47361 판결).

나. 채무불이행의 효과 개관

• 채무불이행의 효과로서 채권자 구제를 위해 채무자에게 부과되는 불이익 전반을 '채무불이행 책임'이라고 한다.

• 채권자는 채무불이행 책임 추궁을 위해 ㉠ 계약을 소급적으로 소멸시키는 법정 해제권을 행사하고 §548의 원상회복청구와 §551의 손해배상청구를 하거나 ㉡ 계약의 효력이 유지됨을 전제로, 이행지체의 경우 강제이행과 지연배상, 이행불능의 경우 원래의 급부에 갈음하는 전보배상을 청구하는 것 중에서 선택할 수 있다. 특히 쌍무계약의 경우에는 ㉡의 경우, 채권자 자신도 반대급부를 이행해야 하므로 계약을 소급적으로 소멸시키는 ㉠도 선택할 수 있게 해 줄 필요가 있다.

Ⅱ 채무불이행의 요건

1. 공통요건: 귀책사유

가. 의미(49면)

나. 귀책사유의 확장: 이행보조자책임

> 제391조(이행보조자의 고의, 과실) 채무자의 법정대리인이 채무자를 위하여 이행하거나 채무자가 타인을 사용하여 이행하는 경우에는 법정대리인 또는 피용자의 고의나 과실은 채무자의 고의나 과실로 본다.

(1) 문제의 소재

• 급부장애가 발생한 경우, ㉠ 채무자의 이행보조자나 법정대리인에 해당하는 사람이 급부에 해당하는 행위를 했고 ㉡ 이들에게는 귀책사유가 있지만 채무자 본인에게는 귀책사유가 없는 경우에 §391의 적용 여부가 문제된다.

• §391가 적용되면 이행보조자나 법정대리인의 귀책사유가 채무자 자신의 귀책사유로 간주된다. 채권자가 채무자에게 §390 본문에 따라 손해배상청구를 했을 때 채무자가 §390 단서의 무과실 항변을 하면 채권자는 재항변으로 §391의 이행보조자 책임을 주장할 수 있는 것이다. 따라서 채무자의 무과실 항변이 배척되면 채권자로서는 §391의 이행보조자 책임을 주장할 필요가 없다.

(2) 이행보조자의 의미에 관한 견해대립

A. 제1설: 이행보조자와 이행대행자를 구별하는 견해

(a) 내용

✓ 좁은 의미의 이행보조자는 채무자의 지시에 종속되어 채무자 대신 급부를 하는 자를 가리킨다.

✓ 채무자 대신 급부를 하지만 채무자로부터 독립되어 있으면 '이행대행자'이므로 좁은 의미의 이행보조자가 아니다.

(b) 실익

✓ 이 견해에 의하면 §391는 좁은 의미의 이행보조자에게만 적용된다. 즉 채무자는 자신에게 종속된 자의 귀책사유에 대해서만 책임을 진다.

✓ 이행대행자의 행위로 인한 급부불능에 대해서는 §391의 적용이 배제되므로, ㉠ 채권자가 급부의 대행을 양해한 경우에는 이행대행자에게 귀책사유가 있어도 채무자는 선임·감독상의 과실이 없음을 증명하여 면책될 수 있다. ㉡ 이에 비해 채무자가 손수 급부하기로 약정한 경우에는 이행대행자 사용 자체가 채무불이행에 해당하므로 이행대행자의 귀책사유가 없고 채무자에게 이행대행자 선임·감독에 관한 과실이 없어도 채무자는 §390의 책임을 져야 한다. ㉢ 채권자가 이행대행자의 급부에 대해 양해했는지의 여부가 불명확한 경우에는 §391가 적용된다. 따라서 이행대행자의 귀책사유는 채무자의 귀책사유로 간주되므로 채무자는 선임·감독에 관한 과실이 없어도 §390의 책임을 면할 수 없다.

B. 제2설(판례)

(a) 이행보조자의 의미

• 이행보조자란 채무자의 의사관여 하에 채무의 이행행위인 급부에 속하는 활동을 하는 사람을 뜻한다. 채무자의 의사관여란 채무자가 타인에게 급부에 해당하는 행위를 할 기회를 제공했음을 뜻한다.

• 따라서 채무자의 기회 제공에 의해 급부를 하게 된 자는 채무자에 대한 종속성이 있든 없든 §391의 이행보조자이다. 예컨대 채무자와 급부자 사이에 호의관계만 인정되거나 급부자가 일시적으로 급부에 관여한 경우에도 급부자는 §391의 '이행보조자'에 해당한다.

(b) 이행보조자 책임의 범위 제한: 급부 관련성

• 급부자가 이행보조자에 해당하더라도, '급부 관련성'이라는 요건도 충족되어야 비로소 §391가 적용될 수 있다.

이행보조자로서의 피용자라 함은 **채무자의 의사 관여 아래 그 채무의 이행행위에 속하는 활동을 하는 사람**을 의미하므로, 채무자의 채권자에 대한 채무 이행행위에 속한다고 볼 수 없는 활동을 하는 사람을 이행보조자에 해당한다고 볼 수는 없다(대법원 2013. 8. 23. 선고 2011다2142 판결).

- 이행보조자에 해당하는 자가 한 행위이더라도 이러한 행위와 급부 사이의 관련성이 없으면 §391가 적용되지 않으므로 이행보조자의 귀책사유가 채무자의 귀책사유로 간주되지 않고, 채무자는 §390 단서의 무과실 항변으로 면책될 수 있다.

(3) §391 적용의 효과

A. 채권자와 채무자

- §391의 주된 기능은 급부장애에 대해 이행보조자에게는 귀책사유가 있고 채무자에게는 귀책사유가 없을 때, 이행보조자의 귀책사유를 채무자의 귀책사유로 간주하는 것이다.
- 따라서 이행보조자의 귀책사유가 인정되면 채무자 자신은 무과실이더라도 채무자는 채권자에게 §390의 손해배상책임을 진다.

B. 채권자와 이행보조자

- 이행보조자에게 급부불능에 대한 귀책사유가 있어도 이행보조자가 채권자에게 §390의 책임을 부담하지는 않는다. 이행보조자가 채권자에게 채무를 부담하지는 않기 때문이다.
- 다만 이행보조자도 채권자에게 §750의 책임은 부담할 수 있다. 이때 이행보조자가 부담하는 §750의 손해배상채무와 채무자가 부담하는 §390의 손해배상채무는 부진정연대채무이다(대법원 1994. 11. 11. 선고 94다22446 판결).

C. 채무자와 이행보조자

- §391가 적용되면 이행보조자의 귀책사유로 인해 채무자가 손해를 입게 된다. 따라서 이행보조자는 채무자에게 이로 인한 손해배상 책임을 지게 되는데, 그 구체적인 내용은 이행보조자가 채무자의 급부 과정에 관여하게 된 원인관계에 따라 결정된다.
- 이행보조자가 이행인수인인 경우, 이행보조자는 이행인수의 근거인 위임·고용 등의 계약상 채무를 불이행한 것으로 인정된다. 따라서 이로 인한 §390 책임을 져

야 한다.

* 이에 비해 채무자와 이행보조자 사이에 이행인수의 근거가 될 만한 특별한 법률 관계가 없으면 이행보조자는 채무자에게 사무관리로 인한 손해배상책임을 져야 한다(§734 ③).

(4) 사례

A. 호의관계와 이행보조자

(a) 사안의 개요

* 乙이 운영하는 X리조트 광고에서 승마 체험이 가능하다는 내용을 본 甲은 乙과 X리조트 이용계약을 체결한 후 광고 내용에 따른 승마 체험 진행을 요구했다.

* 乙은 인근에서 승마장을 운영하는 지인 丙에게 甲을 위한 승마 체험 일정 진행을 부탁했는데, 甲은 승마 체험 중 丙의 과실로 인해 부상을 입었다.

(b) 쟁점과 판단

* 광고 내용도 리조트 이용계약의 내용으로 해석되므로 승마 체험 진행도 乙의 채무를 구성하는 급부에 해당한다.

* 丙은 乙의 의사관여 하에 甲에게 승마 체험 진행이라는 급부를 제공했으므로 乙의 이행보조자에 해당한다. 따라서 甲의 사고에 대한 乙의 귀책사유가 없어도 乙은 甲에 대한 §390의 책임을 면할 수 없다. 한편 丙은 과실로 甲에게 부상을 입혔으므로 甲에게 §750의 책임을 지고, 이러한 丙의 §750 책임과 乙의 §390 책임은 부진정연대 관계에 있다.

> **대법원 2018. 2. 13. 선고 2017다275447 판결**
>
> ‣ 이행보조자는 **채무자의 의사 관여 아래 그 채무의 이행행위에 속하는 활동을 하는 사람이면 충분**하고 반드시 채무자의 지시 또는 감독을 받는 관계에 있어야 하는 것은 아니다. 따라서 그가 채무자에 대하여 **종속적인 지위에 있는지, 독립적인 지위에 있는지는 상관없**다.
>
> ‣ 이행보조자가 채무자와 계약 그 밖의 법률관계가 있어야 하는 것이 아니다. 제3자가 단순히 **호의로 행위를 한 경우에도 그것이 채무자의 용인 아래 이루어지는 것이면 그 제3자는 이행보조자에 해당한다. 이행보조자의 활동이 일시적인지 계속적인지도 문제 되지 않**는다.

B. 복이행보조자

(a) 사안의 개요

* A(기획여행업자)는 협력업체인 B(여행사)에게 의뢰하여 기획여행 일정을 진행하던 중 B의 의뢰를 받은 현지 여행업자 C의 과실로 인해 채권자인 甲(고객)이 사망했다.

* A, B에게는 무과실이 인정되는 경우 甲의 유족인 乙이 A에게 §390의 책임을 추궁하려면 어떤 요건이 충족되어야 하는가?

(b) 쟁점과 판단

* B여행사가 현지 여행업자 C에게 일부 일정의 진행을 위탁한다는 사실에 대해 A가 동의·승낙했다는 사실이 증명되어야 한다.

* 논거: ㉠ 기획여행업자는 여행자에게 안전배려의무를 부담하므로 甲의 사망사고 발생은 A의 급부 불이행에 해당한다(2015다221309, 15면). ㉡ 이행보조자가 복이행보조자를 사용한 경우 채무자가 이러한 사실에 대해 명시적·묵시적으로 승낙했을 때 한해 복이행보조자의 귀책사유가 채무자 자신의 귀책사유로 간주된다.

> 이행보조자가 채무의 이행을 위하여 제3자를 **복이행보조자로서 사용하는 경우에도 채무자가 이를 승낙하였거나 적어도 묵시적으로 동의한 경우**에는 채무자는 복이행보조자의 고의, 과실에 관하여 제391조에 의한 책임을 부담한다고 보아야 한다(대법원 2011. 5. 26. 선고 2011다1330 판결).

C. 법인의 대표기관

* 법인과 이사의 법률관계는 신뢰관계에 기초한 사무처리를 내용으로 하므로, 위임과 유사한 채권관계라고 볼 수 있고(대법원 2013. 11. 28. 선고 2011다41741 판결) 법인의 대표자는 법인의 이행보조자라고 볼 수 있다.

* 따라서 법인의 채무에 대한 급부불능이 대표자의 귀책사유로 인해 발생한 경우 법인은 §390의 책임을 져야 한다. 이때 대표자 개인은 이행보조자에 불과하므로 채권자에게 §750의 책임을 지는 것은 별론으로 하고 채권자에게 직접 §390의 책임을 지지는 않는다.

> 법정대리인 또는 이행보조자의 고의·과실을 채무자 자신의 고의·과실로 간주함으로써 채무불이행책임을 채무자 본인에게 귀속시키고 있는데, **법인의 경우도** 법률행

위에 관하여 대표기관의 고의·과실에 따른 채무불이행책임의 주체는 법인으로 한정된다(대법원 2019. 5. 30. 선고 2017다53265 판결).

D. 제3자의 가해행위와 급부의 외관상 관련성이 문제된 사례

(a) 임대인의 직원이 파업 중에 임차인의 영업을 방해한 경우

- 사안의 개요: 甲은 乙소유 X부동산의 일부를 임차하여 영업 중인데, 乙의 직원 중 X부동산 운영 업무를 담당하고 있던 丙이 파업 중에 X부동산에 대한 고객의 출입을 방해하는 등의 행위를 하여 甲에게 영업손실이 발생했다.
- 쟁점과 판단: 甲은 乙에게 §390의 책임을 추궁할 수 있다. 丙은 乙의 이행보조자이고, 丙이 X부동산에 대한 고객의 출입을 방해한 행위는 乙이 甲에게 부담하는 X부동산의 사용·수익 가능 상태 제공 의무의 이행과 객관적·외형적으로 관련성이 있기 때문이다.

> **대법원 2008. 2. 15. 선고 2005다69458 판결**
> - 이행보조자의 행위가 채무자에 의하여 그에게 **맡겨진 이행업무와 객관적, 외형적으로 관련을 가지는 경우**에는 채무자는 그 행위에 대하여 책임을 져야 하고, 채무의 이행에 관련된 행위이면 가사 이행보조자의 행위가 채권자에 대한 불법행위가 된다고 하더라도 채무자가 면책될 수는 없다.
> - 피고(골프장 사장, 클럽하우스 임대인)는 이 사건 계약에 따라 클럽하우스 내 식당 등의 영업장을 원고(클럽하우스 임차인)의 사용, 수익에 필요한 상태로 유지하여야 할 계약상 의무가 있는데 피고의 이행보조자인 직원들이 파업 중에 원고의 영업장을 불법으로 점거하는 행위는 채무의 이행에 관련된 행위이고, 그와 같은 행위에서의 피고 직원들의 고의·과실은 피고의 고의·과실이라 할 것이므로, 피고에게는 이 사건 계약에 대한 채무불이행책임이 있다.

(b) 공연장 대관계약

- 사안의 개요: 甲(기획사)은 乙(예술의전당)과 공연장 대관계약을 체결했으나, 그 당시에 공연장을 사용하던 제3자 丙의 과실로 인해 공연장 시설이 파손되어 甲이 기획한 공연 개시일에 공연장을 사용할 수 없게 되었다.
- 이로 인해 乙이 甲에게 대관계약상 채무를 이행할 수 없게 되더라도 乙은 甲에게 §390의 책임을 부담하지 않는다. 乙·丙 간 종속관계가 없더라도 丙은 乙의 이행

보조자가 될 수는 있지만, 이 사건의 경우 丙이 乙의 공연장을 대관하여 사용하던 중에 과실로 이를 파손한 것이 乙의 甲에 대한 대관계약 상 급부의 이행과 관련된 행위라고 볼 수는 없기 때문이다.

丙은 오페라극장의 관리·운영자인 乙과의 사이에서 甲·乙 간 **대관계약과는 별도**의 독립한 대관계약을 체결하고 그에 따라 점유·사용의 이익을 향유한 것이므로, 이 사건 화재 당시 丙의 오페라극장 점유·사용이라는 행위는 대관계약에 의한 乙의 甲에 대한 채무 이행 활동과는 아무런 관계가 없다. 따라서 丙이 乙과의 대관계약에 따라 공연 기간 중 선량한 관리자로서 오페라극장을 보존할 의무가 있다고 하여, 甲에 대한 관계에서 국립오페라단을 대관계약에 관한 乙의 이행보조자라고 볼 수는 없다(대법원 2013. 8. 23. 선고 2011다2142 판결).

2. 채무불이행의 유형별 요건 · 효과

가. 이행지체

(1) 요건: 채무자의 귀책사유로 인한 급부지체

A. 급부지체

* 급부지체란 이행기에 채무자가 급부를 이행할 수 있는데도 급부의 이행제공을 하지 않은 경우를 뜻한다(이행기에 대해서는 §544 부분, 이행제공에 대해서는 §538 부분 각 참조). 급부 이행의 가능성은 '사회통념상 급부 이행의 기대 가능성'을 뜻한다.
* 급부의 내용이 구체적으로 정해지지 않았더라도 이를 정할 수 있는 기준·방법만 정해져 있으면 계약은 유효하게 성립한다(대법원 2017. 10. 26. 선고 2017다242867 판결). 따라서 급부의 내용이 정해지기 전에 이행기가 도래해도 이행지체가 성립한다.

청구금액이 확정되지 아니하였다는 이유만으로 채무자가 지체책임을 면할 수는 없다(대법원 2018. 7. 20. 선고 2015다207044 판결).

B. 면책사유

* 급부지체가 발생해도 채무자가 이에 대한 귀책사유가 없음을 증명하면 이행지체가 성립하지 않고 채무불이행 책임도 발생하지 않는다(§390 단서).
* 예컨대 채무자에게 동시이행 항변권이 인정되면, 고의로 이행을 거절해도 정당한 권리 행사이므로 이행지체가 성립하지 않는다(§536 부분 참조).

(2) 효과: 채권자의 선택가능성

A. 개관

- 계약 유지를 전제한 효과로서 채권자는 강제이행을 선택할 수 있고, 이에 더하여 이행지체로 인해 발생한 손해에 대한 배상청구인 지연배상청구도 할 수 있다. 쌍무계약의 경우, 채권자가 이처럼 계약 유지를 전제한 효과를 주장하려면 반대급부 의무를 벗어날 수 없다.

- 계약 파기를 전제한 효과로서 채권자는 법정해제권을 행사할 수 있다. 그 실익은 쌍무계약의 경우에 채권자가 반대급부 의무를 벗어날 수 있다는 것이다(§544 부분 참조).

B. 강제이행

- 이행지체는 급부 이행이 가능함을 전제하며, 채권자는 법원에 강제이행을 청구하고, 이에 더하여 지연배상금 지급도 청구할 수 있다(§389 ④).

- 강제이행의 방법에는 직접강제, 대체강제, 간접강제 등이 있고, 채무자의 자발적 행위가 필요한 급부처럼 성질상 강제이행이 불가능한 급부도 있다. 한편 급부의 내용이 의사표시를 하는 것인 경우 채권의 목적은 의사표시라는 행위 자체보다는 그 효과인 권리 변동에 의해 달성되므로, 법원이 의사표시에 갈음하는 재판을 하여 이러한 권리 변동을 발생시키는 방식으로 강제이행할 수 있다.

> 제389조(강제이행)
> ① 채무자가 임의로 채무를 이행하지 아니한 때에는 채권자는 그 강제이행을 법원에 청구할 수 있다. 그러나 채무의 성질이 강제이행을 하지 못할 것인 때에는 그러하지 아니하다.
> ② 전항의 채무가 법률행위를 목적으로 한 때에는 채무자의 의사표시에 갈음할 재판을 청구할 수 있고 채무자의 일신에 전속하지 아니한 작위를 목적으로 한 때에는 채무자의 비용으로 제삼자에게 이를 하게 할 것을 법원에 청구할 수 있다.
> ③ 그 채무가 부작위를 목적으로 한 경우에 채무자가 이에 위반한 때에는 채무자의 비용으로써 그 위반한 것을 제각하고 장래에 대한 적당한 처분을 법원에 청구할 수 있다.
> ④ 전3항의 규정은 손해배상의 청구에 영향을 미치지 아니한다.

- 강제이행의 구체적인 방법은 민사집행법에 규정되어 있다. ㉠ 직접강제나 대체강제는 강제이행을 명하는 재판 이후 별도의 강제집행 절차를 거쳐 진행된다. ㉡

이에 비해 부작위급부나 비대체적 급부 위반에 대한 간접강제를 실시하는 경우, 채무자가 단기간 내에 위반할 가능성이 높고 민사소송법 §261에 따른 적정한 배상액을 산정할 수 있으면, 간접강제를 명하는 재판 절차에서 곧바로 이러한 배상을 명할 수 있다.

> **대법원 2021. 7. 22. 선고 2020다248124 전원합의체 판결**
> ‣ 대법원은 <u>부작위채무에 관하여</u> 판결절차의 변론종결 당시에 보아 부작위채무를 명하는 집행권원이 성립하더라도 채무자가 이를 <u>단기간 내에 위반할 개연성이 있고,</u> 또한 판결절차에서 민사집행법 제261조에 의하여 명할 적정한 배상액을 산정할 수 <u>있는</u> 경우에는 판결절차에서도 **채무불이행에 대한 간접강제를 할 수 있다**고 하였다.
> ‣ 또한 대법원은 **부대체적 작위채무에 관하여서도** 판결절차의 변론종결 당시에 보아 <u>집행권원이 성립하더라도 채무자가 부대체적 작위채무를 임의로 이행할 가능성이 없음이 명백</u>하고, 판결절차에서 채무자에게 **간접강제결정의 당부에 관하여 충분히 변론할 기회**가 부여되었으며, 민사집행법 제261조에 의하여 명할 적정한 배상액을 <u>산정할 수 있는</u> 경우에는 판결절차에서도 채무불이행에 대한 간접강제를 할 수 있다고 하였다.
> ‣ 위와 같은 현재의 판례는 타당하므로 그대로 유지되어야 한다.

C. 손해배상

(a) 원칙: 지연배상

• 이행기가 도래했을 때 이행지체가 성립하므로 지연배상금은 이행기가 도래한 날 다음날부터 발생한다.

• 한편 지연배상금 발생의 종기는 이행지체 상태가 실제로 종료된 때가 아니라, 이행지체 상태가 종료될 수 있었을 때이다. 채권자가 스스로 이행지체 상태를 종료시킬 수 있는데도 방치함으로써 지연배상금의 가액을 증가시키는 것을 방지할 필요가 있기 때문이다.

임대차 종료시 임차인의 원상회복의무 이행지체로 인해 임대인이 입은 손해는 이행지체일부터 임대인이 실제로 원상회복을 완료한 날까지가 아니라 임대인 <u>스스로 원상회복을 할 수 있었던</u> 날까지의 임대료 상당액이다(대법원 1999. 12. 21. 선고 97다15104 판결).

(b) 예외적인 전보배상

* 채권자가 상당 기간 동안 이행을 최고해도 채무자가 이에 불응하거나, 지연된 급부가 채권자에게 이익이 되지 않는 경우, 채권자는 강제이행·지연배상 청구 대신 이행에 갈음하는 손해배상인 전보배상을 청구할 수 있다.

> 제395조(이행지체와 전보배상) 채무자가 채무의 이행을 지체한 경우에 채권자가 상당한 기간을 정하여 이행을 최고하여도 그 기간내에 이행하지 아니하거나 지체후의 이행이 채권자에게 이익이 없는 때에는 채권자는 수령을 거절하고 이행에 갈음한 손해배상을 청구할 수 있다.

* 전보배상액 산정의 기준시: 전보배상 대상인 원래 급부의 시가가 변동하는 경우, 전보배상액은 원래의 급부 이행을 최고할 때 붙였던 상당 기간이 경과한 시점을 기준으로 산정한다(대법원 2007. 9. 20. 선고 2005다63337 판결).
* 사례: 특정물 채무가 이행지체를 거쳐 이행불능이 된 경우, 이행기부터 이행불능 시점까지의 기간 즉 이행지체가 지속된 기간 동안은 특정물의 사용이익 상당액이 지연배상액이 된다. 이행불능 시점 이후의 지연배상금은 전보배상금인 이행불능 당시의 특정물의 시가에 지연손해금율을 적용하여 산정해야 하고 이때는 사용이익을 청구할 수 없다.

특정물 채권의 목적물이 멸실되어 그 시가 상당의 손해배상을 구하는 경우의 손해액은 이행불능 당시의 시가와 그에 대한 지연손해금 상당액이고 <u>장차 그 물건을 사용 수익할 수 있었을 이익은 그 시가인 교환가격에 포함되어 있다고 할 것이어서 이를 따로 청구할 수는 없는 법리이므로, 만일 피고가 반환하지 못한 물품 중 이미 멸실된 것이 있다면 원고는 이에 대하여는 **멸실되기까지의 사용·수익하지 못한 손해**와 멸실된 당시의 시가상당 금원 및 이에 대한 지연손해금만 청구할 수 있을 뿐 **멸실된 날 이후의 사용·수익의 이익은 청구할 수 없**다(대법원 1990. 10. 16. 선고 90다카20210 판결).

D. 계약의 소멸을 전제한 효과: 법정해제(§544), 지연배상(§551)

E. 사례: §395의 요건 충족 후의 지연된 이행제공

(a) 사안의 개요

* 선행 사건에서, 甲은 乙에게 A회사 주식 5만주의 인도를 청구하는 소를 제기하여, '乙은 甲에게 A회사 주식 1만주를 인도하고, 위 주식에 대한 강제집행이 불능

일 때에는 2억원을 지급하라'는 취지의 가집행선고부 판결을 받았고, 이 판결 확정 전에 가집행선고를 기초로 강제집행에 착수했으나 乙의 비협조로 인해 집행관의 집행불능조서 작성으로 강제집행 절차가 종료되었다.

- 甲이 乙에 대한 2억원의 금전채권에 기하여 乙의 丙에 대한 물품대금 채권에 대한 압류·추심명령을 받자, 乙은 甲에게 A회사 주식 1만주를 이체한 후 甲의 위 채권압류가 무효라고 주장한다.

(b) 쟁점과 판단

- 종류채권자가 본래의 급부를 청구함과 동시에 §390 또는 §395의 전보배상 청구를 병합한 경우, 단순병합에 해당한다. 전자에 대한 강제집행이 불능으로 종결되면 종류채권자는 §395의 전보배상 청구를 할 수 있고 그 후에는 본래 급부에 대한 수령을 거절할 수 있다.
- 따라서 그 후 채무자가 임의로 본래 급부를 이행해도 §395의 전보배상 채무는 소멸하지 않는다.

> **대법원 2024. 7. 25. 선고 2021다239905 판결**
> - 채권적 청구권에 기하여 물건의 인도를 구함과 동시에 그 집행불능에 대비하여 손해배상을 구하는 경우, 그중 대상적 급부인 손해배상청구는 제390조의 이행불능으로 인한 전보배상 또는 제395조의 이행지체로 인한 전보배상을 구하는 것으로서, 이러한 청구의 병합은 현재의 급부청구인 본래적 급부청구와 사실심 변론종결 후에 발생하는 장래의 급부청구인 대상적 급부청구의 **단순병합**에 해당한다.
> - 대상적 급부로서 이행지체로 인한 전보배상을 구하여 본래적 급부의 이행과 함께 대상적 급부의 이행을 명한 판결이 선고되고, 그에 기초하여 본래적 급부에 대한 강제집행에 착수하였으나 그것이 집행불능이 되어 **대상적 급부청구권이 발생하면, 채권자는 본래적 급부에 대한 수령을 거절**할 수 있게 된다(제395조 참조). 따라서 그 후 채무자가 임의로 본래적 급부를 제공하더라도 채권자가 이를 수령하는 등의 특별한 사정이 없는 한 그로써 바로 본래적 급부에 관한 의무 이행의 효력이 발생한다고 볼 수 없다.
> - 가집행선고부 판결의 집행력은 후일 본안판결 또는 가집행선고가 취소·변경될 것을 해제조건으로 그 선고 즉시 발생하므로, 본래적 급부의 이행과 함께 대상적 급부의 이행을 명한 판결이 확정되기 전에 그 가집행선고부 판결에 기하여 한 본래적 급

부에 대한 강제집행이 집행불능에 이른 경우에도 이후 <u>위 판결 또는 가집행선고가</u> <u>취소·변경되지 않는</u> 한 그 집행불능의 시점에 대상적 급부청구권이 발생한다.

(3) 기한의 이익

A. 의미

- 기한의 이익은 기한 미도래라는 효과를 주장하여 얻을 수 있는 이익을 뜻한다.
- 기한의 이익을 가진 자는 기한 미도래라는 효과를 주장할 수 있다.

B. 기한의 이익의 귀속

- 기한의 이익은 채무자를 위한 것으로 추정된다(§153). 따라서 채권자가 기한 전에 이행을 청구하면 채무자는 ㉠ 기한의 이익을 주장하지 않고 곧바로 이행하거나 ㉡ 기한의 이익을 주장하여 기한 미도래 항변을 주장하는 것 중에서 선택할 수 있다.
- 이에 비해 기한이익이 채권자에게 귀속되는 경우, ㉠ 기한 도래 전에 채무자가 이행 제공을 하더라도 채권자는 기한의 이익을 주장하여 변제 수령을 거절할 수 있고 ㉡ 기한 도래 전이더라도 기한의 이익을 주장하지 않고 채무자에게 이행을 청구할 수도 있다.

C. 기한의 이익 상실 사유

(a) 의미

- 기한의 이익 상실 사유란 기한의 이익을 누리는 당사자가 이를 주장할 수 없게 하는 사유를 뜻한다.
- 사례: 기한 이익 상실 사유는, 채무자에게 기한의 이익이 귀속된 사안에서 채권자의 즉시 변제 청구에 대해 채무자가 기한 미도래 항변을 한 경우에 채권자가 주장할 수 있는 재항변 사유에 해당한다.

(b) 요건

- 기한의 이익 상실 사유는 법률뿐 아니라 당사자의 약정으로도 정해질 수 있다.
- 법률에 의한 기한 이익 상실 사유의 전형적인 예는 채무자가 담보를 제공·유지할 의무를 위반하는 것이다.

> 제388조(기한의 이익의 상실) 채무자는 다음 각호의 경우에는 기한의 이익을 주장하지 못한다.
> 1. 채무자가 담보를 손상, 감소 또는 멸실하게 한 때
> 2. 채무자가 담보제공의 의무를 이행하지 아니한 때

(c) 효과

• 본질적 효과: 기한의 이익 상실 사유의 법적 성질에 따라 달라진다.

• 부수적 효과: 채무자가 기한의 이익을 상실하면 ㉠ 채권자는 이행청구를 할 수 있으므로 이때부터 채권의 소멸시효가 기산한다. ㉡ 이에 비해 이행지체로 인한 손해배상책임은 채무자가 이행청구를 받아야 발생한다. 기한의 이익 상실 사유가 발생하면 기한을 정하지 않은 채무가 되기 때문이다.

(d) 사례: 약정에 의한 기한이익 상실사유의 성질

• 채권자와 채무자가 외상거래에 수반하여 대금 할부 변제 약정을 하면서, 채무자가 1기분이라도 지체하면 기한 이익을 상실한다는 취지의 특약을 추가한 경우, 대금 채권의 소멸시효의 기산점은 기한의 이익 상실 사유의 법적 성질에 따라 달라진다.

• 기한의 이익 상실 사유의 법적 성질은 ㉠ 채권자에게 형성권을 발생시키는 요건이거나 ㉡ 잔여 부분의 변제기가 즉시 도래하게 하는 정지조건 중 하나에 해당한다. ㉠에 해당하는 경우, 1기분의 이행지체가 발생해도 채권자가 형성권을 행사하지 않는 한 나머지 부분에 대해서는 여전히 할부 변제가 적용되므로 순차적으로 소멸시효가 기산한다. 이에 비해 ㉡에 해당하는 경우, 1기분의 이행지체 발생 즉시 채권자의 의사와 무관하게 나머지 부분 전부에 대해 소멸시효가 기산한다.

• 이들 중 무엇인지는 당사자의 의사해석으로 정해야 하며, 불명확할 때는 채권자에게 유리한 ㉠으로 해석해야 한다. 기한의 이익 상실 사유는 채권자를 위한 것이기 때문이다.

대법원 2002. 9. 4. 선고 2002다28340 판결

‣ 기한이익 상실의 특약은 그 내용에 의하여 일정한 사유가 발생하면 ㉠ 일정한 사유가 발생한 후 채권자의 통지나 청구 등 채권자의 의사행위를 기다려 비로소 이행기가 도래하는 것으로 하는 **형성권적** 기한이익 상실의 특약과 ㉡ 채권자의 청구 등을

요함이 없이 당연히 기한의 이익이 상실되어 이행기가 도래하는 것으로 하는 **정지조건부** 기한이익 상실의 특약의 두 가지로 대별할 수 있다. 이들 중 어느 것에 해당하느냐는 당사자의 **의사해석의 문제**이지만 일반적으로 기한이익 상실의 특약이 **채권자를 위하여 둔 것인 점에 비추어** 명백히 정지조건부 기한이익 상실의 특약이라고 볼 만한 특별한 사정이 없는 이상 채권자에게 유리한 **형성권적 기한이익 상실의 특약으로 추정**하는 것이 타당하다.

- 형성권적 기한이익 상실의 특약이 있는 경우에는 그 특약은 채권자의 이익을 위한 것으로서 기한이익의 상실 사유가 발생하였다고 하더라도 <u>채권자가 나머지 전액을 일시에 청구할 것인가 또는 종래대로 할부변제를 청구할 것인가를 자유로이 선택</u>할 수 있으므로, 1회의 불이행이 있더라도 **각 할부금에 대해 그 각 변제기의 도래시마다 그 때부터 순차로 소멸시효가 진행**하고 채권자가 특히 **잔존 채무 전액의 변제를 구하는 취지의 의사를 표시한 경우에 한하여 전액**에 대하여 그 때부터 소멸시효가 진행한다.

D. 기한 전 변제와 손해배상

(a) 사안의 개요

- 丙은 2015. 2. 1. 乙로부터 자금을 대출받으면서 대출기간을 2030. 1. 31.까지로 정했고, 대출거래약정서에는 '대출거래를 함에 있어「은행여신거래기본약관(가계용)」이 적용됨을 승인'한다는 내용이 포함되어 있다.
- 丙의 乙에 대한 위 채무를 담보하기 위해, 물상보증인 甲은 2015. 4. 1. 자신이 소유한 X부동산에 대한 근저당권설정계약을 체결하고, 여기에 乙명의 근저당권설정등기를 마쳐주었다. 甲·乙간 근저당권설정계약의 특약사항으로 5년 경과 후에는 甲이 근저당권설정계약을 해지할 수 있도록 되어 있었다.
- 甲은 2021. 2. 1. 乙에게 근저당권설정계약 해지 통고를 했고, 결산기가 도래했음을 이유로 그때까지의 피담보채무 가액에 해당하는 돈을 공탁했는데, 여기에는 2021. 2. 1.부터 대출만기인 2030. 1. 31.까지의 대출이자에 해당하는 돈은 포함되어 있지 않았다.

(b) 쟁점과 판단

- 원칙: 甲이 乙명의 근저당권설정등기의 말소등기를 청구하려면, 변제기까지의 약정이자도 지급해야 한다. ㉠ 제3자 변제도 채무의 내용에 좇은 것이어야 하는

데(§460), 변제기 전 변제의 경우 채무자는 상대방의 손해를 배상해야 하고(§468), 이자부 소비대차의 경우 기한의 이익은 채무자뿐 아니라 채권자에게도 인정되기 때문이다. ⓛ 근저당권설정계약과 피담보채무의 원인계약은 별개이므로, 근저당권설정계약상 '해지통고'로 결산기를 지정할 수 있어도 그때를 기준으로 피담보채무액수가 정해지는 것은 아니다.

- 예외: §153 ②, §468 등은 모두 임의규정이므로, '중도상환 수수료 없는 기한 전 변제' 약정이 있다면, 채무자나 대위변제자는 변제 당시까지의 원리금만 이행제공하면 된다. 따라서 물상보증인이 기한 전에 피담보채무 원리금 상당액을 공탁하고 담보물권 말소등기청구를 한 경우, 기한 전 변제로 인한 손해배상 책임 면제 특약이 있는지를 심리하지 않고 판단하면 심리미진이다.

(c) 변형

- 전제: 채권자에게도 기한이익이 인정되고, 채무자가 기한 전 변제를 하려면 기한이익 침해로 인한 손해를 배상해야 한다.
- 채무자는 채권자에 대한 반대채권으로 기한 있는 수동채권과 상계할 수 있으나 그 효력이 미치는 '대등액'에는 수동채권의 원리금뿐 아니라 손해배상액도 포함되어야 한다.

> **대법원 2023. 4. 13. 선고 2021다305338 판결**
> - 원고가 이 사건 근저당권설정등기의 말소를 구하기 위해서는 소외인이 피고와 사이의 대출거래약정에 따라 부담하는 모든 채무를 변제하여야 한다.
> - 기한의 이익은 포기할 수 있으나, 상대방의 이익을 해하지 못한다(제153조 제2항). 변제기 전이라도 채무자는 변제할 수 있으나, 상대방의 손해는 배상하여야 한다(제468조). 채무의 변제는 제3자도 할 수 있으나(제469조 제1항 본문), 그 경우에도 급부행위는 채무내용에 좇은 것이어야 한다(제460조).
> - **채권자와 채무자 모두가 기한의 이익**을 갖는 **이자부 금전소비대차계약** 등에 있어서, 채무자가 변제기로 인한 기한의 이익을 포기하고 변제기 전에 변제하는 경우 변제기까지의 약정이자 등 채권자의 손해를 배상하여야 하고, 이러한 **약정이자 등 손해액을 함께 제공하지 않으면 채무의 내용에 따른 변제제공이라고 볼 수 없으므로, 채권자는 수령을 거절할 수 있다.** 이는 제3자가 변제하는 경우에도 마찬가지이다.

- 원고의 **해지 통고 등에 따라 이 사건 근저당권의 결산기가 지정되었다고 하더라도,** 이 사건 근저당권설정계약에 따른 결산기 지정은 丙과 乙 사이의 **대출거래약정상 피담보채무의 변제기에 관한 약정과 구별**되므로, 결산기 지정만으로 대출금 채무의 변제기가 도래하였다고 보기는 어렵다. 그러나 기한의 이익과 그 포기에 관한 위 규정들은 <u>임의규정으로서</u> 당사자가 그와 다른 약정을 할 수 있다. 대출거래약정상 약정한 상환기일이 도래하기 전이라도 **중도상환수수료 등 배상금 부담 없이 원금을 갚을 수 있다는 다른 약정이 있는 경우에는 채무자 등은 손해배상 없이 변제할 수 있다.**
- 따라서 원심으로서는 소외인과 피고가 대출거래약정 당시 계약 내용에 포함시키기로 한 약관의 규정이 <u>변제기 전의 변제에 관하여 민법과 달리 정하고 있거나</u> 그 밖에 당사자 사이에 다른 약정이 있었는지 등을 확인하고, 원고의 공탁이 채무의 내용에 따른 변제제공으로 볼 수 있었는지 등에 대하여 심리하였어야 하는데, 이러한 조치를 취하지 아니한 채 **원고가 대출만기까지의 약정이자 등 손해 상당액까지 배상하여야 한다는 등 이유로 원고의 청구를 받아들이지 아니한 데에는** 심리미진, 법리오해의 잘못이 있다.

나. 이행불능

(1) 개관

A. 불능의 의미

* 급부 실현이 절대적·물리적으로 불가능한 경우는 물론, 사회통념상 이행을 기대할 수 없는 경우도 민법상의 '불능'에 해당한다.

채무의 이행이 불가능하다는 것은 **절대적·물리적으로 불가능한 경우**만이 아니라 **사회생활상 경험칙이나 거래관념에 비추어 볼 때 채권자가 채무자의 이행의 실현을 기대할 수 없는 경우**도 포함한다(대법원 2017. 8. 29. 선고 2016다212524 판결).

* 채무불이행 책임을 근거지우는 급부불능은 후발적 불능을 의미한다. 원시적 불능의 경우에는 §535가 적용되기 때문이다. 예컨대 강행법규 위반으로 인해 계약이 무효인 경우와 같은 법적 불능은 원시적 불능에 해당한다.

대법원 2017. 8. 29. 선고 2016다212524 판결

- **계약 체결 후에 채무의 이행이 불가능**하게 된 경우에는 채권자가 이행을 청구하지 못하고 채무불이행을 이유로 손해배상을 청구하거나 계약을 해제할 수 있다. 그러나 **계약 당시에 이미 채무의 이행이 불가능**했다면 특별한 사정이 없는 한 채권자가 이행을 구하는 것은 허용되지 않고, 제535조에 의해 권리를 구제받을 수밖에 없다.
- 급부불능이 되는 것은 채무를 이행하는 행위가 **법률로 금지**되어 그 행위의 실현이 **법률상 불가능**한 경우에도 마찬가지이다. … 1필지의 토지 중 일부를 특정하여 매매계약이 체결되었으나 그 부분의 면적이 건축법에 따라 분할이 제한되는 경우, 그 부분을 분할하여 소유권이전등기절차를 이행할 수 없다.

(2) 후발적 불능의 효과

A. 법정해제(§546)

B. 대상청구권(§537)

C. 전보배상

- 이행불능으로 인한 전보배상의 가액은 이행불능 당시의 원래 급부의 시가 상당액이다(대법원 2005. 9. 15. 선고 2005다29474 판결). 예컨대 진정권리자가 매수인을 상대로 말소등기나 진정명의 회복을 원인으로 하는 소유권이전등기 청구 소송을 제기한 경우, 매도인의 소유권이전등기 의무의 이행불능 시점은 매수인에 대한 패소판결이 확정된 때이다(대법원 1993. 4. 9.선고 92다25946 판결).
- 전보배상자의 대위: 채무자가 이행불능으로 인한 전보배상을 전부 이행하면 급부불능 후 잔존하는 권리나 물건에 대한 권리를 취득한다.
  - ✓ §399의 취지는 상법 §681의 보험자의 잔존물대위와 비슷하다. 다만 보험 사안과는 달리 §399의 경우에는 특정물채무자가 목적물의 소유자이기 때문에 굳이 채권자를 대위하게 할 필요가 있을지는 의문이다.

> 제399조(손해배상자의 대위) 채권자가 그 채권의 목적인 물건 또는 권리의 가액전부를 손해배상으로 받은 때에는 채무자는 그 물건 또는 권리에 관하여 당연히 채권자를 대위한다.

채권의 목적인 물건 또는 권리가 **가분적인 것이라는 등의 특별한 사정이 있는 경우는** **별론**으로 하고, 그 밖의 경우에는 성질상 채무자가 채권의 목적인 물건 또는 권리의 가액의 일부를 손해배상 한 것만으로는 채권자를 대위할 수 없다(대법원 2007. 10. 12. 선고 2006다42566 판결).

다. 그 밖의 유형

(1) 이행거절: §544 부분 참조

(2) 불완전이행

라. 사례: 가압류·가처분과 제3채무자의 이행지체·이행불능

(1) 채권에 대한 가압류·지급금지 가처분

• 甲이 乙에 대해 가지는 채권을 甲의 채권자 A가 적법하게 가압류한 경우에도 乙이 이행기에 甲에 대한 채무를 이행하지 않으면 이행지체가 성립한다. 제3채무자 乙은 A의 가압류로 인해 이중변제의 위험에 노출되지만 변제공탁으로 이러한 위험을 회피할 수 있기 때문이다(93다951, 562면).

• 이러한 법리는 甲의 乙에 대한 채권에 대해 지급금지 가처분이 마쳐진 경우에도 마찬가지로 적용된다. 지급금지 가처분이 채무자에게 항변권을 부여하는 것은 아니기 때문이다.

피고의 보증금 지급의무에 관하여 <u>지급금지가처분결정이 있었다고 하더라도 그것으로써 피고에게 그 지급을 거절할 수 있는 사유, 즉 지급거절의 권능이 발생한다고 할 수 없고,</u> 보증금지급의무가 실제로 발생하여 그 이행기가 도래하면 피고는 채권자인 원고에게 이를 이행하여야 하며, <u>이를 이행하지 아니하는 경우에는 지체책임 발생의</u> <u>다른 요건이 갖추어지는 한 그 이행의 지체로 인한 손해배상 등 법적 책임을 져야 한</u>다. 다만 피고는 채권자의 수령불능을 이유로 <u>변제공탁함으로써 자신의 보증금 지급</u> <u>채무로부터 벗어날 수 있고, 지체책임도 면하게 된다</u>(대법원 2010. 2. 25. 선고 2009다 22778 판결).

(2) 특정물 채무의 목적물에 대한 가등기·처분금지 가처분

A. 문제의 소재

• 甲은 자신이 소유한 X부동산을 乙에게 매도했는데 그 후 甲에 대한 채권자 A가

X부동산에 대해 적법한 가등기나 처분금지 가처분 등기를 마쳤다. 이 경우 甲의 乙에 대한 X부동산 소유권이전등기 의무가 이행불능이 되는지가 문제된다.

B. 쟁점과 판단

- 가등기나 처분금지 가처분 등기의 명의인은 이러한 등기와 양립할 수 없는 후순위 등기인 저촉등기를 마친 자에게 자신의 권리를 주장할 수 있으나, 이러한 저촉등기의 원인행위가 무효라고 주장할 수는 없다.

- 따라서 A가 가등기나 처분금지 가처분 등기를 마쳤더라도 甲의 乙에 대한 X부동산 소유권이전등기 의무는 이행 가능한 상태이고, 甲이 임의로 이행하면 乙은 소유권을 취득한다.

- 다만 그 후 A의 가등기나 처분금지 가처분의 피보전권리가 행사되면 乙은 소유권을 상실하고 甲·乙 사이에서는 §576의 담보책임이 문제된다.

매매의 목적이 된 부동산에 관하여 제3자의 처분금지가처분의 등기가 기입되었다 할지라도, 이는 단지 그에 저촉되는 범위 내에서 가처분채권자에게 대항할 수 없는 효과가 있다는 것일 뿐 그것에 의하여 곧바로 부동산 위에 어떤 지배관계가 생겨서 **채무자가 그 부동산을 임의로 타에 처분하는 행위 자체를 금지하는 것은 아니**라 하겠으므로, 그 가처분등기로 인하여 바로 계약이 이행불능으로 되는 것은 아니고, 제3자 앞으로 소유권이전등기가 경료되는 등 사회거래의 통념에 비추어 계약의 이행이 극히 곤란한 사정이 발생하는 때에 비로소 이행불능으로 된다(대법원 2002. 12. 27. 선고 2000다47361 판결).

소유권이전등기의무자가 그 부동산상에 제3자 명의로 가등기를 마쳐 주었다 하여도 가등기는 본등기의 순위보전의 효력을 가지는 것에 불과하고, 또한 그 소유권이전등기의무자의 처분권한이 상실되는 것도 아니므로 그 가등기만으로는 소유권이전등기의무가 이행불능이 된다고 할 수도 없다(대법원 1993. 9. 14. 선고 93다12268 판결).

III 채무불이행으로 인한 손해배상책임

1. 개관

가. 민사책임의 의미와 체계

(1) 민사책임의 의미와 특징

A. 민사책임의 의미

• 민사책임은 피해자에게 발생한 손해의 전보를 목적으로 하고, 손해의 공평·타당한 부담이라는 지도원리가 적용된다는 점에서 형사책임과는 지도이념을 달리한다. 따라서 형사책임의 근거인 범죄행위에 해당하지 않는 행위이더라도 민사책임의 근거인 위법행위가 될 수 있다.

민사책임과 형사책임은 지도이념, 증명책임의 부담과 그 증명의 정도 등에서 서로 다른 원리가 적용된다. 민사책임은 피해자에게 발생한 손해의 전보를 그 내용으로 하고 손해배상제도는 손해의 공평·타당한 부담을 그 지도원리로 한다. 따라서 형사상 범죄를 구성하지 않는 침해행위라고 하더라도 그것이 민사상 불법행위를 구성하는지는 형사책임과 별개의 관점에서 검토해야 한다(대법원 2022. 6. 9. 선고 2020다208997 판결).

B. 민사책임의 특징

• 민사책임에 대해서는 과실책임주의가 적용되고, 손해의 전보를 목적으로 한다. 따라서 민사책임의 요건은 '고의·과실로 위법한 행위를 하고 이로 인해 타인에게 손해가 발생한 것'이다.

• 금전배상 원칙과 제한배상 원칙: ㉠ 민사책임의 내용은 금전을 지급하는 것이다. 즉 민사 법률관계에서 발생한 모든 손해는 금전으로 전보될 수 있음이 전제된다. ㉡ 민사책임의 이념은 손해의 공평한 '분담'이지 손해의 완전한 복구가 아니다. 따라서 손해에 대한 완전한 배상이 아니라 제한 배상 원칙이 적용된다.

(2) 민사책임의 이원적 체계

A. 채무불이행책임과 불법행위책임

- 민사책임을 근거지울 수 있는 '고의·과실에 의한 위법성 있는 가해행위'는 크게 두 가지로 나누어진다.

- §750의 책임: 누구든지 고의·과실로 위법한 행위를 하여 타인에게 손해를 발생시키면 손해배상책임을 져야 하는데, 이 경우 가해자는 불법행위로 인한 손해배상책임을 진다.

- §390의 책임: 채무자가 고의·과실로 계약을 위반함으로써 채권 실현을 좌절시키고 이로 인해 채권자에게 손해가 발생한 경우 채무자는 채무불이행으로 인한 손해배상책임을 진다.

B. 채무불이행책임과 불법행위책임의 관계

(a) 비교: 구별의 실익

- 채무불이행은 계약을 위반한 행위이므로 위법성이 추정되고, 채무자 자신이 약정한 급부를 불이행한 것이므로 귀책사유도 추정된다. 따라서 채권자는 급부장애 사실과 이로 인한 손해 발생만 주장·증명하면 채무불이행 책임을 추궁할 수 있고, 채무자가 위법성 조각사유나 무귀책 등을 항변으로 주장해야 한다.

- 이에 비해 불법행위는 누구에게나 일어날 수 있는 일이기 때문에 채권자인 피해자가 모든 요건을 주장·증명해야 한다.

- 권리 행사 기간: §390의 경우에는 채권의 일반적 소멸시효가 적용되는 데 비해, §750의 경우에는 §766의 특칙에 의한 단기시효가 적용된다.

(b) 청구권 경합

- 채무불이행은 기본적으로 고의·과실에 의한 위법한 가해행위에 해당한다. 따라서 채무불이행 책임이 성립하면 대개 불법행위 책임도 성립한다. 이들은 청구권 경합 상태이므로 채권자는 §390의 손해배상채권과 §750의 손해배상채권 중 하나를 선택할 수 있으며, 하나가 이행되면 다른 하나도 소멸하는 관계이다.

- 다만 이들은 별개의 권리이므로 요건·효과는 각각에 대해 따로 판단해야 한다. 예컨대 계약 위반 사실과 손해 발생 사실만 주장하면 §390의 손해배상청구는 인용될 수 있으나, §750의 손해배상청구는 인용될 수 없다.

대법원 2021. 6. 24. 선고 2016다210474 판결

- **채무불이행책임과 불법행위책임**은 각각 요건과 효과를 달리하는 별개의 법률관계에서 발생하는 것이므로 **하나의 행위가 계약상 채무불이행의 요건을 충족함과 동시에 불법행위의 요건도 충족하는 경우에는 두 개의 손해배상청구권이 경합**하여 발생하고, 권리자는 위 두 개의 손해배상청구권 중 어느 것이든 **선택하여 행사**할 수 있다.

- 다만 동일한 사실관계에서 발생한 손해의 배상을 목적으로 하는 경우에도 채무불이행을 원인으로 하는 배상청구와 불법행위를 원인으로 한 배상청구는 **청구원인을 달리하는 별개의 소송물**이므로, 법원은 원고가 행사하는 청구권에 관하여 다른 청구권과는 별개로 그 성립요건과 법률효과의 인정 여부를 판단하여야 한다. <u>계약 위반으로 인한 채무불이행이 성립한다고 하여 그것만으로 바로 불법행위가 성립하는 것은 아니다.</u>

(c) 효과의 동일성

- 불법행위로 인한 손해배상청구권의 내용에 대해서는 채무불이행으로 인한 손해배상청구권에 관한 조항들이 준용된다(§763).
- 따라서 특칙이 없는 한 §750 책임과 §390 책임의 내용인 '손해배상'의 범위나 손해배상액의 산정 방법 등에 대해서는 동일한 규율이 적용된다.

나. 손해의 의미와 유형

(1) 손해의 의미

A. 차액설

(a) 의미

- 지배적 견해와 판례는, 민사법상의 '손해'의 의미를 '가해행위로 인해 피해자에게 발생한 재산상의 불이익'이라고 파악한다. 이러한 견해를 '차액설'이라고 하는데, 가해행위가 없었음을 전제한 피해자의 가정적 재산 상태와 가해행위 이후의 피해자의 실제 재산 상태의 차액을 손해라고 파악하기 때문이다. 이러한 차액설을 §390의 책임에 대해 적용하면 채무가 이행되었음을 전제한 채권자의 가정적 재산 상태와 채무불이행 발생 이후의 채권자의 실제 재산 상태의 차액을 '손해'라고 파악하게 된다.

불법행위로 인한 재산상 손해는 위법한 가해행위로 인하여 발생한 재산상 불이익, 즉 그 위법행위가 없었더라면 존재하였을 재산상태와 그 위법행위가 가해진 현재의 재산상태의 차이를 말한다(대법원 1992. 6. 23. 선고 91다33070 전원합의체 판결).

- 사례: 甲은 교통사고를 일으킨 후 이 사고가 보험 대상이 아니라고 오인하여 허위로 사고 신고를 하여 乙(보험자)로부터 보험금을 수령했는데 실제로는 甲이 일으킨 교통사고도 보상 대상이었던 경우, 甲의 허위 신고가 위법한 행위이기는 하지만 이러한 허위 신고가 아니라 실제 사실을 반영한 신고를 했더라도 乙은 보험금을 지급했을 것이므로 乙에게는 손해가 발생한 것으로 인정되지 않는다. 따라서 乙의 甲에 대한 §750 청구는 배척된다(대법원 2009. 9. 10. 선고 2009다30762 판결).

(b) 차액설에 따른 손해 산정의 기준시: 위법한 가해행위가 종료된 때

- 차액설에 따라 손해를 산정하려면 채권자의 실제 재산상태를 파악해야 하는데, 그 기준시는 위법한 가해행위 즉 불법행위나 채무불이행이 종료된 직후이다.
- 다만 불법행위의 시점과 그 결과 발생 시점 사이에 간격이 있을 때는 그 결과 발생 시가 손해 발생 여부 판단과 손해액을 산정하기 위한 기준시가 된다.

(c) 사례: 고가 매도와 손해 발생 여부 판단의 기준시

- 乙은 甲을 기망하여 甲에게 X물건을 팔고 100만원을 받았는데 그 당시 X물건의 시가는 50만원이었으나 그 후 X물건의 시가가 120만원으로 상승했다. 그 후 甲이 乙을 상대로 §750의 손해배상 청구를 하면 乙은 甲에게 50만원의 손해배상금을 지급해야 한다. 차액설에 의하면 손해 발생 여부와 그 가액은 불법행위 직후를 기준으로 판단해야 하기 때문이다.

대법원 2010. 4. 29. 선고 2009다91828 판결

  ‣ 손해액은 원칙적으로 불법행위시를 기준으로 산정하여야 한다. 원심은 ‘기망행위가 가해진 현재의 재산상태’를 원고가 원심 변론종결일 현재라고 전제하였으나, 여기에서 ‘현재’는 ‘기준으로 삼은 그 시점’이란 의미에서 ‘불법행위시’를 뜻하는 것이지 ‘지금의 시간’이란 의미로부터 ‘사실심 변론종결시’를 뜻하는 것은 아니다. 피고 등의 기망행위가 가해진 결과는 원고가 이 사건 부동산을 제값보다 비싸게 매수하게 된 것이라고 봄이 상당하다.

- 원고가 피고 등의 기망행위로 인하여 이 사건 부동산을 **고가에 매수하게 됨으로써 입게 된 손해는 이 사건 부동산의 매수 당시 시가와 매수가격과의 차액**이다. 그 후 원고가 이 사건 부동산 중 일부에 대하여 보상금을 수령하였다거나 부동산 시가가 상승하여 매수가격을 상회하게 되었다고 하여 원고에게 손해가 발생하지 않았다고 할 수 없다.

- 乙이 특정 주식의 시가가 상승할 것이라고 甲을 기망하여 甲이 당시의 시가보다 고가로 주식을 매수한 경우, 甲이 乙의 불법행위로 인해 입게 된 손해는 甲이 지출한 주식 매수대금 전액이 아니라 이 가액에서 매수된 주식의 매수 당시의 객관적 가액 상당액을 공제한 차액이다. 다만 乙의 기망이 없었더라도 甲이 고가로 주식을 매수했을 것임이 증명되면 乙은 §750의 책임을 면하는데 이 경우에는 상당인과관계가 인정되지 않기 때문이다(대법원 2024. 1. 4. 선고 2022다286335 판결).

B. 손해의 발생

- 차액설을 적용하려면 가해행위 이후의 채권자의 실제 재산상태를 파악해야 하는데, 이때는 현실적으로 발생한 손해만 고려해야 한다. 손해의 현실적 발생 여부는 사회통념에 따라 객관적·합리적으로 판단해야 한다.

- 사례: 부동산 매매에서 목적물에 담보물권이 설정되어 있는 경우 이 사실만으로는 매수인에게 손해가 발생했다고 볼 수 없고, 매도인이 그 피담보채무를 변제하여 담보물권을 소멸시킬 수 없게 되었을 때 비로소 현실적으로 매수인에게 손해가 발생한 것으로 인정된다.

대법원 2017. 6. 19. 선고 2017다215070 판결

- 채무불이행으로 인한 손해배상청구권은 **현실적으로 손해가 발생한 때에 성립**하는 것이고, 이때 현실적으로 손해가 발생하였는지 여부는 사회통념에 비추어 객관적이고 합리적으로 판단해야 한다.

- 매매목적물인 부동산에 관하여 근저당권이 설정되어 있더라도, 매도인으로서는 근저당권을 소멸시킨 다음 매수인에게 부동산 소유권을 이전할 수 있으므로 **근저당권 설정 사실만으로 곧바로 매수인에게 그 피담보채무액 상당의 손해가 발생한다고 볼 수는 없**지만, 매수인이 매수한 부동산에 관한 소유권 또는 소유권이전등기청구권의 보전 등을 위하여 근저당권의 피담보채무를 변제하지 않을 수 없게 되었다는 등의 사정이 있으면 위와 같은 손해가 현실적으로 발생하였다고 볼 수 있다.

C. 주장·증명책임

- §750의 경우뿐 아니라 §390의 경우에도 손해 발생 사실과 손해배상액은 모두 손해배상 채권자가 주장·증명해야 한다. 따라서 채권자가 손해배상 채무의 발생 원인인 채무불이행이나 불법행위가 있었다는 사실만 주장하고 그 손해의 발생 사실에 대해서는 주장·증명하지 않으면, 변론주의 원칙상 법원이 손해액을 산정할 수 없으므로 손해배상 청구는 기각되어야 하는 것이 원칙이다(대법원 2000. 2. 11. 선고 99다49644 판결).

- 다만 채권자가 손해 발생 사실에 대해서는 주장·증명했으나 손해액에 관한 주장·증명이 미흡한 경우, 법원은 석명권을 행사하거나 직권으로 손해액을 심리·판단하여 손해배상청구를 인용할 수 있다. 이러한 법리는 §390, §750에 의한 손해배상 채권은 물론 특별법에 따른 손해배상채권에 대해서도 마찬가지로 적용된다.

> 민사소송법 제202조의2(손해배상 액수의 산정) 손해가 발생한 사실은 인정되나 구체적인 손해의 액수를 증명하는 것이 사안의 성질상 매우 어려운 경우에 법원은 변론 전체의 취지와 증거조사의 결과에 의하여 인정되는 모든 사정을 종합하여 상당하다고 인정되는 금액을 손해배상 액수로 정할 수 있다.

대법원 2020. 3. 26. 선고 2018다301336 판결

- 손해배상책임이 인정되는 경우 법원은 손해액에 관한 당사자의 **주장과 증명이 미흡하더라도 적극적으로 석명권을 행사**하여 증명을 촉구하여야 하고, 경우에 따라서는 **직권으로 손해액을 심리·판단**하여야 한다.
- 채무불이행이나 불법행위로 인한 손해배상청구소송에서 재산적 손해의 발생사실이 인정되나 구체적인 손해의 액수를 증명하는 것이 사안의 성질상 곤란한 경우 법원은 관련된 모든 간접사실들을 종합하여 적당하다고 인정되는 금액을 손해의 액수로 정할 수 있다.
- **민사소송법 제202조의2**는 특별한 정함이 없는 한 채무불이행이나 불법행위로 인한 손해배상뿐만 아니라 특별법에 따른 손해배상에도 적용되는 일반적 성격의 규정이다.

(2) 손해의 유형

A. 이행이익의 손해, 신뢰이익의 손해

(a) 의미

- 이행이익의 손해와 신뢰이익의 손해는 모두 §390의 책임에 대해서만 문제된다.
- 이행이익의 손해란 채무가 이행되었다면 채권자가 얻을 수 있었던 가정적 이익 상당액이고, 신뢰이익의 손해란 채무가 이행될 것으로 믿고 채권자가 지출한 비용 상당액이다.

(b) 신뢰이익과 이행이익과의 관계

- §390의 손해배상은 이행이익 배상임이 원칙이지만 채권자는 신뢰이익의 배상을 청구할 수도 있다. 이행이익에 비해 신뢰이익이 증명하기 더 쉽기 때문이다.
- 다만 신뢰이익 배상액은 이행이익 배상액을 넘지 못한다. 손해의 공평 분담이라는 이념에 비추어 볼 때 채권자가 계약의 이행으로 얻게 될 이익보다 더 많은 비용을 지출한 경우 이러한 비용까지 전보해 줄 필요는 없기 때문이다.
- 이행이익이 배상되는 경우에도 중복배상이 아닌 한 이행이익 배상으로 전보되지 않는 손해에 해당하는 신뢰이익은 추가로 배상될 수 있다.

채무불이행을 이유로 계약을 해제하거나 해지하고 손해배상을 청구하는 경우에, 채권자는 채무가 이행되었더라면 얻었을 이익을 얻지 못하는 손해를 입은 것이므로 계약의 이행으로 얻을 이익, 즉 **이행이익의 배상을 구하는 것이 원칙**이다. 그러나 채권자는 그 대신에 <u>계약이</u> **이행되리라고 믿고 지출한 비용의 배상**을 채무불이행으로 인한 손해라고 볼 수 있는 한도에서 청구할 수도 있다. 이러한 지출비용의 배상은 이행이익의 증명이 곤란한 경우에 그 증명을 용이하게 하기 위하여 인정되는데, 이 경우에도 채권자가 입은 손해, 즉 **이행이익의 범위를 초과할 수는 없다**고 보아야 한다(대법원 2017. 2. 15. 선고 2015다235766 판결).

(c) 사례: 이행이익이 0인 경우, 신뢰이익 배상 불가

- 사안의 개요: 甲은 자신이 신축한 집합건물의 분양을 乙에게 의뢰하는 분양대행 계약을 체결했는데, 6개월 이내에 60% 이상 분양된 경우에만 보수 1억원을 지급하기로 했다. 그로부터 6개월이 경과한 후 분양률은 40%를 넘지 못한 상태였는데, 甲·乙 간의 반목으로 인해 위 분양대행 계약이 해지되었다.
- 쟁점과 판단: 乙이 분양 광고, 홍보 직원 고용 등을 위해 지출한 비용의 배상을 甲

에게 청구하더라도 이러한 청구는 배척된다. 乙의 주장은 신뢰이익 배상을 청구하는 것인데 보수 지급 요건이 충족되지 못했으므로 乙이 기대할 수 있는 이행이익은 0이라고 보아야 하기 때문이다.

채권자가 **계약의 이행으로 얻을 수 있는 이익이 인정되지 않는 경우**라면, 채권자에게 배상해야 할 손해가 발생하였다고 볼 수 없으므로, 당연히 **지출비용의 배상을 청구할 수 없**다(대법원 2017. 2. 15. 선고 2015다235766 판결).

B. 적극손해, 소극손해(일실이익)

(a) 의미

• 적극손해란 원래 존재하던 이익의 상실로 인해 발생하는 손해이고 소극손해는 취득할 수 있었던 이익을 취득하지 못한 것으로 인해 발생하는 손해이다.

불법행위로 인한 재산상 손해는 **기존의 이익이 상실되는 적극적 손해**의 형태와 **장차 얻을 수 있을 이익을 얻지 못하는 소극적 손해**의 형태로 구분된다(대법원 1992. 6. 23. 선고 91다33070 전원합의체 판결).

• 이행이익의 손해는 대개 소극손해이고 신뢰이익의 손해는 대개 적극손해이다. 그러나 이행이익의 손해가 적극손해일 수도 있고 신뢰이익의 손해가 소극손해일 수도 있다. 전자의 예로서 이행이익 배상 청구를 위해 지출된 소송비용을, 후자의 예로서 더 좋은 기회의 상실로 인한 손해를 각각 들 수 있다.

(b) 사례: 부실등기를 믿고 부동산을 매수했다가 진정권리자에게 추탈당한 경우의 손해

• 사안의 개요: 甲은 乙에게 X부동산을 팔고 5억원을 받았으나, X부동산의 진정소유자는 丙이고 甲명의 소유권이전등기는 원인무효임이 밝혀져서 丙명의로 진정명의회복 소유권이전등기가 마쳐졌다.

• 쟁점과 판단: 타인권리 매매도 유효이므로 甲은 乙에게 X부동산의 소유권을 이전할 채무를 부담한다(§569 참조). 이러한 甲의 채무가 이행불능이 됨에 따라 乙에게 발생한 손해에 ㉠ 乙이 X부동산의 소유권을 취득할 것이라고 믿고 지출한 매매대금 상당액과 부대비용 등의 적극손해는 포함되지만 ㉡ X부동산의 시가 상당액이라는 소극손해는 포함되지 않는다. 乙은 X부동산의 소유권을 취득할 수 없었기 때문이다.

타인 소유의 토지에 관하여 등기관계서류를 위조하여 원인무효의 소유권이전등기를 경료하고 다시 이를 다른 사람에게 매도하여 순차로 소유권이전등기가 경료된 후에 토지의 진정한 소유자가 최종 매수인을 상대로 말소등기청구소송을 제기하여 그 소유자 승소의 판결이 확정된 경우, 위 **불법행위**로 인하여 최종 매수인이 입은 손해는 **무효의 소유권이전등기를 유효한 등기로 믿고 위 토지를 매수하기 위하여 출연한 금액, 즉 매매대금**으로서 이는 기존이익의 상실인 <u>적극적 손해</u>에 해당하고, 최종 매수인은 처음부터 위 토지의 소유권을 취득하지 못한 것이어서 위 말소등기를 명하는 판결의 확정으로 비로소 위 토지의 소유권을 상실한 것이 아니므로 **위 토지의 소유권상실이 그 손해가 될 수는 없**다(대법원 1992. 6. 23. 선고 91다33070 전원합의체 판결).

C. 채무불이행과 위자료

(a) 원칙

* 위자료란 정신적 고통으로 인한 손해에 대한 손해배상금을 뜻한다. §750의 경우와는 달리 §390의 경우에는 위자료는 손해배상에 포함되지 않는 것이 원칙이다. 재산적 손해가 전보되면 정신적 고통도 회복된다고 간주되기 때문이다.

  숙박업자가 숙박계약상의 고객 보호의무을 다하지 못하여 투숙객이 사망한 경우, 숙박계약의 당사자가 아닌 그 투숙객의 근친자가 그 사고로 인하여 정신적 고통을 받았다 하더라도 숙박업자의 그 망인에 대한 **계약상의 채무불이행을 이유로 위자료를 청구할 수는 없**다(대법원 2000. 11. 24. 선고 2000다38718 판결).

* 다만 재산적 손해의 배상으로 치유될 수 없는 정신적 고통은 §393의 특별손해에 해당하므로, 이러한 정신적 고통 발생에 대한 채무자의 악의나 과실이 인정되어 특별손해 배상의 요건이 충족되면 재산적 손해배상에 더하여 위자료도 손해배상의 범위에 포함된다(특별손해에 대해서는 81면).

  일반적으로 타인의 불법행위 등에 의하여 재산권이 침해된 경우, **재산적 손해의 배상에 의하여 정신적 고통도 회복된다고 보아야 할 것**이므로, 재산적 손해의 배상에 의하여 회복할 수 없는 정신적 손해가 발생하였다면, 이는 **특별한 사정으로 인한 손해로서 가해자가 그러한 사정을 알았거나 알 수 있었을 경우에 한하여** 그 손해에 대한 위자료를 청구할 수 있다(대법원 2004. 3. 18. 선고 2001다82507 전원합의체 판결).

(b) 예외: 위자료의 보완적 기능

- 의미: 채무불이행책임의 성립과 재산적 손해의 발생 사실은 인정되지만, 차액설에 의한 손해의 가액을 산정하기 어려워서 채권자가 충분한 배상을 받기 어려운 경우가 있다. 이러한 경우 채권자 구제를 위해 법원은 위자료를 증액할 수 있다.
- 부정된 사안: 아파트 분양자의 이행지체로 인한 손해배상책임과 관련하여, 주택담보대출보다 이자율이 비싼 사채 사용, 미등기 급매로 인한 저가 매도, 출퇴근 비용 증가 등과 같은 재산적 손해의 가액 산정이 곤란하다고 보기 어려우므로, 매수인의 위자료 청구는 배척된다.

대법원 2004. 11. 12. 선고 2002다53865 판결
- 재산적 손해의 발생이 인정되는데도 입증곤란 등의 이유로 그 손해액 확정이 불가능하여 그 배상을 받을 수 없는 경우 이런 사정을 위자료의 증액사유로 참작할 수는 있다.
- 이러한 위자료의 보완적 기능은 재산적 손해의 발생이 인정되는데도 손해액의 확정이 불가능하여 그 손해 전보를 받을 수 없게 됨으로써 피해회복이 충분히 이루어지지 않는 경우에 이를 참작하여 위자료액을 증액함으로써 손해 전보의 불균형을 어느 정도 보완하고자 하는 것이므로, 그 재산적 손해액의 주장·입증 및 분류·확정이 가능한 계약상 채무불이행으로 인한 손해를 심리·확정함에 있어서까지 함부로 그 보완적 기능을 확장하여 편의한 방법으로 위자료의 명목 아래 다수의 계약 당사자들에 대하여 획일적으로 일정 금액의 지급을 명함으로써 사실상 재산적 손해의 전보를 꾀하는 것과 같은 일은 허용될 수 없다.

- 인정된 사안: 상대방이 원인을 제공한 §109 사안이나 §110 사안의 경우, 상대방의 원인제공이 없었을 경우를 전제로 산정한 취소권자의 가정적 재산 상태를 증명하기 어려우면 위자료의 보완적 기능이 작용할 수 있다.

대법원 2018. 4. 12. 선고 2017다229536 판결
- 피고는 보험계약의 중요사항을 명확히 설명하지 않음으로써 설명의무를 위반하였다고 볼 수 있고, 원고들이 충분한 설명을 듣고 착오에 빠지지 않았더라면 위와 같이 혜택을 배제한 채 이 사건 계약을 체결하지는 않았을 것이 명백하다. 따라서 위

와 같은 착오는 **계약 내용의 중요한 사항에 관한 것에 해당하고, 원고들은 위와 같은 착오를 이유로 이 사건 계약을 취소할 수 있다.**

▸ 법원은 **위자료액을 산정할 때 피해자 측과 가해자 측의 제반 사정을 참작하여 그 금액을 정**하여야 하므로 재산상 손해에 대하여 배상을 받을 수 있는지의 여부 및 그 배상액의 다과 등과 같은 사유도 위자료액 산정의 참작 사유가 되는 것은 물론이다. 또한 재산상 손해의 발생이 인정되는데도 **증명 곤란 등의 이유로 그 손해액의 확정이 불가능하여 그 배상을 받을 수 없는 경우에 이러한 사정을 위자료의 증액사유로 참작**할 수 있다.

▸ 피고의 설명의무 위반으로 인하여 원고들이 입은 재산상 손해액은 이러한 **위법행위**가 없었을 경우에 이들에게 존재하였을 재산상태와 위법행위가 가해진 재산상태의 차이라고 할 것인데, **앞부분의 가액을 객관적으로 산정할 만한 방법이 없어 재산상 손해액의 산정이 불가능함을 이유로 그러한 사정을 정신적 손해의 산정에 참작**하여 배상할 손해액을 산정한 원심의 판단은 정당하다.

다. §390의 손해배상청구권

(1) 의미

• §390의 손해배상청구권은 원래의 채권이 동일성을 유지하면서 그 내용이 확장되거나 변경된 권리이다.

• '확장'의 예로 지연배상을, '변경'의 예로 전보배상을 각각 들 수 있다.

채무불이행으로 인한 손해배상채권은 **본래의 채권이 확장된 것이거나 본래의 채권의 내용이 변경된 것**이므로 본래의 채권과 **동일성**을 가진다(대법원 2018. 2. 28. 선고 2016다45779 판결).

(2) 손해배상청구권 행사를 위한 단계

A. 손해배상의 범위 결정

• 손해배상의 이념은 제한배상이므로 가해자가 배상해야 하는 손해와 피해자가 스스로 부담해야 하는 손해의 범위를 정해야 한다.

• 이를 위해 ㉠ 우선 손해배상 대상이 될 수 있는 손해인 통상손해·특별손해에 해당하는지를 파악하고 ㉡ 손해배상 대상으로 파악된 통상손해·특별손해 중에서 제한배상 원칙에 따라 가해자가 부담해야 하는 부분을 다시 가려내야 하는데, 여

기서 상당인과관계가 문제된다.

- 이러한 과정에 있어서 ㉠은 사실인정의 문제인 반면 ㉡은 규범적 판단의 문제라고 볼 수 있다. 이에 대해서는 아래의 2. 부분에서 다룬다.

B. 손해배상 가액의 산정

- 손해배상 방법에 대해서는 금전배상원칙이 적용되므로, 위와 같은 과정을 거쳐 손해배상 대상인 손해가 정해지면 그 가액을 산정해야 한다. 이에 대해서는 아래의 3. 부분에서 다룬다.

- 다만 손해배상액 예정 약정이 있으면 당사자들이 미리 약정한 예정 배상액이 적용된다. 이에 대해서는 아래의 4. 부분에서 다룬다.

C. 손해배상 가액의 조정

- 손해의 공평분담 원칙과 신의칙에 비추어, 손해배상의 가액이 정해지더라도 공평원칙을 반영하여 그 가액이 조정된다.

- 이를 위해 적용되는 손익공제와 과실상계에 대해서는 아래의 5. 부분에서 다룬다.

2. 손해배상의 범위 결정

가. 개관

(1) 전제

- 손해는 그 발생 원인에 따라 ㉠ 급부 불이행 자체를 원인으로 하는 손해와 ㉡ 급부 불이행과 결합된 특별한 사정을 원인으로 하는 손해로 나누어지는데, ㉠을 통상손해, ㉡을 특별손해라고 한다. 통상손해이든 특별손해이든, 손해 발생의 원인과 상당인과관계 있는 손해만 배상 대상이 된다.

- 손해배상의 범위 결정에 관한 법리는 이행이익의 손해뿐 아니라 신뢰이익의 손해에 대해서도 마찬가지로 적용된다.

채권자는 그 계약이 이행되리라고 믿고 지출한 비용의 배상을 청구할 수 있다. 그 지출비용 중 계약의 체결과 이행을 위하여 통상적으로 지출되는 비용은 통상의 손해로서 상대방이 알았거나 알 수 있었는지 여부와 상관없이 배상을 청구할 수 있으며, 이를 초과하여 지출한 비용은 특별한 사정으로 인한 손해로서 상대방이 이를 알았거나 알 수 있었던 경우에 한하여 배상을 청구할 수 있다(대법원 2016. 4. 15. 선고 2015다 59115 판결).

(2) §393 ①, ②의 해석론

> 제393조(손해배상의 범위)
> ① 채무불이행으로 **인한** 손해배상은 통상의 손해를 그 한도로 한다.
> ② 특별한 사정으로 **인한** 손해는 채무자가 그 사정을 알았거나 알 수 있었을 때에 한하여 배상의 책임이 있다.

• §393 ①, ②의 의미에 대해 판례는 §393 ①은 통상손해, §393 ②는 특별손해를 각각 규정한 것으로 본다.

제393조에서 **제1항의 통상손해**는 특별한 사정이 없는 한 그 종류의 채무불이행이 있으면 사회일반의 거래관념 또는 사회일반의 **경험칙에 비추어 통상 발생**하는 것으로 생각되는 범위의 손해를 말하고, **제2항의 특별한 사정으로 인한 손해**는 당사자들의 **개별적, 구체적 사정**에 따른 손해를 말한다(대법원 2019. 4. 3. 선고 2018다286550 판결).

나. 손해배상 대상이 될 수 있는 손해의 범위 결정: 통상손해와 특별손해

(1) 개관

A. 통상손해

• 특정한 채무불이행 행위 자체를 원인으로 하여 경험칙상 통상 발생하는 것으로 인정되는 손해를 뜻한다.
• 통상손해는 채무자의 예견 가능성 여부를 따지지 않고 항상 손해배상 대상이 될 수 있다.

B. 특별손해

(a) 의미

• 특정한 채무불이행 행위 이외의 특별한 사정을 원인으로 하여 발생한 손해를 뜻한다.
• 특별손해는 그 원인인 특별한 사정에 대한 채무자의 악의나 과실이 있어야 비로소 손해배상 대상이 될 수 있다.

(b) 채무자의 악의·과실 여부 판단

• 특별한 사정에 대한 채무자의 악의·과실은 계약 체결시가 아니라 이행기를 기준으로 판단해야 한다.

특별사정으로 인한 손해배상에 있어서 채무자가 그 사정을 알았거나 알 수 있었는지 의 여부를 가리는 시기는 계약 체결 당시가 아니라 채무의 이행기까지를 기준으로 판 단하여야 한다(대법원 1985. 9. 10. 선고 84다카1532 판결).

• 특별손해의 원인인 특별한 사정에 대한 채무자의 악의·과실이 인정되면 그 결 과로 발생할 특별손해의 내용에 대해서는 채무자의 선의·무과실이 인정되더라 도 그 특별손해는 손해배상 대상이 된다.

채무불이행자 또는 불법행위자는 **특별한 사정의 존재를 알았거나 알 수 있었으면** 그 러한 특별사정으로 인한 손해를 배상하여야 할 의무가 있는 것이고, 그러한 **특별한 사 정에 의하여 발생한 손해의 액수까지 알았거나 알 수 있었어야 하는 것은 아니다**(대법 원 2002. 10. 25. 선고 2002다23598 판결).

(2) 사례: 급부의 내용에 따른 통상손해 · 특별손해의 의미
A. 매도인의 재산권 이전 의무가 이행불능이 된 경우
(a) 부동산 매매의 경우
• 통상손해는 이행불능 당시의 목적물의 시가이고, 특별손해는 이행불능 이후의 가격 상승분, 매수인의 전매 좌절로 인해 발생한 전매 차익 상실, 전매계약을 할 때 지급된 계약금의 몰취 등이다.

매도인의 매매목적물에 관한 소유권이전등기 의무가 이행불능이 됨으로 말미암아 매 수인이 입는 손해액은 원칙적으로 그 **이행불능이 될 당시의 목적물의 시가 상당액**이 고, 그후 목적물의 **가격이 등귀했어도 그로 인한 손해는 특별한 사정**으로 인한 것이어 서 매도인이 이행불능 당시 그와 같은 특수한 사정을 알았거나 알 수 있었을 때에 한 하여 등귀한 가격에 의한 손해배상을 청구할 수 있다(대법원 1996. 6. 14. 선고 94다 61359 판결).

• 甲이 乙에게 X토지를 매도하고 乙이 그 지상에 Y건물을 신축했는데 X토지의 진 정소유자 丙의 물권적 청구권 행사로 인해 Y건물이 철거된 경우, Y건물 철거로 인한 乙의 손해는 특별손해이다. 따라서 乙이 甲에게 Y건물 철거로 인한 손해를 배상받으려면 甲·乙 간 X토지 매매계약 당시에 甲이 乙의 지상 건물 신축 가능 성을 알았거나 알 수 있었음이 증명되어야 한다.

토지 매도인이 매매 당시 매수인이 이를 매수하여 그 위에 건물을 신축할 것이라는 사정을 이미 알고 있었고 매도인의 채무불이행으로 인해 매수인이 신축한 건물이 철거되어야 한다면, 그 손해는 특별한 사정으로 인한 것이고, 나아가 매도인은 이러한 사정을 알고 있었으므로 위 손해를 배상할 의무가 있다(대법원 1992. 8. 14. 선고 92다 2028 판결).

• 甲 소유 X토지를 매수한 乙이 잔대금 지급 전에 丙과 X토지 상에 건물을 신축하기 위한 설계계약·도급계약을 체결하고 丙에게 계약금을 지급했으나 甲의 이행 불능으로 인해 丙에게 지급한 계약금을 몰취당한 경우, 잔대금 지급·소유권이전 등기 이전에 지상 건물 신축을 위한 비용을 지출하는 것은 특별한 사정에 해당한다. 따라서 甲이 乙의 건물 신축 예정 사실을 안 것만으로는 부족하고 乙이 설계 계약·도급계약을 체결하고 계약금까지 지급했다는 사실까지 알았거나 알 수 있었음이 증명되어야 乙은 丙에게 몰취당한 계약금 상당액의 특별손해 배상을 甲에게 청구할 수 있다.

아직 매매대금을 완불하지 아니한 토지의 매수인이 그 토지 상에 건물을 신축하기 위하여 설계비 또는 공사계약금을 지출하였다가 계약이 해제됨으로 말미암아 이를 회수하지 못하는 손해를 입게 되었다 하더라도, 이는 이례적인 사정에 속하는 것으로서, 가사 토지의 매도인이 매수인의 취득 목적을 알았다 하더라도 마찬가지라 할 것이므로, 토지의 매도인으로서는 소유권이전의무의 이행기까지 최소한 매수인이 **설계계약 또는 공사도급계약을 체결하였다는 점을 알았거나 알 수 있었을 때에 한하여 그 배상 책임**을 부담한다(대법원 1996. 2. 13. 선고 95다47619 판결).

(b) 수출용 물품 공급 채무의 이행불능(대법원 1997. 11. 11. 선고 97다26982 판결)
• 사안의 개요: 제조회사 甲은 乙에게 X동산(티셔츠)을 납품하기로 했는데 乙은 X동산을 丙에게 수출할 예정이었고 甲은 이런 사실을 알고 있었다. 한편 乙은 丙과 X동산 수출 계약을 체결했는데, 乙은 丙이 자국에서 丁에게 X동산을 공급하는 도매상이라는 사실을 알고 있었다. 甲의 과실로 인해 甲의 乙에 대한 X동산 공급채무가 이행불능이 되었다.
• 쟁점과 판단: ㉠ 甲은 乙이 X동산을 수출할 예정임을 알고 있었으므로, 乙이 丙에게 부담하는 위약금이나 乙이 대체 물품을 조달하기 위해 지출한 추가비용 등

과 같은 특별손해에 대해서도 손해배상책임을 진다. ⓛ 다만 乙이 丙에게 배상해야 할 특별손해에 해당하는 丙이 丁에게 부담하게 될 위약금 상당액은 甲이 乙에게 배상해야 할 특별손해에는 해당하지 않는다. 甲은 乙이 X동산을 丙에게 수출할 예정이라는 것까지만 알 수 있었고 丙이 X동산을 자국에서 丁에게 전매할 것이라는 사정까지는 알 수 없었기 때문이다.

B. 담보권설정계약의 이행불능

• 사안의 개요: 甲의 乙에 대한 채권을 담보하기 위해 甲·乙 간에 乙소유 X부동산에 대한 담보물권 설정계약이 체결되었으나, 乙의 담보권설정등기 의무가 이행불능이 되었다.

• 쟁점과 판단: 甲이 담보권을 취득하지 못함으로써 발생하는 통상손해는 피담보채권액과 담보물의 가액 중 더 작은 값이다. 이때 담보물의 가액은 담보권 실행이 예상되는 시점 또는 손해배상청구소송의 사실심 변론종결시를 기준으로 산정해야 한다.

• 이러한 법리는 부동산에 대한 담보물권 설정계약 사안뿐 아니라 동산 양도담보 설정계약 사안에 대해서도 마찬가지로 적용된다(대법원 2010. 9. 30. 선고 2010다41386 판결).

무효인 채무자 명의의 소유권이전등기를 신뢰하여 그 부동산에 관하여 근저당권설정등기를 경료하고 금원을 대출했으나 근저당권설정등기를 말소당하게 되어 근저당권자가 입은 통상의 손해는 위 채무자 명의의 이전등기가 유효하여 담보권을 취득할 수 있는 것으로 믿고 출연한 금액 즉 **근저당목적물인 위 부동산의 가액 범위 내에서 채권최고액을 한도**로 하여 채무자에게 대출한 금원 상당이며, 위에서 말하는 **부동산의 가액은 근저당권이 유효하였더라면 그 실행이 예상되는 시기 또는 손해배상 청구소송의 사실심 변론종결시를 기준**으로 하여야 한다(대법원 1999. 4. 9. 선고 98다27623 판결).

C. 금전채무의 이행지체

• 금전채무의 이행지체로 인한 통상손해는 이자 상당액이므로 이것을 초과하는 손해를 배상받으려면 그 원인인 특별한 사정에 대한 채무자의 악의나 과실이 증명되어야 한다.

돈을 이용하지 못함으로써 사회통념상 통상 생기는 것으로 인정되는 통상의 손해는 이용하지 못한 기간 동안의 <u>이자상당액</u>이라 할 것이고, 그 돈을 특수한 용도에 사용하여 <u>이자상당액을 넘는 특별한 이득을 보았을 것인데 이를 얻지 못하게 되었다는 사정은</u> <u>이른바 특별사정</u>으로서 그로 인한 손해를 배상받자면 가해자가 그 특별사정을 알거나 알 수 있었어야 할 경우에 한하는 것이다(대법원 1991. 1. 11. 선고 90다카16006 판결).

- 예컨대 매수인의 대금채무 이행지체의 경우 통상손해는 미지급 대금에 대한 법정이자 상당액이고, 그 밖의 손해, 예컨대 공시지가 급등으로 인한 조세부담 증가는 특별손해이다(대법원 2006. 4. 13. 선고 2005다75897 판결).

D. 물건 멸실 · 훼손으로 인한 손해

- 물건이 멸실된 경우의 통상손해는 교환가치이다. 물건이 훼손된 경우의 통상손해는 수리비 상당액이지만 수리가 불가능한 부분이 있다면 이로 인한 교환가치 감소액도 통상손해이다.

불법행위로 인하여 물건이 훼손되었을 때 통상의 손해액은 수리가 가능한 경우에는 그 수리비, 수리가 불가능한 경우에는 교환가치의 감소액이 되고, 수리를 한 후에도 일부 수리가 불가능한 부분이 남아있는 경우에는 수리비 외에 수리불능으로 인한 교환가치의 감소액도 통상의 손해에 해당한다(대법원 2017. 5. 17. 선고 2016다248806 판결).

- 멸실 · 훼손된 물건이 영업용 물건인 경우에는 그 교환가치뿐 아니라 대체물을 마련하거나 수리하기 위해 필요한 합리적 기간 동안의 영업손실인 휴업손해도 통상손해에 해당한다.

불법행위로 영업용 물건이 멸실된 경우, 이를 <u>대체할 다른 물건을 마련하기 위하여 필요한 합리적인 기간 동안 그 물건을 이용하여 영업을 계속하였더라면 얻을 수 있었던 이익, 즉 **휴업손해는 그에 대한 증명이 가능한 한 통상의 손해**로서 그 **교환가치와는 별도로 배상**</u>하여야 하고, 이는 영업용 물건이 <u>일부 손괴된 경우, 수리를 위하여 필요한 합리적인 기간 동안의 휴업손해와 마찬가지</u>라고 보아야 할 것이다(대법원 2004. 3. 18. 선고 2001다82507 전원합의체 판결).

- 사례: 차량이 훼손된 경우 수리비가 그 차량의 교환가치에서 고철대금을 공제한 가액을 초과하는 경우, 사회통념상 수리의 필요성이 인정되는 경우에만 수리비

상당액을 손해배상청구할 수 있다(대법원 1998. 5. 29. 선고 98다7735 판결).

E. 하는 급부를 목적으로 하는 채무불이행의 경우

(a) 편무예약 상의 본계약 체결 의무 위반

· 통상손해는 본계약의 체결·이행으로 얻을 수 있었던 이행이익이다. 예컨대 편무
  예약인 입찰을 진행한 자가 낙찰자와의 본계약 체결을 거부하면 낙찰금액이 여
  기에 해당한다.

· 다만 이때 본계약 이행을 위해 지출했어야 하는 비용 상당액을 손익공제해야 할
  뿐 아니라, 손해의 공평 분담이라는 이념에 비추어 본계약 이행 과정에서 불가피
  하게 인수해야 하는 사업상 위험을 면하게 된 것도 고려하여 손해배상액을 산정
  해야 한다.

> **대법원 2011. 11. 10. 선고 2011다41659 판결**
> ‣ 공사도급계약의 도급인이 될 자가 수급인을 선정하기 위해 입찰절차를 거쳐 낙찰
>   자를 결정한 경우 입찰을 실시한 자와 낙찰자 사이에는 **도급계약의 본계약체결의**
>   **무를 내용으로 하는 예약의 계약관계가 성립**하고, 어느 일방이 정당한 이유 없이 본
>   계약의 체결을 거절하는 경우 상대방은 예약채무불이행을 이유로 한 손해배상을
>   청구할 수 있다.
> ‣ 손해배상의 범위는 원칙적으로 예약채무 불이행으로 인한 통상의 손해를 한도로
>   하는데, 낙찰자가 **본계약의 체결 및 이행을 통해 얻을 수 있었던 이익, 즉 이행이익**
>   **상실의 손해는 통상의 손해**에 해당한다고 볼 것이므로 입찰 실시자는 낙찰자에게
>   이를 배상할 책임이 있는데 낙찰자가 본계약의 체결 및 이행을 통하여 얻을 수 있었
>   던 이행이익은 일단 본계약에 따라 타방 당사자에게서 지급받을 수 있었던 급부인
>   **낙찰금액**이라고 할 것이나, 본계약의 체결과 이행에 이르지 않음으로써 낙찰자가
>   지출을 면하게 된 직·간접적 비용은 그가 배상받을 손해액에서 당연히 공제되어야
>   하고, 나아가 손해의 공평·타당한 분담을 지도원리로 하는 손해배상제도의 취지
>   상, 낙찰자가 본계약의 이행과정에 수반하여 불가피하게 인수하여야 할 사업상 위
>   험을 면하게 된 점 등 여러 사정을 두루 고려하여 객관적으로 수긍할 수 있는 손해
>   액을 산정하여야 한다.

(b) 부당한 제소나 응소로 인해 지출된 변호사비용

· 원칙: 변호사 강제주의가 채택되지 않은 법제 하에서는, 불법행위 자체와 피해자

의 변호사비용 지출 사이의 상당인과관계가 인정되지 않는다. 따라서 변호사 비용은 §750의 손해배상의 범위에 포함되지 않는 것이 원칙이다.

변호사강제주의를 택하지 않고 있는 우리나라 법제 아래에서는 **손해배상청구의 원인된 불법행위 자체와 변호사 비용 사이에 상당인과관계가 있음을 인정할 수 없**으므로 변호사 비용을 그 불법행위 자체로 인한 손해배상채권에 포함시킬 수는 없다(대법원 2010. 6. 10. 선고 2010다15363 판결).

- 예외: ㉠ 제소나 응소의 목적이 공서양속에 반하는 경우처럼 제소나 응소 자체가 불법행위에 해당하는 경우에는, 변호사비용도 통상손해로 인정되고 위자료도 특별손해로 인정될 수 있다(대법원 1978. 12. 13. 선고 78다1542 판결). ㉡ 다만 이때도 제소나 응소 자체를 불법행위로 인정하는 것에는 신중을 기해야 한다. 재판청구권은 기본권으로 보장되어 있기 때문이다. 따라서 가해자가 패소했다는 사실만으로는 부족하고, 가해자의 주장에 사실적·법률적 근거가 없고 가해자가 이러한 사실을 알았거나 알 수 있었는데도 소를 제기했다는 사실이 인정되어야 한다(대법원 2010. 6. 10. 선고 2010다15363 판결).

다. 상당인과관계

(1) 개관

- 채무불이행 자체로부터 발생한 손해인 통상손해는 물론 채무자가 알았거나 알 수 있었던 특별한 사정으로 인해 발생한 손해인 특별손해도 그 전부가 손해배상 대상이 되지는 않는다.
- 손해배상 대상으로 파악된 통상손해나 특별손해 중에서 채무불이행과 인과관계가 인정되는 손해만이 배상 대상이 되는데, 여기서 말하는 인과관계에는 조건적 인과관계와 상당인과관계가 모두 포함된다. 이들 중 상당인과관계는 규범적 판단을 거쳐 인정되며 손해의 공평 분담이라는 이념을 반영한다.

(2) 인과관계 판단

A. 조건적 인과관계

- 손해 중에서 가해행위와 자연적·사실적 인과관계, 즉 조건적 인과관계가 인정되지 않는 것은 손해배상 대상이 될 수 없다.
- 예컨대 가해행위인 불법행위나 채무불이행이 없었더라도 발생했을 것으로 가정

되는 손해는 손해배상 대상이 될 수 없다.

채무불이행에 있어서 채권자에게 발생한 손해는 채무자의 **채무불이행이 없었더라면 채권자에게는 손해가 발생하지 않았을 것이라고 인정되는 손해**이어야 한다(대법원 2011. 6. 9. 선고 2011다15292 판결).

B. 상당인과관계

(a) 의미

• 손해배상 대상이 되려면 손해의 발생과 가해 행위 사이에 조건적 인과관계뿐 아니라 상당인과관계도 인정되어야 한다.

• 상당인과관계는 가해행위와 손해 발생 사이에 이념적·법률적·규범적 인과관계가 있음을 뜻한다. 상당인과관계 판단은 어떤 손해를 전보하는데 필요한 손실을 가해 행위자가 부담하는 것이 타당한가에 대한 가치판단이라고 할 수도 있다.

채무불이행으로 인한 손해배상의 범위를 정할 때에는 채무불이행과 손해 사이에 자연적 또는 사실적 인과관계가 존재하는 것만으로는 부족하고 **이념적 또는 법률적 인과관계, 즉 상당인과관계가 있어야 한다**(대법원 2010. 6. 10. 선고 2010다15363 판결).

(b) 상당인과관계 판단의 기준: 규범목적설

• 전제: 손해배상책임의 요건인 채무불이행과 불법행위는 모두 위법행위 즉 규범을 위반한 행위이며, 위반된 규범은 특정한 법익을 보호하는 것을 목적으로 하는 것이 일반적이다.

• 규범목적설의 의미: ㉠ 가해자의 위법행위로 인해 피해자의 법익 침해라는 손해가 발생했더라도, 침해된 법익이 가해자가 위반한 규범의 보호 목적에 포함되는 경우에만 손해배상 대상이 된다. ㉡ 가해행위에 의해 위반된 규범의 보호 목적과 무관한 법익에 대해 발생한 손해는 가해행위와의 상당인과관계가 인정되지 않으므로 손해배상 대상이 아니다. ㉢ 규범의 보호 법익은, §390 사안의 경우에는 채권자가 급부를 통해 얻으려고 했던 급부이익이라고 보아야 하는 데 비해, §750 사안에서는 위반된 규범의 입법취지로부터 파악되는 보호 법익이라고 보아야 한다.

• 다만 판례는 규범의 보호 목적뿐 아니라 결과 발생의 개연성도 상당인과관계 판단을 위한 고려 요소라고 본다. 즉 손해배상 대상이 되려면 그 손해는 가해행위가

위반한 규범의 보호 법익을 침해하는 행위로 인해 발생한 것이어야 할 뿐 아니라, 가해행위로부터 발생할 개연성이 있는 것이기도 해야 한다.

회사 이사가 법령을 위배하여 회사가 손해를 입은 경우 이사가 회사에게 손해배상책임을 지기 위해서는 법령에 위배된 행위와 회사의 손해 사이에 상당인과관계가 있어야 한다. 이때 **상당인과관계의 유무는 결과발생의 개연성, 위배된 법의 입법목적과 보호법익**, 법령위배행위의 모습 및 피침해이익의 성질 등을 종합적으로 고려하여 판단하여야 한다(대법원 2018. 10. 25. 선고 2016다16191 판결).

(3) 상당인과관계가 문제된 사례들

A. 법인과 관련된 사례

(a) 정관 위반 행위로 인한 제3자의 손해

• 사안의 개요: 비법인사단인 甲의 정관에 의하면 용역계약은 이사회 의결을 거치도록 되어 있었으나, 甲의 대표자인 乙은 이사회 의결 없이 용역계약의 상대방을 丁에서 丙으로 교체했다.

• 쟁점과 판단: 乙의 행위는 정관을 위반했으므로 위법성이 인정된다. 그러나 이사회 의결을 거쳐 용역계약을 체결하도록 하는 정관 규정의 보호 목적에 법인의 이익 보호는 포함되지만 그 계약의 상대방인 제3자의 신뢰 보호는 포함되지 않는다. 따라서 乙의 위법행위와 제3자 丁의 손해 사이에는 상당인과관계가 없으므로 乙은 丁에게 §750의 책임을 지지 않는다.

비법인사단인 주택재개발 정비사업조합의 자치법규인 정관에서 정한 사항은 원칙적으로 해당 **조합과 조합원을 위한 규정이라고 봄이 타당하고 조합 외부의 제3자를 보호하거나 제3자를 위한 규정이라고 볼 것은 아니다**. 따라서 乙이 용역계약 체결시 대의원회의 의결을 거치도록 정한 정관 규정을 위반하였다고 하더라도 조합 외부의 제3자에 대한 불법행위책임을 물을 수는 없다(대법원 2019. 10. 31. 선고 2017다282438 판결).

(b) 이사의 경업금지 조항을 위반(대법원 2018. 10. 25. 선고 2016다16191 판결)

• 사안의 개요: A(주식회사)의 이사인 甲은 경업금지 의무를 위반하여 사업을 운영했고 이로 인해 A는 영업이익이 감소하는 손해를 입었다.

• 쟁점과 판단: 甲의 경업행위는 주식회사 이사의 경업금지의무를 규정한 상법

§397의 보호 법인인 주식회사의 이익을 침해한 것이므로, 甲의 경업행위와 A의 영업이익 감소라는 손해 사이에는 상당인과관계가 인정된다. 따라서 A는 甲에게 §750의 책임을 추궁할 수 있다.

B. 타인의 명의를 모용한 통장 개설과 상당인과관계

• 금융실명제 관련 법령에 의하면 금융기관은 성명모용에 의한 예금계좌 개설을 방지해야 할 주의의무가 있다.

• 피해자가 모용계좌로 인해 잘못된 신뢰를 형성함으로써 입은 손해와 금융기관의 주의의무 위반 사이에는 상당인과관계가 인정된다. 이러한 손해 발생을 방지하는 것은 금융기관의 주의의무를 규정한 금융실명제 관련 법령의 보호 목적에 포함되기 때문이다.

• 이에 비해, 피해자가 다른 범죄로 인해 이미 재산권을 침해당한 상태였고 모용계좌는 이미 침해된 재산을 보관하는데 이용되는 데 그친 것이라면, 이로 인한 손해는 금융실명제 관련 법령상의 주의의무 위반과 상당인과관계가 없으므로 §750의 손해배상 대상이 아니다.

대법원 2007. 7. 13. 선고 2005다21821 판결

‣ 금융기관은 금융실명거래 및 비밀보장에 관한 법률에서 정한 실명확인의무 외에도 모용계좌가 피모용자를 포함한 불특정 다수의 잠재적 피해자에 대한 **범죄행위에 이용될 가능성을 미연에 방지함**으로써 타인의 불법행위에 도움을 주지 않아야 할 주의의무도 부담한다.

‣ 금융기관이 본인확인절차 등을 제대로 거치지 아니하여 모용계좌가 개설되었다는 사정만으로 그 **모용계좌를 통하여 입출금된 금원 상당에 대하여 언제나 손해배상 책임을 져야 한다고 볼 수는 없고**, 손해배상책임이 인정되려면 **금융기관의 주의의무 위반과 피모용자 또는 제3자의 손해발생 사이에 상당인과관계**가 있음이 인정되어야 한다.

‣ 모용자가 다른 방법이나 경로로 피해자의 재산권을 침해하는 수단을 확보한 후 그 수단을 사용하여 얻거나 얻어내려는 이득금을 모용계좌에 입금·보관하는 경우와 같이 모용계좌가 사기적 거래관계에서 이미 기망당한 피해자에 의하여 단순히 원인계약상의 채무의 이행을 위하여 입금하는 데 이용되거나 다른 방법이나 경로로 피해자의 재산권을 침해하여 얻은 이득금 등을 입금·보관하는 데 이용된 것에 불

과한 경우 등에는 금융기관의 결과발생에 대한 예측가능성은 물론 **금융기관에게 본인확인의무 등을 부과한 행동규범의 목적과 보호법익의 보호범위를 넘어서계** 되므로, 본인확인절차 등을 제대로 거치지 아니하여 모용계좌를 개설한 금융기관의 잘못과 위와 같은 태양의 **가해행위로 인한 손해발생 사이에는 상당인과관계를 부정**하여야 할 것이다.

‣ 원고가 소외인 명의의 **모용계좌의 존재로 인하여 잘못된 신뢰를 형성하여 피해를 입었다거나, 소외인 명의의 예금계좌의 존재로 인하여 원고 명의의 예금계좌에 대한 접근 및 금원인출이 가능하게 되었다**고 볼 수 없으므로, 설령 피고 은행의 담당 직원이 소외인을 사칭하는 성명불상자에게 소외인 명의의 예금계좌를 개설해 줌에 있어서 본인 여부를 정확하게 확인하지 않은 잘못이 있다 하더라도 그러한 잘못과 원고의 농업협동조합중앙회 예금계좌에서 2,500만 원이 인출된 손해 사이에는 상당인과관계가 있다고 할 수 없다.

C. 법정 대출한도를 초과한 대출로 인한 손해배상의 범위

(a) 개관

• 甲(상호신용금고)의 직원인 乙이 개인별 대출한도 제한 규정을 위반하여 丙에게 편중 대출을 실시한 경우 乙이 부담하는 손해배상책임의 범위가 문제된다.

• 편중 대출 금지 규정의 보호 법익은 특정 채무자의 무자력으로 인한 대출 부실 위험 방지라는 甲 자신의 법익과, 공평한 대출 기회 보장이라는 甲의 구성원들의 법익으로 나누어진다.

(b) 금융기관에 대한 손해배상책임 인정 여부

• 개인별 대출한도를 초과한 대출 자체가 대출채권 회수 불능이라는 손해를 초래하지는 않는다. 따라서 丙의 무자력으로 인해 丙에 대한 대출채권의 회수가 불가능해졌더라도 乙이 丙에 대한 초과 대출이 부실화될 가능성을 알았거나 알 수 있었다는 특별한 사정이 증명되어야만 甲은 乙에게 §750의 책임을 추궁할 수 있다.

• 이러한 경우의 통상손해는 甲이 적절한 담보를 확보하고 대출했으면 丙으로부터 회수할 수 있었던 가액에서 丙의 무자력 상황에서 실제로 회수한 가액을 공제한 '미회수 대출원리금(약정연체이율에 따른 지연이자 포함)'이다.

> **대법원 2015. 10. 29. 선고 2012다98850 판결**
>
> ‣ 대출 당시의 제반 사정에 비추어 <u>채무상환능력이 부족하거나 제공된 담보의 경제</u> <u>적 가치가 부실해서 대출채권의 회수에 문제가 있다는 점</u>과 대출에 관여한 새마을 금고의 임직원이 그 대출이 <u>동일인 대출한도 초과대출로서 채무상환능력이 부족하</u> <u>거나 충분한 담보가 확보되지 아니한 상태에서 이루어진다는</u> **사정을 알았거나 알** **수 있었음에도 그 대출을 실행하였다는 점을 증명**하여야 한다.
>
> ‣ 금융기관이 입은 통상의 손해는 <u>위 임직원이 위와 같은 규정을 준수하여 적정한 담</u> <u>보를 취득하였더라면 회수할 수 있었을 미회수 대출원리금</u>이며, 이러한 통상손해 에는 약정이율에 의한 대출금의 <u>이자와 약정연체이율에 의한 지연이자가 포함된다</u>

(c) 편중 대출을 받은 특정 채무자에 대한 다른 채권자가 있는 경우

• 위 사례에서 丙에 대한 일반채권자 丁이, 甲이 대출금 가액에 상응하여 배당받은 돈 중 '위법한 대출금'에 해당하는 가액의 비율에 상응한 배당금은 乙의 불법행위 로 인하여 丁에게 발생한 손해라고 주장한다.

• 예컨대 丁의 丙에 대한 채권액은 1억원이고 甲의 대출채권액은 4억원(법령상의 대출한도는 1억원이었음)이며 丙의 책임재산 중 배당가능 금액은 1억원이어서 甲 이 8000만원, 丁이 2000만원을 각각 배당받았다면, 丁이 甲에게 §750의 책임을 추궁하여 3000만원의 손해배상을 청구하더라도 배척된다. 丙에 대한 일반채권 자가 안분 배당으로 얻게 될 이익 보호는 법령상의 편중대출 제한 규정의 보호 목 적에 속하지 않기 때문이다.

동일인에 대한 일정액을 넘는 대출 등을 원칙적으로 금하고 있는 법규정의 취지는 특 정인에 대한 과대한 편중여신을 규제함으로써 보다 많은 사람에게 여신의 기회를 주 고자 함에 있는 것이지, <u>상호신용금고로부터 대출을 받은 자와 거래를 하려는 제3자</u> <u>로 하여금 상호신용금고가 대출 등을 받은 자에 대하여 가지게 될 채권의 범위를 예측</u> <u>할 수 있게 하고자 함에 있는 것은 아닌바</u>, 이러한 법 규정의 목적과 보호법익을 고려 하면 상호신용금고가 위 **법령에 위배하여 여신한도를 초과한 대출 등을 하지 않을 것** **이라고 신뢰한 제3자가** 상호신용금고의 추가대출로 인해 손해를 입게 되었다고 하더 라도, 상호신용금고를 대표한 대표이사의 <u>위와 같은 행위</u>와 제3자의 **손해 간에 상당** **인과관계가 있다고 볼 수 없다**(대법원 1995. 1. 12. 선고 94다21320 판결).

D. 부당한 보전처분 집행으로 인한 처분 지연

(a) 개관

- 보전처분 집행 후 본안소송에서 패소하면 원칙적으로 위법성이 인정된다. 이 점에서 부당 제소·응소의 경우와 다르다.

- 소송절차와는 달리 보전처분 절차는 전적으로 집행채권자의 책임 하에 진행되기 때문이다.

  가압류나 가처분 등 보전처분은 법원의 재판에 의하여 집행되는 것이기는 하나 그 실체상 청구권이 있는지 여부는 본안소송에 맡기고 단지 소명에 의하여 채권자의 책임 아래 하는 것이므로, 그 **집행 후에 집행채권자가 본안소송에서 패소 확정되었다면 그 보전처분의 집행은 피보전권리 없이 행해진 것으로 위법**한 것이라고 할 것이다(대법원 2007. 11. 15. 선고 2005다34919 판결).

(b) 부당한 보전처분 집행과 상당인과관계 있는 손해

- 보전처분은 그 목적물에 대한 처분행위를 불가능하게 만드는 법적 장애는 아니지만 목적물의 처분행위를 어렵게 만드는 사실상 장애라고 볼 수 있다. 따라서 위법한 보전처분과 처분 지연으로 인한 손해 사이에는 상당인과관계가 인정된다.

  대법원 2007. 11. 15. 선고 2005다34919 판결
  - 가압류의 처분금지적 효력은 상대적인 것에 불과하기 때문에, 가압류는 부동산을 처분함에 있어서 법률상의 장애가 될 수는 없다고 할 것이나, 다만 그 부동산의 매수를 꺼리게 됨으로써 결과적으로 그 부동산을 처분함에 있어 **사실상의 장애**가 될 수는 있다.
  - 따라서 채무자가 당해 부동산에 대한 처분을 계획 또는 시도하였으나 처분하지 못하였고, 주위 부동산들의 거래상황 등에 비추어 그와 같이 부동산을 **처분하지 못한 것이 당해 가압류의 집행으로 인한 것이라는 점이 입증되는 경우**에는 즉 조건적 인과관계가 인정되는 경우에는 비록 가압류가 그 부동산의 처분에 있어 법률상의 장애사유가 아니라 하여도, 그 가압류와 당해 부동산의 **처분지연 사이에는 상당인과관계**가 있다고 할 것이다.

- 비교: 매매계약 체결 후 매도인의 채권자에 의한 보전처분 집행이 마쳐지자 매도인이 매수인에게 위약금을 지급했더라도, 보전처분을 위약금 지급 사유로 정하는 등의 특별한 사정이 없는 한 이 위약금을 부당한 보전처분으로 인한 손해라고

볼 수 없다. 매매계약 체결 후 목적물에 대한 보전처분이 마쳐지더라도 매수인은 동시이행항변을 할 수 있을 뿐 법정해제·위약금 청구를 할 수는 없으므로, 매도인이 매수인에게 위약금을 지급한 것은 스스로의 선택에 의한 것이지 부당한 보전처분으로 인한 것은 아니기 때문이다.

매매목적물인 부동산에 대하여 가압류집행이 되어 있다고 해서 <u>매매에 따른 소유권 이전등기가 불가능한 것도 아니다.</u> 따라서 매매목적물에 대한 **가압류 집행을** 매매계약 **해제 및 위약금 지급 사유**로 삼기로 약정하지 아니한 이상, **매수인으로서는 위 가압류집행을 이유로 매도인이 계약을 위반하였다고 하여 위 매매계약을 해제할 수는 없**는 노릇이어서, 매도인이 받은 계약금의 배액을 매수인에게 지급하였다고 하더라도 그것은 매매계약에 의거한 의무에 의한 것이라고는 볼 수 없고 <u>호의적인 지급이거나 지급의무가 없는데도 있는 것으로 착각하고 지급한 것이라고 보일 뿐이어서</u> 위 위약금 지급과 위 가압류집행 사이에는 법률적으로 **상당인과관계가 없**다(대법원 2008. 6. 26. 선고 2006다84874 판결).

(c) 부당한 보전처분 집행으로 인한 손해배상의 범위

- 처분 지연으로 인한 통상손해를 산정할 때, 매도인이 처분이 지연된 기간 동안 목적물을 계속 사용·수익했다면 이를 통해 취득한 사용이익 상당액은 손익공제 대상이 된다. 따라서 목적물의 통상적인 사용이익을 초과하는 손해만이 손해배상 대상인데 이러한 손해는 특별손해에 해당한다.
- ✓ 처분 지연으로 인해 매도인이 상실하는 이행이익은 대금의 이자 상당액인데, §587은 대금의 이자와 목적물의 사용이익은 대등액임을 전제하기 때문이다.

부당한 가압류의 집행으로 그 가압류 목적물의 <u>처분이 지연되어 소유자가 손해를 입었다면 가압류 신청인은 그 손해를 배상할 책임이 있다</u>고 할 것이나, 가압류 집행 당시 부동산의 소유자가 그 부동산을 <u>사용·수익하는 경우에는 그 부동산의 처분이 지체되었다고 하더라도 그로 인한 손해는 그 부동산을 계속 사용·수익함으로 인한 이익과 상쇄되어 결과적으로 부동산의 처분이 지체됨에 따른 손해가 없다</u>고 할 수 있을 것이고, 만일 그 부동산의 **처분 지연으로 인한 손해가 그 부동산을 계속 사용·수익하는 이익을 초과한다면 이는 특별손해**라고 할 수 있을 것이다(대법원 2009. 7. 23. 선고 2008다79524 판결).

- 예컨대, ㉠ 보전처분의 목적물이 신축·분양 대상 건물이라는 특별한 사정이 있으면 매도인 자신은 이 건물을 사용할 수 없으므로 처분대금의 법정이자 상당액은 통상손해에 속한다. ㉡ 토지에 대한 부당한 보전처분으로 인해 지상 건물 신축 도급계약이 해제되고 토지 소유자가 수급인에게 지급했던 계약금을 몰취당한 경우에 이로 인한 손해는 특별손해에 해당한다.

  분양할 목적으로 토지를 매입하여 연립주택을 신축하였으나 이러한 특별한 사정을 알고도 진행된 부당한 처분금지가처분으로 인하여 처분이 지연되었다면 그 기간동안 **부동산을 사용·수익함으로써 처분지연의 손해를 상쇄할 만한 경제적 이익을 얻을 수 있었다고 보기는 어려**우므로, 그 가처분 집행으로 처분이 지연된 기간 동안 입은 손해 중 적어도 부동산의 **처분대금에 대한 법정이율에 따른 이자 상당의 금액은 통상손해**에 속한다(대법원 2001. 11. 13. 선고 2001다26774 판결).

  토지에 대한 부당한 가압류의 집행으로 그 지상에 건물을 신축하는 내용의 공사도급 **계약이 해제됨으로 인한 손해는 특별손해**이므로, 가압류채권자가 토지에 대한 가압류집행이 그 지상 건물 공사도급계약의 해제사유가 된다는 특별한 사정을 알았거나 알 수 있었을 때에 한하여 배상의 책임이 있다(대법원 2008. 6. 26. 선고 2006다84874 판결).

E. 카지노 이용 계약: 강원랜드 사건
- 카지노 영업에 대한 제한 규정의 목적은 과도한 사행심 유발 방지 등과 같은 공익 목적을 달성하기 위한 것이므로, 카지노 이용자 개인의 재산상 손실 방지는 규범의 보호목적에 속하지 않는다. 따라서 카지노 영업장이 영업 제한 규정을 위반했더라도 과태료 등의 공적 제재의 대상이 될 뿐 개인에 대한 §750의 손해배상책임이 성립하지는 않는다.
- 사적 자치 원칙과 자기책임의 원칙 등에 비추어 볼 때 계약 당사자는 상대방 당사자의 일반적 법익에 대한 보호의무를 부담하지 않는다. 따라서 법령을 준수하여 영업한 카지노업자는 고객의 도박중독·재산탕진에 대한 손해배상 책임이 없다. 즉 카지노 이용 계약으로부터 고객의 일반적 법익인 정신건강·재산유지 등에 대한 보호의무가 발생하지는 않는다.

> **대법원 2014. 8. 21. 선고 2010다92438 전원합의체 판결**
>
> - 영업제한 규정 중 1회 베팅한도를 제한하는 규정은 그 문언상 과도한 사행심 유발을 방지하기 위한 것임이 분명하다. 그러나 이러한 규정이 <u>일반 공중의 사행심 유발을 방지하기 위한 데서 더 나아가 카지노 이용자 개개인의 재산상 손실을 방지하기 위한 규정이라고 보기는 어렵다.</u> 따라서 피고 소속 직원들이 베팅한도액 제한규정을 위반하였더라도 피고가 영업정지 등 **행정적 제재를 받는 것은 별론으로 하고 그러한 사정만으로 원고에 대한 보호의무를 위반하여 불법행위가 성립한다고 할 수는 없다**
> - 개인은 자신의 자유로운 선택과 결정에 따라 행위하고 그에 따른 결과를 다른 사람에게 귀속시키거나 전가하지 아니한 채 스스로 이를 감수하여야 한다는 '자기책임의 원칙'이 개인의 법률관계에 대하여 적용되고, 계약을 둘러싼 법률관계에서도 당사자는 자신의 자유로운 선택과 결정에 따라 계약을 체결한 결과 발생하게 되는 이익이나 손실을 스스로 감수하여야 할 뿐 **일방 당사자가 상대방 당사자에게 손실이 발생하지 아니하도록 하는 등 상대방 당사자의 이익을 보호하거나 배려할 일반적인 의무는 부담하지 아니함이 원칙**이다. 카지노업의 특수성을 고려하더라도 당연히 위와 같은 '자기책임의 원칙'이 적용된다.

3. 손해배상의 방법

가. 금전배상 원칙

(1) 개관

- 제한배상주의뿐 아니라 금전배상주의도 우리 법의 원칙이다. 즉 §390의 책임이든 §750의 책임이든 그 효과인 손해배상채무의 내용은 원상회복이 아니라 손해전보를 위해 필요한 금전을 지급하는 것이다.
- 다만 금전배상 원칙을 규정한 §394는 임의법규이므로 손해배상의 내용은 당사자의 약정으로 다르게 정해질 수 있다. 예컨대 당사자 간 합의가 있으면 금전배상 대신 원상회복의 방법으로 손해배상이 이루어질 수도 있다.

> 제394조(손해배상의 방법) **다른 의사표시가 없으면** 손해는 금전으로 배상한다.

(2) 손해의 가액 산정

A. 원칙

- 채권자가 손해배상을 받으려면 손해 발생 사실과 손해 전보를 위해 필요한 가액을 모두 주장·증명해야 한다. 다만 이러한 증명의 정도는 완화될 수 있다(민사소송법 §202의2, 2018다301336 판결, 74면).
- 전보배상 대상인 재산의 가치가 변동하는 경우 언제를 기준으로 손해배상액을 산정해야 하는지가 문제된다. 판례에 의하면 ㉠ 이행지체의 경우 이행 최고 후 상당기간 경과시, ㉡ 이행불능의 경우 불능이 발생한 때, ㉢ 이행거절의 경우 거절 당시가 각각 전보배상 가액 산정의 기준시가 된다.

> 이행지체에 의한 전보배상에 있어서의 손해액 산정은 본래의 **의무이행을 최고한 후 상당한 기간이 경과한 당시의 시가**를 표준으로 하고, 이행불능으로 인한 전보배상액은 **이행불능 당시의 시가** 상당액을 표준으로 할 것인바, 채무자가 이행거절의 의사를 명백히 표시하여 최고 없이 계약의 해제나 **손해배상을 청구할 수 있는 경우에는** 이행거절 당시의 급부목적물의 시가를 표준으로 해야 한다(대법원 2007. 9. 20. 선고 2005다63337 판결).

나. 손해배상액 예정 약정

- 채권자·채무자의 계약으로 손해배상액을 정하는 약정을 손해배상액 예정 약정이라고 한다.
- 손해배상액 예정 약정의 구체적인 내용은 아래의 4. 나. 부분에서 다룬다.

4. 위약금과 손해배상액 예정

가. 위약금

(1) 개관

A. 위약금 약정의 의미

- 위약금 약정이란 장차 채무불이행이 성립하면, 채권자에게 위약금을 지급하기로 하는 약정을 뜻한다. 위약금 약정은 대개 채권자와 채무자 사이에 체결되지만 채무자 아닌 제3자도 채권자와 위약금 약정을 할 수 있다.
- 원래 채무불이행으로 인한 손해배상을 청구하려면 채권자가 배상되어야 하는 손해의 범위(§393)와 그 금전적 가치(§394)를 증명해야 한다. 그러나 위약금 약정이

있으면 채권자는 이러한 증명을 거치지 않고 곧바로 약정된 위약금을 받을 수 있다.

B. 법적 성질: 종된 계약

- 위약금 약정은 종된 계약이므로 그 존재 여부나 내용을 판단하는 것은 의사표시 해석의 문제이다.

- 쌍무계약의 일방에게 적용되는 위약금 약정이 있더라도 그 내용이 상대방에게 당연히 적용되는 것은 아니다. 예컨대 매매계약에서 매수인의 이행지체로 인한 지연배상금만 약정된 경우 매수인이 매도인의 이행지체로 인한 지연배상을 받으려면 §393·§394에 따라 산정되는 실제 손해액을 증명해야 한다(대법원 2012. 3. 29. 선고 2010다590 판결).

(2) 위약금 약정의 유형

A. 개관

- 위약금 약정은 손해배상액 예정 약정 또는 위약벌 약정의 기능을 한다. 위약금 약정은 손해배상액 예정 약정으로 추정되기 때문에 채권자가 위약벌 약정의 효과를 주장하려면 위약금 약정이 위약벌 약정의 취지임을 증명해야 한다.

> 제398조(배상액의 예정) ④ 위약금의 약정은 손해배상액의 예정으로 추정한다.

- 위약금 약정의 법적 성질을 판단하는 것은 의사표시 해석의 문제이다. 예컨대 실손해의 산정·배상을 전제하는 조항과 위약금 약정이 모두 있으면 위약금 약정은 위약벌 약정으로 해석된다. 실손해의 산정·배상에 관한 약정이 있다면 손해배상액 예정 약정을 따로 둘 필요가 없기 때문이다.

> **대법원 2022. 7. 21. 선고 2018다248855 전원합의체 판결**
> - 당사자 사이에 채무불이행이 있으면 위약금을 지급하기로 약정한 경우 그 위약금 약정이 손해배상액의 예정인지 위약벌인지는, 계약서 등 처분문서의 내용과 계약의 체결 경위, 당사자가 위약금을 약정한 주된 목적 등을 종합하여 구체적인 사건에서 개별적으로 판단해야 할 의사해석의 문제이다.
> - 위약금은 제398조 제4항에 따라 손해배상액의 예정으로 추정되지만 위약금 약정이 손해의 배상이나 전보를 위한 것이라고 보기 어려운 특별한 사정이 있으면 위약벌로 해석된다. 따라서 하나의 계약에 손해배상예정에 관한 조항이 따로 있다거나 **실손해의 배상을 전제로 하는 조항이 있고 그와 별도로 위약금 조항**을 두고 있어서

그 위약금 조항을 손해배상액의 예정으로 해석하게 되면 이중배상이 이루어지는 등의 사정이 있을 때에는 그 <u>위약금은 위약벌로 보아야</u> 한다.

- 위약금 약정이 손해배상액 예정 약정과 위약벌 약정의 성질을 함께 가질 수도 있으며, 이 경우에는 그 전액에 대해 §398 ②에 의한 감액이 적용된다.
  ✓ 이러한 판례에 의하면 채권자가 실손해를 증명할 수 있으면 위약벌로서의 위약금을 추가로 지급받을 수 있으나, 채권자가 실손해를 증명하지 못하면 손해배상 예정액인 위약금만을 지급받을 수 있을 것이다.

  위약금 약정이 <u>손해배상액의 예정과 위약벌의 성격을 **함께 가지는 경우**</u> 특별한 사정이 없는 한 법원은 직권으로 제398조 제2항에 따라 **위약금 전체 금액을 기준으로 감액할 수 있다**(대법원 2020. 11. 12. 선고 2017다275270 판결).

B. 구별의 실익

(a) 위약금 약정이 손해배상 예정 약정인 경우

- 채권자는 그 이상의 배상을 받을 수 없다. 즉 예정된 배상액은 손해배상의 상한이므로 실손해의 가액이 예정 배상액보다 크다는 것을 채권자가 증명하더라도 위약금만큼만 배상받을 수 있다.
- 한편 약정된 손해배상 예정액이 부당히 과다하면 법원의 재량으로 적당히 감액할 수 있다(105면).

(b) 위약금 약정이 위약벌 약정인 경우

- 채권자는 위약벌에 해당하는 위약금 이외의 손해배상도 받을 수 있다. 다만 이 경우 손해배상을 받으려면 실손해의 발생과 그 가액이 증명되어야 한다. 위약벌은 손해배상과는 별개로 가해지는 제재이기 때문이다.
- 위약벌에 대해서는 §398 ②이 적용되지 않으므로 위약벌의 가액이 부당히 과다하더라도 법원의 재량으로 감액할 수 없다. 채무자는 §2, §104 등의 일반조항을 근거로 감액을 주장할 수 있을 뿐이다.

대법원 2022. 7. 21. 선고 2018다248855 전원합의체 판결
  ‣ 위약벌은 <u>채무의 이행을 확보하기 위해서 정해지는 것</u>으로서 손해배상액의 예정과는 그 기능이 본질적으로 다르다. 위약벌은 손해배상과는 무관하므로 위약벌 약정

에 해당한다면 위약벌과 별도로 채무불이행으로 인하여 실제 발생한 손해에 대하여 배상을 청구할 수 있고 법원은 제398조 제2항을 유추 적용하여 그 액을 감액할 수 없다.

‣ 위약벌 약정은 손해배상과 관계없이 의무 위반에 대한 제재벌로서 위반자가 그 상대방에게 지급하기로 자율적으로 약정한 것이므로 **사적 자치의 원칙**에 따라 계약 당사자의 의사가 최대한 존중되어야 하고, 이에 대한 법원의 개입을 쉽게 허용할 것은 아니다.

의무의 강제에 의하여 얻어지는 채권자의 이익에 비하여 약정된 위약벌이 과도하게 무거울 때에는 그 **일부 또는 전부가 공서양속에 반하여 무효**로 된다는 것이 판례의 입장이지만, 이처럼 법원이 계약의 구체적 내용에 개입하여 그 약정의 전부 또는 일부를 무효로 하는 것은 사적 자치의 원칙에 대한 중대한 제약이 될 수 있고, 스스로가 한 약정을 이행하지 않겠다며 계약의 구속력으로부터 이탈하고자 하는 당사자를 보호하는 결과가 될 수 있으므로, **가급적 자제**하여야 한다. 따라서 위약벌 약정이 공서양속에 반하는지를 판단함에 있어서는, 당사자 일방의 독점적·우월적 지위가 인정되는지의 여부, 위약벌 약정의 동기와 경위 등을 고려하는 등 신중을 기하여야 하고, 단순히 **위약벌 액수가 많다는 이유만으로 섣불리 무효라고 판단**할 일은 아니다(대법원 2016. 1. 28. 선고 2015다239324 판결).

나. 손해배상액 예정 약정

(1) 개관

A. 의미·기능

• 위약금 약정 중에서 장차 채무불이행이 발생할 경우 채무자가 채권자에게 지급할 손해배상액을 미리 정해 두는 약정을 손해배상액 예정 약정이라고 한다. 이에 비해 불법행위나 채무불이행이 발생한 후 채권자와 채무자가 손해배상액을 약정하는 이른바 '합의'는 화해계약의 일종이다.

• 기능: 손해배상액 예정 약정은 당사자 모두에게 유리하다. 채권자는 손해배상액 증명이라는 부담을 피할 수 있고, 채무자는 실손해가 얼마이든 예정 배상액만 지급하면 되기 때문이다.

손해배상액의 예정은 채무불이행의 경우에 채무자가 지급하여야 할 손해배상액을 미리 정해두는 것으로서, 손해의 발생사실과 손해액에 대한 증명곤란을 배제하고 분쟁을 사전에 방지하여 법률관계를 간이하게 해결함과 함께 채무자에게 심리적으로 경고를 함으로써 채무이행을 확보하려는 데에 그 기능이나 목적이 있다(대법원 2022. 7. 21. 선고 2018다248855 전원합의체 판결).

B. 법적 성질 · 적용 범위

- 손해배상액 예정 약정은 주된 채무를 발생시키는 원인계약에 대한 종된 계약이다. 따라서 손해배상액 예정 약정을 했는지 여부와 그 가액 판단은 의사표시 해석의 문제이다.
- 적용범위: 채권자와 채무자가 금전 이외의 재산으로 손해 배상에 충당하기로 약정한 경우에도 금전으로 손해배상액 예정 약정을 한 경우와 같은 법리가 적용된다.

> 제398조(배상액의 예정) ⑤ 당사자가 금전이 아닌 것으로써 손해의 배상에 충당할 것을 예정한 경우에도 전4항의 규정을 준용한다.

C. 소극적 요건

- 특별법으로 손해배상액 예정 약정이 금지된 경우, 이를 위반한 손해배상액 예정 약정은 무효이다. 이러한 특별법의 예로서 근로기준법 §20를 들 수 있다.
- 다만 이 경우 일부무효의 법리가 적용되어 채무를 발생시키는 원인계약 자체는 그대로 유지되고 손해배상액 예정 약정 부분만 무효라고 보아야 한다. 따라서 사용자는 근로자의 채무불이행으로 발생한 실손해의 가액을 증명하여 손해배상청구를 할 수 있다.

D. 사례: 법정해제와 손해배상액 예정

- 손해배상액 예정 약정이 있어도 채권자는 계약을 해제할 수 있다.

> 제398조(배상액의 예정) ③ 손해배상의 예정은 이행의 청구나 계약의 해제에 영향을 미치지 아니한다.

- 법정해제의 경우에도 손해배상청구에는 영향이 없으므로(§551) 손해배상액 예정 약정도 유지되는 것이 원칙이다. 법정해제로 인해 손해배상액 예정 약정도 소멸했다고 주장하려면 이러한 내용의 특약이 있음이 증명되어야 한다(대법원 2022. 4. 14. 선고 2019다292736 판결).

(2) 약정된 손해배상 예정액 지급을 청구하기 위한 요건

A. 전제: 채무불이행 책임의 성립

(a) 개관

- 손해배상액 예정 약정의 기능은 채무불이행으로 인한 손해배상책임은 성립했음을 전제로 손해배상액의 산정 과정만을 대체하는 것이다.

- 따라서 채권자가 예정 배상액 지급을 청구하려면, 채권관계가 유효하게 성립하여 채권이 존재하는 상태에서 채무불이행 책임이 성립했다는 사실까지는 주장·증명해야 한다.

(b) 채권관계의 유효한 성립

- 채무불이행 책임이 성립하려면 먼저 유효한 채권관계가 유지되고 있어야 한다.

- 판례 중에서는 당사자 일방의 철회 사실이 증명된 경우에도 손해배상액 예정 약정이 적용된다고 한 것도 있으나 이행거절로 인해 채무불이행 책임이 성립한 사안이라고 보아야 한다. 유효하게 성립한 채권계약이 일방의 철회로 인해 소멸할 수는 없기 때문이다.

> 손해배상액의 예정이 있는 경우에는 원고들이 일방적으로 이 사건 매매계약을 철회한 사실만 피고가 증명하면 나아가 손해의 발생 및 그 액을 증명하지 아니하고 예정배상액을 청구할 수 있다(대법원 2009. 2. 26. 선고 2007다19051 판결).

(c) 채무자의 귀책사유로 인한 급부장애

- 손해배상액 예정 약정은, '귀책사유 있는 급부장애'인 채무불이행으로 인한 손해에 대해서만 적용되는 것으로 추정된다. 따라서 채무자가 동시이행 항변권을 행사하는 경우 이행지체가 성립하지 않으므로 지연손해금에 대한 손해배상 예정액인 지체상금도 발생하지 않는다(대법원 2016. 12. 15. 선고 2014다14429 판결).

- 사적 자치 원칙상 채무자의 귀책사유 없는 급부장애의 경우에도 예정 배상액을 지급하기로 하는 특약도 유효이다. 다만 이러한 특약의 존재는 주장·증명되어야 한다.

대법원 2007. 12. 27. 선고 2006다9408 판결

  ‣ 채무자는 채권자와 사이에 채무불이행에 있어 채무자의 **귀책사유를 묻지 아니한다는 약정을 하지 아니한 이상 자신의 귀책사유가 없음을 주장·입증**함으로써 **예정배상액의 지급책임을 면**할 수 있다.

- 채무자의 귀책사유를 묻지 아니한다는 약정의 존재 여부는 근본적으로 당사자 사이의 의사해석의 문제로서 당사자의 **통상의 의사는 채무자의 귀책사유로 인한** 채무불이행에 대해서만 손해배상액을 예정한 것으로 봄이 상당하므로, **채무자의 귀책사유를 묻지 않기로 하는 약정의 존재는 엄격하게 제한하여 인정하여야 한다.**

B. 손해배상액 예정 약정의 존재

(a) 개관

- 손해배상액 예정 약정은 종된 계약이므로, 그 존재 여부나 유형, 예정 배상액의 가액 등을 판단하는 것은 모두 의사표시 해석의 문제이다.

> 제398조(배상액의 예정) ① 당사자는 채무불이행에 관한 손해배상액을 예정할 수 있다.

채무불이행에 관한 **손해배상액의 예정은 당사자의 합의로 행하여지는 것으로서, 그 내용이 어떠한가, 특히 어떠한 유형의 채무불이행에 관한 손해배상을 예정한 것인가는 당해 약정의 해석에 의하여** 정하여진다(대법원 2010. 1. 28. 선고 2009다41137 판결).

- 손해배상액 예정 약정의 유형: 가액으로 약정할 수도 있고 원본에 대한 비율로 약정할 수도 있다.

(b) 적용 범위

- 특정 유형의 채무불이행에 대한 손해배상액 예정 약정이 있는 경우, 다른 유형에 대해서는 적용되지 않는다.
- 예컨대 지연손해금에 대한 손해배상액 예정 약정이 있어도 불완전이행 사안에 대해서는 적용되지 않는다. 따라서 채권자가 불완전이행으로 인한 손해를 배상받으려면 손해배상 범위(§393)와 그 가액(§394)을 모두 주장·증명해야 한다. 이 경우 증명된 실손해의 가액이 예정 배상액을 초과하더라도 전액을 배상받을 수 있다.

수급인이 완공의 **지체가 아니라 그 공사를 부실하게 한 것과 같은 불완전급부 등으로 인하여 발생한 손해는** 그것이 부실공사와 상당인과관계가 있는 **완공의 지체로 인하여 발생한 것이 아닌 한** 위 지체상금약정에 의하여 처리되지 아니하고 도급인은 **별도로 그 배상을 청구할 수 있다**고 봄이 상당하다. 이 경우 손해배상의 범위는 제393조 등과 같은 그 범위획정에 관한 일반법리에 의하여 정하여지고, 그것이 위 지체상금약정에 기하여 산정되는 지체상금액에 제한되어 이를 넘지 못한다고 볼 것이 아니다(대법원 2010. 1. 28. 선고 2009다41137 판결).

C. 채권자의 예정배상액 청구

- 손해배상액 예정 약정은 손해배상의 가액을 미리 정해둔 것에 불과하다. ㉠ 따라서 채권자가 예정 배상액을 청구해야 법원은 그 지급을 명할 수 있다. 손해배상청구권도 권리의 일종이고 권리 행사는 권리자의 자유에 맡겨져 있기 때문이다. ㉡ 한편 전보배상액에 대한 손해배상액 예정 약정이 있어도 채권자는 예정 배상액 지급 청구 대신 원래 급부에 대한 강제이행 청구나 법정해제권을 행사할 수 있다.

> 제398조(배상액의 예정) ③ 손해배상액의 예정은 **이행의 청구**나 계약의 해제**에 영향을 미치지 아니**한다.

- 예정 배상액 청구와 실제 손해액 청구는 별개이므로, 금전채권자가 이행지체로 인한 위약금인 지체상금의 지급을 청구한 경우 법원이 실제 손해액인 법정이자율에 따른 지연손해금의 지급을 명할 수는 없다.

> 채무불이행으로 인한 손해배상 예정액의 청구와 채무불이행으로 인한 손해배상액의 청구는 그 청구원인을 달리 하는 별개의 청구이므로 손해배상 예정액의 청구 가운데 채무불이행으로 인한 손해배상액의 청구가 포함되어 있다고 볼 수 없다(대법원 2000. 2. 11. 선고 99다49644 판결).

- 채권자는 채무불이행 사실과 손해배상액 예정 약정의 존재만 증명하면 손해 발생이나 그 가액을 증명하지 않아도 예정 배상액의 지급을 청구할 수 있다(대법원 2016. 12. 15. 선고 2014다14429 판결).
- 다만 채무자가 손해 미발생 사실이나 채무불이행과 손해 발생 사이의 인과관계가 없다는 사실 등을 증명하여 항변하면, 채권자의 예정 배상액 지급 청구가 배척될 수 있을 것으로 보인다. 판례의 태도는 불명확한데, 증명책임 전도만을 문제삼고 있기 때문이다.

> 계약보증금을 손해배상액의 예정으로 약정한 이 사건에 있어 원고는 자신이 입은 손해액 및 그 손해액과 소외 회사의 채무불이행 사이의 인과관계를 **입증할 책임이 없는**

데도 원심이 위와 같이 판단한 것에는 손해배상액의 예정을 한 경우에 있어서의 손해 액 및 그 손해액과 채무불이행 사이의 인과관계에 관한 입증책임을 전도한 위법이 있 다(대법원 2000. 12. 8. 선고 2000다50350 판결).

(3) 예정배상액에 대한 감액

제398조(배상액의 예정) ② 손해배상의 예정액이 부당히 과다한 경우에는 법원은 적 당히 감액할 수 있다.

A. 요건: 예정된 배상액이 부당하게 과다할 것

(a) 개관

• 의미: 손해배상 예정액이 채무자에게 부당한 압박을 가하는 정도에 이르면 불공 정한 법률행위가 될 수 있다.

• 이 경우 법원은 예정 배상액을 감액할 수 있으며 그 요건과 효과에 대한 판단은 모두 법원의 재량에 맡겨져 있다.

'부당히 과다한 경우'는 채권자와 채무자의 각 지위, 계약의 목적과 내용, 손해배상액 을 예정한 동기, 채무액에 대한 예정액의 비율, 예상 손해액의 크기, 그 당시의 거래관 행 등 모든 사정을 참작하여 일반 사회관념에 비추어 그 예정액의 지급이 경제적 약자 의 지위에 있는 채무자에게 <u>부당한 압박을 가하여 공정성을 잃는 결과</u>를 초래한다고 인정되는 경우를 뜻한다(대법원 2017. 8. 18. 선고 2017다221396 판결).

(b) **판단 기준**

• 기준시: 예정 배상액이 부당히 과다한지의 여부와 적당한 감액의 정도는 모두 사 실심 변론 종결시를 기준으로 판단해야 한다. 따라서 손해배상액 예정 약정 이후 의 사정도 고려 대상이 된다.

손해배상의 예정액이 부당하게 과다한지 및 그에 대한 적당한 감액의 범위를 판단하 는 데 있어서는, 법원이 구체적으로 그 판단을 하는 때 즉, <u>사실심의 변론종결 당시를 기준으로 하여 **그 사이에 발생한 위와 같은 모든 사정**을 종합적으로 고려하여야 한다</u> (대법원 2017. 5. 30. 선고 2016다275402 판결).

• 규범적 판단: 예정 배상액이 부당히 과다한지의 여부는 구체적 사정을 고려하여

사회통념에 따라 판단해야 하는 규범적 문제이다(2017다221396, 105면). ㉠ 실제 손해액과 예정 배상액의 차이는 고려 대상들 중 하나일 뿐이고, 심지어 실제 손해액이 0에 가깝더라도 이 사실만을 근거로 예정 배상액이 부당히 과다하다고 인정되는 것은 아니다. ㉡ 따라서 부당성 판단을 위해 실제 손해액을 산정하지 않아도 되지만, 이미 실제 손해액이 산정되어 있고 그 가액이 예정 배상액을 넘는다면 예정 배상액을 함부로 감액하면 안 된다.

> '부당히 과다한 경우'라 함은 손해가 없다든가 손해액이 예정액보다 적다는 것만으로는 부족하다(대법원 2008. 11. 13. 선고 2008다46906 판결).

대법원 2010. 7. 15. 선고 2010다10382 판결
‣ 실제 발생할 것으로 예상되는 손해액의 크기를 참작하여 손해배상액의 예정액이 부당하게 과다한지 여부 내지 그에 대한 적당한 감액의 범위를 판단함에 있어서는 **실제의 손해액을 구체적으로 심리·확정할 필요는 없**으나, 기록상 실제의 손해액 또는 예상 손해액을 **알 수 있는 경우에는 이를 그 예정액과 대비하여 볼 필요는 있다**.
‣ 매수인의 잔금지급의무 불이행으로 인하여 매도인이 입은 손해의 가액은 이 사건 계약금을 훨씬 상회하는 액수인데도 원심이 이 사건 매매계약의 해제로 인한 손해배상 예정액을 감액한 것은 수긍하기 어렵다.

(c) 사례: 지연배상금 약정
• 지연배상금이 부당히 과다한지의 여부는 지연배상금의 비율이 아니라 총액을 대상으로 판단한다. 따라서 이행지체가 장기화될수록 감액될 가능성이 커진다.

> 손해배상의 예정액이란 문언상 그 예정한 **손해배상액의 총액**을 의미한다고 해석되므로, 손해배상의 예정에 해당하는 **지체상금의 과다 여부는 지체상금 총액을 기준으로 하여 판단**하여야 한다(대법원 2002. 12. 24. 선고 2000다54536 판결).

• 금전채무의 이행지체에 대비한 손해배상액 예정 약정으로 정해진 지연손해금율은 이자제한법 위반이 아니더라도 §398 ②을 근거로 감액될 수 있다.

> 제398조 제2항은 금전채무의 불이행에 관하여 그 적용을 배제하지 않고 있다. 또한 이자제한법 제6조는 예정한 배상액을 부당하다고 인정한 때에는 상당한 액까지 이를 감

액할 수 있다고 규정하고 있다. 따라서 **금전채무에 관하여 이행지체에 대비한 지연손해금 비율을 따로 약정한 경우에 이자제한법 위반이 아니더라도 이는 손해배상액의 예정으로서 감액의 대상이 된다**(대법원 2017. 8. 18. 선고 2017다228762 판결).

B. 효과: 법원의 재량에 의한 감액

• 예정 배상액이 부당히 과다하다고 인정되면 법원은 적당히 감액할 수 있다. ㉠ 이러한 감액은 당사자의 주장이 없어도 직권으로 판단해야 하고 ㉡ 감액의 정도는 사실심 법원의 재량에 맡겨져 있다.

법원은 **당사자의 주장이 없더라도 직권으로 제398조 제2항에 따라** 위약금 전체 금액을 기준으로 감액할 수 있다(대법원 2020. 11. 12. 선고 2017다275270 판결).

이때 감액사유에 대한 사실인정이나 그 비율을 정하는 것은 형평의 원칙에 비추어 현저히 불합리하다고 인정되지 않는 한 사실심의 전권에 속하는 사항이다(대법원 2017. 5. 30. 선고 2016다275402 판결).

• 일부무효 · 소급적 무효: 예정 배상액 중 감액대상인 부분의 효력만 소멸하는데 그 효과는 손해배상액 예정 약정 당시로 소급한다.

법원이 손해배상의 예정액이 부당히 과다하다고 하여 감액을 한 경우에는 손해배상액의 예정에 관한 약정 중 감액 부분에 해당하는 부분은 처음부터 무효라고 할 것이다(대법원 2004. 12. 10. 선고 2002다73852 판결).

(4) 손해배상액 예정 약정의 효과

A. 예정 손해배상액 자체의 효과

(a) 개관

• 손해배상액의 상한: 예정 배상액은 손해배상액의 상한이다. 따라서 ㉠ 통상손해는 물론 특별손해도 예정 배상액을 초과하는 가액은 받을 수 없고, ㉡ 채권자가 실손해 가액이 예정 배상액을 초과함을 증명해도 예정 배상액 이상은 배상받을 수 없다.

손해배상액의 예정은 손해의 <u>발생사실과 손해액에 대한 증명의 곤란을 덜고 분쟁의</u> <u>발생을 미리 방지하여 법률관계를 쉽게 해결하고자 하는 등의 목적</u>으로 규정된 것이고, 계약 당시 손해배상액을 예정한 경우에는 다른 특약이 없는 한 ㉠ **채무불이행으로 인하여 입은 통상손해는 물론 특별손해까지도 예정액에 포함**되고 ㉡ 채권자의 **손해가 예정액을 초과한다 하더라도 초과 부분을 따로 청구할 수 없**다(대법원 2010. 7. 15. 선고 2010다10382 판결).

- 예정 배상액에 대해서는 과실상계가 적용되지 않는다. 다만 채권자의 과실 유무와 그 정도는 법원의 재량에 의한 감액 판단시 고려대상이 될 수 있다.

당사자 사이의 계약에서 채무자의 채무불이행으로 인한 손해배상액이 예정되어 있는 경우, 채무불이행으로 인한 손해의 발생 및 확대에 채권자에게도 과실이 있다고 하여도 제398조 제2항에 따라 **채권자의 과실을 비롯하여 채무자가 계약을 위반한 경위 등 제반 사정을 참작하여 손해배상 예정액을 감액할 수는 있을지언정** 채권자의 과실을 들어 **과실상계를 할 수는 없**다(대법원 2016. 6. 10. 선고 2014다200763 판결).

(b) 사례: 무권대리인이 계약 이행 책임을 지는 경우

- 무권대리인이 상대방과 대리행위를 하면서 손해배상액 예정 약정을 포함시켰는데, 상대방이 무권대리인에게 §135 ①에 따른 계약 이행을 청구했다.
- 이 경우 무권대리인이 무권대리행위로부터 발생한 채무를 이행하지 못한 경우, 무권대리인과 상대방 사이에 체결된 손해배상액 예정 약정이 적용된다.

대법원 2018. 6. 28. 선고 2018다210775 판결

- 상대방이 <u>제135조 제1항에 따라 계약의 이행을 선택한 경우 무권대리인은 그 계약이 본인에게 효력이 발생하였더라면 본인이 상대방에게 부담하였을 것과 같은 내용의 채무를 이행할 책임이 있다. 무권대리인은 마치 자신이 계약의 당사자가 된 것처럼 계약에서 정한 채무를 이행할 책임을 지는 것이다.</u>
- 무권대리인이 계약에서 정한 채무를 이행하지 않으면 상대방에게 채무불이행에 따른 손해를 배상할 책임을 진다. 위 <u>계약에서 채무불이행에 대비하여 손해배상액의 예정에 관한 조항을 둔 때에는 특별한 사정이 없는 한 무권대리인은 그 조항에서 정한 바에 따라 산정한 손해액을 지급하여야 한다. 이 경우 제398조가 적용됨</u>은 물론이다.

B. 적용 범위

(a) 원칙

• 손해배상액 예정 약정은 §390 사안에 대해서만 적용되는 것이 원칙이다. 따라서 ㉠ 채무불이행으로 인해 예정 배상액을 초과하는 손해를 입은 채권자는 이에 대해 §750의 손해배상청구를 할 수 있고, ㉡ 채무자가 채무불이행으로 인해 예정 배상액을 초과하는 이익을 얻은 경우 채권자는 이에 대해 §741의 부당이득 반환청구를 할 수 있다.

• 예컨대 손해배상액 예정 약정이 붙은 토지 매매계약에서 매수인이 잔금 지급 전에 무단으로 건물을 신축했고 그 후 매도인이 이 매매계약을 법정해제 한 경우, 매도인은 매수인에게 더 좋은 거래기회 상실로 인한 손배청구는 할 수 없지만, 토지 무단사용에 대한 §750, §741 등의 권리는 행사할 수 있다.

대법원 1999. 1. 15. 선고 98다48033 판결

‣ 계약 당시 당사자 사이에 손해배상액을 예정하는 내용의 약정이 있는 경우에는 그 것은 계약상의 <u>채무불이행으로 인한 손해액에 관한 것이고 이를 그 계약과 관련된 불법행위상의 손해까지 예정한 것이라고는 볼 수 없다.</u>

‣ 甲·乙 사이의 이 사건 매매계약이 乙의 잔대금지급채무의 불이행을 이유로 해제된 다음 甲이 乙을 상대로 이 사건 토지 상의 건물철거 및 대지인도의 소를 제기하여 승소판결을 받고 그 판결이 확정되었음에도 乙이 이를 이행하지 아니하여 甲이 이 사건 토지를 사용·수익하지 못하게 됨으로써 입은 甲의 차임 상당의 손해는 이 사건 매매계약이 <u>해제된 후의 별도의 불법행위를 원인으로 하는 것으로서 계약 당시 수수된 손해배상예정액으로 전보되는 것은</u> 아니라고 할 것이다.

(b) 예외: 당사자의 특약

• 당사자들이 §390뿐 아니라 §741이나 §750에 근거한 채권에 대해서도 예정 배상액이 적용되는 것으로 약정했다면, 이러한 약정은 유효이다(사적 자치 원칙). 따라서 이 경우 예정 배상액을 초과하여 손해나 부당이득이 발생해도 채권자는 이에 대해 §750의 손해배상 청구나 §741의 부당이득 반환청구를 할 수 없다.

• 예컨대 계약서에 "위 금원 몰취 이외의 어떠한 민사책임도 추궁하지 않는다", "위 금원으로 계약위반으로 인해 발생하는 손실 보전에 갈음한다" 등의 문언이 있으면 위와 같은 특약으로 해석될 수 있다.

그 계약과 관련하여 손해배상액을 예정한 채무불이행과 별도의 행위를 원인으로 손해가 발생하여 불법행위 또는 부당이득이 성립한 경우 그 손해는 예정액에서 제외되지만 계약 당시 채무불이행으로 인한 손해로 예정한 것이라면 특별한 사정이 없는 한 손해를 발생시킨 원인행위의 법적 성격과 상관없이 그 손해는 예정액에 포함되므로 예정액과 별도로 배상 또는 반환을 청구할 수 없다(대법원 2018. 12. 27. 선고 2016다 274270 판결).

5. 손해배상액의 조정: 손익공제와 과실상계

가. 개관

(1) 전제

* 과실상계·손익공제가 적용되려면, 손해배상 대상인 손해의 범위가 파악되고 이러한 손해의 가액 산정까지 마쳐져 있어야 한다.
* 채무자의 손해 배상이 신의칙·공평칙에 반하는 것으로 볼 수 있는 특별한 사정이 있을 수 있는데, 이러한 상황에 대처하기 위해 손익공제와 과실상계가 적용된다.

(2) 비교

* 공통점: 과실상계와 손익공제는 모두 신의칙·공평원칙을 근거로 인정되고, 당사자의 주장이 없어도 법원의 직권 판단 대상이 된다.
* 차이점: ㉠ 손익공제는 사실인정의 문제이고 가액으로 산정되지만, 과실상계는 규범적 가치판단의 문제이고 비율로 산정된다. ㉡ 과실상계에 대해서만 사실심 법원의 재량이 인정된다. ㉢ 과실상계는 명문 규정에 의해 인정되지만 손익공제는 공평원칙을 근거로 학설·판례에 의해 인정된다.

> 제396조(과실상계) 채무불이행에 관하여 채권자에게 과실이 있는 때에는 법원은 손해배상의 책임 및 그 금액을 정함에 이를 참작하여야 한다.

(3) 적용순서

A. 개관

* 문제의 소재: 채무불이행이나 불법행위로 인해 채권자에게 손해뿐 아니라 이익도 발생했고 손해 발생이나 확대에 대한 채권자의 과실이 인정되면, 손익공제와 과실상계의 요건이 모두 충족된다. 이때 이들의 적용 순서가 문제된다.

- 실익: 손익공제는 가액을 공제하는 것인 반면 과실상계는 비율로 공제하는 것이어서 이들의 적용 순서에 따라 산정되는 손해배상액이 달라진다.

B. 원칙: 선 과실상계 후 손익상계

- 채무자가 배상해야 할 손해배상액은, §393·§394에 의해 산정된 손해배상의 가액에 대해 과실상계부터 적용한 후 손익공제를 한 값이다.

- 예컨대 불법행위로 인해 피해자에게 100만원의 손해가 발생했으나 30만원의 이익도 발생했고 피해자의 과실이 40%인 경우, 손해배상액은 100만원 × 0.6 − 30만원 = 30만원이다.

> 불법행위나 채무불이행에 관하여 채권자의 과실이 있고 채권자가 그로 인해 이익을 받은 경우에 손해배상액을 산정함에 있어서는 **과실상계를 한 다음 손익상계를 해야** 하고, 이는 과실상계뿐만 아니라 손해부담의 공평을 기하기 위한 책임제한의 경우에도 마찬가지이다(대법원 2008. 5. 15. 선고 2007다37721 판결).

✓ 대법원 2022. 3. 24. 선고 2021다241618 전원합의체 판결이 파기한 판결들 중 95다24340에는 '선 과실상계 후 손익공제'라는 취지가 포함되어 있다. 다만 이러한 취지를 포함한 다른 판결들은 파기되지 않았고, 95다24340은 2021다241618과 마찬가지로 산업재해보상보험과 관련된 사례였다. 따라서 2021다241618의 취지는 보험과 관련된 사례에서만 '손익공제 후 과실상계' 방식으로 손해배상액을 산정해야 한다는 것으로 파악해야 한다.

C. 비교: 피해자가 손해보험금을 수령한 경우

- 피해자가 입은 손해에 대해 보험금이 지급되는 경우, 이러한 보험금은 보험계약의 효과이지 불법행위로 인해 발생한 수익은 아니기 때문에 손익상계 대상이 아니다. 따라서 보험금으로 전보되고 남은 손해만 배상 대상이고 이 남은 손해 가액에 대해 과실상계를 해야 한다.

- 예컨대 손해의 가액이 100만원, 손해보험금이 40만원, 피해자 과실이 30%인 경우, 손해액에서 보험금으로 전보되고 남은 손해의 가액은 60만원이고 전체 손해액 중 가해자로부터 배상받을 수 있는 손해배상액 70만원이다. 이때 피해자는 가해자로부터 60만원만 배상받을 수 있고 70만원에서 60만원을 공제한 10만원은 보험자 대위의 대상이 된다.

대법원 2015. 1. 22. 선고 2014다46211 전원합의체 판결

‣ 손해보험의 보험사고에 관하여 동시에 불법행위나 채무불이행에 기한 손해배상책임을 지는 제3자가 있어 피보험자가 그를 상대로 손해배상청구를 하는 경우에, 피보험자가 손해보험계약에 따라 보험자로부터 수령한 **보험금은 보험계약자가 스스로 보험사고의 발생에 대비하여 그때까지 보험자에게 납입한 보험료의 대가적 성질을 지니는 것으로서 제3자의 손해배상책임과는 별개의 것이므로 이를 그의 손해배상책임액에서 공제할 것이 아니다.**

‣ 피보험자는 <u>보험금으로 전보되지 않고 남은 손해에 관하여 제3자를 상대로 그의 배상책임(다만 과실상계 등에 의하여 제한된 범위 내의 책임이다)</u>을 이행할 것을 청구할 수 있는바, 전체 손해액에서 보험금으로 <u>전보되지 않고 남은 손해액이 제3자의 손해배상책임액보다 많을 경우</u>에는 제3자에 대하여 그의 손해배상책임액 전부를 이행할 것을 청구할 수 있고, 위 남은 손해액이 제3자의 손해배상책임액보다 적을 경우에는 그 남은 손해액의 배상을 청구할 수 있다. 후자의 경우에 제3자의 손해배상책임액과 위 남은 손해액의 <u>차액 상당액은 보험자대위에 의하여 보험자가 제3자에게 청구할 수 있다(상법 제682조).</u>

‣ <u>이와 달리 손해보험의 보험사고에 관하여 동시에 채무불이행에 기한 손해배상책임을 지는 제3자가 있어 그의 피보험자에 대한 손해배상액을 산정할 때 과실상계 등에 의하여 제한된 손해배상책임액에서 보험금을 공제하여야 한다는 취지로 판시한 대법원 2009. 4. 9. 선고 2008다27721 판결 등은 이 판결의 견해에 배치되는 범위 내에서 변경</u>하기로 한다.

• 이러한 법리는 산업재해보상보험, 국민건강보험 등의 사회보험의 경우에도 마찬가지로 적용된다(대법원 2022. 3. 24. 선고 2021다241618 전원합의체 판결).

나. 손익상계

(1) 개관

• 요건: 손해배상책임의 원인인 가해행위(채무불이행이나 불법행위)로 인해 피해자가 새로운 이득을 얻었고, 가해행위와 이득의 발생 사이에 상당인과관계가 인정되면 손익공제가 가능하다.

• 직권 참작: 손익공제 요건이 충족되면 법원은 손해배상액을 산정할 때 당사자의 주장과 무관하게 직권으로 피해자에게 발생한 이득의 가액을 산정하여 공제해야 한다.

대법원 2009. 12. 10. 선고 2009다54706 판결

· 손해배상액의 산정에 있어 손익상계가 허용되기 위해서는 손해배상책임의 원인이 되는 행위로 인하여 피해자가 <u>새로운 이득을 얻었고, 그 이득과 손해배상책임의 원인인 행위 사이에 상당인과관계</u>가 있어야 한다.

· 채무불이행이나 불법행위 등이 <u>채권자 또는 피해자에게 손해를 생기게 하는 동시에 이익을 가져다 준 경우</u>에는 공평의 관념상 그 이익은 당사자의 주장을 기다리지 아니하고 손해를 산정함에 있어서 공제되어야만 하는 것이다.

(2) 사례

A. 도급계약이 임의해제된 경우: 과실상계 배제, 손익공제만 적용

· 도급인이 가지는 §673의 임의해제권은 약정해제나 법정해제 사유가 없는데도 도급인이 일방적으로 도급계약을 해제할 수 있게 해 주는 권리이므로, 수급인에 대한 충실한 손해배상을 전제한다. 따라서 도급인은 과실상계나 손해배상 예정액의 감액을 주장할 수 없다.

· 다만 §673의 경우에도 손익공제는 적용되는데, 도급계약 임의해제로 인해 수급인은 보수 상당액의 손해를 입지만, 이것과 동시에 일의 완성을 위해 지출할 필요가 있었던 비용의 절감이라는 소극적 이익을 얻는다. 결국 수급인이 받을 수 있는 손해배상금은 순이익 상당액이 될 것이다.

대법원 2009. 12. 10. 선고 2009다54706 판결

‣ 제673조는 도급인의 일방적인 의사에 기한 도급계약 해제를 인정하는 대신, 도급인의 일방적인 <u>계약해제로 인하여 수급인이 입게 될 손해, 즉 수급인이 이미 지출한 비용과 일을 완성하였더라면 얻었을 이익을 합한 금액을 전부 배상</u>하게 하는 것이라 할 것이므로, 위 규정에 의하여 도급계약을 해제한 이상은 특별한 사정이 없는 한 도급인은 수급인에 대한 손해배상에 있어서 **과실상계나 손해배상예정액 감액을 주장할 수는 없**다.

‣ 제673조에 의하여 도급계약이 해제된 경우에도, 그 해제로 인하여 수급인이 그 일의 완성을 위하여 들이지 않게 된 자신의 노력을 타에 사용하여 소득을 얻었거나 또는 얻을 수 있었음에도 불구하고, 태만이나 과실로 인하여 얻지 못한 소득 및 일의 완성을 위하여 준비하여 둔 재료를 사용하지 아니하게 되어 타에 **사용 또는 처분하여 얻을 수 있는 대가 상당액은 당연히 손해액을 산정함에 있어서 공제되어야 한다.**

B. 밀가루값 담합 사건

(a) 사안의 개요

- 밀가루 제조회사들인 乙은 위법한 담합을 통해 제과회사들인 甲에 대한 밀가루 판매가격을 책정했고 그 결과 乙은 甲으로부터 적정한 가격보다 100억원을 더 지급받았다. 甲은 이를 반영하여 제품가격을 인상했고 그 결과 甲의 매출은 80억 원 증가했다.

- 乙의 담합이 공정거래위원회에게 적발되자 甲은 乙에게 100억원의 손해배상을 청구했다.

(b) 쟁점과 판단

- 乙의 담합은 불법행위에 해당하므로 乙은 甲에게 100억원의 손해배상책임을 진다.

- 乙은 이러한 담합으로 인해 甲에게 발생한 매출 증가액 80억원이 손익공제 대상 이라고 주장했고, 이에 대해 甲은 乙의 밀가루값 인상과 甲의 매출 증가 사이에 는 상당인과관계가 없다고 반박했다.

- 대법원은 甲의 제품가격 인상 요인에는 여러 가지가 있으므로 80억원 전액이 손 익공제 대상은 아니라고 하면서도 신의칙·공평원칙에 비추어 乙의 甲에 대한 손 해배상액을 산정할 때 이러한 사정을 고려할 수는 있다고 했다.

> **대법원 2012. 11. 29. 선고 2010다93790 판결**
> ‣ 위법한 가격 담합에 의하여 가격이 인상된 재화 등을 매수한 경우, 매수인이 입는 직접적인 손해는 특별한 사정이 없다면 실제 매수한 가격과 담합행위가 없었을 경 우에 형성되었을 가격(이하 '가상 경쟁가격'이라 한다)의 차액이 된다.
> ‣ 재화 등의 가격 인상이 제품 등의 판매 가격 상승으로 바로 이어지는 특별한 사정이 없는 한, 제품 등의 가격은 여러 사정을 고려하여 결정할 것이므로, 재화 등의 가격 인상과 제품 등의 가격 인상 사이에 직접적인 인과관계가 있다거나 제품 등의 인상 된 가격 폭이 재화 등의 가격 인상을 그대로 반영하고 있다고 단정할 수 없다. 다만 이와 같이 제품 등의 가격 인상을 통하여 부분적으로 손해가 감소되었을 가능성이 있는 경우에는 **직접적인 상당인과관계가 인정되지 아니한다고 하더라도 이러한 사 정을 손해배상액을 정할 때에 참작**하는 것이 공평의 원칙상 타당하다.

C. 편무예약상의 승낙채무 불이행으로 인한 손해배상액 산정(2011다41659, 86면)

다. 과실상계

(1) 개관

A. 적용의 전제

- 과실상계는 손해배상액 산정까지 마쳐진 후 비로소 문제될 수 있다.
- 과실상계가 적용되려면 손해의 발생이나 확대에 채권자·피해자가 미친 영향이 파악될 수 있어야 한다.

B. 적용범위

(a) 적용되는 경우

- 과실상계는 §390의 채무불이행 책임뿐 아니라 §750의 불법행위 책임에 대해서도 적용된다(§763에 의한 §396 준용).
- 가해행위에 피해자 측 요인이 경합하여 손해가 발생하거나 확대된 경우에 이러한 피해자 측 요인이 피해자 측의 과실이라고 볼 수는 없지만 가해자에게 손해 전부를 배상시키는 것이 공평칙에 반하는 것으로 인정되면 법원은 과실상계의 법리를 유추 적용할 수 있다.

  가해행위와 피해자 측의 **요인이 경합하여 손해가 발생하거나 확대된 경우 피해자 측의 귀책사유와 무관한 것이라고 할지라도** 가해자에게 손해의 전부를 배상시키는 것이 공평의 이념에 반하는 경우에는 법원은 배상액을 정하면서 **과실상계의 법리를 유추적용**하여 손해의 발생이나 확대에 기여한 피해자 측의 요인을 참작할 수 있다(대법원 2020. 6. 25. 선고 2019다292026 판결).

(b) 적용이 배제되는 경우

- 채권자가 전보배상이 아니라 원래 급부의 이행을 구하는 경우에는 과실상계가 적용될 수 없다. 예컨대 ㉠ 무권대리 사안에서 상대방이 §126의 표현대리나 §135를 근거로 무권대리인의 이행을 주장하는 경우 상대방의 부주의가 인정되더라도 급부의 내용이 감축되지는 않는다. 이에 비해 ㉡ 상대방이 §135를 근거로 무권대리인에게 손해배상청구를 할 때는 상대방의 부주의는 과실상계 사유가 될 수 있을 것이다.

과실상계는 채무불이행 내지 불법행위로 인한 손해배상책임에 대하여 인정되는 것이고, **채무 내용에 따른 본래의 급부의 이행을 구하는 경우에 적용될 것은 아니다**(대법원 2015. 5. 14. 선고 2013다69989 판결).

표현대리행위가 성립하는 경우에 그 본인은 표현대리행위에 의하여 전적인 책임을 져야 하고, 상대방에게 과실이 있다고 하더라도 과실상계의 법리를 유추적용하여 본인의 책임을 경감할 수 없다(대법원 1996. 7. 12. 선고 95다49554 판결).

• 손해배상액 예정 약정이 있는 경우, 법원은 예정 배상액에 대해 과실상계를 적용할 수는 없지만, 채권자의 부주의로 인한 손해의 발생·확대 등의 사정을 §398 ②에 의한 감액 사유로 참작할 수는 있다.

당사자 사이의 계약에서 채무자의 채무불이행으로 인한 **손해배상액이 예정**되어 있는 경우, 채무불이행으로 인한 손해의 발생 및 확대에 채권자에게도 과실이 있다 하더라도 제398조 제2항에 따라 채권자의 과실을 비롯한 제반 사정을 참작하여 손해배상 **예정액을 감액할 수는 있을지언정 채권자의 과실을 들어 과실상계를 할 수는 없**다(대법원 2016. 6. 10. 선고 2014다200763 판결).

• 법정해제로 인한 원상회복청구권(§548)의 취지는, 채권자로 하여금 해제 전과 가장 가까운 상태를 회복할 수 있게 해 주는 것이다. 따라서 채권자가 법정해제 사유인 채무불이행 발생의 원인 제공을 한 것으로 볼 수 있어도 과실상계를 적용하여 원상회복의 범위를 제한할 수는 없다.

과실상계는 매매계약이 해제되어 소급적으로 효력을 잃은 결과 매매당사자에게 당해 계약에 기한 급부가 없었던 것과 동일한 재산상태를 회복시키기 위한 **원상회복의무의 이행으로서 이미 지급한 매매대금 기타의 급부의 반환을 구하는 경우에는 적용되지 아니**한다. 해제로 인한 원상회복청구권에 대하여 해제자가 그 해제의 원인이 된 채무불이행에 관하여 '원인'의 일부를 제공하였다는 등의 사유를 내세워 손해배상에 있어서의 과실상계에 준하여 그 권리의 내용이 제한될 수 있다고 하는 것은 허용되어서는 아니된다(대법원 2014. 3. 13. 선고 2013다34143 판결).

• 도급인의 임의해제로 인한 손해배상책임에 대해서는 과실상계가 적용되지 않는

다(2009다54706, 전술).

(c) 적용범위의 확장: 공평원칙에 근거한 책임 제한

- 판례는 §390이나 §750에 의한 손해배상액을 산정할 때 손해 부담의 공평을 기하기 위해 채무자의 책임을 제한할 수 있다고 본다.
- 이러한 공평원칙에 근거한 책임 제한의 경우에도 과실상계의 경우와 마찬가지로, 그 인정 여부나 제한의 범위는 모두 사실심 법원의 전권사항에 속한다.

불법행위 또는 채무불이행에 따른 채무자의 손해배상액을 산정할 때에 손해부담의 공평을 기하기 위하여 채무자의 책임을 제한할 필요가 있고, 채무자가 채권자에 대하여 가지는 반대채권으로 상계항변을 하는 경우에는 책임제한을 한 후의 손해배상액과 상계하여야 한다(대법원 2015. 3. 20. 선고 2012다107662 판결).

불법행위로 인한 손해배상사건에서 피해자에게 손해의 발생이나 확대에 관하여 **과실이 있거나 가해자의 책임을 제한할 사유가 있는 경우**에는 배상책임의 범위를 정함에 있어서 당연히 이를 참작하여야 할 것이나, 과실상계 또는 책임제한 사유에 관한 사실인정이나 그 비율을 정하는 것은 그것이 형평의 원칙에 비추어 현저히 불합리하다고 인정되지 않는 한 사실심의 전권사항에 속한다(대법원 2012. 10. 11. 선고 2010다42532 판결).

(2) 요건

A. 채권자의 과실로 인한 손해의 발생·확대

(a) 채권자의 과실

- 채권자의 과실이란 신의칙상 요구되는 주의를 다하지 않은 상태를 가리키며, 손해배상책임을 근거지우는 귀책사유인 과실보다 더 쉽게 인정될 수 있다.
- 채권자 본인뿐 아니라 채권자와 신분상·사회생활상 일체를 이루는 관계에 있는 자의 부주의도 '피해자측'의 과실로서 참작된다.

대법원 2010. 8. 26. 선고 2010다37479 판결
- 민법상의 과실상계제도는 **채권자가 신의칙상 요구되는 주의를 다하지 아니한 경우 공평의 원칙**에 따라 손해의 발생에 관한 채권자의 그와 같은 부주의를 참작하게 하려는 것이므로, **단순한 부주의라도 그로 말미암아 손해가 발생하거나 확대된 원인**

을 이루었다면 피해자에게 과실이 있는 것으로 보아 과실상계를 할 수 있다.

▸ 손해배상의 책임 및 그 범위를 정함에 있어 피해자의 과실을 참작하는 이유가 불법 행위로 인하여 <u>발생한 손해를 가해자와 피해자 사이에 공평하게 분담시키고자 함에</u> 있는 이상, 피해자의 과실에는 **피해자 본인의 과실뿐 아니라 그와 신분상 내지 사회 생활상 일체를 이루는 관계에 있는 자의 과실도 피해자측의 과실로서 참작되어야** 할 것이며, 신분상 내지 사회생활상 일체를 이루는 관계라고 할 것인지는 피해자측 의 과실로 참작하는 것이 공평의 관념에서 타당한지에 따라 판단하여야 할 것이다.

(b) 손해의 발생 · 확대

• 채권자의 부주의로 인해 손해가 발생한 경우는 물론, 이미 발생한 손해가 채권자 의 부주의로 인해 확대된 경우에도 과실상계가 적용된다.

• 채권자의 부주의 이외의 사정이 경합적으로 작용하여 손해가 발생 · 확대된 경우, §396가 유추 적용될 수 있다(2019다292026, 115면).

B. 구체적인 기준: 직권판단, 사실심 법원의 전권 사항

• 소송자료에 과실상계 사유가 나타나 있으면 법원은 채권자가 주장하지 않아도 직권으로 과실상계 여부를 심리 · 판단해야 한다.

불법행위로 인한 손해의 발생 또는 확대에 관하여 피해자에게도 과실이 있는 때에는 가해자의 손해배상의 <u>범위를 정함에 있어 당연히 이를 참작하여야</u> 하고, 배상의무자 가 피해자의 과실에 관하여 <u>주장을 하지 아니한 경우에도 소송자료에 의하여 과실이 인정되는 경우에는 이를 법원이 직권으로 심리 · 판단</u>하여야 한다(대법원 2016. 4. 12. 선고 2013다31137 판결).

• 과실상계 인정 여부와 그 정도를 판단하는 것은 사실심 법원의 전권 사항이지만 형평의 원칙에 비추어 합리적이라고 인정될 수 있어야 한다.

대법원 2018. 2. 13. 선고 2015다242429 판결

▸ 불법행위에서 과실상계는 공평 또는 신의칙의 견지에서 손해배상액을 정하는 데 피해자의 과실을 참작하는 것으로, <u>가해자와 피해자의 고의 · 과실의 정도, 위법행 위의 발생과 손해의 확대에 관하여 피해자의 과실이 어느 정도의 원인이 되어 있는 지 등의 여러 사정을 고려</u>하여 배상액의 범위를 정하는 것이다.

- 과실상계 사유에 관한 사실인정이나 비율을 정하는 것은 그것이 **형평의 원칙에 비추어 현저히 불합리하다고 인정되지 않는 한 사실심의 전권사항에** 속한다.

(3) 효과

A. 개관

- 법원은 배상 대상 손해의 가액 중 과실상계 비율에 상응하는 가액을 감경하여 손해배상액을 산정하거나 아예 손해배상 채무를 면제할 수도 있다. 다만 손해 전부가 실질적으로 전보되었다는 등의 특별한 사정이 없는 한 함부로 손해배상 채무 전부를 면제하면 안 된다.

> 과실상계에 관한 법원의 판단은 형평의 원칙에 비추어 불합리하여서는 아니 되며 특히 <u>가해자의 손해배상책임을 면제하는</u> 것은 실질적으로 가해자의 손해배상책임을 부정하는 것과 다름이 없으므로, 불법행위로 인한 <u>피해자의 손해가 실질적으로 전부 회복되었다거나 그 손해를 전적으로 피해자에게 부담시키는 것이 합리적이라고 볼 수 있는 등의 특별한 사정</u>이 없는 한 가해자의 책임을 함부로 면제하여서는 아니 된다(대법원 2014. 11. 27. 선고 2011다68357 판결).

- 손해배상액이 감경된 경우 채무자는 감경된 후의 가액만큼의 손해배상 채무만 부담하므로 채무자가 상계를 주장하더라도 감경 후의 가액만큼만 상계된다(2012다107662, 117면).
- 침해부당이득 사안에서, §741 채권에 대해서는 과실상계가 적용되지 않는다. 따라서 채권자가 §750 청구를 먼저 했는데 이에 대해 과실상계가 이루어진 경우, 채권자는 과실상계로 감액된 가액에 대해 추가적으로 §741 채권을 행사할 수 있다. §750의 손해배상채권과 §741의 부당이득반환채권은 실체법상 별개의 권리이고, 권리 행사 순서에 따라 결과가 달라지는 것은 불공평하기 때문이다(대법원 2013. 9. 13. 선고 2013다45457 판결).

B. 사례: 일부청구

- 채권자가 손해배상액의 일부만 청구한 경우, ㉠ 채권자가 청구한 가액과 ㉡ 과실상계를 거쳐 산출된 적정 손해배상액을 비교하여, ㉠이 더 크면 ㉡을, ㉠이 더 작으면 ㉠의 지급을 명해야 한다. 예컨대 손해의 가액이 100만원인데 과실상계 비율이 20%인 경우, 법원이 명해야 할 손해배상액은, 채권자가 90만원을 청구하면

80만원이고 채권자가 70만원을 청구하면 70만원이다.

- 파기된 원심의 판단처럼, 채권자가 일부청구 한 가액에 대해 과실상계 비율을 적용하여 손해배상액을 산정하면 안 된다.

대법원 2008. 12. 11. 선고 2006다5550 판결

- 원고가 손해배상청구액 중 일부청구를 하고 있는 경우에 손해배상액을 제한함에 있어서는 손해의 **전액에서 책임감경사유나 책임제한비율을 적용**하여 산정한 손해배상액이 일부청구액을 초과하지 않을 경우에는 손해배상액을, 일부청구액을 초과할 경우에는 일부청구액을 인용하여 줄 것을 구하는 것이 당사자의 통상적인 의사라고 보아야 할 것이다. 이러한 방식에 따라 원고의 청구를 인용한다고 하여도 처분권주의에 위배되는 것이라고 할 수는 없다.
- 원심은 피고 1의 손해배상책임을 산정함에 있어서 총 손해액 3억원 중 원고가 일부청구로서 구하는 2억원에 대하여 20%에 상당한 책임을 인정하고 있으나, 위에서 본 법리에 비추어 살펴보면 손해의 전액을 기준으로 책임제한을 하여야 할 것이므로 **일부청구의 손해배상 범위에 관한 법리를 오해**하여 판결에 영향을 미친 위법이 있다.

(4) 과실상계의 제한: 피해자의 부주의를 이용한 고의 불법행위

A. 원칙

- 피해자의 부주의를 이용하여 고의로 위법한 행위를 한 가해자의 과실상계 주장은 배척된다. 신의칙에 반하기 때문이다.
- 채무불이행의 경우에도 같은 법리가 적용되므로, 채권자의 부주의를 고의로 이용하여 채무불이행을 발생시킨 채무자는 과실상계 주장을 할 수 없다.

고의에 의한 채무불이행으로서 채무자가 계약 체결 당시 채권자가 계약 내용의 중요 부분에 관하여 착오에 빠진 사실을 알면서도 이를 이용하거나 이에 적극 편승하여 계약을 체결하고 그 결과 채무자가 부당한 이익을 취득하게 되는 경우 등과 같이 채무자로 하여금 **채무불이행으로 인한 이익을 최종적으로 보유하게 하는 것이 공평의 이념이나 신의칙에 반하는 결과를 초래하는 경우에는 채권자의 과실에 터 잡은 채무자의 과실상계 주장을 허용하여서는 안 된**다(대법원 2014. 7. 24. 선고 2010다58315 판결).

B. 예외

- 손해배상채무가 중첩되어 부진정연대채무가 발생하는 §760, §756 등의 경우, ㉠ 부진정연대채무자들 중 피해자의 부주의를 고의로 이용하지 않은 자는 과실상계 주장을 할 수 있다. ㉡ 이때 과실 비율은 부진정연대채무자 전원에 대해 전체적으로 평가해야 한다.

피해자의 **부주의를 이용하여 고의로 불법행위**를 저지른 사람이 바로 그 피해자의 부주의를 이유로 자신의 책임을 줄여 달라고 주장하는 것은 **신의칙에 반하기 때문에** 허용될 수 없다. 다만 불법행위자 중의 일부에게 그러한 사유가 있다고 하여 <u>그러한 사유가 없는 다른 불법행위자까지도 과실상계의 주장을 할 수 없다고 해석할 것은 아니다</u>(대법원 2018. 2. 13. 선고 2015다242429 판결).

공동불법행위책임은 가해자 각 개인의 행위에 대하여 개별적으로 그로 인한 손해를 구하는 것이 아니라 가해자들이 공동으로 가한 불법행위에 대하여 그 책임을 추궁하는 것이므로, <u>공동불법행위로 인한 손해배상책임의 범위는 피해자에 대한 관계에서 가해자들 전원의 행위를 전체적으로 함께 평가하여 정하여야 하나, 이는 **과실상계를 위한 피해자의 과실을 평가함에 있어서 공동불법행위자 전원에 대한 과실을 전체적으로 평가**하여야 한다는 것이지, 공동불법행위자 중에 고의로 불법행위를 행한 자가 있는 경우에는 피해자에게 과실이 없는 것으로 보아야 한다거나 모든 불법행위자가 과실상계의 주장을 할 수 없게 된다는 의미는 아니다</u>(대법원 2020. 2. 27. 선고 2019다223747 판결).

- 가해행위가 영득행위에 해당하지 않는 경우에는 고의로 가해행위를 한 자에 대한 과실상계를 허용하더라도 고의의 가해행위자가 위법하게 얻은 이익을 확정적으로 보유하지 못한다. 따라서 이때는 고의로 가해행위를 한 자에 대해서도 과실상계가 적용될 수 있다.

대법원 2013. 9. 26. 선고 2012다13637 전원합의체 판결
  ‣ 가해행위가 사기, 횡령, 배임 등의 <u>영득행위인 경우 등 과실상계를 인정하게 되면 가해자로 하여금 불법행위로 인한 이익을 최종적으로 보유하게 하여 공평의 이념</u>

이나 신의칙에 반하는 결과를 가져오는 경우에만 **예외적으로 과실상계가 허용되지 아니**한다.

- 그런데 피고의 원고에 대한 파생금융상품 투자시의 위험 등에 관한 <u>설명의무 위반 행위는 이러한 영득행위에 해당한다고 할 수 없으므로, 원고의 과실은 피고의 손해 배상의 범위를 정함에 있어 이를 참작함이 타당하다.</u>

C. 사례: 공동불법행위에 의한 횡령과 과실상계

(a) 사안의 개요

- 甲 회사의 전 대표이사인 乙은 공금을 횡령했고 丙은 乙의 돈세탁을 도와주었다.
- 이 사실을 알게 된 甲의 새 대표이사 丁은 乙·丙에게 §750·§760의 손해배상청구를 했는데, 甲회사가 부주의로 乙의 횡령을 방지하지 못했음이 밝혀졌다.

(b) 쟁점과 판단

- 甲 회사의 부주의는 §396의 '과실'로 인정될 수 있으나, 乙은 과실상계 주장을 할수 없다. 고의로 이러한 부주의를 이용하여 불법행위를 한 자이기 때문이다.
- 이에 비해 丙은 과실상계를 주장할 수 있다. 丙은 甲의 부주의를 악의로 이용하지도 않았고, 횡령으로 영득된 이익을 공유하지 않았기 때문이다.

대법원 2016. 4. 12. 선고 2013다31137 판결

- 민법상 공동불법행위는 객관적으로 관련공동성이 있는 수인의 행위로 타인에게 손해를 가하면 성립하고, 행위자 상호 간에 공모는 물론 의사의 공통이나 공동의 인식을 필요로 하는 것이 아니다. 또한, 그러한 공동의 행위는 불법행위 자체를 공동으로 하거나 교사·방조하는 경우는 물론 **횡령행위로 인한 장물을 취득하는 등 피해의 발생에 공동으로 관련**되어 있어도 인정될 수 있다.
- 고의로 불법행위를 저지른 자가 바로 그 피해자의 부주의를 이유로 자신의 책임을 감하여 달라고 주장하는 것이 허용되지 아니하는 것은, 그와 같은 고의적 불법행위가 영득행위에 해당하는 경우 과실상계와 같은 책임의 제한을 인정하게 되면 **가해자로 하여금 불법행위로 인한 이익을 최종적으로 보유하게 하여 공평의 이념이나 신의칙에 반하는 결과를 가져오기 때문**이므로, **고의에 의한 불법행위의 경우에도 위와 같은 결과가 초래되지 않는 경우에는 과실상계와 공평의 원칙에 기한 책임의 제한은 얼마든지 가능하다**고 보아야 한다.

3장

채권자대위권

3장

채권자대위권

I 개관

1. 의미와 기능

- 채권자대위권은 채무자의 책임재산을 보전하기 위해 채권자가 채무자의 재산권
을 대신 행사할 수 있는 권리이다.

  대법원은 원칙적으로 채권자대위권을 채무자의 일반재산의 감소를 방지하여 책임재
  산을 보전하기 위한 제도로 자리매김하고, 채권자대위권 행사를 위한 요건인 보전의
  필요성의 인정 여부는 책임재산 보전이라는 채권자대위권의 목적을 바탕으로 판단하
  여 왔다(대법원 2022. 8. 25. 선고 2019다229202 전원합의체 판결).

- 채권자대위권을 행사하는 채권자는 채무자의 의사에 반하여 채무자의 권리를 행
사하고 채무자의 재산관리에 개입할 수 있게 된다. 이처럼 채권자대위권은 채무
자의 사적 자치를 제한하므로, 피보전채권의 보전이라는 목적 달성을 위해 필요
한 경우에만 인정될 수 있다.

  권리의 행사 여부는 그 권리자가 자유로운 의사에 따라 결정하는 것이 원칙이다. 한편
  피보전채권의 실현에 위험이 발생하여 채무자의 권리를 행사하는 것이 이러한 위험
  을 제거하여 피보전채권의 목적을 달성하는 데 필요한 경우라면, 채권자의 채무자의
  재산관리에 대한 간섭을 용인하는 것이 채권자대위권 제도의 본질이다(대법원 2022.
  8. 25. 선고 2019다229202 전원합의체 판결).

- 채권자대위권은 채권자가 자신의 채권을 보전하기 위해 채무자가 제3자에 대해
가지는 권리를 대위행사하는 것인데 이때 채권자가 보전하고자 하는 채권을 '피

보전채권', 대위행사 대상인 권리를 '피대위권리'라고 한다. 피대위권리는 채권에 한정되지 않지만 대개 피대위권리의 상대방인 제3자를 '제3채무자'라고 한다.

2. 절차법

가. 개관: 채권자대위소송에서 채권자대위권의 요건들이 가지는 절차법적 의미

- 피보전채권에 관한 요건들은 당사자적격을 구성하는 요건들로서 본안전 판단 사항이다. 이에 비해 피대위권리에 관한 요건들은 본안 판단의 근거가 되는 청구원인이다.
- 채권자대위소송이 경합하거나 채권자대위소송과 채무자가 제기한 소송이 경합하는 경우, 피대위권리의 동일성 여부에 따라 소송물의 동일성 여부를 판단한다.

나. 여러 사람이 피대위권리를 행사하는 경우

(1) 개관

- 여러 명의 원고가 동일한 피대위권리를 행사하는 소를 제기하면 중복제소에 해당한다. 피대위권리의 동일성이 인정되면 소송물의 동일성이 인정되기 때문이다.
- 이때 전소·후소 여부는 민사소송법의 일반원칙에 따라 판단하므로 소송계속의 선후가 기준이 된다.

채권자가 채무자를 대위하여 제3채무자를 상대로 제기한 **채권자대위소송이 법원에 계속 중 채무자와 제3채무자 사이에 채권자대위소송과 소송물을 같이하는 내용의 소송이 제기**된 경우 양 소송은 동일소송이므로 후소는 중복제소금지원칙에 위배되어 제기된 부적법한 소송이라 할 것이다. 이 경우 <u>전소, 후소의 판별기준은 소송계속의 발생시기의 선후</u>에 의할 것이며, 소의 추가적 변경이 있는 경우 추가된 소의 소송계속의 효력은 그 서면이 상대방에게 송달되거나 변론기일에 교부된 때에 생긴다(대법원 1992. 5. 22. 선고 91다41187 판결).

(2) 채권자대위소송 중 채무자의 소송 제기

- 채권자대위소송의 소송계속이 유지되는 한 채무자가 피대위권리를 행사하는 소를 제기해도 각하된다. 중복제소이기 때문이다.
- 채무자가 피대위권리 행사의 일환으로 제기한 소송이 계속 중이면 채권자대위소송이 제기되더라도 각하된다. 채권자대위권 행사의 요건이 충족되지 못했기 때문이다.

(3) 여러 명의 채권자대위권자가 제기한 채권자대위소송

A. 채권자대위권을 행사하는 소 제기의 경합

- 동일한 피대위권리에 대해 여러 명의 채권자가 여러 개의 채권자대위소송을 제기하면 소송물의 동일성이 인정되므로 중복제소에 해당한다.
- 각 채권자대위소송의 원고들이 각자 자신에게 이행하라는 취지로 청구했더라도 마찬가지이다.

> 채권자대위소송이 법원에 계속중에 있을 때 **같은 채무자의 다른 채권자가 동일한 소송물**에 대하여 채권자대위권에 기한 소를 제기한 경우 <u>시간적으로 나중에 계속하게 된 소송은 중복제소금지의 원칙에 위배하여</u> 제기된 부적법한 소송이 된다(대법원 1994. 2. 8. 선고 93다53092 판결).

> 채권자들이 자신에게 이행하라는 취지로 금전 지급을 청구했더라도 채권자들이 **채무자를 대위하여 변제를 수령하게 될 뿐 자신의 채권에 대한 변제로서 수령하게 되는 것이 아니**므로 이러한 채권자들의 청구가 서로 소송물이 다르다고 할 수 없다(대법원 2015. 7. 23. 선고 2013다30301 판결).

B. 비교: 채권자대위권자들 중 일부의 공동소송 참가신청

- 특정 채권자가 제기한 채권자대위소송의 계속 중 다른 채권자가 공동소송 참가를 하는 경우가 있다. 이때 피대위권리의 동일성이 인정되면 소송물의 동일성이 인정되어 합일 확정의 필요성이라는 요건이 충족되므로 적법한 공동소송참가로 인정된다(민사소송법 §83 ①).
- 사례: 피대위권리가 금전채권이고 채권자대위소송의 원고가 일부청구임을 명시한 경우, 공동소송참가인의 청구금액이 원고의 청구금액을 초과하지 않는 한 소송물의 동일성이 인정된다.

대법원 2015. 7. 23. 선고 2013다30301 판결

> ‣ <u>채권자대위소송이 계속 중인 상황에서 다른 채권자가 동일한 채무자를 대위하여 채권자대위권을 행사하면서 공동소송참가신청을 할 경우, 양 청구의 소송물이 동일하다면 민사소송법 제83조 제1항 에 해당하므로 그 참가신청은 적법하다.</u> 이때 양 청구의 소송물이 동일한지는 <u>피대위채권이 동일한지에 따라 결정된다.</u>

- 원고가 일부 청구임을 명시하여 피대위채권의 일부만을 청구한 것으로 볼 수 있는 경우에는 참가인의 청구금액이 원고의 청구금액을 초과하지 아니하는 한 참가인의 청구가 원고의 청구와 소송물이 동일하여 중복된다고 할 수 있으므로 소송목적이 원고와 참가인에게 합일적으로 확정되어야 할 필요성을 인정할 수 있어 참가인의 공동소송 참가신청은 적법하다.

Ⅱ 채권자대위권의 요건

1. 피보전권리에 관한 요건

가. 피보전권리가 될 수 있는 권리

(1) 채권

A. 의미

- 채권은 채권자대위권의 피보전권리로서의 자격이 인정되는 것이 원칙이다. 채무자에게 행사할 수 있으면 충분하며 제3채무자에게도 주장할 수 있는 대세효 있는 채권일 필요는 없다.

  보전되는 채권은 보전의 필요성이 인정되고 이행기가 도래한 것이면 되고, 채권의 발생원인이 어떠하든 대위권을 행사함에는 아무런 방해가 되지 아니하며, 채무자에 대한 채권이 제3채무자에게 대항할 수 있는 것임을 요하는 것도 아니므로, 채권자대위권을 재판상 행사함에 있어서도 채권자인 원고는 그 채권의 존재와 보전의 필요성, 기한의 도래 등을 입증하면 충분하고 채권의 발생원인이나 그 채권이 제3채무자인 피고에게 대항할 수 있는 채권이라는 사실까지 입증할 필요는 없다(대법원 2010. 11. 11. 선고 2010다43597 판결).

- 채권자대위권자 자신의 권리만 피보전채권이 될 수 있다. 예컨대 X부동산에 대한 취득시효 완성자 A가 진정권리자 B에 대한 소유권이전등기 청구권을 보전하기 위해 B의 C에 대한 유해등기 말소등기 청구권을 대위행사 할 수 있는 상태에서 A의 사망으로 상속이 개시된 경우 A의 공동상속인들은 각자의 상속분의 범위 내에서만 B의 C에 대한 말소등기 청구권을 대위행사 할 수 있다(대법원 2014. 10.

27. 선고 2013다25217 판결).

✓ 2013다25217은 각 공동상속인은 자신의 상속분을 초과하는 부분에 대해서는 채무자를 대위할 보전의 필요성이 없다고 판시했으나, '피보전채권의 부존재'가 문제된 사안이라고 보아야 한다.

* 피보전채권과 피대위권리 간의 발생의 선후관계는 문제되지 않으므로, 채권자대위권의 다른 요건이 충족된 이상 채권자대위권자는 피보전채권보다 먼저 성립한 피대위권리도 대위행사 할 수 있다(지원림, [3325]). 이에 비해 채권자취소권의 경우에는 피보전채권 성립 이후의 처분행위만이 채권자취소권의 대상인 사해행위가 될 수 있음이 원칙이다(198면 이하).

B. 채무자에 대한 행사·집행 가능성

(a) 의미

* 채무자에게 행사할 수 있고 궁극적으로 이행소송, 민사집행 등을 거쳐 실현될 수 있는 채권이어야 채권자대위권의 피보전채권이 될 수 있다. 채권자대위권은 채무자의 책임재산을 확보하여 강제집행을 준비하기 위한 권리이기 때문이다.

* 사례: 임차권 양도에 대해 임대인이 동의하지 않은 경우, 양수인은 임대인에게 임차권을 행사할 수 없으므로 임차권을 피보전채권으로 삼아 임대인의 제3채무자에 대한 권리를 대위행사할 수는 없다(대법원 1985. 2. 8. 선고 84다카188 판결).

(b) 재판상 청구나 강제집행을 할 수 없는 채권

* 채권은 특별한 사정이 없는 한 원칙적으로 이행소송·강제집행으로 실현될 수 있으나, 이에 대한 예외로서 자연채권, 집행할 수 없는 채권을 들 수 있다(전술).

* 자연채권이나 집행할 수 없는 채권은 채권자대위권의 피보전채권이 될 수 없다.

(2) 채권 외의 권리

* 물권적청구권 보전을 위한 채권자대위권도 인정된다.

원고가 채무자에 대하여 가지는 건물철거청구권은 이 사건 토지들의 소유권에 기한 방해배제청구권으로서 물권적 청구권에 해당하는 것인데 **물권적 청구권에 대하여도** 제404조의 규정과 채권자대위권 전용 요건인 밀접·관련성이 충족되면 피보전채권이 소유권이전등기청구권과 같은 특정 유형이 아니더라도 채권자대위권이 인정된다는 법리가 적용될 수 있다(대법원 2007. 5. 10. 선고 2006다82700 판결).

* 토지거래허가제의 적용 대상이어서 유동적 무효인 토지 매매계약을 근거로 발생하는 협력의무 이행청구권은 채권은 아니지만 채권자대위권의 피보전채권이 될

수 있다(대법원 2013. 5. 23. 선고 2010다50014 판결).

(3) 절차법

A. 피보전채권으로서의 요건을 갖추지 못한 경우: 당사자적격 미비, 각하

- 존재하지 않는 채권, 채무자에 대한 행사·집행 가능성이 없는 채권 등을 피보전 채권으로 삼아 제기된 채권자대위소송은 당사자적격이 갖춰지지 못했으므로 각 하 대상이 된다.
- 사례: 채권자대위권자가 허무인을 피보전채무자 겸 피대위권리자라고 지목하여 제기한 채권자대위소송은 당사자적격 흠결로 인해 각하된다. 예컨대 甲이 미등 기토지를 乙로부터 매수했다고 주장하면서 乙을 대위하여 국가를 상대로 소유 권 확인소송을 제기했으나 乙의 인적 사항을 특정하지 못했으면 甲이 제기한 채 권자대위소송은 각하된다. 소유권 확인판결에는 소유자가 특정되어야 하기 때문 이다.
- ✓ 2020다300893의 문언상으로는 채무자가 허무인인 경우는 물론 망인인 경우에도 같은 법리가 적용되는 것처럼 보이지만, 채무자가 망인이더라도 인적 사항을 확인할 수 있으면 채권자대위소 송은 각하되지 않는다. 그 상속인에게 피보전채무자 겸 피대위권리자의 지위가 당연승계되기 때 문이다.

대법원 2021. 7. 21. 선고 2020다300893 판결

- 채권자대위소송에 있어서 대위에 의하여 보전될 **채권자의 채무자에 대한 권리가 인정되지 아니할 경우**에는 채권자가 스스로 원고가 되어 **채무자의 제3채무자에 대한 권리를 행사할 당사자적격이 없**게 되므로 그 대위소송은 부적법하여 각하할 것 이다.
- 피대위자인 채무자가 실존인물이 아니거나 사망한 사람인 경우 역시 피보전채권인 채권자의 채무자에 대한 권리를 인정할 수 없는 경우에 해당하므로 그러한 채권자 대위소송은 당사자적격이 없어 부적법하다.

B. 직권조사사항

- 채권자대위소송에서, 피보전채권에 관한 요건이 충족되었는지의 여부는 소송요 건이고 직권조사사항이지만 직권탐지의 대상은 아니다.
- 다만 이미 변론에 나타난 소송자료에 비추어 의심할 만한 사정이 있으면 법원은 직권으로 피보전채권에 관한 요건 충족 여부를 확인할 의무가 있다. 특히 피보전

채권의 존부가 쟁점이 된 경우에는 충분히 석명하지 않은 채 소 각하 판결을 하면 결론 자체가 정당해도 석명의무 위반이 될 수 있다.

- 그러나 이처럼 피보전채권의 존부가 직권조사사항이라 하더라도, 객관적 증명책임은 채권자대위권자에게 귀속된다.

채권자대위소송에서 대위에 의하여 보전될 채권자의 채무자에 대한 권리의 존재여부는 소송요건으로서 법원의 **직권조사사항이므로, 법원으로서는 그 판단의 기초자료인 사실과 증거를 직권으로 탐지할 의무까지는 없다** 하더라도, 법원에 현출된 모든 소송자료를 살펴보아 피보전채권의 존부에 관하여 의심할 만한 사정이 발견되면 직권으로 추가적인 심리·조사를 통하여 그 존재 여부를 확인할 의무가 있다(대법원 2009. 4. 23. 선고 2009다3234 판결).

채권자대위소송에서 피보전채권이 <u>부존재할 경우 당사자적격을 상실하고, 이와 같은 당사자적격의 존부는 소송요건으로서 법원의 직권조사사항이기는 하나</u>, 그 피보전채권에 대한 주장·증명책임이 채권자대위권을 행사하려는 자에게 있으므로, 법원은 원고가 피보전채권으로 주장하지 아니한 권리에 대하여서까지 피보전채권이 될 수 있는지 여부를 판단할 필요가 없다(대법원 2014. 10. 27. 선고 2013다25217 판결).

(4) 연구: 토지거래허가제와 채권자대위권

A. 유동적 무효 상태 하의 협력의무 이행청구권과 채권자대위권

(a) 개관

- 토지거래허가제가 적용되는 매매계약에서 매수인은 매도인에 대해 '공동으로 허가신청을 하는데 필요한 협력'을 요구할 수 있는 협력의무 이행청구권을 가지는데 이러한 협력의무 이행청구권 자체가 피보전채권이 될 수 있다.

매수인이 매도인에 대하여 가지는 토지거래허가신청 절차의 협력의무의 이행청구권도 **채권자대위권의 행사에 의하여 보전될 수 있는 채권에 해당**한다(대법원 1995. 9. 5. 선고 95다22917 판결).

- 이러한 매수인의 협력의무 이행청구권은 채권자대위권의 피보전권리가 될 수 있을 뿐 아니라 피대위권리가 될 수도 있다. 나이가 무허가 거래가 연속된 경우에는 피보전권리와 피대위권리가 모두 협력의무 이행청구권이 될 수도 있다. 예컨대

丙이 乙에게 매도한 토지를 乙이 甲에게 전매한 경우, 甲은 허가를 받기 전이더라도 자신의 乙에 대한 협력의무 이행청구권을 보전하기 위해 乙의 丙에 대한 협력의무 이행청구권을 대위행사할 수 있다(대법원 1996. 10. 25. 선고 96다23825 판결).

(b) 사례: 협력의무 이행청구권 보전을 위한 명의신탁 해지권의 대위 행사

• 사안의 개요: 甲종중은 X 토지를 乙에게 명의신탁한 상태에서 丙에게 매도하고, 丙에게 명의신탁 해지에 관한 대리권을 수여했다.

• 쟁점과 판단: 丙은 甲을 대리하여 명의신탁을 해지하고, 매도인 甲에 대한 협력의무 이행청구권 보전을 위해 甲의 乙에 대한 명의신탁 해지를 원인으로 하는 소유권이전등기절차 이행청구권을 대위행사할 수 있다(대법원 1995. 9. 5. 선고 95다22917 판결).

B. 유동적 무효 상태가 해소된 경우

(a) 확정적 유효

• 허가구역 지정 해제 등으로 인해 매매계약이 확정적 유효가 되면 협력의무 이행을 구할 이익이 없다. 곧바로 소유권이전등기 청구를 할 수 있기 때문이다.

• 따라서 협력의무를 피보전채권으로 하는 채권자대위소송도 피보전채권의 부존재로 인한 각하를 면할 수 없다.

원고로서는 더 이상 피고 乙에 대하여 이 사건 지분에 관한 이 사건 매매계약에 기한 토지거래 **허가신청 절차의 이행을 구할 소의 이익이 없게 되므로, 위 피고에 대한 소는 부적법**하게 되고, 나아가 그 토지거래 허가신청 절차에 대한 협력의무를 피보전채권으로 하여 피고 乙을 **대위하여 청구하는 피고 丙에 대한 소 역시 그 피보전채권이 존재하지 아니하여 부적법**하게 되었다고 봄이 타당하다(대법원 2014. 7. 10. 선고 2013다74769 판결).

(b) 확정적 무효

• 사안의 개요: ㉠ 토지거래 허가구역 내에 있는 X 토지의 소유자 乙은 甲과 X 토지 매매계약을 체결했는데, 허가를 잠탈할 의도로 甲의 요청에 따라 매수인을 丙으로 하는 허가를 받아 X 토지에 대해 丙명의 소유권이전등기가 마쳐졌다. ㉡ 그 후 허가구역 지정이 해제되자, 甲은 乙에게 이행소송을 제기했고 乙은 甲의 청구를 인낙했다.

• 쟁점과 판단: 甲이 乙을 대위하여 丙명의 소유권이전등기 말소등기를 청구하면

각하된다. ⊙ 허가 잠탈 목적으로 한 매매계약은 확정적 무효이므로 허가구역 지정이 해제되어도 무효이다. ⓒ 피보전채권의 원인행위가 강행법규 위반으로 인한 무효인 경우 피보전채권의 존재가 인정될 수 없다. 이러한 피보전채권에 대해 채권자대위권자와 채무자 사이의 확정판결이나 이에 준하는 사유가 갖춰져 있더라도 마찬가지이다.

> **대법원 2019. 1. 31. 선고 2017다228618 판결**
> ‣ 토지거래계약 허가구역 내 토지에 관하여 허가를 배제하거나 잠탈하는 내용으로 매매계약이 체결된 경우, 그 계약은 체결된 때부터 확정적으로 무효이고, 계약체결 후 허가구역 지정이 해제되거나 허가구역 지정기간 만료 이후 재지정을 하지 아니한 경우라 하더라도 이미 확정적으로 무효로 된 계약이 유효로 되는 것이 아니다.
> ‣ 피보전채권의 원인행위가 강행법규에 위반되어 무효인 경우에는 **확정판결에도 불구하고 채권자대위소송의 제3채무자에 대한 관계에서는 피보전권리가 존재하지 아니한다**고 보아야 한다. 결국 원고 甲의 이 사건 소는 채권자대위소송의 피보전권리가 존재하지 아니하므로, **당사자적격이 없는 자에 의하여 제기된 소로써 부적법**하다.

나. 변제기 도래

> 제404조(채권자대위권) ② 채권자는 그 채권의 기한이 도래하기 전에는 법원의 허가 없이 전항의 권리를 행사하지 못한다. 그러나 보전행위는 그러하지 아니하다.

(1) 개관

• 원칙: 피보전채권의 변제기가 도래하기 전에는 채권자대위권 행사가 불가능한 것이 원칙이다. 채무자에게 기한의 이익이 인정되기 때문이다.

• 예외: ⊙ 피보전채권의 변제기 도래 전이더라도 피대위권리 행사가 보존행위에 해당하는 경우에는 채권자대위권의 요건이 충족된다(§404 ② 단서). ⓒ 피대위권리의 행사가 보존행위가 아니더라도 피보전채권 보전을 위해 그 변제기 전에 피대위권리를 행사할 필요가 있으면 비송사건절차법에 따른 허가를 받아 재판상 대위를 할 수 있다(비송사건절차법 §45). ⓒ 채권자에게 기한의 이익이 인정되면 채권자는 기한의 이익을 포기할 수 있으므로 변제기 전에 채권자대위권을 행사할 수 있다(사견).

> 비송사건절차법 제45조(재판상 대위의 신청) 채권자는 자기 채권의 기한 전에 채무자의 권리를 행사하지 아니하면 그 채권을 보전할 수 없거나 보전하는 데에 곤란이 생길 우려가 있을 때에는 재판상의 대위를 신청할 수 있다.

(2) 비교: 피보전채권에 대한 기한 이외의 항변사유

- 피보전채권 행사에 대해 기한 이외의 법적 장애가 있어도 채권자대위권 행사에는 지장이 없다. 예컨대 채무자가 채권자에게 담보권 설정등기 말소등기 청구를 하라면 피담보채무 변제를 선이행해야 하지만, 채무자는 이러한 담보권 설정등기 말소등기 청구권을 피보전채권으로 삼아 채권자대위권을 행사할 수 있다.
- 사례: 甲소유 X부동산에 乙명의 담보가등기가 마쳐진 후 乙의 무권대리인이 무단으로 乙명의 본등기와 丙명의 소유권이전등기까지 마쳐 준 경우, 甲은 乙에 대한 피담보채무를 변제하기 전이더라도 乙을 대위하여 丙명의 소유권이전등기 말소등기를 청구할 수 있다.

> 채무담보의 목적으로 소유권이전등기가 경료된 경우 채무자는 변제기 후라도 채권자에게 원리금 등 채무를 변제하고 소유권이전등기의 말소를 구할 수 있다 할 것이고, 채권자의 제3자에 대한 소유권이전등기가 **무권대리로 인해** 원인무효인 이상 채무자는 **채무변제 전이라도** 채권자를 대위하여 원인무효를 이유로 채권자의 제3자에 대한 소유권이전등기의 말소등기절차이행을 구할 수 있다. 원고가 **피담보채무의 원리금을 지급하는 조건**으로 소외1 등 명의의 가등기 및 소유권이전등기의 말소를 청구할 권리를 가지는 이상, 원고로서는 **위 원리금 지급 전이라도 소외1 등을 대위하여 그 후 순차 이루어진 피고들 명의 등기의 말소를 구할 수 있다**(대법원 2009. 9. 10. 선고 2009다34160 판결).

2. 보전의 필요성

가. 의미

(1) 사적자치 원칙 제한의 논거

- 권리의 행사 여부는 권리자의 자유에 맡겨져 있으므로, 권리자 아닌 자가 타인의 권리를 행사하려면 법률에 명시적 근거가 있어야 하는 것이 원칙이다. 그 예로서 임대인의 전차인에 대한 직접청구권(§630), 하수급인의 원청(발주자)에 대한 직

접청구권(하도급법 §14) 등을 들 수 있다.

- 채권자대위권에 관한 §404·§405는 권리자 아닌 자의 권리 행사에 대한 일반적 근거 규정이므로 보전의 필요성이 있는 경우에만 제한적으로 적용되어야 한다.

대법원 2020. 5. 21. 선고 2018다879 전원합의체 판결

- 권리 행사 여부는 권리자가 자유로운 의사에 따르는 것이 원칙이다. 채무자가 스스로 권리를 행사하지 않는데도 채권자가 채무자를 대위하여 채무자의 권리를 행사할 수 있으려면 그러한 채무자의 권리를 행사함으로써 채권자의 권리를 보전해야 할 필요성이 있어야 한다.
- 채권은 원칙적으로 상대적 효력만을 갖는 것이어서 <u>법률에 특별한 규정이 없는 한 채권자는 채무자의 제3채무자에 대한 권리를 직접 행사할 수 없다.</u> 직접청구권은 채권의 상대효 원칙에 대한 중대한 예외로서 <u>채권자의 이익을 두텁게 보호하기 위하여 채권자로 하여금 채무자의 제3채무자에 대한 특정 청구권을 직접 행사할 수 있는 권한을 부여하는데,</u> 직접청구권은 이를 허용하는 개별 법률의 규정에 의하여 극히 예외적으로 인정되는 것이 원칙이고, 그러한 명시적 법률 규정 없이 이를 인정할 수 없다.

(2) 채권자평등원칙에 대한 예외 인정의 논거

- 일반채권자가 채무자의 제3채무자에 대한 채권으로부터 만족을 얻으려면, 추심명령이나 전부명령 등과 같은 민사집행법상 채권집행 절차에 따라야 하는 것이 원칙이다.
- 그런데 추심명령의 경우 일반채권자로서의 배당만 인정되고 전부명령은 다른 이해관계인이 없을 때만 가능한 것에 비해, 채권자대위권자는 상계를 통해 사실상의 우선변제를 받을 수 있게 된다.
- 이로 인해 채권자평등원칙, 채권 집행 절차에 관한 민사집행법의 체계가 교란될 우려가 있으므로, 채권자대위권 행사는 보전의 필요성이 있을 때만 제한적으로 인정되어야 한다.

<u>채무자의 자력이 있음에도</u> 사실상의 관련성을 이유로 보전의 필요성을 인정하여 금전채권을 보전하기 위하여 금전채권을 대위행사할 수 있는 범위를 확장하게 되면, 이

는 채권자에게 <u>사실상의 담보를 취득하게 하는 특권</u>을 부여하고, <u>법적 근거 없이 직접 청구권을 인정하는 위험</u>을 야기하며, 다른 채권자보다 우선하여 보험자의 채권만족 이 실현되어 <u>채권자평등주의에 기반한 민사집행법 체계와 조화를 이루지 못할 우려</u> 가 있다(대법원 2022. 8. 25. 선고 2019다229202 전원합의체 판결).

나. 보전의 필요성 여부의 판단 기준

(1) 개관: 적극적 요건과 소극적 요건

- 보전의 필요성이 인정되려면 적극적 요건이 충족되어야 하고 소극적 요건에 해 당하는 사정이 없어야 한다.
- 보전의 필요성이 인정되기 위한 적극적 요건은 **밀접관련성**이다. 적극적 요건이 충족되면 소극적 요건이 인정되지 않는 한 보전의 필요성이 인정된다.
- 보전의 필요성 요건에 대한 소극적 요건은 채무자의 재산관리에 대한 **부당한 간 섭**이다. 적극적 요건이 충족되더라도, 채권자대위권 행사가 채무자의 자유로운 재산관리에 대한 부당한 간섭이라고 인정되면 보전의 필요성 요건은 충족될 수 없다.

> **보전의 필요성이 인정**되기 위하여는 우선 **적극적 요건**으로서 ㉠ **채권자가 채권자대 위권을 행사하지 않으면 피보전채권의 완전한 만족을 얻을 수 없게 될 위험**의 존재가 인정되어야 하고, 나아가 ㉡ 채권자대위권을 행사하는 것이 <u>그러한 위험을 제거하여 피보전채권의 현실적 이행을 유효·적절하게 확보</u>해 주어야 하며, 다음으로 ㉢ **소극 적 요건**으로서 채권자대위권의 행사가 <u>채무자의 자유로운 재산관리행위에 대한 부당 한 간섭이 된다는 사정이 없어야 한다</u>(대법원 2022. 8. 25. 선고 2019다229202 전원합 의체 판결).

(2) 적극적 요건과 소극적 요건의 일반적인 판단 기준

A. 적극적 요건의 판단기준: 밀접관련성

(a) 밀접관련성의 의미

- 목적·수단의 관계: 피대위권리가 행사되지 않으면 피보전채권의 만족을 얻지 못 할 위험이 있어서 피대위권리의 대위 행사가 피보전채권의 현실적 이행을 유효 적절하게 확보하기 위해 필요한 경우, 밀접관련성이 인정되고 적극적 요건이 충

족된다.
- 상호 담보 기능: 피보전채권과 피대위권리가 서로 담보적 기능을 하고 있으면 밀접관련성이 인정되어 적극적 요건이 충족된다.
- 피대위권리 행사에 의한 이익의 귀속: 피대위권리 행사로 인한 이익이 채무자가 아니라 채권자대위권자에게 궁극적으로 귀속되어야 하는 경우 밀접관련성이 인정되어 적극적 요건이 충족된다.

> **대법원 2022. 8. 25. 선고 2019다229202 전원합의체 판결**
> ‣ 채권자대위권 행사에서 보전의 필요성을 위한 **적극적 요건을 인정하기 위해서는** 단순히 채권자가 보전하려는 채권과 대위하여 행사하려는 권리 사이에 사실상의 관련성이 있다는 사정만으로는 부족하고 **두 권리의 내용이나 특성**상 보전하려는 권리의 실현 또는 만족을 위하여 대위하려는 권리의 행사가 긴밀하게 필요하다는 등의 **밀접한 관련성이 요구**된다.
> ‣ 채권자가 보전하려는 채권과 대위하여 행사하려는 권리가 ⓐ 사실상 목적과 수단의 관계를 가지고 있거나 ⓑ 서로 담보적 기능을 하고 있을 때, 또는 ⓒ 대위하여 행사하려는 권리나 그 목적물이 궁극적으로 대위채권자에게 귀속될 성질의 것이라고 볼 수 있는 특수한 관계가 있는 등의 경우에는 두 권리의 **내용이나 특성상** 채권자가 **보전하려는 권리의 만족이 대위하여 행사하려는 권리의 실현 여부**에 달려 있기 때문에, 채권자대위권의 행사를 통하여 채무자의 권리를 실현하는 것이 피보전채권이 만족을 얻지 못하게 될 위험을 제거하여 **채권자가 보전하려는 권리의 목적을 달성하는 데에 긴밀하게 필요**하다는 점을 인정할 수 있어, 이를 바탕으로 두 채권 사이에 **밀접한 관련성**이 있다고 할 수 있다.

(b) 비교: 밀접관련성이 인정되지 않는 경우
- 피보전채권과 피대위권리 사이에, 권리의 종류, 발생 원인, 목적 등에 관한 동일성이나 유사성이 인정되는 경우가 있다.
- 그러나 이러한 '사실상 관련성'만으로는 보전의 필요성의 적극적 요건인 '밀접관련성'이 인정될 수는 없다.

이와 달리 채권자가 보전하려는 채권과 대위하여 행사하려는 **권리의 종류, 발생원인, 목적 등에 동일성 또는 유사성이 있다는 사정은 사실상의 관련성일 뿐**이므로 그 자체만으로는 채권자대위권의 보전의 필요성을 인정하기 위한 근거가 될 수 없다(대법원 2022. 8. 25. 선고 2019다229202 전원합의체 판결).

B. 소극적 요건의 판단기준: 비교형량

• 소극적 요건에 해당하는지의 여부는 피보전채권 실현에 관한 채권자의 이익과 자유로운 재산관리에 관한 채무자의 이익을 비교형량 하여 판단해야 한다.

보전의 필요성에 대한 소극적 요건의 판단은, 피보전채권에 발생한 위험을 제거하여 자기 채권을 실현하려는 채권자의 이익과 고유의 재산관리권 행사를 간섭받지 않을 채무자의 이익을 **비교형량**하는 것을 핵심으로 한다(대법원 2022. 8. 25. 선고 2019다229202 전원합의체 판결).

(3) 피보전채권이 금전채권인 경우의 적극적 요건의 판단 기준

A. 원칙: 채무자의 자력 유무

(a) 개관

• 피보전채권이 금전채권인 경우에는 채무자의 자력 유무 즉 채무자의 책임재산에 대한 민사집행으로 만족을 얻을 수 있는지의 여부가 보전의 필요성 요건을 구성하는 적극적 요건 판단을 위한 핵심적인 고려 요소이다.

채권자대위권의 **피보전채권이 금전채권인 경우**, 채권자대위권이 채무자의 책임재산을 보전하기 위한 제도인 만큼 원칙적으로 채무자가 자력이 있다면 채권자는 채무자의 책임재산에 대한 집행을 통해 채권의 만족을 도모할 수 있으므로 채무자의 권리를 대위행사하여 책임재산을 보전할 필요성을 인정하기 어렵고, **채무자의 책임재산이 부족하거나 없는 상태, 즉 채무자가 자력이 없어 일반재산의 감소를 방지할 필요가 있는 경우에 보전의 필요성**이 인정된다. 즉 피보전채권이 **금전채권인 경우 채무자의 자력 유무**를 채권자대위권 행사에서 보전의 필요성을 인정할지 여부를 판단하는 **핵심적인 요소**로 보아야 하는 것이다(대법원 2022. 8. 25. 선고 2019다229202 전원합의체 판결).

(b) 채무자의 자력 유무 판단

• 채무자의 자력 유무를 판단할 때, 강제집행 대상이 될 수 있는 책임재산만 고려해야 한다.

채권자대위의 요건으로서의 무자력이란 채무자의 변제자력이 없음을 뜻하는 것이고 특히 임의 변제를 기대할 수 없는 경우에는 강제집행을 통한 변제가 고려되어야 하므로, 소극재산이든 적극재산이든 위와 같은 목적에 부합할 수 있는 책임재산인지 여부가 변제자력 유무 판단의 중요한 고려요소가 되어야 한다(대법원 2009. 2. 26. 선고 2008다76556 판결).

- 채무자의 자력 유무는 사실심 변론종결시를 기준으로 판단해야 하고, 채권자가 주장·증명해야 한다.

채권자대위권의 행사로서 채권자가 채권을 보전하기에 필요한 여부는 변론종결당시를 표준으로 판단되어야 할 것이며 그 채권이 금전채권일 때에는 채무자가 무자력하여 그 일반재산의 감소를 방지할 필요가 있는 경우에 허용되고, 이와 같은 요건의 존재사실은 채권자가 주장·입증하여야 하는 것이다(대법원 1976. 7. 13. 선고 75다1086 판결).

B. 예외: 밀접관련성

(a) 의미

- 피보전채권이 금전채권인 경우에도 채무자의 자력 유무와 관계 없이 보전의 필요성이 인정될 수 있다.
- 이를 위해서는, 피보전채권과 피대위권리 사이에 채권의 상대효 원칙에 대한 예외 인정을 정당화할 수 있을 정도의 밀접관련성이 인정되어야 한다.

대법원 2022. 8. 25. 선고 2019다229202 전원합의체 판결

- 보전의 필요성 판단을 위한 적극적 요건과 소극적 요건은 특히 피보전채권이 **금전채권인 경우 채무자의 자력 유무, 피보전채권과 채권자가 대위행사하는 채무자의 권리와의 밀접관련성 등을 종합적으로 고려**하여 그 인정 여부를 판단하여야 한다.
- **채무자의 자력 유무에 관계없이** 금전채권인 피보전채권과 대위채권 사이의 관련성 등을 이유로 보전의 필요성을 인정하려면, 채권의 **상대효 원칙에도 불구하고** 일반채권자로 하여금 채무자의 금전채권을 행사하도록 허용하는 것을 **정당화할 수 있는 정도의 밀접한 관련성**이 요구된다.

(b)판단기준

- 피보전채권이 금전채권 이외의 채권인 경우와 마찬가지로, ⓐ 피담보채권과 피대위권리가 목적·수단관계에 있거나, ⓑ 이들이 서로 담보적 기능을 하고 있거나, ⓒ 피대위권리 자체나 그 행사로 인한 이익이 궁극적으로 대위채권자에게 귀속되어야 하는 등의 사정이 인정되면, 금전채권인 피보전채권과 피대위권리 사이의 밀접관련성이 인정된다.
- 뿐만 아니라 ⓓ 두 권리의 경제적 목적과 발생 사유가 동일하거나, ⓔ 채권자대위권자의 피대위권리 행사가 채무자의 의사나 이익에 부합한다고 인정되는 경우에도 밀접관련성이 인정된다.
- 다만 권리의 종류, 발생원인, 내용 등의 동일성·유사성 등과 같은 사실상 관련성만을 근거로는 보전의 필요성이 인정될 수 없다. 예컨대 실손의료보험 사건의 경우 사실상 관련성만 인정되고 밀접관련성은 인정되지 않았다(149면 이하).

대법원은 피보전채권이 **금전채권인 경우**에도, ⓓ 피보전채권과 대위권리가 **동일한 경제적 목적**과 **동일한 해제 사유를 매개로 결합**된 특수한 경우(2014다89355) 등에서 피보전채권과 채권자가 대위행사할 권리 사이의 **밀접한 관련성 등 그 밖의 특수한 사정에 비추어 채무자의 자력 유무와 관계없이 보전의 필요성을 인정**하기도 하였다. 또한 대법원은 채무자가 자력이 있는 사안에서, ⓔ **채무자의 의사에 부합**(2005다39013) 또는 채무자의 **경제적 이익에 반하지 않는다**(2013다71784)고 하여 보전의 필요성을 인정하였다(대법원 2022. 8. 25. 선고 2019다229202 전원합의체 판결).

다. 보전의 필요성이 인정된 사례

(1) 피보전채권이 특정채권인 경우

A. 비전형적 사례: 도로공사 주유소 사건

(a) 사안의 개요

- 甲(정유회사)과 乙(도로공사)은 乙이 신설 개통하는 고속도로의 특정 구간에 대해서는 甲의 제품을 판매하는 주유소만 운영하기로 하는 계약을 체결했다.
- 丙은 乙로부터 위 구간 내에 있는 주유소를 임차하기로 하는 임대차 계약을 체결했는데 여기에는 특약 사항으로 甲의 제품만 판매해야 한다는 내용이 포함되어 있었다.

- 丙은 주유소 영업을 개시했는데 甲이 고가로 제품을 공급하자 경영난을 타개하기 위해 甲의 경쟁업체인 A회사의 제품을 판매했다.

(b) 쟁점과 판단

- 甲은 乙에 대한 채권이 丙의 방해로 인해 침해되었음을 이유로 丙에게 §750의 손해배상 청구를 했으나 배척되었다. 비록 丙이 악의로 甲의 乙에 대한 채권을 침해했지만 위법성이 인정되지 않기 때문이다. 甲이 경영난 타개를 위해 A회사 제품을 공급받기로 했다는 사정이 인정되는 이상 해의로 사회상규에 반하는 방법으로 甲의 채권을 침해했다고 볼 수 없기 때문이다.

- 甲은 乙을 대위하여 乙·丙 간 임대차계약에 포함된 '甲 제품 판매 특약'에 따른 권리를 행사하면서 그 위반을 이유로 §390의 손해배상청구를 했는데, 이것은 인용되었다. 甲의 乙에 대한 채권이 실현되려면 乙의 丙에 대한 채권이 실현되어야 하므로 채권자대위권의 요건인 '보전의 필요성'이 인정되기 때문이다.

> 채권자가 보전하려는 권리와 대위하여 행사하려는 채무자의 권리가 밀접하게 관련되어 있고 채권자가 채무자의 권리를 대위하여 행사하지 않으면 자기 채권의 완전한 만족을 얻을 수 없게 될 위험이 있어 채무자의 권리를 대위하여 행사하는 것이 자기 채권의 현실적 이행을 유효·적절하게 확보하기 위하여 필요한 경우에는 채권자대위권의 행사가 채무자의 자유로운 재산관리행위에 대한 부당한 간섭이 된다는 등의 특별한 사정이 없는 한 채권자는 채무자의 권리를 대위하여 행사할 수 있어야 하고, 피보전채권이 특정채권이라 하여 반드시 순차매도 또는 임대차에 있어 소유권이전등기청구권이나 명도청구권 등의 보전을 위한 경우에만 한하여 채권자대위권이 인정되는 것은 아니다(대법원 2001. 5. 8. 선고 99다38699 판결).

B. 전형적 사례: 소유권이전등기 청구권 보전을 위한 물권적 청구권의 대위 행사

(a) 개관

- 미등기 매수인(대법원 1980. 7. 8. 선고 79다1928 판결), 점유취득시효 완성자(대법원 2017. 12. 5. 선고 2017다237339 판결), 반사회적 이중매매에서의 제1매수인(대법원 1983. 4. 26. 선고 83다카57 판결) 등은 모두 채권자에 불과하다. 따라서 목적물을 무단점유한 자에게 반환청구를 하려면, 자신이 가지는 소유자에 대한 채권적 소유권이전등기 청구권을 피보전채권으로 삼아 소유자의 제3자에 대한 §213의 물권적 청구권을 대위행사할 수밖에 없다.

- 명의신탁의 경우에도 대외관계에서는 수탁자가 소유자이고 신탁자는 채권자에 불과하기 때문에 신탁자는 수탁자의 물권적청구권을 대위행사할 수밖에 없다(대법원 1979. 9. 25. 선고 77다1079 전원합의체 판결).
- 법정지상권 양수인은 양도인에 대한 지상권이전등기 청구권 보전을 위해 양도인의 토지 소유자에 대한 지상권설정등기 청구권을 대위행사할 수 있다(84다카1131, 민총물권, 763면).

(b) 사례: 토지 일부 매수인의 소유권이전등기청구권 보전을 위한 분필등기청구

- 1필의 토지의 특정 부분이 매매의 목적물인 경우, 매수인이 자신이 매수한 부분에 대한 소유권이전등기를 마치려면 분필등기가 마쳐져야 한다.
- 이를 위해 매수인은 소유권이전등기 청구권을 피보전채권으로 삼아 매도인의 국가에 대한 분필등기 청구권을 대위행사할 수 있다. 따라서 위 매도인에게 소유권이전등기절차 이행을 명하는 판결은 집행불능 판결이 아니다.

> 1필지의 토지의 특정된 일부에 대하여 소유권이전등기절차의 이행을 명하는 판결을 받은 자는 **그 판결에 따로 토지의 분할을 명하는 주문기재가 없더라도 그 판결에 기하여 등기의무자를 대위하여** 그 특정된 일부에 대한 분필등기절차를 마친 후 소유권이전등기를 할 수 있으므로, 토지의 분할을 명함이 없이 1필지의 토지의 일부에 관하여 소유권이전등기절차의 이행을 명한 판결을 집행불능의 판결이라고 할 수 없는 것이므로, 논지는 모두 이유 없다(대법원 1994. 9. 27. 선고 94다25032 판결).

(2) 피보전채권이 금전채권인 경우

A. 임대차 보증금 반환채권

(a) 개관

- 보증금 반환채권 양수인이 보증금 반환채권을 행사하려면 임대차계약이 종료되어야 할 뿐 아니라 임차물의 반환과 상환이행 되어야 한다. 따라서 보증금 반환채권 양수인은 채무자인 임대인의 무자력 여부와 무관하게 임대인을 대위하여 ㉠ 임대차 계약 해지권과 ㉡ 임차물 반환 청구권을 행사할 수 있다.
- 이때 임차인이 양수인에게 보증금 반환채권을 양도한 후 임대인과의 사이에서 임대차계약 갱신 합의를 했더라도 이러한 갱신으로 양수인에게 대항할 수 없다. 이에 비해 묵시적 갱신은 법정 효과이므로 양수인에게도 대항할 수 있다(대법원

2020. 7. 9. 선고 2020다223781 판결).

> 채권자가 자기채권을 보전하기 위하여 채무자의 권리를 행사하려면 **채무자의 무자력을 요건으로 하는 것이 통상**이지만 이 사건의 경우와 같이 채권자가 양수한 임차보증금의 이행을 청구하기 위하여 임차인의 가옥명도가 선이행되어야 할 필요가 있어서 그 명도를 구하는 경우에는 <u>그 채권의 보전과 채무자인 임대인의 자력유무는 관계가 없는 일이므로</u> **무자력을 요건으로 한다고 할 수 없다**(대법원 1989. 4. 25. 선고 88다카4253 판결).

(b) 비교: 임차물 양수인

- 임차물 양수인은 임대인을 대위하여 임대차 해지권, 임차물 반환청구권을 행사할 수 있다. 물론 임대인(임차물 양도인)이 피대위권리인 해지권·반환청구권을 행사할 수 있음을 전제한다.
- 이때 임차물 양수인은 소유자이므로 직접 임차인에게 §213의 물권적 청구권을 행사할 수 있지만, 임대인을 대위하여 임대차 해지와 임차물 반환청구를 할 수도 있다.

> 원고가 <u>소유권에 근거하여 직접 피고들을 상대로 이 사건 건물에서의 퇴거를 청구할 수 있었다고 하더라도</u> 채무자를 대위하여 피고에게 임대차계약의 해지를 통고하고 이 사건 건물의 명도를 구하는 청구는 <u>그 요건과 효과를 달리하는 것이므로</u> 위와 같은 퇴거청구를 할 수 있었다는 것이 채권자대위권의 행사요건인 보전의 필요성을 부정할 사유가 될 수 없다(대법원 2007. 5. 10. 선고 2006다82700 판결).

B. 연쇄적 이행불능으로 인한 가액배상청구권

(a) 사안의 개요

- 甲(종중)은 乙에게 X토지를 명의신탁했는데, 丙에게 강박당한 乙이 丙에게 X토지를 증여하고 丙명의 소유권이전등기를 마쳐 주었다. 丙은 2008. 선의인 丁에게 X토지를 매도하고 丁명의 소유권이전등기를 마쳐 주었다. 乙은 2010. 乙·丙 간 위 증여계약을 적법하게 취소하고 丁을 상대로 말소등기 청구소송을 제기했으나 2015. 乙 패소판결이 확정되었다.
- 이로 인해 甲이 乙에게 가지는 명의신탁 해지로 인한 소유권이전등기청구권과 乙이 丙에 대해 가지는 §741의 원물반환을 위한 소유권이전등기 청구권은 모두 급부불능이 되었고, 甲은 乙에 대해 §390의 손해배상청구권을, 乙은 丙에 대해

§747의 가액배상청구권을 각각 행사할 수 있는 상태가 되었다.

(b) 쟁점과 판단

- 乙의 丙에 대한 가액배상청구권의 소멸시효는 乙·丙간 증여계약의 취소로 §741 의 원물반환청구권이 발생한 2010.이 아니라 乙·丁 간 소송에서 乙 패소판결이 확정된 2015. 비로소 기산한다. 따라서 2024. 현재 乙의 丙에 대한 가액배상청구 권은 시효소멸하지 않았다.
- 甲은 乙을 대위하여 丙에게 가액배상청구권을 대위행사할 수 있으며, 이 가액배 상청구권은 말소등기청구권이 변형된 것이라는 점 등에 비추어 목적·수단 관계 가 인정되므로 밀접관련성이 인정된다. 따라서 乙의 자력 유무와 무관하게 보전 의 필요성이 인정된다.

대법원 2006. 1. 27. 선고 2005다39013 판결

- 대법원이 인용한 원심의 판단: 계약의 취소로 인한 원물반환청구권과 원물반환이 불가능할 경우에 발생하는 가액배상청구권은 하나의 목적을 달성하기 위한 수단에 불과한 점, 乙이 丙, 丁을 상대로 증여계약이 취소되었음을 주장하면서 丙, 丁명의 각 소유권이전등기말소소송을 제기할 당시에 丁이 선의인지 악의인지 여부가 확정 되지 아니한 상태였던 점, 乙이 丁에게 패소 확정됨으로 인하여 비로소 乙의 甲에 대한 소유권이전등기 말소의무의 이행불능사유가 발생된 점 등을 종합하면, 위 가 액배상청구권의 소멸시효는 丁에 대한 패소판결 확정시부터 진행된다.
- 甲이 乙의 丙에 대한 가액배상청구권을 대위행사함에 있어서 乙의 무자력 요건에 관한 입증이 없으므로 이 부분에 대한 원고들의 청구는 기각되어야 한다는 丙의 주 장에 대해 원심은 이 사건에 있어서 피보전채권이나 피대위채권이 모두 소유권이 전등기의무의 이행불능으로 인한 가액배상의 금전채권으로 귀착될 성질의 것이기 는 하나, 피보전채권인 甲의 乙에 대한 채권은 명의신탁해지를 원인으로 한 소유권 이전등기청구권이 변형된 것이고, 피대위채권인 乙의 丙에 대한 채권과 발생원인 에 있어 직접적인 관련성이 있는 이상, 甲이 丙에 대하여 위 가액배상청구권을 대위 행사함에 있어서 일반 금전채권의 경우와 같이 피대위자인 乙이 무자력임을 그 요 건으로 하여야 한다고 볼 수 없다고 하여 이를 배척하였다. 원심의 판단은 정당하다.

C. §548의 원상회복청구권

(a) 사안의 개요

- 甲(원고, 수분양자)은 乙(시공사 겸 분양자)로부터 X건물(집합건물을 일부인 전유부분)을 분양받았는데 乙은 丙(피고, 수탁자)에게 X건물에 대한 담보신탁을 설정하고 1순위 수익자를 乙에 대한 채권자인 丁은행으로 정했다.
- 乙·丙은 위임계약을 체결하여 乙은 분양대금 등의 자금관리를 丙에게 위임하고, 공사비 이외의 자금에 대해 乙이 인출을 요구하면 丙은 丁의 동의를 얻은 후 지급할 수 있도록 약정했다.
- X건물이 완공된 후 신탁계약에 따라 수탁자 丙명의로 보존등기되었다.

(b) 쟁점과 판단

- 甲·乙 간 X건물 분양 계약이 해제된 후, 甲은 乙을 대위하여 丙을 상대로 丙이 보관하고 있는 자금 중 甲이 乙에게 지급했던 분양대금 상당액의 인출을 청구하는 소송을 제기했으나, 甲의 청구는 기각되었다.
- 甲의 乙에 대한 분양대금 반환청구권과 乙의 丙에 대한 자금인출 청구권의 밀접 관련성이 인정되므로 보전의 필요성 요건은 충족되지만 '丁의 동의'라는 피대위 권리 행사 요건이 충족되지 못했기 때문이다.

대법원 2014. 12. 11. 선고 2013다71784 판결

‣ 乙의 丙에 대한 **사업비 지출 요청권은 甲이 보전하려는 권리인 乙에 대한 이 사건 분양대금 반환채권과 밀접하게 관련**되어 있다. 乙이 X건물을 신탁하여 소유권이 없고, 신탁계약상 수익권은 장래채권으로서 강제집행·현금화가 곤란하다. 따라서 분양계약을 해제한 수분양자로서는 이 사건 대리사무 약정상의 권리를 대위하여 행사하지 않으면 이 사건 분양대금 반환채권의 유효·적절한 만족을 얻을 수 없을 위험이 있고, 결국 甲이 乙의 丙에 대한 이 사건 사업비 지출 요청권을 대위하여 행사하는 것이 이 사건 분양대금 반환 채권의 현실적 이행을 유효·적절하게 확보하기 위하여 필요한 경우라 할 수 있다. 乙·丙은 X건물을 제3자에게 다시 분양하거나 처분할 수 있으므로 분양계약을 해제한 수분양자인 甲이 분양자인 乙의 이 사건 사업비 지출 요청권과 같은 이 사건 대리사무 약정상의 권리를 대위하여 행사하는 것이 채무자의 자유로운 재산관리행위에 대한 부당한 간섭이 된다고 보이지도 않

는다. 따라서 甲은 乙을 대위하여 丙에게 분양대금 상당의 사업비 지출 요청권을 행사할 수 있다.

‣ 이 사건 대리사무 약정에 의하면 분양 개시 후 공사비를 제외한 모든 사업비의 지출 은 **시공사와 대출금융기관의 확인**을 얻은 乙의 서면요청에 의하여 丙이 집행하여 야 하는데, 위 확인을 얻었다고 인정할 만한 증거가 없는 이상, 乙이 이 사건 대리사 무 약정에 의하여 丙에게 바로 이 사건 분양대금 반환을 청구할 수 없어 이 사건 사 업비 지출 요청권을 행사할 수 없다는 취지의 원심 판단은 수긍할 수 있다.

(c) 비교사례: §548의 원상회복청구권이 피대위권리인 경우

• 사안의 개요: ㉠ 甲은 乙에게 30억원을 대여하면서 2010. 10. 까지 丙이 소유한 X 토지에 乙이 골프장 인허가를 받지 못하면 이를 반환받기로 했고, 乙은 丙과 X토 지 매매계약을 체결하여 위 대여금으로 계약금과 중도금을 지급했다. ㉡ 乙이 X 토지에 대해 2010. 10. 까지 골프장 인허가를 받지 못하자, 甲은 乙을 대위하여 乙의 丙에 대한 X토지 매매계약 해제권과 §548의 원상회복청구권을 행사했는데, 乙의 자력 유무는 증명되지 못했다.

• 쟁점과 판단: 甲의 乙에 대한 대여금채권과 乙의 丙에 대한 §548의 원상회복청구 권 간의 밀접관련성이 인정되므로 보전의 필요성 요건이 충족된다. 원심은 乙의 무자력이 증명되지 못했음을 이유로 甲의 채권자대위소송을 각하했으나, 대법원 에서 파기되었다.

원고가 보전하려는 원고의 소외인에 대한 **대여금채권과 대위하여 행사하려는** 소외인 의 이 사건 매매약정 해제로 인한 **원상회복청구채권은 밀접하게 관련**되어 있고, 원고 들이 소외인의 권리를 대위하여 행사하는 것이 원고들의 채권의 현실적 이행을 유효· 적절하게 확보하기 위하여 필요한 경우이므로, 원심으로서는 원고들이 소외인을 대 위하여 한 청구가 그 주장과 같은 이유로 **보전의 필요성이 인정된다고 볼 수 있는지 여부를 판단**했어야 했다. 그런데도 소외인이 무자력 상태에 있다는 점에 대한 구체적 인 주장·증명이 없다는 이유만을 들어 원고들이 소외인을 대위하여 한 청구가 부적 법하다고 보아 이를 각하한 원심의 판단에는 법리를 오해하여 판결에 영향을 미친 잘 못이 있다(대법원 2017. 7. 11. 선고 2014다89355 판결).

라. 보전의 필요성이 부정된 사례

(1) 금전채권 보전을 위한 공유물분할청구권의 대위행사

A. 개관

- 채무자의 책임재산이 공유지분인 경우, 채무자의 공유분할청구권은 일신전속적 권리가 아니어서 채권자대위권의 피대위권리가 될 수 있지만, 보전의 필요성이 인정되기 어렵다. 채권자가 이 권리를 대위행사하더라도 책임재산을 확보할 가능성이 낮고 채무자를 비롯한 공유자들의 재산관리에 대한 부당한 간섭이 될 수 있기 때문이다.

> **대법원 2020. 5. 21. 선고 2018다879 전원합의체 판결**
> ▸ 공유물분할청구권은 공유관계에서 수반되는 형성권으로서 <u>공유자의 일반재산을 구성하는 재산권의 일종</u>이다. 공유물분할청구권의 행사가 오로지 공유자의 자유로운 의사에 맡겨져 있어 공유자 본인만 행사할 수 있는 권리라고 볼 수는 없다. 따라서 **공유물분할청구권도 채권자대위권의 목적이 될 수 있다.**
> ▸ 채권자가 자신의 금전채권을 보전하기 위하여 채무자를 대위하여 부동산에 관한 공유물분할청구권을 행사하는 것은, <u>책임재산의 보전과 직접적인 관련이 없어 채권의 현실적 이행을 유효·적절하게 확보하기 위하여 필요하다고 보기 어렵고 채무자의 자유로운 재산관리행위에 대한 부당한 간섭이 되므로 보전의 필요성을 인정할 수 없다.</u>
> ▸ 이는 채무자의 공유지분이 다른 공유자들의 공유지분과 함께 근저당권을 공동으로 담보하고 있고, 근저당권의 피담보채권이 채무자의 공유지분 가치를 초과하여 채무자의 공유지분만을 경매하면 남을 가망이 없어 민사집행법 제102조에 따라 경매절차가 취소될 수밖에 없는 반면, <u>공유물분할의 방법으로 공유부동산 전부를 경매하면 제368조 제1항에 따라 각 공유지분의 경매대가에 비례해서 공동근저당권의 피담보채권을 분담하게 되어 채무자의 공유지분 경매대가에서 근저당권의 피담보채권 분담액을 변제하고 남을 가망이 있는 경우에도 마찬가지이다.</u>

- 이러한 법리는 채무자가 무자력이고 공유지분에 대한 민사집행법상 경매가 곤란하다는 사정이 있어도 마찬가지이다.

금전채권자는 자력이 없는 채무자를 대위한다고 하더라도 극히 예외적인 경우가 아니라면 부동산에 관한 공유물분할청구권을 대위하여 행사할 수 없다고 하여 보전의 필요성이 인정되지 않는다(대법원 2022. 8. 25. 선고 2019다229202 전원합의체 판결).

B. 사안의 개요

• 甲은 乙에 대한 1억원의 금전채권자인데 乙의 유일한 책임재산은 乙이 丙과 공유하고 있는 X부동산의 1/2지분이다. X부동산의 시가는 2억원이고 X부동산 전부에 대해 丙의 丁에 대한 1억원의 금전채무를 담보하기 위해 丁명의 1순위 저당권이 설정되어 있다. 따라서 甲이 乙의 1/2지분에 대한 경매를 신청하면 공동저당권자 丁이 그 매각대금 1억원 전액을 배당받을 것이므로 '남을 가망이 없는 경매'로 인정되어 경매절차가 취소될 가능성이 높다(민사집행법 §102).

• 이에 甲은 X부동산 전부를 경매하면 그 대금으로부터 丁에 대한 피담보채무 1억원을 변제하고 자신의 채권 1억원도 회수할 수 있음을 이유로, 공유자 乙을 대위하여 X부동산에 대해 '경매 후 대금분할' 방법에 의한 공유물분할청구를 했다.

C. 쟁점과 판단

(a) 유효적절성 없음

• 甲의 공유물분할청구를 인정하더라도 X부동산 전부에 대한 경매 후 대금분할이라는 방법으로 분할되는 경우에만 甲의 책임재산이 확보된다. 그런데 공유물분할재판은 형식적 형성소송이므로 법원의 재량으로 분할방법이 결정되고, 분할을 청구한 당사자가 원하지 않는 방법으로 분할되더라도 이에 대해 불복할 수 없다.

• 예컨대 현물분할이 이루어지는 경우 丁은 분할 후 乙·丙이 단독소유하게 되는 각 부동산에 대한 공동저당권을 유지한다. 따라서 甲이 현물분할 후 乙의 단독소유가 될 부동산에 대해 경매 신청을 하더라도 민사집행법 §102가 적용된다는 점은 다를 바 없다.

대법원 2020. 5. 21. 선고 2018다879 전원합의체 판결

▸ 공유물분할의 방법 중에 공유물 전체를 경매하여 그 대금을 분할하는 방법이 있다고 하여, 일반채권자의 금전채권 만족을 위해 공유물분할청구권의 대위행사를 허용하는 것은 타당하지 않다. ⓐ 민법과 민사집행법은 일반채권자에게 채무자의 소유가 아닌 재산을 채무자의 재산과 함께 일괄경매할 수 있는 권리를 부여하고 있지

않다. ⓛ 공유물분할의 구체적인 방법이나 분할로 인한 결과를 임의로 정해서 공유물분할청구권을 행사할 수 있는 것은 아니므로, 공유물분할청구권을 대위행사한다고 하여 반드시 금전채권 만족에 도움이 된다고 할 수는 없다. ⓒ 각 공유지분이 근저당권의 공동담보로 되어 있는 부동산이 현물로 분할되면, 분할 후 공유자들이 취득하는 각 부동산 역시 근저당권의 공동담보가 되므로, 현물분할로 채무자가 취득하는 부동산을 경매하더라도 경매대가에서 여전히 공동근저당권의 피담보채권 전액을 변제해야 한다. 공동근저당 법리로 인하여 채무자의 책임재산에 대한 강제집행이 **남을 가망이 없는 사정은 현물분할을 전후로 달라지지 않는다.**

‣ 공유물분할청구권은 이러한 모습으로 귀결될 가능성을 포함하고 있는 권리일 뿐이고, 위와 같은 경우를 모두 배제하고 오로지 대금분할만을 요구할 수 있는 '대금분할청구권'이 아니다. 재판에 의한 공유물분할의 경우 법원은 공유관계와 공유물과 관련된 제반 사정을 고려하여 자유로운 재량에 따라 합리적인 분할의 방법을 정할 수 있다. 일반적으로 권리는 그 행사로 발생하는 법률효과가 특정되어 있지만, 공유물분할청구권의 행사로 인한 **법률효과는 그 권리의 행사과정에서 드러나는 공유자들의 자유로운 의사와 법원의 재량적 판단에 의하여 최종적으로 확정**된다. 공유자가 공유물분할청구권을 행사하는 경우에는 **어떠한 법률효과도 용인한다는 전제**에 서 있는 것이다. 공유물분할청구권을 행사한 사람이 원하지 않는 방법으로 공유물이 분할된다고 하여 그 권리행사를 철회·취소할 수 있는 것이 아니다.

(b) 채무자의 재산관리권에 대한 부당한 간섭에 해당함

• 공유자들이 공유관계와 이에 따른 공유물의 사용·수익 상태를 그대로 유지하기를 원하는 경우, 특정 공유자에 대한 채권자대위권자가 경매 후 대금분할 방식의 공유물분할청구를 구하는 것은 공유자들의 사적 자치에 대한 부당한 간섭이다.

• 乙에 대한 공유지분만 경매되는 경우 丙은 우선매수권을 행사할 수 있는 것에 비해, 乙의 채권자 甲의 공유물분할청구로 공유물 전부가 경매되면 민사집행법상 우선매수권이 인정되지 않아서 丙의 이익을 부당하게 침해한다.

대법원 2020. 5. 21. 선고 2018다879 전원합의체 판결

‣ 금전채권의 보전을 위한 공유물분할청구권 대위행사는 채무자의 자유로운 재산관리행위에 대한 부당한 간섭이 된다. 공유물분할청구권 대위행사로 공유물 전부가

경매되는 결과는 채무자뿐만 아니라 공유지분을 보유한 다수 당사자들로부터 **공유물을 사용·수익할 권리를 근본적으로 박탈**하게 된다. 공유자 중 어느 누구도 공유물의 분할을 희망하지 않는데도 단순히 금전채권자의 채권 보전을 위하여 채무자의 재산뿐만 아니라 다른 공유자의 공유지분 전부가 경매되는 것은 채무자를 포함한 공유자들에게 지나치게 가혹하다.

▸ 채무자의 **공유지분에 대하여 경매**가 이루어지는 경우에는 민사집행법 제140조에 따라 다른 공유자들이 최고매수신고가격과 같은 가격으로 채무자의 공유지분을 우선 매수할 수 있고, 이를 통해서 공유자들 사이의 인적 관계와 공유물에 대한 종전의 사용관계를 유지할 수 있다. 그러나 공유물분할로 공유물 전부가 경매되는 경우에는 다른 공유자들이 공유물에 대한 종전 사용관계를 유지할 수 있는 아무런 수단이 없다.

(2) 실손보험 사건

A. 사안의 개요

• 甲(원고)은 보험자로서 乙(고객들)과 실손의료보험계약을 체결했다. 乙은 丙(피고, 이 사건 진료행위를 한 의료기관들)이 운영하는 병원에서 비급여 진료를 받았다. 乙은 丙에게 진료계약에 따른 진료비를 지급했고, 甲은 乙에게 실손의료보험계약에 따른 보험금을 지급했다.

• 그 후 이 사건 진료행위의 원인인 진료계약이 무효임이 밝혀졌고, 이에 甲은 乙에 대한 보험금 상당액의 §741 채권을 피보전채권으로 하여 乙의 丙에 대한 진료비 상당액의 §741 채권을 대위행사하는 채권자대위소송을 제기했다.

B. 쟁점과 판단

(a) 유효적절성 부정

• 乙이 무자력이 아닌 한 甲은 乙의 책임재산에 대한 강제집행을 할 수 있고, 설령 乙이 무자력이더라도 甲은 자신의 乙에 대한 §741 채권 보전을 위해 乙의 丙에 대한 §741 채권에 대한 채권집행을 실시하는 것에 대한 법률상 장애가 없다.

• 따라서 甲이 乙의 丙에 대한 권리를 대위 행사하지 않으면 피보전채권의 만족을 얻지 못할 위험성이 인정되지 않는다.

보전의 필요성에 관한 적극적 요건에 대하여 본다. 피보전채권이 금전채권인 경우 보전의 필요성이 인정되기 위한 적극적 요건과 관련하여 채무자인 **피보험자가 자력이 있는 경우**라면 채권자인 보험자가 채무자의 요양기관에 대한 부당이득반환채권을 대위하여 행사하지 않으면 자신의 채무자에 대한 부당이득반환채권의 완전한 만족을 얻을 수 없게 될 위험이 없다. 채무자인 피보험자가 자력이 있다면, 채권자인 보험자는 피보험자의 책임재산에 대한 집행을 통해 채권을 실현할 수 있으므로 채권의 완전한 만족을 얻지 못할 위험이 없는 것이고, 따라서 피보험자의 일반재산의 감소를 방지할 필요도 인정되지 않는다. 보험자는 채권자대위권을 행사하지 않더라도 **피보험자에 대하여 직접 보험금의 반환을 청구하여 변제받는 데 아무런 법률상 장애가 없고**, 자신의 피보험자에 대한 부당이득반환채권을 집행채권으로 하여 **피보험자의 요양기관에 대한 진료비 상당의 부당이득반환채권을 압류하여 추심·전부명령**을 받는 등으로 채무자의 일반재산에 대한 강제집행을 통하여 채권의 만족을 얻을 수 있다(대법원 2022. 8. 25. 선고 2019다229202 전원합의체 판결).

(b) 소극적 요건에 해당함

• 이 사건에서 피대위권리는 진료계약의 무효로 인한 §741 채권이므로, 甲이 피대위권리를 행사하려면 진료계약의 무효 사유를 파악해야 하고 이를 통해 乙의 건강 상태 등 지극히 사적이고 민감한 개인정보가 甲에게 노출될 우려가 있다.

• 따라서 피대위권리가 채무자와 제3채무자 간 진료계약과 관련된 권리이면 이러한 권리를 대위행사하는 것은 채무자의 재산관리에 대한 부당한 간섭이라고 볼 수 있다.

진료계약에는 극히 사적이고 민감한 개인정보의 수집과 생산이 필수적으로 동반되므로 당사자의 동의 없이 진료계약과 관련한 개인정보가 타인의 소송자료로 사용되어서는 아니 된다. 그럼에도 보험자의 채권 행사 의사와 피보험자의 채권 행사 의사를 동일하게 보아 금전채권자일 뿐인 보험자로 하여금 자력 있는 피보험자의 진료계약과 관련된 권리를 대위하여 행사하는 것을 허용한다면 이는 피보험자의 자유로운 재산관리행위에 대한 부당한 간섭에 해당할 여지가 있다(대법원 2022. 8. 25. 선고 2019다229202 전원합의체 판결).

3. 채무자의 권리 불행사

가. 인정되는 경우

(1) 피대위권리 행사에 대한 법적 장애가 없는 모든 경우

* 채권자대위권을 행사하려면 채무자에게 피대위권리 행사에 대한 법적 장애가 없는데도 채무자가 이 권리를 행사하지 않았어야 한다. 채무자가 사실상 장애로 인해 권리행사를 할 수 없었던 경우는 물론 채무자가 누구인지 불명확한 경우에도 채권자대위권의 요건인 '채무자의 권리 불행사'로 인정될 수 있다.
* 예컨대 甲이 점유취득시효의 요건을 갖춘 X토지에 乙명의 보존등기가 마쳐져 있었으나 X토지의 원시취득자가 乙이 아니라 성명불상자임이 밝혀진 경우, 甲은 시효완성자로서의 채권적 소유권이전등기청구권을 보전하기 위해 채무자인 성명불상자를 대위하여 乙명의 보존등기의 말소등기를 청구할 수 있다.

대법원 1992. 2. 25. 선고 91다9312 판결

‣ 채권자대위권의 행사의 요건인 "채무자가 스스로 그 권리를 행사하지 않을 것"이라 함은 채무자의 제3채무자에 대한 권리가 존재하고 채무자가 그 권리를 행사할 수 있는 상태에 있으나 스스로 그 권리를 행사하고 있지 아니하는 것을 의미하고 여기서 권리를 행사할 수 있는 상태에 있다는 뜻은 권리 행사를 할 수 없게 하는 **법률적 장애가 없어야 한다**는 뜻이고 채무자 자신에 관한 **현실적인 장애까지 없어야 한다는 뜻은 아니며 채무자가 그 권리를 행사하지 않는 이유를 묻지 아니**한다.

‣ 피고 명의의 소유권보존등기의 추정력이 깨어져서 원인무효라 하여 그 등기의 말소를 구하고 있는 이 사건의 경우에 채무자인 진정한 소유자가 소외 성명불상자라 하여도 그가 위 등기의 말소를 구하는데 어떤 법률적 장애가 있다고 할 수는 없는 것이어서 원고의 이 사건 채권자대위권 행사에 장애가 될 수 없다.

(2) 사례: 채무자의 의사에 반하는 경우

* 채무자에게 피대위권리를 행사할 의사가 없어도 채권자대위권을 행사하는 데는 지장이 없다. 채권자대위권은 원래 채무자의 의사와 무관하게 채권자가 채무자의 권리를 행사할 수 있게 해주는 제도이기 때문이다.
* 예컨대 채무자가 비법인사단인 경우 피대위권리 행사가 사원총회 결의 사항이더라도 채권자대위권자는 채무자인 비법인사단의 '의사 결정'에 해당하는 사원총

회 결의 없이 피대위권리를 행사할 수 있다.

> **대법원 2014. 9. 25. 선고 2014다211336 판결**
> · 비법인사단이 총유재산에 관한 소를 제기할 때에는 정관에 다른 정함이 있는 등의
>   특별한 사정이 없는 한 사원총회의 결의를 거쳐야 하지만, 이는 비법인사단의 의사
>   결정과 특별수권을 위하여 필요한 내부적인 절차이다.
> · 채권자대위권은 채무자가 스스로 자기의 권리를 행사하지 아니하는 때에 채권자가
>   채무자에 대한 채권을 보전하기 위하여 **채무자의 의사와는 상관없이 채무자의 권**
>   **리를 대위하여 행사할 수 있는 권리로서 그 권리행사에 채무자의 동의를 필요로 하**
>   **는 것은 아니**므로, 비법인사단이 총유재산에 관한 권리를 행사하지 아니하고 있어
>   비법인사단의 채권자가 채권자대위권에 기하여 비법인사단의 총유재산에 관한 권
>   리를 대위행사하는 경우에는 사원총회의 결의 등 비법인사단의 **내부적인 의사결정**
>   **절차를 거칠 필요가 없다.**

나. 부정되는 경우

(1) 개관

· 채무자가 법률상 장애로 인해 권리를 행사할 수 없는 상태이면 채권자대위권이
  인정될 수 없다.

· 채무자가 스스로 권리를 행사하는 이상 그 방법이 부적절하더라도 채권자대위권
  이 인정될 수 없다.

> 채권자대위권은 **채무자가 스스로 제3채무자에 대한 권리를 행사하지 아니하는 경우**
> **에 한하여** 채권자가 자기의 채권을 보전하기 위하여 행사할 수 있는 것이어서, 채권자
> 가 대위권을 행사할 당시에 이미 채무자가 그 권리를 재판상 행사하였을 때에는 채권
> 자는 채무자를 대위하여 채무자의 권리를 행사할 수 없다(대법원 2018. 10. 25. 선고
> 2018다210539 판결).

(2) 사례: 채무자가 피대위권리를 행사하는 소송을 제기한 경우

· 채무자가 이러한 소송에서 청구 기각 판결을 받은 경우 권리행사에 해당하므로
  채권자대위권이 인정될 수 없다(대법원 1993. 3. 26. 선고 92다32876 판결).

· 이에 비해 채무자가 이러한 소송에서 소 각하 판결을 받으면 권리행사를 한 것으
  로 볼 수 없으므로 채권자대위권이 인정될 수 있다. 예컨대 채무자인 비법인사단

이 피대위권리 행사에 필요한 특별수권 등의 요건을 충족하지 못한 채 피대위권리를 행사하는 소를 제기했다가 각하되었다면, 비법인사단에 대한 채권자는 채권자대위권에 기해 이러한 피대위권리를 대위행사할 수 있다.

비법인사단이 사원총회의 결의 없이 제기한 소는 소제기에 관한 특별수권을 결하여 부적법하고, 그 경우 소제기에 관한 비법인사단의 **의사결정이 있었다고 할 수 없다**. 따라서 비법인사단인 채무자 명의로 제3채무자를 상대로 한 소가 제기되었으나 사원총회의 결의 없이 총유재산에 관한 소가 제기되었다는 이유로 각하판결을 받고 그 판결이 확정된 경우에는 **채무자가 스스로 제3채무자에 대한 권리를 행사한 것으로 볼 수 없다**(대법원 2018. 10. 25. 선고 2018다210539 판결).

4. 피대위권리: 채무자가 행사할 수 있는 재산적 권리

가. 개관

(1) 피대위권리의 의미

• 원칙: 일반적인 금전채권이 피보전채권인 경우에는 채무자가 행사할 수 있는 재산권이면 그 종류와 성질을 가리지 않고 피대위권리가 될 수 있다. 재산권이란 행사되면 그 권리자에게 재산적 이익을 발생시키는 권리를 뜻하고, 채권자대위권의 본질적 기능은 채무자의 전체 책임재산을 확충하는 것이기 때문이다.

• 예외: 이에 비해 특정채권, 물권적 청구권 등의 특정한 권리가 피보전권리인 경우에는 이 피보전권리와 밀접관련성이 인정되는 권리만 피대위권리가 될 수 있다.

채권자대위권은 채무자의 채권을 대위행사함으로써 채권자의 채권이 보전되는 관계가 존재하는 경우에 한하여 이를 행사할 수 있으므로 **특정물에 관한 채권자**는 채권을 보전하기 위하여 채무자의 제3채무자에 대한 그 **특정물에 관한 권리만을 대위행사할 수 있다**(대법원 1993. 4. 23. 선고 93다289 판결).

(2) 절차법

• 피대위권리에 관한 요건은 채권자대위소송에서 청구원인을 구성하며 본안판단의 대상이 된다.

• 따라서 피대위권리가 될 수 없는 권리를 대상으로 하는 채권자대위소송이 제기되면 법원은 채권자대위권자의 청구를 기각해야 한다.

유류분반환청구권의 대위행사가 가능함을 전제로 한 원고의 위 주장은 더 나아가 살펴 볼 필요 없이 이유 없다. 그렇다면, 원고의 피고에 대한 청구는 **이유 없어 기각**하기로 하여, 주문과 같이 판결한다(대법원 2012. 3. 29. 선고 2011다100527 판결이 인용한 원심).

나. 피대위권리가 될 수 있는 권리

(1) 개관

- 피대위권리의 자격: 채무자가 제3채무자에게 재판상 행사할 수 있는 권리로서 재산권에 해당하는 것이면 모두 피대위권리가 될 수 있다.
- 다만 피대위권리의 자격이 있는 권리이더라도 피보전채권과의 밀접관련성이 인정되는 것이어야 채권자대위권자가 이를 대위행사할 수 있다.

(2) 채권

A. 개관

- 금전채권뿐 아니라 특정채권도 피대위권리가 될 수 있다. 토지거래허가구역 내 신청절차 협력의무 이행청구권도 피대위권리가 될 수 있다(130면 이하).
- 채권에 포함된 권능인 채권자대위권, 채권자취소권도 피대위권리가 될 수 있다. 따라서 채권자대위권을 순차 대위하는 것도 가능하다.

B. 사례: 채권자대위권·채권자취소권의 대위행사

(a) 채권자대위권의 대위행사

- 사안의 개요: 丁이 소유한 X토지가 丙, 乙, 甲 순서로 전전매도 되었다. 甲은 乙에 대한 소유권이전등기청구권을 보전하기 위해 乙, 丙을 순차 대위하여 丁에 대한 처분금지가처분을 마쳤는데, 丁은 乙에게 소유권이전등기를 마쳤다.
- 쟁점과 판단: 丁에 대한 가처분채권자는 丙이다. 乙은 채권자대위권에 기해 丙을 대위하여 丁에 대한 가처분를 마친 것이며, 甲은 다시 이러한 乙의 채권자대위권을 대위행사한 것이기 때문이다. 따라서 丁이 丙 아닌 乙에게 소유권이전등기를 마친 것은 가처분에 저촉된다. 乙에 대한 소유권이전등기가 결국 甲의 피보전채권을 실현하는 것이라 하더라도 마찬가지이다.

대법원 1998. 2. 13. 선고 97다47897 판결

‣ 甲이 丁을 상대로 한 처분금지가처분의 목적은 甲이 乙에 대한 소유권이전등기청구권 보전을 위해 乙, 丙을 순차 대위하여, 丁이 丙 이외의 사람에게 소유권 이전 등의 처분행위를 못 하게 하는 것으로서, 그 피보전권리는 실질적 가처분채권자인 위 丙의 丁에 대한 소유권이전등기청구권이고 위 乙의 丙에 대한 소유권이전등기청구권이나 甲의 乙에 대한 소유권이전등기청구권까지 포함하는 것은 아니다.

‣ 위 처분금지가처분 이후에 가처분채무자인 丁으로부터 위 乙 앞으로 경료된 소유권이전등기는 비록 그 등기가 가처분채권자인 甲에 대하여 소유권이전등기의무를 부담하고 있는 자에게로의 처분이라 하여도 위 처분금지가처분의 효력에 위배되어 가처분채권자 甲에게 대항할 수 없다 할 것이고, 따라서 위 처분금지가처분의 본안 확정판결에 기한 가처분채권자 甲의 말소신청에 따라 처분금지가처분 이후에 경료된 **乙명의의 소유권이전등기를 말소한 것은 적법**하다.

(b) 채권자취소권

• 채권자취소권도 피대위권리가 될 수 있다. 이때 채권자취소권의 행사기간의 준수 여부는 원래의 채권자취소권자인 채무자를 기준으로 판단해야 한다.

채권자취소권도 채권자가 채무자를 대위하여 행사하는 것이 가능하다고 할 것인바 채권자가 채무자의 채권자취소권을 대위행사하는 경우, 제소기간은 대위의 목적으로 되는 권리의 채권자인 채무자를 기준으로 하여 그 준수 여부를 가려야 할 것이고, 따라서 채무자가 취소원인을 안 날로부터 1년, 법률행위가 있은 날로부터 5년 내라면 채권자취소의 소를 제기할 수 있다(대법원 2001. 12. 27. 선고 2000다73049 판결).

(3) 물권

A. 물권적청구권

• 물권적청구권도 피보전권리와 밀접관련성이 있으면 피대위권리가 될 수 있다.
• 채권자대위권자는 채무자의 방해자에 대한 §213의 물권적 청구권을 대위행사하면서 채권자대위권자 자신에게 인도하라고 청구할 수도 있다(대법원 1995. 5. 12. 선고 93다59502 판결).

B. 우선변제권에 근거한 배당요구권

* 제3채무자의 책임재산에 대한 경매절차에서 채무자가 우선변제권에 근거한 배당요구권을 행사할 수 있으면, 채권자는 이러한 배당요구권을 대위행사할 수 있다.
* 사례: 채무자의 전세권에 근거한 배당요구권을 채권자가 대위행사하려면, 배당요구 종기까지 채권자대위권이나 추심명령처럼 채무자의 제3채무자에 대한 전세권을 채권자가 대위행사하기 위한 법적 근거가 갖춰져야 하고, 나아가 채무자가 제3채무자에게 전세권에 근거한 우선변제·배당요구권을 행사하기 위해 필요한 요건인 '용익권능 종료'의 사유를 소명하는 자료도 제출되어야 한다(2014다 10694, 민총물권, 800면).

(4) 그 밖의 권리

A. 형성권

* 형성권도 원칙적으로 피대위권리가 될 수 있다. 그 예로서 임대차계약 해지권, 법정해제권, 조합탈퇴권 등을 들 수 있다.
* 사례: 조합탈퇴권은 일신전속성이 없는 권리이므로 채권자대위권의 피대위권리가 될 수 있다. 다만 이를 위해서는 임의탈퇴의 요건이 충족되어야 한다. 채무자의 조합 탈퇴가 조합의 목적 달성에 지장을 초래한다는 사정이 있어도 채권자대위권자의 조합탈퇴권 대위행사에는 지장이 없다(대법원 2007. 11. 30.자 2005마 1130 결정).

B. 시효완성 원용권

(a) 개관

* 채권의 소멸시효가 완성된 경우, 채무자가 채무의 시효소멸이라는 취지를 주장하여 시효완성 원용권을 행사해야 비로소 채무 소멸이라는 효과가 인정된다. 이러한 시효완성 원용권 행사의 법적 성질에 대해서는 ㉠ 실체법적 형성권 행사에 해당한다고 보는 견해(상대적 소멸설)와 ㉡ 절차법적 항변 주장이라고 보는 견해(절대적 소멸설)가 대립한다(민총물권, 374면).
* 어떤 견해를 따르던, 시효완성 원용권은 시효소멸한 채권에 대한 채무자가 행사하는 것이 원칙이지만, 이 권리도 채권자대위권의 피대위권리가 될 수 있다. 따라서 시효소멸한 채권에 대한 채무자가 스스로 시효완성 주장을 하지 않아도 그에 대한 일반채권자는 채권자대위권의 요건을 갖추어 그 채무자에게 발생한 시효완성 원용권을 대위행사할 수 있다.

(b) 사안의 개요

- 甲에 대한 대여금 채무자인 乙이 소유한 X부동산에 대해 丙(금융기관) 명의 1번 저당권(최고액 1억원)이 설정되어 있었는데 乙은 변제기 전인 2010. 2. 1. 丙에게 지불 각서를 작성해 주었다.

- 丙이 신청한 적법한 임의경매절차의 배당기일인 2017. 2. 1. 乙은 아무런 이의를 제기하지 않았다. 다만 甲은 이 배당기일에 출석하여 배당금 8000만원 중 6000만원에 대해 이의하면서 丙의 乙에 대한 채권이 시효소멸했다는 취지로 주장했다.

(c) 쟁점과 판단

- 乙이 丙에게 2010. 지불 각서를 작성해 준 것은 채무승인에 해당하고, 채무승인으로 소멸시효가 중단되면 소멸시효는 재기산한다. 따라서 丙의 乙에 대한 채권은 2015. 상사시효가 완성되었다.

- 乙이 2017. 2. 1. 배당기일에 이의를 하지 않은 것은 묵시적인 시효이익 포기 의사표시로 인정된다. 그러나 乙이 무자력이므로 乙에 대한 금전채권자 甲에게는 채권자대위권의 요건이 충족되었고 乙의 시효완성 원용권도 피대위권리가 될 수 있다.

- 甲의 배당이의 주장은 시효완성 원용권의 대위행사라고 볼 수 있으므로, 6000만원에 대해서는 乙의 시효이익 포기의 효과가 발생하지 않고 시효소멸이라는 효과가 인정된다.

대법원 2017. 7. 11. 선고 2014다32458 판결

- ‣ 채무자가 소멸시효 완성 후 채무를 일부 변제한 때에는 그 액수에 관하여 다툼이 없는 한 그 채무 전체를 묵시적으로 승인한 것으로 보아야 하고, 이 경우 시효완성의 사실을 알고 그 이익을 포기한 것으로 추정되므로, 소멸시효가 완성된 채무를 피담보채무로 하는 근저당권이 실행되어 채무자 소유의 부동산이 경락되고 그 대금이 배당되어 채무의 일부 변제에 충당될 때까지 채무자가 아무런 이의를 제기하지 아니하였다면, 경매절차의 진행을 채무자가 알지 못하였다는 등 다른 특별한 사정이 없는 한, 채무자는 시효완성의 사실을 알고 그 채무를 묵시적으로 승인하여 시효의 이익을 포기한 것으로 볼 수 있기는 하다.

- 그러나 소멸시효가 완성된 경우 **채무자에 대한 일반채권자는 채권자의 지위에서 독자적으로 소멸시효의 주장을 할 수는 없**지만 자기의 **채권을 보전하기 위하여 필요한 한도 내에서 채무자를 대위하여 소멸시효 주장을 할 수 있**으므로, 채무자가 배당절차에서 이의를 제기하지 아니하였다고 하더라도 채무자의 **다른 채권자가 이의를 제기하고 채무자를 대위하여 소멸시효 완성의 주장을 원용하였다면, 시효의 이익을 묵시적으로 포기한 것으로 볼 수 없다.**

다. 피대위권리가 될 수 없는 권리

(1) 행사상의 일신전속권

- 행사상의 일신전속권은 피대위권리가 될 수 없다(§404 ① 단서). 친족상속법을 근거로 인정되는 권리들 중 일신전속성으로 인해 피대위권리가 될 수 없는 것으로서, §950를 위반한 후견인의 법률행위에 대한 피후견인이나 후견감독인의 취소권(대법원 1996. 5. 31. 선고 94다35985 판결), 유류분반환청구권(2009다93992, 친족상속, 482면) 등을 들 수 있다. 한편 상속포기도 인적 결단으로서의 성질이 있으므로 일신전속성이 있다고 보아야 한다(2011다29307, 친족상속, 317면).

- 사례: 채무자의 이행인수인에 대한 이행청구권은 특별한 사정이 없는 한 일신전속성이 없다. 따라서 채권자는 이행인수인에게 직접 채권을 행사할 수는 없어도 채무자를 대위하여 이행을 청구할 수는 있다(대법원 2009. 6. 11. 선고 2008다75072 판결).

(2) 책임재산과 무관한 권리: 압류금지채권

A. 원칙: 피대위권리가 될 수 없음

B. 예외: 압류금지의 목적이 실현된 경우

- 사안의 개요: 甲(병원)은 교통사고 피해자 乙을 치료했으나 치료비를 받지 못했는데 乙은 가해자측 보험회사인 丙에게 자배법상 직접청구권을 행사할 수 있는 상태였다.

- 쟁점과 판단: 자배법상 손해보험금 채권은 압류금지 채권이지만, 그 목적은 피해자에 대한 치료를 보장하는 것이다. 따라서 甲이 피해자에 대한 치료를 마친 후 치료비 채권 보전을 위해 乙의 丙에 대한 직접청구권을 대위행사하는 것을 허용하더라도 피해자에 대한 치료 보장이라는 입법취지 실현에는 지장이 없다(대법

원 2004. 5. 28. 선고 2004다6542 판결).

(3) 채무자가 제3채무자에게 행사할 수 없는 권리

A. 개관

• 채무자가 제3채무자에게 행사할 수 없는 권리는 채권자대위권자도 제3채무자에게 행사할 수 없다. 이때 채권자대위권자가 제3채무자에 대해 피대위권리와 같은 내용의 권리를 가지고 있더라도, 채권자대위권을 근거로 그 내용의 권리를 행사할 수는 없다.

채권자는 채무자가 주장할 수 있는 사유의 범위 내에서 주장할 수 있을 뿐, 채권자 자신과 제3채무자 사이의 독자적인 사정에 기한 사유를 주장할 수는 없는 것이다(대법원 2009. 5. 28. 선고 2009다4787 판결).

• 절차법적 사유로 인해 채무자의 피대위권리 행사가 불가능한 경우, 즉 채무자가 제3채무자에게 실체법적으로는 권리를 행사할 수 있지만 기판력 저촉 등으로 인해 절차법적으로 권리를 행사할 수 없는 경우, 채권자대위권자도 채무자를 대위하여 이 권리를 제3자에게 행사할 수 없다. 예컨대 채무자가 소유한 부동산에 대해 제3채무자 명의의 원인무효 소유권이전등기가 마쳐졌더라도 이 등기가 채무자·제3채무자 간 화해조서에 의해 이루어졌다면 준재심으로 이를 취소하지 않는 한 채무자는 물론 채권자대위권자도 제3채무자 명의 소유권이전등기 말소등기를 청구할 수 없다(대법원 2000. 7. 6. 선고 2000다11584 판결).

B. 사례

(a) 피대위권리 자체가 성립하지 않은 경우: 청약 유인에 대한 청약의사표시

• 사안의 개요: ㉠ 甲은 乙이 丙으로부터 공급받게 될 이주택지인 X토지를 매수하고 대금을 지급했고, 그 후 丙은 乙을 이주택지 공급 대상자로 선정하여 X토지에 대한 공급 신청을 하라고 乙에게 통지했다. ㉡ 乙이 개인적인 문제로 잠적하여 이주택지 공급 신청을 하지 못하는 상황이 발생하자, 甲은 乙과의 매매계약에 기한 권리를 피보전채권으로 삼아 乙을 대위하여 乙·丙 간 이주택지 공급계약 체결을 위해 필요한 'X토지 공급 신청'을 하면서, 이 신청은 편무예약에 근거한 청약 의사표시에 해당하고 丙에게는 승낙 의사표시를 할 의무가 있다고 주장한다.

• 쟁점과 판단: 이러한 甲의 주장은 이유 없다. 청약이나 승낙과 같은 의사표시를

하는 것은 비록 일신전속성을 가지는 것은 아니지만, 이미 존재하는 권리를 행사하는 것이 아니라 새로운 권리나 의무를 발생시키는 것이다. 따라서 채무자에게 청약이나 승낙 의사표시를 할 확정적 의사가 있다고 인정되는 경우에만 채권자대위권의 목적이 될 수 있다.

> **대법원 2012. 3. 29. 선고 2011다100527 판결**
> ‣ 계약의 청약이나 승낙과 같이 비록 행사상의 일신전속권은 아니지만 이를 행사하면 그로써 새로운 권리의무관계가 발생하는 등으로 권리자 본인이 그로 인한 법률관계 형성의 결정 권한을 가지도록 할 필요가 있는 경우에는, **채무자에게 이미 그 권리행사의 확정적 의사가 있다고 인정되는 등 특별한 사정이 없는 한, 그 권리는 채권자대위권의 목적이 될 수 없다.**
> ‣ <u>일반채권자의 책임재산의 보전을 위한 경우뿐만 아니라 이 사건의 경우처럼 특정 채권의 보전이나 실현을 위하여 채권자대위권을 행사하고자 하는 경우에 있어서도 마찬가지이다.</u>

(b) 무효등기 유용과 등기부상 이해관계 있는 제3자

• 사안의 개요: ㉠ 甲이 소유한 X부동산에 乙명의 가등기가 마쳐진 후 乙의 예약완결권이 소멸했으나 乙명의 가등기는 말소되지 않은 상태에서 甲의 채권자 丙이 X부동산에 대해 가압류등기를 마쳤다. ㉡ 甲·丁은 새로운 매매예약을 하면서 乙명의 가등기를 유용하기로 합의했고 이에 따라 乙명의 가등기에 대해 丁명의 부기등기가 마쳐졌다.

• 쟁점과 판단: 이 경우, 丙이 甲을 대위하여 丁명의 가등기의 말소등기를 청구할 수는 없다. ㉠ 丙명의 가압류등기 후 甲·丁 간 무효등기 유용 합의가 있었으므로, 丙에게는 무효등기 유용을 주장할 수 없다. ㉡ 그러나 이때도 무효등기 유용 합의는 그 당사자인 甲·丁 간에는 유효이므로 甲은 丁에게 말소등기청구를 할 수는 없고, 결국 丙도 甲을 대위하여 丁에게 말소등기청구를 할 수는 없기 때문이다.

✓ 丙은 가압류권리자로서 채권자에 불과하다는 사정이 반영된 듯하다. 만약 등기부상 이해관계있는 제3자가 가등기보다 후순위인 저당권자였다면 저당권에 기한 방해배제청구권을 행사하여 직접 丁에게 가등기 말소등기청구를 할 수 있을 것이다.

대법원 2009. 5. 28. 선고 2009다4787 판결

‣ 부동산의 매매예약에 기하여 소유권이전등기청구권의 보전을 위한 가등기가 경료된 경우에 그 매매예약완결권이 소멸하였다면 그 가등기 또한 효력을 상실하여 말소되어야 할 것이나, 그 부동산의 소유자가 제3자와 사이에 **새로운 매매예약을 체결하고 그에 기한 소유권이전등기청구권의 보전을 위하여 이미 효력이 상실된 가등기를 유용하기로 합의**하고 실제로 그 가등기이전의 부기등기를 경료하였다면, 그 가등기이전의 부기등기를 경료받은 제3자로서는 언제든지 **부동산의 소유자에 대하여 위 가등기 유용의 합의를 주장하여 가등기의 말소청구에 대항**할 수 있고, 다만 그 가등기이전의 부기등기 이전에 등기부상 이해관계를 가지게 된 자에 대하여는 위 가등기 유용의 합의 사실을 들어 그 가등기의 유효를 주장할 수는 없다.

‣ 피고는 위 가등기 유용의 합의로써 채무자에게 대항할 수 있음은 물론이고, **채무자를 대위하여 이 사건 가등기의 말소를 구하는 원고에게도 대항할 수 있다.** 비록 원고가 위 가등기 유용의 합의에 따른 가등기이전의 부기등기가 경료되기 전에 이 사건 부동산을 가압류하였으므로 피고 丁은 그 범위 내에서 원고 丙에게 위 가등기 유용의 합의로써 대항할 수 없다고 할 것이지만, 그렇다고 하여 원고 丙이 채무자 甲을 대위하여 이 사건 가등기의 말소를 구하는 경우, 채무자가 아닌 원고 자신이 피고에 대하여 가지는 위와 같은 사유를 주장할 수 없다.

Ⅲ 채권자대위권의 행사와 그 효과

1. 행사

가. 행사 방법

• 피대위권리가 금전채권인 경우뿐 아니라 소유권이전등기청구권·말소등기청구권 등의 특정채권인 경우에도, 채권자대위권자는 제3채무자에게 채권자대위권자 자신에게 직접 이행하라고 청구할 수 있다.

• 다만 이에 따른 직접 이행이 이루어지더라도 그 효과는 채무자에게 귀속된다. 채권자대위권자에게는 채무자 대신 피대위권리를 행사하고 이에 대한 이행을 수령할 권한만 인정되기 때문이다.

채권자대위권을 행사함에 있어서 **채권자가 제3채무자에 대하여 자기에게 직접 급부를 요구하여도 상관없는 것이고, 자기에게 급부를 요구하여도 어차피 그 효과는 채무자에게 귀속되는 것**이므로 채권자대위권을 행사하여 **채권자가 제3채무자에게 그 명의의 소유권보존등기나 소유권이전등기의 말소절차를 직접 자기에게 이행할 것을 청구**하여 승소하였다고 하여도, 그 **효과는 원래의 소유자에 귀속되는 것**이니, 원심이 채권자대위권을 행사하는 채권자인 원고에게 직접 말소등기 절차를 이행할 것을 명하였다고 하여 무슨 위법이 있다고 할 수 없다(대법원 1996.2.9. 선고 95다27998 판결).

나. 제3채무자의 항변

(1) 채무자에 대한 항변 사유 = 피대위권리에 대한 항변 사유

- 제3채무자는 통지·고지 전까지 발생한 채무자에게 주장할 수 있는 모든 항변사유로 채권자대위권자에게 대항할 수 있다.
- 이에 대해 채권자대위권자도 채무자가 제3채무자에 대해 가지는 모든 사유로 응수할 수 있다. 그러나 채권자대위권자는 자신과 제3채무자 사이의 법률관계에서 발생한 사유로 제3채무자에게 반박할 수는 없다(대법원 2020. 7. 9. 선고 2020다223781 판결).

(2) 채권자에 대한 채무자의 항변 사유 = 피보전채권에 대한 항변 사유

A. 채무자의 형성권 행사가 필요한 경우: 제3채무자는 주장 불가

- 피보전채권의 원인계약에 취소사유·해제사유 등이 있더라도 취소권·해제권 등의 형성권은 그 권리자인 채무자만이 행사할 수 있다.
- 제3채무자가 이러한 형성권을 역방향으로 대위행사할 수 없다(2007다64471, 164면). 따라서 채무자 자신이 이러한 형성권을 행사하지 않는 한 제3채무자가 채권자대위권자에 대한 본안전 항변으로 해제·취소의 효과인 '피보전채권의 부존재'를 주장할 수는 없다.
- ✓ 다만 제3채무자 자신도 채무자에 대한 일반채권자로서 채권자대위권의 요건을 갖추었다면, 채무자가 가진 취소권·해제권 등의 형성권을 대위행사할 수 있을 것이다. 예컨대 甲이 乙을 대위하여 丙에게 피대위권리를 행사할 때, 丙도 乙에 대한 채권자로서 채권자대위권을 행사할 수 있다면 乙의 甲에 대한 취소권이나 해제권을 대위행사할 수 있을 것이다.

B. 비교: 채권자·채무자 간 계약의 무효사유

- 무효사유는 취소사유와는 달리 누구나 주장할 수 있으므로 제3채무자도 피보전

채권의 원인계약이 무효임을 주장할 수 있고, 이러한 주장은 피보전채권의 부존재를 주장하는 것으로서 본안전 항변에 해당하므로, 법원은 이에 대해 직권으로 판단해야 한다.

채권자가 채권자대위소송을 제기한 경우, **제3채무자는 채무자가 채권자에 대하여 가지는 항변권이나 형성권 등과 같이 그 권리자에 의한 행사를 필요로 하는 사유를 들어 채권자의 채무자에 대한 권리가 인정되는지 여부를 다툴 수 없**지만, 채권자의 채무자에 대한 권리의 발생원인이 된 **법률행위가 무효라거나 위 권리가 변제 등으로 소멸하였다는 등의 사실을 주장하여 채권자의 채무자에 대한 권리가 인정되는지 여부를 다투는 것은 가능**하고, 이 경우 법원은 제3채무자의 위와 같은 주장을 고려하여 채권자의 채무자에 대한 권리가 인정되는지 여부에 관하여 직권으로 심리·판단하여야 한다 (대법원 2015. 9. 10. 선고 2013다55300 판결).

• 피보전채권의 원인행위에 무효 사유가 있는 경우, 채권자가 이미 피보전채권의 이행을 구하는 이행소송을 제기하여 승소판결이 확정되었고 이러한 확정판결이 재심으로 취소되지 않은 상태이더라도, 제3채무자는 피보전채권의 부존재를 이유로 채권자대위소송에서 본안전 항변을 할 수 있다(2017다228618, 132면).

C. 사례: 피보전채권의 소멸시효 완성과 제3채무자의 지위

(a) 전제

• 실체법적으로든 절차법적으로든 시효완성이나 시효이익 포기를 주장할 수 있는 사람은 시효완성이나 시효이익 포기의 효과와 직접 이해관계가 있는 자로 제한된다.

• 소멸시효 완성의 효과에 대해 어떤 견해를 따르든 이 사실이 항변으로 주장되어야 비로소 채권 소멸이라는 사실이 인정될 수 있다.

(b) 제3채무자가 피보전채권의 소멸시효 완성을 주장할 수 있는지의 여부

• 원칙: 채권자대위권 행사의 상대방인 제3채무자는 피보전채권의 소멸시효 완성을 원용할 수 없다. 제3채무자는 피보전채권 소멸로 인해 직접 이익을 받는 자가 아니기 때문이다.

• 예외: 甲이 乙을 상대로 피보전채권의 이행을 구하는 이행소송을 제기하고, 별소로 乙의 丙에 대한 채권을 대위행사하는 채권자대위소송을 제기한 경우, 甲·乙 간 이행소송에서 乙이 한 피보전채권의 시효소멸 항변이 인용되었다는 사실

이 甲·丙 간 채권자대위소송의 변론에 현출되면, 법원은 甲의 丙에 대한 소를 각하해야 한다. 丙에게 소멸시효 완성 원용권은 없지만 피보전채권의 존부는 채권자대위소송의 소송요건이고 법원의 직권조사사항이기 때문이다.

대법원 2008. 1. 31. 선고 2007다64471 판결

- 채권자가 채권자대위권을 행사하여 제3자에 대하여 하는 청구에 있어서, **제3채무자는 채무자가 채권자에 대하여 가지는 항변으로 대항할 수 없고, 채권의 소멸시효가 완성된 경우 이를 원용할 수 있는 자는 원칙적으로는 시효이익을 직접 받는 자뿐**이고, 채권자대위소송의 제3채무자는 이를 행사할 수 없다.

- 그러나 채권자가 채무자에 대한 채권을 보전하기 위하여 제3채무자를 상대로 채무자의 제3채무자에 대한 채권에 기한 이행청구의 소를 제기하는 한편, 채무자를 상대로 피보전채권에 기한 이행청구의 소를 제기한 경우, <u>채무자가 그 소송절차에서 소멸시효를 원용하는 항변을 하였고, 그 사유가 현출된 채권자대위소송에서 심리한 결과 실제로 피보전채권의 소멸시효가 완성된 것으로 판단되면, 채권자는 더 이상 채무자를 대위할 권한이 없게 된다.</u>

- 피보전채권이 시효의 완성으로 소멸된 것이라면, 원고는 더 이상 채무자의 제3채무자에 대한 권리를 행사할 <u>당사자적격이 없게 되고, 원고의 채권자대위소송은 부적법하여 각하할 수밖에 없으므로</u>, 원심으로서는 우선 피보전채권의 소멸시효가 적법하게 완성되었는지에 대하여 심리·판단하였어야 할 것이다.

- 비교: 채권자취소소송의 피고는 피보전채권의 소멸시효 완성을 원용할 수 있는 직접 수익자에 해당한다.

사해행위취소소송의 상대방이 된 사해행위의 수익자는 사해행위가 취소되면 사해행위에 의하여 얻은 이익을 상실하게 되나, **사해행위취소권을 행사하는 채권자의 채권이 소멸되면 그와 같은 이익의 상실을 면할 수 있는 지위에 있으므로, 그 채권의 소멸에 의하여 직접 이익을 받는 자**에 해당하는 것으로 보아야 한다(대법원 2007. 11. 29. 선고 2007다54849 판결).

2. 통지와 이에 준하는 사유들

가. 취지·기능

- 피대위권리는 원래 채무자가 자유롭게 행사할 수 있음이 원칙이다. 그러나 채권

자대위권자가 피대위권리의 행사에 착수한 후 채무자가 피대위권리를 처분하면 채권자대위권자는 목적을 달성할 수 없게 되므로, 채무자가 유효하게 피대위권리를 행사·처분할 수 있는 시간적 범위가 정해져야 한다.

- 이러한 시간적 범위와 관련하여, §405 ②의 문언은 채권자대위권이 행사되었다는 취지가 채무자에게 통지된 때까지라고 규정하고 있다. 그러나 판례는 §405 ②의 취지에 비추어 볼 때 채무자가 어떤 방식으로든 채권자대위권 행사 사실을 알게 되었을 때까지라고 해석한다.

> 제405조 제2항의 취지는 채권자가 채무자에게 대위권 행사사실을 통지하거나 채무자가 채권자의 **대위권 행사사실을 안 후**에 채무자에게 대위의 목적인 권리의 양도나 포기 등 처분행위를 허용할 경우 **채권자에 의한 대위권 행사를 방해하는 것이 되므로 이를 금지**하는 데에 있다(대법원 2012. 5. 17. 선고 2011다87235 전원합의체 판결).

나. 통지의 의미, 통지에 준하는 사유

- 채권자대위권자가 채무자에게 채권자대위권 행사 사실을 통지하면, 채무자는 그 통지의 도달 후에 한 피대위권리에 대한 처분행위로 채권자대위권자에게 대항할 수 없다.
- 이러한 법리는 변제기에 이르지 않는 피보전채권에 근거한 채권자대위권 행사를 법원이 허가하는 경우(§405 ②)에 행해지는 비송사건절차법 §49의 '고지'에 대해서도 마찬가지로 적용된다.

> 제405조(채권자대위권행사의 통지)
> ① 채권자가 전조제1항의 규정에 의하여 보전행위 이외의 권리를 행사한 때에는 채무자에게 통지하여야 한다.
> ② 채무자가 전항의 통지를 받은 후에는 그 권리를 처분하여도 이로써 채권자에게 대항하지 못한다.

> 비송사건절차법 제49조(재판의 고지)
> ① 대위의 신청을 허가한 재판은 직권으로 채무자에게 고지하여야 한다.
> ② 제1항에 따른 고지를 받은 채무자는 그 권리를 처분할 수 없다.

- §405의 통지나 비송사건절차법 §49의 고지가 없었거나 이러한 고지나 통지가 채무자에게 도달하기 전이더라도, 채무자가 다른 경로로 채권자대위권 행사 사실

을 알게 되면, 그때부터는 피대위권리를 처분해도 채권자에게 대항할 수 없다 (2015다236547, 175면).

다. 통지의 효과

(1) 실체법적 효과

A. 개관: 피대위권리에 대한 처분행위로 채권자대위권자에게 대항불가

B. 인적 적용범위

* 채권자대위권이 행사된 경우에 통지·고지가 있었거나 채무자가 이런 사실을 알게 되었다면, 제3채무자는 물론 피대위권리에 대한 전부명령을 받은 자(2015다236547, 후술), 채무자의 처분행위를 원인으로 피대위권리를 양수한 자(대법원 1991. 4. 12. 선고 90다9407 판결)에게도 통지의 실체법적 효과가 미친다. 이들이 채권자대위권 행사 사실에 대해 선의였더라도 마찬가지이다.

* 예컨대 채권자 甲이 채무자 乙의 제3채무자 A에 대한 채권을 대위행사하고 이 사실을 乙이 알게 되었다면, A는 물론 乙로부터 A에 대한 위 채권을 양수하고 §450의 대항요건을 갖춘 경우 丙도 甲에게 대항할 수 없다. 따라서 甲은 乙을 대위하여 A로부터 변제받을 수 있다. A나 丙이 甲의 채권자대위권 행사 사실에 대해 선의였더라도 마찬가지이다.

C. 객관적 적용범위: 통지·고지 후의 처분행위가 아니라고 인정된 예

(a) 피대위권리의 내용에 따른 이행

* §405 ②에도 불구하고, 제3채무자가 채무자에게 피대위권리의 내용에 따른 이행을 한 경우에는 채권자대위권자에게 대항할 수 있다.

* 채권자대위권의 목적이 이루어졌으므로 그 효과를 부정할 이유가 없기 때문이다.

채무자의 변제수령은 처분행위라 할 수 없고 같은 이치에서 채무자가 그 명의로 소유권이전등기를 경료하는 것 역시 처분행위라고 할 수 없는 것이다. 채권자대위권의 행사에 의하여 채무자의 소유권이전등기청구권 행사나 제3채무자의 그 의무이행이 방해되어야 할 이유가 없으며, 그 소유권이전등기는 채권자에게 오히려 목적을 이루게 하는 것이므로 소유권이전등기청구권의 대위 행사후에도 **채무자는 그 명의로 소유권이전등기를 경료**하는데 아무런 지장이 없다(대법원 1991. 4. 12. 선고 90다9407 판결).

(b) 제3채무자가 채무자에 대해 가진 권리의 행사로 인한 피대위권리 소멸

- 제3채무자가 채무자에 대해 가진 권리를 행사한 경우 이로 인해 피대위권리가 소멸하더라도 채무자의 처분행위가 있었다고 보기는 어렵다. 따라서 제3채무자는 이러한 사실로 채권자대위권자에게 대항할 수 있다.

- 이러한 사안의 예로서 제3채무자가 피대위권리의 원인계약을 소멸시키는 형성권인 해제권·취소권 등을 행사한 경우를 들 수 있다.

(c) 사례: 통지와 해제

- 통지의 효력 발생 후에도 제3채무자는 법정해제, 약정해제, 실권약관에 의한 해제로 인한 피대위권리 소멸을 주장함으로써 채권자대위권자에게 대항할 수 있다. 이 경우 제3채무자는 자신의 고유한 권리 행사의 결과를 주장하는 것이지 채무자의 처분행위의 효과를 주장하는 것이 아니기 때문이다. 예컨대 통지의 효력 발생 후 채무자가 제3채무자에 대한 반대채무를 불이행함으로써 제3채무자에게 법정해제권이 발생하더라도 제3채무자는 이러한 법정해제의 효과로 채권자에게 대항할 수 있다. 채무자의 채무불이행을 '처분행위'라고 볼 수 없기 때문이다.

대법원 2012. 5. 17. 선고 2011다87235 전원합의체 판결

- 채무자의 채무불이행을 채무자가 제3채무자에 대하여 가지는 채권을 소멸시키는 처분행위로 파악할 수 없는 점, 법정해제는 채무자의 객관적 채무불이행에 대한 제3채무자의 정당한 법적 대응인 점, 채권이 압류·가압류된 경우에도 압류 또는 가압류된 채권의 발생원인이 된 기본계약의 해제가 인정되는 것과 균형을 이룰 필요가 있는 점 등을 고려할 때, 채무자가 자신의 채무불이행을 이유로 매매계약이 해제되도록 한 것을 제405조 제2항의 '처분'에 해당한다고 할 수 없다.

- 따라서 채무자가 채권자대위권행사의 통지를 받은 후에 채무를 불이행함으로써 통지 전에 체결된 약정에 따라 매매계약이 자동적으로 약정해제되거나, 제3채무자가 매매계약을 법정해제한 경우 제3채무자는 계약해제로 채권자대위권자에게 대항할 수 있다.

- 이에 비해 통지의 효력 발생 후의 합의해제로는 채권자대위권자에게 대항할 수 없다. 합의해제의 법적 성질은 계약이고 채무자의 처분행위에 해당하기 때문이다.

형식적으로는 채무자의 채무불이행을 이유로 한 계약해제인 것처럼 보이지만 실질적으로는 채무자와 제3채무자 사이의 합의에 따라 계약을 해제한 것으로 볼 수 있거나, 채무자와 제3채무자가 채무불이행을 이유로 하는 계약해제인 것처럼 외관을 갖춘 것이라는 등의 **특별한 사정**이 있는 경우에는 채무자가 그 피대위채권을 처분한 것으로 보아 제3채무자는 그 계약해제로써 대위권을 행사하는 채권자에게 대항할 수 없다 (대법원 2012. 5. 17. 선고 2011다87235 전원합의체 판결).

채권자가 채무자와 제3채무자 사이에 체결된 부동산매매계약에 기한 소유권이전등기청구권을 보전하기 위해 채무자를 대위하여 제3채무자의 부동산에 대한 처분금지가처분을 신청하여 가처분결정을 받은 경우, 피보전권리인 소유권이전등기청구권을 행사한 것과 같으므로, 채무자가 그러한 채권자대위권 행사 사실을 알게 된 이후에 그 매매계약을 합의해제함으로써 채권자대위권의 객체인 부동산 소유권이전등기청구권을 소멸시켰다 하더라도 이로써 채권자에게 **대항할 수 없**고, **그 결과 제3채무자 또한 그 계약해제로써 채권자에게 대항할 수 없**다(대법원 2007. 6. 28. 선고 2006다85921 판결).

(2) 절차법적 효과: 기판력 확장

* 의미: 채권자대위소송이 제기되고 통지·고지 또는 그 밖의 방법으로 채무자가 이 사실을 알게 되면, 채권자대위소송의 확정판결의 기판력이 채무자에게도 확장된다.

민사소송법 제218조 제3항에 의하면 채권자가 채권자대위권을 행사하는 방법으로 제3채무자를 상대로 소송을 제기하고 판결을 받은 경우 통지, 고지 등 **어떠한 사유로 인하였던 적어도 채권자대위권에 의한 소송이 제기된 사실을 채무자가 알았을 때**에는 그 판결의 효력이 채무자에게 미친다고 보아야 한다(대법원 2014. 1. 23. 선고 2011다108095 판결).

* 범위: 피대위권리에 대한 판단 부분만 채무자에게도 기판력이 확장된다. 따라서 채권자대위소송에 대해 피보전채권의 부존재를 이유로 각하하는 판결이 확정된 후, 채권자대위권자가 채무자를 상대로 같은 피보전채권의 이행을 구하는 소를 제기하더라도 기판력에 저촉되지 않는다.

대법원 2014. 1. 23. 선고 2011다108095 판결

‣ 채무자에게도 기판력이 미친다는 의미는 채권자대위소송의 소송물인 피대위채권 의 존부에 관하여 채무자에게도 기판력이 인정된다는 것이고, 채권자대위소송의 소송요건인 피보전채권의 존부에 관하여 당해 소송의 당사자가 아닌 채무자에게 기판력이 인정된다는 것은 아니다.

‣ 따라서 채권자가 채권자대위권을 행사하여 제3채무자를 상대로 소송을 제기하였 다가 채무자를 대위할 피보전채권이 인정되지 않는다는 이유로 소각하 판결을 받 아 확정된 경우 그 판결의 기판력이 채권자가 채무자를 상대로 피보전채권의 이행 을 구하는 소송에 미치는 것은 아니다.

3. 채권자대위권 행사의 효과

가. 피대위권리 행사 결과 발생하는 재산의 귀속

(1) 채무자의 책임재산으로 귀속됨

• 피대위권리 행사 결과로 발생하는 재산은 채무자에게 귀속되어 일반채권자들을 위한 책임재산이 된다. 채권자대위권자가 직접 급부를 수령한 경우에도 마찬가 지이다.

  채권자대위권을 행사함에 있어서 채권자가 제3채무자에 대하여 자기에게 직접 급부 를 요구하여도 상관없는 것이고 자기에게 급부를 요구하여도 **어차피 그 효과는 채무 자에게 귀속되는 것**이다(대법원 1996. 2. 9. 선고 95다27998 판결).

  대위의 목적인 채무자의 제3채무자에 대한 피대위채권이 그 판결의 집행채권으로서 존재하는 것이고 대위채권자는 채무자를 대위하여 피대위채권에 대한 변제를 수령하 게 될 뿐 자신의 채권에 대한 변제로서 수령하게 되는 것이 아니다(대법원 2016. 8. 29. 선고 2015다236547 판결).

• 피대위권리 행사로 인한 시효중단효도 채무자에게 발생한다.

  채권자대위권 행사의 효과는 채무자에게 귀속되는 것이므로 채권자대위소송의 제기 로 인한 소멸**시효 중단의 효과** 역시 채무자에게 생긴다(대법원 2011. 10. 13. 선고 2010다80930 판결)

(2) 채권자대위권자의 변제 수령 권한

A. 개관

(a) 원칙

- 제3채무자는 피대위권리의 권리자인 채무자에게 급부를 하는 것이 원칙이다.
- 예컨대 피대위권리의 내용이 채권 양도 청구권인 경우 제3채무자는 채무자에게 채권 양도를 하고 그 취지를 양도 대상 채권에 대한 채무자에게 통지해야 한다 (2023다301682, 172면)

(b) 예외

- 제3채무자의 급부가 금전이나 물건의 인도 또는 부동산에 관한 말소등기청구 절차 이행인 경우, 예외적으로 채권자대위권자에게 변제 수령 권한이 인정되며, 이 경우에도 급부행위의 효과는 채무자에게 귀속된다.
- 위와 같은 경우에는 채권자대위권자에게 변제수령권한을 인정하더라도 ㉠ 채권자대위권자가 수령한 재산은 모든 채권자를 위한 책임재산으로 귀속되기 때문에 채권자평등원칙에 저촉되지 않으며 ㉡ 제3채무자에게 이중변제 위험을 초래하지도 않기 때문이다.

> 채권자가 자기의 금전채권을 보전하기 위하여 채무자의 금전채권을 대위행사하는 경우 제3채무자로 하여금 채무자에게 그 지급의무를 이행하도록 청구할 수도 있지만, 직접 대위채권자 자신에게 이행하도록 청구할 수도 있다(대법원 2016. 8. 29. 선고 2015다236547 판결).

> 채권자대위권을 행사하여 채권자가 제3채무자에게 그 명의의 소유권보존등기나 소유권이전등기의 말소절차를 직접 자기에게 이행할 것을 청구하여 승소하였다고 하여도 그 효과는 원래의 소유자인 채무자에게 귀속되는 것이니, 법원이 채권자대위권을 행사하는 채권자에게 직접 말소등기 절차를 이행할 것을 명했어도 위법하지 않다(대법원 1996. 2. 9. 선고 95다27998 판결).

> 채권자대위권을 행사하는 채권자에게 변제수령의 권한을 인정하더라도 그것이 채권자 평등의 원칙에 어긋난다거나 제3채무자를 이중 변제의 위험에 빠뜨리게 하는 것이라고 할 수 없다(대법원 2005. 4. 15. 선고 2004다70024 판결).

B. 사례: 피대위 권리가 공탁금출급청구권 양도 청구권인 경우

(a) 사안의 개요

- 丙은 채무초과 상태에서 유일한 재산인 X부동산을 丁에게 매도하고 丁명의 소유권이전등기를 마쳐 주었고 丁은 X부동산에 대해 乙명의 저당권설정등기를 마쳐 주었다.
- X부동산에 대한 임의경매 절차가 진행되어 乙에게 배당 가능 금액 전액을 배당하는 내용으로 배당표가 확정되었다. 그 후 丙에 대한 금전채권자 甲이 乙의 배당금 채권에 대한 가압류를 마치자 그 가액은 공탁되었다.
- 甲은 丙을 대위하여 乙에게 공탁금출급청구권 양도를 구했는데, 丙·丁 간 매매계약은 허위표시이고 乙은 이러한 사실을 잘 알고 있었음이 증명되었다.

(b) 쟁점과 판단

- 乙은 확정된 배당표를 근거로 공탁금출급청구권을 가지지만, 저당권설정등기가 원인무효이고 확정된 배당표가 실체법상 권리를 부여하는 것은 아니므로 이 공탁금출급청구권은 부당이득에 해당한다.
- X부동산의 매각 대금 중 다른 일반채권자에게 배당될 돈을 제외한 잔액은 丙에게 지급될 잉여금에 해당하므로, 乙은 공탁금출급청구권을 丙에게 양도하고 그 취지를 대한민국에 통지해야 한다.
- 채권자대위권자는 제3채무자에게 '채무자에 대한 급부'를 청구할 수 있는 것이 원칙이고, 이러한 급부가 금전 지급이나 물건 인도 등과 같이 수령을 필요로 하거나, 말소등기절차 이행인 경우 예외적으로 채권자대위권자에게 변제 수령권한이 인정되며, 이 경우에도 채권자에 대한 급부행위의 효과가 채무자에게 귀속된다.
- 제3채무자의 급부의 내용이 채권양도인 경우에는 위의 예외 사유에 해당하지 않는다. 채권자대위권자에게 전부채권자와 동일한 지위를 인정할 근거가 없기 때문이다. 따라서 제3채무자는 직접 채무자에게 채권양도를 해야 한다.
- 위 사안에서 乙은 丙에게 공탁금출급청구권을 양도하고 그 취지를 대한민국에게 통지해야 한다.

대법원 2024. 3. 12. 선고 2023다301682 판결

- 채권자대위권은 채권자의 고유권리이기는 하지만 채무자가 제3채무자에 대하여 가지고 있는 권리를 대위행사하는 것이므로, 채권자가 대위권을 행사한 경우에 제3채무자에 대하여 채무자에게 일정한 급부행위를 하라고 청구하는 것이 원칙이다. 다만 금전의 지급이나 물건의 인도 등과 같이 **급부의 수령이 필요한 경우나 말소등기절차의 이행을 구하는 경우 등에는 채권자에게도 급부의 수령권한**이 있을 뿐만 아니라, 채권자에게 행한 급부행위의 효과가 채무자에게 귀속되므로 **예외적으로 채권자가 제3채무자에 대하여 직접 자신에게 급부행위를 하도록 청구할 수 있는 것**이다.
- 그러나 채무자가 제3채무자에게 채권의 양도를 구할 수 있는 권리를 가지고 있고, 채권자가 채무자의 위 권리를 대위행사하는 경우에는 채권자의 직접 청구를 인정할 예외적인 사유가 없으므로, 원칙으로 돌아가 채권자는 제3채무자에 대하여 채무자에게 채권양도절차를 이행하도록 청구하여야 하고, 직접 자신에게 채권양도절차를 이행하도록 청구할 수 없다. 제3채무자에 대하여 채무자에게 채권을 양도하는 절차를 이행하도록 하면 그 채권이 바로 채무자에게 귀속하게 되어 별도로 급부의 수령이 필요하지 않을 뿐만 아니라, 만약 제3채무자가 직접 채권자에게 채권을 양도하는 절차를 이행하도록 하면 그 채권은 채권자에게 이전된다고 볼 수밖에 없어 대위행사의 효과가 채무자가 아닌 채권자에게 귀속하게 되기 때문이다.
- 그런데도 원심은 제3채무자인 피고로 하여금 대위채권자인 원고에게 직접 이 사건 공탁금출급청구권을 양도하는 절차를 이행하도록 명하였는바, 이러한 원심의 판단에는 채권자대위권 행사에 관한 법리를 오해하여 판결에 영향을 미친 잘못이 있다.

나. 사실상의 우선변제

(1) 전제: 법정위임관계

- 채권자대위권자는 채무자의 피대위권리를 대위행사함으로써 채무자의 사무를 처리하는 것이라고 볼 수 있으므로 채권자대위권자와 채무자 사이에는 법정 위임 관계가 인정된다고 볼 수 있다.
- 따라서 채권자가 직접 피대위권리의 변제를 수령하면 §684에 따라 채무자에게 이를 이전할 채무를 지게 된다.

채권자대위권을 행사하는 경우 채권자와 채무자는 일종의 법정위임의 관계에 있다고 할 것이므로, 채권자는 제688조를 준용하여 채무자에게 그 비용의 상환을 청구할 수 있다(대법원 1996. 8. 21.자 96그8 결정).

(2) 상계에 의한 사실상의 우선변제

A. 개관

• 피보전채권과 피대위권리가 모두 금전채권이고 채권자대위권자가 제3채무자로부터 변제를 받은 경우, 채권자대위권자는 §684의 상환의무를 수동채권으로, 피보전채권을 자동채권으로 하여 상계함으로써 우선변제를 받을 수 있다.

채권자대위권 제도는 금전채권을 보전하기 위하여 금전채권을 대위행사하는 사안에서 **사실상 채권집행 제도의 역할을 수행**함과 동시에 **채권자의 상계권 행사와 결합하여 채권자에게 사실상 우선변제의 권능을 부여하는 현상**으로 나타나고 있다(대법원 2022. 8. 25. 선고 2019다229202 전원합의체 판결).

• 사실상의 우선변제를 저지하는 방법: ㉠ 채권자대위권자에게 직접 지급을 명하는 판결이 확정되었더라도 피대위권리가 변제 등으로 소멸하기 전이면, 채무자에 대한 다른 채권자는 피대위권리에 대한 (가)압류, 처분금지가처분을 통해 채권자대위권자가 변제받는 것을 저지할 수 있다. ㉡ 이 경우 집행장애 사유는 추심명령이나 전부명령에 대해서만 발생하고 압류명령에 대해서는 발생하지 않으며, 제3채무자의 공탁에는 가압류를 원인으로 한 공탁의 효력이 인정되므로 채권배당절차가 개시될 수 없다. 이 점에서 집행채권자에 대한 채권자가 집행채권에 대한 (가)압류·처분금지가처분을 한 경우와 마찬가지이다.

대법원 2016. 9. 28. 선고 2016다205915 판결

> ‣ 채권자대위소송에서 **제3채무자로 하여금 직접 대위채권자에게 금전의 지급을 명하는 판결이 확정**되더라도, 대위의 목적인 권리, 즉 채무자의 제3채무자에 대한 피대위채권이 그 판결의 집행채권으로서 존재하는 것이고 대위채권자는 채무자를 대위하여 피대위채권에 대한 변제를 수령하게 될 뿐 자신의 채권에 대한 변제로서 수령하게 되는 것이 아니므로, **피대위채권이 변제 등으로 소멸하기 전**이라면 **채무자의 다른 채권자는 이에 대하여 압류 또는 가압류, 처분금지가처분을 할 수 있다.**

> ‣ 그리고 이러한 경우에는 집행채권자의 채권자가 집행권원에 표시된 집행채권에 대한 압류·가압류, 처분금지가처분을 한 경우에 관한 법리가 그대로 적용되어, <u>압류명령에는 집행장애사유가 없고, 추심명령이나 전부명령에 대해서만 집행장애사유가 발생하게 된다</u>. 제3채무자가 공탁을 하면 가압류를 원인으로 한 공탁과 마찬가지의 효력(민사집행법 제297조 참조)만 인정되는데, 공탁 사유신고는 부적법하고, 채권배당절차가 실시될 수는 없으며, 만약 그 채권배당절차가 개시되었더라도 배당금 지급 전이면 집행법원은 공탁사유신고를 불수리하는 결정을 해야 한다.

B. 사례: 채권자대위권자에게 직접 지급을 명하는 확정판결의 의미

(a) 사안의 개요

- 甲은 乙에 대한 금전채권 보전을 위해 乙을 대위하여 丙을 상대로 §741 청구 소송을 제기하여 승소 확정판결을 받았다. 乙은 위 재판절차에 증인으로 출석하여 증언했다.
- A는 甲에 대한 집행권원을 근거로 甲이 丙으로부터 수령할 수 있는 채권액에 대한 압류·전부명령을 받았다.
- 丁은 乙에 대한 집행권원을 근거로 乙의 丙에 대한 위 §741 채권에 대한 압류·전부명령을 받았다.

(b) 쟁점과 판단

- 甲은 채권자대위권자에 불과하므로 제3채무자 丙에 대해 추심권능 또는 변제수령권능만 행사할 수 있고, 피대위권리인 채권 자체를 행사할 수는 없다.
- A의 압류·전부명령에 대한 판단: 甲이 가지는 추심·변제수령 권능은 독립적인 처분·환가 대상이 아니므로 집행 대상이 될 수 없다. 따라서 A가 받은 압류명령은 무효이다.
- 丁의 압류명령에 대한 판단: 위에서 본 것처럼, 甲이 채권자대위소송에서 승소 확정판결을 받았더라도 乙의 丙에 대한 §741 채권은 여전히 乙에게 귀속되고 甲은 추심권능만 가지게 된다. 따라서 丁은 乙에 대한 채권자로서 乙의 丙에 대한 위 채권을 압류할 수 있다.
- 丁의 전부명령에 대한 판단: 乙이 증언한 기일에 甲의 채권자대위권 행사 사실을 알았다고 보아야 하므로 피대위권리에 대한 채무자 乙의 처분권은 제한된다 (§405 ②). 그런데 전부명령은 실질적으로 채권의 양도를 초래하고, §405 ②에 의

한 처분 제한은 채무자뿐 아니라 채무자로부터의 양수인에게도 미친다. 따라서 丁이 甲에게 대항할 수 있는 우선변제권을 가진 경우가 아닌 한 丁의 신청에 따른 위 전부명령은 무효이다.

대법원 2016. 8. 29. 선고 2015다236547 판결

‣ 대위채권자는 제3채무자로 하여금 직접 대위채권자 자신에게 그 지급의무를 이행하도록 청구할 수 있고 제3채무자로부터 그 변제를 수령할 수도 있으나, 이로 인하여 **채무자의 제3채무자에 대한 피대위채권이 대위채권자에게 이전되거나 귀속되는 것이 아니므로, 대위채권자의 제3채무자에 대한 위와 같은 추심권능 내지 변제수령권능**은 그 자체로서 독립적으로 처분하여 환가할 수 있는 것이 아니어서 **압류할 수 없는 성질의 것이고, 따라서 이러한 추심권능 내지 변제수령권능에 대한 압류명령 등은 무효**이다. 채권자대위소송에서 제3채무자로 하여금 직접 대위채권자에게 금전의 지급을 명하는 판결이 확정되었더라도 대위채권자가 제3채무자로부터 지급받을 채권에 대한 압류명령 등도 무효라고 보아야 한다.

‣ 이처럼 채권자대위소송에서 제3채무자로 하여금 직접 대위채권자에게 금전의 지급을 명하는 판결이 확정되더라도, 대위의 목적인 **채무자의 제3채무자에 대한 피대위채권이 존재**하는 것이고 대위채권자는 채무자를 대위하여 피대위채권에 대한 변제를 수령하게 될 뿐 자신의 채권에 대한 변제로서 수령하게 되는 것이 아니므로, 그 피대위채권이 변제 등으로 소멸하기 전이라면 **채무자의 다른 채권자는 이를 압류·가압류**할 수 있다.

‣ 대위채권자가 채무자에게 대위권 행사사실을 **통지**하거나 채무자가 이를 **알게 되면** 제405조 제2항에 따라 채무자는 피대위채권을 양도하거나 포기하는 등 **채권자의 대위권 행사를 방해하는 처분행위를 할 수 없게 되고 이러한 효력은 제3채무자에게도 그대로** 미친다. 그런데 다른 채권자가 피대위채권에 대하여 전부명령을 받는 것도 가능하다고 하면, 대위채권자가 압류·가압류, 배당요구의 방법을 통하여 채권배당절차에 참여할 기회조차 가지지 못하게 한 채 전부명령을 받은 채권자가 대위채권자를 배제하고 전속적인 만족을 얻는 결과가 되어, 채권자대위권의 실질적 효과를 확보하고자 하는 제405조 제2항의 취지에 반하게 된다. 따라서 **채권자대위소송이 제기되고 대위채권자가 채무자에게 대위권 행사사실을 통지하거나 채무자가 이를 알게 된 이후**에는 민사집행법 제229조 제5항이 유추적용되어 피대위채권에 대한 전부명령은 **우선권 있는 채권에 기초**한 것이라는 등의 특별한 사정이 없는 한 **무효**라고 보는 것이 타당하다.

(c) 유사사례: 유치권자의 사실상 우선변제권에 대한 압류의 효력

• 사안의 개요: 丙이 소유한 X건물에 대한 공사대금채권자 乙은 丙의 부도로 인해 공사대금을 지급받지 못하자 유치권을 행사하던 중, X건물에 대한 경매절차가 진행되어 丁이 X건물을 매수하였다. 이에 乙에 대한 채권자 甲은 적법한 집행권원을 근거로 '乙이 X건물을 丁에게 인도해줌과 동시에 丁으로부터 지급받을 채권'에 대해 채권압류 및 추심명령을 신청했다.

• 쟁점과 판단: 어떤 권리를 행사하면 재산적 이익이 발생하더라도 그 권리에 독립성이 없으면 채권집행의 대상이 될 수 없다. 그런데 유치권자 乙은 매수인 丁에 대한 인도거절권능을 가질 뿐이고 채권을 가지는 것은 아니다. 이러한 인도거절권능은 독립적인 권리가 아니어서 채권집행의 대상이 될 수 없으므로 甲의 채권압류·추심명령은 각하되어야 한다.

재산적 가치가 있어도 독립성이 없어 그 자체로 처분하여 현금화할 수 없는 권리는 **집행의 목적으로 할 수 없**다. 유치권자인 집행채무자 乙이 유치권 행사 과정에서 제3채무자 丁으로부터 이 사건 공사대금을 변제받을 수 있다 하더라도, 이는 丁에 대한 채권이 아니라 丙에 대한 공사대금채권을 소멸시키는 것이고 유치권에 의한 목적물의 **유치 및 인도 거절 권능에서 비롯된 것**에 불과하므로, 이러한 변제에 관한 유치권자 乙의 권한은 이 사건 유치권 내지는 그 피담보채권인 이 사건 공사대금 채권과 분리하여 독립적으로 처분하거나 환가할 수 없는 것으로서, 결국 **압류할 수 없는 성질**의 것이라고 봄이 타당하다. 그러므로 甲의 신청을 인용한 원심결정을 파기하되, 이 사건은 이 법원이 직접 재판하기에 충분하므로 자판하기로 하여 제1심결정을 취소하고, **이 사건 채권압류 및 추심명령 신청을 각하**하기로 하여, 관여 대법관의 일치된 의견으로 주문과 같이 결정한다(대법원 2014. 12. 30.자 2014마1407 결정).

4장

채권자취소권1: 요건

4장

채권자취소권1: 요건

I 개관

1. 채권자취소권의 의미

> 제406조(채권자취소권) ① 본문: 채무자가 채권자를 해함을 알고 재산권을 목적으로 한 법률행위를 한 때에는 채권자는 그 취소 및 원상회복을 법원에 청구할 수 있다.

• 채권자취소권은, 채권자가 ㉠ 채무자의 책임재산 처분행위를 취소하고 ㉡ 이러한 처분행위의 상대방인 수익자나 이러한 수익자로부터 다시 그 책임재산을 취득한 전득자에게 그 책임재산의 반환을 청구할 수 있는 권리이다. ㉠은 형성권 행사에 의해, ㉡은 청구권 행사에 의해 각각 실현되므로, 채권자취소권은 형성권과 청구권이 결합된 권리라고 할 수 있다.

채권자취소권은 채무자의 사해행위를 채권자와 수익자 또는 전득자 사이에서 상대적으로 취소하고 채무자의 책임재산에서 일탈한 재산을 회복하여 채권자의 강제집행이 가능하도록 하는 것을 본질로 하는 권리이다(대법원 2017. 10. 26. 선고 2015다224469 판결).

• 채권자취소권은 채권자대위권과 마찬가지로 채권을 구성하는 권능의 일종이며 채무자의 책임재산을 확보하기 위해 인정된다. 채권자취소권은 채무자·수익자의 사적 자치를 침해할 뿐 아니라 법적 안정성을 저해하므로 필요·최소한으로만 인정되어야 한다. 채권자대위권도 채무자의 사적 자치를 침해하지만 법적 안정성에는 큰 영향을 미치지 않으므로 채권자취소권에 비해 행사 요건이 완화된다.
• 채권자취소권의 목적은 일반채권자들에게 안분배당될 책임재산인 공동담보를

확보하는 것이다. 따라서 채권자취소권은 ㉠ 채권자취소권자가 일반채권자로서의 안분배당을 받아야만 변제받을 수 있는 가액과 ㉡ 사해행위에 의해 유출된 책임재산 중에서 일반채권자에게 배당될 수 있는 부분인 공동담보의 가액 중 더 작은 값을 한도로 행사할 수 있다. ㉠은 채권자취소권자의 피보전채권액에서 다른 담보물에 대한 우선변제권을 행사하여 변제받을 수 있는 가액을 공제하여 산정하고, ㉡은 사해행위에 의해 유출된 책임재산의 가액에서 이 재산에 대한 우선변제권자에게 배당될 가액을 공제하여 산정한다(2018다203715, 286면).

2. 채권자취소권의 요건 개관

가. 소송요건

• 채권자취소권은 재판으로만 행사할 수 있다. 따라서 채권자취소권을 행사하려면 우선 채권자취소소송의 소송요건인 피고적격, 청구대상 적격, 권리보호 이익, 제소기간 등이 모두 충족되어야 한다.

• 채권자취소소송의 소송요건은 아래 Ⅱ.에서 다룬다.

나. 실체법적 요건

• 위와 같은 소송요건이 충족된 경우 비로소 채권자취소권의 실체법적 요건 충족 여부가 문제된다.

• 이러한 실체법적 요건은 채권자취소소송의 청구원인이 되는데, 크게 피보전채권에 관한 요건(Ⅲ), 사해행위(Ⅳ), 주관적 요건(Ⅴ) 등으로 나누어진다. 구체적인 내용은 해당 부분에서 다룬다.

Ⅱ 채권자취소소송의 소송요건

1. 피고적격

가. 수익자 · 전득자

(1) 개관

• 수익자가 책임재산을 처분하지 않고 보유하고 있으면 수익자에게만 채권자취소소송의 피고적격이 인정된다.

• 수익자가 책임재산을 전득자에게 처분한 경우: 수익자와 전득자가 모두 악의이

면 이들 모두에게 피고적격이 인정된다. 채권자취소권자는 이들 중 하나를 피고로 할 수 있음은 물론 이들을 공동피고로 할 수도 있다.

(2) 수익자·전득자가 공동피고인 경우 청구취지의 기재방법

A. 개관

- 채권자취소권자가 수익자·전득자를 공동피고로 삼아 사해행위 취소와 원상회복 청구를 하는 경우, 수익자에 대한 청구취지에만 사해행위 취소와 원상회복 청구가 모두 포함되어 있고 전득자에 대한 청구취지에는 원상회복 청구만 포함되어 있더라도, 전득자에 대해서도 사해행위 취소의 취지가 포함되어 있는 것으로 본다.

- 예컨대 위와 같은 채권자취소소송 제기 후 피고 수익자에 대한 부분만 각하되고 그 후 채권자취소권의 행사기간이 경과한 경우, 전득자에 대한 본안판단이 이루어져야 한다. 전득자에 대한 청구취지에도 사해행위 취소가 포함되어 있다고 보아야 하기 때문이다.

대법원 2021. 2. 4. 선고 2018다271909 판결

- 채권자가 수익자와 전득자를 공동피고로 삼아 채권자취소의 소를 제기하면서 청구취지로 '채무자와 수익자 사이의 사해행위취소 청구'를 구하는 취지임을 명시한 경우 전득자에 대한 관계에서 채무자와 수익자 사이의 사해행위를 취소하면서 채권자취소권을 행사한 것으로 보아야 한다. 사해행위 취소를 구하는 취지를 수익자에 대한 청구취지와 전득자에 대한 청구취지로 분리하여 각각 기재하지 않았다고 하더라도 취소를 구하는 취지가 수익자에 대한 청구에 한정된 것이라고 볼 수는 없다.

- 이 사건 소장 기재 청구취지에는 원고(甲)가 전득자인 피고(丁)에 대한 관계에서 이 사건 매매계약의 취소를 구하는 청구가 포함되어 있다고 보아야 하고, 수익자(乙)에 대한 소장이 각하되었다고 하여 달리 볼 수 없다. 따라서 원고의 피고들에 대한 소 중 이 사건 매매계약의 취소를 구하는 부분은 제척기간이 지나기 전에 제기된 것으로 적법하다고 보아야 한다,

B. 사례(대법원 2011. 10. 13. 선고 2011다46647 판결)

(a) 사안의 개요

- 甲에 대한 채무자 丙은 2019. 2. 1. 채무초과 상태에서 유일한 재산인 X부동산에 대해 乙명의 저당권설정등기를 마쳐 주었고 丁은 乙로부터 위 저당권의 피담보

채권을 양수하고 저당권이전 부기등기를 마쳤다. 이에 甲은 2019. 12. 1. 사해행위 취소소송을 제기하면서 乙을 상대로는 丙·乙 간 저당권설정계약의 취소를, 丁을 상대로는 저당권설정등기 말소등기를 각 청구했다.
- 그 후 X부동산에 대한 적법한 경매절차가 진행되어 丁이 저당권자로서의 배당을 받자 甲은 2021. 2. 1. 丁에 대한 청구취지를 변경하여 배당금 상당액과 이에 대한 이자의 반환을 청구한다. 이에 丁은 甲의 청구취지 변경은 甲이 소를 제기하여 사해행위 사실에 대해 안 날로 추정되는 2019. 12. 1.로부터 1년이 지난 후 비로소 이루어졌으므로, 丁에 대한 甲의 채권자취소소송은 각하되어야 한다고 주장한다.

(b) 쟁점과 판단
- 甲이 2019. 12. 1. 채권자취소소송을 제기할 당시에 사해행위 취소를 구하는 청구취지가 수익자 乙에 대한 청구취지에만 포함되어 있었더라도 이미 丁에게도 그 취지가 포함되어 있었던 것으로 볼 수 있다.
- 따라서 丁의 주장은 이유 없다.

나. 비교: 채무자
- 채무자는 채권자취소소송의 피고가 될 수 없으므로, 채권자취소소송 중 채무자를 피고로 한 부분은 각하된다(대법원 2004. 8. 30. 선고 2004다21923 판결).
- 다만 채권자가 채무자를 피고로 삼아 피보전채권을 행사하는 이행소송을 제기하고 여기에 수익자나 전득자를 피고로 삼아 제기한 사해행위 취소소송을 병합하는 주관적 병합은 허용된다(대법원 2008. 5. 29.자 2007마761 결정).

2. 청구의 대상적격

가. 개관: 채무자·수익자 간 처분행위
- 채권자취소권에서 취소 대상인 '사해행위'는 채무자·수익자 사이의 법률행위만을 의미한다.
- 수익자·전득자 간 법률행위는 채권자취소권의 대상이 될 수 없으므로 채권자취소소송 중 이에 대한 취소를 구하는 부분은 각하된다.

취소의 대상이 되는 **사해행위는 채무자와 수익자 사이에서 행하여진 법률행위에 국한되고, 수익자와 전득자 사이의 법률행위는 취소의 대상이 되지 않는**다(대법원 2004. 8. 30. 선고 2004다21923 판결).

나. 비교: 피보전채권의 원인행위

- 피보전채권의 원인행위는 청구원인을 구성하는 공격방어방법에 지나지 않는다.
- 따라서 ㉠ 피보전채권을 변경해도 청구 변경에 해당하지 않으며, ㉡ 동일한 사해행위의 취소를 구하면서 피보전채권의 원인행위만 다르게 주장하면 중복제소이고, 만약 그 사해행위에 대한 취소판결이 이미 확정되어 있다면 기판력에 저촉된다(대법원 2012. 7. 5. 선고 2010다80503 판결). 또한 ㉢ 피보전채권의 원인행위에 관한 주장을 변경한 경우 제척기간 준수 여부는 최초의 주장 시점을 기준으로 판단해야 한다.

> 채권자가 채무자의 금원지급행위가 사해행위라고 하여 그 취소를 청구하면서 다만 **그 금원지급행위의 법률적 평가와 관련하여 증여 또는 변제로 달리 주장하는 것은 그 사해행위취소권을 이유 있게 하는 공격방법에 관한 주장을 달리하는** 것일 뿐이고 소송물이나 청구 자체를 달리하는 것으로 볼 수 없다(대법원 2005. 3. 25. 선고 2004다10985 판결).

3. 권리보호 이익

가. 판단기준: 사해행위를 취소해야 책임재산이 회복되는지의 여부

- 채권차취소소송에서 권리보호의 이익이 인정되려면, 사해행위를 취소해야만 책임재산이 회복될 수 있는 경우이어야 한다. 예컨대 사해행위 취소와 무관하게 책임재산이 이미 회복되어 채무자에게 귀속되었으면 채권자취소소송을 제기할 권리보호의 이익이 인정되지 않는다.

> 채권자가 채무자의 부동산에 관한 사해행위를 이유로 수익자를 상대로 그 사해행위의 취소 및 원상회복을 구하는 소송을 제기한 후 소송계속 중에 그 사해행위가 해제 또는 해지되고 채권자가 그 사해행위의 취소에 의해 복귀를 구하는 재산이 벌써 채무자에게 복귀한 경우에는, 사해행위취소소송의 목적은 이미 실현되어 더 이상 그 소에 의해 확보할 권리보호의 이익이 없어진다. 이러한 법리는 사해행위취소소송이 제기되기 전에 그 사해행위의 취소에 의해 복귀를 구하는 재산이 채무자에게 복귀한 경우에도 마찬가지로 타당하다고 할 것이다(대법원 2015. 5. 21. 선고 2012다952 전원합의체판결).

- 비교: 채권자취소권의 실체법적 요건 중 하나인 '보전의 필요성'은 피보전채권의 범위를 결정하기 위한 기준이다. '보전의 필요성'은 피보전채권의 가액 중 사해행위취소로 회복될 공동담보로부터 안분배당을 받아야만 변제받을 수 있는 가액을 뜻한다는 점에서, 책임재산을 회복하려면 사해행위 취소판결이 필요함을 뜻하는 '권리보호 이익' 요건과는 의미가 다르다.

나. 사례: 말소된 근저당권의 원인행위인 근저당권 설정계약에 대한 취소청구

(1) 원칙: 권리보호 이익 부정(대법원 2018. 6. 15. 선고 2018다215763 판결).

(2) 예외

A. 원물반환을 위해 권리보호 이익이 인정되는 경우

- 사해행위인 저당권설정계약에 의해 저당권 설정등기가 마쳐진 부동산이 거듭된 사해행위로 인해 양도되고 그 후 위 저당권이 근저당권설정계약 해지로 인해 말소된 경우에는, 이미 해지된 저당권설정계약에 대한 사해행위 취소소송을 제기할 권리보호의 이익이 인정된다.

- 사해행위 당시에 설정되어 있던 저당권의 원인행위가 해지로 인해 소멸한 경우와는 달리 그 원인행위가 사해행위로 인정되어 취소되면 그 저당권의 우선변제권이 미치는 가액도 일반채권자를 위한 책임재산에 산입되고, 다른 우선변제권자가 없으면 원상회복으로 원물반환도 가능하게 되기 때문이다.

> **대법원 2013. 5. 9. 선고 2011다75232 판결**
> - 채무자가 선순위 근저당권이 설정되어 있는 부동산을 제3자에게 양도한 후 선순위 근저당권설정계약을 해지하고 근저당권설정등기를 말소한 경우, 비록 **근저당권설정계약이 이미 해지되었지만 그것이 사해행위에 해당하는지 여부에 따라 후행 양도계약이 사해행위인지의 여부** 및 **반환범위가 달라지게** 되는 때는, 이미 해지된 근저당권설정계약이라 하더라도 그에 대한 사해행위취소청구를 할 수 있는 **권리보호의 이익**이 있다.
> - 이는 근저당권설정계약이 양도계약보다 나중에 해지된 경우뿐 아니라 근저당권설정계약의 해지를 원인으로 한 근저당권설정등기의 말소등기와 양도계약을 원인으로 한 소유권이전등기가 같은 날 접수되어 함께 처리되고 그 원인일자가 동일한 경우에도 마찬가지이다.

B. 수익자에 대한 배당 방지를 위해 권리보호 이익이 인정되는 경우

(a) 사안의 개요

- 甲에 대한 금전채무자 丙은 채무초과 상태에서 유일한 재산인 X부동산에 대해 乙명의 1번 저당권과 丁명의 2번 저당권을 각 설정해 주었다. 丙·乙 간 1번 저당권 설정계약과 丙·丁 간 2번 저당권 설정계약은 모두 사해행위로 인정된다.
- 이에 甲은 乙·丁을 상대로 사해행위 취소소송을 제기하여 乙·丁명의 각 저당권 설정등기의 말소등기를 청구했다. 그런데 甲이 제기한 사해행위 취소소송의 계속 중 X부동산에 대한 경매절차가 진행되어 A가 매각대금을 완납함으로써 乙·丁 명의 각 저당권설정등기는 모두 말소되었고, 배당기일에 乙이 1순위자로서 배당금 전부를 우선변제 받는 내용으로 배당표가 작성되었다.
- 이에 甲은, 배당기일에 출석하여 배당이의를 하고, ㉠ 乙에 대해 사해행위 취소를 구하는 청구취지는 그대로 유지한 채 원상회복을 구하는 청구취지를 배당이의의 소로 변경했고, ㉡ 丁에 대한 청구취지는 사해행위 취소는 물론 원상회복 청구에 대해서도 그대로 유지했다.
- 丁은, 丁명의의 2번 저당권설정등기는 이미 말소등기되었고, 배당도 전혀 받지 못했으므로 반환할 가액도 없다고 하면서, 丁에 대한 甲의 사해행위취소·저당권 설정등기 말소등기 청구는 권리보호의 이익이 없어 각하되어야 한다고 주장한다.

(b) 쟁점과 판단

- 甲은 乙에 대한 원상회복청구의 취지를 저당권 설정등기 말소등기 청구에서 배당이의로 변경했으므로 이에 대해서는 권리보호의 이익이 인정된다.
- 甲의 丁에 대한 사해행위 취소 청구에도 권리보호 이익이 인정된다. ㉠ 사해행위 취소 청구와 원상회복 청구는 별개의 소송물이므로 후자의 권리보호 이익이 인정될 수 없어도 전자의 권리보호 이익은 인정될 수 있고, ㉡ 甲의 乙에 대한 사해행위취소 청구가 인용되면 丁이 1순위자로서 배당을 받게 될 가능성이 있으므로, 甲에게는 丙·丁 간 2번 저당권 설정계약의 취소를 구할 권리보호 이익이 인정된다.

대법원 2013. 4. 26. 선고 2011다37001 판결

‣ 근저당권설정등기의 말소등기절차의 이행을 구하는 소송 도중에 그 근저당권설정등기가 경락을 원인으로 하여 말소된 경우에는 더 이상 근저당권설정등기의 말소

를 구할 법률상 이익이 없다. 이 부분 소는 소의 이익이 없어 부적법하므로 이를 각하하여야 한다.

- 선순위저당권에 대해 계속중인 사해행위 취소소송에서 원고승소판결이 확정되어 후순위저당권자인 수익자가 배당을 받을 수 있게 되는 경우라면 **후순위자 명의 근저당권설정등기가 경락으로 이미 말소되었다고 하더라도** 수익자가 장차 선순위저당권 설정계약의 사해행위취소로 인해 근저당권자로서의 배당을 받도록 하는 것은 제406조 제1항의 취지에 반하므로, **수익자에게 그와 같은 부당한 이득을 보유시키지 않기 위하여** 채권자는 후순위자의 **근저당권설정계약의 취소를 구할 이익**이 있다.
- 이 경우 이미 근저당권 설정등기가 말소되어 원상회복은 불가능하지만 사해행위 취소의 소와 원상회복청구의 소는 서로 소송물과 쟁점을 달리하는 별개의 소로서 양자가 반드시 동시에 제기되어야 하는 것은 아니고 승패가 합일확정될 필요도 없다. 따라서 채권자가 원상회복청구의 소에서 패소할 것이 예상된다는 이유로 그와 별개인 사해행위 취소의 소에 대하여 소송요건을 갖추지 못한 것으로 보아 소의 이익을 부정할 수는 없다.

4. 행사기간

가. 개관

(1) 형성소송의 제소기간

- 사해행위 취소권은 채권자취소권자가 취소원인을 안 날로부터 1년, 사해행위가 있었던 날로부터 5년 이내에 행사해야 한다. 사해행위 취소권은 소송으로만 행사할 수 있으므로 이 기간은 제소기간이다. 따라서 §406 ②의 기간 경과 후에 제기된 소는 부적법하므로 각하된다(대법원 2001. 2. 27. 선고 2000다44348 판결).

> 제406조(채권자취소권) ② 전항의 소는 채권자가 취소원인을 안 날로부터 1년, 법률행위있은 날로부터 5년내에 제기하여야 한다.

- 제소기간 내에 사해행위 취소를 구하는 형성소송만 제기하면 기간 준수로 인정되므로 책임재산 회복을 위한 이행소송은 그 후 제기해도 된다(대법원 2001. 9. 4. 선고 2001다14108 판결). 이에 비해 형성소송을 제기하지 않은 채 이행소송만 제기한 상태에서 제소기간이 경과하면 이행소송은 각하 대상이 된다(대법원 2008. 12. 11. 선고 2007다69162 판결).

- 제척기간 경과 전에 적법하게 형성소송이 제기되었다면, 제척기간 경과 후 청구취지가 변경되더라도 제척기간 준수라는 효과에는 영향을 미치지 않는다. 예컨대 제척기간 경과 전에 전부취소·원물반환을 구하는 소를 제기했다가 제척기간 경과 후 일부취소·가액배상을 구하는 것으로 청구취지를 변경해도 제척기간 준수라는 효과에는 영향을 미치지 않는다.

> **대법원 2005. 5. 27. 선고 2004다67806 판결**
> - 공동저당권이 설정된 수 개의 부동산에 관한 일괄 매매행위가 사해행위에 해당함을 이유로 그 매매계약의 **전부 취소 및 그 원상회복으로서 각 소유권이전등기의 말소를 구하다가** 사해행위 이후 저당권이 소멸된 사정을 감안하여 원상회복이 허용되는 범위 내의 **가액배상을 구하는 것으로 청구취지를 변경하면서 그에 맞추어 사해행위 취소의 청구취지를 변경**한 데 불과한 경우에는 하나의 매매계약으로서의 당해 **사해행위의 취소를 구하는 소 제기의 효과는 그대로 유지되고 있다**고 봄이 상당하다.
> - **취소소송의 제척기간이 경과한 후에** 당초의 청구취지변경이 잘못 되었음을 이유로 **다시 위 매매계약의 전부취소 및 소유권이전등기의 말소를 구하는 것으로 청구취지를 변경한다 해도 최초 소 제기시에 발생한 제척기간 준수의 효과에는 영향이 없다.**

(2) 제척기간, 직권조사사항

- §406의 기간은 제척기간이고 직권조사사항이다. 따라서 법원의 직권 조사로 §406의 기간 경과 후 채권자취소소송이 제기되었음이 확인되면 피고가 이러한 취지를 주장하지 않더라도 법원은 각하판결을 해야 한다.

> 제405조의 기간은 제소기간이므로 법원은 그 기간의 준수 여부에 관하여 직권으로 조사하여 그 기간이 지난 다음에 제기된 사해행위취소의 소는 부적법한 것으로 각하해야 한다(대법원 2021. 6. 10. 선고 2020다265808 판결).

- 법원은 필요하다고 인정되는 경우 직권으로 증거 조사를 할 수도 있다. 다만 직권탐지주의가 적용되는 것은 아니므로 법원에 현출된 소송자료에 비추어 제척기간 경과 여부를 살펴볼 필요가 있는 경우가 아닌 한 법원에게 직권 조사 의무까지 인정되는 것은 아니다(대법원 2001. 2. 27. 선고 2000다44348 판결).
- 법원에 현출된 소송자료만으로는 §406의 기간 경과 여부를 판단하기 어려운 경우, 법원은 §406의 기간이 경과하지 않았다고 인정할 수 있다. 제척기간 도과에

관한 객관적 증명책임은 피고에게 귀속되는 것이기 때문이다.

상대기간이 문제된 사안에서 채권자취소권자가 사해행위의 <u>객관적 사실을 알았다고</u> <u>하여 사해의사 등을 비롯한 취소 원인을 알았다고 추정할 수는 없고, 그 **제척기간의**</u> **도과에 관한 증명책임은 사해행위 취소소송의 상대방**에게 있다(대법원 2023. 4. 13. 선고 2021다309231 판결).

나. 절대기간 5년

- 절대기간의 기산점은 실제로 사해행위가 행해진 날이지만, 사해행위가 부동산의 처분행위인 경우에는 등기기록상 등기원인일에 사해행위가 이루어진 것으로 추정된다. 등기기록상 등기원인일 아닌 날에 사해행위가 실제로 행해졌음이 증명되면 실제 사해행위일에 제소기간이 기산하는 것으로 보아야 한다.
- ✓ 이러한 판례는 등기 추정력의 법리를 반영한 것이라고 볼 수 있다.

제460조 제2항의 기간은 제소기간이므로 법원은 그 기간의 준수 여부에 관하여 직권으로 조사하여 그 기간이 지난 다음에 제기된 사해행위취소의 소는 부적법한 것으로 각하해야 한다. 사해행위에 해당하는 법률행위가 언제 있었는가는 **실제로 그러한 사** **해행위가 이루어진 날**을 표준으로 판정하되, 특별한 사정이 없는 한 처분문서에 기초한 것으로 보이는 등기부상 등기원인 일자를 중심으로 그러한 사해행위가 실제로 이루어졌는지 여부를 판정할 수밖에 없다(대법원 2021. 6. 10. 선고 2020다265808 판결).

다. 상대기간 1년

(1) 인식의 주체: 누가 안 날을 기준으로 하는가?

- 상대기간은 피보전채권자가 사해행위 취소의 요건 사실을 모두 안 날부터 진행된다(2021다309231, 188면). 채권자취소권자가 법인인 경우, 채권의 추심·보전을 담당한 직원의 인식을 기준으로 판단해야 하므로 다른 업무를 담당한 직원이 사해행위 사실을 알았더라도 §406의 상대기간은 진행하지 않는다(대법원 2023. 4. 13. 선고 2021다309231 판결).
- 피보전채권이 양도된 경우, 채권양수인이 사해행위 취소소송을 제기했어도 양도인이 안 날을 기준으로 상대기간 경과 여부를 판단해야 한다.

사해행위가 있은 후 채권자가 취소원인을 알면서 피보전채권을 양도하고 양수인이 그 채권을 보전하기 위하여 채권자취소권을 행사하는 경우에는, 그 채권의 양도인이 취소원인을 안 날을 기준으로 제척기간 도과 여부를 판단하여야 한다(대법원 2018. 4. 10. 선고 2016다272311 판결).

• 채권자대위권자가 채권자취소권을 대위행사하는 경우, 예컨대 甲이 乙에 대한 채권의 보전을 위해 乙을 대위하여 乙의 채무자 丙과 수익자 丁 간 사해행위에 대한 채권자취소소송을 제기한 경우, 상대기간의 기산점은 원래의 채권자취소권자인 乙을 기준으로 판단해야 한다(대법원 2001. 12. 27. 선고 2000다73049 판결).

(2) 인식의 대상: 무엇을 알아야 하는가?

A. 개관

• 상대기간의 기산점은 채권자가 '취소 원인'을 안 날, 즉 채권자취소권자가 증명해야 할 채권자취소권의 요건사실을 모두 안 날을 뜻한다. 따라서 채권자가 처분행위의 사해성과 채무자의 악의 등을 비롯한 채권자취소권의 실체법적 요건이 모두 충족되었음을 알아야만 상대기간이 진행한다. 예컨대 채권자가 사해행위에 해당하는 처분행위가 있었다는 사실만 안 경우에는 상대기간이 진행하지 않는다.

채권자취소권의 행사에서 그 제척기간의 기산점인 '채권자가 취소원인을 안 날'은 채권자가 **채권자취소권의 요건을 안 날**, 즉 채무자가 채권자를 해함을 알면서 사해행위를 하였다는 사실을 알게 된 날을 말한다(대법원 2023. 4. 13. 선고 2021다309231 판결).

이때 채권자가 취소원인을 알았다고 하기 위해서는 단순히 채무자가 재산의 처분행위를 하였다는 사실을 아는 것만으로는 부족하며, 구체적인 **사해행위의 존재**를 알고 나아가 채무자에게 **사해의 의사가 있었다는 사실**까지 알 것을 요한다. 즉 그 법률행위가 **채권자를 해하는 행위라는 것**으로서 채권의 공동담보에 부족이 생기거나 이미 부족상태에 있는 공동담보가 한층 더 부족하게 되어 채권을 완전하게 만족시킬 수 없게 되었고 **나아가 채무자에게 사해의 의사가 있었다는 사실까지** 알 것을 요한다(대법원 2013. 4. 26. 선고 2013다5855 판결).

• 채무자가 유일한 재산에 대한 처분행위를 한 경우 사해성과 채무자의 악의가 추정된다. 따라서 사해행위로 처분한 재산이 채무자의 '유일한 재산'이라는 사실을

채권자가 알게 되면 그 때 채권자는 사해성, 채무자의 악의 등의 요건 충족도 알게 된 것으로 보아야 하므로 결국 그 날 §406의 상대기간이 기산한다.

채무자가 자기의 **유일한 재산인 부동산을 매각하여 소비하기 쉬운 금전으로 바꾸는 행위**는 특별한 사정이 없는 한 채권자에 대하여 사해행위가 되어 채무자의 **사해의 의사가 추정**되는 것이므로, 이와 같이 채무자가 유일한 재산인 부동산을 처분하였다는 사실을 채권자가 알았다면 특별한 사정이 없는 한 **채무자의 사해의사도 채권자가 알았다**고 봄이 상당하다(대법원 2000. 9. 29. 선고 2000다3262 판결).

- 수익자나 전득자의 악의는 추정되므로 채권자가 이에 대해 알지 못했더라도 상대기간 진행을 막지 못한다(대법원 2005. 6. 9. 선고 2004다17535 판결).

B. 사례: 채권자의 가압류 등기와 §406의 상대기간 기산 여부

- 채권자가 채무자 소유 부동산에 가압류 등기를 마쳤더라도 이것만으로는 §406의 상대기간이 진행하지 않는다. 가압류 신청의 요건과 사해행위 취소권의 요건은 서로 다르기 때문에, 가압류의 요건 충족에 대해 악의인 채권자가 사해행위 취소권의 요건 충족에 대해서도 악의였다고 볼 수는 없기 때문이다..

- 가압류 대상 부동산에 이미 사해행위의 수익자인 근저당권자 명의로 근저당권 설정등기가 마쳐져 있었더라도 마찬가지이다. 채권자가 근저당권 설정 사실을 알았더라도 '처분행위'의 존재까지만 안 것이지 이러한 근저당권 설정계약의 사해성, 채무자의 악의 등의 사실까지 알았다고 볼 수는 없기 때문이다.

채권자가 **채무자 소유의 부동산에 대한 가압류신청시 첨부한 등기부등본**에 수익자 명의의 근저당권설정등기가 경료되어 있었다는 사실만으로는 채권자가 가압류신청 당시 **취소원인을 알았다고 인정할 수 없**다(대법원 2001. 2. 27. 선고 2000다44348 판결).

- 다만 가압류 대상 부동산이 채무자의 유일한 재산임을 채권자가 알고 있었다면 이 부동산에 대한 채무자·수익자 간 저당권 설정계약의 사해성이나 채무자의 사해의사까지 알았다고 볼 수 있으므로, 가압류 등기시에 §406의 상대기간이 기산한다.

✓ 2000다44348은 '유일한 재산'이라는 사정뿐 아니라 채권자가 '다른 재산이 없음을 조사하여 확인한 후' 가압류를 마쳤다는 점도 적시하고 있으나, 위 2000다3262를 비롯한 판례의 주류는 채권자가 채무자의 유일한 재산이 처분되었다는 사실만 알면 상대기간이 진행한다고 본다.

채권자가 채무자의 **유일한 재산**에 대하여 가등기가 경료된 사실을 알고 채무자의 재산상태를 **조사한 결과 다른 재산이 없음을 확인한 후** 채무자의 재산에 대하여 가압류를 한 경우, 채권자는 그 가압류 무렵에는 채무자가 채권자를 해함을 알면서 사해행위를 한 사실을 알았다고 봄이 상당하다(대법원 2001. 2. 27. 선고 2000다44348 판결).

(3) 인식 여부 판단의 기준시

A. 등기추정력

- 사해행위의 목적물이 부동산이면 사해행위를 반영한 등기가 마쳐진 날을 기준으로 채권자의 인식 여부를 판단해야 한다.
- 사례: 채무자 丙과 수익자 乙 간에 2021. 11. 20. 마쳐진 사해행위인 대물변제 계약에 따라 2022. 2. 1. 乙명의 등기가 마쳐진 경우, 채권자취소권자 甲이 2021. 12. 1. 다른 소송의 변론 기일에 이미 위 丙·乙 간 대물변제 계약이 사해행위라고 주장했더라도, §406의 상대기간은 2022. 2. 1. 기산한다. 따라서 甲이 乙에 대한 사해행위 취소소송을 2022. 12. 15. 제기했다면 제척기간을 준수한 것으로 인정해야 한다. •

채무자의 재산처분행위가 사해행위가 되는지 여부는 처분행위 당시를 기준으로 판단하여야 하는데 수익자 명의로 소유권이전등기가 마쳐져 등기원인이 등기부에 기재되기 전까지는 **원인행위인 대물변제 계약이 체결된 날을 알 수는 없으므로**, 등기부 기재 전 다른 소송에서 사해행위 주장을 한 날 **대물변제 계약이 체결되었음을 알 수 있었다는 전제** 하에, 이 사건 소가 제척기간을 도과하여 제기된 것이라고 판단한 원심판단에는 제척기간 기산일에 관한 **법리를 오해하여 판결 결과에 영향을 미친 위법**이 있다(대법원 2011. 1. 13. 선고 2010다71684 판결).

B. 수익자나 전득자에게 채권자취소소송을 제기한 경우, 그 소 제기일

- 채권자가 수익자나 전득자 중 한 명에게 채권자취소소송을 제기하면, '채권자취소권의 요건 충족' 사실을 알았다고 보아야 하므로, 다른 한 명에 대해서도 §406의 상대기간이 진행한다.
- 예컨대 수익자를 상대로 2020. 2. 1. 채권자취소소송을 제기하여 승소판결이 확정된 후 그 취지에 따른 강제집행이 이루어지기 전인 2021. 4. 1. 수익자와 악의 전득자 간 처분행위로 그 책임재산이 전득자에게 귀속된 경우, 채권자취소권자

는 더 이상 새로 등장한 악의 전득자에게 채권자취소소송을 제기할 수 없게 된다. §406 ②의 상대기간이 경과했기 때문이다.

대법원 2005. 6. 9. 선고 2004다17535 판결

‣ 채권자가 전득자를 상대로 채권자취소권을 행사하려면 제척기간 안에 소송상 공격방법의 주장이 아닌 법원에 소를 제기하는 방법으로 청구하여야 하는 것이고, 비록 **채권자가 수익자를 상대로 사해행위의 취소를 구하는 소를 이미 제기하여 채무자와 수익자 사이의 법률행위를 취소하는 내용의 판결을 선고받아 확정되었더라도 그 판결의 효력은 그 소송의 피고가 아닌 전득자에게는 미칠 수 없는 것**이므로, 채권자가 그 소송과는 별도로 전득자에 대하여 채권자취소권을 행사하여 원상회복을 구하기 위해서는 제척기간 안에 전득자에 대한 관계에 있어서 채무자와 수익자 사이의 사해행위를 취소하는 청구를 해야만 한다.

‣ 원고가 1998. 6.경 **수익자를 상대로 사해행위취소 소송을 제기하였으므로 원고는 늦어도 그 무렵**에는 채무자가 원고를 해함을 알면서 수익자에게 이 사건 건물을 매도하였음을 **알고 있었다고 할 것**이고, **그로부터 1년이 경과**한 후인 2002. 3. 25.에 전득자를 상대로 제기된 이 사건 소는 제406조 제2항 소정의 제소기간이 도과된 후에 제기된 것이어서 부적법하다고 할 것이다.

• 이러한 법리는, 채권자취소권자가 제1전득자를 상대로 제기한 채권자취소소송의 승소판결이 확정된 후 수익자가 거듭 제2전득자에게 책임재산을 처분한 사안에 대해서도 마찬가지로 적용된다. 예컨대 제1전득자에 대한 채권자취소소송 제기일로부터 1년이 지난 후 수익자가 제2전득자에게 책임재산을 처분하면, 제2전득자에 대해서는 더 이상 채권자취소권을 행사할 수 없게 된다.

2004다17535 판결의 법리는 기존 전득자 명의의 등기가 말소된 후 다시 새로운 전득자 명의의 등기가 경료되어 새로운 전득자에 대한 관계에서 채무자와 수익자 사이의 사해행위를 취소하는 청구를 하는 경우에도 마찬가지로 적용된다(대법원 2014. 2. 13. 선고 2012다204013 판결).

1. 개관

가. 피보전채권에 관한 요건의 체계와 구조

(1) 개관

- 채권자취소권이 인정되려면, 채권자취소권자의 채무자에 대한 채권이 ㉠ 피보전 채권이 되기에 적합한 자격을 갖춰야 하고, ㉡ 이에 대한 보전의 필요성도 인정되 어야 한다.

- 이러한 '피보전채권의 자격'과 '보전의 필요성이 인정되는 범위'로 구성되는 '피 보전채권에 관한 요건'은, 사해행위, 채무자의 악의, 수익자나 전득자의 악의 등 과 함께 채권자취소소송의 요건사실을 구성한다. 따라서 이들은 모두 채권자취 소권자가 주장·증명해야 한다(2013다60661, 205면).

(2) 피보전채권의 자격

- 채권자취소권의 피보전채권이 되려면, ㉠ 채무자에게 소구·집행할 수 있는 채권 으로서 ㉡ 금전채권이어야 하고 ㉢ 사해행위 이전에 성립한 채권이어야 한다.

- 이들 중 ㉠, ㉡에 대해서는 예외가 없지만 ㉢에 대해서는 예외가 인정된다. 즉 일 정한 예외 요건이 충족된 경우에는 사해행위 후에 성립한 채권도 채권자취소권 의 피보전채권이 될 수 있다.

(3) 피보전채권의 범위

A. 개관

- 피보전채권의 자격이 인정되더라도 항상 그 전부에 대해 채권자취소권이 인정되 는 것은 아니다. 채권자취소권은 필요·최소한으로만 행사할 수 있는 권리이기 때문이다.

- 채권자취소권은 피보전채권 중 보전의 필요성이 인정되는 가액의 범위 내에서만 행사할 수 있다. 보전의 필요성이 인정되는 가액이란 일반채권자로서 배당받아 야 변제받을 수 있는 가액을 뜻한다. 이를 산정하려면 피보전채권의 가액에서 ⓐ 채권자취소권자가 다른 특별담보로부터 우선변제 받을 수 있는 가액을 공제하 고 ⓑ 그 피보전채권액에 대해 사해행위시부터 채권자취소소송의 사실심 변론종

결시까지 발생하는 이자·지연손해금은 가산해야 한다.

B. '보전의 필요성'이라는 별도 요건의 필요성

(a) 문제의 소재

• 판례는 <u>사해행위시</u>를 기준으로 위 ⓐ의 특별담보의 시가를 산정한다. 또한 채무자·수익자 간 처분행위의 사해성 여부 판단을 위한 채무자의 전체적인 재산 상태도 사해행위시를 기준으로 산정한다.

• 그런데 판례는 채권자취소소송의 <u>사실심 변론종결시</u>를 기준으로 다시 피보전채권의 범위나 채무자의 재산 상태를 판단하여 채권자취소권의 성립 여부나 그 범위를 결정한다. 예컨대 사해행위시부터 사실심 변론종결시 사이에 채권자취소권자가 확보한 특별담보의 가액을 공제하고, 채무자가 취득한 적극재산의 가액이나 그전부터 보유했던 적극재산의 시가 상승분도 반영하여 사실심 변론종결시에 최종적으로 채무자의 무자력 여부를 다시 판단하는 것이다.

(b) 평가

✓ 이렇게 본다면 판례는 채권자취소권의 요건을 판단함에 있어서, 사해행위 당시를 기준으로 일단 피보전채권의 범위나 사해성이라는 요건의 충족 여부를 판단하고, 사실심 변론종결시를 기준으로 다시 보전의 필요성 요건의 충족 여부를 판단한다고 볼 수 있다.

✓ 판례(2023다247917, 209면)는 사실심 변론종결시 채무자가 무자력 상태를 벗어났다는 사정을 채권자취소권을 소멸시키는 권리소멸 항변의 일종 즉 채권자취소권의 소극적 요건의 일종으로 보는 듯하다.

나. 피보전채권에 관한 요건과 무관한 사유들

(1) 피보전채권이 시기나 정지조건이 붙은 권리인 경우

• 정지조건부 권리로서 정지조건 성취 여부가 불확실한 채권도 채권자취소권의 피보전채권이 될 수 있다. 시기 도래 전인 채권도 마찬가지이다. 채권자취소권은 모든 채권자를 위해 안분배당 대상이 될 수 있는 책임재산을 확보하기 위한 것이지, 채권자취소권을 행사하는 채권자만을 위한 것은 아니기 때문이다.

• 예컨대 도급인의 수급인에 대한 선급금 반환청구권은 수급인의 공사 포기라는 정지조건이 붙은 권리이지만, 도급인은 이러한 선급금 반환청구권을 피보전채권으로 삼아 수급인이 공사 진행 중에 한 사해행위에 대해 채권자취소권을 행사할 수 있다.

대법원 2011. 12. 8. 선고 2011다55542 판결

- 채권자취소권의 행사는 **채무의 이행을 구하는 것이 아니라 총채권자를 위하여 이행기에 채무의 이행을 위태롭게 하는 채무자의 자력 감소를 방지**하는 데에 그 목적이 있는 점이나, 제148조, 제149조 등과 같은 **조건부권리의 보호에 관한 규정을 두고 있는 점**을 종합해 볼 때, 취소채권자의 채권이 정지조건부채권이라 하더라도, 장래에 그 정지조건이 성취되기 어려울 것으로 보이는 등의 특별한 사정이 없는 한, 이를 피보전채권으로 하여 채권자취소권을 행사할 수 있다.
- 따라서 피보전채권인 도급인이 수급인에 대한 선급금반환채권에 수급인의 공사 포기라는 정지조건이 붙어 있고 수급인의 사해행위 당시에 공사가 진행되고 있어서 정지조건이 성취되지 않았다 하더라도 도급인은 이러한 정지조건부 선급금반환채권을 피보전채권으로 하여 채권자취소권을 행사할 수 있다.

(2) 피보전채권의 가액이 확정되지 않은 경우

- 채무자에게 행사할 수 있는 금전채권이라면 그 가액이 확정되지 않았어도 채권자취소권의 피보전채권이 될 수 있다.
- 예컨대 사해행위 당시에 이미 발생한 지연배상금 채권은 이행지체가 이어지는 한 그 가액이 증가하는 성질을 가지지만, 채권자취소권의 피보전채권이 되는 데는 지장이 없다(대법원 2018. 6. 28. 선고 2016다1045 판결).

2. 피보전채권의 자격

가. 채권의 존재, 소구·집행가능성

(1) 피보전채권의 유효한 성립

- 채권자취소권자가 주장하는 피보전채권이 존재하지 않으면 사해행위 취소청구 기각 사유가 되고, 사해행위 취소판결 확정 후 피보전채권이 소멸하면 청구이의 사유가 된다.

채권자취소소송에서 피보전채권의 존재가 인정되어 사해행위 취소 및 원상회복을 명하는 판결이 확정되었다고 하더라도, 그에 기하여 재산이나 가액의 회복을 마치기 전에 피보전채권이 소멸하여 채권자가 더 이상 채무자의 책임재산에 대하여 강제집행을 할 수 없게 되었다면, 이는 위 판결의 집행력을 배제하는 적법한 청구이의 이유가 된다(대법원 2017. 10. 26. 선고 2015다224469 판결).

- 채권자·채무자 간 전소 이행소송에서 채무자에게 이행을 명하는 판결이 확정된 후 채권자가 이 채권을 피보전채권으로 삼아 후소인 채권자취소소송을 제기한 경우 후소의 피고에 해당하는 수익자나 전득자는 전소 이행소송에서 인용된 피보전채권의 존부나 범위를 다툴 수 없다(대법원 2017. 9. 21. 선고 2015다53841 판결).
  - ✓ 그러나 후소 피고인 수익자나 전득자에게 채권자·채무자 간 전소 이행소송의 기판력이 미친다고 볼 수 없는데도 위와 같이 볼 수 있는 근거가 무엇인지는 불명확하다.

(2) 소구 · 강제집행 가능성

- 채무자의 책임재산에 대한 강제집행이 가능한 채권이어야 채권자취소권의 피보전채권이 될 수 있다. 따라서 자연채권, 집행력 없는 채권은 채권자취소권의 피보전채권이 될 수 없다.
- 채권자취소권의 목적은 책임재산을 회복하고 이에 대한 강제집행을 함으로써 피보전채권의 만족을 얻는 것이기 때문이다.

채권자취소권은 채무자의 책임재산을 보전하기 위한 제도로서 <u>채무자에 대하여 채권을 행사할 수 있음이</u> 전제되어야 할 것인바 채무자가 파산절차에서 면책결정을 받은 때에는 파산채권을 피보전채권으로 하여 채권자취소권을 행사하는 것은 그 채권이 위 법률 제566조 단서의 예외사유에 해당하지 않는 한 허용되지 않는다(대법원 2008. 6. 26. 선고 2008다25978 판결).

나. 금전채권

(1) 개관

- 채권자취소권의 피보전채권이 되려면 금전채권이어야 한다.
- 따라서 금전 지급 이외의 급부를 목적으로 하는 채권인 '특정채권'을 보전하기 위한 사해행위 취소청구는 기각되어야 한다.

(2) 사례: §390의 손해배상채권이 피보전채권인 경우

A. 문제의 소재

- 특정채권이 사해행위 이전에 채무불이행으로 인해 금전채권인 §390의 손해배상채권으로 변경되었다면 채권자취소권의 피보전채권이 될 수 있다.
- 특정채권에 대한 채무불이행이 사해행위 이후에 성립한 경우에도, '사해행위 후 성립한 금전채권을 보전하기 위한 채권자취소권이 인정되기 위한 요건'이 그대

로 적용된다. 즉 사해행위 당시에 손해배상채권 성립의 기초가 되는 법률관계가 존재했을 뿐 아니라 이러한 손해배상채권이 발생할 고도의 개연성이 있었다면 채권자는 그 후 실제로 발생한 손해배상채권을 피보전채권으로 삼아 채권자취소권을 행사할 수 있다(2017다208294, 후술).

- 그러나 판례는 부동산 이중매매 사안의 경우에는 제1매수인이 이중매도인에게 가지는 전보배상청구권을 보전하기 위한 사해행위취소권이 인정될 수 없다고 본다(98다56690, 후술).

B. 피보전채권이 될 수 있다고 본 사례

(a) 부동산 매도인의 이행거절로 인한 손해배상채권

- 사안의 개요: 甲은 乙이 소유한 X부동산을 매수하기로 하는 매매계약을 체결했으나 乙은 이행기 도래 전에 甲에게 이행거절 의사를 명백하게 표시했다. 그 무렵 乙은 채무초과 상태에서 자신이 소유한 X부동산에 丙명의 근저당권 설정등기를 마쳐주었다.

- 쟁점과 판단: 甲은 §390의 손해배상청구권을 피보전채권으로 삼아 乙·丙 간 근저당권 설정계약을 취소할 수 있다. 乙의 이행거절로 인해 甲의 乙에 대한 특정채권의 이행기 도래 전에 이미 §390의 손해배상청구권이 성립했기 때문이다.

  乙이 이 사건 각서상의 채무를 **이행할 의사가 없음을 명백하고도 종국적으로 밝힘으로써 甲이 乙을 상대로 채무불이행을 원인으로 한 손해배상채권**을 갖게 된다면 그 채권은 사해행위의 피보전채권이 될 수 있다. 원심은 사해행위 당시 乙의 채무는 이행기가 도래하지 않았고 기한이익 상실사유도 없었음을 이유로 甲의 乙에 대한 제390조의 손해배상채권이 피보전채권이 될 수 없다고 판단하고 말았으니, 이러한 원심판결에는 법리오해의 위법이 있다(대법원 2005. 8. 19. 선고 2004다53173 판결).

(b) 주식 명의수탁자의 유질권 설정으로 인한 명의신탁자의 손해배상청구권

- 사안의 개요: 丙은 甲으로부터 명의신탁 받은 A회사 주식을 乙에게 양도하는 계약을 체결하고 그 이행을 담보하기 위해 이 주식에 대해 乙명의 근질권을 설정했는데 여기에는 유담보 특약이 포함되어 있었다. 그 직후 丙은 채무초과 상태에서 유일한 재산인 X부동산을 丁에게 증여했다. 丙이 乙에게 위 주식을 양도하지 못하자 乙은 근질권을 실행했고 유담보특약에 따라 이 주식을 취득했다.

- 쟁점과 판단: 甲은 丁을 피고로 삼아 丙·丁 간 X부동산 증여계약에 대한 채권자

취소소송을 제기할 수 있다. 위 증여계약 당시 甲의 丙에 대한 §390의 손해배상채권 성립의 기초가 되는 법률관계인 丙·乙 간 근질권 설정계약이 존재했고, 乙의 근질권이 실행될 가능성이 있었음에 비추어 이러한 §390의 손해배상채권이 발생할 고도의 개연성도 인정될 수 있었기 때문이다.

甲의 丙에 대한 손해배상채권은 위 증여계약 등의 체결 당시에는 존재하지 아니하였으나, 당시에 **이미 손해배상채권 성립의 기초가 되는 근질권설정계약에 따른 법률관계가 존재**하였고, 乙의 근질권 실행으로 丙이 가까운 장래에 주식의 소유권 상실 등으로 甲에게 손해배상채무를 부담하게 되리라는 **고도의 개연성도 있었으며, 실제로 그 개연성이 현실화**되었으므로, 위 주식이 丙에게 명의신탁되었음을 전제로 한 甲의 손해배상채권은 채권자취소권의 피보전채권이 될 수 있다(대법원 2019. 12. 13. 선고 2017다208294 판결).

질권설정계약에 포함된 유질약정이 상법 제59조에 따라 유효하기 위해서는 질권설정계약의 피담보채권이 상행위로 인하여 생긴 채권이면 충분하고, 질권설정자가 상인이어야 하는 것은 아니다. 일방적 상행위로 생긴 채권을 담보하기 위한 질권에 대해서도 유질약정을 허용한 상법 제59조가 적용된다(대법원 2017. 7. 18. 선고 2017다207499 판결).

C. 피보전채권이 될 수 없다고 본 예: 부동산 이중매매

(a) 사안의 개요
- 甲은 丙이 소유한 X부동산을 매수하고 중도금까지 지급했는데 丙은 채무초과 상태에서 유일한 재산인 X부동산을 乙에게 매도하고 乙명의 소유권이전등기를 마쳐 주었다.
- 乙은 丙이 채무초과 상태에서 유일한 재산인 X부동산을 자신에게 처분한다는 사실을 잘 알고 있었으나, 乙·丙 간 제2 매매계약에 대한 고유한 무효·취소사유는 인정되지 않는다.

(b) 쟁점과 판단
- 甲이 乙·丙 간 제2 매매계약에 대해 사해행위 취소소송을 제기하면 배척된다. 판례에 의하면 이 경우 피보전채권에 관한 요건이 충족되지 못했다고 보아야 하기 때문이다.

- 판례의 논거는, ㉠ 乙·丙 간 제2 매매계약 당시 甲의 乙에 대한 채권은 특정물채권이므로 채권자취소권의 피보전채권이 될 수 없고, ㉡ 甲의 피보전채권을 乙에 대한 금전채권인 §390의 손해배상청구권이라고 보더라도, 이 채권은 사해행위라고 지목된 제2 매매계약의 이행이 완료된 후 비로소 성립했다는 것이다.

✓ 이러한 판례에 대한 비판론은, 적어도 乙·丙 간 제2 매매계약에 따른 중도금이 지급된 이후에는 甲의 특정채권인 소유권이전등기 청구권이 §390의 손해배상채권으로 변경될 기초가 되는 법률관계가 갖춰졌고 그 발생의 개연성도 높아졌다고 볼 수 있다는 점을 지적한다. 그러나 실제 사안을 보면 丙이 소유권이전등기 필요 서류를 법무사 사무실에 맡기는 등의 방법으로 이행제공을 마쳤으나 甲이 등기비용을 지급하지 않아서 채권자지체 상태였다고 볼 여지가 있고, 이렇게 본다면 甲이 丙에게 §390의 손해배상채권을 행사할 개연성이 높지 않았다고 볼 수도 있다.

> **대법원 1999. 4. 27. 선고 98다56690 판결**
> - 채권자취소권을 <u>특정물에 대한 소유권이전등기청구권을 보전하기 위하여 행사하는 것은 허용되지 않</u>으므로 부동산의 제1양수인은 자신의 소유권이전등기청구권 보전을 위하여 양도인과 제3자 사이에서 이루어진 이중양도행위에 대하여 채권자취소권을 행사할 수 없다.
> - 양도인이 제3자에게 부동산을 <u>이중으로 양도하여 소유권이전등기를 경료하여 줌으로써 제1양수인이 취득하는 부동산 가액 상당의 손해배상채권</u>은 이중양도행위에 대한 사해행위취소권을 행사할 수 있는 <u>피보전채권에 해당한다고 할 수 없다.</u> 원고의 주장에 의하더라도 손해배상채권은 소유권이전등기청구권이 이행불능됨으로 인하여 발생하였다는 것이므로, 원고가 사해행위라고 주장하는 이 사건 부동산 소유권이전 당시 아직 위 <u>채권이 발생하지 아니하였고 그 채권 성립에 관한 고도의 개연성 또한 없어</u>, 원고는 매도인에 대한 위 채권을 피보전채권으로 하여 채권자취소권을 행사할 수 없다.

다. 채권의 성립시점: 원칙과 예외

(1) 원칙: 사해행위 이전에 성립한 채권

- 사해행위 당시 이미 성립한 금전채권만 피보전채권이 될 수 있다. 채권자가 기대할 수 있는 책임재산은 채권 성립 당시에 채무자가 보유한 책임재산으로 한정되어야 하기 때문이다. 예컨대 丙·乙 간 매매예약, 甲의 금전채권 발생, 매매예약상 권리 보전을 위한 乙명의 가등기가 순차적으로 이루어진 경우, 금전채권자 甲은 채권자취소권을 내세워 丙·乙 간 매매예약 취소와 乙명의 가등기 말소를 청구할 수 없다.

법률행위의 이행으로서 가등기를 경료하는 경우에 그 **피보전채무의 원인되는 법률행위가 취소권을 행사하려는 채권자의 채권보다 앞서 발생한 경우**에는 특별한 사정이 없는 한 그 가등기는 채권자취소권의 대상이 될 수 없다(대법원 2009. 4. 9. 선고 2008다92176 판결).

· 피보전채권이 양도된 경우에는 양도인의 채권이 성립한 시점을 기준으로 판단한다. 채권양도에 의해 채권은 동일성을 유지한 상태로 양수인에게 귀속되므로 원래 채권자취소권 행사가 가능했던 채권이 양도된 경우, 양수인이 사해행위 이후에 비로소 §450의 대항요건을 갖추었더라도 양수인 역시 채권자취소권을 행사할 수 있다.

채권자의 채권이 사해행위 이전에 성립되어 있는 이상 그 채권이 양도된 경우에도 그 양수인이 채권자취소권을 행사할 수 있고, 이 경우 채권양도의 대항요건을 사해행위 이후에 갖추었더라도 채권양수인이 채권자취소권을 행사하는 데 아무런 장애사유가 될 수 없다(대법원 2006. 6. 29. 선고 2004다5822 판결).

(2) 예외: 사해행위 이후에 성립한 채권도 피보전채권이 될 수 있는 경우

A. 개관

(a) 예외 적용의 요건

· 개관: 사해행위 당시에 ㉠ 채권 성립의 기초인 법률관계가 발생했거나 이러한 법률관계가 발생할 고도의 개연성이 있었고, ㉡ 이를 근거로 채권이 성립할 것이라는 고도의 개연성이 있었으며, ㉢ 사해행위 이후 실제로 채권이 성립했다면, 이 채권을 보전하기 위한 사해행위 취소권이 인정될 수 있다.

채권자취소권에 의하여 보호될 수 있는 채권은 **원칙적으로 사해행위라고 볼 수 있는 행위가 행하여지기 전에 발생된 것**을 요하지만, 사해행위 당시 ㉠ 이미 **채권 성립의 기초가 되는 법률관계**가 발생되어 있고, ㉡ 가까운 장래에 그 법률관계에 터 잡아 채권이 성립되리라는 점에 대한 **고도의 개연성**이 있으며, ㉢ 실제로 가까운 장래에 그 **개연성이 현실화되어 채권이 성립**된 경우에는 그 채권도 채권자취소권의 피보전채권이 될 수 있다(대법원 2013. 4. 26. 선고 2013다5855 판결).

· 채권 성립의 기초인 법률관계: 위 ㉠에서 말하는 법률관계에는 사실관계도 포함된다. 예컨대 피보전채권이 계약상의 채권인 경우, 사해행위 당시의 구체적 사실

관계에 비추어 계약이 성립할 개연성이 높다는 사정이 인정되는 것으로 충분하다. 따라서 사해행위 당시에 피보전채권의 원인계약 체결을 위한 교섭이 상당히 진행되어 계약이 체결될 고도의 개연성이 인정되는 상태였다면, 사해행위 후에 체결된 계약상의 채권도 사해행위 취소권의 피보전채권이 될 수 있다.

채권성립의 기초가 되는 법률관계는 당사자 사이의 약정에 의한 **법률관계에 한정되는 것이 아니고**, 채권성립의 개연성이 있는 **준법률관계나 사실관계 등을 널리 포함하는 것**으로 보아야 할 것이며, 따라서 당사자 사이에 **채권 발생을 목적으로 하는 계약의 교섭이 상당히 진행되어 그 계약체결의 개연성이 고도로 높아진 단계도 여기에 포함**되는 것으로 보아야 할 것이다(대법원 2002. 11. 8. 선고 2002다42957 판결).

- 고도의 개연성: ⓛ에서 말하는 채권 발생의 고도의 개연성이 인정되려면, 채권이 성립할 가능성이 인정되는 정도만으로는 부족하고, 누구라도 피보전채권이 실제로 발생할 것이라고 예견할 수 있을 정도라고 인정되어야 한다. 피보전채권 발생 여부가 불확실하다면 채권자취소권의 실체법적 요건인 '채무자의 악의'가 인정되기 어렵기 때문이다.

'**고도의 개연성**'은 단순히 향후 채권이나 채무가 성립할 가능성이 있는 정도에 그쳐서는 안 되고, 적어도 **채무자의 사해의사를 추단할 수 있는 객관적 사정**이 존재하여 일반적으로 **누구라도 피보전 채권의 성립을 예견할 수 있을 정도**에 이르렀다고 볼 만한 상태에서 채무자의 재산처분행위가 이루어졌어야 함을 뜻하고, 제반사정을 고려하여 판단한다(대법원 2013. 12. 26. 선고 2012다41915 판결).

(b) 사해행위 이후에 성립한 채권이 피보전채권인 경우, 상대기간의 기산점

- 사해행위 후 발생한 채권이 피보전채권인 경우, §406의 상대기간은 피보전채권 성립 전에 즉 채권자가 '채권 성립의 기초인 법률관계와 채권 성립의 개연성'을 안 날부터 진행한다.
- 예컨대 조세포탈범이 사해행위를 한 경우, 피보전채권인 조세채권을 보전하기 위한 채권자취소권의 상대기간은 조세포탈범에 대한 추징을 명하는 판결이 확정되어 피보전채권이 발생한 날이 아니라, 그전에 추징보전 명령이 청구된 때부터 진행한다(대법원 2022. 5. 26. 선고 2021다288020 판결).

B. 사해행위 이후 발생한 채권에 근거한 채권자취소권이 인정된 사례

(a) 보증계약 체결 중에 보증인이 사해행위를 한 경우

• 사안의 개요: 乙이 甲의 丙에 대한 채권을 보증하기 위한 보증계약을 체결하기 전에 유일한 재산인 X부동산을 丁에게 증여했다.

• 쟁점과 판단: 위 증여계약 당시 乙이 甲에게 보증계약 체결을 위해 필요한 서류를 교부한 상태였으면, 피보전채권인 보증채권에 대해서는 그 성립의 기초인 법률관계와 발생의 개연성이 모두 인정된다. 따라서 甲은 사해행위 후 실제로 발생한 보증채권을 피보전채권으로 삼아 乙·丁 간 X부동산 증여계약을 취소할 수 있다.

대법원 2002. 11. 8. 선고 2002다42957 판결

‣ 乙이 **연대보증 신청 서류들을 甲 은행에 제출**한 것은 연대보증계약에 대한 청약의 의사표시를 한 것이거나 또는 乙과 甲 사이에 연대보증계약 체결을 위해 상당히 구체적인 교섭이 이루어져 앞으로 연대보증계약이 확실하게 체결되리라는 정당한 기대 내지 신뢰가 형성된 관계에 이르렀다고 볼 수 있다.

‣ X부동산 증여 이전에 甲과 乙 사이에서는 이 사건 대출금에 대한 연대보증채무 성립에 관한 기초적 법률관계 또는 사실관계가 형성되어 있었고, 乙의 연대보증 하에 대출승인이 날 것이 거의 확실하여 위 **기초적 법률관계 내지 사실관계에 기하여 연대보증채권이 발생하리라는 점에 대한 고도의 개연성**도 있었으며 실제로 그 연대보증채권이 발생하였으므로, 甲의 乙에 대한 연대보증채권은 이 사건 사해행위인 증여행위에 대한 관계에서 채권자취소권에 의하여 보호될 수 있는 피보전채권에 속한다.

(b) 주채무자의 이행지체 중 구상채무자의 처분행위

• 사안의 개요: 甲은 수급인 丁의 도급인 戊에 대한 공사 완성 채무에 대한 이행보증보험 계약을 체결했고, 장차 丁이 甲에게 부담할 수 있는 구상금 채무를 보증하기 위해 丙은 甲과 연대보증계약을 체결했다. 丙은 같은 날 유일한 재산인 X부동산에 대해 乙명의 가등기를 마쳐주었는데 그 전날 丁의 자금 부족으로 인해 공사가 중단된 상태였다. 그 후 戊는 丁과의 공사도급계약을 적법하게 해제하고 甲에게 이행보증보험 계약상의 채권을 행사하여 변제받았고 이에 따라 甲의 丙에 대한 구상금 채권이 발생했다.

• 쟁점과 판단: 甲의 피보전채권인 구상금 채권은 乙·丙 간 사해행위 이후에 발생

했지만, 乙·丙 간 사해행위 당시에 丁이 공사를 중단했으므로 丙에 대한 甲의 구상금 채권이 발생할 고도의 개연성이 인정된다. 따라서 甲은 丙에 대한 구상금 채권을 피보전채권으로 하는 채권자취소권을 행사하여 乙·丙 간 사해행위 취소와 乙명의 가등기의 말소등기를 청구할 수 있다.

피보전채권인 甲의 丙에 대한 구상금채권은 甲이 戊에게 보험금을 지급한 2008. 12. 26. 발생하였으므로, 甲이 사해행위로서 취소를 구하는 丙과 乙 간 이 사건 매매예약 체결일인 2008. 7. 22.에는 아직 발생하지 아니하였으나, 그 당시에는 이미 위 **구상금 채권 성립의 기초가 되는 이행보증보험에 따른 법률관계가 존재**하고 있었고, 丁(피보증인)이 물품대금의 지급을 지체하고 도급받은 공사가 중단되었으므로, 丁의 甲에 대한 이행보증보험에 따른 구상채무를 연대보증한 丙은 가까운 장래에 **甲에게 구상금 채무를 부담하게 되리라는 점에 대한 고도의 개연성**이 있었으며, 실제로 戊의 청구에 따라 甲이 보험금을 지급함으로써 그 **개연성이 현실화**되었으므로, 甲의 丙에 대한 구 상금채권은 이 사건 채권자취소권의 피보전채권이 될 수 있다(대법원 2011. 1. 13. 선 고 2010다68084 판결).

• 비교: 대여금 채무에 대한 구상보증인이 유일한 재산을 증여한 경우 그 당시 주채 무자가 원리금 지급을 지체하지 않고 있었다면 비록 주채무자가 채무초과 상태 였더라도 구상채권이 성립할 개연성이 인정되기 어렵다. 따라서 그 후에 구상채 권이 실제로 발생하더라도 이를 피보전채권으로 삼아 그전에 행해진 위 증여계 약에 대한 채권자취소권을 행사할 수는 없다.

대법원 2006. 9. 28. 선고 2005다8286 판결

‣ 丁이 乙·丙 간 증여 이후 처음으로 이자지급을 연체하여 기한의 이익을 상실하였 다는 사정에 비추어 보면, 乙·丙 간 증여계약 당시에는 구상보증계약에 기한 甲의 丙에 대한 채권이 발생하지 않았을 뿐 아니라 가까운 장래에 그 법률관계에 기하여 채권이 성립하리라는 점에 대한 **고도의 개연성이 있었다고 보기도 어렵다.**

‣ 丁에 대한 보증인 甲이 구상보증인 丙에게 주장하는 구상금채권이 피보전채권인 사 안에서 丙이 처분행위를 할 당시 丁의 소극재산이 적극재산을 초과하고 있었다거나 丁이 별건 보증채무와 관련하여 채무변제 독촉을 받고 있었다는 사정이 인정되더 라도, 甲의 丙에 대한 구상보증채권 성립의 **개연성이 있다고 단정하기 어렵고,** 위 처분 행위 이후 甲과 丁이 별도의 신용보증계약을 체결한 점을 감안하면 더욱 그렇다.

C. 채권성립의 기초인 법률관계가 부정된 사례

(a) 신용카드 가입계약 후 처분행위

- 사안의 개요: 甲(카드회사)은 丙과 신용카드 가입계약을 체결하고 丙에게 신용카드를 발급해 주었다. 丙은 유일한 재산인 X부동산을 乙에게 처분한 후 甲으로부터 발급받은 신용카드를 사용하고 그 대금채무를 연체했다.

- 쟁점과 판단: 甲이 카드대금채권을 피보전채권으로 삼아 乙·丙 간 위 X부동산 처분행위에 대한 채권자취소권을 행사하면 배척된다. 카드대금채권 성립의 기초가 되는 법률관계가 인정되려면 카드가입계약이 체결된 것만으로는 부족하고 가입자가 카드를 사용해야 한다. 그런데 사해행위로 지목된 丙·乙 간 X부동산 처분행위 당시 丙은 아직 신용카드를 사용하지 않은 상태였다.

> **대법원 2012. 2. 9. 선고 2011다77146 판결**
> - **신용카드 가입계약**은 신용카드의 발행, 대금의 결제에 관한 기본적 사항을 포함하고 있기는 하나 이를 근거로 **신용카드업자의 채권이 바로 성립되는 것은 아니고**, 신용카드를 발행받은 신용카드회원이 신용카드를 사용하여 신용카드가맹점으로부터 물품을 구매하거나 용역을 제공받음으로써 성립하는 신용카드매출채권을 신용카드가맹점이 신용카드업자에게 양도하거나, 신용카드업자로부터 자금의 융통을 받는 **별개의 법률관계에 의하여 비로소 채권이 성립하는 것이므로, 단순히 신용카드가입계약만을 가리켜 여기에서 말하는 '채권성립의 기초가 되는 법률관계'에 해당한다고 할 수는 없다.**
> - 따라서 채무자가 원고와 신용카드가입계약을 체결하고 신용카드를 발행받았다고 하여도, 이 사건 아파트를 피고에게 매도한 후 신용카드를 물품구매나 현금서비스 등에 사용하기 시작하여 대금을 연체하게 되었다면, 그 **신용카드 대금채권은 사해행위 이후에 발생한 채권에 불과**하다고 할 것이어서 사해행위의 피보전채권이 된다고 할 수 없다.

(b) 계속적 공급계약과 사해행위 후에 발생한 물품대금채권

- 사안의 개요: 丙은 甲으로부터 Y물건을 계속적으로 공급받아 오던 중, 유일한 재산인 X부동산을 乙에게 증여하고 乙명의 소유권이전등기를 마쳤는데 그때까지 공급된 Y물건에 대한 대금은 모두 지급된 상태였다. 丙은 그 후에도 甲으로부터 Y물건을 공급받았으나 채무초과 상태에 빠져 더 이상 대금을 지급하지 못했다.

- 쟁점과 판단: ㉠ 공급자가 물품대금 채권 발생 전에 행해진 사해행위에 대해 물품

대금을 피보전채권으로 하는 채권자취소권을 행사하려면, 사해행위 당시에 '채권 성립의 기초인 법률관계'와 '채권 성립의 개연성'이 인정되어야 한다. 이를 위해서는 사해행위 당시에 계속적 거래관계가 있었다는 사정만으로는 부족하고, 주문자가 공급자에게 물품 공급을 의뢰하는 등의 법률관계가 성립했어야 한다. ⓛ 다만 이러한 법률관계가 성립하기 전이더라도 사해행위 당시에 이미 사해행위 이후의 거래와 관련하여 그 수량·단가·시기 등이 구체적으로 약정되어 있었거나, 공급자에게 외상공급 의무가 있었다는 특별한 사정이 인정되면, 사해행위 이후에 발생한 물품대금을 피보전채권으로 하는 채권자취소권이 인정될 수도 있다.

계속적인 물품공급계약에서 대상이 되는 물품의 구체적인 수량, 거래단가, 거래시기 등에 관하여까지 **구체적으로 미리 정하고 있**거나, 일정한 한도에서 공급자가 **외상으로 물품을 공급할 의무**를 규정하고 있지 않은 이상, 계속적 물품공급계약 그 자체에 기하여 거래당사자의 채권이 바로 성립하지는 아니하며, 주문자가 상대방에게 구체적으로 물품의 공급을 의뢰하고 그에 따라 상대방이 물품을 공급하는 별개의 법률관계가 성립하여야만 채권이 성립한다. 따라서 특별한 사정이 없는 한 사해행위 당시 계속적인 물품거래관계가 존재하였다는 사정만으로 채권 성립의 기초가 되는 법률관계가 발생하여 있었다고 할 수 없다(대법원 2023. 3. 16. 선고 2022다272046 판결).

3. 보전의 필요성이 인정되는 피보전채권의 범위

가. 개관

(1) 의미

• 채권자취소권을 행사할 수 있는 범위는 채권자가 채무자의 책임재산으로부터 일반채권자로서 배당받아야만 변제될 수 있는 가액을 상한으로 한다. 따라서 피보전채권에 대해 이미 우선변제권 있는 특별담보가 확보되어 있으면, 피보전채권액에서 특별담보로부터 우선변제 받을 수 있는 가액을 공제한 나머지 채권액에 대해서만 채권자취소권이 인정될 수 있다.

채권자취소권자는 **자신의 채권액 범위 내에서 채무자의 책임재산을 회복하기 위하여 채권자취소권을 행사**할 수 있고 그 취소에 따른 효력을 주장할 수 있을 뿐이다(대법원 2010. 5. 27. 선고 2007다40802 판결).

• 이러한 법리는 채무자 자신이 제공한 특별담보가 있는 경우 뿐 아니라 물상보증인이 제공한 특별담보가 있는 경우에도 마찬가지로 적용된다.

주채무자 또는 제3자 소유의 부동산에 관하여 **채권자 앞으로 근저당권**이 설정되어 있고 그 채무액이 부동산의 가액 및 채권최고액을 초과하는 경우에는 그 담보물로부터 우선변제받을 금액을 공제한 나머지 채권액에 대하여만 채권자취소권이 인정된다 (대법원 2021. 11. 25. 선고 2016다263355 판결).

• 절차법: 채권자취소권이 인정될 수 있는 피보전채권의 범위는 채권자취소권의 실체법적 요건이므로 채권자가 주장·증명해야 한다.

피보전채권의 존재와 그 범위는 채권자취소권 행사의 요건에 해당하므로 이 경우 채권자취소권을 행사하는 **채권자로서는 그 담보권의 존재에도 불구하고 자신이 주장하는 피보전채권이 그 우선변제권 범위 밖에 있다는 점을 주장·증명해야** 한다(대법원 2014. 9. 4. 선고 2013다60661 판결).

(2) 사례: 피보전채권자가 가압류권리자인 경우 담보권설정등기의 사해성 판단

A. 채무자가 자신의 채무를 담보하기 위해 담보권을 설정한 경우

• 원칙: 피보전채권자는 자신이 가압류한 부동산에 대한 채무자·수익자 간 후순위 근저당권 설정계약에 대한 채권자취소권을 행사할 수 없다. 가압류권리자보다 후순위인 근저당권자가 있어도 가압류권리자에게 배당절차에서 인정되는 법적 지위에는 영향을 미치지 못하기 때문이다.

✓ 판례가 언급하고 있지는 않지만, 사해행위 취소 여부에 따라 피보전채권자에게 배당될 책임재산의 가액이 바뀌지 않으므로 보전의 필요성이 부정된다고 볼 수도 있다.

• 예외: 피보전채권자의 실제 채권액이 가압류채권액을 초과하는 경우에는 그 초과액을 보전하기 위해 근저당권 설정계약에 대한 채권자취소권이 인정될 수 있다.

가압류등기가 먼저 되고 나서 근저당권설정등기가 마쳐진 경우에 경매절차의 배당관계에서 근저당권자는 선순위 가압류채권자에 대하여는 우선변제권을 주장할 수 없으므로 그 가압류채권자는 근저당권자와 일반 채권자의 자격에서 평등배당을 받을 수 있고, 따라서 가압류채권자는 채무자의 근저당권설정행위로 인하여 아무런 불이익을 입지 않으므로 채권자취소권을 행사할 수 없다. 그러나 가압류채권자의 실제 채권액

이 가압류 채권금액보다 많은 경우 그 초과하는 부분에 관하여는 가압류의 효력이 미치지 아니하여 그 범위 내에서는 채무자의 처분행위가 채권자들의 공동담보를 감소시키는 사해행위가 되므로 그 부분 채권을 피보전채권으로 삼아 채권자취소권을 행사할 수 있다(대법원 2008. 2. 28.선고 2007다77446판결).

B. 채무자가 타인의 채무에 대한 물상보증인이 된 경우

- 채무자가 한 물상보증 계약이 사해행위인 경우, 가압류채권자는 자신의 가압류채권액에 대해서도 채권자취소권을 행사할 수 있다. 채권자취소권은 채무자에 대한 모든 일반채권자를 위해 책임재산을 회복시키기 위한 제도이기 때문이다.
- 예컨대 채무자 丙 소유 X부동산에 丙에 대한 채권자 甲이 가압류등기를 마친 후 丙이 물상보증인으로서 丁(주채무자)의 戊에 대한 채무를 담보하기 위해 戊명의 근저당권을 설정한 경우, 甲은 자신의 피보전채권액에 대해서도 채권자취소권을 행사하여 丙·戊 간 근저당권 설정계약을 취소할 수 있다. 丙에 대한 모든 일반채권자들의 이익을 위해 丙의 책임재산이 丁의 채무변제를 위해 유출되는 것을 방지할 필요가 있기 때문이다.

채무자가 제3자의 채무를 담보하기 위하여 자신의 부동산에 근저당권을 설정함으로써 **물상보증인이 되는 행위는 그 부동산의 담보가치만큼 채무자의 일반 채권자들을 위한 책임재산에 감소**를 가져오는 것이므로, 그로 인해 채무자의 책임재산이 부족하게 되거나 그 상태가 심화되었다면 사해행위가 성립한다(대법원 2015. 6. 11. 선고 2014다237192 판결).

비록 당해 부동산의 환가대금으로부터는 가압류채권자가 위와 같이 근저당권을 설정받은 근저당권자와 평등하게 배당을 받을 수 있다고 하더라도, 일반적으로 그 배당으로부터 가압류채권의 충분한 만족을 얻는다는 보장이 없고 가압류채권자는 여전히 다른 책임재산을 공취할 권리를 가지는 이상, 원래 위 가압류채권을 포함한 **일반채권들의 만족을 담보하는 책임재산 전체**를 놓고 보면 위와 같은 물상보증으로 책임재산이 부족하게 되거나 그 상태가 악화되는 경우에는 가압류채권자도 자기 채권의 충분한 만족을 얻지 못하게 되는 불이익을 받는다. 그러므로 가압류채권자라고 하여도 채무자의 물상보증으로 인한 근저당권설정행위에 대하여 채권자취소권을 행사할 수 있다(대법원 2010.1.28. 선고 2009다90047 판결).

나. 보전의 필요성이 인정되는 피보전채권의 범위 산정 방법

(1) 의미

- 채권자취소권이 인정될 수 있는 피보전채권의 범위는, 사해행위 당시의 피보전 채권액(ⓐ)에서 채권자취소권자가 이미 확보한 담보물로부터 우선변제 받을 수 있는 가액(ⓑ)을 공제하고, 여기에 피보전채권액의 원금에 대한 사해행위시부터 사해행위 취소소송의 사실심 변론종결시까지의 이자·지연손해금(ⓒ)을 합산한 가액이다.

- 이 값이 양수가 아니면 피보전채권 전액에 대해 충분한 우선변제권이 확보되어 있어서 굳이 책임재산으로부터 안분배당을 받지 않아도 피보전채권이 실현될 수 있음을 뜻한다. 따라서 '보전의 필요성' 요건이 충족될 수 없고 사해행위 취소청 구는 기각된다. 채무자가 채무초과 상태에서 유일한 재산을 처분했더라도 마찬 가지이다.

  채권자 앞으로 근저당권이 설정되어 있고, 그 부동산의 가액 및 채권최고액이 당해 채 무액을 초과하여 **채무 전액에 대하여 채권자에게 우선변제권이 확보되어 있다면**, 그 범위 내에서는 채무자의 재산처분행위는 채권자를 해하지 아니하므로 채무자가 비록 <u>유일한 재산을 처분하는 법률행위를 하더라도 채권자에 대하여 사해행위가 성립되지 않는다</u>(대법원 2014. 9. 4. 선고 2013다60661 판결),

(2) 공제: 다른 담보물로부터 우선변제 받을 수 있는 가액(ⓑ)

(a) 개관

- 담보물로부터 우선변제 받을 수 있는 가액(ⓑ)은, 그 담보물에 대해 채권자취소 권자가 확보한 우선변제권의 상한액(㉮)과 그 담보물로부터 실제로 우선변제 받 을 수 있는 가액(㉯) 중 더 작은 값이다.

- 이때 담보물의 가액은 사해행위시를 기준으로 산정해야 한다. 사해행위 취소의 요건 충족 여부는 사해행위시를 기준으로 판단하는 것이 원칙이기 때문이다. 사 해행위 후 그 담보물이 경매·환가되었더라도 특별한 사정이 없는 한 환가된 가 액 대신 사해행위시를 기준으로 산정된 시가를 반영해야 한다(대법원 2014. 9. 4. 선고 2013다60661 판결).

(b) 우선변제권의 상한액(㉮)

- 일반저당권의 경우 등기된 피담보채권의 원금과 1년치 지연배상액이다(§360).
- 근저당의 경우 채권최고액과 확정된 피담보채권액 중 더 작은 값이다(2009다 81616, 210면).

(c) 담보물로부터 실제로 우선변제받을 수 있는 가액(㉯)

- 채권자취소권자에게 우선변제권이 있더라도 실제로 우선변제 받을 수 있는 가액은 그 담보물의 가액에서 선순위 우선변제권자가 우선변제 받을 가액을 공제한 값이다.
- 선순위 우선변제권 있는 권리가 사해행위 당시에 아직 발생하지 않았더라도, 그 당시에 그 권리에 대해 발생의 기초가 되는 법률관계와 고도의 발생 개연성이라는 요건이 충족되고 그 후 그 권리가 실제로 발생했다면, 이 권리에 근거한 우선변제 가액도 공제해야 한다. 이러한 사안의 예로서 임금채권자의 최우선변제권을 들 수 있다.

대법원 2021. 11. 25. 선고 2016다263355 판결

- ‣ 취소채권자가 ‘담보물로부터 우선변제받을 금액’은 **사해행위 당시를 기준**으로 담보물의 가액에서 취소채권자에 앞서는 **선순위 담보물권자가 변제받을 금액을 먼저 공제**한 다음 산정하여야 한다. 이때 공제될 선순위자의 채권에는 사해행위 당시에 존재했던 채권뿐 아니라 사해행위 당시 채권의 기초가 되는 법률관계가 성립했고 채권이 발생할 고도의 개연성이 인정되었다가 사해행위 이후에 성립한 채권도 포함된다.
- ‣ 취소채권자가 채무자 소유의 부동산에 관하여 근저당권을 설정하였는데 사해행위 당시 채무자에 대해 근로기준법상의 최우선변제권이 인정되는 임금채권이 이미 성립되어 있고, 임금채권자가 우선변제권 있는 임금채권에 기하여 취소채권자의 담보물에 관하여 압류나 가압류 등기를 마치는 등 가까운 장래에 **우선변제권을 행사하리라는 점에 대한 고도의 개연성**이 있으며, 실제로 가까운 장래에 임금채권자가 그 담보물에 관하여 우선변제권을 행사하여 그 개연성이 현실화된 경우에는 사해행위 당시를 기준으로 담보물의 가액에서 우선변제권 있는 임금채권액을 먼저 공제한 다음 산정하여야 하고, 취소채권자는 그 채권액(ⓐ)에서 위와 같이 산정된 ‘담보물로부터 우선변제받을 금액(ⓑ)’을 공제한 나머지 채권액에 대하여만 채권자취소권을 행사할 수 있다.

- 사례: 피보전채권에 대한 담보물이 지상 건물이 있는 토지인 경우, 그 지상 건물을 위한 법정지상권이 인정되면 건부지의 가액을 기준으로 ㉯의 값을 산정해야 한다. 또한 이러한 법정지상권이 인정되지 않더라도 건물의 규모 등에 비추어 철거에 상당한 시간·비용이 필요하면 이러한 사정도 고려하여 ㉯의 값을 산정해야 한다.

담보로 제공된 부동산이 **토지이고 그 위에 건물이 존재**한다면 장차 그 토지가 경매 등에 의하여 제3자에게 매각되는 경우 법정지상권이 성립하는지 여부를 따져 그에 따라 평가한 토지의 가격을 담보물의 가액으로 보아야 하고, 법정지상권이 성립하지 않는다고 하더라도 건물의 규모, 구조와 용도 및 건물에 관련된 권리관계에 비추어 사실상 건물의 철거가 곤란하거나 철거에 상당한 시간과 비용이 소요되는 등의 경우에는 이러한 모든 사정들을 감안하여 토지의 가액을 평가하여야 한다(대법원 2014. 9. 4. 선고 2012다63656 판결).

(d) 사실심 변론종결시까지 확보된 담보의 반영

- 보전의 필요성이 인정되는 피보전채권의 범위를 산정함에 있어서 사해행위시부터 사실심 변론종결시까지의 사정변경도 반영되어야 한다.
- 따라서 사해행위 이후부터 사해행위 취소소송의 사실심 변론종결시 이전까지의 기간 동안에 채권자취소권자가 채무자나 물상보증인으로부터 담보물권을 설정받은 경우, 보전의 필요성이 인정되는 피보전채권의 범위는 사해행위시를 기준으로 산정한 값에서 추가된 담보물권에 의해 우선변제 받을 수 있는 가액을 공제한 값으로 축소된다.

채무자가 채권자를 해하는 처분행위를 하였더라도, 그 후에 채권자가 채무자 또는 제3자 소유의 부동산을 담보로 제공받아 우선변제권을 취득하였고 사해행위취소소송의 **사실심 변론종결시**에 그 부동산의 가액 및 채권최고액이 해당 채무액을 초과하여 채무 전액에 대하여 채권자에게 우선변제권이 확보됨에 따라 그 처분행위로 인하여 채권자를 해하지 않게 되었다면, 채권자취소권에 의하여 책임재산을 보전할 필요성이 없으므로 **채권자취소권은 소멸**하고, 그 채무액이 부동산의 가액 및 채권최고액을 초과하는 경우에는 그 담보물로부터 우선변제받을 금액을 공제한 나머지 채권액에 대하여만 채권자취소권이 인정된다(대법원 2023. 10. 26. 선고 2023다247917 판결).

- 사례: 채권자취소권자가 사해행위 후 채무자 소유 X부동산에 대한 2순위 근저당권을 설정받은 경우, X부동산에 대한 선순위자 명의 1순위 근저당권의 피담보채권액이 산정되어야만 채권자취소권자가 우선변제 받을 수 있게 된 가액이 결정되고 이 가액을 반영하여 채권자취소권의 인정 여부나 그 행사 범위를 확정할 수 있다. 따라서 채권자취소소송에서 피고가 X부동산에 대한 2순위 저당권이 설정되었다는 사실을 주장했는데도 위와 같은 과정을 거치지 않은 채 본안 판단을 하면 심리미진의 위법이 인정된다(대법원 2014. 7. 10. 선고 2013다50763 판결).

(3) 가산: 피보전채권의 원금에 대한 이자·지연손해금(©)

- 피보전채권의 가액 중 담보물로부터 우선변제 받을 금액을 초과하는 부분은 대개 원금에 해당한다. 변제충당의 법리에 따라 이자부터 충당되기 때문이다.
- 이때 담보물로부터 우선변제 받을 금액을 초과하는 원금 자체뿐 아니라 이러한 초과분으로부터 발생하는 지연배상금에 대해서도 보전의 필요성이 인정된다. 따라서 피보전채권의 범위에는 '보전의 필요성 있는 원금에 대한 이자와 사실심 변론종결시까지의 지연손해금'도 포함된다.

채권자의 채권원리금이 우선변제권에 의하여 **전액 담보되지 아니하는 경우에는 변제충당의 법리를 유추적용하여 이자가 원금에 우선하여 담보**된다고 보아야 하므로 사해행위의 시점에서 담보되지 아니하는 부분에는 원금에 해당하는 금원이 포함되어 남아 있게 되고, 따라서 채권자가 **채권자취소권을 행사할 수 있는 피보전채권의 범위**는, **사해행위 당시** 담보부동산의 가액과 채권최고액 중 적은 금액, 즉 채권자가 확보한 특별담보의 가액을 초과하는 부분에 해당하는 채권 원리금 및 그 중 **원금 부분에** 대하여 **사실심 변론종결시점까지 발생한 지연이자 상당**의 금원이 된다(대법원 2010. 2. 11. 선고 2009다81616 판결).

원고가 **채권자취소권을 행사할 수 있는 범위**는 담보권의 실행 등으로 소멸한 부분을 제외하고 난 다음 실제로 남은 **미회수 원리금 전부가 아니라** 그 담보물로부터 우선변제받을 금액을 초과하는 부분에 해당하는 채무 원리금 및 **그 중 원금 부분에 대한 사실심 변론종결시점까지 발생한 지연이자 상당의 금원**이다(대법원 2002. 11. 8. 선고 2002다41589 판결).

(4) 연습

A. 기초사안

(a) 공통 사실관계

- 甲은 丙에게 5억원을 대여하면서 대여기간 1년, 이자 연10%로 약정했다. 甲·丙 간 대출계약 당시 丙은 X, Y부동산을 소유하고 있었는데, X부동산에는 1순위 근저당권(채권자 A, 채권최고액 2억원), 2순위 근저당권(채권자 甲, 채권최고액 6억원)이 설정되어 있었다. 丙에게 X, Y부동산 이외의 적극재산은 없고, 甲·A에 대한 채무 이외의 소극재산은 없다.

- 丙은 甲에게 원금은 물론 이자도 전혀 지급하지 못하던 중 대여기간이 종료하자 Y부동산을 乙에게 증여했다. 이에 甲은 丙·乙 간 Y부동산 증여계약에 대한 채권자취소소송을 제기했다.

- X부동산의 시가는 丙·乙 간 Y부동산 증여계약 당시에는 8억원이었으나, A의 신청에 의한 임의경매 절차에서 배당 가능 금액이 7억원으로 산정되었다. 한편 임의경매 신청 당시 A의 피담보채권액은 3억원이었다

(b) 쟁점과 판단: 甲의 채권자취소청구는 기각됨

- 甲이 '담보물로부터 우선변제 받을 수 있는 가액'은 X부동산의 <u>사해행위 당시 시가</u>인 8억원을 기준으로 산정해야 한다. 선순위자인 A는 근저당권자인데 확정 당시 피담보채권액이 2억원 이상이면 ⓑ의 값은 X부동산의 시가 8억원에서 <u>선순위자 A의 채권최고액 2억원</u>을 공제한 6억원이 된다.

- 이처럼 甲의 피담보채권액 5억원보다 甲이 '다른 담보물로부터 <u>우선변제 받을 수 있는 가액</u>'이 더 크므로, 甲은 丙·乙 간 Y부동산 증여계약을 취소하여 丙의 책임재산을 회복하지 않아도 피보전채권 전액을 변제받을 수 있다. 따라서 보전의 필요성이 인정되지 않는다.

B. 변형된 사안

- X부동산의 시가는 丙·乙 간 Y부동산 증여 당시에는 5억원이었으나 A에 의한 임의경매 절차에서 7억원에 매각되었다. 丙·乙 간 Y부동산 증여일로부터 甲이 제기한 채권자취소소송의 사실심 변론종결시까지는 1년이 경과했고 丙이 연체한 이자·지연손해금은 1억원이다.

- <u>사해행위 당시의 시가</u>를 기준으로 산정하면, '담보물로부터 우선변제 받을 수 있

는 가액'은 3억원에 불과하다. 따라서 3억원을 甲의 피담보채권의 원금 5억원과
이자·지연손해금 1억원을 합산한 6억원에 충당하면, 원금은 3억원이 남는다.
• 甲의 피보전채권의 범위는 3억3000만원이다. 이 값은 남은 원금 3억원(= ⓐ −
ⓑ)에 이에 대한 1년치 이자와 1년치 지연손해금(ⓒ)을 합산하여 구한다. 따라서
3억3000만원에 대해서는 채권자취소청구를 할 '보전의 필요성'이 인정된다.

Ⅳ 사해행위

1. 개관

가. 사해행위의 의미: 사해성 있는 처분행위

• 사해행위란 사해성이라는 성질이 있는 처분행위를 가리킨다. 사해행위는 법률행
위이어야 하는데, '취소'의 대상이 될 수 있어야 하기 때문이다. 따라서 채무자·
수익자 간 사실행위는 비록 책임재산 유출이라는 결과를 초래하더라도 사해행위
가 될 수는 없고, 채무자·수익자에 대해 §750의 불법행위가 성립할 수 있을 뿐이
다(제3자의 채권침해, 39면 이하).

• 사해성이란, ㉠ 채무자의 책임재산인 적극재산을 감소시키거나 소극재산을 증가
시켜 공동담보(적극재산에서 소극재산을 공제한 가액)의 감소를 초래함으로써 ㉡
채무자의 전체 재산에 대한 채무초과 상태가 발생하게 하거나 이미 발생한 채무
초과 상태를 더 악화시키는 성질을 뜻한다.

> 채권자를 해하는 행위라는 것은 그 행위에 의하여 **채권의 공동담보에 부족이 생기거**
> **나 이미 부족상태에 있는 공동담보가 한층 더 부족하게 되어 채권을 완전하게 만족시**
> **킬 수 없게 되는** 것을 뜻한다 사해행위가 성립되려면 채무자가 어떤 법률행위를 함으
> 로써 채무자의 공동담보, 즉 그의 **적극재산에서 소극재산을 공제한 금액**이 그 법률행
> **위 이전보다 부족하게 되어야** 하는 것이다(대법원 2003. 7. 11. 선고 2003다19435 판결).

> 채권자취소권의 대상이 되는 **채권자를 해하는 행위라 함은 적극재산을 감소하거나**
> **소극재산을 증가**시킴으로써 **채무자를 채무초과 상태에 빠지게 하거나 채무초과상태**
> **가 더 나빠지게 하는** 행위를 의미한다(대법원 2010. 6. 24. 선고 2010다20617 판결).

채무자가 재산을 처분하기 이전에 이미 채무초과 상태에 있는 경우는 물론이고, 문제된 처분행위로 말미암아 비로소 채무초과 상태에 빠지는 경우에도 사해행위가 성립할 수 있다(대법원 2017. 9. 21. 선고 2015다53841 판결).

나. 사해행위 여부에 대한 판단

• 증명책임: 사해행위의 존재는 채권자취소권의 실체법적 요건이므로 채권자취소권자가 주장·증명해야 한다.

사해행위의 취소를 구하는 채권자가 채무자의 수익자에 대한 금원 지급행위를 증여라고 주장함에 대하여, 수익자는 이를 기존 채무에 대한 <u>변제로서 받은 것이라고 다투고 있는 경우</u>, 이는 **채권자의 주장사실에 대한 부인**에 해당할 뿐 아니라, 채무자의 금원 지급행위가 증여인지, 변제인지에 따라 채권자가 주장·증명하여야 할 내용이 달라지므로, 위 금원 지급행위가 사해행위로 인정되기 위하여는 그 금전 지급행위가 **증여에 해당한다는 사실이 증명**되거나 **변제에 해당하지만 채권자를 해할 의사 등**의 특별한 사정이 있음이 **증명되어야 할 것이고**, 그에 대한 **증명책임은 사해행위를 주장하는 측**에 있다(대법원 2014. 10. 27. 선고 2014다41575 판결).

• 따라서 사해행위 요건이 충족되려면, ㉠ 채무자가 한 재산 처분이 사해행위가 될 수 있는 법률행위에 해당하고 ㉡ 이러한 처분행위로 인해 채무자의 채무초과 상태가 발생하거나 악화되었다는 사실이 모두 증명되어야 한다.

2. 사해행위가 될 수 있는 자격

가. 개관: 책임재산을 감소시키는 법률행위

(1) 의미: 채무자의 책임재산 유출의 요건인 법률행위

A. 개관

• 사해행위가 되려면 채무자가 당사자인 재산적 법률행위로서 채무자의 책임재산 감소라는 효과를 초래하는 것이어야 한다.

채권자취소권의 대상이 되는 사해행위는 **채권자를 해하는 채무자의 재산적 법률행위**로서 원칙적으로 **채무자의 총재산에 감소를 초래**하는 행위를 말하므로, 채무자의 재산적 법률행위라 하더라도 채무자의 총재산에 감소를 초래하지 아니하는 경우에는 사해행위라 할 수 없다(대법원 2016. 1. 28. 선고 2014다222725 판결).

- 채무자가 한 처분행위이더라도 그 목적물이 채무자의 일반채권자를 위한 공동담보가 아니면 사해성이 인정될 수 없다. 예컨대 채무자가 자신에게 명의신탁된 부동산, 자신이 횡령한 돈, 일반 가등기가 설정된 부동산 등을 처분하는 경우 이러한 처분행위는 사해행위가 될 수 없다.

채무자의 재산적 법률행위라 하더라도 **채무자의 책임재산이 아닌 재산에 관한 법률행위인 경우에는 이를 채권자취소권의 대상이 된다고 할 수 없다.** 채무자가 피고(수익자)에게 송금하거나 이체한 돈은 채무자가 이사로 근무하던 회사인 원고의 재산인데 이를 채무자가 횡령하여 피고들에게 귀속시킨 것에 불과하여 채무자의 책임재산이 아니므로 이에 관한 송금 및 이체행위는 채권자취소권의 대상이 될 수 없다. 그런데도 채무자와 피고 사이의 송금행위를 사해행위로 취소한 다음 피고에게 원상회복을 명한 것은 사해행위에 관한 법리를 오해하여 판결 결과에 영향을 미친 위법이 있다(대법원 2013. 4. 11. 선고 2011다27158 판결).

B. 사례: 무효등기 유용

(a) 사안의 개요

- 甲에게 5억원의 대여금 채무를 부담하고 있는 丙은 X부동산(시가 5억원)을 소유하고 있었는데 여기에는 乙명의 1순위 저당권(피담보채권액 3억원)이 설정되어 있었다. 丙은 乙에게 1순위 저당권의 피담보채무를 변제했는데, 그 후 다시 乙로부터 돈 4억원을 빌리면서, 1순위 저당권설정등기로 이를 담보하기로 약정했다.
- 이에 甲은 乙·丙 간 위 약정에 대한 사해행위취소소송을 제기했다.

(b) 쟁점과 판단

- 乙·丙 간에는 유효한 무효등기 유용 합의가 인정된다. 일반채권자에 불과한 甲은 무효등기 유용으로 대항할 수 없는 제3자에 해당하지 않기 때문이다.
- 또한 이러한 乙·丙 간 무효등기 유용합의는 사해행위가 될 수도 없다. 乙명의 1순위 저당권의 피담보채권의 가액은 원래 甲의 책임재산이 아니었기 때문이다.

저당권이 설정되어 있는 목적물의 경우 그 목적물 중에서 일반채권자들의 공동담보에 제공되는 책임재산은 피담보채권액을 공제한 나머지 부분만이라고 할 것이므로, 수익자가 채무초과 상태에 있는 채무자의 부동산에 관하여 설정된 선순위 근저당권의 피담보채무를 변제하여 그 근저당권설정등기를 말소하는 대신 **동일한 금액을 피**

담보채무로 하는 새로운 근저당권설정등기를 설정하는 것은 채무자의 공동담보를 부족하게 하는 것이라고 볼 수 없어 사해행위가 성립하지 아니한다(대법원 2012. 1. 12. 선고 2010다64792 판결).

(2) 유형

- 채무자의 책임재산을 감소시키는 법률행위에 해당한다면 그 유형은 따지지 않는다. 따라서 계약은 물론 단독행위도 사해행위가 될 수 있다.
- 채무자가 한 처분행위가 계약인 경우, 무상계약은 원칙적으로 사해행위로 인정된다(대법원 2014. 10. 27. 선고 2014다41575 판결). 이에 비해 유상계약은 일정한 추가 요건이 충족되어야 사해행위로 인정될 수 있다(2012마712, 234면).
- 채무자가 한 단독행위도 사해행위가 될 수 있다. 예컨대 ㉠ 시효이익 포기는 사해행위가 될 수 있다. 부담하지 않아도 되는 채무를 부담하게 되어 소극재산을 증가시키는 결과를 초래하기 때문이다(2012마712, 216면). ㉡ 같은 맥락에서 준법률행위인 채무승인도 사해행위라고 볼 수 있다. 판례는 한정승인과 관련된 사안에서 채무승인도 사해행위 취소의 대상이 될 수 있음을 전제로 판단했다(2015다75308, 친족상속, 343면).

나. 사해행위인지가 문제된 사례

(1) 시효이익 포기

A. 사안의 개요

- 丙은 2004. 甲으로부터 대출을 받았고 丁은 丙을 연대보증했다. 丁은 2008. 6. 25. 채무초과 상태에서 유일한 재산인 X 부동산에 2008. 5. 20.자 매매예약을 원인으로 하는 乙명의 가등기를 마쳐주었고, 2021. 8. 18. X부동산에 대해 乙명의 본등기를 마쳐주었다.
- 甲이 2022. 2. 1. 丁에 대한 채권을 보전하기 위한 채권자취소소송을 제기하여 乙명의 본등기 말소와 그 원인행위의 취소를 청구하자, 乙은 丁·乙 간 매매예약으로부터 10여년이 지났으므로 甲의 채권자취소소송은 각하되어야 한다고 주장한다.

B. 쟁점과 판단

- 乙의 주장은 이유 없고 甲의 청구는 인용될 수 있다.
- 乙명의 가등기의 피보전채권은 그 원인행위인 丁·乙 간 매매예약이 성립한

2008. 5. 20.부터 10년이 경과한 2018. 5. 20. 시효소멸했으나, 丁이 2021. 8. 18. 乙명의 본등기를 마쳐줌으로써 그 무렵 묵시적 시효이익 포기 의사표시를 한 것으로 인정되며, 이때 사해행위가 이루어진 것으로 보아야 한다.

대법원 2013. 5. 31.자 2012마712 결정

- 채무자가 소멸시효 완성 후에 한 소멸시효이익의 포기행위는 소멸하였던 채무가 소멸하지 않았던 것으로 되어 결과적으로 **채무자가 부담하지 않아도 되는 채무를 새롭게 부담**하게 되는 것이므로 채권자취소권의 대상인 사해행위가 될 수 있다.
- 乙이 丁에게 매매예약 완결권을 행사하여 그때부터 이 사건 토지에 관한 가등기에 기한 본등기청구권을 행사할 수 있었음에도 이를 10년간 행사하지 아니함으로써 소멸시효가 완성되었다고 할 것이고, 시효이익을 받는 자인 丁이 그후 乙명의로 가등기에 기한 본등기를 마쳐줌으로써 자신의 시효이익을 포기하는 행위를 하였다고 할 수 있으며, 이러한 丁의 **시효이익 포기행위는 乙·丁 간 매매예약과는 별개**로 채권자취소권의 대상인 사해행위에 해당한다고 볼 수 있다.

(2) 일련의 처분행위

A. 개관

- 원칙: 동일한 채무자·수익자 간에 여러 개의 처분행위가 행해졌더라도, 각 처분행위를 대상으로 사해행위인지의 여부를 판단해야 한다. 따라서 각 처분행위마다 이로 인해 채무자의 무자력이 발생하거나 악화되는지를 검토하여 사해성이 있는지를 판단해야 하고, 절대기간 경과 여부도 각 처분행위마다 판단해야 한다.
- 예외: 특별한 사정이 있으면 일련의 처분행위 전체를 대상으로 사해성을 판단해야 한다. 이러한 특별한 사정이 인정되는지는 ㉠ 수익자의 동일성, ㉡ 채무자와 각 수익자들 사이의 인적 관계, ㉢ 각 처분행위의 시간적 근접성, ㉣ 처분 기회의 동일성·관련성 등을 기준으로 판단한다.

채무자가 연속하여 수개의 재산처분행위를 한 경우에는 원칙적으로 **각 행위별로 그**로 인하여 무자력이 초래되었는지 여부에 따라 사해성 여부를 판단하여야 하는 것이지만, 그 일련의 행위를 하나의 행위로 볼만한 **특별한 사정이 있는 경우에는 이를 일괄하여 전체적으로 사해성이 있는지 여부를 판단**하여야 하고, 그러한 특별한 사정이 있는지 여부는 처분의 **상대방이 동일**한지, 각 처분이 **시간적으로 근접**한지, **상대방들**

과 채무자가 **특별한 관계**가 있는지, 각 처분의 **동기 내지 기회가 동일**한지 등을 종합적으로 고려하여 판단할 것이다(대법원 2014. 3. 27. 선고 2012다34740 판결).

B. 사례: 토지거래허가제가 적용된 매매계약과 매수인 명의 근저당권설정계약

(a) 사안의 개요

- 甲에게 4억원의 대여금 채무를 부담하고 있는 丙은 X부동산(3억원)과 현금 5억원을 소유한 상태에서 X부동산을 乙에게 3억원에 팔기로 하는 매매계약을 체결했다.
- X부동산 매매에 대한 토지거래허가 절차가 지연되던 중 자금사정 악화로 채무초과 상태에 빠지게 된 丙은 乙로부터 대금 3억원의 선지급을 받은 후 X부동산에 대한 乙명의 근저당권설정등기(채권최고액 3억원)를 마쳐 주었다.
- 이 사실을 알게 된 甲은 곧바로 乙을 상대로 丙·乙 간 근저당권설정계약의 취소와 乙명의 근저당권 설정등기 말소등기를 구하는 사해행위 취소소송을 제기했다.

(b) 쟁점과 판단: 甲의 청구 기각

- 乙·丙 간 X부동산 매매계약과 이에 대한 乙명의 근저당권 설정계약은 일련의 사해행위에 해당한다. 두 처분행위의 수익자가 동일하고 시간적으로도 근접했을 뿐 아니라, 토지거래허가제 적용으로 인해 곧바로 소유권이전등기를 마칠 수 없어서 대금을 완납한 매수인 乙의 명의로 근저당권 설정등기가 마쳐진 것이므로 처분의 동기나 기회의 동일성도 인정된다.
- 따라서 X부동산 매매계약 당시를 기준으로 사해성을 판단해야 하는데, 이때는 丙에게 현금 5억원이 있었으므로 X부동산 매매로 인해 채무초과 상태가 발생했다고 볼 수 없다. 결국 '일련의 처분행위'에 전체에 대해 사해성이 인정되지 않는다.

대법원 2010. 5. 27. 선고 2010다15387 판결

> 이 사건 매매계약과 이 사건 근저당권설정계약은 계약의 **당사자가 동일**하고, 그 **목적물도 사실상 동일**하며, **실질적으로 동시**에 이루어졌고, 이 사건 부동산이 토지거래허가의 대상임에도 그 허가를 얻지 아니한 채 이 사건 매매계약이 체결되고 또 대금의 일부가 먼저 지급되었으므로 이 사건 근저당권설정계약은 주로 이 사건 매매계약의 이행을 미리 확보할 목적으로 또는 이 사건 매매계약이 무효로 확정되는 경우 이미 지급된 매매대금의 반환을 담보할 목적으로 체결되었음을 알 수 있다.

(3) 가등기의 원인행위인 예약

A. 사안의 개요

- 丙·乙은 2013. 2. 1. 丙 소유 X부동산에 대한 매매예약을 한 후 乙의 예약완결권을 피보전권리로 하는 乙명의 제1 가등기가 마쳐졌다. 丙은 2022. 12. 1. 채무초과 상태에서 유일한 재산인 X부동산에 대해 다시 乙과 매매예약을 하고 같은 날 乙명의 제2 가등기가 마쳐졌다.

- 丙에 대한 채권자 甲이 2024. 2. 1. 乙명의 제1 가등기와 제2 가등기의 말소를 청구하려면 어떤 주장을 해야 하는가?

B. 쟁점과 판단

(a) 제1 가등기 말소등기청구에 대한 판단

- 예약완결권에 대해서는 별도의 약정이 없는 한 제척기간 10년이 적용되므로, 乙명의 제1 가등기의 피보전권리인 예약완결권은 제척기간 경과로 소멸한 상태이다.

- 따라서 甲은 채권자대위권을 행사하여 X부동산의 소유자인 丙의 乙에 대한 가등기 말소등기 청구권(§214)을 대위 행사할 수 있다.

(b) 제2 가등기 말소등기청구에 대한 판단

- 예약완결권의 제척기간이 임박한 상태에서 그 기간 연장을 위해 새로 한 매매예약은 부담하지 않아도 되는 채무를 발생시킨다는 점에서 사해행위가 될 수 있고 이 경우 채권자는 채권자취소권을 행사하여 예약 취소와 가등기 말소등기 청구를 할 수 있다.

- 甲은 채권자취소권의 요건을 갖추었으므로 丙·乙 간 2022. 12. 1.자 매매예약을 취소하고 乙명의 제2 가등기 말소등기를 청구할 수 있다.

대법원 2018. 11. 29. 선고 2017다247190 판결
> ▸ 매매예약의 완결권은 일종의 형성권으로서 당사자 사이에 행사기간을 약정한 때에는 그 기간 내에, 약정이 없는 때에는 예약이 성립한 때부터 10년 내에 이를 행사하

여야 하고, 그 기간이 지난 때에는 예약완결권은 제척기간의 경과로 소멸한다

- 채무자가 <u>유일한 재산인 그 소유의 부동산에 관한 매매예약에 따른 예약완결권이</u> <u>제척기간 경과가 임박하여 소멸할 예정인 상태에서 **제척기간을 연장하기 위하여**</u> **새로 매매예약을 하는 행위는 채무자가 부담하지 않아도 될 채무를 새롭게 부담하** **게 되는 결과가 되므로 채권자취소권의 대상인 사해행위**가 될 수 있다.

C. 변형

- 丙·乙이 2022. 제2 매매예약을 하면서 2013. 마쳐진 가등기를 유용하기로 합의 한 경우, 무효등기 유용의 유효 여부부터 검토해야 한다.

- 丙·乙이 2013. 2. 1. 매매예약을 하면서 예약완결권의 행사기간을 20년으로 약 정한 경우, 이러한 약정은 유효이다(대법원 2017. 1. 25. 선고 2016다42077 판결). 따 라서 乙명의 제1 가등기는 유효이고, 甲은 채권자대위권을 행사하더라도 丙명의 제1 가등기 말소등기 청구를 할 수 없다.

(4) 법률효과를 완성시키는 (준)물권행위, 준법률행위

A. 개관

- 사해행위는 책임재산 유출이라는 효과를 발생시키는 법률행위이어야 하므로, 수 익자에게 채권이나 형성권을 발생시키는 법률행위는 사해행위가 될 수 있다. 이 에 비해 법률행위에 의한 권리 이전을 완성시키기 위해 행해지는 (준)물권행위나 준법률행위는 사해행위가 아니다. 따라서 권리 이전의 원인행위의 시점이 ⊙ 절 대기간의 기산점이고 ⓒ 사해성 판단을 위한 채무자 명의 재산의 가액산정의 기 준시이다.

사해행위가 되려면 법률행위이어야 하므로 <u>이미 이루어진 법률행위에 기한 이행행위</u> <u>는 사해행위가 아니다</u>(대법원 2017. 9. 21. 선고 2015다53841 판결).

✓ 판례 중에서는 채권행위뿐 아니라 (준)물권행위도 사해행위가 될 수 있다고 한 것이 있으나 의문 이다. 채권행위와 별개의 (준)물권행위가 행해져야 책임재산이 이전되는 경우에도 채권행위가 취소되면 유인성 원칙에 따라 (준)물권행위도 취소될 것이기 때문이다.

채권자취소권에서 취소의 대상이 되는 <u>사해행위는 채권행위거나 물권행위임을 불문</u> 하는 것이므로 이 사건에서 매매예약을 하고 그 소유권이전청구권 보전을 위한 가등

기가 이루어 진 때에 사해행위가 있는 것으로 본 원심의 조치는 정당하다(대법원 1975. 4. 8. 선고 74다1700 판결).

B. 사례

(a) 매매예약의 경우

- 예약 자체가 사해행위이고 이에 따른 예약완결권 행사는 단독행위·준물권행위 지만 사해행위가 아니다.
- 따라서 행사기간 준수, 사해성, 악의 등과 같은 요건의 충족 여부는 예약 당시를 기준으로 판단해야 한다.

(b) 채권양도 사안의 경우

- 채권양도의 원인계약이 사해행위이고 이에 따른 §450의 통지는 사해행위가 될 수 없다. 따라서 양도인의 자력이 채권양도 당시에 충분했다면 그 후 양도인이 채무초과 상태에서 §450의 통지를 했더라도, 양도인에 대한 채권자는 채권양도의 원인계약 자체나 §450의 통지에 대한 채권자취소권을 행사할 수 없다.

  채권양도에서 권리이전의 효과는 원칙적으로 당사자 사이의 양도계약의 체결과 동시에 발생하며 채무자에 대한 통지는 채무자 보호를 위한 대항요건일 뿐이므로, 채권양도행위가 사해행위에 해당하지 않는 경우에 양도통지가 따로 채권자취소권 행사의 대상이 될 수는 없다. 따라서 채권양도 계약 후 성립한 피보전채권으로 그 후에 이루어진 채권양도 통지를 대상으로 채권자취소권을 행사할 수 없다(대법원 2012. 8. 30. 선고 2011다32785 판결).

- 이러한 법리는 채권양도의 원인행위에 정지조건이 붙어 있고 채무초과 상태에서 이러한 조건이 성취되었더라도 마찬가지로 적용된다.

  어느 시점에서 사해행위에 해당하는 법률행위가 있었는가를 따짐에 있어서는 당사자 사이의 이해관계에 미치는 중대한 영향을 고려하여 신중하게 이를 판정하여야 하고, **채무자의 재산처분행위가 사해행위가 되는지 여부는 처분행위 당시를 기준**으로 판단하여야 하며, 설령 그 재산처분행위가 정지조건부인 경우라 하더라도 특별한 사정이 없는 한 마찬가지라고 할 것이다(대법원 2013. 6. 28. 선고 2013다8564 판결).

(5) 계좌이체·송금과 그 원인행위

A. 사해행위로 인정되기 위한 요건

- 채무자로부터 수익자에게로 계좌이체·송금이 이루어진 경우 그 원인행위가 사해행위라고 단정할 수 없다. 채무자가 수익자 명의 계좌를 사실상 관리했거나 수익자가 송금받은 돈을 채무자의 지시에 따라 사용했을 수 있기 때문이다.
- 송금의 원인행위가 증여로 증명된 경우처럼 송금액 상당의 이익이 수익자에게 종국적으로 귀속되었음이 인정되어야만 비로소 계좌이체·송금의 사해성이 인정될 수 있는데, 이러한 사정은 채권자취소권의 요건이므로 채권자가 주장·증명해야 한다.

> 다른 사람의 예금계좌에 돈을 이체하는 등으로 송금하는 경우에 그 송금은 다양한 법적 원인에 기하여 행하여질 수 있는 것으로서, 그 송금행위의 구체적인 법적 원인을 가리지 않고서 그 **송금사실만 가지고 송금인의 총재산의 실질적 감소를 초래하는 사해행위라고 단정할 수 없다** <u>수익자 명의 계좌가 수익자인 계좌명의인의 승낙 또는 양해 아래에 채무자에 의하여 이용된 것이라면 피고 수익자 명의의 이 사건 각 계좌에 대한 이체 사실만을 가지고 채무자 재산의 실질적 감소를 초래하는 사해행위라고 단정할 수 없다</u>(대법원 2016. 1. 28. 선고 2014다222725 판결).

> 채무자가 수익자의 예금계좌로 송금한 금전에 관하여 통정허위표시에 의한 증여계약이 성립하였다고 하려면, 우선 객관적으로 이들 사이에서 그와 같이 송금한 금전을 수익자에게 종국적으로 귀속되는 것으로서 <u>증여하여 무상 공여한다는 데에 관한 당사자들 사이의 의사 합치가 있는 것으로 해석되어야 한다. 그리고 그에 관한 입증책임은 위와 같은 각 송금행위가 채권자취소권의 대상이 되는 사해행위임을 주장하는 원고</u>에게 있다(대법원 2012. 7. 26. 선고 2012다30861 판결).

- 금융실명제 하에서 계좌 명의인인 수익자는 은행에 대해 예금채권을 행사할 수 있지만, 그렇다고 해서 채무자에 대한 관계에서도 명의인이 실질적으로 예금채권을 취득했다고 단정할 수는 없다.

> 금융실명제 아래에서 실명확인절차를 거쳐 개설된 예금계좌의 경우에 **명의인이 예금계약의 당사자로서 예금반환청구권을 가진다고 해도**, 이는 계좌가 개설된 금융회사

에 대한 관계에 관한 것으로서 그 점을 들어 곧바로 **송금인과 계좌명의인 사이의 법률 관계를 달리 볼 것이 아니다**(대법원 2018. 12. 27. 선고 2017다290057 판결).

B. 사해행위로 인정된 경우, 원상회복 방법

* 원물반환 원칙: 수익자가 채무자에게 예금채권을 양도하고 그 취지를 금융기관에 통지하는 방식으로 원상회복이 이루어져야 한다.

* 예외적인 가액배상: 수익자가 이미 예금을 인출하여 사용한 경우에는 원물반환이 불가능하므로 가액배상 방식으로 원상회복이 이루어져야 한다.

* 수익자가 가액배상 의무를 부담하지 않는 경우: 사해행위 후 수익자의 예금이 인출되었더라도, 채무자가 수익자로부터 예금통장·인장·접근매체 등을 교부받아 예금계좌를 사실상 지배·사용했다는 특별한 사정이 인정되면, 수익자 명의 예금채권은 이미 채무자의 책임재산으로 반환된 것과 마찬가지이므로 수익자는 가액배상 의무를 면한다. 다만 이러한 특별한 사정은 수익자가 주장·증명해야 한다. 계좌 명의인이 예금을 인출·사용한 것으로 추정되기 때문이다.

대법원 2018. 12. 27. 선고 2017다290057 판결

* 출연자와 예금주인 명의인 사이의 **예금주 명의신탁계약이 사해행위에 해당하여 취소되는 경우 그 취소에 따른 원상회복**은 수탁자인 **명의인이 금융회사에 대한 예금채권을 출연자에게 양도하고 아울러 금융회사에 대하여 양도통지**를 하도록 명하는 방법으로 이루어져야 한다.

* 예금계좌에서 **예금이 인출되어 사용된 경우에는 위와 같은 원상회복이 불가능하므로 가액반환**만이 문제 되는데, 신탁자와 수탁자 중 누가 예금을 인출·사용했는지에 따라 결론이 달라진다. ㉠ 신탁자가 수탁자의 통장과 인장, 접근매체 등을 교부받아 사용하는 등 **사실상 수탁자의 계좌를 지배·관리하고 있을 때에는 신탁자가 통상 예금을 인출·사용**한 것이라고 볼 수 있다. ㉡ 이에 비해 신탁자가 사실상 계좌를 지배·관리하고 있음이 **명확하지 않은 경우**에는 신탁자가 명의인의 예금계좌에서 예금을 인출하거나 이체하여 사용했다는 점을 **수탁자가 증명하지 못하면 수탁자가 예금을 인출·사용한 것으로 보아야** 한다.

(6) 무효인 법률행위

A. 개관

- 무효인 법률행위도 사해행위 취소의 대상이 될 수 있는데, 채무자·수익자 간 허위표시가 전형적인 예이다. 다만 무효인 법률행위에 대한 사해행위 취소 판결이 확정되더라도 이로 인해 무효 사유가 치유되는 것은 아니다.

  > 채무자의 법률행위가 통정허위표시인 경우에도 채권자취소권의 대상으로 되고, 채권자취소권의 대상으로 된 채무자의 법률행위라도 통정허위표시의 요건을 갖춘 경우에는 무효이다(대법원 1998. 2. 27. 선고 97다50985 판결).

B. 사례: 가등기의 원인행위가 허위표시인 경우

(a) 사안의 개요

- 甲에 대한 금전채무자 丙은 자신이 소유한 X부동산에 대해, 2015. 2. 1. 매매예약을 원인으로 하는 乙명의 가등기를, 2020. 2. 1. 乙명의 본등기를 각각 마쳐 주었다.
- 乙은 매매예약 당시 丙이 채무초과 상태에서 책임재산을 유출시키기 위해 매매예약을 한다는 사실을 잘 알고 있었다.

(b) 쟁점과 판단

- 제척기간의 기산점: 甲이 2020. 8. 1. 乙명의 본등기의 원인행위에 대한 사해행위 취소를 청구하면 배척된다. 사해행위에 해당하는 법률행위인 매매예약이 이루어진 2015. 2. 1.로부터 이미 5년이 경과했기 때문이다.
- 채권자 구제 방법: 丙·乙 간 매매예약이 허위표시이므로, 甲은 채권자대위권을 행사하여 丙을 대위하여 乙명의 본등기에 대한 말소등기 청구를 할 수 있다. 이때 甲이 대위행사하는 권리는 §214의 물권적청구권이므로 행사기간이 제한되지 않는다.

대법원 1991. 11. 8. 선고 91다14079 판결
  > 채권담보를 위한 가등기이든 매매예약에 기한 청구권보전의 가등기이든 가등기를 경료한 후 본등기하였을 때 **가등기를 한 법률행위를 제쳐 두고 그 본등기행위만이 취소의 대상이 되는 사해행위라고 할 것은 아니**므로 본등기 때부터 제척기간이 진행된다고 할 수 없다.

> ・ <u>가등기와 본등기가 전혀 원인 없는 허위표시</u>에 의하여 이루어 졌다고 하더라도 <u>원고가 위 소외인을 대위하여 그 등기가 원인 없음을 이유로 제척기간의 적용을 받음이 없이 말소를 구할 수 있음</u>은 별론으로 하고 그와 같은 사유가 있다고 하여 사해행위취소의 소를 제기함에 있어 <u>제척기간의 적용을 면하는 것이라고 할 수 없다.</u>

(7) 어음발행

- 기존 채무의 지급을 위해 어음이 발행된 경우 채무가 증가하는 것은 아니므로 사해행위가 아니다.
- 이에 비해 새로운 채무 부담을 위해 어음이 발행되면 사해행위로 인정될 수 있다.

> 기존 채무의 <u>지급을 위하여 약속어음이 발행된 경우에는 특별한 사정이 없는 한 그 약속어음의 발행으로 인하여 채무자의 채무가 새로이 증가되는 것이 아니므로</u> 그 약속어음의 발행이 사해행위에 해당한다고 할 수 없지만, 채무자가 약속어음을 발행함으로써 <u>새로운 채무를 부담하게 되는 경우에 있어서는, 그 채무부담으로 인하여 채무자가 채무초과상태에 빠지거나 이미 빠져 있던 채무초과상태가 더욱 악화된다면 그 약속어음의 발행은 다른 채권자를 해하는 것으로서 사해행위에 해당한다</u>(대법원 2002. 10. 25. 선고 2000다64441 판결).

(8) 친족법·상속법상 법률행위(친족상속법 참조)

- 이혼으로 인한 재산분할협의, 상속재산 분할협의는 사해행위가 될 수 있다.
- 상속포기, 유증 포기 등은 사해행위가 될 수 없다.

3. 사해성의 판단

가. 개관

(1) 규범적 판단(순수한 회계적 판단 아님)

- 책임재산을 감소시켜 공동담보 부족 상태를 유발 또는 심화시킨 처분행위이더라도 구체적 사정에 비추어 사해성이 부정될 수 있다. 이러한 구체적 사정의 예로서, 처분행위의 목적·불가피성, 수익자와의 통모 여부 등을 들 수 있다.
- 예컨대 채무자인 회사가 직원의 고용 승계를 조건으로 회사의 자산을 수익자에게 양도한 경우 회계적 관점에서 사해성이 인정될 수 있어도 규범적 판단에 따라 사해성이 부정될 수 있다.

대법원 2016. 8. 30. 선고 2016다219303 판결

> • 채무자가 **책임재산을 감소시키는 행위를 함으로써 일반채권자들을 위한 공동담보의 부족상태를 유발 또는 심화**시킨 경우에 그 행위가 채권자취소의 대상인 사해행위에 해당하는지 여부는, 목적물이 채무자의 전체 책임재산 가운데에서 차지하는 비중, 무자력의 정도, 행위의 의무성 또는 상황의 불가피성, 채무자와 수익자 간 통모의 유무와 같은 공동담보의 부족 위험에 대한 당사자의 인식의 정도 등 그 행위에 나타난 **여러 사정을 종합적으로 고려하여, 그 행위를 궁극적으로 일반채권자를 해하는 행위로 볼 수 있는지 여부**에 따라 최종 판단하여야 할 것이다.
> • 채무초과의 상태에 있는 채무자가 적극재산을 채권자 중 일부에게 대물변제조로 양도하는 행위는 다른 채권자들에 대한 관계에서 사해행위가 될 수 있으나, 이러한 경우에도 위에서 본 사해성의 일반적인 판단기준에 비추어 그 행위가 궁극적으로 일반채권자를 해하는 행위로 볼 수 없는 경우에는 사해행위의 성립이 부정될 수 있다.

(2) 판단기준

A. 모든 일반채권자를 위한 책임재산의 감소 여부

• 사해성 여부는 채무자의 모든 책임재산과 채무를 고려하여 판단해야 한다. 채권자취소권은 모든 일반채권자를 위한 공동담보인 책임재산을 보전하기 위한 제도이기 때문이다.

• 예컨대 甲의 丙에 대한 대여금채권을 乙과 丁이 연대보증한 후 丁이 乙에게 책임재산을 증여한 경우, 甲의 관점에서는 책임재산에 변동이 없지만 丁에 대한 다른 일반채권자의 관점에서는 丁의 책임재산이 감소한 것이므로, 甲도 乙·丁 간 증여계약에 대한 사해행위취소를 청구할 수 있다(대법원 2009. 3. 26. 선고 2007다63102 판결).

B. 채무자의 책임재산·소극재산 전반에 대한 파악

(a) 문제의 소재

• 사해성이 인정되려면 문제된 처분행위로 인해 채무자의 채무초과 상태가 발생하거나 악화되었다는 사실이 인정되어야 한다.

• 예컨대 채무자의 X재산 처분행위의 사해성이 인정되려면, 그 처분행위 전후의 채무자의 책임재산과 채무의 전체적인 상황을 비교해야 한다.

(b) 실질적 판단

• 채무자 명의 채무이더라도 채무자가 실제로 변제할 의무가 있는 경우에만 사해성 판단을 위해 고려해야 하는 소극재산에 포함될 수 있다(대법원 2006. 2. 10. 선고 2004다2564 판결).

• 채무자가 보유한 채권 중에서는 실제로 변제받을 가능성이 크고 쉽게 변제받을 수 있는 것만 사해성 판단을 위해 고려해야 하는 적극재산에 포함될 수 있다(대법원 2013. 12. 12. 선고 2012다111401 판결). 예컨대 채무자 명의 정기예금채권이 있더라도 이에 대한 양도성예금증서가 발행되었다면 적극재산에 포함되지 않는다. 이 정기예금은 증서 소지인에게 지급될 것이기 때문이다(대법원 2006. 2. 10. 선고 2004다2564 판결).

(3) 판단의 기준시

A. 원칙: 사해행위라고 지목된 처분행위가 행해진 시점

• 사해성 판단을 위해 고려해야 할 책임재산의 가액은 사해행위로 지목된 처분행위 당시를 기준으로 산정해야 하며 여기에는 사해행위로 지목된 처분행위의 목적물의 가액도 포함된다(대법원 2008. 5. 15. 선고 2005다60338 판결).

• 문제된 처분행위 이후에 채무자의 적극재산 중 일부가 경매되었더라도, 사해성 판단을 위해 고려해야 할 책임재산의 가액은 매각대금이 아니라 사해행위 당시를 기준으로 산정된 감정평가액을 기준으로 산정해야 한다.

채무자의 재산처분행위가 **사해행위가 되는지 여부는 처분행위 당시를 기준**으로 판단하여야 하므로, 채무자의 적극재산에 포함되는 부동산이 사해행위가 있은 후에 경매절차에서 경락된 경우에도 사해성 판단을 위해 적극재산을 경락된 가액을 기준으로 할 것이 아니라 사해행위 당시의 시가를 기준으로 산정하여야 할 것이며, 부동산에 대하여 **정당한 절차에 따라 산출된 감정평가액**은 특별한 사정이 없는 한 그 시가를 반영하는 것으로 볼 수 있다(대법원 2009. 10. 29. 선고 2009다47852 판결).

B. 비교: 사해행위 이후 채무자의 자력이 확충된 경우

사해성의 요건은 **처분행위 당시는 물론 채권자가 취소권을 행사할 당시(사해행위취소소송의 사실심 변론종결 시)에도** 갖추고 있어야 하므로, 처분행위 당시에는 채권자를 해하는 것이었더라도 그 후 채무자가 **자력을 회복하거나 채무가 감소**하는 등의 사

유로 채권자취소권 행사 시에 채권자를 해하지 않게 되었다면, 채권자취소권에 의하여 책임재산을 보전할 필요성이 없으므로 **채권자취소권은 소멸**한다(대법원 2009. 3. 26. 선고 2007다63102 판결).

나. 사해성 판단을 위해 고려해야 하는 채무자의 적극재산, 소극재산

(1) 소극재산

A. 개관

• 사해행위 당시 이미 존재하는 채무만 고려 대상이 되는 것이 원칙이다.

• 예외적으로 사해행위 이후에 발생한 채무도 사해성 판단을 위한 고려 대상이 될 수 있는데, 이를 위한 요건은 '사해행위 이후에 발생한 채권이 피보전채권이 되기 위한 요건'과 같다. 즉 사해행위 이후에 발생한 채무이더라도, 사해행위 당시에 성립 기초인 법률관계의 존재, 성립의 개연성이라는 요건이 충족되어 있었다면 그 채무액도 사해성 판단을 위한 소극재산에 산입해야 한다(대법원 2022. 7. 14. 선고 2019다281156 판결). 예컨대 A가 B에게 부담한 채무를 C가 보증한 사안에서 A가 한 처분행위의 사해성을 판단함에 있어서, 주채무자 A의 처분행위 당시에 A의 B에 대한 채무의 불이행이 발생할 개연성이 높았다면, 그 당시 아직 발생하지 않았던 A의 C에 대한 구상금 채무도 A의 소극재산으로 고려되어야 한다(대법원 2000. 9. 26. 선고 2000다30639 판결).

B. 사례: 채무자가 타인의 보증인인 경우

(a) 보증채무 중 소극재산으로 반영되어야 하는 가액의 산정 방법

• 채무자가 타인의 보증인인 경우에는 그 보증채무의 가액도 소극재산으로 고려되어야 하지만, 채무자가 변제자대위로 우선변제권을 확보할 수 있는 가액만큼은 공제해야 한다. 예컨대 丙이 B의 A에 대한 1억원의 채무를 보증했는데 이 채무를 담보하기 위해 B소유 X부동산(시가 2억원)에 1순위 저당권이 설정되어 있다면, 丙의 보증채무는 소극재산으로 산입되지 않는다. 丙이 보증채무를 부담하더라도 변제자대위로 X부동산에 대한 1억원의 1순위 저당권을 확보할 수 있기 때문이다. 만약 X부동산이 물상보증인 C의 소유이면 丙은 변제자대위로 5000만원만 확보할 수 있으므로, 丙의 처분행위의 사해성 판단을 위해 5000만원의 소극재산이 산입되어야 한다.

- 채무자가 변제자대위권을 행사더라도 우선변제를 받을 수 없다면 보증채무 전액이 소극재산에 반영된다. 예컨대 주채무자를 위한 보증인이 있어도, 채무자의 보증채무를 소극재산에 반영함이 있어서 보증채무 전액을 반영해야 하며 그 가액에서 주채무자나 다른 보증인의 책임재산을 공제하면 안 된다. 위의 예에서, 자력이 충분한 E가 丙과 함께 A의 보증인이 되었더라도, 丙의 재산상태를 판단할 때 보증채무 1억원 전액이 반영된다. 丙이 E에게 5000만원의 변제자대위권을 행사할 수 있다는 사정은 고려 대상이 아니기 때문이다.

> 보증인의 법률행위가 사해행위에 해당하는지 여부를 판단함에 있어서, 주채무에 관하여 주채무자 또는 제3자 소유의 부동산에 대하여 채권자 앞으로 **근저당권이 설정되어 있는 등으로 채권자에게 우선변제권이 확보되어 있는 경우가 아닌 이상**, 주채무자의 일반적인 자력은 고려할 요소가 아니라고 할 것이다(대법원 2003. 7. 8. 선고 2003다13246 판결).

(b) 비교: 채무자를 위한 보증인이 있는 경우

- 채무자를 위한 보증인이 있어도 보증인의 책임재산은 사해성 판단에 반영될 책임재산에 포함되지 않는다.

> 채권에 연대보증 등의 인적 담보가 붙어 있다고 하여도 이를 채무자의 적극재산에 포함시킬 것은 아니다(대법원 2009. 3. 26. 선고 2007다63102 판결).

✓ 채권자가 보증인의 책임재산으로부터 만족을 얻더라도 채무자는 이로 인해 보증인에게 구상채무를 지게 되기 때문이다.

(2) 적극재산(책임재산)

- 실질적인 재산가치가 있고 일반채권자을 위한 환가·배당의 대상이 될 수 있는 모든 적극재산은 책임재산이 된다. 즉 채무자가 처분행위 당시에 보유한 책임재산은 그 처분행위의 사해성 판단을 위한 고려 대상이 된다. 이때 실질적인 재산가치가 인정되는 적극재산을 환금성이나 강제집행 가능성이 떨어진다는 이유로 배제하면 안 된다. 예컨대 사해행위 당시 채무자가 보유하고 있던 소규모 비상장회사 주식도 채무자의 적극재산으로 고려해야 한다(대법원 2012. 10. 11. 선고 2010다85102 판결).

- 이에 비해 압류금지재산은 책임재산이 아니므로 사해성 판단을 위한 고려 대상이 아니다(대법원 2005. 1. 28. 선고 2004다58963 판결). 예컨대 甲에 대한 금전채무자 丙이 Y재산을 乙에게 처분할 당시 丙이 보유한 책임재산인 X, Y재산 중 X재산이 압류금지재산이었다면, 丙·乙 간 Y재산 처분행위에는 사해성이 인정된다. 丙의 재산상태를 파악함에 있어서 X재산은 고려 대상이 아니므로, 丙이 유일한 책임재산인 Y재산을 처분하여 채무초과 상태가 된 것으로 보아야 하기 때문이다.
- 채무자의 적극재산 중 담보권이 설정된 부동산이 있으면 그 가액에서 우선변제 대상 가액을 공제한 잔액만이 일반채권자를 위한 책임재산이 될 수 있으므로 이 가액만을 적극재산으로 파악해야 한다.

(3) 사례: 담보권이 설정된 부동산과 적극재산의 가액 파악

A. 개관

(a) 일반채권자를 위한 책임재산인 공동담보의 가액만 적극재산으로 반영됨

- 담보권이 설정된 부동산이 적극재산인 경우, 그 부동산의 가액에서 담보권의 피담보채권액을 공제한 잔액만이 사해성 판단을 위한 적극재산에 반영된다(대법원 2015. 6. 11. 선고 2014다237192 판결). 이 가액만이 일반채권자를 위한 공동담보가 될 수 있기 때문이다. 예컨대 채무자 소유 부동산에 설정된 근저당권의 채권최고액과 피담보채권액이 모두 목적물의 가액을 초과하는 경우 그 목적물의 처분행위는 사해행위가 아니다(대법원 2018. 4. 24. 선고 2017다287891 판결).
- 채무자 자신의 채무에 대한 담보권이 설정된 경우는 물론, 타인의 채무에 대한 물상보증인으로서의 담보권이 설정된 경우에도 같은 법리가 적용된다.

사해행위에 해당하는지 여부를 판단함에 있어 채무자 소유의 재산이 다른 채권자의 채권에 물상담보로 제공되어 있다면, **물상담보로 제공된 부분은 채무자의 일반 채권자들을 위한 채무자의 책임재산이라고 할 수 없**으므로, 그 물상담보에 제공된 재산의 가액에서 다른 채권자가 가지는 피담보채권액을 공제한 잔액만을 채무자의 적극재산으로 평가하여야 한다(대법원 2012. 1. 12. 선고 2010다64792 판결).

- 채무자의 임대차보증금 반환채권에 대해서도 같은 법리가 적용되므로, 그 가액에서 당연공제 대상인 가액을 공제한 잔액만이 채무자의 적극재산으로 평가된다.

채무자가 **채무초과상태에 있는지 여부를 판단**함에 있어서 **사해행위 당시 존속하고 있는 임대차관계에서의 임차인의 보증금반환채권**은 장차 임대차관계가 종료되는 등으로 그 권리가 실제로 성립하는 때에 **선순위권리의 존재 또는 임차인의 차임지급의 무 불이행 등으로 임차인이 이를 현실적으로 반환받을 가능성이 없거나 제한**되는 것으로 합리적으로 예측되는 등의 특별한 사정이 없는 한 이를 **보증금액 상당의 가치대로 적극재산에 포함**된다고 평가해야 한다(대법원 2013. 4. 26. 선고 2012다118334 판결).

(b) 사해행위 후 다른 재산에 대한 담보권이 소멸한 경우

* 원칙: 사해행위 후 다른 재산에 대한 담보권이 소멸하더라도 사해성 판단에 영향을 미치지 않는다. 사해성은 처분행위 당시를 기준으로 판단해야 하기 때문이다.

✓ 다만 이 경우 책임재산이 증가한 것으로 평가할 수 있다면 '보전의 필요성' 요건 판단에는 영향을 줄 수 있다(사견).

채무자의 무자력 여부는 사해행위 당시를 기준으로 판단해야 하므로, 사해행위 이후 채권자가 물상보증인의 책임을 면제하는 문서를 작성하여 주었다든가, 위 부동산에 관한 배당절차에서 그 채권자가 근저당권자로서 배당에 참가하지 않았다고 하더라도 마찬가지라고 한 원심의 판단은 정당하다(대법원 2012. 1. 12. 선고 2010다64792 판결).

* 예외: 선순위 담보권이 그 원인행위에 대한 사해행위 취소권 행사로 인해 소멸한 경우, 그 피담보채권액은 채무자의 적극재산에 반영되어야 한다. 선순위 담보권에 대한 사해행위 취소권 행사의 목적은 공동담보의 확보이기 때문이다.

새로 설정된 담보권의 말소를 구하는 사해행위취소 청구 사안에서 이에 앞서 ⊙ **선순위 담보권 설정행위가 사해행위로 인정되어 취소되고 그에 기한 등기가 말소**되었거나 ⓛ 채권자가 선순위 담보권과 후순위 담보권에 대한 사해행위취소 및 등기말소를 구하는 소송에서 **선순위 담보권 설정행위가 사해행위로 인정되는 경우**에는, 후순위 담보권 설정행위가 사해행위에 해당하는지 여부를 판단함에 있어 그 선순위 담보권의 피담보채무액을 당해 부동산에 설정된 담보권의 피담보채무액에 포함시켜서는 안 된다(대법원 2007. 7. 26. 선고 2007다23081 판결).

(c) 연습

* 채무자 丙이 X재산(2억원)과 Y부동산(6억원)을 보유한 상태에서 乙에게 X재산을

처분하자 丙에 대한 5억원의 대여금채권을 가진 甲이 丙·乙 간 X재산 처분행위에 대한 사해행위 취소소송을 제기했다. 丙·乙 간 X재산 처분행위 당시 Y부동산에 대해 丁명의 저당권설정등기(피담보채권액 4억원)가 설정되어 있었다.

- 丙·乙 간 X재산 처분행위의 사해성 판단을 위해 丙의 재산 상황을 파악하는 경우, Y부동산의 시가 6억원에서 丁의 우선변제권의 대상인 4억원을 공제한 2억원만 丙의 적극재산으로 파악되어야 한다. 이렇게 본다면 丙·乙 간 X재산 처분행위 당시 丙의 책임재산은 4억원(X재산의 가액 2억원 + Y부동산의 가액 중 책임재산에 해당하는 가액 2억원)인 데 비해 소극재산은 5억원(甲에 대한 대여금채무)이었으므로, 丙·乙 간 X재산 처분행위로 인해 丙은 채무초과 상태가 더 악화되었고, 이러한 처분행위에는 사해성이 인정된다.

- 위의 사안에서 Y부동산에 설정된 담보권이 근저당권인 경우에는, 그 채권최고액과 확정된 피담보채권액 중 더 작은 값을 공제한 잔액만이 공동담보로 파악된다.

B. 비교: 가등기가 설정된 부동산

(a) 개관

- 채무자의 적극재산인 부동산에 가등기가 마쳐져 있는 경우, 이 부동산이 공동담보에 해당하는지가 문제된다.

- 판례는 이러한 가등기가 ㉠ 청구권 보전을 위한 일반가등기인 경우에는 그 부동산 전부가 공동담보가 아니라고 보는 반면, ㉡ 담보가등기인 경우에는 그 부동산의 가액에서 피담보채권액을 공제한 가액만큼은 공동담보라고 본다.

> 채무자의 **적극재산인 부동산에 이미 제3자 명의로 소유권이전청구권보전의 가등기**가 마쳐져 있는 경우에는 강제집행을 통한 변제가 사실상 불가능하므로, <u>가등기담보 등에 관한 법률에 정한 담보가등기로서 강제집행을 통한 매각이 가능하다는 등의 특별한 사정이 없는 한, 위 부동산은 **실질적으로 재산적 가치가 없어 적극재산을 산정할 때 제외**</u>하여야 한다(대법원 2009. 2. 26. 선고 2008다76556 판결).

(b) 사례: 담보가등기 말소 후 일반가등기가 설정된 경우

- 사안의 개요: ㉠ 丙은 丁에 대한 2억원의 채무를 담보하기 위해 유일한 재산인 X부동산(시가 3억원)에 대해 丁명의 가등기를 마쳐 주었고, 그 후 丙은 甲으로부터 2억원을 무담보로 차용했다. ㉡ 丙이 丁에게 2억원의 원리금을 변제한 후 丁명의 가등기를 말소했는데 그 후 乙과 X부동산 매매예약을 하고 乙명의 가등기를 마쳐주었다.

• 쟁점과 판단: 甲이 丙·乙 간 매매예약에 대한 사해행위취소를 청구하면 인용될 수 있다. 사해행위 당시에는 X부동산의 가액에서 丁의 피담보채권액을 공제한 1억원이 책임재산에 포함되어 있었는데, 그 후 丙이 乙에게 일반 가등기를 마쳐줌으로써 이 1억원의 책임재산이 유출되었기 때문이다. 따라서 乙은 甲에게 1억원의 가액배상 의무를 진다.

> 수익자가 채무초과상태에 있는 채무자의 부동산에 관하여 설정된 ⑦ 선순위 담보가등기의 피담보채무를 변제하여 그 가등기를 말소하는 대신, **동일한 금액을 피담보채무로 하는 새로운 담보가등기**를 설정하는 것은 채무자의 공동담보를 부족하게 하는 것이라고 볼 수 없어 **사해행위가 성립한다고 할 수 없**지만, ⓒ 선순위 담보가등기를 말소시킨 후 그 부동산에 관하여 매매예약을 하고, 그에 기하여 **소유권이전등기청구권 보전의 가등기를 경료한 경우에는 그 부동산의 가액, 즉 시가에서 피담보채무액을 공제한 잔액의 범위 내에서 사해행위**가 성립한다 할 것이다(대법원 2003. 7. 11. 선고 2003다19435 판결).

다. 사해성에 대한 규범적 판단이 적용되는 경우

(1) 개관

A. 문제의 소재

• 회계적으로는 공동담보의 변화가 없거나 심지어 책임재산이 증가해도 일반채권자의 관점에서는 공동담보의 유출을 초래한다고 볼 수 있는 법률행위로서, 변제·대물변제, 담보제공 등을 들 수 있다.

• 이러한 법률행위가 문제된 경우, 책임재산 감소라는 회계적 판단이 아니라 일반채권자들 간의 불공평 초래 등과 같은 규범적 판단에 의해 사해성 인정 여부가 결정된다.

B. 규범적 판단에 의한 사해성 인정의 요건

(a) 원칙

• 규범적 판단에 의해 사해성이 인정되기 위한 요건은 채무자의 처분행위의 유형에 따라 달라진다.

• 예컨대 ⑦ 유상 처분행위(환금)의 경우에는 목적물이 유일한 재산이고 편파변제를 위한 통모 사실이 인정되어야 사해성이 인정되는 데 비해 ⓒ 특정 채권자에 대

한 담보 제공의 경우에는 채무초과 상태만 인정되면 담보로 제공된 재산이 유일한 재산인지를 따지지 않고 사해성이 인정된다. ⓒ 채무의 내용에 좇은 본지변제의 경우 채무초과 상태에서 편파변제에 대한 통모나 해의로 한 행위임이 인정되어야 사해성이 인정되고, ② 대물변제의 경우, 채무초과 상태만 인정되면 유일한 재산인지를 불문하고 사해성이 인정될 뿐 아니라, 채무초과 상태가 아니었더라도 편파변제에 대한 통모·해의가 인정되면 사해성이 인정된다.

(b) 예외: 신규 자금 확보를 위한 담보 제공

• 채무자가 채무초과 상태에서 특정 채권자에게만 담보를 제공한 경우에는 원칙적으로 사해성이 인정된다. 다만 그 목적이 사업 추진 자금 조달이었다면 예외적으로 사해성이 부정된다.

• 이에 비해 채무자에게 사업 추진 의도가 있었더라도 담보 제공의 주된 목적이 신규 자금의 확충이 아니라 기존 채무의 변제기 유예였다면, 이러한 담보 제공에는 사해성이 인정된다.

대법원 2015. 12. 23. 선고 2013다83428 판결

‣ 자금난으로 사업을 계속 추진하기 어려운 상황에 처한 채무자가 ⊙ 자금을 융통하여 사업을 계속 추진하는 것이 채무 변제력을 갖게 되는 최선의 방법이라고 생각하고 신규자금을 융통하기 위해 ⓛ 부득이 부동산을 **특정 채권자에게 담보로 제공하고 그로부터 신규자금을 추가로 융통**받았다면 특별한 사정이 없는 한 채무자의 담보권 설정행위는 사해행위에 해당하지 아니한다.

‣ 그런데 이미 채무초과 상태에 빠진 채무자가 그의 일반채권자에 대한 관계에서 사업 활동에 실제로 활용할 수 있는 ⓐ **신규자금의 유입**과 기존채무의 ⓑ **이행기 연장 내지 채권회수의 유예**는 사업의 갱생이나 계속적 추진을 위하여 가지는 경제적 의미가 동일하다고 볼 수 없다. 따라서 비록 사업의 갱생이나 계속 추진의 의도에서 이루어진 행위라 하더라도, 기존 채무의 이행을 **유예받기 위하여** 채권자 중 한 사람에게 그 소유의 부동산을 담보로 제공하는 행위는 다른 특별한 사정이 없는 한 **사해행위에 해당**한다.

(2) 구체적인 예

A. 유상처분

• 원칙: 채무자가 책임재산을 처분하더라도 상당한 대가 이상의 반대급부를 받는

다면 이러한 처분행위에는 사해성이 인정되지 않는다.

- 예외: 채무자가 유일한 재산을 유상으로 처분하여 금전으로 바꾼 경우에는, ㉠ 사해성이 인정되고 나아가 채무자의 사해의사도 추정된다(대법원 2001. 4. 24. 선고 2000다41875 판결). ㉡ 다만 그 대금이 상당한 가액이고 변제나 그 준비에 사용할 목적이 있었다고 인정되면 사해성이 부정될 수 있으나 ㉢ 이 경우에도 통모에 의한 편파변제에 해당하면 사해성이 인정된다.

- 이러한 원칙과 예외는 매매뿐 아니라 영업양도 등과 같은 유상 처분행위 전반에 대해 적용된다.

채무자가 자기의 유일한 재산인 부동산을 매각하여 소비하기 쉬운 금전으로 바꾸는 경우, 그 매각 목적이 채무를 변제하거나 변제자력을 얻기 위한 것이고 그 대금이 부당한 염가가 아니며 실제 이를 채권자에 대한 변제에 사용하거나 변제자력을 유지하고 있는 때에는, 채무자가 일부 채권자와 통모하여 다른 채권자를 해칠 의사를 가지고 변제를 하는 등의 특별한 사정이 없는 한, 사해행위에 해당한다고 볼 수 없다. 이러한 법리는 유일한 재산으로서 영업재산과 영업권이 유기적으로 결합된 일체로서 영업을 양도하는 경우에도 마찬가지로 적용된다(대법원 2021. 10. 28. 선고 2018다218410 판결).

B. 특정한 채권자에 대한 담보제공

- 개관: ㉠ 특정한 채권자에 대한 담보제공은 사해행위가 아닌 것이 원칙이다. ㉡ 예외적으로, 채무초과 상태에 있는 채무자와 특정 채권자 간의 담보 제공 행위에는 사해성이 인정되는데, 이 담보물이 채무자의 유일한 재산이 아니더라도 마찬가지이다. ㉢ 다만 채무초과 상태 하에서의 담보 제공이더라도 그 피담보채무가 채무자의 담보물 매수 과정에서 부담한 대금채무인 경우에는 사해성이 인정되지 않는다. 일반채권자를 위한 공동담보가 감소했다고 볼 수 없기 때문이다.

대법원 2017. 9. 21. 선고 2017다237186 판결

- 채무초과 상태에 있는 채무자가 그 소유의 부동산을 채권자 중의 어느 한 사람에게 채권담보로 제공하는 행위는 특별한 사정이 없는 한 다른 채권자들에 대한 관계에서 사해행위에 해당한다.

- 그러나 채무자의 재산처분행위가 사해행위가 되려면 채무자의 총재산이 감소되어 채권의 공동담보가 부족한 상태를 유발 또는 심화시켜야 하는 것이므로, 채무자가

제3자로부터 자금을 차용하여 부동산을 매수하고 해당 부동산을 차용금채무에 대한 담보로 제공하거나, 채무자가 제3자로부터 부동산을 매수하여 매매대금을 지급하기 전에 소유권이전등기를 마치고 해당 부동산을 매매대금채무에 대한 담보로 제공한 경우와 같이, 기존 채권자들의 공동담보가 감소되었다고 볼 수 없는 경우에는 그 담보제공행위를 사해행위라고 할 수 없다.

• 사례: 채무자가 자신이 소유한 주택을 특정 채권자에게 임대한 경우, 특정 채권자에 대한 담보 제공 사안에 준하여 사해성을 판단해야 한다. 예컨대 채무자가 채무초과 상태에서 유일한 재산인 주택을 특정 채권자에게 임대했으면 이러한 임대차 계약은 사해행위 취소의 대상이 된다.

  ▸ 주택임대차보호법 제8조의 소액보증금 최우선변제권은 임차목적 주택에 대하여 저당권에 의하여 담보된 채권, 조세 등에 우선하여 변제받을 수 있는 **일종의 법정담보물권을 부여한 것**이므로, 채무자가 **채무초과상태에서 채무자 소유의 유일한 주택에 대하여 위 법조 소정의 임차권을 설정**해 준 행위는 채무초과상태에서의 담보제공행위로서 채무자의 총재산의 감소를 초래하는 행위가 되는 것이고, 따라서 그 **임차권 설정행위는 사해행위취소의 대상**이 된다고 할 것이다(대법원 2005. 5. 13. 선고 2003다50771 판결).

C. 본지변제
• 원칙: 채무자가 채무의 내용에 따른 이행을 하는 본지변제가 이루어지는 경우 이러한 본지변제에는 사해성이 인정되지 않는 것이 원칙이다. 일반채권자 보호를 위해 채무자가 특정 채권자에게 자발적으로 이행하는 것을 제한할 수는 없기 때문이다. 따라서 채무초과 상태에서 한 본지변제도 사해행위가 아님이 원칙이다.
• 예외: 채무자가 특정 채권자와 통모하여 다른 채권자를 해할 의사로 변제했다는 특별한 사정이 인정되면 본지변제에 대해서도 사해성이 인정될 수 있다. 이러한 특별한 사정은 본지변제가 사해행위라고 주장하는 채권자취소권자가 주장·증명해야 한다.

채권자가 채무의 변제를 요구하는 것은 그의 당연한 권리행사로서 다른 채권자가 존재한다는 이유로 이것이 방해받아서는 아니 되고, 채무자도 다른 채권자가 있다는 이유로 그 채무이행을 거절할 수는 없는 것이므로 채무자가 **채무초과의 상태**에서 특정 채권자에게 **채무의 본지에 따른 변제**를 함으로써 다른 채권자의 공동담보가 감소하는 결과가 되는 경우, 그 변제는 **채무자가 특히 일부의 채권자와 통모하여 다른 채권자를 해할 의사**를 가지고 변제를 한 경우가 아닌 한 원칙적으로 사해행위가 되는 것이 아니다(대법원 2014. 10. 27. 선고 2014다41575 판결).

이때 채무자가 특히 일부의 채권자와 통모하여 다른 채권자를 해할 의사를 가지고 변제를 하였는지 여부는 **사해행위임을 주장**하는 사람이 **입증**하여야 한다(대법원 2005. 3. 25. 선고 2004다10985판결).

D. 대물변제

- 대물변제에 대해서도 본지변제와 같은 기준에 따라 사해성 여부를 판단해야 한다고 본 판례도 있다.

채무자가 채무초과의 상태에서 특정채권자에게 __채무의 본지에 따른 변제__를 함으로써 다른 채권자의 공동담보가 감소하는 결과가 되는 경우에도 그 변제는 채무자가 특히 일부의 채권자와 **통모하여 다른 채권자를 해할 의사를 가지고 변제를 한 경우가 아닌 한** 원칙적으로 사해행위가 되는 것이 아니라고 할 것인바, 기존 금전채무의 변제에 갈음하여 다른 금전채권을 양도하는 경우에도 이와 마찬가지로 보아야 할 것이다(대법원 2003. 6. 24. 선고 2003다1205 판결).

- 그러나 판례의 주류는 대물변제에 대해서는 본지변제와는 다른 기준에 따라 즉 '채무초과 상태였는지의 여부'에 따라 사해성 여부를 판단하고 있다. 즉 대물변제 당시에 채무자가 채무초과 상태였으면, 통모·해의 여부는 따질 필요가 없고, 유일한 재산인지의 여부도 문제되지 않으며, 실제 채권액보다 저가인 재산으로 대물변제를 하여 회계적으로는 오히려 채무자의 적극재산이 증가한 경우이더라도 사해성이 인정될 수 있다.

채무초과의 상태에 있는 채무자가 여러 채권자 중 일부에게만 채무의 이행과 관련하여 그 채무의 본래 목적이 아닌 다른 채권 기타 적극재산을 양도하는 행위는, 채무자가 특정 채권자에게 **채무 본지에 따른 변제를 하는 경우와는 달리** 원칙적으로 다른 채권자들에 대한 관계에서 사해행위가 될 수 있고, 다만 이 경우에도 사해성의 일반적인 판단 기준에 비추어 그 행위가 궁극적으로 일반채권자를 해하는 행위로 볼 수 없는 경우에는 사해행위의 성립이 부정될 수 있다(대법원 2011. 10. 13. 선고 2011다28045 판결).

채무자의 재산이 채무의 **전부를 변제하기에 부족한 경우**에 채무자가 그의 재산을 어느 특정 채권자에게 **대물변제나 담보조로 제공**하였다면 특별한 사정이 없는 한 이는 곧 다른 채권자의 이익을 해하는 것으로서 다른 채권자들에 대한 관계에서 사해행위가 되는 것이고, 위와 같이 대물변제나 담보조로 제공된 재산이 채무자의 **유일한 재산이 아니라거나 그 가치가 채권액에 미달한다고 하여도 마찬가지**라고 할 것이다(대법원 2022. 1. 14. 선고 2018다295103 판결).

* 다만 채무자가 채무초과 상태에서 한 대물변제이더라도, 그 상대방인 채권자가 대물변제의 목적물에 대한 우선변제권자이면 사해성이 인정되지 않는다. 다른 채권자들의 이익을 해치지 않기 때문이다(대법원 2008. 2. 14. 선고 2006다33357 판결).

E. 사례: 채무자가 특정 채권자에게만 집행권원인 공정증서를 작성해 준 경우

(a) 개관

* 채무자가 강제집행 승낙 취지가 기재되어 집행권원에 해당하는 공정증서를 특정 채권자에게만 작성해 준 경우, 책임재산 유출이라는 관점에서 본다면 특정 채권자에 대한 본지변제 사안과 다를 바 없다. 이로 인해 책임재산이 감소하는 것은 아니고, 특정 채권자가 우선변제권을 가지게 되는 것도 아니기 때문이다.

채무자가 채권자의 요구에 따라 그 채권자에 대한 기존채무의 변제를 위하여 소비대차계약을 체결하고 강제집행을 승낙하는 취지가 기재된 공정증서를 작성하여 주어 전체적으로 채무자의 책임재산이 감소하지 않는 경우에는, 그와 같은 행위로 인해 채무자의 책임재산을 특정 채권자에게 실질적으로 양도한 것과 다를 바 없는 것으로 볼 수 있는 특별한 사정이 있는 경우에 해당하지 아니하는 한, 다른 채권자를 해하는 사해행위가 된다고 볼 수 없다(대법원 2015. 10. 29. 선고 2012다14975 판결).

- 집행권원인 공정증서 작성이 특정 책임재산의 실질적인 양도라고 볼 수 있는 특별한 사정이 있으면, 대물변제 사안에 준하여 공정증서 작성의 원인행위에 대해 사해성 여부를 판단해야 한다. 예컨대 甲에 대한 금전채무자 丙의 유일한 책임재산이 丁에 대한 예금채권인 경우에 丙이 채무초과 상태에서 특정 채권자 乙에게만 집행권원인 공정증서를 작성해 준 결과 乙이 丙의 丁에 대한 예금채권에 대한 압류·추심명령을 받았다면, 丙의 공정증서 작성 행위에는 사해성이 인정된다. 이러한 공정증서 작성 행위는 실질적으로는 丁에 대한 예금채권의 양도라고 볼 수 있는데, 공정증서 작성 행위 당시에 丙은 채무초과 상태였기 때문이다.

> **무자력상태**의 채무자가 기존채무에 관한 **특정의 채권자로 하여금 채무자가 가지는 채권에 대하여 압류 및 추심명령을 받음으로써 강제집행절차를 통하여 사실상 우선 변제**를 받게 할 목적으로 그 기존채무에 관하여 강제집행을 승낙하는 취지가 기재된 공정증서를 작성하여 주어 채권자가 채무자의 그 채권에 관하여 압류 및 추심명령을 얻은 경우에는 그와 같은 **공정증서 작성의 원인이 된 채권자와 채무자의 합의는 기존 채무의 이행에 관한 별도의 계약인 이른바 채무변제 계약에 해당하는 것으로서 다른 일반채권자의 이익을 해하여 사해행위가 된다**고 할 것이다(대법원 2010. 4. 29. 선고 2009다33884 판결).

(b) 수익자·채무자 간 준소비대차와 공정증서

- 사안의 개요: 채권자 甲의 사해행위 취소소송으로 채무자 丙과 수익자 乙 간의 X부동산 매매계약이 취소되고 원상회복이 이루어졌다. 乙·丙 간 약정에 따라, 乙의 丙에 대한 §741 채권을 대여금 채권으로 하는 준소비대차 계약이 체결되고 이에 대한 丙의 강제집행 승낙 취지가 기재된 공정증서가 작성되었다. 그 후 진행된 X부동산 경매절차에서 乙이 위 공정증서를 제출하여 일반채권자로서의 배당을 요구한다.
- 쟁점과 판단: 丙이 乙에게 공정증서를 작성해 준 것은 준소비대차계약에 의한 대여금채권의 본지변제와 다를 바 없는데 해의에 의한 통모라고 볼 만한 사정이 없으므로 사해성이 인정되지 않는다. 다만 乙의 丙에 대한 대여금 채권은 사해행위 취소 후의 준소비대차계약에 의해 발생한 것이므로, 乙은 이 대여금 채권으로 사해행위 취소로 회복된 책임재산에 대한 경매절차에서 배당을 요구할 수 없다.

채무자의 부동산에 관한 매매계약 등의 유상행위가 사해행위라는 이유로 취소되고 그 원상회복이 이루어짐으로써 채무자가 수익자에게 부담하게 되는 부당이득반환채무의 변제를 위해 수익자와 준소비대차계약을 체결하고 강제집행을 승낙하는 취지가 기재된 공정증서를 작성하여 준 경우, 책임재산을 그 수익자에게 양도한 것과 다를 바 없는 것으로 볼 수 있는 특별한 사정이 있는 경우에 해당하지 아니하는 한, 다른 채권자를 해하는 새로운 사해행위가 된다고 볼 수 없다. 다만 이러한 수익자의 채무자에 대한 채권은 당초의 **사해행위 이후에 취득한 채권**에 불과하므로 수익자는 그 **원상회복된 재산에 대한 강제경매절차에서 배당을 요구할 권리가 없**다(대법원 2015. 10. 29. 선고 2012다14975 판결).

(c) 어음채권 집행을 위해 강제집행 증서가 작성된 경우

- 기존 채무 변제를 위한 어음채권: 채무자가 기존 채무 변제를 위해 수익자에게 약속어음을 발행해 준 경우, 책임재산의 증감을 초래하지 않으므로 사해행위가 아니다. 채무자가 어음금 채권에 대해 집행권원인 공정증서를 작성해 주고 이를 근거로 수익자가 채무자의 제3자에 대한 금전채권에 대해 압류·전부명령을 받았더라도 공정증서 작성은 사해행위가 아니다(대법원 2002. 8. 27. 선고 2002다27903 판결).

- 채무자가 수익자에게 약속어음을 발행하여 새로운 채무를 부담하게 되는 경우: ㉠ 이러한 행위는 사해행위가 될 수 있고, 이때는 어음채권에 대한 집행권원인 공정증서를 작성해 주는 것도 사해행위가 될 수 있다. ㉡ 사해행위인 어음 발행이 취소된 후의 원상회복과 관련하여, 우선 수익자가 집행권원인 어음채권에 기해 채무자의 제3자에 대한 채권에 대한 강제집행을 마치기 전에는 원상회복의 필요성이 없고, 수익자가 이미 채권집행을 마친 경우에는 채권자취소권자는 어음발행을 사해행위로 취소한 후 수익자가 취득한 전부채권 또는 추심금(전부금)의 반환을 청구해야 한다(대법원 2002. 10. 25. 선고 2000다64441 판결).

V | 채무자, 수익자 · 전득자의 악의

1. 악의의 의미와 대상

가. 의미

- §406의 '악의'란 처분행위의 사해성에 대한 수익자 · 전득자의 인식을 뜻한다. 단순한 인식으로 충분하다는 점에서 '해의'와 구별된다. 수익자 · 전득자가 선의이면 채권자취소권은 성립하지 못한다. 이때 수익자 · 전득자의 과실 유무는 문제되지 않는다.

  사해행위취소소송에서는 수익자의 **선의 여부만이 문제되고 수익자의 선의에 과실이 있는지 여부는 문제되지 아니**한다(대법원 2008. 7. 10. 선고 2007다74621 판결).

- 사해행위가 수익자 · 전득자 본인이 아니라 그 대리인에 의해 행해진 경우, 대리인의 인식을 기준으로 악의 여부를 판단해야 한다(대법원 2013. 11. 28. 선고 2013다206986 판결). 채무자의 대리인이 사해행위를 한 경우에도 §116 ①의 문리해석상 대리인의 인식을 기준으로 악의 여부를 판단해야 한다.

나. 악의의 대상

(1) 개관

- 악의가 인정되려면, 특정 채권자가 아니라 일반 채권자에 대한 관계에서의 사해성을 인식해야 한다. 즉 §406의 '악의'는 사해행위로 인해 채무자에게 채무초과 상태가 발생하거나 악화된다는 사실에 대한 인식을 뜻한다.

  사해의사란 채무자가 법률행위를 함에 있어 채권자를 해함을 안다는 것이다. 여기서 '안다'고 함은 **의도나 의욕을 의미하는 것이 아니라 단순한 인식**으로 충분하다. 즉 사해의사란 **공동담보 부족에 의하여 채권자가 채권변제를 받기 어렵게 될 위험이 생긴다는 사실을 인식하는 것**이며, 이러한 인식은 **일반 채권자에 대한 관계**에서 있으면 족하고, 특정의 채권자를 해한다는 인식이 있어야 하는 것은 아니다(대법원 2009. 3. 26. 선고 2007다63102 판결).

- 사례: 연대보증인이 사해행위를 한 경우, 자신에게 채무초과 상태가 발생하거나 악화된다는 인식만 있으면 충분하므로, 주채무자의 재산 상태를 알지 못한 채 사

해행위를 한 연대보증인에게도 §406의 악의가 인정될 수 있다.

연대보증인에게 부동산의 매도행위 당시 사해의 의사가 있었는지 여부는 **연대보증인이 자신의 자산상태가 채권자에 대한 연대보증채무를 담보하는 데 부족하게 되리라는 것을 인식**하였는가 하는 점에 의하여 판단하여야 하고, 연대보증인이 <u>주채무자의 자산상태가 채무를 담보하는 데 부족하게 되리라는 것까지 인식하였어야만 사해의사를 인정할 수 있는 것은 아니다</u>(대법원 2010. 6. 10. 선고 2010다12067 판결).

(2) 내용

- 전득자가 피고인 경우, 전득자의 악의도 수익자의 악의와 마찬가지로 채무자·수익자 간 처분행위로 인해 채무자에게 채무초과 상태가 발생 또는 악화된다는 사실을 대상으로 한다.
- 전득자가 악의이면 수익자가 선의이더라도 전득자에 대해서만 채무자·수익자 간 사해행위가 취소될 수 있다. 악의 전득자에 대해 사해행위가 취소되더라도 상대적 효력만 인정되기 때문에 수익자의 법적 지위에는 영향을 미치지 않는다.
- 전득행위의 사해성 즉 수익자가 전득자에게 재산 처분행위를 함으로써 수익자에게 채무초과 상태가 발생하거나 악화되는지는 채권자취소권의 요건이 아니다.
  - ✓ 다만 전득행위의 사해성은 수익자에 대한 채권자의 채권자취소권 행사의 요건이 될 수 있다. 예컨대 甲에 대한 채무자 丙이 X재산을 수익자 乙에게 처분하고 乙이 X재산을 다시 전득자 丁에게 처분함으로써 乙이 무자력이 되었다면, 乙·丁 간 전득행위의 사해성이 인정된다. 다만 丙에 대한 채권자인 甲은 이를 문제삼을 수 없고 乙에 대한 일반채권자인 戊가 乙을 채무자로, 丁을 수익자로 파악하여 채권자취소권을 행사할 수 있다.

전득자의 악의라 함은 **전득행위 당시** 그 행위가 채권자를 해한다는 사실, 즉 **사해행위의 객관적 요건을 구비하였다는 인식**을 의미하는 것이므로, **전득자의 악의를 판단함에 있어서는** 전득자가 전득행위 당시 채무자와 수익자 사이의 법률행위의 사해성을 인식하였는지 여부만이 문제가 될 뿐이고, <u>수익자가 채무자와 수익자 사이의 법률행위의 사해성을 인식하였는지 여부는 원칙적으로 문제가 되지 않는다.</u> 따라서 원심이 피고 1과 피고 2가 **선의의 수익자에 해당하더라도 그들로부터 근저당권설정등기와 가등기를 이전받은 피고 회사는 악의의 전득자에 해당한다**고 판단한 것은 위와 같은 법리에 따른 것으로서 정당하다(대법원 2012. 8. 17. 선고 2010다87672 판결).

2. 악의 여부의 판단

가. 증명책임

- 채무자의 악의는 채권자취소권의 요건이므로 채권자가 주장·증명해야 한다. 다만 채무자가 유일한 재산을 매각하여 금전으로 바꾼 경우에는 채무자의 사해의사가 추정된다.

> 제406조(채권자취소권) ① 본문: 채무자가 채권자를 해함을 알고 재산권을 목적으로 한 법률행위를 한 때에는 채권자는 그 취소 및 원상회복을 법원에 청구할 수 있다.

> 사해행위취소소송에 있어서 채무자의 악의의 점에 대하여는 그 취소를 주장하는 채권자에게 입증책임이 있으나 수익자 또는 전득자가 악의라는 점에 관하여는 입증책임이 채권자에게 있는 것이 아니고 수익자 또는 전득자 자신에게 선의라는 사실을 입증할 책임이 있다(대법원 2015. 6. 11. 선고 2014다237192 판결).

> 채무자가 자기의 **유일한 재산인 부동산을 매각하여 소비하기 쉬운 금전으로 바꾸**는 행위는 특별한 사정이 없는 한 채권자에 대하여 사해행위가 된다고 볼 것이므로 **채무자의 사해의 의사는 추정**되는 것이고, 이를 매수하거나 이전 받은 자가 악의가 없었다는 입증책임은 수익자에게 있다(대법원 2001. 4. 24. 선고 2000다41875 판결).

- 이에 비해 수익자·전득자는 악의로 추정되므로 수익자·전득자가 항변으로 자신의 선의를 주장·증명해야 한다.

> 제406조(채권자취소권) ① 단서: 그러나 그 행위로 인하여 이익을 받은 자나 전득한 자가 그 행위 또는 전득당시에 채권자를 해함을 알지 못한 경우에는 그러하지 아니하다.

나. 구체적인 판단

(1) 판단기준시

- 채무자·수익자의 악의는 사해행위 당시를 기준으로 판단해야 한다.
- 이에 비해 전득자의 악의는 전득행위 당시를 기준으로 판단해야 한다. 다만 이때도 악의의 대상은 채무자·수익자 간 처분행위로 인해 채무자에게 채무초과 상황이 발생 또는 악화되었다는 사실이다.

채무자의 재산처분행위가 사해행위에 해당할 경우에 그 **사해행위 또는 전득행위 당시** 수익자 또는 전득자가 선의였음을 인정함에 있어서는 객관적이고도 납득할 만한 증거자료 등에 의하여야 하고, 채무자나 수익자의 일방적인 진술이나 제3자의 추측에 불과한 진술 등에만 터 잡아 그 사해행위 또는 전득행위 당시 수익자 또는 전득자가 선의였다고 선뜻 단정하여서는 아니 된다(대법원 2015. 6. 11. 선고 2014다237192 판결).

(2) 판단을 위해 고려해야 하는 대상

- 수익자의 경우에는 채무자의 처분행위가, 전득자의 경우에는 수익자와의 전득행위가 정상적인 거래임을 뒷받침할 수 있는 객관적인 자료가 있으면 수익자·전득자가 사해행위에 대해 선의였음을 인정하는 증거가 될 수 있다.
- 이때 채무자·수익자 간 사해행위 이후의 사정도 고려 대상에 포함된다.

수익자의 선의 여부는 채무자와 수익자의 관계, 채무자와 수익자 사이의 처분행위의 내용과 그에 이르게 된 경위 및 동기, 처분행위의 거래조건이 정상적이고 이를 의심할 만한 특별한 사정이 없으며 **정상적인 거래관계임을 뒷받침할만한 객관적인 자료**가 있는지, 처분행위 **이후의 정황** 등 여러 사정을 종합적으로 고려하여 논리칙·경험칙에 비추어 합리적으로 판단하여야 할 것이다(대법원 2015. 10. 29. 선고 2015다37504 판결).

5장

채권자취소권2: 행사 방법과 그 효과

채권자취소권2: 행사 방법과 그 효과

Ⅰ 채권자취소권의 행사 방법: 형성소송과 이행소송

1. 개관: 채권자취소권을 행사하기 위한 재판의 형태

가. 원칙

(1) 형성소송과 이행소송의 병합

* 채권자취소권은 재판을 통해서만 행사될 수 있는데, 이러한 재판은 형성소송과 이행소송으로 구성된다.

* 채권자취소권자가 사해행위에 의해 유출된 책임재산의 회복이라는 목적을 달성하려면, ㉠ 우선 형성소송인 사해행위 취소소송으로 수익자의 권리 취득의 원인행위인 채무자·수익자 간 처분행위를 취소함으로써 수익자의 권리 취득을 원인무효로 만들고 ㉡ 이러한 형성판결의 효과를 근거로 수익자나 전득자 또는 이들 모두를 피고로 삼아 사해행위로 유출된 책임재산을 채무자에게 반환할 것을 구하는 원상회복 청구소송을 제기하여 이행판결을 받아야 한다. ㉢ 궁극적으로는 수익자나 전득자의 임의 이행 또는 확정된 이행판결을 집행권원으로 하는 강제집행이 마쳐져야 비로소 책임재산의 원상회복이 이루어진다.

(2) 형성소송과 이행소송의 관계

A. 개관

* 채권자취소권의 행사 방법을 구성하는 형성소송과 이행소송은 소송물을 달리하는 별개의 소송이다. 따라서 반드시 동시에 제기되거나 병합 심리될 필요는 없다. 나아가 소송 결과의 합일 확정도 요구되지 않으므로 채권자취소권자가 형성소송에서 승소하더라도 이행소송에서 패소할 수 있다. 이에 비해 채권자취소권자가

형성소송에서 패소하고 이행소송에서 승소하는 경우는 생각하기 어렵다(2007다 69162, 248면).

사해행위 취소의 소와 원상회복청구의 소는 서로 **소송물과 쟁점을 달리하는 별개의 소**로서, 양자가 반드시 동시에 제기되어야 하는 것은 아니고 **별개로 제기**될 수 있으며, 전자에서는 승소하더라도 후자에서는 당사자가 제출한 공격·방어 방법 여하에 따라 패소할 수도 있다(대법원 2013. 4. 26. 선고 2011다37001 판결).

- 채권자취소권자는 사해행위 취소 청구와 원상회복 청구를 병합하여 하나의 채권자취소소송으로 제기할 수도 있다(§406 ①의 문리해석). 이때 후자는 전자의 인용을 조건으로 하는 것이다.

사해행위 취소소송은 형성의 소로서 그 판결이 확정됨으로써 비로소 권리변동의 효력이 발생하나, 제406조 제1항은 채권자가 사해행위의 취소와 원상회복을 법원에 청구할 수 있다고 규정함으로써 사해행위 취소청구에는 그 **취소판결이 미확정인 상태에서도 그 취소의 효력을 전제로 하는 원상회복청구를 병합**하여 제기할 수 있도록 허용하고 있다(대법원 2019. 3. 14. 선고 2018다277785 판결).

사해행위취소의 소와 원상회복청구의 소는 서로 **소송물이 다르고** 1개의 소로써 제기할 경우 이를 객관적 병합으로 보고 있으며, 1개의 소로써 구하는 형성의 소인 사해행위취소청구와 이행의 소인 원상회복청구의 관계는 전자의 청구가 인용될 것을 조건으로 후자의 청구를 하는 것이다(대법원 2019. 4. 11. 선고 2018다203715 판결).

B. 주장·증명책임

- 형성소송의 청구원인인 사해행위 취소의 요건뿐 아니라 이행소송의 청구원인인 피고가 반환해야 할 책임재산의 내용·범위도 모두 채권자취소권자가 주장·증명해야 한다.
- 예컨대 책임재산 유출의 원인행위인 처분행위의 사해성은 증명되더라도, 이러한 처분행위에 따른 (준)물권행위나 공시방법도 갖춰져서 책임재산이 피고에게 실제로 귀속되었다는 사실과 원상회복 대상인 책임재산의 범위가 증명되지 못하면, 사해행위 취소 청구는 인용되지만 원상회복 청구는 기각된다.

사해행위가 재산권 이전의 채권·채무만을 발생시키고, 재산의 현실적인 이전은 채무자가 그 채무를 이행함으로써 비로소 행하여지는 경우에, 사해행위의 취소로 인한 원상회복의무는 채무자가 현실적으로 재산권 이전의 채무를 이행하여 수익자 또는 전득자에게 이전된 책임재산에 대하여만 인정된다. 따라서 원상회복청구를 하기 위해서는, 채무자가 현실적으로 재산권 이전의 채무를 이행하여 책임재산이 수익자 또는 전득자에게 이전되었다는 사실을 원상회복을 주장하는 채권자가 증명하여야 한다. 그리고 이는 원상회복의무의 이행으로서 사해행위 목적물 **가액 상당의 배상을 청구하는 경우에도 마찬가지**이다(대법원 2017. 9. 21. 선고 2015다53841 판결).

나. 형성소송만 제기되는 경우

(1) 개관

* 채권자취소권자는 형성소송만 제기해도 된다. 예컨대 제소기간 경과가 임박한 경우 채권자취소권자는 일단 형성소송부터 제기하여 제척기간 도과를 방지한 후 원상회복청구의 범위를 산정하여 이행소송을 제기해도 된다.

* 채권자취소권자가 형성소송을 제기하지 않은 채 이행소송만 제기하면 원고의 청구는 기각된다. 형성판결이 확정되지 않는 한 채무자·수익자 간 처분행위는 유효이므로 채권자취소권자가 수익자나 전득자에게 사해행위로 처분된 재산의 반환을 청구할 실체법상 근거가 없기 때문이다.

  채권자가 사해행위의 취소만을 먼저 청구한 다음 원상회복을 나중에 청구할 수 있으나, 원상회복의 전제가 되는 사해행위의 취소가 없는 이상 원상회복청구권은 인정되지 않으므로 사해행위의 취소를 구함이 없이 원상회복만을 구할 수는 없다(대법원 2008. 12. 11. 선고 2007다69162 판결).

(2) 사례: 형성소송에 대해서만 권리보호 이익이 인정되는 경우

A. 개관

* 채권자 취소소송에서 형성소송과 이행소송은 별개이므로, 이행소송에 대해서는 권리보호의 이익이 인정되지 않아서 패소가 예상되는 경우이더라도, 채권자취소권자는 형성소송만 제기하여 사해행위 취소판결만 받을 수도 있다.

* 예컨대 사해행위로 설정된 담보권이 경매절차 종료로 이미 말소된 경우, 수익자가 저당권자의 자격으로 우선변제 받은 배당금에 대한 가액배상 청구를 하려면

저당권의 원인행위인 저당권 설정계약을 취소할 필요가 있으므로, 형성소송을 제기할 권리보호의 이익이 인정된다(2011다37001, 184면).

B. 매매계약에 수반된 상계 의사표시가 사해행위인 경우

- 사안의 개요: 甲에 대한 채무자 丙은 乙에게 5억원의 대여금 채권을 가지고 있었다. 丙은 채무초과 상태에서 乙이 보유한 X재산(주식)을 5억원에 매수하기로 하는 주식 매매계약을 체결한 후 丙의 乙에 대한 위 대여금채권을 자동채권으로 하여 乙의 丙에 대한 매매대금채권과 상계했다. 甲은 위 乙·丙 간 매매계약의 취소를 구하는 채권자취소소송을 제기했고 X재산의 시가가 1억원에 불과함이 밝혀져 甲의 사해행위 취소 청구가 인용되었다.

- 쟁점과 판단: ㉠ X재산 매매계약이 사해행위임을 이유로 취소되면 수동채권인 매매대금 채권이 소멸하므로 자동채권은 당연부활하고 이에 따라 원상회복이 완료된다. 따라서 甲은 丙의 상계 의사표시에 대해 별도의 사해행위 취소를 구하거나 원상회복을 청구할 권리보호 이익이 없다. ㉡ 이 경우 甲이 채권자취소권에 기한 원상회복의 일환으로 수익자 乙에게 대여금 채권의 이행을 청구하더라도 기각된다. 甲이 채무자 丙에게 부활한 乙에 대한 대여금채권을 확보하려면 채권자대위권을 행사하거나 압류 및 추심·전부명령을 거쳐야 한다.

대법원 2003. 8. 22. 선고 2001다64073 판결

- **사해행위에 해당하는** 주식매매의 반대급부로 **수익자가 취득한 수익**은 현실의 금전 등 유체물이 아니라 채무자의 **상계의 의사표시에 의하여** 수익자의 채무자에 대한 기존의 채무가 대등액에서 소멸함으로써 그 **채무를 면하게 된 대금상당액의 이익**이라고 할 것이다.

- 사해행위인 매매가 취소되는 경우에는 그 취소의 효과로 인하여 당연히 취소 채권자로서는 위 매매의 효력이 유효하게 존속함을 전제로 하여 이루어진 **상계의 효력, 즉 기존채무 소멸의 효과를 부정**할 수 있다고 할 것이므로 별도로 채무자의 상계의 의사표시를 취소할 것도 없이 채무자의 수익자에 대한 **기존의 자동채권**이 부활하는 것으로 취급할 수 있는 것이고, 그로써 취소채권자는 사해행위 취소의 목적을 달성하게 되는 것으로서 달리 수익자에게 반환을 명할 수익이 남아 있는 것도 아니므로 더 나아가 수익자에 대하여 금전채권의 이행을 별도로 직접 또는 대위의 방법에 의하여 구할 필요는 없다.

C. 사례: 수익자의 이행소송에 대한 반소로 사해행위 취소를 구하는 경우

• 사안의 개요: 丙은 甲에 대한 대여금채무에 대한 양도담보를 설정하고 X동산을 甲에게 인도했다. 그 후 丙은 X동산을 乙에게 매도하고 반환청구권 양도 방식으로 인도했다. 乙이 본소로 甲에게 §213에 근거한 점유 인도를 청구하자 甲은 반소로 乙·丙 간 X동산 매매계약에 대한 사해행위 취소를 청구했다.

• 쟁점과 판단: 甲의 반소 사해행위 취소청구가 1심에서 인용된 경우 그 확정 전이더라도 법원은 이러한 사정을 반영하여 乙의 본소 청구를 기각할 수 있다. 甲의 사해행위 취소청구는 반소 청구원인임과 동시에 본소 항변사유이기 때문이다.

> **대법원 2019. 3. 14. 선고 2018다277785 판결**
>
> ‣ 원고가 매매계약 등 법률행위에 기하여 소유권을 취득하였음을 전제로 피고를 상대로 일정한 청구를 할 때, 피고는 **원고의 소유권 취득의 원인이 된 법률행위가 사해행위로서 취소되어야 한다고 다투면서, 동시에 반소로써** 그 소유권 취득의 원인이 된 법률행위가 사해행위임을 이유로 그 법률행위의 취소와 원상회복으로 원고의 소유권이전등기의 말소절차 등의 이행을 구하는 것도 가능하다.
>
> ‣ 이 경우, 그 사해행위의 취소 여부는 **반소의 청구원인임과 동시에 본소 청구에 대한 방어방법**이자, 본소 청구 인용 여부의 선결문제가 될 수 있다. 법원이 반소 청구가 이유 있다고 판단하여, 사해행위의 취소 및 원상회복을 명하는 판결을 선고하는 경우, 비록 그 **반소 청구에 대한 판결이 확정되지 않았다고 하더라도**, 원고의 소유권 취득의 원인이 된 법률행위가 취소되었음을 전제로 원고의 본소 청구를 심리하여 판단할 수 있고, 원고의 **본소 청구를 기각할 수 있다**.

2. 채권자취소소송의 경합

가. 동일한 사해행위에 대한 채권자취소소송의 경합: 원고가 다수인 경우

(1) 다른 채권자가 제기한 채권자취소소송의 경합은 참작 대상 아님

• 채권자취소권은 각 채권자의 고유한 권리이므로, 동일한 사해행위에 대해 다수의 채권자가 동시에 또는 순차적으로 채권자취소소송을 제기하더라도 중복제소가 아니다.

• 동일한 사해행위에 대해 이미 선행 채권자취소소송이 제기되어 계속중이거나 이러한 소송에서 원고 승소판결이 확정되더라도, 후행 채권자취소소송의 권리보호의 이익에는 영향을 미치지 않는다. 각 채권자취소권자는 각자 자신의 피보전채

권액과 공동담보를 고려한 적법한 범위에 대해 사해행위 취소와 원상회복을 명하는 원고 승소판결을 받을 수 있다.

채권자취소권의 요건을 갖춘 **각 채권자는 고유의 권리**로서 채무자의 재산처분 행위를 취소하고 그 원상회복을 구할 수 있는 것이므로 **여러 명의 채권자가 동시에 또는 시기를 달리하여 사해행위취소 및 원상회복청구의 소를 제기한 경우 이들 소가 중복제소에 해당하지 아니**할 뿐만 아니라, 어느 한 채권자가 동일한 사해행위에 관하여 사해행위취소 및 원상회복청구를 하여 **승소판결을 받아 그 판결이 확정되었다는 것만으로는** 그 후에 제기된 다른 채권자의 **동일한 청구가 권리보호의 이익이 없게 되는 것은 아니**고 그에 기하여 **재산이나 가액의 회복을 마친 경우에 비로소** 다른 채권자의 사해행위취소 및 원상회복청구가 그와 **중첩되는 범위 내에서 권리보호의 이익이 없게** 된다(대법원 2022. 8. 11. 선고 2018다202774 판결).

• 가액배상 방식으로 원상회복을 하는 경우에도 같은 법리가 적용된다. 따라서 여러 일반채권자가 제기한 채권자취소소송이 경합하는 경우, 다른 원고에 대한 승소 확정판결이 있었는지와 무관하게 각 채권자취소권자는 단독으로 채권자취소소송을 제기했을 경우에 받을 수 있었던 가액에 대한 가액배상 판결을 받을 수 있다.
• 이러한 법리는 여러 개의 채권자취소소송이 병합되어 동일한 절차에서 심리·판결이 이루어지는 경우에도 마찬가지로 적용된다.

대법원 2008. 6. 12. 선고 2008다8690 판결

‣ 여러 개의 소송이 계속중인 경우에는 **각 소송에서 채권자의 청구에 따라 사해행위의 취소 및 원상회복을 명하는 판결을 선고**하여야 하고, 수익자 또는 전득자가 가액배상을 하여야 할 경우에도 수익자 등이 반환하여야 할 가액을 채권자의 채권액에 비례하여 채권자별로 안분한 범위 내에서 반환을 명할 것이 아니라, **수익자 등이 반환하여야 할 가액 범위 내에서 각 채권자의 피보전채권액 전액의 반환을 명**하여야 한다.
‣ 이와 같은 법리는 여러 명의 채권자들이 제기한 각 사해행위취소 및 원상회복청구의 소가 민사소송법 제141조에 의하여 **병합되어 하나의 소송절차에서 심판을 받는 경우라고 하더라도 마찬가지**라 할 것이다.

(2) 다른 채권자에 의한 책임재산 회복은 참작 대상임

- 동일한 사해행위에 대해 여러 채권자가 각각 제기한 채권자취소소송은 모두 동일한 책임재산의 회복을 목적으로 하기 때문에, 원고들 중 누구라도 책임재산을 실제로 회복하면 그 가액에 대해서는 다른 일반채권자들에 대해서도 책임재산 회복이라는 효과가 발생한다(2018다202774, 251면).
- 그 결과, 다른 채권자가 제기한 채권자취소소송은, 확정 전이면 소의 이익이 없음을 이유로 하는 각하판결의 대상이 되고, 확정 후이면 청구이의 소송의 대상이 된다.

여러 개의 소송에서 수익자가 배상하여야 할 가액 전액의 반환을 명하는 판결이 선고되어 확정될 경우 수익자는 이중으로 가액을 반환하게 될 위험에 처할 수 있을 것이나, 수익자가 어느 채권자에게 자신이 배상할 가액의 일부 또는 전부를 반환한 때에는 그 범위 내에서 다른 채권자에 대하여 청구이의 등의 방법으로 이중지급을 거부할 수 있을 것이다(대법원 2008. 4. 24. 선고 2007다84352 판결).

나. 여러 건의 사해행위

(1) 피고가 다수인 경우

- 사해행위가 여러 건이고 각 사해행위의 목적물과 수익자가 서로 다른 경우, 피고를 달리하는 여러 건의 채권자취소소송이 경합하게 된다.
- 이 경우 원고가 다수인 경우와 마찬가지로 ㉠ 책임재산이 회복되기 전이면 특정 피고에 대한 소 제기 여부나 원고 승소판결 확정 여부는 다른 피고에 대한 소송절차에 아무런 영향을 미치지 못한다. 따라서 각 피고가 원상회복으로 반환해야 하는 가액의 합산액이 원고의 피보전채권의 가액을 초과하더라도 모든 채권자취소소송에 대한 원고 승소판결이 나올 수 있다. ㉡ 그러나 어떤 피고로부터 책임재산이 실제로 원상회복되고 나면 그 가액은 다른 피고에 대한 채권자취소소송에서도 고려 대상이 되어 권리보호 이익에 영향을 미치게 된다.
- 이러한 법리는 여러 건의 사해행위가 동시에 이루어지든 순차적으로 이루어지든 마찬가지로 적용된다.
- 예컨대 채권자 甲에게 1억원의 금전채무를 부담하고 있는 A가 자신이 소유한 X 재산을 乙에게, Y재산을 丙에게 각 증여했고 X, Y재산은 각 1억원인 경우, 甲이 乙을 상대로 X재산 증여계약의 취소와 X재산의 반환을 구하는 채권자취소소송

을 제기하는 한편 丙을 상대로 Y재산 증여계약의 취소와 Y재산의 반환을 구하는 채권자취소소송을 제기하면, 甲은 乙·丙 모두에 대해 전부승소판결을 받을 수 있다. 다만 甲이 乙을 상대로 먼저 강제집행을 실시하여 X재산이 반환됨으로써 피보전채권액 1억원 전액에 대한 보전이 이루어지면, 丙은 청구이의 소송을 제기할 수 있다.

대법원 2014. 10. 27. 선고 2014다41575 판결

‣ 채권자가 어느 수익자에 대하여 사해행위취소 및 원상회복청구를 하여 승소판결을 받아 그 판결이 확정되었다 하더라도 그에 기하여 **재산이나 가액의 회복을 마치지 아니한 이상 채권자는 자신의 피보전채권에 기하여 다른 수익자에 대하여 별도로** 사해행위취소·원상회복청구를 할 수 있고, 채권자가 여러 수익자들을 상대로 사해행위취소·원상회복청구의 소를 제기하여 **여러 개의 소송이 계속 중인 경우**에는 **각 소송에서 채권자의 청구에 따라 사해행위의 취소 및 원상회복을 명하는 판결을 선고**하여야 하며, 수익자가 가액배상을 하여야 할 경우에도 다른 소송의 결과를 참작할 필요 없이 **수익자가 반환하여야 할 가액 범위 내에서 채권자의 피보전채권 전액의 반환을 명하여**야 한다.

‣ 그리고 이러한 법리는 채무자가 **동시에** 수인의 수익자들에게 각기 금원을 증여한 결과 채무초과상태가 되거나 그러한 상태가 악화됨으로써 그와 같은 각각의 증여행위가 모두 사해행위로 되고, 채권자가 그 **수익자들을 공동피고로 하여** 사해행위취소 및 원상회복을 구하여 각 **수익자들이 부담하는 원상회복금액을 합산한 금액이 채권자의 피보전채권액을 초과하는 경우**에도 마찬가지라고 할 것이다.

(2) 비교: 여러 건의 처분행위가 '일련의 사해행위'로 인정되는 경우(2012다 34740, 217면)

다. 사례: 동일한 사해행위에 대해 원고마다 가액배상액이 다르게 산정된 경우

(1) 사안의 개요

A. 선행 사해행위취소·원상회복 판결

• 丙에 대한 외상대금 채권자 A는 丙이 채무초과 상태에서 자신이 소유한 X부동산 (1억원)을 甲에게 매도하자 甲을 상대로 丙·甲 사이의 X부동산 매매계약에 대한 사해행위 취소와 원상회복을 구하는 소를 제기했다.

• 그 결과 丙·甲 간 X부동산 매매계약을 9000만원의 범위에서 취소하고, 피고 甲

은 원고 A에게 9000만원의 가액배상을 지급하라는 취지의 판결이 확정되었다.

B. 후행 사해행위취소·원상회복 판결

* 丙에 대한 대여금 채권자 乙(피고)은 甲을 상대로 위 丙·甲 간 X부동산 매매계약에 대한 사해행위 취소와 원상회복을 구하는 소를 제기했다.

* 그 결과 丙·甲 간 X부동산 매매계약을 5000만원의 범위 내에서 취소하고, 피고 甲은 원고 乙에게 가액배상으로 5000만원을 지급하라는 취지의 판결이 확정되었다.

C. 그 후의 경과와 甲의 청구이의 소송 제기

* 甲이 A에게 6000만원을 지급하자 이에 A는 더 이상 선행 판결을 집행권원으로 하는 강제집행을 하지 않기로 甲과 합의했다.

* 그 후 甲은 乙을 상대로 청구이의 소송을 제기하면서, 甲이 乙에게 지급해야 할 가액배상금은 5000만원에 불과한데 甲은 이미 A에게 6000만원의 가액배상금을 지급했으므로 乙에 대한 가액배상금 전액이 지급된 것과 마찬가지라고 주장한다.

(2) 쟁점과 판단

A. 특정 채권자취소권자의 가액배상금 '면제'의 효과

* 채권자취소자는 모든 채권자를 위해 회복되어야 하는 책임재산인 공동담보를 수령할 권한만 있을 뿐이다. 따라서 특정한 채권자취소권자에게 이러한 공동담보를 포기할 권리는 인정되지 않는다.

* A가 甲에게 잔액 3000만원을 면제해 준 '합의'는 실제로는 면제에 해당하고 그 효과는 乙에게 미치지 않는다.

B. 각 채권자취소소송에서 인정된 가액배상액이 서로 다른 경우: 다액 기준

* 동일한 사해행위에 대한 다수의 사해행위 취소소송이 제기된 경우, 원상회복으로 반환되어야 할 가액이 서로 다르게 산정될 수 있다. 각 채권자취소권자의 피보전채권의 가액이 서로 다를 수 있기 때문이다. 다만 책임재산이 일부 회복된 후 피고가 제기한 청구이의소송 절차에서는 각 채권자취소권자의 피보전채권액 중 최다액을 기준으로 판단해야 한다.

* 따라서 甲이 乙에게 지급해야 할 가액배상의 가액은 3000만원(최다액인 9000만원에서 甲이 A에게 지급한 6000만원을 공제한 값)이다. 甲은 乙에 대한 가액배상 가액 5000만원에서 위 3000만원을 공제한 2000만원에 대해서만 이중지급의 위험을

지게 되므로, 甲의 乙에 대한 청구이의 소송도 2000만원에 대해서만 인용될 수 있다.

대법원 2022. 8. 11. 선고 2018다202774 판결

‣ 여러 개의 사해행위취소소송에서 각 가액배상을 명하는 판결이 선고되어 확정된 경우, 각 채권자의 피보전채권액을 합한 금액이 사해행위 목적물의 가액에서 일반 채권자들의 공동담보로 되어 있지 않은 부분을 공제한 잔액(이하 '공동담보 가액'이라 한다)을 초과한다면 수익자는 공동담보가액을 한도로 채권자들에게 반환하여야 하는데, 수익자는 공동담보가액을 초과하여 반환하게 되면 그 범위에서 이중으로 가액반환을 할 위험에 처할 수 있다.

‣ 이때 각 사해행위취소 판결에서 **산정한 공동담보가액의 액수가 서로 달라** 수익자에게 **이중지급의 위험이 발생하는지를 판단하는 기준이 되는 공동담보가액**은, 그 중 다액의 공동담보가액이 객관적인 사실관계와 명백히 다르다고 보이는 등의 특별한 사정이 없는 한 **다액에 해당하는 금액**이라고 보는 것이 채권자취소권의 취지에 부합한다. 따라서 수익자가 **어느 채권자에게 자신이 배상할 가액의 일부 또는 전부를 반환**한 때에는 다른 채권자에 대하여 각 사해행위취소 판결에서 **가장 다액으로 산정된 공동담보가액에서 자신이 반환한 가액을 공제한 금액을 초과하는 범위에서 청구이의의 방법으로 집행권원의 집행력의 배제**를 구할 수 있을 뿐이다.

‣ 甲은 선행판결과 이 사건 판결에서 산정한 공동담보가액 중 다액인 9,000만 원 중 6,000만 원만을 지급하였을 뿐이므로, 달리 특별한 사정이 없는 한 나머지 공동담보가액에 해당하는 3,000만 원을 초과한 범위에서만 이중지급의 위험이 있다고 보아야 한다. 나아가 사해행위취소소송에서의 취소채권자는 수익자로부터 **책임재산 가액을 수령할 권능만을 가질 뿐 다른 채권자를 대신하여 공동담보에 대한 권리를 포기할 수는 없**으므로, A가 선행판결에 기하여 더 이상 강제집행을 하지 않겠다고 합의하였다는 사정은 공동담보가액의 산정 및 그에 기한 이중지급의 위험 범위에 영향을 미치지 못한다. 따라서 甲은 이 사건 판결에 따른 가액배상금 5,000만 원 중 나머지 공동담보가액 3,000만 원을 초과한 2,000만 원의 범위 내에서만 이중지급의 위험이 있음을 이유로 집행력의 배제를 구할 수 있다. 그럼에도 원심은 이와 달리 이 사건 판결에 기한 가액배상금 5,000만 원이 변제로 모두 소멸하여 이 사건 판결의 집행력이 전부 배제되어야 한다고 판단에는 **법리를 오해하여 판결에 영향을 미친 잘못**이 있다.

Ⅱ 사해행위 취소(형성판결)의 효과

1. 채권적 효력

- 사해행위 취소판결이 확정되면 수익자·전득자에게 원상회복 의무가 발생하는데, 이러한 원상회복 의무는 채무의 일종이라고 보아야 한다.
- 사해행위 취소로 인해 사해행위인 처분행위의 효력이 소급적으로 소멸하거나 책임재산이 채무자에게 곧바로 회복되는 효과가 발생하는 것은 아니다. 채권자취소권자가 원상회복 청구에 대한 이행판결을 받고 이를 집행권원으로 삼아 강제집행까지 마쳐야 비로소 책임재산이 회복된다.
- ✓ 이처럼 사해행위 취소에는 채권적 효력만 인정되고 소급효나 물권적 효과가 인정되지 않는다는 점에서 민법총칙에 규정된 취소와 다르다.

> 채권자가 사해행위의 취소와 함께 수익자 또는 전득자로부터 책임재산의 회복을 명하는 사해행위취소의 판결을 받은 경우 그 취소의 효과는 채권자와 수익자 또는 전득자 사이에만 미치므로, ㉠ 수익자 또는 전득자가 채권자에 대하여 사해행위의 취소로 인한 원상회복 의무를 부담하게 될 뿐, 채무자와 ㉡ 수익자나 전득자 사이에서 그 취소로 인한 법률관계가 형성되거나 취소의 효력이 소급하여 채무자의 책임재산으로 회복되는 것은 아니다(대법원 2022. 12. 1. 선고 2022다247521 판결).

2. 상대적 효력

가. 개관

(1) 의미

- 사해행위 취소 판결의 효력은 ㉠ 채권자취소소송의 당사자들 사이에서만 즉 원고인 채권자취소권자와 피고가 된 수익자나 전득자 사이에서만 인정되고, ㉡ 사해행위의 목적물인 재산이 공동담보로 회복되게 하는 데 그친다. 이것을 '상대적 효력'이라고 한다(이하에서 '피고가 된 수익자나 전득자'는 '수익자·전득자'로 줄인다).
- 원고인 채권자취소권자와 수익자·전득자 사이에서는 사해행위는 취소되고 수익자·전득자는 사해행위로 취득한 재산을 채무자의 책임재산으로 원상회복 시킬 의무를 부담하게 된다. 이에 비해, 그 밖의 사람들이 당사자인 법률관계에서는

여전히 사해행위는 유효이고 책임재산은 수익자·전득자에게 귀속된 것으로 취급된다.

사해행위의 취소는 **취소소송의 당사자 사이**에서 상대적으로 취소의 효력이 있는 것으로 **당사자 이외의 제3자**는 다른 특별한 사정이 없는 이상 취소로 인하여 그 법률관계에 영향을 받지 아니한다(대법원 2018. 6. 28. 선고 2018다214319 판결).

부동산에 관한 소유권이전의 원인행위가 사해행위로 인정되어 취소되더라도, 그 사해행위취소의 효과는 **채권자와 수익자 사이에서 상대적**으로 생길 뿐이다. 따라서 사해행위가 취소되더라도 그 부동산은 여전히 **수익자의 소유이고, 다만 채권자에 대한 관계에서 채무자의 책임재산으로 환원되어 강제집행을 당할 수 있는 부담**을 지고 있는 데 지나지 않는다(대법원 2016. 11. 25. 선고 2013다206313 판결).

* 사해행위에 의한 책임재산 이전이 수익자가 채무자를 상대로 제기한 이행소송의 원고승소 확정판결에 기한 강제집행을 근거로 이루어졌더라도, 채권자취소권자는 수익자를 상대로 채권자취소소송을 제기할 수 있다. 사해행위 취소의 효력은 채권자취소권자·수익자 간에만 발생하고 채무자·수익자 간 법률관계에는 아무런 영향을 미치지 않기 때문에 채무자·수익자 간 확정판결의 기판력과 저촉되지 않는다.

대법원 2017. 4. 7. 선고 2016다204783 판결

‣ 무자력 상태의 채무자가 소송절차를 통해 수익자에게 자신의 책임재산을 이전하기로 하여, 수익자가 제기한 소송에서 자백하는 등의 방법으로 패소판결 또는 그와 같은 취지의 화해권고결정 등을 받아 확정시키고, 이에 따라 수익자 앞으로 그 책임재산에 대한 소유권이전등기 등이 마쳐졌다면, 이러한 일련의 행위의 실질적인 원인이 되는 채무자와 수익자 사이의 책임재산 이전 합의는 다른 일반채권자의 이익을 해하는 사해행위가 될 수 있다.

‣ 채권자가 책임재산의 회복을 명하는 사해행위취소의 판결을 받은 경우 **수익자 또는 전득자가 채권자에 대하여** 사해행위의 취소로 인한 원상회복 의무를 부담하게 될 뿐, 채권자와 채무자 사이에서 그 취소로 인한 법률관계가 형성되는 것은 아니다. 따라서 위와 같이 채무자와 수익자 사이의 소송절차에서 확정판결 등을 통해 마

쳐진 소유권이전등기가 사해행위취소로 인한 원상회복으로 말소된다고 하더라도, 그것이 확정판결 등의 효력에 반하거나 모순되는 것이라고는 할 수 없다.

(2) 비교: 책임재산으로서의 절대적 효력

• §407의 문리해석상, 사해행위 취소의 효과로 원상회복된 재산이 책임재산으로 사용되는 경우 즉 그 재산의 경매·환가 대금이 배당되는 경우, 채권자취소권자뿐 아니라 채무자에 대한 다른 일반채권자에 대해서도 공동담보가 되므로 그 채무자에 대한 모든 일반채권자는 배당요구 등의 요건을 갖추어 안분배당을 받을 수 있다.

> 제407조(채권자취소의 효력) 전조의 규정에 의한 취소와 원상회복은 모든 채권자의 이익을 위하여 그 효력이 있다.

✓ 채권자취소권의 효력과 관련하여 판례의 입장인 상대적 효력설 외에도 다양한 견해가 대립하고 있다. 이러한 견해들 중 채권자취소소송의 피고에게 물상보증인과 유사한 의무가 형성된다고 보는 견해(책임법설)는 원상회복된 재산의 '책임재산으로서의 절대적 효력'과 그 근거 규정인 §407를 판례의 상대적 효력설보다 더 잘 설명할 수 있다. 상대적 효력이라는 말 자체가 §407의 '모든 채권자의 이익을 위하여'라는 문언과 저촉되기 때문이다.

• 다만 §407의 '모든 채권자'의 의미는 '사해행위 전부터 존재했던 채권자'로 축소해석 되어야 한다. 채권자는 대개 자신의 채권 성립 당시의 책임재산만 고려하여 채권의 실현 가능성을 평가하게 마련이므로 채권 성립 당시에 존재하지 않았던 책임재산에 대한 안분배당까지 보장해 줄 필요는 없기 때문이다.

> **사해행위 이후에 채권을 취득한 채권자**는 채권의 취득 당시에 사해행위취소에 의하여 회복되는 재산을 채권자의 공동담보로 파악하지 아니한 자로서 제407조 소정의 **사해행위취소와 원상회복의 효력을 받는 채권자에 포함되지 아니한다**(대법원 2009. 6. 23. 선고 2009다18502 판결).

(3) 채무자의 수익자 · 전득자에 대한 §741 채무 발생

A. 개관

(a) 근거

• 수익자 · 전득자는 사해행위 취소의 효과로서 발생하는 원상회복 의무를 이행하

기 위해 자신이 취득했던 재산을 반환해야 하는데, 이 재산은 결국 채무자의 책임 재산으로 귀속된다.

- 그런데 사해행위 취소의 상대적 효력으로 인해 채무자와 수익자·전득자 사이에 서는 사해행위로서 취소된 처분행위는 여전히 유효이므로, 수익자·전득자는 유효한 처분행위로 취득한 재산을 채무자의 책임재산으로 제공하는 셈이 된다. 따라서 수익자·전득자는 채권자취소권자의 원상회복 청구에 응하여 반환하는 재산의 가액만큼 채무자에 대한 §741 채권을 가진다.

사해행위의 취소는 채권자와 수익자의 관계에서 상대적으로 채무자와 수익자 사이의 법률행위를 무효로 하는 데에 그치고, **채무자와 수익자 사이의 법률관계에는 영향이 없**다(대법원 2015. 11. 17. 선고 2012다2743 판결).

✓ 물상보증인 소유 부동산에 대한 담보권 실행이 마쳐지면 물상보증인이 주채무자에게 구상권을 행사할 수 있는 것과 비슷한 상황이라고 볼 수 있다.

(b) 특성: §741 채권 행사의 제한

- 취지: 수익자·전득자의 이러한 §741 채권 행사에는 제약이 따른다. 사해행위 취소판결을 받은 수익자·전득자는 사해행위에 대해 악의였으므로, 채무자에 대한 다른 일반채권자보다 보호가치가 낮기 때문이다.
- 내용: ㉠ 수익자·전득자는 자신의 §741 채권을 자동채권으로 삼아 채무자에 대한 가액배상 의무와의 상계를 주장할 수 없다. 이를 허용하면 일반채권자를 위한 책임재산 확보라는 사해행위 취소권의 기능이 무력화되기 때문이다(대법원 2001. 6. 1. 선고 99다63183 판결). ㉡ 수익자·전득자는 §741 채권을 내세워 원상회복된 책임재산에 대한 강제집행 절차에서 일반채권자로서의 안분배당을 주장할 수도 없다. 사해행위 이후에 발생한 §741 채권을 행사하는 수익자·전득자는 §407의 '모든 채권자'에 포함될 수 없기 때문이다.

B. 사례: 가액배상을 한 수익자·전득자와 채무자의 공동채무자 사이의 관계

(a) 개관

- 문제의 소재: 채무자에게 공동채무자 즉 보증채무자나 연대채무자가 있는 경우, 사해행위 취소에 의한 책임재산 회복으로 채무가 소멸하면 공동채무자도 채무 소멸이라는 이익을 얻는다. 이때 수익자·전득자가 공동채무자에게도 §741 채권을 주장할 수 있는지가 문제된다.

- 상대적 효력과 공동채무자의 지위: 사해행위 취소의 상대적 효력에 의하면 채무자의 공동채무자는 수익자·전득자에게 구상채무를 부담하지 않는다. 공동채무자의 구상채무는 채무자와의 관계에서만 발생한다. 따라서 수익자·전득자가 부담해야 할 가액배상금을 공동채무자가 채권자취소권자에게 대위변제한 경우 공동채무자는 수익자·전득자에게 구상권을 행사할 수 있다.

(b) 사안의 개요

- 丙·丁은 甲에 대한 연대채무자(채무액 1억원)인데 丙이 乙에게 유일한 재산을 처분했다.
- 甲이 제기한 채권자취소소송에서 乙은 甲에게 6000만원을 가액배상하라는 취지의 판결이 확정되었다.

(c) 쟁점과 판단

- 乙이 甲에게 6000만원을 지급했더라도 丁에게 직접 §741 채권을 행사할 수 없다. 다만 丙은 丁의 책임분담액 1000만원에 대한 구상권을 丁에 대해 행사할 수 있고 乙은 채권자대위권을 근거로 丙의 丁에 대한 이 구상권을 대위행사할 수 있을 뿐이다.
- 이에 비해 丁이 乙의 가액배상금 6000만원을 대위변제한 경우 丁은 乙에게 6000만원 전액에 대한 구상권을 행사할 수 있다. 乙이 이에 응해 丁에게 6000만원을 지급하면 丙에게 §741 채권을 행사하여 전보받을 수 있다.

채무자의 책임재산이 위와 같이 원상회복되어 그로부터 채권자가 채권의 만족을 얻음으로써 채무자의 <u>다른 공동채무자도 자신의 채무가 소멸하는</u> 이익을 얻을 수 있다. 이러한 경우에 공동채무의 법적 성격이나 내용에 따라 **채무자와 다른 공동채무자 사이에 구상관계가 성립하는 것은 별론**으로 하고 공동채무자가 수익자나 전득자에게 <u>직접 부당이득반환채무를 부담하는 것은 아니다.</u> 따라서 **공동채무자가 수익자나 전득자의 가액배상의무를 대위변제**한 경우에도 특별한 사정이 없는 한 **수익자나 전득자에게 구상**할 수 있다고 보아야 한다(대법원 2017. 9. 26. 선고 2015다38910 판결).

나. 상대적 효력과 관련된 사례

(1) 수익자가 채무자에 대한 고유한 채권을 가진 경우

A. 근저당권 설정계약이 사해행위임을 이유로 취소된 경우

(a) 사안의 개요

- 丙은 자신이 소유한 X부동산에 대해 乙명의 근저당권을 설정해 주었으나, 丙에 대한 채권자 甲의 사해행위취소 청구가 인용되어 丙·乙 간 근저당권 설정계약이 취소되었다.

- X부동산에 대한 경매절차에서 근저당권자로서의 채권계산서를 제출했으나 배당에서 제외된 乙은 배당이의소송을 제기했다.

(b) 쟁점과 판단

- 경매개시 결정 당시에 乙명의 근저당권 설정등기가 말소되지 않은 상태였더라도 乙에게는 근저당권자로서 배당받을 권리가 인정될 수 없다. §407의 취지상 원상회복된 책임재산에 대한 배당 단계에서는 사해행위 취소의 효력이 절대적으로 적용되기 때문이다.

- 乙은 丙에 대한 일반채권자의 자격으로 배당받을 수는 있을 뿐이므로, 배당요구 종기 전에 적법한 배당요구를 한 경우에 한해, 안분배당만을 받을 수 있다. 그런데 乙이 근저당권자의 자격으로 채권계산서를 제출한 것을 일반채권자로서의 배당요구로 볼 수 없으므로 乙이 안분배당을 받으려면 일반채권자의 자격으로 별도의 배당요구를 해야만 한다.

> **대법원 2009. 12. 10. 선고 2009다56627 판결**
> ‣ 채무자의 특정 채권자에 대한 담보권 설정행위가 사해행위로 취소 확정된 경우에는 **취소채권자 및 그 취소의 효력을 받는 다른 채권자에 대한 관계에서는 무효**이므로, 취소된 담보권자는 **별도의 배당요구를 하여 배당요구채권자로서 배당받는 것은 별론으로 하고 담보권자로서는 배당받을 수 없다**고 할 것이며, 이는 사해행위취소 및 원상회복의 판결이 확정되었으나 그 담보권 등기가 말소되지 않고 있다가 경매로 인한 매각으로 말소된 경우에도 마찬가지이다.
> ‣ 원고로서는 근저당권자로서 채권계산서를 제출하기는 하였으나 그 근저당권이 사해행위로서 취소됨으로써 **적법한 배당요구를 한 것으로 볼 수 없다** 할 것이고, 이 사건 부동산에 관한 경매절차에서 **별도의 배당요구를 하여 배당요구 채권자로서 배당받을 수 있을 뿐**이다.

B. 대물변제가 사해행위임을 이유로 취소된 경우

(a) 사안의 개요

- 甲·乙·丁은 모두 丙에 대한 채권자인데 丙에게 甲은 1억원, 乙은 5000만원, 丁은 1억원을 각 대여했다. 丙의 적극재산으로는 X부동산, 임대인 戊에 대한 9000만원의 보증금반환채권이 있다.

- 丙은 대물변제로 乙에게 X부동산을, 丁에게 戊에 대한 보증금반환채권을 각 양도하고 각 공시를 마쳤다. 이에 甲은 丙·乙 간, 丙·丁 간 각 대물변제에 대한 사해행위 취소소송을 제기하여 모두 승소 확정판결을 받았다.

- 이에 乙은 대여금 5000만원을 피보전채권으로, 丁은 대여금 1억원을 피보전채권으로 삼아, 丙의 戊에 대한 위 보증금반환채권에 대한 각 가압류결정을 받았고, 甲은 위 보증금반환채권에 대한 압류·추심명령을 받았다.

- 戊는 임대차보증금 9000만원을 집행법원에 공탁했고, 집행법원은 그 중 배당가능 금액에 해당하는 8000만원을 甲·乙·丁의 각 채권액의 비율에 따라 안분배당했다. 이에 甲이 乙·丁에 대해 배당이의소송을 제기했다.

(b) 쟁점과 판단

- 甲의 배당이의 소송은 기각된다.

- 대물변제가 사해행위인 경우 사해행위 취소로 인해 대물변제의 효력이 소멸하면 대물변제로 소멸했던 채권은 부활한다.

- 이러한 채권은 수익자가 상대적 효력을 근거로 채무자에게 취득하는 §741 채권과는 별개의 고유한 권리이며, 이러한 별개의 권리를 행사하는 경우에는 수익자도 §407의 채권자에 해당한다. 따라서 이 경우에는 수익자이더라도 원상회복으로 반환된 책임재산에 대한 강제집행 절차에서 집행권원·배당요구 등의 요건을 갖추어 안분배당을 받을 수 있다.

대법원 2003. 6. 27. 선고 2003다15907 판결

‣ 대물변제가 사해행위로 인정되어 취소되는 경우 사해행위의 상대방인 수익자는 그의 채권이 사해행위 당시에 그대로 존재하고 있었거나 또는 사해행위가 취소되면서 그의 채권이 부활하게 되는 결과 **본래의 채권자로서의 지위**를 회복하게 되는 것이므로 사해행위취소의 효과로서 발생하는 부당이득반환채권을 행사할 수 없는 것과는 달리 **다른 채권자들과 함께 제407조에 의하여 그 취소 및 원상회복의 효력을**

받게 되는 채권자에 포함된다. 따라서 취소소송을 제기한 채권자 등에 의한 원상회복된 채무자의 재산에 대한 강제집행이 개시되면 수익자인 채권자도 **집행권원을 갖추어 배당을 요구할 권리**가 있다.

- 乙·丁은 **제407조에 의하여 사해행위취소의 효력을 원용할 수 있고** 따라서 위 사해행위취소와 원상회복의 결과인 보증금반환채권에 대하여 원고의 신청에 의하여 진행된 강제집행절차에서 피고들은 위 각 해당 대여금에 관한 채권자로서 배당을 요구할 권리가 있다.

(2) 채권자취소권자 아닌 일반채권자에 의한 수익자 명의 등기 말소

A. 사안의 개요

- 丙은 甲·丁에 대해 금전채무를 부담하고 있었는데 채무초과 상태에서 유일한 재산인 X부동산을 乙에게 증여하고 乙명의 소유권이전등기를 마쳐 주었다. 이에 甲이 丙·乙 간 증여 취소와 乙명의 소유권이전등기 말소등기를 청구하는 채권자취소소송을 제기하여 甲 승소 판결이 확정되었다.
- 이 사실을 알게 된 丁은 丙을 대위하여 乙명의 소유권이전등기 말소등기를 청구했는데, 乙이 적극적으로 항변하지 않아서 丁의 청구가 인용되었고 이에 따라 乙명의 소유권이전등기가 말소되었다.

B. 쟁점과 판단

- 상대적 효력: 丙·乙 간 증여의 취소는 甲과 乙 사이에서만 효력이 있고 丙이나 丁에게는 효력이 없으므로, 丁이 주장하는 피대위권리인 丙의 乙에 대한 말소등기청구권(§214)은 인정되지 않는다.
- 실체관계에 부합하는 등기: 그러나 사해행위로 유출되었던 책임재산인 X부동산이 丙의 책임재산으로 복귀하려면 어차피 甲의 원상회복 청구에 따라 乙명의 소유권이전등기 말소등기가 마쳐져야 한다. 따라서 丁이 권한 없이 한 乙명의 소유권이전등기 말소등기는 실체관계에 부합하여 유효이다.

대법원 2015. 11. 17. 선고 2013다84995 판결

- 수익자에 대해 사해행위 취소 및 원상회복으로 소유권이전등기의 말소를 명하는 판결이 확정되었으나 아직 수익자 명의 소유권이전등기의 말소등기를 마치지 아니한 상태라면, **채권자취소소송의 당사자가 아닌 다른 채권자는 위 판결에 기하여 채**

> 무자를 대위하여 그 말소등기를 신청할 수 **없다**. 그런데도 다른 채권자의 위와 같은 등기신청으로 말소등기가 마쳐졌다면 그 등기에는 절차상의 흠이 존재한다.
>
> ‣ 그러나 채권자가 사해행위 취소의 소를 제기하여 승소한 경우 그 취소의 효력은 **제 407조**에 의하여 <u>모든 채권자의 이익을 위하여 미치므로</u>, 수익자는 채무자의 다른 채권자에 대하여도 사해행위의 취소로 인한 소유권이전등기의 말소등기의무를 부담하는 점 등에 비추어보면, 소송당사자가 아닌 다른 채권자가 위 판결에 기하여 **채무자를 대위**하여 마친 말소등기는 실체관계에 부합하는 등기로서 유효하다.

(3) 사해행위 취소 · 원물반환으로 채무자 명의 소유권이전등기가 마쳐진 경우

A. 채무자의 등기부시효취득 주장

(a) 사안의 개요

• 丙은 A로부터 2007. 7. X부동산을 매수하여 그 무렵 소유권이전등기를 마치고 현재까지 점유하고 있다. 甲은 丙을 상대로 A에 대한 조세채권을 피보전채권으로 하는 채권자취소소송을 제기했고, 丙명의 소유권이전등기 말소등기를 명하는 甲 승소판결이 2009. 2. 확정되었다.

• 甲이 2020. 2. 비로소 丙명의 소유권이전등기 말소등기를 마친 후 X부동산에 대해 압류등기를 마치자, 丙은 2009. 2. 채권자취소소송에서 패소했더라도 점유의 양태가 바뀌었다고 볼 수 없으므로 2017. 7. 등기부취득시효가 완성되었다고 하면서, 甲명의 압류등기가 무효라고 주장한다.

(b) 쟁점과 판단

• 등기부시효취득이 인정되려면 '타인의 소유물'이라는 요건이 충족되어야 한다 (2016다224596, 민총물권, 588면).

• 사해행위 취소판결에는 상대적 효력만 인정되므로, 甲이 제기한 채권자취소소송에서 丙명의 소유권이전등기 말소등기를 명하는 판결이 확정되었더라도 A의 책임재산으로 회복되는 효과만 발생할 뿐이고 丙이 소유자라는 사실에는 영향을 미치지 않는다고 보아야 한다.

• 또한 사해행위의 수익자 丙에게 등기부시효취득을 인정할 만한 정책적인 이유도 인정되기 어렵다.

대법원 2016. 11. 25. 선고 2013다206313 판결

‣ 사해행위 취소에는 상대적 효력만 인정되고, 유효한 소유권이전등기 명의인은 등기부 시효취득을 할 수 없다.

‣ 이 사건에서 丙·A 간 매매계약에 대한 사해행위취소 판결이 확정됨으로써 그 등기 명의를 丙 앞으로 회복하여 강제집행을 할 수 있게 되었다. 丙은 그러한 부담을 안고 있다는 사정을 잘 알고 있는 상태에서 위 판결 전후 기간 동안 이 사건 각 부동산을 점유해 온 것이다. 그러한 점유의 사실상태는 이를 <u>사해행위취소의 부담이 없는 권리관계로 높여 보호할 필요가 있다거나 소유권에 대한 증명의 곤란을 구제할 필요가 있는 경우에 해당한다고 할 수 없다. 따라서 이 사건 각 부동산에 대한 丙의 등기부취득시효 주장은 인정될 수 없다.</u>

B. 채무자가 제3자에게 소유권이전등기를 마쳐 준 경우

(a) 사안의 개요

• 丙은 채무초과 상태에서 유일한 재산인 X부동산을 乙에게 증여하고 乙명의 소유권이전등기를 마쳐 주었다. 그러나 丙에 대한 채권자 A가 제기한 사해행위 취소 소송에서 원고승소 판결이 확정되어, X부동산에 대한 乙 명의 소유권이전등기에 대한 말소등기가 마쳐졌다.

• 그 후 丙은 이 부동산을 다시 丁에게 팔고 丁명의 소유권이전등기를 마쳐 주었다. 甲은 丙·乙 간 X부동산 증여계약 체결 전에 丙에게 돈을 빌려주었고, 戊는 丙·乙 간 X부동산 증여계약 체결 후 丙에게 돈을 빌려 주었다.

• A·甲·戊가 집행권원을 확보한 후 丁명의 소유권이전등기 말소를 구한다. 이들 각각의 청구는 타당한가?

(b) 쟁점과 판단

• 사해행위 취소의 상대적 효력에 비추어 볼 때, 채권자취소소송에 의해 수익자 명의 소유권이전등기 말소등기가 마쳐져 채무자 명의 소유권이전등기가 부활하더라도 채무자·수익자 간에는 여전히 유효한 물권변동이 일어난 것으로 다루어진다.

• 채무자가 제3자에게 원상회복된 부동산을 매도하고 소유권이전등기를 마쳐주더라도 이것은 '무권리자의 처분'에 해당한다. 따라서 등기공신력이 없는 법제 하에서 양수인은 소유권을 취득할 수 없다. 따라서 위 사안에서 丁명의 소유권이전등기는 원인무효 등기이다.

- 다만 이처럼 丁명의 소유권이전등기가 원인무효라는 주장은, 채권자취소권자와 §407에 의한 원상회복의 효력을 받는 채권자만 할 수 있다. 따라서 A와 甲은 이러한 주장을 할 수 있으나, 사해행위 후에 丙에 대한 채권자가 된 戊는 이러한 주장을 할 수 없다.

대법원 2017. 3. 9. 선고 2015다217980 판결

- 채무자와 수익자 사이의 부동산매매계약이 사해행위로 취소되고 그에 따른 원상회복으로 수익자 명의의 소유권이전등기가 말소되어 **채무자의 등기명의가 회복**되더라도, 그 부동산은 **취소채권자나 제407조에 따라 사해행위 취소와 원상회복의 효력을 받는 채권자와 수익자** 사이에서 **채무자의 책임재산으로 취급**될 뿐, 채무자가 직접 그 부동산을 취득하여 **권리자가 되는 것은 아니다.**
- 따라서 채무자가 사해행위 취소로 그 등기명의를 회복한 부동산을 제3자에게 처분하더라도 이는 **무권리자의 처분**에 불과하여 효력이 없으므로, 채무자로부터 제3자에게 마쳐진 소유권이전등기나 이에 기초하여 순차로 마쳐진 소유권이전등기 등은 모두 원인무효의 등기로서 말소되어야 한다. 이 경우 **취소채권자나 제407조에 따라 사해행위 취소와 원상회복의 효력을 받는 채권자**는 채무자의 책임재산으로 취급되는 그 부동산에 대한 강제집행을 위하여 위와 같은 원인무효 등기의 명의인을 상대로 그 등기의 말소를 청구할 수 있다.
- 甲은 사해행위취소소송의 원고는 아니었지만 **사해행위가 성립하기 전에 채무자에 대하여 채권을 취득**하여 제407조에 따라 사해행위 취소와 원상회복의 **효력을 받는 채권자에 해당**한다. 따라서 甲은 채무자 丙의 책임재산으로 취급되는 이 사건 부동산에 대한 강제집행을 위하여 직접 원인무효 등기의 명의인인 丁을 상대로 그 등기의 말소를 청구할 수 있다.

이에 비해 **사해행위 이후에 채권을 취득한 채권자**인 戊는 채권 취득 당시에 사해행위 취소에 의하여 회복되는 재산을 채권자의 공동담보로 파악하지 아니한 자로서 제407조에 의해 사해행위취소와 원상회복의 효력을 받는 채권자에 포함되지 않는다(대법원 2017. 9. 21. 선고 2016다8923 판결).

C. 채무자가 특정 채권자에게 근저당권설정등기를 마쳐 준 경우
(a) 사안의 개요
- 위 사안에서, 丙·乙 간 증여계약이 취소되어 丙 명의로 X부동산의 소유권이전등

기가 복귀되었다.

- 丙은 己와 근저당권 설정계약을 체결했고 이에 따른 己명의 근저당권 설정등기가 마쳐졌다. 그 후 己의 신청에 따른 임의경매 절차가 진행되었다.

(b) 쟁점과 판단

- A가 제기한 채권자취소소송의 효력이 미치는 甲·A의 관점에서는 근저당권 설정자인 丙은 무권리자이고 등기공신력이 없는 법제 하에서는 己명의 근저당권 설정등기도 원인무효 등기이다. 따라서 채권자취소권자인 A와 §407의 채권자에 해당하는 甲에 대해 己는 우선변제권을 주장할 수 없다.

- 이에 비해 사해행위 취소의 상대적 효력이 미치지 않는 자들에 대해서는 X부동산의 소유자는 乙이므로, A·甲에게 배당되고 남은 잉여금은 채무자 丙 아닌 수익자 乙에게 지급되어야 한다.

  원심은 이 사건 부동산 임의경매절차에서 丙으로부터 사해행위 이후에 이 사건 각 부동산에 관한 권리를 취득한 己이나 丙에게 잉여금 또는 배당금을 지급할 것이 아니라, 수익자의 지위에 있는 乙에게 잉여금을 지급하여야 한다고 판단하였다. 이러한 원심의 판단은 정당하다(대법원 2017. 9. 21. 선고 2016다8923 판결).

(4) 채권양도가 사해행위임을 이유로 취소된 경우

A. 채무자를 대위한 채권자취소권자의 제3채무자에 대한 채권 행사 불가

(a) 사안의 개요

- 甲에 대한 대여금채무자 丙은 유일한 재산인 丁에 대한 외상대금채권을 乙에게 증여했고, 이에 甲은 丙·乙 간 채권양도에 대한 채권자취소소송을 제기하여 원고승소 판결이 확정되었다.

- 원상회복을 위해, 乙의 의사표시에 갈음하는 판결로써 '丙·乙 간 채권양도 취소통지'가 이루어지자 甲은 丁에 대한 채권이 丙에게 복귀하였음을 전제로 丙을 대위하여 丁에게 위 외상대금채권의 지급을 청구한다.

(b) 쟁점과 판단

- 사해행위 취소의 상대적 효력에 비추어, 제3채무자 丁에 대한 관계에서는 丙·乙 간 채권양도 계약은 유효이고 丁에 대한 채권자는 丙이 아니라 乙이다. 사해행위 취소에 의한 원상회복을 위해 '丙의 책임재산으로의 회복'이라는 취지의 §450의

통지가 이루어졌더라도 마찬가지이다.

- 따라서 甲은 채권자대위권을 근거로 丙을 대위하더라도 丁에게 외상대금채권을 행사할 수 없다. 피대위권리인 丙의 丁에 대한 채권이 丙·丁 사이에서는 인정될 수 없기 때문이다.

대법원 2015. 11. 17. 선고 2012다2743 판결

- 채무자의 수익자에 대한 **채권양도가 사해행위로 취소**되는 경우, 수익자가 제3채무자로부터 아직 그 채권을 추심하지 아니한 때에는, 채권자는 원상회복으로서 수익자가 제3채무자에 대하여 채권양도가 취소되었다는 취지의 통지를 하도록 청구할 수 있다.
- 사해행위 취소의 상대적 효력에 의하면, 채무자의 수익자에 대한 채권양도가 사해행위로 취소되고, 그에 따른 원상회복으로서 제3채무자에게 **채권양도가 취소되었다는 취지의 통지가 이루어지더라도**, ㉠ 채권자와 수익자의 관계에서 그 채권이 채무자의 책임재산으로 취급될 뿐이고 ㉡ **채무자가 직접 그 채권을 취득하여 권리자로 되는 것은 아니므로, 채권자는 채무자를 대위하여 제3채무자에게 그 채권에 관한 지급을 청구할 수 없다.**

B. 제3채무자에 대한 강제집행에서 수익자에 대한 배당 저지 불가

(a) 사안의 개요

- 위 사안에서 ㉠ 丙의 책임재산으로 회복된 丁에 대한 채권을 대상으로 하는 강제집행이 실시되기 전에 丁이 채무초과 상태에 빠졌고, ㉡ 甲은 丁에 대한 별개의 독자적인 금전채권을 가지고 있었다.
- 丁의 책임재산에 대한 강제집행 절차에서 乙이 배당요구를 하자, 甲은 丙·乙 간 채권양도 계약이 사해행위로서 취소되었으므로 乙은 丁에 대한 채권자가 아니라고 주장하면서 배당이의 소송을 제기했다.

(b) 쟁점과 판단

- 甲의 주장은 이유 없다.
- 丙·乙 간 채권양도에 대한 사해행위 취소판결은 丙의 책임재산에 대한 강제집행이 이루어질 때만 그 효력이 인정된다. 따라서 丁의 책임재산에 대한 강제집행 절차에서는 丙·乙 간 채권양도는 유효이므로 乙은 적법하게 안분배당을 받을 수 있다.

대법원 2010. 5. 27. 선고 2007다40802 판결

- 채권자취소권은 사해행위에 의해 일탈된 채무자의 책임재산을 총채권자를 위하여 채무자에게 복귀시키기 위한 것이지 채권자취소권을 행사하는 특정 채권자에게만 독점적 만족을 주기 위한 권리가 아니다. 따라서 甲은 채무자 乙에 대한 채권 보전이 아니라 **제3자 丁에 대한 채권 만족을 위해서는 사해행위취소의 효력을 주장할 수 없다.**
- **甲이 丁에 대한 고유한 채권자의 지위**에서 신청한 丁 소유 부동산에 대한 강제경매 절차에서, 丙·乙 간 사해행위 취소판결 전에 성립된 조정조서에 기해 乙이 배당을 받자, 甲이 위 사해행위취소의 효력을 주장하여 乙은 丁에 대한 채권양수인이 아니라는 이유로 배당이의를 하는 것은, 丙에 대한 모든 채권자의 이익을 위하여 효력이 발휘되어야 할 채권자취소권의 행사로써 **채무자 丙의 책임재산 회복이 아닌 제3자 丁에 대한 甲 자신의 채권을 만족시키는 것이 되어 부당하다.**

(5) (가)압류와 사해행위취소

A. 사해행위 취소가 수익자의 고유채권자의 (가)압류에 미치는 영향

(a) 사안의 개요

- 채무자 丙은 자신이 소유한 X부동산에 乙명의 저당권을 설정했고 수익자 乙에 대한 채권자 丁은 자신의 乙에 대한 채권을 보전하기 위해 乙이 장차 X부동산의 경매·배당절차에서 받게 될 배당금채권 중 2700만원을 가압류했다.
- 丙에 대한 채권자 甲이 위 丙·乙 간 근저당권 설정계약에 대한 채권자취소소송을 제기했는데 그 소송계속 중 X부동산에 대한 경매절차가 진행되었고 乙에 대한 배당금은 공탁되었다.
- 甲이 제기한 채권자취소소송에서 원고승소 판결이 확정되어 원상회복으로 '乙은 근저당권에 기한 배당금 출급청구권을 丙에게 양도하는 의사표시를 하고 대한민국에게 채권양도 통지를 하라'는 취지의 판결이 확정되었다.
- 甲은 乙을 대위하여 위 이행판결의 취지에 따른 채권양도 통지를 마친 후, 丙에게 양도된 공탁금 출급청구권에 대한 채권압류 및 추심명령을 받았고 그 취지가 대한민국에게 송달되었다.
- 집행법원은 공탁되어 있는 乙의 배당금에 대한 배당을 실시하였는데, 乙에 대한 가압류채권자인 丁에게 1순위로 2700만원을 배당하고, 나머지 금액을 丙에 대한 채권자인 甲에게 배당했다. 이에 甲은 배당기일에서 丁에게 배당된 위 2700만원

부분에 대한 이 사건 배당이의 소송을 제기했다.

(b) 쟁점과 판단

* 수익자 乙에 대한 고유채권자인 丁에 대해서는 사해행위 취소의 상대적 효력이 적용되지 않는다. 따라서 甲은 丁에게는 乙·丙 간 근저당권 설정계약이 무효이 므로 乙명의 근저당권이 원인무효 등기라고 주장할 수 없다. 이러한 효과는 수익 자 乙에 대한 丁의 채권 취득 시점이 사해행위 전이든 후이든 동일하게 인정된다.
* 따라서 乙이 근저당권자임을 전제한 丁의 배당금 채권 가압류는 유효이고 甲의 배당이의는 이유 없다.

> **대법원 2009. 6. 11. 선고 2008다7109 판결**
> ‣ 사해행위취소에는 상대적 효력만 인정되는데 그 취소의 **효력이 미치지 아니하는 제3자의 범위를** 사해행위를 기초로 수익자와 새롭게 법률행위를 한 **전득자 등만으로 한정할 것은 아니다. 수익자의 고유채권자가 수익자가 사해행위로 취득한 근저당권에 배당된 배당금을 가압류**한 경우 이 고유채권자는 수익자와 새로운 법률관계를 맺은 것이 아니더라도 **사해행위취소판결의 효력이 미친다고 볼 수 없다.**
> ‣ 따라서 丁은 수익자 乙과 새로운 법률관계를 맺은 자가 아니라 **乙에 대한 고유채권자로서 이미 가지고 있던 채권확보를 위하여 수익자에게 배당된 배당금을 가압류한 자이므로 甲이 제기한 사해행위취소판결의 효력이 미친다고 볼 수 없다.** 따라서 원심이, 수익자의 고유채권자인 丁에게 사해행위취소판결의 효력이 미치지 않는다고 보아 배당금을 먼저 가압류한 丁에게 우선적으로 배당한 것은 정당하다.

B. 사해행위로 양도된 채권에 대한 다른 채권자에 의한 채권집행의 무효

(a) 사안의 개요

* 甲에 대한 금전채무자 丙은 채무초과 상태에서 A에 대한 대여금채권을 지인 乙에게 양도하고 확정일자 통지를 마쳐 주었다. 甲은 이 사실을 알고 위 丙·乙 간 채권양도 계약에 대한 사해행위 취소소송을 제기했는데, 그 무렵 丙에 대한 금전채권자 丁은 丙의 A에 대한 위 대여금채권에 대한 압류·전부명령을 받아 그 취지가 A에게 송달되었다.
* A는 대여금채무의 이행기가 도래하자 집행공탁을 했고 이에 따라 배당절차가 진행되었는데 丁이 전부채권자임을 전제로 하는 배당표가 작성되자 甲은 배당이의 소송을 제기했다.

(b) 쟁점과 판단

- 丁의 압류 당시 그 대상이었던 A에 대한 대여금채권은 이미 乙에게 양도된 상태였다. 채권양도의 대항요건이 갖춰진 후 양도된 채권에 대한 (가)압류는 무효이므로, 이에 근거한 추심명령을 받았어도 집행절차에서 배당받을 수 없고, 전부명령을 받았더라도 피압류채권의 이전과 집행채권 소멸이라는 효과가 발생하지 않는다.

- 비록 장래에 발생할 채권이나 조건부 채권도 그 권리의 특정이 가능하고 가까운 장래에 발생할 것이 상당 정도 기대되는 경우에는 압류할 수 있지만(대법원 2010. 2. 25. 선고 2009다76799 판결), 丁의 압류 당시 이 대여금채권이 丙에게 다시 귀속될 가능성이 없었다. 丙·乙 간 채권양도에 대한 甲의 사해행위 취소청구가 인용되더라도 사해행위 취소에는 상대적 효력만 있으므로 A에 대한 관계에서 채권자는 변함없이 乙이라고 보아야 하기 때문이다. 결국 丁이 丙의 A에 대한 채권에 대해 마친 압류명령과 추심·전부명령은 모두 무효이다.

- 파기된 원심은 丁이 받은 채권 압류명령과 이에 근거한 추심명령·전부명령 등은 '장차 사해행위 취소소송의 확정에 따라 丙에게 원상회복될 A에 대한 대여금채권'이라는 장래채권에 대한 압류로서 유효하다고 판단하여, 피압류채권의 부존재로 인해 丁이 받은 압류명령은 무효라는 甲의 주장을 배척했다.

대법원 2022. 12. 1. 선고 2022다247521 판결

- 채무자가 압류 또는 가압류의 대상인 채권을 양도하고 확정일자 있는 통지 등에 의한 채권양도의 대항요건을 갖추었다면, 그 후 채무자의 다른 채권자가 그 양도된 채권에 대하여 압류 또는 가압류를 하더라도 그 압류 또는 가압류 당시에 피압류채권은 이미 존재하지 않는 것과 같아 압류 또는 가압류로서의 효력이 없고, 그에 기한 추심명령 또한 무효이므로, 그 다른 채권자는 압류 등에 따른 집행절차에 참여할 수 없다. 또한 압류된 금전채권에 대한 전부명령이 절차상 적법하게 발부되어 확정되었다고 하더라도 전부명령이 제3채무자에게 송달될 때에 피압류채권이 존재하지 않으면 전부명령도 무효이므로, 피압류채권이 전부채권자에게 이전되거나 집행채권이 변제되어 소멸하는 효과는 발생할 수 없다.

- 사해행위취소 판결에는 상대적 효력만 인정되므로 사해행위취소소송에서 **채권양도계약이 취소되어 채권이 원채권자에게 복귀하였다고 하더라도 이미 무효로 된 채권압류명령 등이 다시 유효로 되는 것은 아니다.**

C. 압류된 채권이 양도된 후, 채권양도가 사해행위임을 이유로 취소된 경우

(a) 사안의 개요

- 乙·丙은 공동임차인이 되어 戊가 소유한 점포를 임대차보증금 1억 2,000만원에 임차했다.
- 丙에 대해 2000만원의 금전채권을 가진 丁은 보증금반환채권 중 丙의 몫인 6000만원 중 2000만원에 대한 채권압류·추심명령을 받았고 그 취지가 제3채무자인 戊에게 송달되었다. 丙은 그 후 채무초과 상태에서 유일한 재산인 위 보증금반환채권을 乙에게 양도했고 乙은 이러한 사정을 잘 알고 있었으며 그 무렵 戊에게 확정일자 통지가 도달했다.
- 戊는 위 임대차계약 종료 후 연체차임 등을 공제한 나머지 8000만원을 공탁했으며, 丙에 대한 채권자 甲은 丙·乙 간 위 보증금반환채권 양도는 사해행위임을 이유로 채권자취소소송을 제기했다.

(b) 쟁점과 판단

- 丁의 채권압류로 인한 처분금지효가 발생하더라도 피압류채권 양도는 유효이고 압류채권자인 丁에게 대항할 수 없을 뿐이다. 또한 압류의 처분금지효는 상대적 효력만 인정되므로 丙에 대한 다른 채권자인 甲이 제기한 채권자취소소송에서는 丁의 채권압류는 고려 대상이 아니다.
- 따라서 丙·乙 간 보증금반환채권 양도계약은 사해행위에 해당하므로 취소되고, 乙은 戊가 공탁한 8000만원 중 丙의 몫인 4000만원에 해당하는 공탁금 출급청구권을 丙에게 양도하는 의사표시를 하고, 대한민국에 그 양도사실을 통지하는 방식으로 원상회복을 할 의무가 있다.

대법원 2015. 5. 14. 선고 2014다12072 판결
> • **채권에 대한 압류의 처분금지의 효력**은 절대적인 것이 아니고, 이에 저촉되는 채무자의 처분행위로 압류의 효력이 미치는 범위에서 압류채권자에게 대항할 수 없는 **상대적 효력을 가지는 데 그치므로, 압류 후에 피압류채권이 제3자에게 양도된 경우 그 채권양도는 압류채무자의 다른 채권자 등에 대한 관계에서는 유효**하다. 그리고 채권양도가 사해행위로 인정되어 그 취소 판결이 확정된 경우에도 그 취소의 효과는 그 사해행위 이전에 이미 그 채권을 압류한 다른 채권자에게는 미치지 아니한다.

• 이 사건의 경우 乙은 丁이 이미 압류·추심명령을 받은 2,000만 원 부분에 대하여 丁에게 대항할 수 없는 것에 그칠 뿐, 원고인 甲을 비롯한 丙에 대한 다른 채권자에 대한 관계에서는 유효하게 채권을 양도받은 것이다. 따라서 원심이 丙의 임대차보증금반환채권에서 丁이 채권압류·추심명령을 받은 2000만원 부분을 공제하지 않은 채, 乙·丙이 부담해야 할 연체차임 등만을 공제하고 남은 8000만원에서 丙의 몫인 4000만원에 관한 공탁금 출급청구권의 반환을 명한 것은 정당하다.

Ⅲ 책임재산의 원상회복

1. 개관

가. 원물반환 원칙과 예외적인 가액배상

(1) 원물반환의 원칙

• 책임재산 원상회복의 원칙적인 방법은 원물반환이다. 예컨대 사해행위가 부동산 소유권 양도인 경우, 수익자가 취득했던 부동산 소유권을 채무자에게 반환시킴으로써 원상회복이 이루어지는 것이다.

채권자의 사해행위취소 및 원상회복청구가 인정되면, 수익자는 원상회복으로서 사해행위의 목적물을 채무자에게 반환할 의무를 지게 되고, 사해행위 목적물의 가액배상은 원물반환이 불가능하거나 현저히 곤란한 경우에 한하여만 허용된다(대법원 2024. 2. 15. 선고 2019다238640 판결).

부동산에 관한 법률행위가 사해행위에 해당하는 경우에는 **원칙적으로 그 사해행위를 취소하고 소유권이전등기의 말소 등 부동산 자체의 회복을 명**하여야 한다(대법원 2018. 9. 13. 선고 2017다53470 판결).

• 반환대상인 원물로부터 발생한 과실은 사해행위 당시의 채무자의 책임재산이었다고 볼 수 없으므로 원상회복 대상이 아니다. 이러한 판례의 태도는 원상회복에는 소급효가 없음을 전제한다.

> **대법원 2008. 12. 11. 선고 2007다69162 판결**
> ▸ 사해행위의 취소 및 원상회복은 책임재산의 보전을 위하여 **필요한 범위 내로 한정되어야 하므로 원래의 책임재산을 초과하는 부분까지 원상회복의 범위에 포함된다고 볼 수 없다.**
> ▸ 부동산에 관한 법률행위가 사해행위에 해당하여 취소된 경우에 수익자나 전득자가 사해행위 이후 그 부동산을 직접 사용하거나 제3자에게 임대하였다고 하더라도, **당초 채권자의 공동담보를 이루는 채무자의 책임재산은 당해 부동산이었을 뿐** 수익자 또는 전득자가 그 부동산을 **사용함으로써 얻은 사용이익이나 임차인으로부터 받은 임료상당액까지 채무자의 책임재산이었다고 볼 수 없으므로** 수익자 등이 원상회복으로서 당해 부동산을 반환하는 이외 그 사용이익이나 임료상당액을 **반환해야 하는 것은 아니다.**

(2) 예외적인 가액배상

- 원물반환이 불가능하거나 현저하게 곤란하면, 수익자·전득자는 원상회복 의무의 이행으로서 사해행위로 유출된 책임재산의 가액 상당액을 배상해야 한다.
- 원물반환의 불가능·곤란 여부는 거래관념상의 기대가능성을 기준으로 판단해야 한다(2012다952, 280면).

나. 원물반환과 가액배상의 관계

(1) 소송물의 동일성

- 채권자취소소송을 구성하는 이행소송의 소송물은 '원상회복 청구'이므로, 원고의 원물반환 청구에 대해 법원이 가액배상을 명해도 처분권주의 위반이 아니다.
- 원물반환 의무와 가액배상 의무를 구분하는 기준은 상대적이다.

원상회복의 방법으로서 원물반환의무와 가액배상의무는 양자를 **구분하는 기준이 절대적으로 존재하는 것이 아니라 단지 상대적으로만 구분된다**고 볼 수 있다. 대법원도 일찍이 원물반환청구권과 가액배상청구권을 **동일한 소송물**로 보고 있고, 원물반환만을 청구하였더라도 가액배상으로 인용할 수 있다는 취지로 판시하기도 하였다(대법원 2019. 4. 11. 선고 2018다203715 판결).

(2) 채권자취소권자의 선택가능성

A. 전제: 원물반환이 현저하게 곤란한 경우

* 원물반환이 불가능하면 가액배상 방식으로 원상회복할 수밖에 없다.
* 이에 비해 원물반환이 현저하게 곤란한 경우에는 채권자취소권자는 가액배상과 원물반환 중에서 선택할 수 있으며, 이러한 선택은 사실심 변론종결시까지 할 수 있다. 원물반환이 현저하게 곤란한 경우의 예로서 원물반환 대상인 부동산에 제한물권 등의 물적 부담이 설정된 경우를 들 수 있다.

> **대법원 2018. 12. 28. 선고 2017다265815 판결**
> ‣ **사해행위로 부동산 소유권이 이전된 후 그 부동산에 관하여 제3자가 저당권이나 지상권 등의 권리를 취득**한 경우에는 수익자가 부동산을 저당권 등의 제한이 없는 상태로 회복하여 채무자에게 이전하여 줄 수 있다는 등의 특별한 사정이 없는 한 채권자는 수익자를 상대로 원물반환 대신 그 가액 상당의 배상을 구할 수 있지만, 그렇다고 하여 채권자가 스스로 위험이나 불이익을 감수하면서 <u>원물반환을 구하는 것</u> <u>까지 허용되지 않는 것은 아니다.</u>
> ‣ 채권자는 원상회복 방법으로 **가액배상 대신 수익자 명의 등기의 말소를 구하거나 수익자를 상대로 채무자 앞으로 직접 소유권이전등기절차를 이행할 것을 구할 수도** 있다. 이 경우 원상회복청구권은 <u>사실심 변론종결 당시 채권자의 선택에 따라 원물반환과 가액배상 중 어느 하나로 확정</u>된다.

* 다만 일부 판례는 '채권자의 선택'만으로는 부족하고 '일반채권자를 위한 책임재산 회복이라는 목적 실현에 적합할 것'이라는 요건도 충족되어야만 채권자취소권자가 가액배상 대신 원물반환을 선택할 수 있는 것처럼 판시하고 있다.

채권자와 수익자 모두 원물반환을 원하고 있고, **원물반환에 의하더라도 일반 채권자들을 위한 책임재산의 보전이라는 채권자취소권의 목적 달성에 별다른 지장이 없는 경우라면** 굳이 가액배상을 고집하기보다는 사해행위취소에 따른 본래적 의미의 원상회복 방법인 원물반환에 의하는 것이 오히려 공평의 관념에 부합한다고 할 것이고, 이러한 수익자의 의사는 사해행위취소의 효과로 <u>수익자가 원상회복의무를 부담하는 때</u>인 사해행위취소소송의 <u>사실심 변론종결 시를 기준으로 판단함이 상당하다</u>(대법원 2013. 4. 11. 선고 2012다107198 판결).

B. 선택의 일회성

• 가액배상을 청구할 수 있었던 채권자취소권자가 원물반환을 청구하여 승소판결
이 확정되면 그 후 책임재산 회복이라는 목적을 달성하지 못했더라도 거듭 가액
배상을 청구할 수는 없다.

• 만약 채권자에 대한 원물반환을 명하는 승소판결이 확정된 후 동일한 사해행위
에 대해 동일한 채권자가 채권자취소소송을 제기하여 가액배상 청구를 하거나
청구취지를 달리하는 원물반환 청구를 하면 권리보호 이익이 없어 각하된다.

> 채권자는 원상회복 방법으로 가액배상 대신 수익자 명의 등기 말소나 수익자를 상대
> 로 채무자 앞으로 직접 소유권이전등기절차를 이행할 것을 구할 수도 있으나 채권자
> 가 일단 사해행위취소 및 원상회복으로서 **수익자 명의 등기의 말소를 청구하여 승소
> 판결이 확정**되었다면, 어떠한 사유로 수익자 명의 등기를 말소하는 것이 불가능하게
> 되었다고 하더라도 다시 수익자를 상대로 원상회복청구권을 행사하여 **가액배상을 청
> 구하거나 원물반환**으로서 채무자 앞으로 직접 **소유권이전등기절차를 이행할 것을 청
> 구할 수는 없**으므로, 그러한 청구는 권리보호의 이익이 없어 허용되지 않는다(대법원
> 2018. 12. 28. 선고 2017다265815 판결).

• 예컨대 담보권이 설정된 부동산에 대해 채권자취소권자가 원물반환을 선택하여
승소판결이 확정되었으나 채무자 명의 소유권이전등기가 지체되던 중 그 부동산
이 경매로 매각되면 채권자취소권자는 원물반환을 받을 수 없다. 이 경우 채권자
취소권자가 동일한 사해행위에 대해 채권자취소소송을 제기하여 가액배상을 청
구하면 각하된다(대법원 2006. 12. 7. 선고 2004다54978 판결).

2. 원물반환

가. 개관: 재산권 양도가 사해행위인 경우

(1) 목적물이 물건인 경우

• 채무자 소유 부동산에 대해 사해행위를 원인행위로 하는 수익자·전득자 명의 소
유권이전등기가 마쳐진 경우, 원물반환을 위해 ㉠ 수익자·전득자 명의 소유권이
전등기의 말소등기뿐 아니라 ㉡ 진정명의회복을 원인으로 채무자 명의 소유권이
전등기를 하는 것도 가능하다.

말소등기청구 대신 진정명의회복을 원인으로 하는 소유권이전등기가 가능하다는 법리는 사해행위 취소소송에 있어서 취소 대상 부동산의 **등기명의를 수익자로부터 채무자 앞으로 복귀시키고자 하는 경우에도 그대로 적용**될 수 있다. 따라서 채권자인 원고는 이 사건 증여계약의 취소로 인한 원상회복 방법으로 피고 명의 등기의 말소를 구하는 대신 피고를 상대로 채무자 앞으로 직접 소유권이전등기절차를 이행할 것을 구할 수도 있다(대법원 2000. 2. 25. 선고 99다53704 판결).

- 사해행위로 동산 소유권이 양도된 경우 원물반환을 위해 목적물인 동산이 인도되어야 하며, 채권자취소권자가 직접 동산을 인도받을 수도 있다.

사해행위의 취소에 따른 원상회복은 원칙적으로 그 목적물 자체의 반환에 의하여야 하는바, 이때 사해행위의 목적물이 동산이고 그 현물반환이 가능한 경우에는 취소채권자는 직접 자기에게 그 목적물의 인도를 청구할 수 있다(대법원 1999. 8. 24. 선고 99다23468 판결).

(2) 목적물이 채권인 경우

- 사해행위로 양도된 채권이 존속하는 동안에는 채권양도 방식에 준하여 원물반환이 이루어져야 한다. 따라서 수익자·전득자가 제3채무자에게 '채권양도가 취소되었다'는 취지를 통지해야 한다(2012다2743, 268면).
- 사해행위로 채권양도를 받은 수익자·전득자가 이미 변제를 받은 경우에는 채권 자체의 원물반환은 불가능하고 가액배상만 가능하므로 채권자취소권자는 수익자·전득자가 변제받은 가액의 지급을 청구해야 한다. 이때 채권자취소권자는 직접 자신에게 지급하라고 청구할 수 있다.

사해행위에 해당하는 채권양도가 채권자에 의하여 취소되기 전에 이미 채권양수인인 수익자 등이 제3채무자로부터 그 채권을 변제받는 등으로 양도채권이 소멸된 경우에는, 채권자는 원상회복의 방법으로 수익자 등을 상대로 그 채권양도의 취소와 함께 **변제로 수령한 금전의 지급을 가액배상**의 방법으로 청구할 수 있으며, 또한, 취소채권자로서는 수익자나 전득자에 대하여 **직접 자신에게 금전이나 동산을 지급**할 것을 청구할 수 있다(대법원 2003. 11. 28. 선고 2003다50061 판결).

나. 사해행위의 유형에 따른 원물반환의 방법('4'에서 후술)

3. 가액배상

가. 개관

(1) 법적성질

- 채권자취소소송에서 패소한 피고인 수익자·전득자가 부담하는 가액배상 의무는 법정채무의 일종이고 §750의 손해배상채무가 아니다. 따라서 원물반환 불능에 대한 고의나 과실이 없는 수익자·전득자도 가액배상 의무를 면할 수는 없다.

> 원래 채권자와 아무런 채권·채무관계가 없었던 수익자가 채권자취소에 의하여 원상회복의무를 부담하는 것은 형평의 견지에서 **법이 특별히 인정한 것**이므로, 그 가액배상의 의무는 목적물의 반환이 불가능하거나 현저히 곤란하게 됨으로써 성립하고, 그 외에 그와 같이 불가능하게 된 데에 **상대방인 수익자 등의 고의나 과실을 요하는 것은 아니다**(대법원 1998. 5. 15. 선고 97다58316 판결).

- 사해행위 취소판결은 형성판결이므로 그 판결이 확정되어야 비로소 원상회복 의무가 발생한다. 따라서 가액배상 의무도 사해행위 취소판결 확정시에 비로소 발생하고, 그 다음날부터 이행지체 책임이 발생한다(대법원 2019. 4. 11. 선고 2018다203715 판결).

(2) 가액배상의 사유

A. 두 가지 사유

- 원물반환이 불가능하거나 현저하게 곤란하면, 수익자·전득자는 가액배상 의무를 진다.

- 원물반환이 부적절한 경우 즉 원물반환이 가능하지만 사해행위의 일부가 취소되고 반환 대상 재산이 불가분적이면 수익자·전득자는 가액배상 의무를 진다. 채권자취소권은 필요·최소한으로만 행사할 수 있기 때문이다.

B. 사례: 원물반환 의무의 이행지체

(a) 사안의 개요

- 甲에 대한 채무자 丙이 채무초과 상태에서 주식을 乙에게 증여하자, 甲은 乙을 상대로 채권자취소소송을 제기하여 丙·乙 간 주식 증여 계약의 취소와 원상회복

으로 증여된 주식을 반환하라는 취지의 원고 승소 확정판결을 받았다. 甲은 원상회복 방법과 관련하여, 乙이 이미 丙으로부터 증여받은 주식을 처분했으므로 가액배상 의무가 있다고 주장했으나 배척되었다. 주식은 대체물이므로 원물반환이 가능하다고 보아야 하기 때문이다.

• 甲의 주식의 인도 최고에 乙이 불응하자 甲은 §395를 근거로 전보배상을 청구했다.

(b) 쟁점과 판단

• 원상회복을 위한 원물반환 의무는 일반적인 채무와는 성질을 달리하며, 특히 원물 대신 금전이 반환되면 채권자취소권자가 사실상 우선변제를 받게 되는 등의 사정이 있다. 따라서 원물반환 의무가 이행지체되더라도 전보배상 청구는 가액배상과 마찬가지로 제한적으로 허용되어야 한다. 따라서 §395의 문언상의 요건이 충족되었음을 이유로 즉 수익자의 최고 불응만을 이유로 전보배상을 허용하면 안 된다.

• 다만 원상회복을 위해 반환되어야 할 원물이 대체물인 경우에는, 원물반환 사안이든 일반적인 종류채무의 이행지체 사안이든 전보배상이 허용되기 위한 요건은 동일하다. 종류채무의 경우에도 §395의 문언상의 요건인 최고 불응뿐 아니라 강제집행의 불가능하거나 현저하게 곤란하다고 평가할 수 있는 특별한 사정까지 인정되어야만 전보배상이 허용되기 때문이다.

• 원물반환 의무에 대한 강제집행이 불가능하거나 현저하게 곤란한 경우, 전보배상 청구를 불허하면 원상회복을 위한 원물반환 의무는 사실상 집행불능 상태에 빠지게 된다. 따라서 이 경우 전보배상을 받은 채권자취소권자가 사실상 우선변제를 받게 되는 문제가 생기더라도 전보배상은 허용되어야 한다. 채권자평등·안분배당보다 사해행위로 유출된 책임재산의 회복이 더 중요한 가치가 있기 때문이다.

대법원 2024. 2. 15. 선고 2019다238640 판결

> • 전보배상청구는 원상회복청구의 일환으로 이루어지는 <u>가액배상청구와 소송물을 달리하기는 하나</u>, 본래 채무자에게 이루어져야 할 원물반환에 갈음하여 취소채권자에게 금전을 지급하라는 내용의 청구라는 점, 이러한 청구를 쉽게 허용할 경우 <u>원물반환 원칙이나 채권자평등 원칙이 약화될 우려가 있다는 점</u>에서는 가액배상청구와 공통된다. 그러므로 이러한 전보배상청구는 **가액배상과 마찬가지로 일정한 요건 아래에서만 제한적으로 허용**될 필요가 있다.

- 수익자가 사해행위취소 소송의 확정판결에 따른 원상회복으로 <u>대체물 인도의무를</u> <u>이행하지 않았다는 이유만으로 취소채권자가 수익자를 상대로 제395조에 따라 이</u> <u>행지체로 인한 전보배상을 구할 수는 없고</u>, 수익자의 대체물 인도의무에 대한 **강제** **집행이 불가능하거나 현저히 곤란하다고 평가할 수 있는 경우이어야 전보배상을** 구할 수 있다.
- 채무자가 일정한 수량의 대체물을 인도할 의무를 부담하는 경우 채권자는 그 의무 에 대한 강제집행이 불능일 때 그에 갈음하여 금전의 지급을 구할 수 있고, 이러한 **대체물 인도의무의 집행불능을 이유로 그에 갈음한 금전의 지급을 구하는 청구의** **성질은 이행지체로 인한 전보배상을 구하는 것이다.** 이러한 법리는 <u>사해행위취소</u> <u>소송에서 확정된 대체물 인도의무의 강제집행이 불가능하거나 현저히 곤란하다고</u> <u>평가할 수 있는 경우에도 적용될 수 있다.</u>
- 사해행위가 취소된 경우 그 사해행위로 인하여 이익을 얻은 수익자는 그 이익을 채 무자의 책임재산으로 환원하여야 한다는 요청은, 원상회복은 원칙적으로 원물반환 의 형태로 이루어져야 한다는 요청보다 상위에 있다.

나. 가액배상의 사유

(1) 원물반환이 불가능하거나 현저하게 곤란한 경우

A. 개관

• 원물반환이 불가능하거나 현저하게 곤란하면 수익자·전득자는 원상회복을 위 해 가액배상을 할 의무를 진다. 이때 사회통념상 원물반환의 실현을 기대할 수 없 으면 원물반환이 불가능한 것으로 인정된다.

채권자의 사해행위취소 및 원상회복청구가 인정되면, 수익자 또는 전득자는 원상회 복으로서 **사해행위의 목적물을 채무자에게 반환할 의무**를 지는데, 만일 **원물반환이** **불가능하거나 현저히 곤란한 경우에는 원상회복의무의 이행으로서 사해행위 목적물** **의 가액 상당을 배상**하여야 한다. 여기서 원물반환이 불가능하거나 현저히 곤란한 경 우는 원물반환이 단순히 절대적, 물리적으로 불가능한 경우가 아니라 사회생활상의 **경험법칙 또는 거래상의 관념**에 비추어 채권자가 수익자나 전득자로부터 **이행의 실** **현을 기대할 수 없는** 경우를 말한다(대법원 2015. 5. 21. 선고 2012다952 전원합의체 판결).

- 원물반환이 불가능한 경우, 대상이 발생했다면 채권자취소권자는 가액배상 청구 대신 대상 청구를 선택할 수도 있다(2010다71431, 306면)

B. 원물반환이 불가능하여 가액배상이 인정된 사례

- 수익자가 사해행위로 취득한 책임재산을 전득자에게 처분한 경우: ㉠ 채권자취소소송의 피고가 수익자인 경우, 채권자취소권자는 원상회복으로 가액배상을 청구할 수밖에 없다. 전득자가 악의여서 채권자취소권자가 전득자에게 원물반환을 청구할 수 있더라도 수익자·전득자 간 처분행위가 원인무효가 아닌 한 수익자의 원물반환이 불가능하다는 사정에는 영향을 미치지 않는다. ㉡ 여기서 말하는 '처분'에는 소유권 이전뿐 아니라 제한물권 설정도 포함된다.

사해행위의 목적물이 수익자로부터 전득자로 이전되어 그 등기까지 경료되었다면 후일 채권자가 전득자를 상대로 **소송을 통하여 구제받을 수 있는지 여부에 관계없이**, 수익자가 전득자로부터 목적물의 소유권을 회복하여 이를 다시 채권자에게 이전하여 줄 수 있는 특별한 사정이 없는 한, 수익자의 채권자에 대한 목적물의 **원상회복의무는 법률상 이행불능**의 상태에 있다고 봄이 상당하다(대법원 1998. 5. 15. 선고 97다58316 판결).

사해행위 후 목적물에 관하여 **제3자가 저당권이나 지상권 등의 대세적 권리를 취득**한 경우 수익자가 목적물을 저당권 등의 제한이 없는 상태로 회복하여 이전하여 줄 수 있다는 등의 특별한 사정이 없는 한 채권자는 수익자를 상대로 원물반환 대신 가액배상을 구할 수 있다(대법원 2006. 12. 7. 선고 2004다54978 판결).

- 수익자가 사해행위로 취득한 재산의 형태가 변경된 경우에도 가액배상 청구만 가능하다. 그 예로서 ㉠ 채권양도를 받은 수익자가 이미 변제를 받은 경우(2003다50061, 전술), ㉡ 건축주 명의 변경을 받은 수익자가 보존등기를 마친 경우(대법원 2017. 4. 27. 선고 2016다279206 판결) 등을 들 수 있다.

- 사해행위로 인한 (근)저당권 설정등기가 경매절차에서 이미 말소된 경우, 원물반환인 '(근)저당권 설정등기 말소등기'가 불가능하므로 가액배상의 방법으로 원상회복해야 한다(2016다272311, 후술).

C. 원물반환이 가능하다고 인정된 사례

- 유출된 책임재산이 주식인 경우에는 특별한 사정이 없는 한 원물반환이 가능하

다고 본다. 수익자가 채무자로부터 양도받은 주권 자체를 더 이상 보유하고 있지 않아도 마찬가지이다. 주식은 종류물이기 때문이다.

- 주식의 가치가 급등했더라도 원물반환이 현저한 곤란한 사정으로 인정될 수 없다. 주식 가치 변동은 주식의 일반적 속성이기 때문이다.

> 특별한 사정이 없는 한 위 주식 중 원상회복을 할 수량을 다시 취득하여 이를 원고에게 양도함으로써 원물반환의무를 이행할 수 있는 것이므로, 피고가 채무자로부터 양도받은 주권 그 자체를 보유하고 있지 않다는 사실만으로 피고의 주식반환의무의 이행이 불가능하게 되었다고 할 수는 없다(대법원 2007. 7. 12. 선고 2007다18218 판결).

> 사정변경에 따른 주식 가치의 변동은 주식의 통상적인 속성에 포함되는 것이고 주식자체의 성질이나 내용에는 변화가 없는 것이어서, 이를 **가액배상의 사유로 삼을 수는 없**다(대법원 2009. 3. 26. 선고 2007다63102 판결).

(2) 원물반환이 부적절한 경우: 일부취소로 인한 가액배상

A. 전제

- 채권자취소권은 채무자의 사적자치와 수익자·전득자의 법적 안정성을 저해하기 때문에 필요·최소한으로만 인정되어야 한다.
- 따라서 채권자취소권자가 일반채권자로서 배당받기 위해 필요한 범위에 한하여 보전의 필요성이 인정된다.

B. 일부취소의 의미·근거

- 채권자취소권 행사가 정당화될 수 있는 '보전의 필요성'은 ㉠ 채권자취소권자의 피보전채권의 가액에서 우선변제권 있는 담보의 가액을 공제한 가액과 ㉡ 유출된 책임재산 중 일반채권자에게 귀속될 수 있는 책임재산인 공동담보의 가액 중 더 작은 값에 대해서만 인정될 수 있다.
- 사해행위가 가분적이고 사해행위로 유출된 재산의 일부에 대해서만 보전의 필요성이 인정되면 사해행위의 일부만 취소되어야 한다.

> 사해행위취소권은 채권의 공동담보를 보전하는 것을 목적으로 하므로, 그 **취소의 범위는 공동담보의 보전에 필요하고 충분한 범위에 한정**된다. 따라서 채무자가 사해행위에 의하여 비로소 채무초과상태에 이르게 되는 경우에, 채권자는 **사해행위가 가분**

인 한 그 중 채권의 공동담보로 부족하게 되는 부분만을 자신의 채권액을 한도로 취소하면 족하고, 그 행위 전부를 취소할 수는 없다(대법원 2010. 8. 19. 선고 2010다36209 판결).

C. 일부취소의 예외: 피보전채권액을 초과하는 전부취소가 가능한 경우

(a) 채무자에 대한 다른 일반채권자의 배당 요구 개연성

- 특정 채권자취소권자가 원상회복을 받으면 같은 채무자에 대한 다른 일반채권자도 이 책임재산에 대한 배당요구를 할 것임이 명백하면, 특정 채권자취소권자는 자신의 피보전채권액을 초과하더라도 원물반환을 청구할 수 있다.

- 예컨대 여러 일반채권자가 제기한 채권자취소소송이 경합하여 소송계속 중인 경우, 이러한 각 채권자취소소송의 원고인 일반채권자들이 배당요구를 할 가능성이 명백하다고 볼 수 있다.

> **대법원 2014. 1. 16. 선고 2013다52110 판결**
> ‣ 사해행위 취소의 범위는 **다른 채권자가 배당요구를 할 것이 명백하거나 목적물이 불가분인 경우와 같이 특별한 사정**이 있는 경우 취소채권자의 **채권액을 넘어서** 취소를 구할 수 있다.
> ‣ 채권자들이 제기한 다수의 사해행위취소소송이 각급 법원에 계속 중이어서 특별한 사정이 없는 한 이러한 채권자들은 향후 있을 수 있는 채권배당절차에서 위 각 채권에 관하여 배당요구를 할 것이 명백하다고 보이므로, 원고로서는 자신의 채권액을 넘어서까지도 사해행위인 이 사건 양도계약의 취소를 구할 수 있다고 할 것이다.

(b) 목적물이 불가분이고 그중 일부만 일반채권자의 책임재산인 경우

- 원칙: 사해행위로 유출된 책임재산이 불가분적 재산이면 그 가액이 피보전채권 중 보전의 필요성이 인정되는 가액보다 크더라도 사해행위 전부를 취소하고 원물반환을 명할 수 있다. 예컨대 피보전채권의 가액보다 사해행위로 수익자에게 귀속된 부동산의 가액이 더 크더라도 원물반환으로 원상회복된다. 부동산은 불가분적 재산이기 때문이다.

- 예외: ㉠ 사해행위로 유출된 불가분적 책임재산 중 일부만이 일반채권자를 위한 책임재산인 공동담보에 해당하는 경우에는 불가분적 재산에 대한 사해행위도 일부취소의 대상이 된다. 불가분적 재산인 부동산에 담보물권이 설정되어 있는 경

우가 전형적인 예이다. ⓛ 이때 불가분적 재산의 원물에 대한 일부반환은 부적절하므로 결국 가액배상으로 원상회복할 수밖에 없다. ⓒ 물론 이 경우에도 채권자·수익자의 합의가 있고 일반채권자를 위한 책임재산 확보라는 목적 달성에 지장이 없다고 인정되면 법원은 원물반환을 명할 수도 있다.

> **대법원 2018. 9. 13. 선고 2017다53470 판결**
> ▸ 저당권이 설정되어 있는 부동산이 사해행위로 이전된 경우에, 그 **사해행위는 부동산의 가액에서 저당권의 피담보채권액을 공제한 잔액의 범위 내에서만 성립**한다. **사해행위 후 변제 등에 의하여 저당권설정등기가 말소된 경우, 사해행위를 취소하여 그 부동산 자체의 회복을 명하는 것은, 당초 일반 채권자들의 공동담보로 되어 있지 아니하던 부분까지 회복을 명하는 것이 되어 공평에 반하는 결과**가 되기 때문이다.
> ▸ **채권자와 수익자 모두 원물반환을 원하고 있고**, 원물반환에 의하더라도 일반 채권자들을 위한 책임재산의 보전이라는 **채권자취소권의 목적 달성에 별다른 지장이 없다는 등의 특별한 사정**이 없는 한, 그 **부동산의 가액에서 저당권의 피담보채무액을 공제한 잔액의 한도에서 사해행위를 취소**하고 그 **가액의 배상**을 명할 수 있을 뿐이다.

다. 가액배상액의 산정

(1) 개관

A. 기준시: 사실심 변론종결시

• 가액배상액을 산정하려면 원물반환 대상인 원물의 가액은 물론 피보전채권에서 공제될 가액이나 여기에 가산될 가액 등을 모두 산정해야 하는데, 그 기준시는 채권자취소소송의 사실심 변론종결시이다.

• 이에 비해 수익자가 전득자로부터 지급받은 대금의 가액은 따질 필요가 없으므로, 수익자·전득자 간 처분행위가 무상행위이더라도 수익자는 가액배상 의무를 면할 수 없다.

수익자가 대가 없이 전득자에게 근저당권부 채권을 양도했더라도 피고 수익자는 원고에게 가액을 배상할 의무가 있고, 그 가액의 산정은 수익자가 전득자로부터 받은 대가와 상관없이 사실심 변론종결 당시를 기준으로 객관적으로 평가하여야 할 것이므로,

원고가 피고를 상대로 사해행위취소의 확정판결을 받은 후 원상회복으로서 가액반환 청구를 할 실익이 있는 이상 이 사건 소가 소의 이익이 없는 부적법한 소라고 볼 수 없다(대법원 2010. 4. 29. 선고 2009다104564 판결).

B. 지연배상금

- 가액배상 의무는 원상회복 의무의 일종이므로 사해행위의 취소와 원상회복을 명하는 판결이 확정된 때 비로소 발생하고 그 다음날부터 지연배상금이 발생한다. 따라서 소송촉진등에 관한 특례법상 이율이 적용되지 않고 민법상의 법정이율이 적용된다(대법원 2009. 1. 15. 선고 2007다61618 판결).

- 비교: 원물 자체가 금전인 경우에는 원상회복으로 금전지급을 명하더라도 그 본질은 원물반환이므로 가액배상의 경우와는 달리 사해행위시부터 지연손해금이 발생한다.

✓ 그러나 이러한 판례의 논거는 불명확하다. 나아가 책임재산인 원물의 과실은 책임재산이 아니라고 한 판례(2007다69162, 274면)와 모순되는 듯하다는 점이 문제된다.

금전 지급을 사해행위로서 취소하여 **원상회복으로 금전의 지급을 구하는 경우** 원금 외에 지연배상금의 지급도 구할 수 있고, 이 경우 지연배상금의 기산점은 상대방이 **실제로 금전을 지급받은 때**로 보아야 할 것이므로, 원심이 소외 1이 피고 회사에 증여한 10억원에 대해 그 증여한 날부터의 지연손해금의 지급을 명한 것은 정당하다(대법원 2006. 10. 26. 선고 2005다76753 판결).

(2) 사해행위가 담보권이 설정된 부동산의 처분행위인 경우

A. 개관: 문제의 소재

- 채권자취소권은 필요 최소한으로 인정되어야 하므로, ㉠ 피보전채권 중 공동담보·안분배당에 의해 보전되어야만 하는 가액에 대해서만 행사할 수 있고, ㉡ 원상회복의 대상 중 일반채권자의 몫에 해당하는 부분인 공동담보만을 대상으로 행사할 수 있다. 따라서 목적물이 불가분인 경우에는 원물반환 아닌 가액배상이 이루어져야 하는 것이 원칙이다. 또한 ㉢ 원상회복의 범위는 수익자·전득자가 실제로 취득한 이익으로 한정된다. 실제로 얻지도 못한 이익을 반환하게 하는 것은 공평원칙과 저촉되기 때문이다. 이때 ㉠~㉢의 가액은 모두 사해행위 취소소송의 사실심 변론종결시를 기준으로 산정한다.

- 결국 원상회복의 범위는 위 ㉠, ㉡, ㉢ 중에서 가장 작은 값이고, 이 값에 대해 사해행위 취소판결 확정일 다음날부터의 지연손해금이 추가되는 것이다.

> 근저당권이 설정되어 있는 부동산에 관하여 사해행위가 이루어진 후 근저당권이 말소되어 그 부동산의 **가액에서 근저당권 피담보채무액을 공제한 나머지 금액의 한도에서 사해행위를 취소하고 가액의 배상**을 명하는 경우 그 **가액의 산정은 사실심 변론종결시**를 기준으로 하여야 한다. 이 경우 사해행위가 있은 후 그 부동산에 관한 권리를 취득한 **전득자에 대하여는**, ㉠ **사실심 변론종결 시의 부동산 가액에서 말소된 근저당권 피담보채무액을 공제한 금액**과 ㉡ **사실심 변론종결 시를 기준으로 한 취소채권자의 채권액 중 적은 금액의 한도** 내에서, ㉢ 그가 **취득한 이익에 대해서만** 가액배상을 명할 수 있다(대법원 2019. 4. 11. 선고 2018다203715 판결).

B. 보전의 필요성이 인정되는 피보전채권의 범위(㉠, 207면 이하)

C. 유출된 재산 중 일반채권자의 몫인 공동담보의 가액(㉡)

(a) 개관

- 원상회복 대상인 책임재산의 가액을 구하려면, 사해행위로 유출된 재산의 가액에서 사해행위 당시 그 목적물에 대해 설정되어 있었던 담보물권의 피담보채권액을 공제해야 한다. 따라서 채무자·수익자 간 처분행위의 목적물 자체의 가액보다 이에 대한 담보물권의 피담보채권액이 더 크면, 이러한 목적물의 처분행위는 사해행위가 될 수 없다. 일반채권자를 위한 책임재산인 공동담보가 유출되었다고 볼 수 없기 때문이다.

> 사해행위취소의 소에서 채무자가 수익자에게 양도한 목적물에 저당권이 설정되어 있는 경우에 그 목적물 중에서 **일반채권자들의 공동담보에 제공되는 책임재산은 피담보채권액을 공제한 나머지** 부분만이므로, 그 **피담보채권액이 목적물의 가액을 초과할 때의 목적물 양도는 사해행위에 해당하지 않는다**(대법원 2013. 7. 18. 선고 2012다5643 전원합의체 판결).

- 이때 채권자취소소송의 사실심 변론종결시까지 존속하는 담보물권뿐 아니라 사해행위 당시에는 존재했으나 그 후 변제 등으로 인해 이미 소멸한 담보물권의 피담보채권액도 공제해야 한다. 이 가액도 사해행위 당시에는 일반채권자의 몫이 아니었으므로 원상회복될 책임재산에 속하지 않는다고 보아야 하기 때문이다.

채권자취소권의 행사에 따른 **가액배상은 사해행위 당시 채무자의 일반 채권자들의 공동담보**로 되어 있어 사해행위가 성립하는 범위 내의 부동산 가액 전부의 배상을 명하는 것으로, 저당권이 설정된 부동산에 관하여 사해행위가 이루어진 경우 부동산의 가액에서 그 저당권의 피담보채권액을 공제한 잔액의 범위 내에서만 사해행위가 성립하므로, 사실심 변론종결 시 기준의 **부동산 가액에서 저당권의 피담보채권액을 공제한 잔액의 한도에서 사해행위를 취소하고 가액의 배상**을 구할 수 있다(대법원 2023. 6. 29. 선고 2022다244928 판결).

사해행위를 취소하여 **부동산 자체의 회복을 명하게 되면 당초 일반 채권자들의 공동담보로 되어 있지 않던 부분까지 회복을 명하는 것이 되어 공평에 반하는 결과**가 되는 경우에는 그 **부동산의 가액에서 공동담보로 되어 있지 않던 부분의 가액을 뺀 나머지 금액 한도에서 가액반환**을 명할 수 있다(대법원 2018. 9. 13. 선고 2018다215756 판결).

이미 말소된 저당권과 현존하는 저당권이 있는 경우, 가액배상액은 그 부동산의 가액에서 **말소된 저당권의 피담보채권액과 말소되지 아니한 저당권의 피담보채권액을 모두 공제**하여 산정하여야 한다(대법원 2007. 7. 12. 선고 2005다65197 판결).

• 일부 판례는 사해행위 이후 채무자의 출연으로 말소된 담보권의 피담보채권액 상당액은 공동담보로 회복된다고 보는 듯하다. 그러나 이러한 판례의 태도는 사해행위 이후 담보권이 말소된 경우 그 자금의 출연 주체를 따질 필요 없이 같은 법리가 적용된다고 한 2002다41589의 태도와 저촉된다.

저당권의 피담보채권액이 목적물의 가액을 초과하였더라도 채무자가 목적물을 양도하기에 앞서 자신의 출재로 피담보채무의 일부를 변제하여 잔존 피담보채권액이 목적물의 가액을 초과하지 않게 되었다면 그 목적물의 가액에서 **잔존 피담보채권액을 공제**한 잔액의 범위 내에서 사해행위가 성립하는 것이고, 이는 채무자의 출재에 의한 피담보채무의 일부 변제가 양도계약 체결 후 이에 따른 소유권이전등기 등이 마쳐지는 과정에서 이루어진 경우에도 마찬가지로 보아야 한다(대법원 2017. 1. 12. 선고 2016다208792 판결).

사해행위 이후 피담보채무 전액이 소멸된 이상 특별한 사정이 없는 한 그 피담보채무의 소멸의 원인이 무엇인지, 소멸의 원인 중에 변제도 포함되어 있는 경우라면 변제에 있어서의 실제 자금의 출연주체가 누구인지 여부는 더 나아가 따질 여지도 없다(대법원 2002. 11. 8. 선고 2002다41589 판결).

- 연습: 甲에게 3억원의 대여금채무를 부담한 丙이 채무초과 상태에서 유일한 재산인 X부동산(시가는 5억원)을 乙에게 증여했는데 그 당시 X부동산에 A명의 1번 저당권과 B명의 2번 저당권이 설정되어 있었고 이들의 피담보채권액은 각 1억 5000만원이었다. 乙명의 소유권이전등기가 마쳐진 직후 乙의 대위변제로 B명의 2번 저당권이 말소된 경우 사해행위 이후에 말소된 담보물권의 피담보채권액도 공제되어야 하므로, X부동산의 가액 중 공동담보는 2억원이고 이것은 甲의 피보전채권액보다 작다. 따라서 법원은 2억원에 대해서만 사해행위를 일부취소하고 乙에게 2억원의 가액배상을 명해야 한다.

(b) 적용범위: 우선변제권이 인정되는 모든 권리

- 위와 같은 법리는 (근)저당권뿐 아니라 우선변제권이 인정되는 권리 모두에 대해 적용된다. 그 예로서 유치권(대법원 2013. 4. 11. 선고 2013다1105 판결), 가등기담보권(대법원 2010. 7. 22. 선고 2009다60466 판결), 우선변제권 있는 임차권(2012다107198, 320면) 등의 목적물인 부동산의 처분행위가 사해행위인 사안을 들 수 있다.
- 이에 비해 가압류된 부동산이 사해행위의 목적물인 경우에는, 위 ㉡의 값을 산정할 때 가압류채권액을 공제할 필요가 없다. 가압류채권자에게는 우선변제권이 인정되지 않기 때문이다.

사해행위 당시 어느 부동산이 **가압류되어 있다는 사정은 채권자 평등의 원칙상 채권자의 공동담보로서 그 부동산의 가치에 아무런 영향을 미치지 아니**하므로, 가압류 여부나 그 청구채권액의 다과에 관계없이 **부동산 전부에 대하여 사해행위**가 성립한다. 따라서 사해행위 후 수익자 또는 전득자가 그 가압류 청구채권을 변제하거나 채권액 상당을 해방공탁하여 가압류가 해제되거나 그 집행이 취소되었다 하더라도, 법원이 사해행위를 취소하면서 원상회복으로 원물반환 대신 가액배상을 명하여야 하거나, 다른 사정으로 가액배상을 명하는 경우에도 그 변제액을 공제할 것은 **아니**다(대법원 2003. 2. 11. 선고 2002다37474 판결).

- 사례: 신축 중인 건물의 원시취득자 丙이 채무초과 상태에서 유일한 재산인 이 건

물 중 수급인 乙이 완공을 위해 추가로 지출해야 할 공사비에 상응하는 부분을 乙에게 매도하기로 약정했다. 그 후 丙의 채권자 甲이 丙·乙 간 위 매매계약에 대한 사해행위 취소판결을 받은 경우, 乙의 가액배상액은 완공된 건물의 가액에서 乙이 실제로 투입한 추가 공사비를 공제한 가액이다.

사해행위취소소송의 수익자가 건물의 원시취득자로부터 기존의 채권액 상당의 가치 범위 내에서 건물 부분을 양도받기로 약정하였고, 그 건물이 완공되지 않은 상태에서 **수익자가 매매계약에 따라 추가공사비를 투입하여 건물을 완공함으로써 그의 비용으로 건물의 객관적 가치를 증대시키고 그 가치가 현존**하고 있는 경우, 이 사건 매매계약 전부를 취소하고 그 원상회복으로서 이 사건 건물에 관한 피고 수익자 명의의 소유권이전등기의 말소등기절차의 이행을 명하게 되면 **당초 원시취득자의 일반채권자들의 공동담보로 되어 있지 아니하던 부분까지 회복을 명하는 것이 되어 공평에 반하는 결과**가 된다고 할 것이므로, 이 사건 건물의 가액에서 공동담보로 되어 있지 아니한 부분의 가액을 산정하여 이를 공제한 잔액의 한도에서 사해행위를 취소하고 그 한도에서 가액의 배상을 명함이 상당하다(대법원 2010. 2. 25. 선고 2007다28819 판결).

(c) 비교: 사해행위 이후 그 목적물에 대해 담보물권이 설정된 경우

• 사해행위 이후에 수익자에 대한 채권자 명의로 그 목적물에 대한 담보물권이 설정된 경우 그 피담보채권액은 채무자에 대한 일반채권자를 위한 공동담보에 속했던 것이므로 가액배상액 산정시 공제되면 안 된다. 예컨대 甲에 대한 채무자 丙은 채무초과상태에서 유일한 재산인 X부동산을 乙에게 증여하고 乙명의 소유권이전등기를 마쳐 주었으며 X부동산의 가액은 5억원이고 甲의 피보전채권액은 3억원인 경우, 乙명의 소유권이전등기가 마쳐진 후 乙에 대한 채권자 A명의로 1번 저당권(피담보채권액 4억원)이 설정되더라도, X부동산의 가액 5억원 전부가 일반채권자를 위한 공동담보에 해당하므로 법원은 甲의 피보전채권액 3억원의 범위 내에서 가액배상을 명해야 한다. A명의 저당권은 丙·乙 간 사해행위 당시에는 존재하지 않았으므로 그 피담보채권액 상당액도 사해행위로 유출된 공동담보에 속하기 때문이다.

• 사해행위 이후에 수익자로부터 담보물권을 취득한 채권자가 채무자·수익자 간 사해행위에 대해 악의이면 '전득자'에 해당하게 된다.

대법원 2023. 6. 29. 선고 2022다244928 판결

- 사해행위 이후 그 부동산에 관하여 제3자가 저당권을 취득한 경우에는, 그 피담보
채권액은 사해행위 당시 **일반 채권자들의 공동담보였던 부분에 속하므로** 채권자취
소권의 행사에 따른 **원상회복의 범위에서 이를 공제할 수 없고, 이를 포함한 전부가**
가액배상 등 원상회복의 범위에 포함된다.
- 이는 채무자의 부동산에 관하여 증여 등 사해행위로 수익자에게 그 소유권이 이전
된 후 경매의 실행으로 배당절차가 진행된 경우에도 마찬가지로, 그 부동산 가액 중
수익자의 채권자가 배당절차에 참여하여 취득한 배당액 상당은 사해행위 당시 채
무자의 일반 채권자들의 공동담보였으므로 가액배상 등 원상회복의 범위에서 공제
하여 산정할 것은 아니고, 수익자의 채권자가 채무자의 일반채권자에 해당하는 지
위를 겸하고 있다고 하여 달리 볼 것도 아니다.

D. 피고가 실제로 취득한 이익(ⓒ)

(a) 사안의 개요

- 甲은 丙에게 2억원의 대여금채권을 가지고 있었는데, 甲의 채권이 발생할 당시
丙의 유일한 재산인 X부동산에는 A명의 1번 저당권이 설정되어 있었다(A의 피담
보채권액 3억원이고 X부동산의 시가는 5억원으로 간주한).
- 丙이 乙에게 X부동산을 증여하고 乙명의 소유권이전등기가 마쳐지자 乙은 A에
게 피담보채무 3억원을 대위변제하고 A명의 저당권 설정등기를 말소한 후 乙의
丁에 대한 3억원의 채무를 담보하기 위해 X부동산에 丁명의 1번 저당권을 설정
해 주었다. 그 후 X부동산에 대해 戊명의 담보가등기도 마쳐졌다. 丁·戊는 모두
丙·乙 간 X부동산 증여가 사해행위임을 알고 있었다.

(b) 쟁점과 판단

- 甲이 乙·丁·戊를 피고로 하여 제기한 채권자취소소송에서 丙·乙 간 증여에 대
한 사해행위 취소와 가액배상을 명하는 승소판결을 받게 되는 경우, 1) 乙·丁·
戊로부터 가액배상 받을 수 있는 가액이 각 얼마인지와 2) 乙·丁·戊 사이의 관
계가 문제된다.
- 가액배상의 가액은 ⓐ 甲의 피보전채권액과 ⓑ 사해행위 당시 유출된 책임재산
의 가액, ⓒ 피고가 실제로 얻은 이익 중 가장 작은 값이다. 이중 ⓐ의 가액은 2억
원을 상회하는데 사해행위 후 변종시까지 발생한 이자·지연손해금도 포함되기

때문이다. 한편 ⓛ의 가액은 2억원으로 산정된다. 원심은 이러한 판단 하에 乙·丁·戊는 공동하여 甲에게 가액배상으로 2억원을 지급하라고 판결했다.

- 대법원은 위와 같은 원심의 판단 중 1) 수익자 乙과 전득자 丁·戊가 부진정연대채무자라고 판단한 부분은 인용했으나 2) ⓒ값을 산정하여 비교하지 않은 것은 심리미진이라고 보았다. 대상판결의 사안에서 수익자 乙에 대한 회생절차가 진행 중이었으므로 乙에 대한 채권자이기도 한 전득자 丁이 저당권의 피담보채권액 전액을 우선변제 받는다는 보장이 없었기 때문이다.

대법원 2019. 4. 11. 선고 2018다203715 판결

- 원심은 丙·乙 간 이 사건 매매계약은 사해행위에 해당하므로 원심 변론종결일을 기준으로 원고의 피보전채권액과 목적물의 공동담보가액 중 적은 금액인 피보전채권액 22억원의 범위에서 취소되어야 하고, 전득자인 丁·戊의 선의를 인정할 수 없으므로 이들도 원상회복으로서 원고에게 가액배상을 할 의무가 있는데, **이들의 원상회복의무는 부진정연대관계에 있으므로** 戊는 乙과 공동하여 甲에게 위 피보전채권액인 22억원 및 이에 대한 원심판결 확정일 다음 날부터의 지연손해금을 지급할 의무가 있고, 丁은 乙·戊와 공동하여 甲에게 이 사건 근저당권설정등기의 채권최고액인 6억5000만원 및 이에 대한 원심판결 확정일 다음 날부터의 지연손해금을 지급할 의무가 있다고 판단하였다. 원심 판단 중 이 사건 매매계약이 사해행위로서 취소되어야 하고 전득자들인 丁·戊가 甲에게 원상회복으로서 가액배상을 하여야 한다는 판단은 정당하다.

- 그러나 전득자인 丁·戊의 가액배상 의무는 원심 변론종결일을 기준으로 ⓛ 목적물의 공동담보가액과 ① 甲의 피보전채권액 중 적은 금액의 한도 내에서 ⓒ 이들이 취득한 이익으로 한정되므로, 원심으로서는 **戊명의 가등기 및 丁명의 근저당권의 각 피담보채권액이 얼마였는지**, 특히 乙에 대한 회생절차가 진행 중이었으므로 丁·戊가 가진 종전 담보권이 회생계획인가로 인해 실체적으로 어떻게 변경되었는지 등에 관하여 심리하여 **전득자인 丁·戊가 취득한 이익을 한도로 甲에게 지급하여야 할 가액배상액을 산정**하였어야 한다. 이와 달리 戊에 대하여는 甲의 피보전채권액 전부를, 丁에 대해서는 丁명의 근저당권의 채권최고액 전부를 각 지급할 의무가 있다고 한 원심의 판단에는 잘못이 있다.

(3) 가액배상 관련 사례

A. 보전의 필요성 있는 피보전채권액의 가액(⊙)과 공동담보의 가액(ⓒ)의 비교

(a) 사안의 개요

* 甲의 丙에 대한 피보전채권의 원금은 1억원이고 지연손해금은 2000만원이며, 甲이 확보한 담보물인 물상보증인 A 소유 Y부동산의 가액은 6000만원이다.
* 丙이 채무초과 상태에서 유일한 재산인 X부동산(시가 2억)을 乙에게 처분했다.

(b) 쟁점과 판단

* 甲이 丙·乙 간 X부동산 처분행위에 대해 채권자취소권을 행사하는 경우, 피보전채권액에서 Y부동산으로부터 우선변제 받을 수 있는 가액을 공제한 가액에 대해서만 보전의 필요성이 인정된다. 그런데 피보전채권 원리금 1억2000만원에서 Y부동산의 가액 6000만원을 공제할 때 변제충당이 적용되므로 2000만원은 미납이자에 충당되고 4000만원만 원금에 충당된다.
* 따라서 보전의 필요성이 인정되는 甲의 피보전채권액은 남은 원금 6000만원과 이에 대한 사해행위일 이후 사실심 변론종결시까지의 지연손해금이다(2009다81616, 210면).

B. 양도와 저당권 설정이 모두 사해행위 취소의 대상이 된 경우

(a) 사안의 개요

* 丙은 2022. 2. 1. 유일한 재산인 X부동산에 대해 A명의 1순위 저당권(피담보채권액 2억원)을 설정해 주었고, 그 후 丙은 2023. 2. 1. 乙에게 X부동산을 증여하고 그 무렵 乙명의 소유권이전등기를 마쳐 주었다. 2023. 2. 1. 이후 현재까지 X부동산의 시가는 5억원이고 丙은 2022. 1. 1. 이후 계속 채무초과 상태인데 乙이 2023. 2. 1. 증여계약 당시 丙의 채무초과 상태에 대해 악의였는지는 증명되지 못했다.
* 丙에 대한 5억원의 대여금채권자 甲은 2022. 4. 1. A를 상대로 채권자취소소송을 제기하여 원고승소 판결이 확정되었고 이에 따라 A명의 1순위 저당권이 말소되었다.
* 甲은 2023. 10. 1. 乙을 상대로 채권자취소소송을 제기하여 사해행위 취소와 말소등기를 청구하자 乙은 甲의 청구 전부에 대한 기각을 구한다. 법원은 어떤 판단을 해야 하는가? (비용, 이자 등은 고려하지 말 것)

(b) 쟁점과 판단

- 법원은 甲의 사해행위 취소청구를 인용하고 乙에게 원상회복으로 甲에게 3억원을 지급하라는 취지의 가액배상을 명해야 한다. 丙은 2023. 2. 1. 채무초과 상태에서 유일한 재산을 乙에게 증여했고 乙의 악의는 추정되므로 甲이 제기한 채권자취소소송의 청구원인은 일응 충족된다.

- 사해행위가 부동산의 양도인 경우 사해행위 당시 그 부동산에 대한 담보물권자가 있으면, 원물반환을 명할 수 없고 가액배상을 명해야 한다.

- 사해행위로 양도된 부동산에 설정되어 있었던 저당권의 원인계약인 저당권 설정계약도 사해행위에 해당하여 선행 채권자취소소송으로 취소되었더라도, 이러한 결론에는 영향이 없다. 사해행위 취소판결은 그 당사자에게만 효력이 미치므로 선행 사해행위 취소소송의 당사자가 아닌 후행 사해행위의 수익자에 대해서는 선행 사해행위인 저당권 설정계약이 유효하게 존속하는 것으로 취급되기 때문이다.

- 사안의 경우, 甲이 A를 피고로 하는 채권자취소소송을 제기하여 X부동산에 대한 A명의 저당권의 말소등기를 마쳤더라도, A명의 저당권이 원인무효라는 효과는 그 당사자인 甲·A 간에서만 인정된다(상대적 효력). 따라서 甲이 乙을 피고로 하여 제기한 채권자취소소송에서는 여전히 A명의 저당권이 존속하는 것으로 보아 그 피담보채권액을 공제한 가액에 대한 가액배상을 명해야 한다.

저당권설정행위 등이 사해행위에 해당하여 채권자가 저당권설정자를 상대로 제기한 사해행위 취소소송에서 채권자의 청구를 인용하는 판결이 선고되었다고 하더라도 이러한 사해행위 취소판결의 효력은 해당 **부동산의 소유권을 이전받은 자에게 미치지 아니**하므로 부동산의 가액에서 저당권의 피담보채무액을 공제한 잔액의 한도에서 그 양도행위를 사해행위로 취소하고 가액의 배상을 구할 수 있다는 **앞서 본 법리는 저당권설정행위 등이 사해행위로 인정되어 취소된 때에도 마찬가지로 적용**된다고 할 것이다(대법원 2018. 6. 28. 선고 2018다214319 판결).

C. 사해행위 이후에 담보물권이 설정된 경우

(a) 사안의 개요

- 甲은 A의 B에 대한 채무에 대한 보증보험 계약을 체결했고 丙은 A의 구상금 채무를 연대보증 했다. A의 부도로 인한 보험사고가 2019. 12. 1. 발생하자 甲은 2020. 1. 10. B에게 1억2000만원을 지급했다.

- 丙은 배우자인 乙과 X아파트를 각 1/2지분으로 공유하고 있었는데, 2019. 11. 1. X아파트에 대해 C명의 근저당권설정등기(채무자 丙, 채권최고액 1억8000만원)가 마쳐졌다.
- 丙은 2019. 12. 1. 채무초과 상태에서 유일한 재산인 X아파트에 대한 1/2지분을 乙에게 증여하고 같은 날 등기를 마침으로써 乙이 X아파트의 단독소유자가 되었다. 乙은 2020. 3. 5. 丙과 협의이혼한 후, 丁으로부터 1억2000만원을 대출받고 집행승낙 취지가 기재된 공정증서를 작성해 주었다.
- 丙이 C에 대한 원리금을 변제하지 못하자 2021. 12. 1. C의 신청에 의한 경매절차가 진행되어 X아파트가 매각되어 배당가능 금액이 4억4000만원으로 정해졌고, 2022. 1. 5. 배당표가 확정되었는데 여기에는 1순위로 근저당권자 C에게 1억6000만원, 2순위로 배당요구를 한 채권자 丁에게 1억4000만원, 3순위로 채무자 겸 소유자 乙에게 잉여금 1억4000만원을 각 배당하는 것으로 기재되었다. 그러나 甲에 의한 배당금 지급금지 가처분으로 인해 乙은 배당금을 수령하지 못했다.
- 甲은 丙의 증여 사실을 알게 된 2019. 12. 15. 사해행위 취소소송을 제기했고, 원심은 丙·乙 간 증여를 취소하고, 乙은 丙에게 배당금 출급채권을 양도한 후 대한민국에 그 취지를 통지하라는 취지로 판결했고, 이때 원상회복해야 할 가액은 7000만원이라고 보았다. 이 값은 사해행위의 목적물인 X아파트의 1/2지분의 가액인 2억2000만원에서, C·丁에게 배당된 가액의 1/2을 공제한 값으로서 乙에게 지급될 잉여금의 1/2에 해당한다.

(b) 쟁점과 판단
- 대법원은 원심이 가액배상의 범위를 잘못 산정했음을 이유로 원심을 파기했다. 원심과는 달리, 대법원은 사해행위시를 기준으로 원상회복될 공동담보의 가액을 산정해야 하므로 사해행위 후 목적물에 대해 설정된 담보물권의 피담보채권액을 공제하면 안 된다고 보았기 때문이다.
- 이렇게 본다면 수익자 乙에 대한 채권자 丁에게 배당된 가액은 丙·乙 간 사해행위 당시에는 丙에 대한 일반채권자를 위한 공동담보에 포함되어 있었으므로 마땅히 원상회복 대상에 포함되어야 한다. 따라서 가액배상액은, 丙으로부터 유출된 공동담보의 가액 2억2000만원에서 C에 대한 피담보채권액의 1/2인 8000만원만을 공제한 1억4000만원이다.

- 다만 배당금 지급금지 가처분으로 인해 수익자 乙이 배당금을 수령하지 못했으므로, 원상회복은 배당금 출급청구권의 양도와 §450의 통지를 하는 방식으로 이루어져야 한다.
- ✓ 한편 사실심에서 乙은 丙·乙 간 X아파트 1/2 지분 증여는 실제로는 재산분할 협의라고 주장했으나 사실심은 이를 배척하면서 乙명의로 등기가 마쳐지고 4개월이 지난 후 비로소 협의이혼이 성립했음을 주된 이유로 제시하고 있다. 그러나 이러한 사실심 법원의 판단은 납득하기 어렵다. 협의이혼 전에도 협의이혼을 정지조건으로 하는 재산분할 협의를 할 수 있기 때문이다(2001다14061, 친족상속, 99면). 만약 재산분할 협의라는 주장이 받아들여졌다면 '정당한 재산분할·위자료의 가액'은 가액배상액에서 공제되며 이에 대해서는 甲에게 주장·증명책임이 있다(2016다249816, 친족상속, 79면)

이 사건 증여계약의 취소에 따라 乙이 丙에게 양도할 배당금채권액을 산정할 때 丁의 배당액을 공제하여야 한다고 본 원심의 판단은 다음과 같은 이유에서 수긍할 수 없다. 수익자인 乙의 채권자인 丁에게 귀속된 배당액은 이 사건 아파트 중 乙 소유 지분과 관련된 것일 뿐 아니라 이 사건 증여계약 체결 당시 丙의 일반 채권자들에 대한 공동담보였던 부분에 포함되므로, 이 사건 증여계약의 사해행위취소로 인한 원상회복의 범위에서 공제되지 않는다. 원심이 丁의 배당액 전액을 공제하여야 한다는 근거로 든 대법원 2005. 11. 10. 선고 2004다49532 판결은 채권자취소소송의 상대적 효력에 관한 것으로 <u>취소채권자가 수익자의 채권자에게 사해행위취소 판결의 효력을 주장할 수 없다는 취지일 뿐, 원상회복의 범위를 산정할 때 수익자의 채권자에 대한 배당금까지 공제하여야 한다는 취지는 아니므로</u>, 사실관계 및 쟁점이 모두 다른 이 사건에 적용된다고 보기 어렵다(대법원 2023. 6. 29. 선고 2022다244928 판결).

라. 가액배상의 당사자

(1) 상대방: 채권자취소권자

A. 개관
- 가액배상의 상대방은 채권자취소권자이어야 한다. 수익자·전득자는 채무자에게 직접 지급하겠다는 주장으로 채권자취소권자의 가액배상 청구에 대항할 수 없다.
- ✓ 지배적 견해는 금전이나 동산처럼 은닉·처분이 용이한 성질을 가진 재산이 채무자에게 반환되면 채무자가 이를 은닉·처분할 우려가 있으므로 책임재산 확보라는 채권자취소권의 목적을 달성하려면 채권자에게만 수령 권한을 인정할 필요가 있다고 본다.

채권자취소권은 채무자의 사해행위를 채권자와 수익자 또는 전득자 사이에서 상대적으로 취소하고 채무자의 책임재산에서 일탈한 재산을 회복하여 **채권자의 강제집행이 가능하도록 하는 것을 본질**로 하는 권리이므로 원상회복을 **가액배상으로 하는 경우에 그 이행의 상대방은 채권자이어야 한다**고 할 것이다(대법원 2008. 4. 24. 선고 2007다84352 판결).

- 그런데 채권자취소권자는 가액배상금 전액을 수령하여 자신의 피보전채권과 상계함으로써 사실상 우선변제를 받을 수 있으며, 이때 다른 일반채권자와의 안분배당을 고려할 필요는 없다(2007다37837, 후술).

B. 가액배상과 채권자취소권자의 피보전채권 실현

(a) 원칙

- 채권자취소권자는 회복된 책임재산에 대한 우선변제권이 없고, 이 책임재산은 모든 일반채권자를 위한 공동담보로서 배당 대상이 되어야 하는 것이 원칙이다(§407).

취소채권자가 자신이 회복해 온 재산에 대하여 우선권을 가지는 것은 아니라고 할 것이므로, 사해행위의 **수익자 소유의 부동산에 대한 경매절차**에서 취소채권자가 수익자에 대한 **가액배상판결에 기하여 배당을 요구하여 배당을 받은 경우**, 그 배당액은 배당요구를 한 취소채권자에게 그대로 귀속되는 것이 아니라 **채무자의 책임재산으로 회복**되는 것이며, 이에 대하여 채무자에 대한 채권자들은 **채권만족에 관한 일반원칙**에 따라 채권 내용을 실현할 수 있는 것이다(대법원 2005. 8. 25. 선고 2005다14595 판결).

- 회복된 책임재산이 부동산이나 제3채무자에 대한 채권인 경우처럼, 회복된 책임재산에 대한 민사집행법상의 강제집행 절차가 진행되면 이러한 원칙이 관철된다.

(b) 사실상의 우선변제

- 이에 비해 회복된 책임재산이 가액배상금인 경우, 채권자취소권자에게는 일반채권자들을 위한 배당 등의 절차를 진행할 의무가 없다.
- 따라서 채권자취소권자는 ㉠ 수익자·전득자로부터 지급받은 가액배상금을 채무자의 책임재산으로 제공할 의무와 ㉡ 자신에 대한 채무자의 피보전채무를 상계하여 사실상의 우선변제를 실현할 수 있다.

대법원 2008. 6. 12. 선고 2007다37837 판결

▸ 사해행위의 취소와 원상회복은 <u>모든 채권자의 이익</u>을 위하여 그 효력이 있으므로, 채권자취소권의 행사로 채무자에게 회복된 재산에 대하여 취소채권자가 우선변제권을 가지는 것이 아니라 다른 채권자도 총채권액 중 자기의 채권에 해당하는 안분액을 변제받을 수 있는 것이지만, 이는 채권의 **공동담보로 회복된 채무자의 책임재산으로부터 민사집행법 등의 법률상 절차**를 거쳐 **다른 채권자도 안분액을 지급**받을 수 있다는 것을 의미하는 것일 뿐, <u>다른 채권자</u>가 이러한 법률상 절차를 거치지 아니하고 취소채권자를 상대로 하여 안분액의 지급을 직접 구할 수 있는 권리를 취득한다거나 취소채권자가 인도받은 재산 또는 가액배상금의 분배의무를 부담한다고 볼 수는 없는 것이다.

▸ 가액배상금을 수령한 취소채권자가 이러한 **분배의무를 부담하지 아니함으로 인하여 사실상 우선변제를 받는 불공평한 결과를 초래하는 경우**가 생기더라도, 이러한 불공평은 도산절차를 통하여 시정하거나 가액배상금의 분배절차에 관한 별도의 법률 규정을 마련하여 개선하는 것은 별론으로 하고, **현행 채권자취소 관련 규정의 해석상으로는 불가피한 것**이다.

C. 비교: 초과배당을 받은 채권자취소권자의 상계 주장

(a) 사안의 개요

• 甲에 대해 3억원의 외상대금채무를 부담하고 있는 丙은 채무초과 상태에서 유일한 재산인 X부동산에 대해 乙명의 근저당권을 설정해 주었다.

• 乙의 신청으로 X부동산 임의경매 절차가 개시되었는데 경매신청서에 기재된 乙의 채권액은 3억원이었다. 경매 절차에서 甲뿐 아니라 丁도 일반채권자로서 배당요구를 했는데 丙에 대한 채권액은 甲 3억원, 丁 2억원이었다. 배당기일에 배당가능 금액 3억원 전액을 乙에게 배당하는 배당표가 작성되었다.

• 甲은 丙·乙 간 근저당권 설정계약에 대한 채권자취소소송을 제기했는데 乙의 근저당권의 피담보채권이 실제로는 존재하지 않음이 밝혀졌다. 이에 甲은 사해행위 취소에 따른 원상회복의 일환으로 배당이의 소송을 제기했고, 甲의 청구를 인용하는 판결이 확정됨에 따라 배당표가 경정되어 甲이 배당금 3억원 전액을 수령했다. 이에 丁은 甲에게 안분배당액인 1억2000만원에 대한 §741 청구를 한다.

• 甲은 1) 채권자취소권자는 다른 채권자가 있어도 안분배당 의무가 없으므로 피보전채권액 전액을 수령할 권한이 있고, 2) 안분배당 받을 금액을 초과하는 가액

은 채무자에게 반환하여야 할 의무가 있을 뿐인데, 甲은 丙에 대한 2억원의 대여금채권도 가지고 있으므로, 이 대여금 채권을 자동채권으로 하여 丙에 대한 초과배당금 반환채무와 상계한다고 주장한다.

(b) 쟁점과 판단

• 확정된 배당표에 따른 배당이 실체법상 권리를 확정시켜주는 것은 아니다. 따라서 甲은 일반채권자로서 안분배당 받을 수 있는 가액을 초과하여 배당받은 1억 2000만원은 부당이득에 해당한다.

• 甲에 대한 §741 채권자는 정당한 배당금을 받지 못한 丁이다. 따라서 甲이 주장하는 자동채권은 丙에 대한 채권이고 수동채권은 丁에 대한 §741 채무이어서 상계적상이 인정되지 않는다.

> **대법원 2011. 2. 10. 선고 2010다90708 판결**
> ‣ 확정된 배당표에 의하여 배당을 실시하는 것은 실체법상의 권리를 확정하는 것이 아니므로, 배당을 받지 못할 자가 배당을 받은 경우에는 이로 인해 배당을 받지 못한 채권자로서는 **배당이의 여부에 관계없이** 배당을 받지 못할 자이면서도 배당을 받았던 자를 상대로 부당이득반환청구권을 가지며, 배당을 받지 못한 그 채권자가 일반채권자라거나, 배당이의소송에서 승소하여 배당표를 경정한 것이 사해행위 취소판결에 의한 것이라고 하여 달리 볼 것은 아니다. 이 경우 자신이 배당받아야 할 금원보다 초과하여 배당받은 채권자는 그 초과 부분을 적법하게 배당요구를 하였으나 배당이의소송에서 참여하지 못한 다른 채권자에게 부당이득으로서 반환할 의무가 있을 뿐 이를 사해행위를 한 채무자에게 반환할 의무는 없다.
> ‣ 피고가 인용하는, 채권자취소권자는 안분배당의무가 없으므로 피보전채권액 전액을 가액배상받을 수 있다는 취지의 2007다37837 판결은 부동산에 대한 경매절차가 개시되지 아니한 사안에 관한 것으로, 이 사건과 같이 경매절차가 개시되어 사해행위로 설정된 근저당권에 배당된 금원을 분배받을 수 있는 채권자의 범위가 한정된 경우에는 위 판례를 적용할 수 없다.

(2) 가액배상에 있어서 수익자의 채무자에 대한 채권 행사의 제한

A. 개관

(a) 문제의 소재

• 채권자취소권이 인정되면 항상 수익자·전득자는 채무자에 대한 금전채권을 가지게 된다. 전형적인 예는 상대적 효력으로 인해 발생하는 §741 채권이지만, 만약

수익자가 자신의 출연으로 사해행위로 취득한 부동산에 설정되어 있던 담보권을 말소한 경우에는 채무자에 대한 구상권도 취득하게 된다.

• 어떤 경우이든 사해행위 취소로 원상회복된 책임재산에 대한 수익자·전득자의 채권 행사는 제한된다. 사해행위가 취소된 경우라면 수익자·전득자는 사해행위에 대한 악의자에 해당하므로, 이러한 수익자·전득자가 다른 일반채권자와 대등한 자격으로 채권을 행사할 수 있게 하는 것은 채권자취소권 제도의 취지에 반하기 때문이다(대법원 2001. 6. 1. 선고 99다63183 판결).

(b) 수익자의 채무자에 대한 상계 금지, 현실 지급 의무

• 수익자·전득자가 채무자에게 별도의 금전채권을 가지고 있더라도 이를 자동채권으로 삼아 원상회복을 위한 가액배상 채무와 상계할 수 없다. 수익자·전득자가 유출된 책임재산을 현실적으로 반환하게 해야 채권자취소권 제도의 취지를 실현할 수 있기 때문이다.

• 뿐만 아니라 ㉠ 수익자·전득자는 채무자에 대한 반대 채권을 내세워 채권자취소권자에게 안분 배당을 요구하거나, 안분 배당이 예상되는 가액에 대해서 상계할 수 없고, ㉡ 수익자·전득자가 이미 채무자에게 가액배상금 상당액을 지급했더라도 채권자의 가액배상 청구에 대해 그 가액의 공제를 주장할 수도 없다.

수익자가 채무자에게 별도의 채권을 가진 경우 수익자가 가액배상을 할 때에 <u>수익자 자신도 채권자임을 근거로</u> 사해행위취소의 효력을 받는 채권자 중의 1인이라는 이유로 취소채권자에게, **총채권액 중 자기의 채권에 대한 안분액의 분배를 청구**하거나, 수익자가 취소채권자의 원상회복에 대하여 총채권액 중 자기의 채권에 해당하는 <u>안분액의 배당요구권으로써 원상회복청구와의 상계를 주장</u>하여 그 안분액의 **지급을 거절할 수는 없다**(대법원 2003. 11. 28. 선고 2003다50061 판결).

사해행위취소의 소에서 수익자가 원상회복으로서 채권자취소권을 행사하는 채권자에게 가액배상을 할 경우, 수익자 자신이 ㉠ 채무자에 대한 채권자라는 이유로 채무자에 대하여 가지는 자기의 채권과 상계하거나 ㉡ 채무자에게 가액배상금 명목의 돈을 지급하였다는 점을 들어 채권자취소권을 행사하는 채권자에 대해 이를 **가액배상에서 공제할 것을 주장할 수 없다**(대법원 2017. 8. 21.자 2017마499 결정).

B. 수익자의 채권 행사 방법

(a) 원칙: 일반채권자로서의 배당요구

• 수익자·전득자의 §741 채권은 사해행위 이후에 발생한 것이므로 §407의 '채권'에서 배제되는 것에 비해, 이들이 사해행위 당시 채무자에 대해 별개의 채권을 가지고 있었다면 이러한 채권은 §407의 '채권'에 해당하므로, 이를 근거로 반환된 책임재산에 대한 안분배당을 청구할 수는 있다.

• 예컨대 채무자의 수익자에 대한 담보권 설정이나 변제·대물변제가 사해행위로 인정되어 취소된 경우에, 수익자는 사해행위의 효과인 담보권이나 변제·대물변제를 주장할 수 없을 뿐이고 그 담보권의 피담보채권이나 변제·대물변제의 대상이었던 채권을 주장할 수는 있다. 따라서 수익자도 이러한 채권에 대한 집행권원·배당요구 등의 요건을 갖추어 원상회복된 책임재산에 대한 안분배당을 요구할 수 있다.

> 채무자가 다수의 채권자 중 1인(수익자)에게 담보를 제공하거나 대물변제를 한 것이 다른 채권자들에 대한 사해행위가 되어 채권자들 중 1인의 사해행위 취소소송 제기에 의하여 그 취소와 원상회복이 확정된 경우에, 사해행위의 상대방인 수익자는 그의 채권이 사해행위 당시에 그대로 존재하고 있었거나 또는 사해행위가 취소되면서 그의 채권이 부활하게 되는 결과 **본래의 채권자로서의 지위를 회복하게 되는 것이므로, 다른 채권자들과 함께 제407조에 의하여 그 취소 및 원상회복의 효력을 받게 되는 채권자에 포함된다**고 할 것이고, 따라서 취소소송을 제기한 채권자 등이 원상회복된 채무자의 재산에 대한 강제집행을 신청하여 그 절차가 개시되면 수익자인 채권자도 그 집행권원을 갖추어 강제집행절차에서 배당을 요구할 권리가 있다(대법원 2003. 6. 27. 선고 2003다15907 판결).

(b) 예외: 가액배상으로 인해 발생하는 §741 채권

• 수익자·전득자는 원상회복으로 인해 발생하는 §741 채권으로 원상회복된 책임재산에 대한 배당절차에서 배당을 요구할 수 없다.

• 이러한 §741 채권은 사해행위 취소 이후에 발생한 것이기 때문이다.

> 채무자의 법률행위가 사해행위에 해당하여 그 취소를 이유로 **원상회복이 이루어지는 경우**, 특별한 사정이 없는 한 **채무자는 수익자 또는 전득자에게 부당이득반환채무를**

부담한다. 그러나 이러한 수익자의 채무자에 대한 채권은 당초의 사해행위 이후에 취득한 채권에 불과하므로 수익자는 **그 원상회복된 재산에 대한 강제경매절차에서 배당을 요구할 권리가 없**다(대법원 2015. 10. 29. 선고 2012다14975 판결).

C. 사례: 수익자가 채권자취소권자에 대한 채권자로서 가액배상 청구권을 압류한 경우

(a) 사안의 개요

- 丙에 대한 채권자 甲이 乙을 피고로 하여 제기한 채권자취소소송에서 丙·乙 간 X재산 처분행위의 취소와 1억원의 가액배상을 명하는 원고승소 판결이 확정되었다.
- 乙은 甲에 대한 1억원의 공사대금채권을 가지고 있었는데 이에 대한 집행권원을 얻어 甲의 乙에 대한 가액배상금 채권에 대한 압류·전부명령을 받았다.

(b) 쟁점과 판단

- 乙이 받은 압류·전부명령은 유효이므로 甲의 乙에 대한 가액배상채권은 乙에게 귀속된 후 혼동으로 소멸한다.
- 제3채무자가 집행채권자에 대한 채권자인 경우, 자기앞 채권을 압류·전부받는 것은 유효이고, 수동채권에 대한 상계 금지 사유가 있어도 수동채권이 압류금지채권에 해당하지 않는 한 압류·전부명령의 대상이 될 수는 있기 때문이다.

대법원 2017. 8. 21.자 2017마499 결정

- ‣ 수익자의 채권자취소권자에 대한 상계는 금지되지만 상계가 금지되는 채권이라고 하더라도 압류금지채권에 해당하지 않는 한 강제집행에 의한 전부명령의 대상이 될 수 있다. 또한 채권자가 채무자의 제3채무자에 대한 채권을 압류하는 경우 제3채무자가 채권자 자신인 경우에도 이를 압류하는 것이 금지되지 않으므로 단지 채권자와 제3채무자가 같다고 하여 채권압류 및 전부명령이 위법하다고 볼 수 없다.
- ‣ 따라서 수익자가 채권자취소권을 행사하는 채권자에 대해 가지는 별개의 다른 채권을 집행하기 위하여 그에 대한 집행권원을 가지고 위 채권자의 수익자에 대한 가액배상채권을 압류하고 전부명령을 받는 것은 허용된다. 이는 수익자의 채무자에 대한 채권을 기초로 한 상계나 임의적인 공제와는 그 내용과 성질이 다르다.

4. 원상회복 관련 주요 사례의 유형별 정리

가. 저당권 설정계약이 사해행위인 경우

(1) 저당권 설정등기 말소 전: 저당권 설정등기 말소등기에 의한 원물반환

- 저당권 설정계약이 사해행위인 경우의 원상회복 방법은 저당권 설정등기 말소등기이다.
- 저당권 설정계약이 일부취소된 경우의 원상회복 방법은 피담보채권액을 감축시키는 변경등기이다.

> 근저당권설정계약 중 **일부만이 사해행위에 해당하는 경우에는** 특별한 사정이 없는 한 <u>그 원상회복</u>은 근저당권설정등기의 **채권최고액을 감축하는 근저당권변경등기절차의 이행을 명하는 방법**에 의하여야 할 것이다(대법원 2006. 12. 7. 선고 2006다43620 판결).

(2) 경매절차 종료로 저당권 설정등기가 말소된 후

A. 개관

- (근)저당물에 대한 경매절차에서 매각대금이 납부되어 그 절차가 종료되고 저당권 설정등기가 말소되면 원물반환은 불가능하다. 따라서 가액배상 청구나 대상청구의 방법으로 원상회복할 수밖에 없다(대법원 2018. 4. 10. 선고 2016다272311 판결).
- 경매절차 종료 후의 원상회복 방법에 관한 법리는 수익자가 저당권자인 경우는 물론 저당물의 제3취득자로서 잉여금 배당청구권을 가진 경우에도 적용된다.

> 저당권이 설정된 부동산이 사해행위로 증여되었다가 그 저당권의 실행 등으로 말미암아 수증자인 수익자에게 돌아갈 배당금청구권이 있음에도 배당금지급금지 가처분 등으로 인하여 현실적으로 지급되지 못한 경우, 채권자취소권의 행사에 따른 원상회복의 방법은 수익자가 취득한 배당금청구권을 채무자에게 반환하는 방법으로 이루어져야 하고, 이는 배당금채권의 양도와 그 채권양도의 통지를 배당금채권의 채무자에게 할 것을 명하는 형태가 된다(대법원 2023. 6. 29. 선고 2022다244928 판결)

B. 수익자가 배당금을 수령하기 전

(a) 배당기일 전

- 배당기일 전의 원상회복 방법은 '배당금 채권 양도'이다.
- 채권자취소권자는 수익자를 상대로, '채무자에게 배당금 채권을 양도하고 그 취지를 배당금 채무자인 대한민국에게 통지하라'는 취지의 원상회복 청구를 할 수 있다.

> 저당권이 설정된 부동산에 관하여 **사해행위를 원인으로 저당권을 취득**하였다가 선행 저당권의 실행으로 **사해의 저당권이 말소**되었으나 수익자에게 돌아갈 **배당금채권이 있는 경우의 원상회복**의 방법으로는, 그 배당금채권이 **수익자에게 지급된 경우에는 동액 상당의 가액의 배상**으로, 배당금지급금지 가처분 등으로 인하여 지급되지 못한 경우에는 그 **배당금채권의 양도절차**의 이행으로 각 이루어져야 할 것인데, 이는 결국 배당금채권을 채무자에게 양도하고 그 채권양도의 **통지를 배당금채권의 채무자에게 할 것을 명하는** 형태가 될 것이다(대법원 2013. 9. 13. 선고 2013다34945 판결).

(b) 배당기일: 원상회복을 위한 배당이의소송

- 채권자취소권자가 배당기일에 출석하여 수익자에 대한 배당에 대해 이의를 했다면, 채권자취소소송을 제기하고 원상회복을 위한 배당이의 소송을 제기할 수 있다(대법원 2018. 4. 10. 선고 2016다272311 판결).
- 채권자취소권자가 제기한 배당이의 소송에서 패소한 수익자의 지위: ㉠ 채권자취소권에 의한 원상회복 청구의 일환으로 제기된 배당이의 소송에서 채권자취소권자가 승소 확정판결을 받은 경우, 수익자와 채권자취소권자 간의 배당액만 조절하고 다른 채권자의 배당액에 대해서는 판단하지 않는다(상대적 효력). ㉡ 그러나 사해행위 취소판결로 인해 수익자인 저당권자에 대한 배당을 실시할 수 없게 되었으므로, 수익자에게 배당할 금액은 배당요구만 하고 배당이의는 하지 않았던 다른 권리자들에게 추가배당해야 하고 이를 위해 배당표를 바꿔어야 한다(민사집행법 §161의 유추적용).

> 민사집행법 제161조(공탁금에 대한 배당의 실시) ② 제1항에 따라 배당을 실시함에 있어서 다음 각호 가운데 어느 하나에 해당하는 때에는 법원은 배당에 대하여 이의하지 아니한 채권자를 위하여서도 배당표를 바꾸어야 한다. … 공탁에 관련된 채권자에 대하여 배당을 실시할 수 없게 된 때

대법원 2015. 10. 15. 선고 2012다57699 판결

- 근저당권설정계약을 사해행위로 취소하는 판결이 먼저 확정되고 그 근저당권자를 상대로 한 배당이의소송이 뒤이어 진행되는 경우에, **그 소를 제기하지 아니한 다른 채권자의 존재를 고려할 필요 없이** 그 소를 제기한 **채권자의 채권이 만족을 받지 못한 한도에서만 근저당권자에 대한 배당액을 삭제하여 이를 그 채권자에 대한 배당액으로 경정**하고 **나머지는 근저당권자에 대한 배당액으로 남겨**두어야 한다.

- 그러나 근저당권설정계약이 사해행위로 취소된 이상 그 근저당권자는 근저당권에 기하여 배당받을 권리를 상실하여 그에게 배당을 실시할 수 없는 명백한 사유가 생겼다고 할 것이므로, 경매법원으로서는 민사집행법 제161조를 유추적용하여 배당이의소송의 제기로 공탁된 배당액 중 그 소송 결과 **근저당권자에게 남게 된 부분을 부동산경매절차에서 적법하게 배당요구하였던 다른 채권자들에게 추가배당**하여야 한다.

(c) 배당표 확정 후 배당금 지급 전

- 사해행위의 수익자인 저당권자에게 배당금을 우선변제하는 내용으로 배당표가 확정되었으나 배당금 지급금지 가처분으로 인해 수익자가 이를 수령하지 못한 경우, 채권자취소권자는 원상회복을 위해 채무자에게 배당금 채권을 양도하고 그 취지의 통지를 하라고 청구할 수 있다. 이러한 청구권의 성질은 가액배상보다는 대상청구에 가깝다(사견).

  배당표가 확정되었으나 채권자의 배당금지급금지 가처분으로 인해 수익자가 배당금을 현실적으로 지급받지 못한 경우에는 채무자에 대한 **배당금 지급채권의 양도와 그 채권양도의 통지**를 명한다(대법원 2004. 1. 27. 선고 2003다6200 판결).

- 배당금이 공탁된 후 저당권 설정계약이 사해행위로 취소된 경우의 원상회복 방법이 문제된다. ㉠ 이러한 공탁금은 일반채권자를 위한 공동담보이므로 경매절차에서 적법하게 배당요구를 했던 채권자들에게 추가배당해야 하고, 남은 돈이 있어야 공탁금 지급 청구권에 대한 압류·추심채권자에게 지급된다. ㉡ 채권자취소권자도 다른 일반채권자와 마찬가지로 추가배당을 통해 만족을 얻을 수 밖에 없으므로, 채권자취소권자가 압류·추심명령을 근거로 공탁금 전액을 수령하면 다른 일반채권자에 대해 §741 채무가 발생한다. ㉢ 이러한 법리는 채권자취소권

자의 추심 신고를 할 때까지 다른 일반채권자가 배당금 지급채권에 대한 (가)압류나 배당 요구를 하지 않았더라도 마찬가지로 적용된다.

대법원 2009. 5. 14. 선고 2007다64310 판결

‣ 근저당권자에게 배당하기로 한 배당금에 대하여 **처분금지가처분결정이 있어 경매법원이 그 배당금을 공탁**한 후에 그 **근저당권설정계약이 사해행위로 취소**된 경우, 그 공탁금은 ⊙ **경매절차에서 적법하게 배당요구하였던 다른 채권자들에게 추가배당**함이 상당하고, ⓒ 공탁금 지급청구권에 관한 채권압류 및 추심명령은 추가배당절차에서 배당되고 남은 잉여금에 한하여 효력이 있을 뿐이다.

‣ 따라서 취소채권자나 적법하게 배당요구하였던 다른 채권자들로서는 **추가배당 이외의 다른 절차를 통하여 채권의 만족을 얻을 수는 없다**고 할 것이므로, 취소채권자라고 하더라도 배당금지급청구권에 대한 **채권압류 및 추심명령에 기하여 배당금을 우선 수령하였다면 적법하게 배당요구하였던 다른 채권자들과의 관계에서 부당이득**이 성립한다.

‣ 원심이 피고의 추심신고시까지 이 사건 배당금 지급채권에 대한 압류·가압류가 없었고, 배당요구도 없었다는 등의 이유로 피고는 추심금 전액을 자신의 변제에 충당할 수 있다고 판단한 데에는 근저당권설정계약이 사해행위로 취소되고 가액배상을 명하는 경우 추가배당에 관한 법리를 오해한 결과 판결에 영향을 미친 위법이 있다.

C. 배당금이 수익자에게 지급된 경우

(a) 개관

* 전제: 저당권 설정등기가 원인무효인 경우에 저당권자는 자신이 수령한 배당금을 정당한 권리자에게 반환해야 하는 §741 채무를 부담한다. 확정된 배당표가 배당의 실체법적 근거가 될 수는 없기 때문이다.

* 수익자가 저당권자의 자격으로 배당을 받은 후 저당권 설정계약이 사해행위로 지목되어 취소되면 ⊙ 채권자취소권자는 원상회복으로 대상청구권을 행사하여 수익자가 저당권자의 자격으로 우선변제 받은 배당금의 반환을 청구할 수 있다. ⓒ 다만 채권자취소권자가 배당요구를 하지 않았다면 원상회복의 일환으로 배당금 반환을 청구할 수 없다. 배당요구를 하지 않은 채권자는 채무자에게 지급될 잉여금에 대해서만 §741 청구를 할 수 있기 때문이다.

부동산이 임의경매절차에 의하여 제3자에게 낙찰됨으로써 확정된 이전 판결에 기한 **피고의 근저당권설정등기의 말소등기절차의무가 이행불능**이 된 경우, 채권자취소권 자인 원고는 **대상청구권**의 행사로서 피고가 말소될 근저당권설정등기에 기한 근저당 권자로서 지급받은 배당금의 반환을 청구할 수도 있다(대법원 2012. 6. 28. 선고 2010 다71431 판결).

대법원 2012. 12. 26. 선고 2011다60421 판결

‣ 확정된 배당표에 의하여 배당을 실시하는 것은 실체법상의 권리를 확정하는 것이 아니므로 실체법적 법률관계에 비추어 배당을 받지 못할 자가 배당을 받은 경우, 배 당을 받아야 하는 자에게 부당이득반환채무를 진다. 위와 같은 법률관계는 경매법 원이 근저당권자를 배당을 받아야 할 채권자로 인정하여 배당금을 지급하였는데 그 근저당권자가 채무자와 체결한 근저당권설정계약이 사해행위에 해당되어 취소 됨으로써 그 근저당권에 기하여 배당받을 권리가 상실된 경우에도 마찬가지이다.
‣ 이 경우 수익자인 근저당권자에게 지급된 배당금은 ㉠ 사해행위로 설정된 근저당 권이 없었더라면 배당절차에서 **더 많이 배당받을 수 있었던 다른 배당요구권자들** 에게 반환되어야 하고, ㉡ **배당요구를 하지 아니한 채권자 및 채무자** 등은 다른 배 당요구권자들의 배당요구채권을 모두 충족시키고도 남는 **잉여금이 있다는 등의 특 별한 사정이 없는 한, 수익자에 대하여 아무런 권리를 갖지 못하며,** ㉢ 이는 **배당요 구를 하지 아니한 채권자가 그 근저당권을 설정한 계약에 대하여 사해행위 취소의 소를 제기하여 승소한 자라 할지라도 마찬가지이다.**

(b) 사안의 개요

• 甲에 대한 금전채무자 丙은 채무초과 상태에서 자신이 소유한 X부동산에 대해 乙 명의 근저당권을 설정해주고 그 후 X부동산을 丁에게 매도하여 X부동산에 대 해 丁명의 소유권이전등기가 마쳐졌다.
• 甲이 X부동산에 대한 丙·乙 간의 근저당권 설정계약과 丙·丁 간 매매계약에 대 한 사해행위 취소소송을 제기했는데, 乙에 대해서는 원상회복으로 배당금 채권 양도를 청구했다.
• 甲이 제기한 채권자취소소송의 사실심 변론종결 전에 X부동산에 대한 경매절차 가 진행되었고 이에 따라 매각대금이 납부되었다. 甲은 乙이 배당기일에 근저당 권자로서 배당금을 수령하자 원상회복에 관한 청구취지를 '乙이 지급받은 배당

금 상당 금원의 지급을 구하는 것'으로 변경했다.

(c) 쟁점과 판단

• 경매절차가 종료되어 사해행위를 원인으로 마쳐진 근저당권 설정등기가 말소됨에 따라 원물반환은 불가능하고 가액배상이 문제된다.

• 수익자인 저당권자가 이미 배당금을 수령한 경우 채권자취소권자는 대상청구권을 행사하여 배당금 반환을 청구할 수 있을 뿐이다. 이를 위해 채권자취소권자는 수익자의 배당금 수령 사실을 증명해야 한다. 배당표 기재만으로는 수익자의 배당금 수령 사실이 확정되지 않기 때문이다.

> 이미 배당이 종료되어 **수익자가 배당금을 수령한 경우에는 수익자로 하여금 배당금을 반환**하도록 명하는 경우, 피고(수익자)에게 배당금을 지급하는 내용의 **배당표만으로는 실제로 피고가 위 돈을 배당금으로 수령하였는지를 알 수 없다**. 따라서 **피고가 실제로 배당금을 수령하였는지를 심리**하지 아니한 채 곧바로 피고가 원고에게 위 돈을 지급할 의무가 있다고 판단한 원심판결에는 법리를 오해하여 필요한 심리를 다하지 아니한 잘못이 있다(대법원 2018. 4. 10. 선고 2016다272311 판결).

나. 가등기의 원인행위가 사해행위인 경우

(1) 개관: 사해행위 취소의 대상

A. 원칙: 가등기의 원인행위

• 사해행위에 해당하는 것은 가등기의 원인행위이므로 사해성 여부 판단과 §406의 행사기간 경과 여부는 모두 가등기의 원인행위가 이루어진 때를 기준으로 판단해야 한다. 일반 가등기의 원인행위의 예로서 매매계약이나 매매예약을 들 수 있고, 담보가등기의 원인행위의 예로서 가등기담보권 설정계약을 들 수 있다.

• 이러한 법리는 본등기가 마쳐지기 전은 물론 본등기가 마쳐진 후에도 마찬가지로 적용된다.

B. 예외: 본등기의 원인행위

• 가등기의 원인행위와 본등기의 원인행위가 서로 다르다고 볼 수 있는 특별한 사정이 있는 경우에는, 사해행위에 해당하는 것은 본등기의 원인행위이다.

• 이러한 특별한 사정의 예로서 무효인 가등기를 유용하는 부기등기가 마쳐진 경우를 들 수 있다. 이때는 무효등기 유용 합의의 원인이 된 법률행위를 한 때가 사

해성 판단과 행사기간 경과 여부 판단의 기준시가 된다(2019다266409, 311면).

(2) 원상회복을 위한 원물반환 방법

A. 가등기에 기한 본등기가 마쳐지기 전

• 원상회복의 방법은 가등기를 말소하는 것이다. 그런데 가등기에 대한 부기등기가 마쳐진 경우, ㉠ 오직 가등기만이 말소 대상이다. 부기등기는 새로운 권리를 발생시키는 것이 아니고, 주등기가 말소되면 직권 말소되기 때문이다. ㉡ 다만 이때 피고적격은 현재의 권리자인 부기등기 명의인에게만 인정된다는 것에 유의해야 한다.

• 이러한 법리는, ㉠ 수익자가 자신의 명의로 가등기된 권리를 전득자에게 양도하고 가등기 이전 부기등기를 마친 경우는 물론 수익자가 무효등기 유용으로 가등기 이전 부기등기를 마친 경우에도 마찬가지로 적용되고, ㉡ 사해행위로 설정된 근저당권이 부기등기로 이전된 경우에도 마찬가지로 적용된다.

> 채무자가 **소유권이전청구권을 보전하기 위한 가등기**를 마친 경우에, 가등기 자체만으로는 소유권이전의 효력이 발생하지 않지만 **후일 본등기를 마치면** 가등기 시에 소급하여 소유권변동의 효력이 발생하고 그 결과 채권자가 채무자의 재산으로부터 완전한 변제를 받을 수 없게 되어 <u>채권자를 해할 수 있다.</u> 따라서 채권자를 해하는 **가등기의 원인인 법률행위는 사해행위로서 취소의 대상이 되고, 그 법률행위가 사해행위로 취소되면** 특별한 사정이 없는 한 **가등기권리자는 그 취소에 따른 원상회복으로서 원물반환의무인 가등기 말소의무**를 진다(대법원 2015. 5. 21. 선고 2012다952 전원합의체판결).

> 가등기의 이전에 의한 부기등기는 기존의 가등기에 의한 권리의 승계관계를 등기부상에 명시하는 것 뿐으로 그 등기에 의하여 새로운 권리가 생기는 것이 아닌 만큼 **가등기의 말소등기청구는 양수인만을 상대**로 하면 족하고, <u>양도인은 그 말소등기청구에 있어서의 피고 적격이 없다.</u> 가등기 이전 부기등기는 기존의 **주등기인 가등기에 종속되어 주등기와 일체**를 이루는 것이어서 피담보채무가 소멸된 경우에는 **주등기인 가등기의 말소만 구하면 되고 위 부기등기는 별도로 말소를 구하지 않더라도 주등기의 말소에 따라 직권으로 말소**된다(대법원 1994. 10. 21. 선고 94다17109 판결).

근저당권 이전의 부기등기는 기존의 <u>주등기인 근저당권설정등기에 종속되어 주등기와 일체를 이루는</u> 것이어서, 피담보채무가 소멸된 경우 또는 근저당권설정등기가 당초 원인무효인 경우 <u>주등기인 근저당권설정등기의 말소만 구하면 충분하다.</u> 그 부기등기는 별도로 말소를 구하지 않더라도 주등기의 말소에 따라 직권으로 말소되는 것이며, 근저당권 양도의 부기등기는 기존의 근저당권설정등기에 의한 권리의 승계를 등기부상 명시하는 것뿐으로, 그 등기에 의하여 <u>새로운 권리가 생기는 것이 아니다.</u> 따라서 근저당권설정등기의 말소등기 청구는 양수인만을 상대로 하면 족하고 양도인은 그 말소등기 청구에 있어서 피고 적격이 없으며, 근저당권의 이전이 전부명령 확정에 따라 이루어졌다고 하여 이와 달리 보아야 하는 것이 아니다(대법원 2000. 4. 11. 선고 2000다5640 판결).

B. 가등기에 기한 본등기가 마쳐진 후

- 수익자 명의 본등기가 마쳐진 경우의 원물반환 방법은 수익자 명의 본등기 말소 등기이다. 이때도 취소 대상인 사해행위는 가등기의 원인행위임에 주의해야 한다.
- 악의 수익자가 선의 전득자에게 가등기 이전 부기등기를 마쳐주고 이를 근거로 전득자 명의 본등기가 마쳐진 경우, 채권자취소권자는 전득자를 피고로 본등기 말소등기 청구를 할 수 없다. 이 경우 수익자의 악의가 인정되어 채권자취소권의 요건이 충족되더라도 이러한 수익자에게는 전득자 명의 본등기 말소등기 청구의 피고적격이 인정되지 않는다. 따라서 채권자취소권자는 수익자를 피고로 삼아 채무자·수익자 간의 가등기의 원인행위의 취소와 가액배상 청구를 할 수 있을 뿐이다.

대법원 2015. 5. 21. 선고 2012다952 전원합의체판결

- ‣ <u>사해행위인 매매예약에 기하여 수익자 앞으로 가등기를 마친 후 전득자 앞으로 그 가등기 이전의 부기등기를 마치고 나아가 그 가등기에 기한 **본등기까지 마쳤다**</u> 하더라도, 위 부기등기는 사해행위인 매매예약에 기초한 수익자의 권리의 이전을 나타내는 것으로서, 위 부기등기에 의하여 수익자로서의 지위가 소멸하지는 아니하며, **채권자는 수익자를 상대로 그 사해행위인 매매예약의 취소를 청구**할 수 있다.
- ‣ 설령 부기등기 결과 위 <u>가등기 및 본등기에 대한 말소청구소송에서 수익자의 피고 적격이 부정되는</u> 등의 사유로 인하여 **수익자의 원물반환의무인 가등기말소의무의 이행이 불가능하게 된다 하더라도** 달리 볼 수 없으며, 특별한 사정이 없는 한 수익

자는 위 가등기 및 본등기에 의한 공동담보 부족에 관하여 원상회복의무로서 **가액배상 의무를 진다** 할 것이다.

C. 무효등기 유용에 의한 가등기 부기등기와 사해행위 취소

(a) 사안의 개요

• 丙은 자신이 소유한 X부동산에 대해 2010. 2. 1. 丁과 매매예약을 하고 丁명의 가등기를 마쳤는데, 그 후 丁은 연락이 두절되었다.

• 丙은 2010. 당시에는 자력이 충분한 상태였는데, 2020. 이후 채무초과 상태가 되었다. 丙은 2022. 2. 1. 채무초과 상태에서 유일한 재산인 X부동산에 대해 乙과 매매계약을 하고 그 무렵 위 丁명의 가등기에 대한 乙명의 가등기 이전 부기등기가 마쳐졌으며, 이에 따른 乙명의 본등기가 2022. 6. 1. 마쳐졌다. X부동산의 시가는 5억원이다.

• 甲이 2024. 2. 1. 이 사실을 알고 채권자취소권을 근거로 丙·乙 간 매매계약의 취소와 乙명의 본등기 말소등기를 청구한다. 이에 대해 乙은 1) 甲이 2024. 4. 1. 제기한 채권자취소소송은 §406의 기간 경과 후에 제기되었으므로 부적법하고 2) 설령 甲의 채권자취소권 행사가 적법하더라도 乙명의 본등기는 丙·乙 간 합의에 터잡은 것이므로 甲으로서는 그 말소를 청구할 권원이 없다고 주장한다.

(b) 쟁점과 판단

• 사해행위 취소의 대상: 채권자취소권자가 원상회복으로 본등기 말소를 청구하는 경우, 사해행위 취소의 대상은 가등기의 원인행위임이 원칙이다. 그러나 본등기의 원인행위와 가등기의 원인행위가 다른 경우, 본등기의 원인행위가 사해행위 취소의 대상이 된다. 사안의 경우 乙명의 본등기의 원인행위는 丙·乙 간 매매계약과 이에 수반된 무효등기 유용 합의이다. 따라서 이러한 丙·乙 간 원인행위가 행해진 2022. 2. 1.을 기준으로 사해성, 행사기간 경과 여부를 판단해야 하므로, 乙의 주장 1)은 부당하다.

• 사해행위 취소의 범위: 가등기 유용 합의가 유효라면 甲은 丙을 대위하여 乙명의 본등기 말소등기를 청구할 수 없다. 그러나 가등기 유용 합의는 매매계약의 이행방법을 약정한 것에 불과하고 매매계약의 내용에 포함된다. 따라서 丙·乙 간 매매계약이 취소되면 이러한 이행 방법에 관한 약정인 무효등기 유용 합의도 함께

취소된다(§137 본문). 따라서 乙은 甲이 丙을 대위하여 행사하는 §214의 말소등기 청구에 대해 丙·乙 간 무효등기 유용 합의를 근거로 대항할 수 없고, 乙의 주장 2)는 부당하다.

• 원상회복의 방법: 甲은 乙명의 본등기 말소등기를 청구하는 방법으로 원물반환을 받을 수 있다.

대법원 2021. 9. 30. 선고 2019다266409 판결

‣ 가등기에 기하여 본등기가 마쳐진 경우 가등기의 원인인 법률행위와 본등기의 원인인 법률행위가 다르지 않다면 사해행위 요건의 구비 여부는 가등기의 원인인 법률행위를 기준으로 하여 판단해야 한다. 그러나 **가등기와 본등기의 원인인 법률행위가 다르다면** 사해행위 요건의 구비 여부는 본등기의 원인인 법률행위를 기준으로 판단해야 하고 **제척기간의 기산일**도 본등기의 원인인 법률행위가 사해행위임을 안 때라고 보아야 한다.

‣ 채무자가 유일한 재산인 부동산에 관하여 가등기의 효력이 소멸한 상태에서 새로 매매계약을 체결하고 말소되어야 할 가등기를 기초로 하여 본등기를 한 행위는 가등기의 원인인 법률행위와 별개로 일반채권자의 공동담보를 감소시키는 것으로 특별한 사정이 없는 한 채권자취소권의 대상인 사해행위이고, 이때 **본등기의 원인인 새로운 매매계약을 기준**으로 사해행위 여부나 제척기간의 준수 여부를 판단해야 한다.

‣ 말소되어야 할 가등기를 유용하기로 한 丁과 乙의 합의는 매매계약의 이행 방법을 합의한 것에 불과하여 사해행위로 취소되는 매매계약에 포함되고, 매매계약이 취소됨에 따라 그 합의도 취소되었다고 보아야 한다. 따라서 乙은 가등기를 유용하기로 한 합의를 이유로 가등기 말소 청구에 대항할 수 없다.

D. 가등기 명의인이 사해행위를 원인으로 별도의 소유권이전등기를 한 경우

(a) 사안의 개요

• 甲에 대한 채무자 丙은 X부동산에 대해 매매예약을 원인으로 乙명의 가등기를 마쳐주었는데 그 무렵 甲은 자력이 충분한 상태였다.

• 丙은 그 후 사업 실패로 채무초과 상태가 되었는데도 乙에게 X부동산을 증여하였다. 이에 따라 X부동산에 대해 乙명의 소유권이전등기가 마쳐졌고 혼동의 법리에 따라 乙명의 가등기는 말소되었다.

(b) 쟁점과 판단

• 甲의 채권자취소권 행사로 乙·丙 간 증여계약이 취소되면 원상회복을 위해 乙 명의 소유권이전등기는 말소된다.

• 乙·丙 간 매매예약은 사해행위가 아니어서 乙명의 소유권이전등기 말소로 유효한 乙명의 가등기가 부활하고 이에 기해 다시 乙명의 본등기가 마쳐질 수 있다. 그러나 이런 사정이 인정되더라도 甲의 채권자취소권에 기한 乙명의 소유권이전등기 말소등기 청구에는 권리보호의 이익이 인정된다.

대법원 2002. 7. 26. 선고 2001다73138 판결

‣ 가등기권자가 가등기에 기한 **본등기의 절차에 의하지 아니하고 별도의 소유권이전등기**를 경료받은 경우, 특별한 사정이 없는 한 가등기권자가 재차 가등기에 기한 본등기를 청구할 수 있는 것이므로 그 **별도의 소유권이전등기**를 가등기에 기한 **본등기와 동일하게 볼 수는 없**다.

‣ 가등기권자인 수익자가 본등기 실행 없이 **다른 원인계약에 따라 소유권이전등기를 마쳤고 혼동에 의해 수익자 명의 가등기가 말소되었는데, 그 후 위 소유권이전등기의 원인계약이 사해행위로 취소**된 경우 다른 원인계약에 의한 소유권이전등기를 위 가등기에 기한 본등기와 동일하게 볼 수는 없다고 할 것이고, 따라서 위 소유권이전등기의 원인된 법률행위가 사해행위로서 취소되는 이상, 그 원상회복으로서 위 이전등기는 말소되어야 하는 것이고, 장차 위 가등기가 혼동의 법리에 의하여 부활되는지의 여부나 그와 같이 부활되는 가등기에 기하여 피고가 다시 본등기를 경료할 수 있는지의 여부 등에 의하여 달리 볼 것은 아니라고 할 것이다.

E. 가등기의 경정등기 방식으로 가등기권리가 이전된 경우

(a) 사안의 개요

• 채권자 乙은 채무자 丙소유 X부동산에 담보가등기를 했고 丁은 계약인수 후 乙 명의 가등기에 대한 부기등기 대신 경정등기를 통해 가등기권리자 명의를 丁으로 변경했다.

• 그 후 이 가등기에 기해 丁명의 본등기가 마쳐지자 丙에 대한 다른 채권자 甲은 丙·乙 간 가등기담보권 설정계약에 대한 채권자취소소송을 제기했다. 丁은 丙·乙 간 가등기담보권 설정계약의 사해성에 대해 선의임이 증명되었다.

(b) 쟁점과 판단

• 丙·乙 간 가등기담보권 설정계약이 사해행위이더라도 원상회복을 위한 원물반

환인 수익자 乙명의 가등기 말소등기는 불가능한 상태이다. 따라서 乙은 가액배상 의무를 진다.

- 경정등기에 대해서도 실체관계에 부합하는 등기의 법리가 적용되므로 丁명의 경정등기가 위법하더라도 이에 기해 이루어진 丁명의 본등기 자체는 유효이기 때문이다.

- 다만 이러한 丁명의 경정등기는 실제로는 가등기 이전 부기등기이므로 일반적인 경정등기와는 달리 소급효가 인정되지 않는다. 따라서 경정등기가 마쳐진 후에도 丙에 대한 가등기권리자로서 수익자에 해당하는 자는 여전히 乙이라고 보아야 한다.

대법원 2015. 5. 21. 선고 2012다952 전원합의체판결

‣ 등기명의인의 경정등기는 그 명의인의 동일성이 인정되는 범위를 벗어나면 허용되지 아니한다. 그렇지만 등기명의인의 동일성 유무가 명백하지 아니하여 경정등기 신청이 받아들여진 결과 명의인의 동일성이 인정되지 않는 위법한 경정등기가 마쳐졌다 하더라도, 그것이 일단 마쳐져서 경정 후의 명의인의 권리관계를 표상하는 결과에 이르렀고 그 등기가 실체관계에도 부합하는 것이라면 그 등기는 유효하다.

‣ 이러한 경우에 **경정등기의 효력은 소급하지 않고 경정 후 명의인의 권리취득을 공시할 뿐이므로, 경정 전의 등기 역시 원인무효의 등기가 아닌 이상 경정 전 당시의 등기명의인의 권리관계를 표상하는 등기로서 유효**하고, 경정 전에 실제로 존재하였던 경정 전 등기명의인의 권리관계가 소급적으로 소멸하거나 존재하지 않았던 것으로 되지도 아니한다.

‣ 乙명의의 가등기의 가등기권리자를 丁으로 경정하는 경정등기 및 그에 기초한 丁명의의 본등기는 명의인의 동일성을 벗어나는 경정등기 및 이에 기초한 본등기이지만 丁이 소유권을 취득한 이상 실체관계에 부합하는 등기로서 유효하고, 한편 이러한 각 경정등기는 그 효력이 소급하지 않고 그에 앞서 체결된 채무자 丙과 수익자 乙 간 매매예약 및 그에 따른 乙명의의 가등기의 존부 및 효력에 영향을 미치지 않는다.

‣ 丙과 이 사건 부동산에 대한 매매예약을 하고 가등기를 마친 乙은 위와 같은 위법한 경정등기에 불구하고 이 사건 매매예약에 관한 사해행위취소 채권자인 甲에 대하여 여전히 수익자의 지위에 있다 할 것이므로, 甲은 乙을 상대로 이 사건 매매예약에 대하여 사해행위취소 및 그에 따른 원상회복을 청구할 수 있다.

다. 공동저당과 사해성 판단

(1) 개관

- 담보물권이 설정된 부동산이 사해행위의 목적물인 경우, 유출된 책임재산인 공동담보의 가액은 그 목적물의 가액에서 피담보채권액을 공제한 값이다(대법원 2017. 10. 12. 선고 2017다232594 판결).
- 이러한 법리는 공동저당에 대해서도 마찬가지로 적용되지만 공동저당의 특성을 반영하여 유출된 책임재산의 가액은 각 공동저당물에서 각 책임분담액을 공제하여 산정한다.

(2) 공동저당물이 모두 채무자 소유인 경우

- 공동저당물 전부가 일괄적으로 동일한 수익자에게 양도된 경우, ㉠ 유출된 책임재산의 가액은 공동저당물의 총 가액에서 피담보채권액의 총 합산액을 공제한 값이므로, 각 공동저당물에 대해 일일이 가액과 책임분담액을 산정할 필요는 없다. ㉡ 이 경우에도 사해성은 사해행위시를 기준으로 판단해야 하므로 사해행위 후 저당물에 대한 저당권이 말소되더라도 사해성 판단에는 영향을 미치지 않는다(대법원 2005. 5. 27. 선고 2004다67806 판결).

> 공동저당권이 설정된 수개의 부동산 전부의 매매계약이 사해행위에 해당하고 사해행위의 목적 부동산 전부가 하나의 계약으로 동일인에게 일괄 양도된 경우, 사해행위로 되는 매매계약이 공동저당 부동산의 일부를 목적으로 할 때처럼 그 부동산 가액에서 공제하여야 할 피담보채권액의 산정이 문제 되지 아니하므로 그 취소에 따른 **배상액의 산정은 목적 부동산 전체의 가액에서 공동저당권의 피담보채권 총액을 공제하는 방식**으로 함이 취소채권자의 의사에도 부합하는 상당한 방법이다(대법원 2014. 6. 26. 선고 2012다77891 판결).

- 공동저당물들 중 일부만 양도된 경우, 유출된 책임재산의 가액은 양도된 부동산의 가액에서 그 책임분담액을 공제한 값이다. 이때 각 공동저당물의 가액과 피담보채권액은 모두 사실심 변론종결시를 기준으로 산정한다.

> 사해행위인 매매계약의 목적물 중 **일부 목적물만을 사해행위로 취소하는 경우** 그 일부 목적물의 사실심 변론종결 당시 가액에서 공제되어야 할 피담보채권액은 공동저

당권의 피담보채권총액을 사실심 변론종결 당시를 기준으로 한 공동저당 목적물의
가액에 비례하여 안분한 금액이라고 보아야 할 것이다(대법원 2014. 6. 26. 선고 2012
다77891 판결).

(3) 채무자 소유물과 물상보증인 소유물의 공동저당과 사해성 판단

A. 개관

• 공동저당물 중 일부는 채무자 소유이고, 일부는 물상보증인 소유인 경우에는
§368 아닌 §481가 적용되므로, 물상보증인 소유인 공동저당물에서 공제될 분담
액은 없고 채무자 소유인 공동저당물에서 공동저당권의 피담보채권액 전액을 공
제해야 한다.

• 이러한 법리는, 채무자와 물상보증인이 공유한 부동산에 대해 공동저당이 설정
되어, 채무자의 지분과 물상보증인의 지분이 공동저당물인 경우에도 마찬가지로
적용된다.

수 개의 부동산 중 일부는 채무자의 소유이고 다른 일부는 물상보증인의 소유인 경우
에는, 물상보증인이 채무자에 대하여 구상권을 행사할 수 없는 특별한 사정이 없는 한
채무자 소유의 부동산에 관한 피담보채권액은 공동저당권의 피담보채권액 전액이다.
이러한 법리는 하나의 공유부동산 중 일부 지분이 채무자의 소유이고, 다른 일부 지분
이 물상보증인의 소유인 경우에도 마찬가지로 적용된다(대법원 2013. 7. 18. 선고
2012다5643 전원합의체 판결).

B. 사안의 개요

• 甲에 대한 乙·丙의 채무를 담보하기 위해 乙·丙이 각 1/2씩 공유한 X부동산에
대해 1번, 2번 공동근저당권이 각 설정되었는데, 乙이 주채무자인 1번 근저당권
의 채권 최고액은 1억원이고, 丙이 주채무자인 2번 근저당권의 채권 최고액은 2
억원이며, X부동산의 가액은 사해행위시 이후 사실심 변론종결시까지 계속 6억
원이다.

• 丙이 X부동산의 1/2지분을 丁에게 증여하자 甲이 사해행위 취소소송을 제기했
다. 乙·丙 간 구상권 행사를 제한하는 특별한 사정은 인정되지 않는다.

C. 쟁점과 판단

• 丙이 처분한 X부동산의 1/2지분의 가액은 3억원이고 이에 대한 피담보채권액은

丙이 주채무자인 2번 근저당의 채권최고액 2억원이므로 유출된 책임재산은 1억원이다.

- 1번 저당권에 대한 피담보채권액은 주채무자인 乙의 지분에서만 공제되므로 丙의 지분의 가액에서 공제하면 안 된다.

라. 명의신탁과 사해행위 취소

(1) 명의신탁이 유효인 경우

- 신탁자의 책임재산은 명의신탁된 부동산 자체가 아니라 명의신탁 해지로 발생할 수 있는 소유권이전등기 청구권이다. 따라서 신탁자 丙이 채무초과 상태에서 유일한 재산인 명의신탁 부동산을 수익자 乙에게 매도하면서 중간생략등기로 수탁자 A로부터 乙에게로 직접 소유권이전등기를 마쳐준 경우, 유출된 책임재산은 A에 대한 소유권이전등기 청구권이다.

- 이 경우 乙이 소유권을 취득함에 따라 丙·A 간 명의신탁 관계가 종료되고 丙의 책임재산인 A에 대한 소유권이전등기청구권도 소멸한다. 따라서 丙에 대한 채권자 甲이 丙·乙 간 매매계약에 대한 사해행위 취소 판결을 받더라도 가액배상의 방법으로 원상회복을 받을 수밖에 없다. 원물반환이 불가능하기 때문이다.

> **대법원 2016. 7. 29. 선고 2015다56086 판결**
> ‣ 부부간의 명의신탁약정은 특별한 사정이 없는 한 유효하고, 이때 명의신탁자는 명의수탁자에 대하여 신탁해지를 하고, 신탁관계의 종료만을 이유로 채권적 소유이전등기절차의 이행을 청구할 수 있음은 물론, 신탁해지를 원인으로 하고 내부적으로는 소유권에 기해서도 그와 같은 청구를 할 수 있다. 명의신탁관계가 종료된 경우 대외적으로는 신탁자가 소유권을 주장할 수 없으므로 <u>신탁자의 수탁자에 대한 소유권이전등기청구권</u>은 신탁자의 일반채권자들에게 공동담보로 제공되는 책임재산이 된다.
> ‣ 신탁자가 유효한 명의신탁 약정의 해지를 전제로 신탁된 부동산을 제3자에게 직접 처분하면서 수탁자 및 제3자와의 합의 아래 <u>중간등기를 생략하고 수탁자에게서 곧바로 제3자 앞으로 소유권이전등기를 마쳐 준 경우 신탁자의 책임재산인 수탁자에 대한 소유권이전등기청구권이 소멸</u>하게 되므로, 이로써 신탁자의 소극재산이 적극재산을 초과하게 되거나 채무초과상태가 더 나빠지게 되고 신탁자도 그러한 사실을 인식하고 있었다면 이러한 신탁자의 법률행위는 <u>신탁자의 일반채권자들을 해하</u>

는 행위로서 사해행위에 해당한다.

‣ 원심판결이 이와 달리 명의신탁 부동산 자체를 일반채권자들에게 공동담보로 제공되는 책임재산으로 설시한 부분은 적절하지 아니하나, 이 사건 매매계약을 사해행위로 취소하고 그 원상회복으로 가액배상을 명한 것은 결론에 있어서는 정당하다.

(2) 부동산 실명제법이 적용되는 경우

A. 양당사자간 명의신탁

- 신탁자의 책임재산은 부동산 자체이다. 수탁자 명의 소유권이전등기는 원인무효 등기에 불과하기 때문이다.

- 다만, 신탁자의 명의신탁 부동산 처분행위가 사해행위인 경우에 원상회복을 위한 원물반환 방법은 수익자가 수탁자에게 말소등기절차를 이행하는 것이다.

✓ 사해행위 취소 후 원상회복으로는 수탁자 명의 소유권이전등기 회복까지만 이루어지므로, 채권자로서는 신탁자를 대위하여 원인무효인 수탁자 명의 소유권이전등기 말소등기나 진정명의 회복을 위한 신탁자 명의 소유권이전등기 청구를 마칠 필요가 있다.

이른바 양자간 명의신탁의 경우 부동산실명제법이 적용되면 그 명의신탁약정에 의하여 이루어진 수탁자 명의의 소유권이전등기는 원인무효로서 말소되어야 하고, 그 부동산은 여전히 신탁자의 소유로서 **신탁자의 일반채권자들의 공동담보에 제공되는 책임재산**이 된다. 따라서 신탁부동산에 관하여 채무자인 신탁자가 직접 자신의 명의 또는 수탁자의 명의로 제3자와 매매계약을 체결하는 등 **신탁자가 실질적 당사자가 되어 법률행위**를 하는 경우 신탁자의 법률행위는 신탁자의 일반채권자들을 해하는 행위로서 **사해행위에 해당할 수 있다**. 이 경우 사해행위취소의 **대상은 신탁자와 제3자 사이의 법률행위**가 될 것이고, **원상회복은 제3자가 수탁자에게 말소등기절차를 이행**하는 방법에 의할 것이다(대법원 2012. 10. 25. 선고 2011다107382 판결).

B. 등기명의신탁·매도인이 악의인 계약명의신탁의 수탁자의 처분행위

- 명의신탁 부동산의 소유권은 매도인에게 남아 있으므로 이 부동산은 수탁자의 책임재산이 아니다.

- 따라서 수탁자의 부동산 처분행위는 사해행위가 아니고 수탁자에게 악의가 인정될 수도 없다.

부동산실명제법 제4조 제2항 본문이 적용되어 **수탁자인 채무자 명의의 소유권이전등기가 무효인 경우에는 그 부동산은 채무자의 소유가 아니기** 때문에 이를 채무자의 일반 채권자들의 공동담보에 공하여지는 책임재산이라고 볼 수 없다. 따라서 수탁자인 채무자가 제3자와 매매계약을 체결하고 그에게 소유권이전등기를 마쳐주었다고 하더라도 그로써 채무자의 책임재산에 감소를 초래한 것이라고 할 수 없으므로 이를 들어 채무자의 일반 채권자들을 해하는 사해행위라고 할 수 없으며, 채무자에게 사해의 의사가 있다고 볼 수도 없다(대법원 2008. 9. 25. 선고 2007다74874 판결).

C. 매도인이 선의인 계약명의신탁

(a) 수탁자의 처분행위

- 이 경우 명의신탁 부동산은 수탁자의 책임재산이 되고 신탁자는 §741 채권자에 불과하다.

- 따라서 수탁자가 신탁자에게 소유권이전등기를 하는 것은 수탁자의 다른 일반채권자에 대한 관계에서 사해행위가 된다.

매도인이 선의인 계약명의신탁의 경우 수탁자가 취득한 부동산은 채무자인 수탁자의 일반 채권자들의 공동담보에 공하여지는 책임재산이 되고, 신탁자는 명의수탁자에 대한 관계에서 금전채권자 중 한 명에 지나지 않는다. 따라서 명의수탁자의 재산이 채무의 전부를 변제하기에 부족한 경우 명의수탁자가 위 부동산을 명의신탁자 또는 그가 지정하는 자에게 양도하는 행위는 특별한 사정이 없는 한 다른 채권자의 이익을 해하는 것으로서 **다른 채권자들에 대한 관계에서 사해행위**가 된다(대법원 2008. 9. 25. 선고 2007다74874 판결).

(b) 경매 명의신탁과 신탁자의 목적물 처분

- 사안의 개요: ㉠ 丙·丁 간 명의신탁약정에 따라 丁은 경매절차에서 X부동산을 매수하여 丁명의 소유권이전등기가 마쳐졌는데, 매수대금은 丙이 조달해 주었다. 丁은 2014. 12. 10. 丙에게 X부동산에 관하여 매매예약을 원인으로 하는 가등기를 마쳐 주고 소유권이전등기 필요 서류를 교부했다. ㉡ 丙은 채무초과 상태에서 2017. 4. 5. 丁을 대리하여 매도인 丁, 매수인 乙로 하는 매매계약을 체결했고, 이에 따라 2017. 4. 10. '2007. 4. 5.자 매매'를 등기원인으로 하여 X부동산에 대해 乙명의 소유권이전등기가 마쳐졌다. 이에 丙에 대한 금전채권자 甲은 乙을 상대

로 丙·乙 간 X부동산 매매계약에 대한 사해행위 취소를 청구한다.

- 쟁점과 판단: ㉠ 경매 사안에 대해서도 부동산실명제법이 적용되며 특히 경매절차의 안정성을 위해 수탁자가 확정적으로 소유권을 취득한다(2012다69197, 민총물권, 664면). 따라서 丁은 X부동산의 소유권을 취득하고 신탁자 丙은 丁에 대해 대금 상당액의 §741 채권을 가질 뿐이다. ㉡ 丙·丁 간 2014. 12. 10. 약정과 이에 따른 丙명의 가등기는 명의신탁 약정에 근거한 것이므로 무효이다(법 §4 ①). ㉢ 따라서 X부동산은 丙의 책임재산이 될 수 없고, 丙이 실질적 당사자로서 乙에게 X부동산을 처분했더라도 丙의 채권자가 이에 대한 사해행위 취소권을 행사할 수 없다.
- 변형: 丙·丁 간 2014. 12. 10. 약정이 丁의 丙에 대한 §741 채무의 대물변제라고 본다면 X부동산은 丙의 책임재산이 될 수 있다.

대법원 2013. 9. 12. 선고 2011다89903 판결

‣ 부동산실명제법이 적용되는 사안에서 수탁자가 완전한 소유권을 취득하게 되고 신탁자에 대하여 매수대금 상당의 부당이득반환의무를 부담하게 되는 경우, 그 부동산은 **신탁자의 일반채권자들의 공동담보에 제공되는 책임재산이라고 볼 수 없**고, 신탁자가 실질적인 당사자가 되어 처분행위를 하고 소유권이전등기를 마쳐주었다고 하더라도 그로써 신탁자의 책임재산에 감소를 초래한 것이라고 할 수 없으므로, 신탁자의 일반채권자들을 해하는 사해행위라고 할 수 없다.

‣ 丙이 경매절차에서 丁명의로 X부동산을 매수한 것은 이른바 매도인이 선의인 계약명의신탁에 해당하므로 수탁자인 丁은 X의 완전한 소유권을 취득하고, 신탁자인 丙에 대해 매수대금 상당의 부당이득반환의무만을 부담한다고 할 것인데, 丁이 丙에게 소유권이전등기에 필요한 서류 일체를 교부한 것은 당초 명의신탁약정이 유효함을 전제로 그 약정을 이행한 것으로 보일 뿐 **부당이득반환채무의 변제에 갈음하여 X부동산의 소유권을 丙에게 이전하기로 한 것으로는 보이지 아니**한다.

‣ 따라서 丙은 여전히 丁에 대한 매수대금 상당액의 부당이득반환채권만 가지므로, X부동산은 丙의 일반채권자들의 공동담보에 제공되는 책임재산이라고 볼 수 없고, 丙이 실질적인 당사자로서 X부동산의 처분행위를 하였다고 하더라도 그로써 丙의 책임재산에 감소를 초래한 것이라고 할 수 없으므로, 이를 들어 丙의 일반채권자들을 해하는 사해행위라고 할 수 없다. 그런데도 원심은 丙·丁 간 대물변제 약정이 유효하게 체결되어 丙이 X부동산의 소유자임을 전제로 丙·乙 간 매매계약이 사해

행위에 해당한다고 판단하였으니, 이러한 원심의 판단에는 법리를 오해하여 판결 결과에 영향을 미친 위법이 있다.

마. 대항력 있는 임차권과 사해행위 취소

(1) 개관

A. 담보물권이 설정된 경우와의 유사성

- 사해행위의 목적물인 주택이나 상가건물에 임대차보호법상의 우선변제권이 인정되는 임차권이 설정되어 있는 경우, 담보물권이 설정된 경우와 마찬가지로 우선변제 대상인 임대차보증금의 가액은 일반채권자들을 위한 공동담보가 될 수 없다.
- 따라서 이 경우 원상회복의 방법은 임차물의 가액에서 우선변제 대상인 보증금의 가액을 공제한 금원의 가액배상이다.

주택임대차보호법상 **대항요건 및 확정일자**를 갖춘 임차인 또는 **소액임차인**이 있는 부동산에 관하여 사해행위가 이루어진 경우, 그 사해행위는 **부동산의 가액에서 위 임대차보증금 액수를 공제한 잔액의 범위** 내에서만 성립한다고 보아야 할 것이므로 사해행위 후 **수익자가 우선변제권 있는 임대차보증금 반환채무를 이행**한 경우, 사해행위를 취소하여 그 부동산 자체의 회복을 명하는 것은 당초 일반 채권자들의 공동담보로 되어 있지 아니하던 부분까지 회복시키는 것이 되어 공평에 반하므로, 부동산의 가액에서 위 임대차보증금 액수를 공제한 잔액의 한도에서 사해행위를 취소하고 그 가액의 배상을 명할 수 있을 뿐이다(대법원 2013. 4. 11. 선고 2012다107198 판결).

B. 연습: 임대차보호법이 적용되는 경우 공제될 보증금 가액

(a) 사안

- 乙·丙이 1/2 지분씩 공유하는 X상가에는 대항력을 갖춘 임차인 丁이 있으며 보증금은 4000만원이고, X상가에는 채권최고액 1억 4000만원의 근저당이 설정되어 있었다.
- 丙은 채무초과 상태에서 유일한 재산인 X상가에 대한 1/2지분을 乙에게 양도했는데 당시의 X상가의 시가는 3억 4000만원이며 그 후 乙이 1억 4000만원을 변제하여 근저당권을 말소했다.
- 丙에 대한 채권자 甲은 丙·乙 간 X상가 지분양도 계약의 취소와 가액배상을 구

한다.

(b) 쟁점과 판단

- 丙이 사해행위로 X상가의 1/2 지분을 乙에게 양도할 때, 이 지분에 대한 우선변제권의 가액이 얼마인지가 문제된다. X상가의 1/2지분의 가액에서 우선변제될 가액을 공제해야 사해성 여부 판단할 수 있고, 원상회복을 위한 가액배상금도 산정할 수 있기 때문이다.
- 임대차 목적물에 대한 공유자들은 임대차 보증금 반환채무에 대해 불가분채무자이다. 따라서 丙이 보유한 X상가의 1/2지분에 대해 임차인 丁이 행사할 수 있는 우선변제권의 가액은 보증금 4000만원 전액이다. 이에 비해 X상가에 대한 근저당권의 피담보채무액은 공유지분에 따라 분담하므로, 丙은 7000만원을 분담한다.
- 결국 乙은 甲에게 6000만원(1억 7000만원 – 7000만원 – 4000만원)에 대한 가액배상 의무를 진다.

대법원 2017. 5. 30. 선고 2017다205073 판결

- **건물의 공유자가 공동으로 건물을 임대하고 임차보증금을 수령**한 경우 특별한 사정이 없는 한 그 임대는 각자 공유지분을 임대한 것이 아니라 임대목적물을 다수의 당사자로서 공동으로 임대한 것이고 그 임차보증금 반환채무는 **성질상 불가분채무**에 해당한다.
- 상가임대차보호법상 우선변제권 있는 임차인이 있는 경우 상가건물의 공유자 중 1인인 채무자가 처분한 지분 중에 일반채권자들의 공동담보에 제공되는 **책임재산은 우선변제권이 있는 임차보증금 반환채권 전액을 공제한 나머지 부분**이다. 원심은 丁이 우선변제권 있는 임차보증금 채권자라고 전제한 다음 X상가에 대한 丙의 지분의 가액에서 **우선변제권 있는 임차보증금 4000만원 전액을 공제하여 책임재산을 산정하였다. 이러한 판단은 위 법리에 따른 것으로서 정당**하다.
- 그러나 원심이 丙의 책임재산을 산정하면서 X상가에 대한 근저당권 피담보채권액 전부를 공제한 것은 잘못이다. 앞에서 본 법리에 비추어 보면, 乙·丙을 공동채무자로 한 근저당권의 피담보채권액 가운데 丙의 지분이 부담하는 피담보채권액은 특별한 사정이 없는 한 그 지분인 1/2의 비율로 산정한 금액이라고 보아야 하고, 丙의 지분이 전체 피담보채권액을 부담한다고 볼 수는 없다.
- 결국 지분의 매매 당시를 기준으로 丙의 건물 지분이 부담하는 근저당권 피담보채권액 7000만원과 임차보증금 채권액 4000만원의 합계가 건물의 지분가액인 1억

7000만원에 미치지 못하는데도, 원심이 위 채권액의 합계가 지분의 가액을 초과한다고 보아 丙의 지분 매도 행위가 사해행위에 해당하지 않는다고 판단한 것은 수긍하기 어렵다.

(2) 비교: 임대차보증금이 공제되지 않는 경우

• 사해행위의 목적물인 주택에 대한 임차인이 있어도 그 보증금반환채권에 우선변제권이 인정되지 않으면 그 가액은 공제 대상이 아니다. 예컨대 사해행위의 목적물인 주택에 대해 §3의 대항요건만 갖추고 §3의2 ②의 확정일자를 갖추지 못한 중간 임차인이나 대항력의 기준시가 임차권등기 이후인 소액임차인의 임차권만 설정되어 있으면 유출된 책임재산의 가액을 산정할 때 이들의 보증금을 공제할 필요는 없다.

사해행위 당시 임대차계약서에 확정일자를 받지 아니하여 **우선변제권을 가지고 있지 못하였을 뿐 아니라, 주택임대차보호법상의 소액임차인에 해당하지도 않는** 임차권에 기한 임차보증금채권은 피고에 대하여 사해행위의 취소로 인한 가액의 배상을 명함에 있어 피고가 배상할 가액에서 공제하면 안 된다(대법원 2001. 6. 12. 선고 99다51197 판결).

• 사해행위 이후에 그 목적물인 주택에 대해 설정된 임차권은 고려 대상이 아니다. 사해행위 당시에는 그 임대차보증금 가액에 해당하는 가액도 일반채권자를 위한 공동담보에 속해 있었기 때문이다.

부동산에 저당권 이외에 우선변제권 있는 임차인이 있는 경우에는 임대차계약의 체결시기 등에 따라 임차보증금 공제 여부가 달라질 수 있다. ㉠**사해행위 이전에 임대차계약이 체결되었고 임차인에게 임차보증금에 대해 우선변제권이 있다면,** 부동산 가액 중 임차보증금에 해당하는 부분이 일반 채권자의 공동담보에 제공되었다고 볼 수 없으므로 수익자가 반환할 **부동산 가액에서 우선변제권 있는 임차보증금 반환채권액을 공제**하여야 한다. ㉡ 그러나 **부동산에 관한 사해행위 이후에 비로소 채무자가 부동산을 임대한 경우에는 그 임차보증금을 가액반환의 범위에서 공제할 이유가 없다.** 이 경우 부동산 가액 중 임차보증금에 해당하는 부분도 일반 채권자의 공동담보에 제공되어 있음이 분명하기 때문이다(대법원 2018. 9. 13. 선고 2018다215756 판결).

6장

다수당사자의 채권관계

민법강의: 채권총론

6장

다수당사자의 채권관계

I 개관

1. 의미와 특징

가. 의미

- 하나의 채권에 대한 채권자나 채무자의 일방 또는 쌍방이 여러 명인 경우에 다수당사자의 채권관계가 성립한다.

- 이처럼 하나의 채권에 대해 다수의 채권자(채무자)가 존재하는 상태를 '중첩'이라고 하며 이 경우 한 명의 채권 행사(채무 변제)로 인해 다른 당사자의 채권(채무)도 소멸한다. 이 점에서 다수의 채권자(채무자) 각자에게 채권(채무)이 귀속되는 '누적'과 구별된다. 예컨대 채권자 A에 대한 1억원의 채무를 甲·乙·丙이 중첩적으로 부담하면, A는 궁극적으로 1억원만 받을 수 있는 데 비해, 이들이 각자 1억원의 채무를 누적적으로 부담하면 A는 궁극적으로 3억원을 받을 수 있다.

나. 특징

- 다수당사자의 채권관계도 기본적으로는 채권관계이므로 채권법의 일반법리가 적용되지만, ㉠ 다수당사자인 채무자(채권자)에 대한 상대방의 채권 행사(채무 이행) 방법, ㉡ 다수당사자들 중 일부의 채권 행사(채무 이행)로 인해 발생하는 그 당사자와 다른 다수당사자들 사이의 법률관계에 대한 규율이 필요하다.

- 이때 ㉠을 대외관계, ㉡을 내부관계라고 하는데, ㉠에 대해서는 다수당사자에게 채권 행사(채무 변제)를 해야 하는 채권자(채무자)의 불편을 최소화하기 위한 규율이 필요하고, ㉡에 대해서는 다수당사자들 각자의 몫을 결정하고 서로 간의 정산을 하기 위한 규율이 필요하다.

- 특칙이 없는 한 다수당사자의 채권관계에 대해서도 사적 자치 원칙이 적용된다. 따라서 다수당사자의 채권관계에 관한 §408 이하의 규정들은 모두 임의법규이다.

2. 유형

가. 기준: 다수당사자들 사이의 법률관계

(1) 개관

- 다수당사자의 채권관계는 분할, 불가분, 연대, 부진정연대 등의 유형으로 나누어 진다.
- 이 중 어떤 것에 해당하는지는 다수당사자들 사이의 법률관계에 따라 결정된다.

(2) 다수당사자가 채권을 준공유하는 경우

- 다수당사자들 사이에 급부의 동일성으로 인한 채권 중첩 자체 외의 특별한 법률 관계가 없는 경우에는 채권을 준공유한다. 그러나 이 경우 §262 ~ §270 대신 §408 이하의 규정들이 적용된다. '다수당사자의 채권관계'에 관한 §408 이하의 규정들은 §278 단서에서 말하는 특별한 규정에 해당하기 때문이다.
- 따라서 다수당사자가 채권을 준공유하는 경우에는 그 채권은 ㉠ 원칙적으로 각 당사자에게로 분할되고, 당사자들의 합의나 급부의 성질 등과 같은 특별한 사유가 있을 때만 중첩된다. ㉡ 다만 §408 이하는 임의법규이므로, 채권의 준공유자들과 상대방 간의 약정이 우선 적용된다. 예컨대 급부의 목적이 금전 지급처럼 가분적인 성질을 가지더라도 다수당사자들과 상대방 간 불가분 약정에 의해 중첩관계가 발생할 수 있다.

민법상 다수당사자가 함께 채무자가 되는 경우 특별한 의사표시가 없으면 그 다수의 채무자는 <u>분할채무를 부담하는 것이 원칙</u>이기는 하지만, 급부의 성질·거래의 관행·당사자들의 의사·관계·거래경위 등에 비추어 복수의 채무자가 <u>불가분적인 채무를 부담하기로 한 것</u>으로 해석함이 상당한 경우도 있으므로, 법원으로서는 **다수의 채무자가 분할하여 채무를 부담하기로 한 것인지 혹은 불가분적인 채무로서 채무전액에 대하여 중첩적으로 책임을 지기로 한 것인지를 구별**하여야 한다(대법원 2014. 8. 20. 선고 2014다26521 판결).

(3) 비교: 준합유나 준총유가 인정되는 경우

- 다수당사자들이 조합계약의 당사자이면 합유에 관한 규정이 준용되고 이들이 비법인사단의 구성원이면 총유에 관한 규정이 준용된다(§278 본문). 따라서 어떤 경우이든 §408 이하는 적용되지 않는다.
- 예컨대 다수당사자들이 금전채권을 준합유하는 경우 §408의 분할 원칙이 적용되지 않으며, 그 금전채권을 행사하려면 조합체의 업무집행 방법에 따라야 한다.

나. 사례: 공동명의 예금의 법률관계

(1) 개관

- 甲·乙이 丙(은행)과 예금계약을 체결하면서 甲·乙 공동명의로 예금을 한 경우, 예금채권에 관한 법률관계가 문제된다.
- 甲·乙이 동업자금을 공동명의로 예금한 경우, 이들은 예금채권을 준합유하므로 예금채권을 행사하려면 조합의 업무집행 방법에 따라야 한다.
- 이에 비해 甲·乙 사이에 예금된 자금을 특정한 목적 달성을 위해 사용하기로 하는 합의만 있고 이들이 공동사업을 하고 있다고 볼 만한 사정이 없으면, 이들 사이에 조합 관계가 인정될 수 없으므로 이들이 공동명의로 예금했더라도 예금채권을 준공유하는 것으로 인정된다. 따라서 분할 원칙이 적용되며(§408) 이들의 지분은 균분으로 추정된다.

(2) 공동인출 특약이 붙은 공동명의 예금채권의 법률관계

A. 의미

- 공동명의로 예금계약을 할 때 공동명의 예금자들과 은행 사이에 공동인출 특약이 체결되는 경우가 있다. 이러한 특약은 공동명의 예금자들 중 특정인이 자신에게 분할·귀속될 가액을 공동 목적 실현 전에 임의로 인출하는 것을 방지하기 위해 사용된다. 재건축사업의 시행사와 시공사가 공동인출 특약이 붙은 공동명의 예금으로 수분양자들로부터 받은 분양대금을 예치하는 경우가 그 예이다.
- 이러한 특약이 있으면 예금채무자인 은행은 공동명의 예금채권자들 중 일부의 인출 신청에 대해서는 예금을 지급하지 않을 의무를 진다. 그러나 공동인출 특약이 붙은 예금채권이더라도 공동명의 예금채권자들이 조합체나 비법인사단이라고 볼 수 있는 경우가 아니라면, 이들과 은행 사이의 중첩 약정 등의 특별한 사정이 없는 한 그 예금채권에 대해서는 §408의 분할 원칙이 적용된다. 따라서 각 예

금채권자들은 각자의 지분에 상응하는 예금채권을 가지는 것으로 해석된다.

시공사 甲과 시행사 乙은 甲의 乙에 대한 기성 공사대금채권 등의 우선적 지급을 실효성 있게 확보해 주기 위하여 甲을 이 사건 예금계좌의 공동명의자로 함으로써 어느 일방이 임의로 예금을 인출할 수 없도록 방지함과 아울러, 乙뿐 아니라 甲도 예금채권자로서 지분을 갖고 있음을 인정하는 취지의 약정을 한 것으로 봄이 상당하다. 따라서 甲·乙 사이에서는 그들이 어떠한 약정을 하였는지에 따라 **일정 시점에서 각자에게 귀속되는 예금채권의 지분이 정해지게 될 것이고 그에 따라 정해진 이 사건 예금채권의 지분은 甲과 乙 각자에게 분할 귀속**된다고 할 것이다. 그럼에도 불구하고, 원심이 사업자금의 집행순서에 관한 채권적 약정만이 있었을 뿐 예금채권의 분할 귀속에 관하여는 아무런 약정이 없었으므로 이 사건 예금채권이 甲·乙 각자에게 분할 귀속된다고 볼 수 없다고 판단한 것은 잘못이다(대법원 2008. 10. 9. 선고 2005다72430 판결).

B. 공동인출 특약의 적용범위: 상대적 효력

- 공동인출 특약은 채권적 효력만 있으므로 제3자에게는 대항할 수 없다.
- 따라서 ㉠ 甲·乙 중 한 명에 대한 채권자가 그 채무자의 지분에 상응하는 가액만큼의 예금채권에 대해 압류·추심(전부) 명령을 받으면 丙은 이러한 채권자의 채권 행사에 대항할 수 없고, ㉡ 이때 丙 자신도 甲이나 乙 중 한 명에 대한 반대채권으로, 甲이나 乙의 지분에 상응하는 가액을 상계할 수 있다.

대법원 2005. 9. 9. 선고 2003다7319 판결

‣ 은행에 **공동명의로 예금을 하고 은행에 대하여 그 권리를 함께 행사**하기로 한 경우에 만일 ㉠ 동업 자금을 공동명의로 예금한 경우라면 채권의 준합유관계에 있다고 볼 것이나, 이들 각자가 분담하여 출연한 돈을 ㉡ 동업 이외의 특정 목적을 위하여 공동명의로 예치해 둠으로써 그 **목적이 달성되기 전에는 공동명의 예금채권자가 단독으로 예금을 인출할 수 없도록 방지·감시**하고자 하는 목적으로 공동명의로 예금을 개설한 경우라면, 하나의 예금채권이 분량적으로 분할되어 각 공동명의 예금채권자들에게 공동으로 귀속되고, 각 공동명의 예금채권자들이 예금채권에 대하여 갖는 각자의 지분에 대한 관리처분권은 각자에게 귀속되는 것이고, 다만 은행에 대한 지급 청구만을 공동반환의 특약에 의하여 공동명의 예금채권자들 모두가 공동으로 하여야 하는 것이다.

- ⓒ의 경우에 공동명의 예금채권자 중 1인에 대한 채권자로서는 그 1인의 지분에 상응하는 예금채권에 대한 <u>압류 및 추심명령 등을 얻어 이를 집행할 수 있고</u>, 한편 이러한 압류 등을 송달받은 은행으로서는 압류채권자의 단독 예금반환청구에 대하여 **공동명의 예금채권자들과 사이의 공동반환특약을 들어 그 지급을 거절할 수는 없다**. 왜냐하면, 위와 같이 해석하지 않을 경우 공동반환 특약을 체결하는 방법에 의하여, 그들의 예금채권에 대한 <u>강제집행 가능성을 사실상 박탈하고 압류채권자의 권리 행사를 부당하게 제한하는</u> 결과가 되기 때문이다.

공동명의 예금채권자 중 1인에 대한 별개의 대출금채권을 가지는 **은행으로서는 그 대출금채권을 자동채권으로 하여 그의 지분에 상응하는 예금반환채권에 대하여 상계할** 수 있다 할 것이고, 다만 공동명의 예금채권자 중 1인이 다른 공동명의 예금채권자의 지분을 양수하였음을 이유로 그 지분에 대한 은행의 상계 주장에 대항하기 위해서는 공동명의 예금채권자들과 은행 사이에 예금채권의 귀속에 관한 별도의 합의가 있거나 <u>채권양도의 대항요건</u>을 갖추어야 할 것이다(대법원 2004. 10. 14. 선고 2002다55908 판결).

Ⅱ | 채권(채무) 준공유의 법률관계 개관

1. 원칙: 분할채권관계 원칙(§408)

가. 분할채권관계의 내용

(1) 전제: 급부의 가분성

(2) 분할채권관계의 효과

- 공유자들의 채권이나 채무는 특약이나 법률로 중첩관계가 설정되지 않으면 분할된 것으로 간주된다.
- 준공유와 다른 점: 분할절차를 거치지 않아도 분할된 것으로 간주된다.

나. 사례: 예약완결권 공유와 분할 원칙

- 다수인 명의로 예약완결권이 가등기된 경우 형성권인 예약완결권을 준공유하게 된다. 이때 준공유자들이 예약완결권을 행사하는 방법은 획일적으로 정해지는

것이 아니라, 당사자들의 의사표시 해석에 따라 ㉠ 전부에 대한 공동 행사나 ㉡ 각자의 지분에 따른 분할 행사 중 하나로 결정된다.

✓ 과거의 판례는 ㉠만 가능하다고 보았으나 2010다82530 전원합의체 판결로 변경되었다. 2010다 82530의 태도가 타당하다. 예약완결권은 채권이 아니므로 §408의 적용 대상이 아니고, 설령 §408가 적용된다 하더라도 §408는 임의법규이므로 행사 방법에 대한 당사자들의 약정이 우선 적용되어야 하기 때문이다.

• 가등기담보법이 적용되는 사안에서, 가등기담보권자가 다수인이고 의사표시 해석상 ㉡으로 인정된다면, 각자의 피담보채권액을 전제로 청산절차를 이행한 후 각자의 지분에 대해 본등기 절차 이행을 청구할 수 있다.

대법원 2012. 2. 16. 선고 2010다82530 전원합의체 판결

▸ 수인의 채권자가 각기 그 채권을 담보하기 위하여 채무자 소유의 부동산에 관하여 수인의 채권자를 공동매수인으로 하는 1개의 매매예약을 체결하고 그에 따라 수인 의 채권자 공동명의로 그 부동산에 가등기를 마친 경우, ㉠ **수인의 채권자가 공동 으로 매매예약완결권을 가지는 관계인지 아니면** ㉡ **채권자 각자의 지분별로 별개 의 독립적인 매매예약완결권을 가지는 관계인지는** 매매예약의 내용에 따라야 하 고, 매매예약에서 그러한 내용을 명시적으로 정하지 않은 경우에는 수인의 채권자 가 공동으로 매매예약을 체결하게 된 동기 및 경위, 담보 관련 권리를 공동 행사하 려는 의사의 유무, 채권자별 지분권의 표시 여부 및 그 지분권 비율과 피담보채권 비율의 일치 여부, 거래 관행 등을 종합적으로 고려하여 판단하여야 한다.

▸ 이와 달리 매매예약의 내용이나 매매예약완결권 행사와 관련한 당사자의 **의사와 관계없이 언제나 수인의 채권자가 공동**으로 매매예약완결권을 가진다고 보고, 매 매예약완결의 의사표시도 수인의 채권자 전원이 공동으로 행사하여야 한다는 취지 의 판결 등은 이 판결의 견해와 저촉되는 한도에서 **변경**하기로 한다.

▸ 공동명의로 담보가등기를 마친 수인의 채권자가 각자의 지분별로 별개의 독립적인 매매예약완결권을 가지는 경우, 채권자 중 1인은 단독으로 자신의 **지분에 관하여** 청산절차를 이행한 후 **본등기절차 이행청구**를 할 수 있다.

---

2. 예외적인 중첩관계

가. 개관

(1) 중첩의 의미

• 동일한 급부를 대상으로 하는 채권이나 채무가 여러 사람에게 귀속된 경우를 뜻

한다. 따라서 일신전속성 없는 급부에 대해서만 중첩이 인정될 수 있다.

- 중첩된 채권관계 해결의 전제: 채무자가 급부행위를 하지 않았는데도 다른 원인으로 인해 급부행위가 마쳐진 것과 같은 결과가 실현된 경우도 채무 소멸 사유의 일종으로 인정된다. 예컨대 乙이 甲의 땅에 있는 X물건을 치워주기로 하는 계약을 체결했는데 乙이 이행을 시작하기 전에 丙이 X물건을 가져가 버렸다면, 乙이 'X물건을 치워주기'라는 급부를 이행한 것은 아니지만, 乙의 위 채무는 소멸하게 된다. 같은 맥락에서, 乙이 甲의 X재산 상실로 인한 손해를 전보해 줄 채무를 진 상태에서 丙이 甲에게 X재산 상실로 인한 손해를 전보해 준 경우, 乙이 甲에게 채무를 변제한 것은 아니지만, 乙의 채무는 소멸하게 된다.

> 어떤 물건에 대하여 직접점유자와 간접점유자가 있는 경우, 그에 대한 점유·사용으로 인한 부당이득의 반환의무는 **동일한 경제적 목적**을 가진 채무로서 서로 **중첩되는 부분에 관하여**는 일방의 채무가 변제 등으로 소멸하면 타방의 채무도 소멸하는 이른바 부진정연대채무의 관계에 있다(대법원 2012. 9. 27. 선고 2011다76747 판결).

(2) 중첩의 효과: 분할관계와 다른 점

A. 甲·乙·丙이 A에게 900만원의 채무를 부담한 경우

- 이들의 채무가 분할채무이면 A는 이들 각자로부터 300만원씩 세 번을 변제받아야 한다.
- 이에 비해 이들의 채무가 중첩된 채무이면 A는 이들 중 누구로부터든 900만원 전액을 변제받을 수 있고, 이로 인해 다른 채무자들의 채무도 소멸한다. 예컨대 A가 甲으로부터 900만원 전액을 변제받으면, 乙·丙의 채무도 함께 소멸한다.

B. 甲·乙·丙이 M에게 900의 채권을 가진 경우

- 이들의 채권이 분할채권이면 M은 이들에게 300만원씩 세 번 변제해야 한다.
- 이에 비해 이들의 채권이 중첩된 채권이면 M은 누구에게든지 900만원 전액을 지급할 수 있고, 이로 인해 다른 채권자들의 채권도 소멸한다. 예컨대 M이 甲에게 900만을 전액을 변제하면, M의 乙·丙에 대한 채무도 함께 소멸한다.

(3) 중첩의 유형: 불가분, 연대, 부진정연대

- 구별기준: 중첩관계는 그 발생 근거에 따라 세 가지 유형으로 나누어진다.
- 구별의 실익: 각 유형에 따라 대외관계, 내부관계의 내용이 다르다.

나. 채무가 중첩된 경우의 법률관계 개관

(1) 대외관계: 다수당사자 측과 상대방의 관계

A. 채권행사 또는 채무이행의 방법: 상대방의 선택권

* 채무가 중첩된 경우: 채권자는 채권의 전부나 일부를 다수 채무자 전원이나 일부에 대해 자유롭게 행사할 수 있고, 채무자 중 1인도 채무 전부를 변제할 수 있다.
* 채권이 중첩된 경우: 채무자는 채무의 전부나 일부를 다수 채권자 전원이나 일부에 대해 자유롭게 변제할 수 있고, 채권자 중 1인도 채권 전부를 행사할 수 있다.

B. 절대적 효력과 상대적 효력

(a) 의미

* 절대적 효력이란 다수당사자들 중 한 명과 상대방 사이에서 발생한 사유의 효력이 다른 다수당사자와 상대방 사이에서도 그대로 적용됨을 뜻한다.
* 이에 비해 상대적 효력이란 다수당사자들 중 한 명과 상대방 사이에서 발생한 사유는 이들 사이에서만 효력이 있고, 다른 다수당사자와 상대방 사이에서는 효력이 없음을 뜻한다.

(b) 모든 유형에 공통된 효과: 변제의 절대적 효력

* 절대적 효력사유의 범위는 중첩관계의 유형에 따라 다르지만, 변제는 모든 유형에서 절대적 효력사유로 인정된다. 특정 당사자와 관련한 변제가 이루어지면 다른 당사자들의 채권(채무)에 대한 변제도 일어나는 것은 중첩관계의 본질이기 때문이다.
* 변제의 효과인 채무소멸 자체뿐 아니라 변제와 관련된 법률관계에 대해서도 절대적 효력이 인정된다. 예컨대 채권자와 특정 연대채무자 사이에 원금부터 충당하기로 하는 변제충당 합의가 성립하면 다른 연대채무자들에 대한 관계에서도 이러한 합의에 따라 원금부터 충당된다.

대법원 2014. 12. 11. 선고 2012다15602 판결
> ‣ 채권의 목적을 달성시키는 변제와 같은 사유는 불가분채무자, 연대채무자 또는 연대보증채무자, 부진정연대채무자 전원에 대하여 절대적 효력을 가져 어느 채무자의 변제 등으로 다른 채무자와 공동으로 부담하는 부분의 채무가 소멸되면 그 채무소멸의 효과는 다른 채무자 전원에 대하여 미친다.

- 채권자 甲과 연대채무자들 중 일인인 乙이 원본부터 충당하기로 합의한 경우 甲이 乙로부터 지급받은 중간정산금 상당액은 乙의 연대채무자 丙이 甲에게 상환해야 하는 채무의 원본만큼 소멸되었다고 할 것이다.

(c) 나머지 사유들에 대한 상대적 효력 원칙

- 변제 이외의 사유들은 상대적 효력만 인정되는 것이 원칙이다(§423).
- 다만 다수당사자 전원과 상대방 간의 약정, 중첩의 각 유형에 대한 조문, 또는 판례에 의해 변제 이외의 사유도 절대적 효력사유로 인정될 수 있다.

> 제423조(효력의 상대성의 원칙) 전7조의 사항 외에는 어느 연대채무자에 관한 사항은 다른 연대채무자에게 효력이 없다.

(2) 내부관계: 다수당사자들 사이의 정산관계

- 채권이 중첩된 경우, 중첩된 채권자들 중 한 명이 자신의 몫을 초과하여 변제 등으로 이익을 얻었다면 다른 채권자들에게 초과분을 분급해야 한다.
- 채무가 중첩된 경우: ㉠ 중첩된 채무자들 중 한 명이 전원의 공동면책을 위해 출연을 한 경우, 그 출연액에 대해 다른 채무자들에게 구상권을 행사할 수 있다. ㉡ 이때 중첩된 채무자들 각자의 분담부분은 약정으로 정해지는 것이 원칙이다. 이러한 약정이 없는 경우에는 균분으로 해석되는 것이 원칙이지만 중첩된 채무에 대한 반대급부가 있으면 반대급부로부터 각 채무자가 얻게 되는 수익 비율에 따라 채무도 분담해야 한다. ㉢ 불가분채무와 연대채무의 경우, 구상관계는 완전히 일치한다. 불가분채무에 관한 §411가 연대채무의 구상관계에 관한 §424 ~ §427를 준용하기 때문이다. ㉣ 부진정연대채무의 경우에는 원칙적으로 구상관계가 없으나, 공동불법행위의 경우처럼 손해발생에 대한 기여도를 산정할 수 있으면 구상관계가 인정될 수 있다(363면 이하).

Ⅲ 불가분채무

1. 요건(유형)

> 제409조(불가분채권) 채권의 목적이 그 성질 또는 **당사자의 의사표시**에 의하여 불가분인 경우에 채권자가 수인인 때에는 각 채권자는 모든 채권자를 위하여 이행을 청구할 수 있고 채무자는 모든 채권자를 위하여 각 채권자에게 이행할 수 있다.

가. 급부의 성질로 인한 절대적 불가분성

- 채무자가 다수이고 급부의 성질상 불가분성이 인정되면 불가분채무가 발생한다.
- 예컨대 ㉠ 공유 건물이 임차물인 경우 임대차보증금 반환채무는 성질상 불가분채무에 해당하므로 각 공유자들은 임차인에 대해 불가분채무를 부담한다(2017다205073, 321면). ㉡ 다수인이 공동으로 법률상 원인 없이 타인의 재산을 사용한 경우 부당이득은 불가분적이므로 이들은 §741 채무에 대한 불가분채무자가 된다.

  여러 사람이 공동으로 법률상 원인 없이 타인의 재산을 사용한 경우의 **부당이득반환채무**는 특별한 사정이 없는 한 **불가분적 이득의 반환**으로서 불가분채무이고, 불가분채무는 각 채무자가 채무 전부를 이행할 의무가 있고 1인의 이행으로 다른 채무자도 의무를 면하게 된다(대법원 2001. 12. 11. 선고 2000다13948 판결).

나. 당사자의 약정으로 인한 상대적 불가분성

- 가분급부의 당사자 일방 또는 쌍방이 다수인 경우 당사자들 간의 약정으로 불가분채권관계가 성립할 수 있다.
- 이 경우 가분급부라는 성질에는 변함이 없으므로, 당사자들 간의 약정으로 다시 가분채권관계로 환원시킬 수 있다.

> 제412조(가분채권, 가분채무에의 변경) 불가분채권이나 불가분채무가 가분채권 또는 가분채무로 변경된 때에는 각 채권자는 자기부분만의 이행을 청구할 권리가 있고 각 채무자는 자기부담 부분만을 이행할 의무가 있다.

2. 효과

가. 개관

(1) 대외관계

A. 채권행사 방법

- 채권자는 자신의 선택에 따라 채권의 전부나 일부를 불가분채무자 전원 또는 일부에 대해 행사할 수 있다(§411에 의한 §414 준용).

B. 절대적 효력사유의 범위

(a) 개관

- 중첩관계의 본질상 채권을 만족시키는 사유인 변제에는 당연히 절대적 효력이 인정된다. 그 밖의 사유들에 대해서는 상대적 효력만 인정되는 것이 원칙이지만(§410 ①), 채권자 지체에 대해서는 절대적 효력이 인정된다(§411에 의한 §422 준용).

> 제410조(1인의 채권자에 생긴 사항의 효력) ① 전조의 규정에 의하여 모든 채권자에게 효력이 있는 사항을 제외하고는 불가분채권자 중 1인의 행위나 1인에 관한 사항은 다른 채권자에게 효력이 없다.

> 제411조(불가분채무와 준용규정) 수인이 불가분채무를 부담한 경우에는 제413조 내지 제415조, 제422조, 제424조 내지 제427조 및 전조의 규정을 준용한다.

- 특정 불가분채권자와 채무자 간에 면제나 경개가 성립한 경우 상대적 효력으로 인해 다른 불가분채권자는 그 채무자에게도 채권 전부를 행사할 수 있으나 그 후 경개나 면제의 당사자인 채권자에게 분급될 가액은 채무자에게 반환되어야 한다.

> 제410조(1인의 채권자에 생긴 사항의 효력) ② 불가분채권자 중의 1인과 채무자 간에 경개나 면제 있는 경우에 채무전부의 이행을 받은 다른 채권자는 그 1인이 권리를 잃지 아니하였으면 그에게 분급할 이익을 채무자에게 상환하여야 한다.

- 명문 규정은 없지만 변제와 마찬가지로 채권자를 만족시키는 사유인 대물변제나 공탁의 경우에는 절대적 효력이 인정된다(이견 없음). 이에 비해 상계계약의 경우에는 절대적 효력이 인정되지 않는다(2021다264253, 338면). 그러나 이처럼 불가분채무에 대해 상계계약의 절대적 효력을 부정하는 판례의 태도는 부진정연대채무에서 상계의 절대적 효력을 인정하는 2008다97218 전원합의체 판결과 양립하기 어렵다(사견).

(b) 사례: 불가분채권과 압류의 상대적 효력

- M에 대한 불가분채권자인 甲·乙 중 甲에 대한 채권자 A가 甲의 M에 대한 채권을 압류하면 상대적 효력만 발생한다. 그 후 A가 전부명령을 받으면 채권은 불가분적으로 A에게 이전되지만 이에 대해서도 상대적 효력만 발생하므로, 乙은 M에게 채권 전부의 이행을 청구할 수 있고 M은 이에 응할 의무가 있다.
- 이러한 법리는 불가분채권이 금전채권이고 그 일부에 대해서만 압류·전부명령이 이루어진 경우에도 마찬가지로 적용된다.

> 불가분채권자들 중 1인을 집행채무자로 한 압류 및 전부명령이 이루어지면 그 불가분채권자의 채권은 전부채권자에게 이전되지만, 그 압류 및 전부명령은 **집행채무자가 아닌 다른 불가분채권자에게 효력이 없**으므로, 다른 불가분채권자의 채권의 귀속에 변경이 생기는 것은 아니다. **따라서 다른 불가분채권자는 모든 채권자를 위하여 채무자에게 불가분채권 전부의 이행**을 청구할 수 있고, 채무자는 모든 채권자를 위하여 다른 불가분채권자에게 전부를 이행할 수 있다. 이러한 법리는 불가분채권의 목적이 금전채권인 경우 그 일부에 대하여만 압류 및 전부명령이 이루어진 경우에도 마찬가지이다(대법원 2023. 3. 30. 선고 2021다264253 판결).

(2) 구상관계: 연대채무와 같음

> 제411조(불가분채무와 준용규정) 수인이 불가분채무를 부담한 경우에는 제413조 내지 제415조, 제422조, **제424조 내지 제427조** 및 전조의 규정을 **준용**한다.

나. 사례

(1) 해제로 인한 기수령 계약금 반환과 불가분채무자들 간의 구상

A. 사안의 개요

- 甲·乙은 각 1/2씩 공유한 X부동산을 丙에게 팔기로 하고 계약금 10억원을 받았는데, 甲이 6억원을 乙이 4억원을 각각 수령했다.
- 甲·乙의 이행지체를 이유로 丙이 법정해제권을 행사했고, 丙이 甲·乙을 상대로 제기한 선행소송에서 甲·乙은 공동하여 10억원을 반환하라는 판결이 확정되었다.
- 甲이 10억원을 丙에게 지급한 후 乙에게 5억원의 구상금을 청구한다.

B. 쟁점과 판단

- 공유물 매매계약이 해제된 경우 공유자들의 §548 의무는 불가분채무이다. 이 점

은 선행소송의 결론이지만 대상판결도 전제하고 있으며, 공유물 임대차에서 보증금반환채무가 불가분채무라고 보는 것과 같은 맥락이다.

- 불가분채무자들 사이에서의 구상관계에 대해서는 연대채무에 관한 규정이 준용된다. 따라서 연대채무의 경우와 마찬가지로, 분담 비율은 당사자 간에 약정이 있으면 이에 따르고 이러한 약정이 없으면 반대급부의 비율에 따른다. 따라서 甲은 乙에게 4억원에 대해서만 구상권을 행사할 수 있다.

> **대법원 2020. 7. 9. 선고 2020다208195 판결**
> ▸ 약정이 없으면 수익 비율에 따라 구상분담 부분이 결정된다는 법리는 제411조에 따라 연대채무자의 부담부분과 구상권에 관한 규정이 준용되는 **불가분채무자**가 변제 기타 자기의 출재로 공동면책을 얻은 때 **다른 불가분채무자를 상대로 구상권을 행사하는 경우에도 마찬가지로 적용**된다.
> ▸ 불가분채무자 사이에 부담부분에 관한 특약이 있거나 특약이 없더라도 채무자의 수익비율이 다르다면 그 **특약 또는 수익 비율에 따라 부담부분이 결정**된다. 따라서 불가분채무자가 변제 등으로 공동면책을 얻은 때에는 다른 채무자의 부담부분에 대하여 구상할 수 있다.

(2) 무단건축물로 인한 §741 채무의 불가분성

A. 사안의 개요

- 甲소유 X토지에 丙이 무단으로 Y건물을 신축했는데 Y건물은 전전매수 되어 乙이 인도받아 점유·사용하고 있다.
- 甲이 乙에게 X토지의 차임 상당 부당이득액의 지급을 청구하자 乙은 자신은 Y건물의 소유자가 아니므로 X토지의 점유자가 아니라고 항변한다.

B. 쟁점과 판단

- 미등기건물의 소유권은 원시취득자에게 유보되므로, Y건물은 여전히 丙의 소유이고 乙은 그 점유자에 불과하다.
- 건물 소유자는 건물의 실제 사용 여부와 무관하게 대지 점유자로서 대지에 대한 차임상당 부당이득 반환의무를 진다. 그러나 건물의 사실상 처분권을 보유한 미등기 양수인도 토지 소유자에 대해 §741 채무를 진다.
- 따라서 원시취득자 丙과 건물의 사실상 처분권자 乙은 모두 甲에 대해 §741 채무를 부담하고 이들은 부진정연대채무자가 된다.

✓ 그러나 이처럼 공동으로 타인의 재산을 무단 사용한 자들의 §741 채무가 부진정연대채무라고 한 판례는 이러한 채무가 불가분채무라고 한 2000다13948(333면)과 부합하지 않는다.

대법원 2022. 9. 29. 선고 2018다243133 판결

‣ 건물 소유자는 실제로 건물에 거주하지 않아도 대지 점유자이므로 타인 소유의 토지 위에 권원 없이 건물을 소유하는 자는 그 자체로 건물 부지가 된 토지를 점유하고 있는 것이므로 <u>법률상 원인 없이 타인의 재산으로 인하여 토지의 차임에 상당하는 이익을 얻고 이로 인하여 타인에게 동액 상당의 손해를 주고 있다고 할 것이다.</u> 이는 **건물 소유자가 미등기건물의 원시취득자이고** 그 건물에 관하여 **사실상의 처분권을 보유하게 된 양수인이 따로 존재하는 경우에도** 다르지 아니하므로, ㉠ 미등기건물 **원시취득자는 토지 소유자에 대하여 부당이득반환의무**를 진다. 한편 ㉡ 미등기건물을 양수하여 **건물에 관한 사실상의 처분권을 보유하게 됨으로써 그 양수인이 건물 부지 역시 아울러 점유**하고 있다고 볼 수 있는 경우에는 미등기건물에 관한 사실상의 처분권자도 **건물 부지의 점유·사용에 따른 부당이득반환의무**를 부담한다.
‣ 이러한 경우 미등기건물의 원시취득자와 사실상 처분권자가 토지 소유자에 대하여 부담하는 부당이득반환의무는 **동일한 경제적 목적**을 가진 채무로서 **부진정연대채무** 관계에 있다고 볼 것이다.

(3) 불가분채권과 상계, 채권압류의 상대적 효력

A. 사안의 개요

• 甲·丙은 乙소유 X상가를 임대차보증금 2억원, 차임 월1000만원, 임대차기간 2년으로 정해 임차하면서 특약사항으로 甲·丙은 乙에 대해 이 사건 임대차와 관련된 모든 채무에 대한 연대책임을 지기로 했다(다만 어차피 §654·§616에 의해 공동차주는 연대채무자이므로 이 특약은 무의미하다).
• 甲·丙 간 '운영계약'에 의하면 甲·丙은 동액을 출연하여 보증금을 마련하되, 丙이 단독으로 X상가에서 식당을 운영하고 매달 甲에게 500만원을 지급하기로 했다.
• 丙은 사업부진으로 임대차계약을 해지하면서 임대차보증금에서 1억2000만원을 공제하기로 약정했는데 여기에는 연체차임 2000만원뿐 아니라 乙이 丙에게 개인적으로 대여한 돈 1억원도 포함되어 있다.
• 丙에 대한 공사대금채권자 丁은 丙의 乙에 대한 보증금반환채권 1억원에 대한 압류·전부명령을 받았고, 甲은 乙에게 연체차임 2000만원을 공제한 1억8000만원의 반환을 청구한다.

B. 쟁점과 판단

- 甲·丙 간 운영계약은 조합계약으로 해석되지 않으므로 甲·丙은 乙에 대한 보증금반환채권을 준합유한다고 볼 수 없다. 따라서 甲·丙은 보증금반환채권을 준공유하므로 §408 이하가 적용된다. 사안의 경우 甲·丙은 불가분채권자이다. 공동차주의 임대차 보증금 반환채권은 동일한 건물에 대한 임차권이라는 불가분적 이익의 일부로서 §408의 분할원칙이 적용되지 않기 때문이다.

- 乙·丙 간 공제합의 중 乙이 甲에게 대여한 운영자금 1억원에 대한 반환채권은 보증금으로 담보되지 않으므로 이에 대한 공제합의는 '상계계약'의 일종에 불과하다. 그런데 불가분채권자와 채무자 간의 법률관계에 대해서는 특칙이 없는 한 상대적 효력만 인정되므로(§410 ①), 乙·丙 간 공제합의는 甲에 대해서는 무효이다. 따라서 甲은 당연공제된 연체차임 2000만원을 제외한 1억8000만원 전액에 대한 보증금반환채권을 행사할 수 있다. 불가분채권자이므로 채권 전부를 행사할 수 있기 때문이다(§411에 의한 §414 준용).

- §423에 의하면 불가분채권자들 중 한명을 집행채무자로 하는 채권(가)압류에도 상대적 효력만 인정된다(2021다264253, 335면). 따라서 丁은 丙의 乙에 대한 보증금반환채권에 대한 압류·전부명령으로 甲에게 대항할 수 없다.

✓ 판례에서 직접 판단하지 않은 내용: 乙은 甲에게 1억8000만원을 지급해야 한다. 이로 인해 발생하는 丙의 甲에 대한 9000만원 분급청구권이 乙의 丙에 대한 1억원의 대여금채권과 丁의 丙에 대한 1억원의 공사대금채권에 대한 책임재산이 된다.

대법원 2023. 3. 30. 선고 2021다264253 판결

- 원심은 甲·丙이 이 사건 식당 운영에 관한 채권을 <u>준합유하고 있다고 보기 어렵고</u>, 이 사건 임대차계약에 따른 임대차보증금반환채권은 공동임차인인 원고들과 소외 1의 불가분채권이라고 판단하였다. 이러한 원심의 판단은 수긍할 수 있다.
- 원심은 이 사건 공제합의의 효력이 甲에게도 미친다는 전제에서 원고들이 반환받을 이 사건 임대차보증금에서 이 사건 공제합의금을 공제했으나, 이러한 판단은 부당하다. 임대차와 무관한 운영자금 대여금 채무는 임대차보증금으로 담보되는 것으로 보기 어렵다. 만약 이 사건 공제합의의 효력이 원고들에게 미치려면 丙이 甲으로부터 공제합의와 관련한 대리권을 수여받았다는 등의 사정이 별도로 인정되어야 할 것이다.

Ⅳ 연대채무

1. 요건

가. 유형: 약정에 의한 연대채무와 법률에 의한 연대채무

- 연대채무는 채무자가 될 다수당사자들이 채무의 중첩과 주관적 공동관계에 대해 약정함으로써 성립한다. 예컨대 병존적 채무인수의 경우 기존 채무자와 인수인 간 약정 내용에 비추어 이들 간에 주관적 공동관계가 있으면 연대채무가 성립하는 반면, 이러한 관계가 없으면 부진정연대채무가 성립한다.

> **병존적 채무인수**에서 인수인이 채무자의 부탁 없이 채권자와의 계약으로 채무를 인수하는 것은 매우 드문 일이므로 채무자와 인수인은 통상 **주관적 공동관계가 있는 연대채무관계**에 있고, 인수인이 **채무자의 부탁을 받지 아니하여 주관적 공동관계가 없는 경우에는 부진정**연대관계에 있는 것으로 보아야 한다(대법원 2014. 8. 26. 선고 2013다49404 판결).

- 법률에 의해 성립하는 연대채무로는 공동차주의 연대채무(§654, §616), 부부의 일상가사 연대채무(§832), 상사 연대채무(상법 §57) 등이 있다.

나. 부담부분

(1) 의미: 구상관계의 결정 기준

- 연대채무자들은 대외적으로는 중첩된 채무 전부에 대한 책임을 지지만, 내부적으로는 책임을 분담한다.
- 연대채무의 경우, 불가분채무의 경우와는 달리, 이른바 '부담부분형 절대적 효력사유'도 있으므로 부담부분의 비율은 채권자에게도 영향을 미친다.

(2) 부담부분의 결정

- 부담부분에 관한 약정이 없고 반대급부에 해당하는 이익도 없으면 부담부분은 균분이다.

> 제424조(부담부분의 균등) 연대채무자의 부담부분은 균등한 것으로 추정한다.

- 부담부분은 연대채무자들 사이의 약정이 있으면 약정에 따라 정해지고, 이러한 약정이 없어도 반대급부가 있을 때는 반대급부로부터 이익을 얻은 비율에 따라

결정된다.

어느 연대채무자가 변제 기타 자기의 출재로 공동면책이 되게 한 때에는 다른 연대채무자의 부담부분에 대하여 구상권을 행사할 수 있고 이때 부담부분은 균등한 것으로 추정되나, **연대채무자 사이에 부담부분에 관한 특약**이 있거나 특약이 없더라도 채무의 부담과 관련하여 각 채무자의 **수익비율**이 다른 경우에는 그 **특약 또는 비율**에 따라 부담부분이 결정된다(대법원 2014. 8. 26. 선고 2013다49404 판결).

2. 연대채무의 법률관계

가. 대외관계

(1) 채권 행사의 방법

- 채권자는 자유롭게 채권을 행사할 수 있다. 채무 중첩은 원래 채권자의 편의를 위한 것이기 때문이다.
- 채권자는 연대채무자들 중 일부에게 전부의 변제를 청구할 수 있고, 연대채무자 전원에게 동시에 또는 순차적으로 전부나 일부의 변제를 청구할 수도 있다.

제414조(각 연대채무자에 대한 이행청구) 채권자는 어느 연대채무자에 대하여 또는 동시나 순차로 모든 연대채무자에 대하여 채무의 전부나 일부의 이행을 청구할 수 있다.

(2) 상대적 효력의 원칙

A. 개관

- 특정 연대채무자에 대해 발생한 사유에는 상대적 효력만 인정되는 것이 원칙이다.
- 따라서 당사자 간 약정이나 특칙의 규정이 있을 때만 절대적 효력이 인정된다(§423).

B. 명문규정이 없어서 상대적 효력만 인정된 사례

- 소멸시효 완성은 부담부분형 절대적 효력사유지만(§421), 시효이익 포기는 상대적 효력 사유에 불과하다. 따라서 특정 연대채무자가 시효이익을 포기해도 다른 연대채무자는 시효이익을 포기한 연대채무자의 부담부분에 대해 소멸시효 완성의 효과를 주장할 수 있다.

소멸시효 이익의 포기는 상대적 효과가 있을 뿐이어서 다른 사람에게는 영향을 미치지 아니함이 원칙이다(대법원 2013. 2. 28. 선고 2011다21556 판결).

- 채권에 대한 (가)압류에도 상대적 효력만 인정된다. 예컨대 연대채무자들 중 일부를 제3채무자로 한 채권(가)압류 명령이 이루어지더라도 다른 연대채무자는 유효하게 연대채무 전부를 변제할 수 있다.

2인 이상의 불가분채무자 또는 연대채무자(이하 '불가분채무자 등'이라 한다)가 있는 금전채권에서 불가분채무자 등 중 1인을 제3채무자로 한 채권압류 및 추심명령이 이루어지면, 송달받은 불가분채무자 등에 대한 피압류채권에 관한 이행의 소는 추심채권자만이 제기할 수 있고 추심채무자는 그 피압류채권에 대한 이행소송을 제기할 당사자적격을 상실하지만, 그 채권압류 및 추심명령의 제3채무자가 아닌 나머지 불가분채무자 등에 대하여는 추심채무자가 여전히 채권자로서 추심권한을 가지므로 나머지 불가분채무자 등을 상대로 이행을 청구할 수 있으며, 이러한 법리는 금전채권 중 일부에 대하여만 채권압류 및 추심명령이 이루어진 경우에도 같다(대법원 2013. 10. 31. 선고 2011다98426 판결).

(3) 특칙에 의한 절대적 효력사유

A. 이행청구, 채권자지체

(a) 개관

- 중첩관계의 본질상 이행 자체에는 당연히 절대적 효력이 인정된다. 이에 비해 이행에 이르는 과정인 채무자의 이행 청구나 채권자의 변제 수령의 경우, 연대채무에서는 특칙이 있으므로 절대적 효력이 인정된다.
- 예컨대 연대채무자들 중 한 명이 이행 청구를 한 경우 그 효과인 이행지체 책임 발생, 소멸시효의 잠정적 중단효(§174) 등은 다른 연대채무자들에게도 적용된다. 또한 연대채무자들 중 한 명이 이행 제공을 하여 채권자지체가 성립하면 그 효과(§401~§403)는 다른 연대채무자들에 대해서도 적용된다.

> 제416조(이행청구의 절대적 효력) 어느 연대채무자에 대한 이행청구는 다른 연대채무자에게도 효력이 있다.

> 제422조(채권자지체의 절대적 효력) 어느 연대채무자에 대한 채권자의 지체는 다른 연대채무자에게도 효력이 있다.

- 불가분채무의 경우 §411의 문리해석상 §422만 준용되고 §416는 준용되지 않음에 유의해야 한다.

B. 경개

- 경개계약은 원래의 채무를 소멸시키고 새로운 채무를 발생시키기로 하는 계약을 뜻한다. §417의 문리해석상 특정 연대채무자와 채권자 사이에 경개가 성립한 경우 원래의 채무 소멸에 대해서만 절대적 효력이 인정된다.

  ✓ 만약 경개 자체가 절대적 효력사유라고 해석한다면 새로 발생한 채무에 대해서도 절대적 효력이 인정되어 모든 연대채무자들이 특정 연대채무자와 채권자 간 경개로 인해 새로 발생한 채무를 부담해야 하는데 이런 결과는 사적 자치 원칙상 수긍하기 어렵다.

> 제417조(경개의 절대적 효력) 어느 연대채무자와 채권자간에 채무의 경개가 있는 때에는 채권은 모든 연대채무자의 이익을 위하여 소멸한다.

C. 상계

(a) 개관

> 제418조(상계의 절대적 효력)
> ① 어느 연대채무자가 채권자에 대하여 채권이 있는 경우에 그 채무자가 상계한 때에는 채권은 모든 연대채무자의 이익을 위하여 소멸한다.
> ② 상계할 채권이 있는 연대채무자가 상계하지 아니한 때에는 그 채무자의 부담부분에 한하여 다른 연대채무자가 상계할 수 있다.

- 연대채무자들 중 한 명이 채권자에 대한 반대채권으로 상계한 경우 상계로 인한 채권 소멸이라는 효과는 다른 연대채무자들에게도 적용된다.
- 법률상의 상계금지 사유가 연대채무자들 중 한 명에 대해서만 인정되는 경우, 상계금지 사유에는 절대적 효력이 인정되지 않으므로(§423), 이러한 사유가 없는 다른 연대채무자는 상계할 수 있다. 그 결과 상계금지 사유가 적용되는 연대채무자의 수동채무도 함께 소멸하게 된다(2008다97218 전합, 359면). 부진정연대채무에 관한 판례법리지만 §418의 유추 적용 여부가 쟁점이었으므로 연대채무에 대해서도 같은 법리가 적용된다고 볼 수 있다.

(b) 참고: §418 ②의 적용례

- 甲에게 900만원의 연대채무를 부담하고 있는 A·B·C 중 A만 甲에 대한 500만원의 반대채권을 가지고 있다.
- A가 스스로 500만원의 자동채권으로 상계하면 B·C의 채무도 400만원으로 감축된다. 이때 A는 자신의 분담액 300만원을 초과한 200만원에 대해 B·C에게 구상

할 수 있다.

- 위의 예에서 A가 상계를 거부하더라도 B나 C는 A의 자동채권을 A의 분담부분인 300만원 한도 내에서 대신 행사하여 상계할 수 있고 그 결과 B·C의 채무는 600만원으로 감축된다. A는 자신의 분담액 300만원만큼의 자동채권을 제공했으므로 더 이상 B·C에 대한 구상의무가 없으나, 이들에게 구상권을 행사할 수도 없다.

D. 사례: 연대채무자들 중 한 명에 대한 시효중단·시효완성의 절대적 효력

(a) 채무승인

- A·B·C가 채권자 甲에게 900만원의 연대채무를 부담한 사안에서 A만 甲에게 채무승인을 한 후 소멸시효가 완성되면, 甲은 A로부터 300만원을 지급받을 수 있으나 B·C에게는 더 이상 채권을 행사할 수 없다.

- 이행청구는 §416에 의해 절대적 효력사유로 인정되지만, 이러한 특칙이 없는 압류나 채무승인에는 상대적 효력만 인정되므로(§423), B·C에 대해서는 소멸시효가 완성된다. 그런데 소멸시효 완성으로 인한 채권 소멸은 부담부분형 절대적 효력사유이므로(§421) B·C의 분담부분만큼 채무가 소멸하는 효과는 채무승인을 한 A에게도 적용된다.

(b) 압류

- 甲이 A의 재산에 대한 경매신청을 하여 압류된 경우, 압류에 의한 시효중단에는 상대적 효력만 인정되므로 B·C에 대해서는 시효중단효가 발생하지 않는다.

- 다만 압류에는 채무의 이행을 촉구하는 뜻이 포함되어 있으므로 §174의 최고에 해당한다고 볼 수 있고 이러한 최고는 §416의 '이행 청구'와 같은 의미라고 볼 수 있으므로 그 효과는 B·C에게도 절대적으로 발생한다(§416). 따라서 甲은 A의 재산에 대한 경매신청 후 6월 경과 전에 B나 C에게 재판상 청구 등을 함으로써 B나 C에 대해서도 소멸시효를 중단시킬 수 있다.

채권자의 신청에 의한 경매개시결정에 따라 부동산이 압류됨으로써 원고의 위 회사에 대한 채권의 소멸시효는 중단되었지만, **압류**에 의한 시효중단의 효력은 다른 연대채무자에게 미치지 아니하므로, 경매개시결정에 의한 시효중단의 효력을 피고에게 주장할 수 없으나, 경매신청이 **최고로서의 효력**을 가지고 있고, 연대채무자에 대한 이행청구는 다른 연대채무자에게도 효력이 있으며, 원고가 경매신청 후 6월 내에 피고에게 재판상 청구를 했다. 그렇지만 이 사건 소는 그 재판이 확정되고 10년이 지나 소

멸시효가 완성된 후 제기되었으므로 원심이 원고의 피고에 대한 이 사건 채권이 시효로 소멸하였다고 판단한 것은 결과적으로 옳다(대법원 2001. 8. 21. 선고 2001다22840 판결).

(4) 부담부분형 절대적 효력사유

A. 개관

• 부담부분형 절대적 효력사유의 의미: A·B·C가 甲에게 900만원의 연대채무를 부담한 사안에서, A에 대해서만 부담부분형 절대적 효력사유가 발생하면, A에 대해서는 채무 전부가 소멸하지만 B·C에 대해서는 A의 부담부분인 300만원에 대해서만 채무가 소멸한다. 따라서 甲에 대해 B·C는 600만원에 대한 연대채무자가 되고 A는 더 이상 채무를 부담하지 않게 된다.

• 부담부분형 절대적 효력사유의 예로서, 채무 면제, 혼동, 시효소멸이 규정되어 있다.

> 제419조(면제의 절대적 효력) 어느 연대채무자에 대한 채무면제는 그 채무자의 부담부분에 한하여 다른 연대채무자의 이익을 위해 효력이 있다.

> 제420조(혼동의 절대적 효력) 어느 연대채무자와 채권자간에 혼동이 있는 때에는 그 채무자의 부담부분에 한해 다른 연대채무자도 의무를 면한다.

> 제421조(소멸시효의 절대적 효력) 어느 연대채무자에 대하여 소멸시효가 완성한 때에는 그 부담부분에 한해 다른 연대채무자도 의무를 면한다.

B. 사례: §419의 취지와 일부 면제의 효과

(a) 개관

• 위 사안에서 甲이 A에게 그 채무의 일부에 대해서만 채무 면제 의사표시를 한 경우, B·C에게는 부담부분형 절대적 효력이 발생하는지가 문제된다.

• 부담부분형 절대적 효력이 발생하는지의 여부는 면제해 준 가액이 A의 부담부분을 초과하는지에 따라 결정된다.

(b) 면제 후 잔액이 A의 부담부분을 넘는 경우

• 甲이 A에게 500만원을 면제해 준 경우라면, A는 여전히 연대채무 400만원을 부담하고 있으므로, 甲에게 900만원 전액을 지급한 C가 A에게 300만원의 구상을 요구하면 A는 이에 응해야 한다.

- 따라서 B·C의 연대채무의 가액은 여전히 900만원이다.

(c) 면제 후 잔액이 A의 부담부분을 넘지 않는 경우

- 甲이 A에게 800만원을 면제해 준 경우라면, A는 채무를 100만원만 부담하고 있으므로 甲에게 900만원을 지급한 C가 A에게 300만원의 구상을 요구해도 A는 100만원만 지급하면 된다. 따라서 C는 나머지 200만원을 甲으로부터 상환받아야 한다.

- 이처럼 순차적·순환적 구상관계가 발생하는 것을 방지하기 위해 이 200만원에 대해 부담부분형 절대적 효력사유가 인정된다. 즉 甲은 B나 C에게 700만원만 청구할 수 있고, 이에 응해 C가 700만원을 지급하면 B에게는 300만원, A에게는 100만원을 각각 구상할 수 있어서 궁극적으로 A는 100만원, B, C는 각 300만원씩을 분담하게 하게 된다.

대법원 2019. 8. 14. 선고 2019다216435 판결

- 제419조는 당사자들 사이에 **구상의 순환을 피하여 구상에 관한 법률관계를 간략히** 하려는 데 그 취지가 있는 바, 채권자가 연대채무자 중 1인에 대하여 채무를 일부 면제하는 경우에도 그와 같은 취지는 존중되어야 한다. 따라서 연대채무자 중 1인에 대한 채무의 일부 면제에 상대적 효력만 있다고 볼 특별한 사정이 없는 한 그 일부 면제의 경우에도 **면제된 부담부분에 한하여** 면제의 절대적 효력이 인정된다고 보아야 한다.

- 연대채무자 중 1인이 채무 일부를 면제받는 경우에 그 연대채무자가 지급해야 할 ㉠ 잔존 채무액이 그 부담부분을 초과하는 경우 그 연대채무자의 부담부분이 감소한 것은 아니므로 다른 연대채무자의 채무에도 영향을 주지 않아 다른 연대채무자는 채무 전액을 부담하여야 한다. 이에 비해 일부 면제에 의한 피면제자의 ㉡ 잔존 채무액이 그 부담부분보다 적은 경우에는 그 차액(부담부분 − 잔존 채무액)만큼 피면제자의 부담부분이 감소하였으므로, 그 차액의 범위에서 면제의 절대적 효력이 발생하여 다른 연대채무자의 채무도 그 차액만큼 감소한다.

(5) 사례: 계약의 무효·취소, 해제가 연대채무에 미치는 영향

A. 문제의 소재

- 연대채무를 발생시키는 채권자와 연대채무자들 사이의 계약이 무효·취소나 해제로 인해 소멸하는 경우 그 효력이 미치는 범위가 문제된다.

- 무효·취소에는 상대적 효력만 인정되는 반면 해제에는 실질적으로 절대적 효력이 인정된다.

B. 무효·취소의 상대적 효력

> 제415조(채무자에 생긴 무효, 취소) 어느 연대채무자에 대한 법률행위의 무효나 취소의 원인은 다른 연대채무자의 채무에 영향을 미치지 아니한다.

✓ 두 가지 해석방법: ㉠ 무효·취소의 '원인', 즉 무효·취소 사유에 대해서만 상대적 효력이 인정된다고 좁게 해석할 수도 있고, ㉡ 무효·취소의 효과에 대해서도 상대적 효력이 인정된다고 넓게 해석할 수도 있다.

✓ A·B·C가 甲에게 900만원의 연대채무를 부담한 사안에서 A에 대해서만 무효·취소 사유가 있는 경우, 어떤 견해에 따르던 A가 甲에게 900만원을 지급한 경우 A는 그 전액의 부당이득반환을 청구할 수 있다. 이에 비해 B나 C가 900만원을 甲에게 지급한 경우 ㉠에 따르면 B나 C는 자신이 甲에게 지급한 돈의 전부 또는 이에 대한 A의 부담부분에 상응하는 가액이 급부부당이득이라고 주장할 수 없다.

C. 해제·해지의 절대적 효력(불가분성, §547)

나. 연대채무의 구상관계

(1) 개관

A. 구상권의 의미와 근거

- 구상권이란, 타인의 채무를 소멸시키기 위해 자신의 재산을 출연한 사람이 이에 대한 전보를 요구하는 권리를 뜻한다. 구상권의 근거와 내용은 구상권자와 채무자 사이의 법률관계에 따라 결정되며, 아무런 법률관계가 없으면 사무관리·부당이득과 같은 법정채권관계에 따라 정해진다(2021다 276539, 513면).
- 연대채무의 경우, 각 연대채무자의 채무액은 내부적으로는 전액이 아니라 분담액으로 제한되므로 어떤 연대채무자가 자신의 분담액을 초과하여 변제한 가액은 내부적으로는 다른 연대채무자의 분담액을 대신 변제한 것이다. 따라서 채권자에게 전액을 변제한 연대채무자는 다른 연대채무자들에 대해 각각의 분담 부분 상당액에 대한 구상권을 가지게 된다.

B. 구상권 보호를 위한 특칙

- 필요성: 먼저 변제한 연대채무자를 보호해야 원활하게 전액 변제가 이루어져 채권의 만족을 촉진할 수 있다.
- 이를 위해 법정대위, 구상권의 가액 확장 등의 특칙이 적용된다.

(2) 연대채무자들 간 구상권 행사의 요건

> 제425조(출재채무자의 구상권) ① 어느 연대채무자가 변제 기타 자기의 **출재**로 **공동면책**이 된 때에는 **다른 연대채무자의 부담부분**에 대하여 구상권을 행사할 수 있다.

A. 전제: 연대채무자들 간 분담 비율(전술)

B. 출재(출연)와 이로 인한 공동면책

- 구상권은 자신의 재산 출연과 다른 채무자의 공동 면책이라는 두 요건이 모두 충족된 경우에만 발생한다.
- 예컨대 채무면제를 받은 연대채무자는 자신의 재산을 출연하지 않았으므로 다른 연대채무자들이 함께 면책되더라도 이들에게 구상권을 행사할 수 없다.

C. 일부변제와 구상권

- 연대채무자 간 구상권은 각 연대채무자의 출연·공동면책 가액이 자신의 책임 분담액에 이르지 못하더라도 인정된다.
- 예컨대, A·B·C가 甲에게 9000만원의 연대채무를 부담한 사안에서, 甲에게 A가 1800만원을 변제한 후 B도 4500만원을 변제한 경우, B는 C에게는 1500만원 전액을 구상할 수 있으나 A에게는 900만원만 구상할 수 있다. A는 B·C에게 각 600만원(= 1800만원 × 1/3)씩을 구상할 수 있기 때문이다. 따라서 A와 B가 변제한 6300만원은 구상을 거쳐 A·B·C가 각 2100만원씩 분담하게 된다.
- 비교: 연대보증·보증연대의 경우, 보증인들 간 구상권은 자신의 책임분담액을 초과한 가액에 대해서만 인정된다. 따라서 위의 예에서 A·B·C가 연대보증인인 경우 A는 구상권이 없고 B는 출연한 4500만원 중 자신의 분담액 3000만원을 뺀 1500만원에 대해서만 A·C에게 각 750만원씩 구상할 수 있다.

대법원 2013. 11. 14. 선고 2013다46023 판결

- **연대보증인들 사이의 내부관계**에서는 연대보증인 각자가 자신의 분담금액을 한도로 일부 보증을 한 것과 같이 볼 수 있어서 그 **분담금액 범위 내의 출재에 관한 구상관계는 주채무자만을 상대로 해결**할 것을 예정하고 있다. 이에 비해 **연대채무자들 사이**에서는 연대채무자 각자가 행한 **모든 출재에 관하여 다른 연대채무자의 공동부담을 기대**하는 것이 보통이다. 그리하여 민법은 ㉠ 연대보증인 중의 한 사람이 공동면책을 이유로 다른 연대보증인에게 구상권을 행사하려면 '자기의 부담부분을

넘은' 변제를 하였을 것을 그 요건으로 규정하였으나(제448조 제2항), ⓛ **연대채무자 중의 한 사람**이 공동면책을 이유로 다른 연대채무자에게 구상권을 행사하는 데 있어서는 **그러한 제한 없이** '부담부분'에 대하여 구상권을 행사할 수 있는 것으로 규정하고 있다(제425조 제1항).

‣ 따라서 연대채무자 사이의 구상권행사에 있어서 '부담부분'이란 연대채무자가 그 내부관계에서 **출재를 분담하기로 한 비율을 말한다고 봄이 상당**하다. 그 결과 변제 기타 자기의 출재로 일부 공동면책 되게 한 연대채무자는 역시 변제 기타 자기의 출재로 일부 공동면책 되게 한 다른 연대채무자를 상대로 하여서도 자신의 공동면책액 중 다른 연대채무자의 분담비율에 해당하는 금액이 다른 연대채무자의 공동면책액 중 자신의 분담비율에 해당하는 금액을 초과한다면 그 범위에서 여전히 구상권을 행사할 수 있다고 보아야 한다.

(3) 구상가액의 결정

A. 원칙

• 구상금의 원금: 구상권자가 실제로 출연한 가액과 이로 인해 다른 채무자들이 공동면책된 가액 중 더 작은 값이다.

• 부대채권의 가산: 구상금 원금뿐 아니라 이에 대해 면책일 이후의 법정이자와 불가피한 비용, 그 밖의 손해배상금이 가산된다.

> 제425조(출재채무자의 구상권) ② 전항의 구상권은 면책된 날 이후의 법정이자 및 피할 수 없는 비용 기타 손해배상을 포함한다.

B. 구상권의 확장: 상환무자력자의 부담부분

> 제427조(상환무자력자의 부담부분)
> ① 연대채무자 중에 상환할 자력이 없는 자가 있는 때에는 그 채무자의 부담부분은 **구상권자 및 다른 자력이 있는 채무자**가 그 부담부분에 비례하여 분담한다. 그러나 구상권자에게 과실이 있는 때에는 다른 연대채무자에 대하여 분담을 청구하지 못한다.
> ② 전항의 경우에 상환할 자력이 없는 채무자의 부담부분을 분담할 다른 채무자가 채권자로부터 연대의 면제를 받은 때에는 그 채무자의 분담할 부분은 채권자의 부담으로 한다.

(a) §427 ①의 의미

- A·B·C가 甲에게 900만원의 연대채무를 부담한 경우 A가 900만원을 변제했으나 C가 무자력이면, A는 B에게 450만원을 구상할 수 있다(본문).
- A가 즉시 C에게 구상권을 행사했으면 300만원을 받을 수 있었는데도 구상권 행사를 지체하여 C가 무자력이 되었다면 A는 B에게는 300만원만 구상할 수 있다(단서).

(b) §427 ②의 의미

- C가 무자력이고 A의 과실이 없는 사안에서 甲이 B에 대해 연대면제 의사표시를 했다면 이로 인해 B는 300만원만 부담하는 분할채무자가 되고, A는 B에게 구상할 수 있었던 450만원에 대해 甲에게 반환을 청구할 수 있다.
- 甲은 A에게 450만원을 반환한 후 B로부터 300만원을 받을 수 있으니, 결국 C의 상환 무자력으로 인해 원래 B가 분담했어야 할 150만원은 채권자인 甲 자신이 손실로 귀결된다.

(4) 구상관계와 통지

A. 개관: 통지의 필요성

- 연대채무자들은 동일한 급부를 중첩적으로 부담하고 있는 것이므로 채권자가 첫 번째 급부 이후의 누적적 급부를 받으면 부당이득에 해당한다.
- 급부의 누적이 발생하는 것을 방지하기 위해 연대채무자들 중 먼저 공동면책한 자는 다른 연대채무자들에게 그 사실을 통지할 의무가 있고, 이러한 의무의 법적 성질은 간접의무에 해당한다.

B. 사전통지

> 제426조(구상요건으로서의 통지) ① 어느 연대채무자가 다른 연대채무자에게 통지하지 아니하고 변제 기타 자기의 출재로 공동면책이 된 경우에 다른 연대채무자가 채권자에게 대항할 수 있는 사유가 있었을 때에는 그 부담부분에 한하여 이 사유로 면책행위를 한 연대채무자에게 대항할 수 있고 그 대항사유가 상계인 때에는 상계로 소멸할 채권은 그 연대채무자에게 이전된다.

(a) 의미

- 연대채무자들은 공동면책을 위한 출연(변제, 대물변제, 공탁, 상계)을 하기 전에 다른 연대채무자들에게 사전통지를 할 간접의무가 있다.

- 이러한 사전통지 의무를 위반하면, 다른 연대채무자들은 채권자에 대해 가지는 항변사유로 구상권 행사에 대항할 수 있다. 이 경우 구상권자는 채권자에게 이러한 항변사유를 내세워 §741 청구를 할 수 있다.

(b) 적용례

- 甲에 대해 A·B·C가 900만원의 연대채무를 부담하고 있었는데, B에 대해서만 소멸시효가 완성된 상태였고 C는 甲에 대한 자동채권 300만원이 있었다.

- A가 사전통지 없이 甲에게 900만원 전액을 변제한 후 B·C에게 각 300만원씩의 구상권을 행사하면, ㉠ B는 A에게 소멸시효 완성으로 대항할 수 있으므로 A는 B에 대한 구상권을 행사할 수 없다. 그 대신 A는 甲에게 소멸시효 완성의 부담부분형 절대적 효력사유를 주장하여 300만원에 대한 §741 청구를 할 수 있다. ㉡ C는 채권자에 대한 반대채권으로 A의 구상권에 대해 상계할 수 있고, 이로 인해 C의 자동채권은 A에게 이전하므로 A는 甲에게 이 채권을 행사하여 300만원을 받을 수 있다.

C. 사후통지

> 제426조(구상요건으로서의 통지) ② 어느 연대채무자가 변제 기타 자기의 출재로 공동면책되었음을 다른 연대채무자에게 통지하지 아니한 경우에 다른 연대채무자가 선의로 [사전통지를 마치고] 채권자에게 변제 기타 유상의 면책행위를 한 때에는 그 [다른] 연대채무자는 자기의 면책행위의 유효를 주장할 수 있다.

(a) 문제상황

- 위의 예에서 A가 900만원 전액에 대해 출연·공동면책 행위를 했는데도 이 사실을 사후 통지하지 않으면 다른 연대채무자 B는 이런 사실을 알지 못한 채 거듭 900만원 전액을 변제할 수 있다.

- 이때 채권자는 누적 변제로 인한 부당이득 반환채무를 지게 된다.

(b) 사후통지 제도의 기능과 요건

- §462 ②의 사후통지 의무는 선의의 후행 변제자가 거듭 변제하는 것을 방지하기 위해 인정된다. 따라서 선행 변제자가 사후통지를 하지 않았어도 후행 변제자가 악의로 변제했으면 §426 ②은 적용되지 않는다. 이 경우 일반원칙으로 돌아가 선행 변제만 유효이고 악의의 후행 급부는 변제가 아니다. 따라서 선행 변제자만이 구상권을 행사할 수 있고 후행 급부를 한 자는 채권자에게 §741 청구를 할 수밖에 없다.

- 이에 비해 선행 변제자가 사후통지를 하지 않은 상태에서 선의의 후행 변제가 이루어지면 §426 ②의 사후통지 의무 위반의 효과가 발생한다. §426 ②은 후행 변제자에게 보호가치가 있음을 전제한다. 따라서 그 문언은 '선의'만을 요구하고 있으나 후행 변제자가 사전통지를 하고 변제한 경우에만 §426 ②이 적용될 수 있다고 보아야 한다.

(c) 사후통지 의무 위반의 효과: 상대효

- 선행 변제자의 사후통지 의무 위반으로 인정되어 §426 ②이 적용되는 경우, 사후통지를 하지 않은 선행 변제자 A와 선의의 후행 변제자 B 사이에서는 B가 적법한 구상권자이지만, 그 외의 연대채무자 C에 대한 관계에서는 선행 변제자 A가 적법한 구상권자이다.

- 예컨대 A가 900만원을 변제했으나 사후통지를 하지 않은 상태에서 B가 사전통지를 했는데도 A가 자신의 선행 변제 사실을 알려주지 않아서 B가 선의로 甲에게 거듭 900만원을 변제한 경우, ㉠ C는 A에 대해서만 구상의무를 부담하므로 A에게 300만원을 지급해야 하고, ㉡ A는 B에게 자신의 구상가액 300만원뿐 아니라 여기에 C에게 받은 구상금 300만원을 합산한 600만원을 지급해야 한다. ㉢ A는 甲에게 중복변제로 인한 부당이득 900만원을 반환받을 수 있다.

- 다만 §426는 임의규정이므로, B는 A에게 §426 ②에 따른 구상을 주장하지 않고 그 대신 甲에게 900만원의 §741 채권을 행사한 후 A에게 구상금 300만원을 지급하는 것을 선택할 수도 있다. 특히 甲은 자력이 충분한 데 비해 A는 자력이 부족하면 선의의 후행변제자 B로서는 §426 ②의 효과 대신 甲에 대한 §741 채권을 행사하는 것이 더 유리하다.

D. 사전통지와 사후통지가 모두 이루어지지 않은 경우

- 위의 예에서 A가 먼저 900만원 전액을 변제하고 사후통지를 하지 않은 상태에서, B도 사전통지 없이 거듭 900만원 전액을 변제한 경우의 구상관계가 문제된다.

- 이 경우 A와 B는 모두 보호가치가 없고 이런 상황에 대해 적용될 규정도 없으므로 일반원칙에 따라 선행 변제가 유효이고 B가 한 후행 변제가 비채변제라고 보아야 한다. 따라서 B는 A에게 300만원을 구상할 의무를 지고 甲에게 900만원의 §741 채권을 가지게 된다.

Ⅴ 부진정연대채무

1. 개관

가. 의미

- 여러 명의 채무자가 경제적 목적과 내용이 동일한 급부를 할 채무를 각각 부담하지만 이들 사이에 주관적 공동관계가 없는 경우를 뜻한다. 각 부진정연대채무자들이 부담하는 급부의무의 발생원인·액수 등이 일치할 필요는 없다.
- 법률상의 근거는 없으나 판례는 이러한 부진정연대채무를 연대채무, 불가분채무와 구별되는 별개의 중첩관계로 파악하고 있다.

> 부진정연대채무란 수인의 채무자가 동일한 내용의 급부에 대하여 각자 독립하여 전부를 급부할 의무를 부담하는 다수당사자의 법률관계를 말한다(대법원 2018. 3. 22. 선고 2012다74236 전원합의체 판결).

> 부진정연대채무 관계는, 서로 **별개의 원인으로 발생한 독립된 채무라 하더라도 동일한 경제적 목적을 가지고 있고 서로 중첩**되는 부분에 관하여 일방의 채무가 변제 등으로 소멸할 경우 타방의 채무도 소멸하는 관계에 있으면 성립하고, 채무의 **발생원인, 채무의 액수 등이 서로 동일할 필요는 없다**(대법원 2009. 3. 26. 선고 2006다47677 판결).

나. 특징

- 부진정연대채무는 중첩된 채무의 내용이 '책임'인 경우에 주로 인정되므로 다른 유형에 비해 채권자에게 더 유리한 법률관계를 인정할 필요가 있다. 절대적 효력 사유의 범위가 연대채무나 불가분채무보다 좁게 인정되는 것은 이러한 사정을 반영한 것이다.

> 부진정연대채무 제도의 취지는 부진정연대채무자들의 자력, 변제 순서, 이들 사이의 구상관계와 무관하게 채권자에 대한 채무 전액의 지급을 확실히 보장하려는 데에 있다(대법원 2021. 4. 15. 선고 2019다280573 판결).

부진정연대채무에 대한 절대적 효력사유는 변제 등에 대해서만 인정되므로 채권자는 채무 전액의 지급을 확실히 확보할 수 있게 되고, 이러한 점에서 부진정연대채무는 연대채무와 비교하여 **채권자의 지위를 강화**하는 의미를 가진다(대법원 2018. 3. 22. 선고 2012다74236 전원합의체 판결).

- 각 부진정연대채무자들은 독자적인 가해자이므로, 이들 사이의 구상관계나 사전·사후통지 의무는 원칙적으로 적용되지 않는다.
- 부진정연대채무자들이 공동피고인 경우에 이들에 대한 각 이행청구는 법률상 양립할 수 있으므로 예비적·선택적 공동소송이 아니다(2019다14943, 355면).

2. 요건: 동일한 손해(손실)에 대한 책임의 중첩

가. 개관

- 동일한 손해에 대해 여러 명이 손해배상채무를 지는 경우, 그 손해배상채무의 근거가 §390이든 §750이든 그 밖의 특별법이든, 부진정연대채무가 성립한다.
- 동일한 손실에 대해 여러 명이 §741 채무를 지는 경우에도 부진정연대채무가 성립한다.

다. 부진정연대채무로 인정된 사례

(1) 개관

- 불법행위 책임들의 중첩: 공동불법행위(§760), 사용자책임(§756)과 피용자 자신의 §750 책임 등의 경우, 부진정연대채무가 성립한다(§760에 대해서는 대법원 2015. 5. 29. 선고 2013므2441 판결, §756에 대해서는 대법원 2018. 3. 22. 선고 2012다74236 전원합의체 판결).
- §390 책임과 법정책임의 중첩: 하수급인의 과실로 인해 하자가 발생한 경우 수급인의 도급인에 대한 §390·§391 손해배상채무와 하수급인이 도급인에 대해 직접 부담하는 법정 손해배상채무는 부진정연대채무이다(2009다85861, 후술).
- §390 책임과 §750 책임의 중첩: 도난사고가 발생한 경우 경비용역업체의 §390 채무와 절도범의 §750 채무는 부진정연대채무이다.

> 원고의 경비용역계약상 채무불이행으로 인한 손해배상채무와 피고들의 절도라는 불법행위로 인한 손해배상채무는 **별개의 원인으로 발생한 독립된 채무이나 동일한 경제적 목적을 가진 채무로서** 서로 중첩되는 부분에 관하여는 일방의 채무가 변제 등으로 소멸하면 타방의 채무도 소멸하는 이른바 부진정연대의 관계에 있다(대법원 2006. 1. 27. 선고 2005다19378 판결).

• 사례: 다수인의 §390 책임의 중첩하는 경우, 손해 전부가 아니라 동일한 손해에 해당하는 중첩 부분에 대해서만 부진정연대채무가 성립한다.

대법원 2015. 2. 26. 선고 2012다89320 판결

‣ 설계용역계약상의 채무불이행으로 인한 손해배상채무와 공사도급계약상의 채무불이행으로 인한 손해배상채무는 서로 **별개의 원인으로 발생한 독립된 채무이나 동일한 경제적 목적**을 가진 채무로서 서로 중첩되는 부분에 관하여는 일방의 채무가 변제 등으로 소멸하면 타방의 채무도 소멸하는 이른바 부진정연대의 관계에 있다고 할 것이므로, 피고 설계사들과 피고 시공사들은 각각 공동수급체로서 그들끼리는 **각 채무불이행으로 인하여 원고가 입은 손해에 대하여 독립된 손해배상채무를 연대하여 부담**하는 한편, 서로 동일한 경제적 목적을 가진 채무로서 **서로 중첩되는 부분에 관하여 부진정연대**채무관계에 있다.

‣ 따라서 원심으로서는 **설계용역계약의 채무불이행과 상당인과관계가 있는 손해와 공사도급계약의 채무불이행과 상당인과관계가 있는 손해를 심리하여 이를 각 확정**한 다음 그 각 손해와 관련하여 인정되는 피고 설계사들과 피고 시공사들의 각 손해배상채무 중 동일한 경제적 목적을 가진 채무로서 서로 중첩되는 부분이 있는지를 살펴 그 부분에 한하여 피고 설계사들과 피고 시공사들의 부진정연대책임을 인정하였어야 할 것이다.

‣ 그럼에도 원심은 이런 점을 심리하지 않은 채 원고가 입은 전체 손해에 대하여 피고 설계사들과 피고 시공사들의 부진정연대책임을 인정하였다. 이러한 원심판결에는 부진정연대채무에 관한 법리를 오해한 위법이 있다.

• 상법 §24에 의한 명의대여자와 명의차용자의 손해배상책임이 성립하는 경우 이들은 부진정연대채무자가 된다(대법원 2011. 4. 14. 선고 2010다91886 판결).

• 무단점유 사안에서 간접점유자와 직접점유자는 부당이득반환채무에 대한 부진정연대채무자이다.

대법원 2019. 10. 18. 선고 2019다14943 판결

- 어떤 물건에 대해 **직접점유자와 간접점유자가 있는 경우 그 점유·사용으로 인한 부당이득의 반환의무**는 동일한 경제적 목적을 가진 채무로서 서로 중첩되는 부분에 관하여는 일방의 채무가 변제 등으로 소멸하면 타방의 채무도 소멸하는 **부진정연대채무**의 관계에 있다.

- **부진정연대채무의 관계에 있는 채무자들을 공동피고로 하여 이행의 소가 제기된 경우 그 공동피고에 대한 각 청구는 법률상 양립할 수 없는 것이 아니므로 그 소송은 민사소송법 제70조 제1항에서 규정한 본래 의미의 예비적·선택적 공동소송이라고 할 수 없다. 따라서 거기에는 필수적 공동소송에 관한 민사소송법 제67조는 준용되지 않는다고 할 것이어서 상소로 인한 확정차단의 효력도 상소인과 그 상대방에 대해서만 생기고 다른 공동소송인에 대한 관계에는 미치지 않는다.

(2) 사례: 매도인의 담보책임과 임차인의 채무불이행 책임의 경합과 과실상계

A. 사안의 개요

- 甲은 X물건(대형 기중기) 임대인이고 乙은 X물건을 제조하여 甲에게 납품한 제조사, 丙은 X물건의 임차인이다.

- 丙이 X물건을 사용하던 중 X물건이 붕괴하는 사고가 발생했는데, 조사 결과 乙의 제작상의 과실과 丙의 운용상의 과실이 경합하여 원인이 된 것으로 밝혀졌다.

- 이로 인해 甲은 1억원의 손해를 입었으나, 甲에게는 손해예방 조치를 제대로 하지 못했다는 점에서 30%의 과실이 인정된다.

B. 쟁점과 판단

- 甲에 대해, 乙은 §580의 하자담보책임, 제작물공급계약상 채무불이행으로 인한 손해배상책임을 지고, 丙은 채무불이행(§654·§610)으로 인한 §390의 손해배상책임과 §750의 책임을 진다. 그런데 乙이나 丙이 서로에 대해 이행보조자라고 보기는 어려우므로, 이들은 독립된 손해배상채무자이며 동일한 손해에 대한 중첩적 손해배상책임을 지므로 부진정연대채무자이다.

- 사안의 경우, 甲의 손해 예방 조치 미비는 丙에 대해서만 과실상계 사유이고 乙에 대해서는 과실상계 사유가 아니다. 따라서 甲에 대한 乙의 손해배상채무는 1억원, 丙의 손해배상채무는 7000만원이다.

대법원 2022. 7. 28. 선고 2017다16747 판결

‣ **공동불법행위책임**은 가해자 각 개인의 행위에 대하여 개별적으로 그로 인한 손해를 구하는 것이 아니라 그 **가해자들이 공동으로 가한 불법행위에 대하여 그 책임을 추궁**하는 것으로, 법원이 피해자의 과실을 들어 과실상계를 함에 있어서는 피해자의 **공동불법행위자 각인에 대한 과실비율이 서로 다르더라도** 피해자의 과실을 공동불법행위자 각인에 대한 과실로 개별적으로 평가하지 않고 그들 **전원에 대한 과실로 전체적으로 평가**하는 것이 원칙이다

‣ 그런데 **공동불법행위자의 관계는 아니**지만 서로 별개의 원인으로 발생한 독립된 채무가 동일한 경제적 목적을 가지고 있고 서로 중첩되는 부분에 관하여 한쪽의 채무가 변제 등으로 소멸하면 다른 쪽의 채무도 소멸하는 관계에 있기 때문에 **부진정 연대채무 관계가 인정되는 경우**가 있다. 이러한 경우까지 **과실상계를 할 때 반드시 채권자의 과실을 채무자 전원에 대하여 전체적으로 평가하여야 하는 것은 아니다.**

‣ 乙은 **제작물공급계약상의 채무불이행책임** 또는 **제580조에 따른 하자담보책임**으로서 원고가 입은 손해를 배상할 채무가 있고, 丙은 불법행위책임 또는 임대차계약상의 채무불이행책임으로서 원고가 입은 손해를 배상할 채무가 있으며, 두 채무는 부진정연대의 관계에 있다. 한편 乙과 丙은 서로의 이행보조자에 해당한다거나 甲과 신분상 내지 사회생활상 일체를 이루는 관계에 있다고 보기 어렵다. 따라서 **어느 피고의 과실을 다른 피고에 대한 원고의 과실로 참작하여 과실상계를 할 수는 없다.**

‣ 甲이 乙·丙에게 **공동불법행위책임을 구하는 것이 아닌** 이 사건에서 甲의 과실을 피고들 전원에 대하여 **전체적으로 평가**하게 되면 개별적으로는 과실상계나 책임제한 사유가 없는 乙의 책임까지 제한되는 부당한 결과가 발생할 수 있다. 따라서 공동불법행위를 이유로 부진정연대채무가 성립하는 경우처럼 원고의 과실을 피고들 전원에 대하여 전체적으로 평가하여 과실상계를 할 수는 없다. 결국 **乙의 손해배상 책임은 별다른 과실상계 또는 책임제한 사유가 없으므로 제한할 수 없으나, 丙의 손해배상책임은 甲이 크레인 임대인으로서 임차인인 丙의 손해 방지를 위한 예방조치를 강구할 주의의무를 위반한 과실이 있는 점 등을 참작하여 70%로 제한**한다.

3. 효과

가. 대외관계

(1) 채권의 행사 방법

• 부진정연대채무의 경우에도, 채권자는 부진정연대채무자들의 전부 또는 일부에

대해 채무의 전부 또는 일부의 이행을 청구할 수 있다.

- 다만 각 부진정연대채무자가 부담하는 채무 가액이 서로 다른 경우에는 각 부진 정연대채무자가 부담하는 채무의 범위 내에서만 채권을 행사할 수 있다.

부진정연대채무의 대외적 관계로서 채권자는 채무자들 가운데 <u>누구에게라도 그 책임 범위 내에서 우선적으로 변제를</u> 청구할 수 있다(대법원 2018. 3. 22. 선고 2012다 74236 전원합의체 판결).

(2) 원칙: 변제의 절대적 효력과 그 외의 사유의 상대적 효력

A. 개관

- 부진정연대채무의 경우, 변제 또는 이에 준하여 채권자에게 만족을 주는 대물변 제, 공탁, 상계 등의 사유에 대해서만 절대적 효력이 인정되고, 그 밖의 사유에 대 해서는 상대적 효력만 인정된다.
- 부진정연대채무는 채권자가 피해자인 경우이므로 절대적 효력사유는 채권자가 실질적으로 손해를 전보받은 경우로 제한되어야 하기 때문이다.

부진정연대채무자 상호간에 있어서 **채권의 목적을 달성시키는 변제와 같은 사유는 채무자 전원에 대하여 절대적 효력을 발생하지만 그 밖의 사유는 상대적 효력**을 발생 하는 데에 그치는 것이다(대법원 2006. 1. 27. 선고 2005다19378 판결).

부진정연대채무자 중 1인이 자신의 채권자에 대한 반대채권으로 **상계**를 한 경우에도 채권은 **변제, 대물변제, 또는 공탁이 행하여진 경우와 동일하게 현실적으로 만족**을 얻 어 그 목적을 달성하는 것이므로, 그 채무소멸의 효력은 소멸한 채무 전액에 관하여 다른 부진정연대채무자에 대하여도 미친다(대법원 2019. 4. 25. 선고 2018다47694 판결).

B. 상대적 효력사유의 예

(a) 면제의 상대적 효력

- 피해자인 채권자가 가해자인 채무자의 민·형사상 책임을 면제시켜 주는 이른바 '합의'를 한 경우, 상대적 효력사유인 채무면제에 해당한다.
- 면제의 상대적 효력은 부진정연대채무자들 사이의 구상이 이루어질 수 있는지와 무관하게 관철된다.

피해자가 채무자 중의 1인에 대하여 손해배상에 관한 권리를 포기하거나 채무를 면제하는 의사표시를 하였다 하더라도 다른 채무자에 대하여 그 효력이 미친다고 볼 수는 없다. 이러한 법리는 채무자들 사이의 내부관계에 있어 1인이 피해자로부터 합의에 의하여 손해배상채무의 일부를 면제받았더라도 그가 면제받은 채무액을 자신의 출재로 변제한 다른 채무자에 대하여 다시 그 부담 부분에 따라 구상의무를 부담하게 된다고 하여 달리 볼 것은 아니다(대법원 2006. 1. 27. 선고 2005다19378 판결).

(b) 소멸시효 완성, 시효중단, 시효이익 포기의 상대적 효력

- 부진정연대채무자들 중 한 명인 甲의 채무가 시효로 소멸했더라도 채권자와 甲 사이에서만 소멸시효 완성이 인정될 뿐이므로, 다른 부진정연대채무자 乙이 채권자에게 전액을 변제한 후 甲에게 구상권을 행사하면, 甲은 소멸시효 완성 주장으로 乙의 구상권 청구에 대항할 수 없다.

공동불법행위자 중 1인인 甲의 **손해배상채무가 시효로 소멸한 후에 다른 공동불법행위자 1인인 乙**이 피해자에게 자기의 부담 부분을 넘는 손해를 배상하였을 경우에도, 乙은 甲에게 **구상권을 행사할 수 있다**(대법원 2010. 12. 23. 선고 2010다52225 판결).

- 부진정연대채무에서는 모든 시효중단 사유에 대해 상대적 효력만 인정된다. 연대채무와는 달리 이행청구에 의한 시효중단에 대해서도 상대적 효력만 인정된다는 점에 유의해야 한다.

이와 같은 부진정연대채무에 있어서는 채무자 1인에 대한 **이행청구, 재판상 청구** 또는 채무자 1인이 행한 채무의 승인 등 소멸시효의 중단사유나 시효이익의 포기는 다른 채무자에게 효력을 미치지 않는다(대법원 2017. 9. 12. 선고 2017다865 판결).

(c) 과실상계의 상대적 효력(2017다16747, 356면)

- 원칙: 과실상계에 대해서도 상대적 효력만 인정되므로, 각 부진정연대채무자마다 과실상계 적용 여부를 따져야 한다.
- 예외: §760의 공동불법행위의 경우에는 부진정연대채무자 전원에 대해 일괄적으로 과실상계가 적용된다.

C. 사례: 부진정연대채무와 상계

(a) 상계의 절대적 효력(§418 ①의 유추적용)

• 상계는 채권자에게 변제와 다름 없는 실질적인 이익이 발생하게 하므로 특정 부진정연대채무자가 한 상계에 의한 채무 소멸에도 절대적 효력이 인정되어야 한다.

• 이러한 법리는 상계 계약에 대해서도 적용되고 채권자가 다른 부진정연대채무자의 존재를 알았는지의 여부와 무관하게 적용된다.

부진정연대채무자 중 1인이 자신의 채권자에 대한 반대채권으로 상계를 한 경우 <u>이로 인한 채무소멸의 효력은 소멸한 채무 전액에 관하여 다른 부진정연대채무자에 대하여도 미친다고 보아야 한다.</u> 이는 부진정연대채무자 중 1인이 채권자와 **상계계약을 체결한 경우**에도 마찬가지이다. 나아가 이러한 법리는 채권자가 상계 내지 상계계약이 이루어질 당시 다른 부진정연대채무자의 존재를 알았는지 여부에 의하여 좌우되지 아니한다(대법원 2010. 9. 16. 선고 2008다97218 전원합의체 판결).

(b) 비교: §418 ②의 유추적용 배제

• 사안의 개요: A·B가 공동불법행위를 하여 甲에게 6000만원의 손해를 발생시켰는데 B는 甲에 대한 6000만원의 채권을 가지고 있었다. B가 상계를 주장하지 않은 상태에서 甲이 A에게 6000만원의 손해배상을 청구하자 A는 B의 甲에 대한 자동채권으로 B의 분담부분 3000만원 한도에서 상계한다고 주장한다.

• 쟁점과 판단: 이러한 A의 주장은 이유 없다. 부진정연대채무에서는 §418 ①만 유추 적용되고 §418 ②은 유추 적용될 수 없기 때문이다.

• 변형: A가 B에게 금전채권을 가지고 있고 B의 무자력 등 보전의 필요성 요건이 충족되었다면, A는 채권자대위권을 근거로 피대위권리인 B의 甲에 대한 상계권을 대위행사할 수 있다. 다만 A가 B에게 별도의 채권이 없는 상태에서 甲에게 6000만원을 변제하여 장차 발생하게 될 B에 대한 3000만원의 구상권을 피보전채권으로 하여 채권자대위권을 행사할 수는 없다.

대법원 2010. 8. 26. 선고 2009다95769 판결

‣ 부진정연대채무에 대하여는 **제418조 제2항이 적용 내지 유추 적용되지 아니하**므로, 어느 부진정연대채무자가 채권자에 대하여 상계할 채권을 가지고 있음에도 상계를 하지 않고 있다 하더라도 **다른 부진정연대채무자는 그 채권을 가지고 상계를 할 수 없**다.

- **채무자가 제3자에 대하여 갖는 상계권도 채권자대위권의 목적**이 될 수 있지만, 채권자대위권을 행사하기 위해서는 원칙적으로 채권의 존재 및 보전의 필요성, 기한의 도래 등의 요건을 충족하여야 함에 비추어, 어느 부진정연대채무자가 현실적으로 **자신의 부담부분을 초과하는 출재를 하여 채무를 소멸시킴으로써 다른 부진정연대채무자에 대하여 구상권을 취득한 상태**에 이르지 않은 채 단지 장래에 출재를 할 경우 취득할 수 있는 다른 부진정연대채무자에 대한 구상권을 보전하기 위하여 다른 부진정연대채무자가 채권자에게 갖는 상계권을 <u>대위하는 것은 허용되지 아니한다</u>.

(c) 사례

- 사안의 개요: 수급인의 부실공사로 인한 손해배상책임이 문제된 사안에서, 도급인 甲에게 감리자 A는 6000만원, 시공사 B는 7000만원의 손해배상채무를 부담하고, 시공사 B은 甲에게 1억2000만원의 공사잔대금채권을 가지고 있다.
- 쟁점과 판단: 甲에 대해 B가 상계를 주장한 후 甲이 A에게 6000만원의 손해배상을 청구하면 기각된다.

> 동일한 공사에서 **공사감리자의 감리계약에 따른 채무불이행으로 인한 손해배상채무**와 공사**시공자의 도급계약에 따른 채무불이행으로 인한 손해배상채무**는 서로 별개의 <u>원인으로 발생한 독립된 채무이나 동일한 경제적 목적</u>을 가진 채무이므로, 서로 **중첩되는 부분에 관하여는 일방의 채무가 변제 등으로 소멸하면 타방의 채무도 소멸하는 이른바 부진정연대**의 관계에 있다. 따라서 甲이 시공사에 대한 손해배상채권을 자동채권으로 하여 공사대금채권과 대등액에서 상계하였고, 그에 따른 채무소멸의 효력은 A의 甲에 대한 손해배상채무에도 미칠 여지가 있다(대법원 2019. 4. 25. 선고 2018다47694 판결).

(3) 사례: 부진정연대채무자들의 채무액이 서로 다른 경우의 일부변제

A. 다액채무자의 일부변제와 외측설

(a) 개관

- 부진정연대채무는 발생원인, 책임의 근거, 내용 등이 같을 필요는 없으므로, 각 부진정연대채무자들의 채무액이 다를 수 있다.
- 이 경우, 다액채무자가 일부 변제를 하면 다액채무자가 단독으로 채무를 부담하

는 부분부터 소멸한다. 부진정연대채무 제도의 취지상 채권자에게 유리하게 해석해야 하기 때문이다.

금액이 서로 다른 채무가 서로 부진정연대 관계에 있을 때 **다액채무자가 일부 변제를 하는 경우 그 변제로 먼저 소멸하는 부분은 다액채무자가 단독으로 채무를 부담하는 부분**으로 보아야 한다. 이러한 결론이 부진정연대채무자들의 자력, 이들 사이의 구상관계와 무관하게 채권자에 대한 채무 전액의 지급을 확실히 보장하려는 부진정연대채무 제도의 취지에 부합하고 채권자의 의사에도 부합한다(대법원 2018. 4. 10. 선고 2016다252898 판결).

(b) 사례: 일부 부진정연대채무자에게만 과실상계가 적용된 경우

- 채권자에게 과실이 인정되지만 부진정연대채무자들 중 일부가 이를 알고 이용하여 과실상계를 주장할 수 없게 되면, 과실상계 적용 여부에 따라 각 부진정연대채무자들의 채무액이 달라진다.
- 예컨대 §756 사안에서 손해액이 1000만원이고 피해자 과실이 40%인 경우, 부진정연대채무자인 사용자 甲과 피용자 乙 중 과실상계는 甲에 대해서만 허용된다. 따라서 손해배상 채무의 가액은 甲은 600만원, 乙은 1000만원이다.
- 이 경우 다액채무자 乙이 피해자에게 400만원을 지급하면 소액채무자 甲의 채무액은 그대로 600만원이다.

외측설의 법리는 사용자의 손해배상액이 피해자의 과실을 참작하여 과실상계를 한 결과 타인에게 직접 손해를 가한 피용자 자신의 손해배상액과 달라졌는데 다액채무자인 피용자가 손해배상액의 일부를 변제한 경우에 적용되고, 공동불법행위자들의 피해자에 대한 과실비율이 달라 손해배상액이 달라졌는데 다액채무자인 공동불법행위자가 손해배상액의 일부를 변제한 경우에도 적용된다(대법원 2018. 3. 22. 선고 2012다74236 전원합의체 판결).

(c) 참고: 이른바 과실비율설에 대한 비판

- 과실비율설이란 다액채무자가 일부변제한 비율만큼 소액채무자의 채무액도 변제된다는 견해이다. 이 견해에 따르면 위의 예에서 소액채무자 甲의 채무도 40%에 해당하는 240만원이 감축되어 360만원만 남게 된다.
- 과실비율설에 의하면, 피해자는 다시 다액채무자에게 240만원의 지급을 청구해

야 하므로 번거롭고 다액채무자가 무자력이면 궁극적으로 360만원만 변제받을 수 있어서 외측설에 비해 불리하다. 이것은 채권자 보호라는 부진정연대채무의 취지에 반한다.

> 과실비율설에 의하면, ㉠ 다액채무자가 일부 변제 후 무자력이 되는 경우에는 피해자로서는 채권 전액을 변제받을 수 없다. 그런데 피해자가 이와 달리 소액채무자로부터 먼저 변제를 받는다면 소액채무자가 부담하는 채무 전액을 변제받을 수 있다. 이와 같이 피해자가 누구로부터 먼저 변제를 받느냐에 따라 변제를 받을 수 있는 금액이 달라지는 납득하기 어려운 결과가 발생한다. ㉡ 또한 소액채무자에게 그 나머지 부분을 청구하여 변제를 받더라도 결국 소액채무자로부터 변제받을 수 없었던 금액을 언제나 다액채무자에게 다시 청구해야 한다. 이러한 불편을 감수하도록 할 근거가 있는지 의문이다(대법원 2018. 3. 22. 선고 2012다74236 전원합의체 판결).

B. 소액채무자의 일부변제와 변제충당

(a) 사안의 개요

- 위의 사례에서 甲·乙 모두 손해배상채무를 이행하지 않은 채 1년이 경과하면, 甲·乙에게 연5%의 비율로 법정 지연손해금이 발생하여 甲의 원리금은 630만원, 乙의 원리금은 1050만원이 된다.
- 소액채무자 甲이 채권자에게 400만원을 지급한 경우, 甲·乙의 채무 가액은 어떻게 되는지가 문제된다.

(b) 쟁점과 판단

- 甲에 대해: 원리금 630만원 중 이자 30만원부터 충당한 후 남은 370만원을 원금에 충당해야 한다. 따라서 甲의 원금은 230만원이 된다.
- 乙에 대해: 원리금 1050만원중 이자 50만원에 위 30만원을 충당하고 남은 370만원을 원금 1000만원에 충당하므로, 남은 원리금은 650만원(=이자 20만원+원금 630만원)이다. 乙 자신의 이자 50만원 전액에 충당 후 남은 350만원을 원금에 충당하는 것이 아님에 유의해야 한다.

> 부진정연대채무자 중 소액의 채무자가 자신의 채무 중 일부를 변제한 경우, 변제된 금액은 소액 채무자가 다액 채무자와 공동으로 부담하는 부분에 관하여 민법의 변제충당의 일반원칙에 따라 지연손해금, 원본의 순서로 변제에 충당되고 이로써 공동 부담

부분의 채무 중 지연손해금과 일부 원금채무가 변제로 소멸하게 된다. 그리고 부진정연대채무자 상호 간에 있어서 채권의 목적을 달성시키는 변제와 같은 사유는 채무자 전원에 대하여 절대적 효력을 발생하므로, 이로써 다액 채무자의 채무도 **지연손해금과 원금이 같은 범위에서 소멸**하게 된다(대법원 2024. 3. 12. 선고 2019다29013 판결).

소액채무자의 지연손해금에 충당되고 남은 돈으로 원금에 충당되고 동일한 기간 동안 발생한 다액채무자의 지연손해금채무 중 위 변제충당된 지연손해금과 **같은 금액**의 지연손해금채무가 소멸되는 효과가 발생한다(대법원 2012. 2. 9. 선고 2009다72094 판결).

나. 내부관계

(1) 부담부분의 결정

A. 고려요소

• 부진정연대채무자들 사이에서도 구상관계가 인정될 수 있다. 그 전제인 부담부분의 비율을 결정함에 있어서 ㉠ 손해의 발생·확대에 대한 기여도, 주의의무 위반의 정도 등과 같이 손해와 직접 관련된 대외적 요소뿐 아니라 ㉡ 부진정연대채무자들 사이의 관계 등과 같은 내부적 요소도 참작해야 하고 ㉢ 손해의 공평분담 원칙이나 신의칙 등의 규범적 요소도 고려해야 한다.

부진정연대채무의 관계에 있는 복수의 책임주체 **내부관계에 있어서는 형평의 원칙상 일정한 부담 부분이 있을 수 있으며, 그 부담 부분은 각자의 고의 및 과실의 정도에 따라** 정하여지는 것으로서, 부진정연대채무자 중 1인이 **자기의 부담 부분 이상을 변제하여 공동의 면책을 얻게 하였을 때**에는 다른 부진정연대채무자에게 그 부담 부분의 비율에 따라 <u>구상권을 행사</u>할 수 있다(대법원 2006. 1. 27. 선고 2005다19378 판결).

불법행위에 있어서 부진정연대채무의 관계에 있는 복수의 책임주체 중 1인이 자기 부담 부분 이상을 변제하여 공동의 면책을 얻게 하고 다른 부진정연대채무자에 대하여 그 부담 부분의 비율에 따라 구상권을 행사하는 경우 <u>부담 부분의 비율을 판단함에 있어서는</u>, ㉠ 불법행위 및 손해와 관련하여 그 발생 내지 확대에 대한 각 부진정연대채무자의 주의의무의 정도에 상응한 과실의 정도를 비롯한 기여도 등 <u>사고 내지 손해와</u>

직접적으로 관련된 **대외적 요소**를 고려하여야 함은 물론, ⓛ 나아가 부진정연대채무자 사이에 특별한 내부적 법률관계가 있어 그 실질적 관계를 기초로 한 요소를 참작하지 않으면 현저하게 형평에 어긋난다고 인정되는 경우에는 그 **대내적 요소도 참작**하여야 하며, 일정한 경우에는 그와 같은 제반 사정에 비추어 ⓒ 손해의 공평한 분담이라는 견지에서 **신의칙상 상당하다고 인정되는 한도 내에서만 구상권을 행사**하도록 제한할 수도 있을 것이다(대법원 2001. 1. 19. 선고 2000다33607 판결).

- 공동불법행위자들 중 일부가 피해자이기도 한 경우, 과실상계 비율과 책임분담 비율이 반드시 일치해야 할 필요는 없다. 과실상계에서 고려되는 과실과 책임분담에서 고려되는 과실은 의미가 다르기 때문이다. 예컨대 甲·乙의 공동불법행위로 乙·丙에게 각 100만원의 손해가 발생하여 甲이 丙에게 100만원을 지급했으며, 손해 발생에 대한 甲·乙의 과실 비율은 80 : 20이고 甲에 대한 乙의 과실상계 비율이 40%인 경우, 甲은 乙에게 20만원만 구상할 수 있다.

  공동불법행위자의 1인인 甲이 동시에 피해자이기도 한 경우에도, 다른 공동불법행위자 乙이 당해 불법행위로 인해 손해를 입은 제3자 丙에 대해 손해배상금을 지급한 때에는 乙은 피해자 겸 공동불법행위자인 甲의 부담부분에 상응하는 금원에 대해 구상금 채권을 가질 수 있다. 그런데 그 구상금채권을 인정하기 위하여는 우선 각 공동불법행위자들의 가해자로서의 과실 내용 및 비율을 정하여야 할 것이고, 한편 불법행위에 있어 손해액을 정함에 참작하는 피해자의 과실, 즉 과실상계에 있어서의 과실은 가해자의 과실과 달리 사회통념이나 신의칙에 따라 공동생활에 있어 요구되는 약한 의미의 부주의를 가리키는 것이므로, **그러한 과실 내용 및 비율을 그대로 공동불법행위자로서의 과실 내용 및 비율로 삼을 수는 없**는 것이다(대법원 2005. 7. 8. 선고 2005다8125 판결).

B. 결정 범위
- 구상권자와 특정한 구상채무자 사이의 부담 비율만 정하는 것으로는 부족하고, 모든 부진정연대채무자들 각각의 부담 부분의 비율이 정해져야 한다.
- 채권자(피해자)가 여러 명이고 각 피해자에 대한 각 부진정연대채무자들의 책임의 정도가 다른 경우에는 각 채권자마다 각 부진정연대채무자들간의 구상관계를 별도로 산정해야 한다.

구상권 행사를 위하여는 전체 공동불법행위자 가운데 <u>구상의 상대방이 부담하는 부</u><u>분의 비율을 정해야 하므로</u> 단순히 구상의 당사자 사이의 <u>상대적 부담 비율만을 정하</u><u>면 안되고</u>, 또한 피해자가 여럿이고 피해자별로 공동불법행위자 또는 공동불법행위자들 내부관계에 있어서의 일정한 부담 부분이 다른 경우에는 피해자별로 구상관계를 달리 정해야 한다(대법원 2002. 9. 24. 선고 2000다69712 판결).

C. 부진정 연대채무자간의 책임 부담 부분 결정이 문제된 사례

(a) 사용자와 피용자

- 원칙: 사용자가 피해자에게 §756의 손해배상 채무를 이행한 후 피용자에게 구상권을 행사하는 경우, 이러한 구상권은 손해의 공평 분담 원칙과 신의칙에 비추어 상당하다고 인정되는 한도 내에서만 인정된다. 사용자 자신이 피해자로서 피용자에게 §750의 손해배상 청구를 하는 경우에도 마찬가지이다. 사용자는 피용자를 통해 이익을 얻어 왔다는 점을 감안해야 하기 때문이다.
- 예외: 피용자가 사용자의 감독 소홀을 틈타 고의로 불법행위를 저지른 경우, 이러한 피용자가 사용자의 구상권 행사에 대해 감액을 주장하는 것은 신의칙에 반한다.
- 이러한 법리는 사용자가 명의대여자이고 피용자가 명의차용자인 경우에도 마찬가지로 적용된다.

일반적으로 사용자가 피용자의 업무수행과 관련하여 행하여진 불법행위로 인하여 **직접 손해를 입었거나** 그 피해자에게 **사용자로서의 손해배상책임을 부담**한 결과로 손해를 입게 된 경우에 있어서, 사용자는 제반 사정에 비추어 손해의 **공평한 분담이라는 견지에서 신의칙상 상당하다고 인정되는 한도 내에서만** 피용자에 대하여 **손해배상을 청구하거나 그 구상권을 행사**할 수 있다고 할 것이나, 사용자의 감독이 소홀한 틈을 이용하여 <u>고의로 불법행위를 저지른 피용자가 바로 그 사용자의 부주의를 이유로 자</u><u>신의 책임의 감액을 주장하는 것은 신의칙상 허용될 수 없고</u>, 사용자와 피용자가 **명의대여자와 명의차용자**의 관계에 있다고 하더라도 마찬가지이다(대법원 2009. 11. 26. 선고 2009다59350 판결).

(b) 실제 채무자와 법정 채무자간

- 실제로 불법행위를 한 채무자와 피해자 구제를 위해 법령에 의해 손해배상책임을 지게 된 채무자가 부진정연대채무자인 경우가 있다. 이 경우 내부적으로는 전자가 손해 전부에 대한 구상의무를 진다.

- 사례: ㉠ 도급계약에서 하수급인 시공한 부분에 하자가 있는 경우, 도급인에게 부담하게 되는 하자보수에 갈음하는 손해배상채무는 수급인에게는 계약상의 채무이지만 하수급인에게는 법정채무이고, 이들은 부진정연대채무의 관계에 있다. ㉡ 하수급인이 시공한 부분에 대한 하자보수는 하수급인이 수급인에게 부담하는 하도급 계약상의 채무이므로, 이 부분에 대해 도급인에게 부담하는 손해배상채무는 하수급인이 100%를 분담해야 한다. 따라서 도급인에게 손해배상을 한 수급인은 그 전액을 하수급인에게 구상할 수 있다(2009다85861, 369면).

(2) 구상권의 내용

A. 개관

- 부진정연대채무자들 사이의 구상권도 피해자에게 손해배상금이 지급되어 공동면책이 된 때 발생하고, 그 가액에 대해서는 §425 ②이 유추적용된다.

> 공동불법행위자 사이의 구상권 **발생시점**은 구상권자가 현실로 피해자에게 손해배상금을 지급하여 공동면책이 된 때라 할 것이다. 한편 공동불법행위자간의 구상관계에도 준용되는 것으로 해석되는 제425조 제2항에 의해 공동불법행위자의 구상권에는 면책된 날 이후의 법정이자가 당연히 포함된다(대법원 2007. 10. 11. 선고 2005다7085 판결).

- 구상권은 발생 즉시 행사할 수 있으므로 구상권자가 공동면책을 위한 출연을 하여 구상권이 발생한 날부터 10년의 소멸시효가 진행한다.

> 피해자에게 손해배상을 한 어느 공동불법행위자의 보증인이 그 공동불법행위자 또는 다른 공동불법행위자에 대한 **구상권의 소멸시효 기간은 일반채권과 같이 10년**이고, 그 기산점은 구상권이 발생한 시점, 즉 보증인이 현실로 피해자에게 **손해배상금을 지급한 때**라고 할 것이다(대법원 2008. 7. 24. 선고 2007다37530 판결).

B. 연대채무와 다른 점: 사전통지·사후통지는 적용되지 않음

- §426는 채무자들간의 주관적 공동관계를 전제하는데 부진정연대채무는 이러한 관계를 전제하지 않는다. 따라서 부진정연대채무자들 간에는 사전통지·사후통지 의무가 인정되지 않는다.
- 선행 변제자가 사후통지를 하지 않은 경우, 후행 변제자가 사전통지를 했는지의 여부를 불문하고 항상 선행 변제만 유효이다. 후행 변제자는 채권자에게 §741 청

구를 하여 반환받을 수밖에 없다.

대법원 1998. 6. 26. 선고 98다5777 판결

‣ 제426조가 연대채무자 상호간에 통지의무를 인정하고 있는 취지는, 연대채무에 있어서는 채무자들 상호간에 공동목적을 위한 주관적인 연관관계가 있고 이와 같은 관계의 발생 근거가 된 대내적 관계에 터잡아 출연 분담에 관한 관련관계가 있게 되므로, 구상관계에 있어서도 상호 밀접한 주관적인 관련관계를 인정하고 변제에 관하여 상호 통지의무를 인정함으로써 과실 없는 변제자를 보다 보호하려는 데 있다.

‣ 그러므로 출연분담에 관한 주관적인 밀접한 연관관계가 없고, 단지 채권만족이라는 목적만을 공통으로 하고 있는 부진정연대채무에 있어서는 그 변제에 관하여 채무자 상호간에 통지의무 관계를 인정할 수 없고, 변제로 인한 공동면책이 있는 경우에 채무자 상호간에 어떤 대내적인 특별관계에서 또는 형평의 관점에서 손해를 분담하는 관계가 있게 되는데 불과하다고 할 것이므로, 부진정 연대채무에 해당하는 공동불법행위로 인한 손해배상채무에 있어서도 **구상요건으로서의 통지에 관한 민법의 위 규정을 유추 적용할 수는 없다.**

‣ 피고가 망 소외 1의 치료비를 먼저 지급하였다면, 그에 관하여 피고가 원고에게 사후통지를 하였는지, 또 그 후 원고가 다시 망 소외 1의 치료비를 지급하면서 피고에게 사전통지를 하였는지 그와 동일시할 수 있는 다른 사정이 있는지 여부를 불문하고, 선행 변제자인 피고는 후행 변제자인 원고에게 자신의 면책행위가 유효함을 주장할 수 있다고 할 것이다.

(3) 구상의무자가 여러 명인 경우

A. 원칙: 분할채무

• 구상의무자가 여러 명이면 이들은 각자의 부담 부분에 한하여 구상의무를 진다.
• 이 점은 연대채무의 경우에도 마찬가지이다(§425 ①).

공동불법행위자는 채권자에 대한 관계에서는 **부진정연대채무를 지되 공동불법행위자들 내부관계에서는 일정한 부담 부분이 있고, 이 부담부분은 공동불법행위자의 과실의 정도에 따라 정하여지는 것**으로서, 공동불법행위자 중 1인이 자기의 부담부분을 초과하여 변제함으로써 공동의 면책을 얻게 하였을 때에는 다른 공동불법행위자에게 그 **부담 부분의 비율에 따라 구상권**을 행사할 수 있다(대법원 2007. 10. 11. 선고 2005다7085 판결).

B. 예외: 부진정연대채무

- 구상권자가 피해자에게 법률에 의한 손해배상 책임을 지지만 손해 발생 자체에 대한 책임은 없는 경우, 손해 발생에 대해 책임이 있는 구상채무자들은 구상권자에 대해 부진정연대채무를 진다.
- 이러한 사안의 예로서 ㉠ 공동불법행위를 한 여러 명의 피용자가 사용자에게 부담하는 구상의무, ㉡ 중과실로 공동불법행위를 한 여러 명의 공무원이 국가에 대해 부담하는 구상의무 등을 들 수 있다.

> 공동불법행위자 중 1인에 대하여 **구상의무를 부담하는 다른 공동불법행위자가 수인인 경우에는 특별한 사정이 없는 이상 그들의 구상권자에 대한 채무는 각자의 부담 부분에 따른 분할채무**로 봄이 상당하지만, 구상권자가 법률에 의해 책임을 지게 되는 제756조의 사용자, 국가배상법상 국가 등과 같이 **구상권자에게는 과실이 없는 경우**, 즉 **내부적인 부담 부분이 전혀 없는 경우**에는 수인의 구상의무 사이의 관계를 **부진정연대관계**로 봄이 상당하다(대법원 2012. 3. 15. 선고 2011다52727 판결).

(4) 사례: 부진정연대채무자들 중 일부에 대한 보증인이 있는 경우

A. 개관: 보증인의 구상권

- 부진정연대채무자들 중 한 명에 대한 보증인이 자신의 출연으로 다른 부진정연대채무자도 공동면책 시킨 경우, 이러한 보증인은 ㉠ 자신의 주채무자에게는 전액을, 다른 부진정연대채무자들에게는 그 부담 부분의 한도에서 각 구상권을 행사할 수 있으며, ㉡ 이러한 구상권의 가액 한도 내에서 채권자가 부진정연대채무자들에 대해 가지는 채권과 담보권을 변제자대위할 수 있다(§481).

> 부진정연대채무자 중 1인을 위하여 **보증인이 된 자가 피보증인을 위하여 그 채무를 변제한 경우**에는 그 보증인은 **피보증인이 아닌 다른 부진정연대채무자들에 대하여는 그 부담 부분에 한하여** 구상권을 행사할 수 있다(대법원 2010. 12. 23. 선고 2010다52225 판결).

- 예컨대 甲에게 900만원의 부진정연대채무를 지고 있는 A·B·C 중 A에 대한 보증인인 乙이 甲에게 900만원 전액을 변제한 경우, ㉠ 乙은 A에게는 900만원 전액에 대해, B나 C에게는 각 300만원 한도 내에서 구상권을 행사할 수 있고, ㉡ 그 가액 한도 내에서 변제자대위를 근거로 甲이 A나 B·C에 대해 가지고 있던 원래

의 채권과 담보권을 행사할 수도 있다.

✓ 이 경우, A의 구상의무 이행이나 B·C의 구상의무 이행은 절대적 효력사유이므로, A, B·C는 乙에 대해 가액이 서로 다른 부진정연대채무를 부담한 것으로 볼 수 있다.

B. 사례: 수급인에 대한 보증인의 하수급인에 대한 변제자대위

(a) 사안의 개요

• 甲은 A와 공사도급계약을 체결했고 수급인 A의 채무를 乙이 보증했다. A는 공사의 일부를 B에게 하도급주었는데, B는 甲에게 2000만원 상당의 담보를 제공했다.

• B의 과실에 의한 하자로 인해 甲에게 1000만원의 손해가 발생하자 乙이 甲에게 1000만원을 지급했다.

(b) 쟁점과 판단

• 乙은 1000만원의 구상권을 가지며, 이러한 구상권은 피보증인(주채무자)인 A뿐 아니라 A의 부진정연대채무자 B에게도 행사할 수 있다. 따라서 乙은 B에 대한 구상권을 확보하기 위해 채권자 甲이 B에게 가지는 손해배상채권과 담보권을 대위 행사할 수 있다.

• B의 과실로 발생한 손해에 대해 A는 법령에 의한 부진정연대채무를 부담한 것이므로, 내부관계에서는 B가 전액을 분담해야 한다. 따라서 乙의 B에 대한 구상권의 가액은 1000만원이다. 乙은 甲의 B에 대한 담보 중 1000만원만큼만 행사할 수 있으므로 일부대위 사안으로 이어진다(§483).

대법원 2010. 5. 27. 선고 2009다85861 판결

‣ A는 甲에게 이 사건 건물신축 공사 전체에 대하여 시공상 잘못으로 말미암아 발생한 하자의 보수에 갈음하는 손해배상채무를 부담하는데 이는 공사도급계약에 따른 계약책임이며, 하수급인인 B는 하도급받은 철근콘크리트 공사에 대해 甲에게 A와 동일한 채무를 부담하는데, 이는 법률에 의하여 특별히 인정되는 책임이므로 A·B 의 각 채무는 서로 별개의 원인으로 발생한 독립된 채무이기는 하지만, 어느 것이나 甲에 대하여 시공상 잘못으로 말미암아 발생한 하자의 보수에 갈음하는 손해를 배상하려는 것으로서 서로 동일한 경제적 목적을 가지고 있으므로, 양 채무는 서로 중첩되는 부분에 관하여 부진정연대채무 관계에 있다.

‣ 부진정연대채무자 A·B 중 A에 대해서만 연대보증을 한 乙이 피해자인 채권자 甲에 대하여 손해배상을 한 경우 乙은 A와 부진정연대채무 관계에 있는 B에 대하여

그 부담 부분에 한하여 직접 구상권을 행사할 수 있고, 이 구상권을 확보하기 위하여 채권자 甲을 대위하여 甲의 B에 대한 채권 및 그 담보에 관한 권리를 구상권의 범위 내에서 행사할 수 있다.

- 법령을 근거로 인정되는, 하수급인 B의 하자보수에 갈음하는 손해배상채무는 하도급인 A와 B의 내부 관계에서는 B가 A에게 하도급계약상 부담하여야 하는 채무이므로 그 구상의무는 B가 전부 부담하여야 한다고 봄이 상당하다.

(c) 변형: 구상보증인이 있는 경우

- 사안의 개요: 위의 예에서 乙의 甲과 보증계약을 체결할 때 장차 乙이 A에 대해 가질 수 있는 구상권에 대해 丙이 乙과 구상보증 계약을 체결했다. 乙이 甲에게 손해배상금을 지급한 후 丙이 乙에게 구상보증계약에 따라 1000만원을 지급했다.
- 쟁점과 판단: 이 경우 구상보증인 丙은 보증인 乙의 권리에 대해 변제자대위권을 행사할 수 있다. 따라서 丙은 乙이 다른 부진정연대채무자 B에게 행사할 수 있는 분담부분 구상권뿐 아니라, 乙이 위 분담부분 구상권의 한도 내에서 행사할 수 있는 변제자대위권도 대위행사할 수 있다. 따라서 丙은 甲이 B에 대해 행사할 수 있는 담보권을 대위행사할 수 있다.

공동불법행위자를 위하여 보증인이 된 자가 피보증인을 위하여 손해배상채무를 변제한 경우, 그 보증인은 피보증인이 아닌 다른 공동불법행위자에 대하여 그 부담 부분에 한하여 구상권을 행사할 수 있고, 이러한 법리는 보증인에 대하여 부담하는 구상채무를 보증한 **구상보증인이 피보증인을 위하여 그 구상채무를 변제한 경우에도 마찬가지**라고 할 것이어서, 그 **구상보증인은 피보증인이 아닌 다른 공동불법행위자에 대하여 그 부담 부분에 한하여 구상권을 행사할 수 있다**(대법원 2008. 7. 24. 선고 2007다37530 판결).

C. 비교: 다른 부진정연대채무자가 구상권자가 된 경우 보증인의 책임

(a) 사안의 개요

- 채권자 甲에 대한 공동불법행위자 A·B 중 A에게만 보증인 乙이 있었고, 손해액은 1000만원이며, A와 B의 책임분담비율은 6 : 4이다.
- B가 甲에게 1000만원 전액을 변제했는데 A가 무자력인 경우 乙에게 구상권을 행사할 수 있는지가 문제된다.

(b) 쟁점과 판단

• B는 乙에게 직접 구상권을 행사할 수는 없다. 다만 B는 A에게 600만원의 구상권을 가지게 되므로 변제자대위를 근거로 甲이 A에 대해 가지는 채권·담보권을 행사할 수 있다. 따라서 B는 甲을 대위하여 乙에 대한 보증채권을 행사할 수 있다.

• 이 경우 甲이 乙에 대해 1000만원 전액에 대한 집행권원을 확보한 경우에도 전액을 행사할 수 없으므로, 600만원에 대해서만 승계집행문을 받기 위해 거듭 乙을 상대로 구상금청구 소송을 제기할 소의 이익이 있다. 이에 비해 만약 부진정연대채무자들간 책임분담 비율이 100:0인 경우처럼 부진정연대채무자가 1000만원 전액에 대해 구상권을 가진다면 乙에 대한 구상금청구 소송은 각하될 것이다.

대법원 1991. 10. 22. 선고 90다20244 판결

‣ 수인의 불법행위로 인한 손해배상책임은 **부진정연대채무이나, 구상권행사에 있어서는 성질상 연대채무에 관한 규정이 준용된다**고 할 것인데 제425조 제1항에 의한 구상권 행사의 상대방은 공동면책이 된 다른 연대채무자에 한하는 것이며 다른 연대채무자가 그 채권자에게 부담하는 채무를 연대보증한 연대보증인은 그 연대채무자와 연대하여 채권자에게 채무를 변제할 책임을 지는데 불과하고 채무를 변제한 연대채무자에게까지 그 연대보증한 연대채무자의 부담부분에 관한 채무를 변제할 책임을 부담하는 것은 아니라고 할 것이다.

‣ 乙이 A의 甲에 대한 채무를 연대보증한 상태에서, 甲이 A·B와 乙을 상대로 한 손배청구소송을 제기하여 A·B는 공동으로, 乙은 A과 연대하여 손해액 상당의 청구금액을 甲에게 지급하라는 내용의 판결이 선고·확정되었다고 하여도, **乙의 보증채무의 성질이 변하여 연대채무가 되는 것은 아니**므로 乙이 B의 변제로 인해 甲에 대한 연대보증책임을 면하게 되었다고 하여서 B가 乙에 대해 직접 구상권을 취득할 수 있는 것은 아니다.

‣ 이 사건 원고인 B가 위 확정판결에 의한 채무명의 금액 가운데 A의 부담부분에 한하여 구상할 수 있을 뿐인데 그 확정판결에서는 B가 구상할 수 있는 부담부분 즉 B와 A의 부담부분을 확정하고 있지 않기 때문에 B가 위 확정판결에 대한 승계집행문을 부여받는다 하여도 그가 구상하고자 하는 부분에 대한 집행을 할 수는 없으므로 구상범위를 확정하기 위하여는 별도의 구상금청구 소송을 제기할 소의 이익이 있다.

7장

보증채무

보증채무

I 개관

1. 보증채무의 특징: 독립성, 동일성, 부종성·보충성

- 독립성: 보증채무는 보증채무자와 채권자가 체결한 보증계약의 효과로서 발생하는 독립된 채무이다. 따라서 보증채무의 성립 시기, 변제기, 손해배상액 예정 약정 등은 주채무와 다르게 정해질 수 있다.
- 급부의 동일성: 보증채무의 급부는 주채무의 급부의 전부나 일부를 하는 것이므로 채무의 중첩이 발생한다. 따라서 연대채무 등과 마찬가지로 대외관계, 내부관계가 문제된다.
- 부종성·보충성: 보증채무는 주채무 실현을 담보하는 기능을 한다. 따라서 주채무에 대한 부종성·보충성이 인정된다. 즉 주채무가 소멸하면 그 원인을 따지지 않고 보증채무도 소멸하며, 채권자는 주채무자로부터 변제받지 못한 부분에 한해 보증채무자에게 이행을 청구할 수 있다. 이 점에서 연대채무 등과 다르다.

2. 물상보증인

가. 개관

- 타인의 채무를 담보하기 위해 자신의 물건에 담보권을 설정한 자를 물상보증인이라고 한다(§341, §370).
- 물상보증은 채권자와 물상보증인 사이의 계약으로 성립한다는 점, 담보 기능을 하기 때문에 주채무에 대한 부종성·보충성이 인정된다는 점 등에서 보증과 비슷하지만, 구체적인 법률관계에 있어서는 보증과 다른 점들이 있다.
- 특히 「보증인 보호를 위한 특별법」은 법 §2 1호의 문리해석상 물상보증인에 대해

서는 적용될 수 없다(대법원 2015. 3. 26. 선고 2014다83142 판결).

나. 대외관계

(1) 개관

• 물상보증인은 보증인과는 달리 채무를 부담하지는 않는다. 따라서 ㉠ 채권자의 채권 행사를 전제한 보증인의 항변권(§433~§435)은 적용될 여지가 없고, ㉡ 물상보증인은 피담보채권액만 변제하면 담보권 말소등기를 청구할 수 있다(대법원 1974. 12. 10. 선고 74다998 판결). 주채무자의 채무 전부가 아니라 법정된 가액만 변제하면 담보권 말소등기 청구를 할 수 있다는 점에서 §364의 제3취득자의 지위와 비슷하다.

물상보증은 채무자 아닌 사람이 채무자를 위하여 담보물권을 설정하는 행위이고 물상보증인은 담보물로 **물적 유한책임만을 부담할 뿐 채권자에 대하여 채무를 부담하지 않는다**(대법원 2018. 4. 10. 선고 2017다283028 판결).

• 주채무가 변제 등으로 소멸하면 물상보증인이 제공한 담보물권도 소멸한다. 이것은 담보물권의 부종성이 반영된 것이므로 주채무를 소멸하게 한 사유에 절대적 효력이 인정되는지와는 무관하게 발생하는 효과이다.

(2) 사례: 주채무에 대한 소멸시효와 물상보증인의 지위

A. 시효중단의 효력이 미치는 범위

• 물상보증인은 채무자가 아니므로 채권자가 물상보증인에게 이행 청구를 하더라도 주채무에 대한 시효중단 사유로 인정될 수 없다. 따라서 물상보증인이 제기한 담보권 말소등기 청구소송에서 채권자가 적극 응소하여 그 피담보채권의 존재를 주장하고 이 주장이 받아들여져 물상보증인인 원고에 대해 패소 판결이 확정되더라도 주채무인 피담보채무의 소멸시효 진행을 막지 못한다.

물상보증인도 소멸시효 완성의 효과를 주장할 수 있지만 **채권자에 대하여는 아무런 채무도 부담하고 있지 아니하므로**, 물상보증인이 그 피담보채무의 부존재 또는 소멸을 이유로 제기한 저당권설정등기 말소등기절차이행청구소송에서 채권자 겸 저당권자가 청구기각의 판결을 구하고 **피담보채권의 존재를 주장**했더라도 이로써 **직접 채무자에 대하여 재판상 청구를 한 것으로 볼 수는 없는** 것이므로 피담보채권의 소멸시효에 관하여 규정한 제168조 제1호의 '청구'에 해당하지 아니한다(대법원 2004. 1. 16. 선고 2003다30890 판결).

- 채권자가 물상보증인 소유 담보물에 대한 경매를 신청하여 압류가 마쳐졌더라도 주채무자에게 §176의 통지를 하지 않는 한 주채무에 대한 시효중단효가 발생하지 않는다.

  채권자가 **물상보증인에 대하여 그 피담보채권의 실행으로서 임의경매를 신청**하여 경매법원이 경매개시결정을 하고 경매절차의 이해관계인으로서의 **채무자에게 그 결정의 송달되거나 또는 경매기일이 통지된 경우에만** 시효의 이익을 받는 **채무자는 제176조**에 의하여 피담보채권의 소멸시효 중단의 효과를 받는다(대법원 1997. 8. 29. 선고 97다12990 판결).

B. 소멸시효가 완성된 경우(2018다38782, 민총물권, 380면)
- 주채무가 시효소멸한 경우 물상보증인도 '직접 수익자'로서 소멸시효 완성이라는 효과를 원용할 수 있다.
- 주채무자의 시효이익 포기는 물상보증인에게는 효력이 없다. 예컨대 甲이 자신의 부동산에 乙의 丙에 대한 채권을 피담보채권으로 하는 乙명의 근저당권을 설정해 주었는데, 위 피담보채권이 그 성립일로부터 10년을 경과하여 소멸시효가 완성된 후 채무자인 丙이 변제를 약정함으로써 소멸시효의 이익을 포기한 것으로 인정되더라도 물상보증인 甲은 독자적으로 피담보채권의 소멸시효 완성을 전제로 담보권 말소등기 청구를 할 수 있다. 이때 甲의 채권자인 丁도 甲을 대위하여 피담보채권의 소멸시효 완성을 주장할 수 있다.

다. 내부관계

(1) 원칙: 보증인에 준하는 지위

A. 의미
- 물상보증인이 주채무를 변제하면 제3자의 변제에 해당하지만, 명문 규정(§341, §370)에 의해 보증인에 준하여 주채무자에 대한 구상권을 가진다. 또한 변제자대위에 있어서도 보증인과 물상보증인은 평등하게 다루어진다(§482 ② 5 1문 참조, 후술).
- 여러 명의 물상보증인 간의 변제자대위에 대해서는 제3취득자 간 변제자대위에 관한 조항이 준용된다(§482 ② 4호에 의한 같은 항 3호의 준용, 후술).

제341조(물상보증인의 구상권) 타인의 채무를 담보하기 위한 질권설정자가 그 채무를 변제하거나 질권의 실행으로 인하여 질물의 소유권을 잃은 때에는 보증채무에 관한 규정에 의하여 채무자에 대한 구상권이 있다.

제370조(준용규정) 제341조의 규정은 저당권에 준용한다.

B. 적용범위

- 물상보증인으로부터 담보물을 양수한 제3취득자는 물상보증인의 지위를 승계한다. 따라서 물상보증인에 준하여 주채무자에 대한 구상권과 변제자대위권을 가진다.

타인의 채무를 담보하기 위하여 저당권을 설정한 부동산의 소유자인 **물상보증인으로부터 저당부동산의 소유권을 취득한 제3취득자**는 그 저당권이 실행되면 저당부동산에 대한 소유권을 잃는다는 점에서 **물상보증인과 유사한 지위**에 있다고 할 것이다. 따라서 물상보증 목적물의 제3취득자가 피담보채무를 변제하거나 저당권의 실행으로 인하여 저당부동산의 소유권을 잃은 때에는 물상보증인의 구상권에 관한 제370조, 제341조의 규정을 **유추적용**하여, 보증채무에 관한 규정에 의해 채무자에게 구상권이 있다(대법원 2014. 12. 24. 선고 2012다49285 판결).

- 담보물이 부동산인 경우는 물론 채권인 경우에도 같은 법리가 적용된다. 예컨대 물상보증인이 채권자에게 채권질권을 설정해 준 경우에도 구상관계에 있어서는 보증인에 준하는 지위가 인정된다(§341, §355).

타인의 채무를 담보하기 위하여 자신의 채권에 질권을 설정하여 준 물상보증인은 채무자의 채무를 변제하거나, 질권의 실행으로 인하여 질물의 소유권을 잃은 경우, **제355조에 의하여 준용되는 제341조**에 의하여 채무자에 대하여 구상권을 갖게 된다(대법원 2007. 5. 31. 선고 2005다28686 판결).

(2) 예외: 보증인과 다른 점

A. 구상권의 가액 산정

- 물상보증인이 경매 절차에서 소유권을 상실한 경우 주채무자는 매수인이 납부한 매각 대금 상당액만큼 면책되지만, 매각 대금 납부 당시 담보물의 시가가 매각 대금보다 높았다면 그 차액도 구상권의 가액에 포함된다. §425 ②의 '손해'에 해당

하기 때문이다.

- 예컨대 甲에 대한 乙의 채무 3억원을 담보하기 위해 丙 소유 X부동산에 저당권이 설정된 후 X부동산에 대한 임의경매가 실시된 사안에서, X부동산의 시가는 4억원이었지만 유찰로 인해 3억원에 매각되었다면, 丙의 乙에 대한 구상권의 원금은 4억원이다.

> 물상보증인이 담보권의 실행으로 타인의 채무를 담보하기 위하여 제공한 부동산의 소유권을 잃은 경우 **물상보증인이 채무자에게 구상할 수 있는 범위는 담보권의 실행으로 부동산의 소유권을 잃게 된 때, 즉 매수인이 매각대금을 다 낸 때의 부동산 시가를 기준**으로 하여야 하고, 매각대금을 기준으로 할 것이 아니다. 경매절차에서 유찰 등의 사유로 시가에 비하여 낮은 가격으로 매각되는 경우, 시가와 매각대금의 차액에 해당하는 손해는 채무자가 채무불이행에 따른 담보권의 실행으로 **물상보증인에게 발생한 손해**이므로, 이를 채무자에게 구상할 수 있어야 하기 때문이다(대법원 2018. 4. 10. 선고 2017다283028 판결).

B. 사후구상권만 인정되고 사전구상권은 인정되지 않음

- 주채무자의 부탁을 받은 물상보증인이더라도 사후구상권만 인정되고 사전구상권은 인정되지 않는다.
- 논거: ㉠ 사전구상권은 주채무자 대신 채무를 변제해야 하는 상황에 처한 보증인을 보호하기 위해 인정되는 것인데, 물상보증인은 애초에 '채무'를 부담하지 않는다. ㉡ 물상보증인의 구상권은 담보권이 실행되어야 비로소 그 가액이 정해지기 때문에 사전구상권을 인정하더라도 그 가액을 특정할 수 없다.

> 물상보증이 채무자를 대신해서 채무를 이행하는 사무의 처리를 위탁받는 것이 아니므로 물상보증인은 담보물로서 물적 유한책임만을 부담할 뿐 채권자에 대하여 채무를 부담하는 것이 아닌 점, 물상보증인이 채무자에게 구상할 **구상권의 범위는 채무를 변제하거나 담보권의 실행으로 담보물의 소유권을 상실하게 된 시점에 확정**된다는 점 등을 종합하면, **수탁보증인의 사전구상권에 관한 제442조는 물상보증인에게 적용되지 아니하고 물상보증인은 사전구상권을 행사할 수 없다**(대법원 2009. 7. 23. 선고 2009다19802 판결).

라. 사례: 보증인 겸 물상보증인

(1) 문제의 소재

* 동일한 주채무에 대해 동일인이 보증인과 물상보증인의 지위를 모두 가지는 경우, 각 지위가 독립적인지가 문제된다.
* 당사자의 의사를 고려할 때 채권자에게 유리하게 해석할 필요가 있다.

(2) 원칙: 누적·단절

* 보증계약과 물상보증계약 사이의 유인관계나 소멸의 견련성은 인정되지 않으므로, 물상보증계약이 해제되더라도 보증계약에 대해 별도의 무효·취소나 해제 사유가 없는 한, 보증인으로서의 지위는 그대로 유지된다.

> 동일채권의 담보를 위하여 연대보증계약과 물상보증계약이 체결되었다 하더라도 연대보증계약과 물상보증계약은 **별개의 계약으로서 법률상 부종성이 없으므로** 성립과 소멸이 따로 다루어져야 할 것이어서 물상보증 계약이 해제되었다 하더라도 특약이 없는 이상, 연대보증계약도 그와 운명을 같이하여 동시에 해제된다고 할 수 없다(대법원 1988. 12. 6. 선고 87다카2787 판결).

* 보증과 물상보증으로 담보되는 주채무의 내용·범위가 같더라도, 누적적 담보 제공으로 해석되는 것이 원칙이다. 예컨대 乙이 甲에게 부담한 2억원의 금전채무에 대해 丙이 보증한도액 1억원인 보증계약과 피담보채권액 1억원인 담보권 설정을 모두 하였고 甲에게 변제충당 지정권을 준 경우, 丙이 甲에게 임의로 1억원을 지급한 후 甲이 보증채무에 충당한다고 지정했는데도 담보권 말소등기 청구를 하려면 의사표시 해석상 위 보증과 물상보증이 중첩적 담보제공이라는 취지의 약정이 있었음이 증명되어야 한다.

> 동일한 사람이 동일 채권의 담보를 위하여 연대보증계약과 근저당설정계약을 체결한 경우라 하더라도, 위 두 계약은 **별개의 계약**이므로, **연대보증책임의 범위가 근저당권의 채권최고액의 범위 내로 제한**되기 위하여는 이를 인정할 만한 **특별한 사정**의 존재가 입증되어야 하는 것이다(대법원 1993. 7. 13. 선고 93다17980 판결).

(3) 중첩으로 인정되는 경우

* 전제: 보증과 물상보증이 중첩적 담보로 설정되었음이 증명되어야 한다.
* 이 경우, 담보물권이 소멸하면 보증계약도 소멸한다. 다만 보증계약은 장래를 향

하여 소멸하므로 담보물권 소멸 전에 이미 발생한 주채무에 대한 보증채무는 유지된다.

> 물상보증과 연대보증의 **피담보채무의 중첩성이 인정**될 경우, 특히 근저당권이 담보하는 피담보채무와 연대보증계약상의 주채무가 동일한 것으로 보아야 할 경우에 달리 특별한 사정이 없는 한 근저당권의 소멸과 동시에 연대보증계약도 해지되어 **장래에 향하여** 그 효력을 상실한다고 봄이 상당하므로 연대보증인은 해지 이전에 발생한 보증채무에 대하여는 면제 등의 특별한 사정이 없는 한 그 책임을 면할 수는 없다(대법원 1997. 11. 14. 선고 97다34808 판결).

* 근보증인 겸 물상보증인이 책임재산 경매로 인해 즉 물상보증인으로서 변제한 가액도 근보증의 한도액에서 공제되어야 한다.

> 근보증약정과 근저당권설정계약은 별개의 계약으로서 원칙적으로 그 성립과 소멸이 따로 다루어져야 할 것이나, 근보증의 주채무와 근저당권의 **피담보채무가 동일한 채무**인 이상 근보증과 근저당권은 특별한 사정이 없는 한 동일한 채무를 담보하기 위한 **중첩적인 담보로서 근저당권의 실행으로 변제를 받은 금액은 근보증의 보증한도액에서 공제**되어야 한다(대법원 2004. 7. 9. 선고 2003다27160 판결).

Ⅱ 보증채무의 성립

1. 개관

* 보증채무가 성립하려면 채권자와 보증인 사이에서 보증계약이 유효하게 성립해야 한다.
* 다만 보증계약이 유효하게 성립했더라도 주채무가 존재하지 않으면 보증채무도 소멸한다. 담보 기능이라는 본질을 반영하여 부종성이 인정되기 때문이다.

2. 보증계약

가. 보증계약의 성립요건

(1) 당사자

* 보증계약의 당사자는 보증인과 채권자이며, 주채무자는 보증계약의 당사자가 아

니다.
- 비교: 보증보험 계약은 보험자와 주채무자가 계약을 체결하는 당사자라는 점에서 보증계약과 다르지만 그 효과에 대해서는 성질에 반하지 않는 한 민법상 보증에 관한 규정들이 준용된다.

> 상법 제726조의5(보증보험자의 책임) 보증보험계약의 보험자는 보험계약자가 피보험자에게 계약상의 채무불이행 또는 법령상의 의무불이행으로 입힌 손해를 보상할 책임이 있다.

> 상법 제726조의7(준용규정) 보증보험계약에 관하여는 그 성질에 반하지 아니하는 범위에서 보증채무에 관한 「민법」의 규정을 준용한다.

(2) 계약의 성립요건·유효요건

A. 개관: 계약의 일반적 성립요건, 유효요건
- 보증계약도 계약의 일종이므로, 계약의 일반적인 성립요건·유효요건이 모두 적용된다.
- 다만 보증계약은 편무·무상계약이라는 특징으로 인해 보증인을 보호할 필요가 있으므로 요식계약으로 규정되어 있다.

B. 보증계약의 요식성(§428의2)

(a) 내용
- 보증 의사표시는 보증인이 기명·날인 또는 서명한 서면으로 표시되지 않으면 무효이다. 기명·날인은 대행이 가능하지만 서명은 반드시 보증인이 자필로 해야 한다(대법원 2019. 3. 14. 선고 2018다282473 판결).
- 실제 서면이 작성되어야만 하고 전자적 형태로 표시된 보증 의사표시는 무효이다.

> 제428조의2(보증의 방식) ① 보증은 그 의사가 보증인의 기명날인 또는 서명이 있는 서면으로 표시되어야 효력이 발생한다. 다만 보증의 의사가 전자적 형태로 표시된 경우에는 효력이 없다.

(b) 적용범위
- 보증계약의 요식성은 물상보증을 비롯하여 민법상의 모든 보증에 대해 적용된다.
- 보증계약의 요식성은 보증계약을 체결할 때는 물론 보증계약이 적법하게 체결된 후 주채무와 보증채무의 내용을 보증인에게 불리하게 변경할 때도 적용된다. 이

에 비해 주채무의 내용은 그대로 유지한 채 보증계약의 내용만 보증인에게 불리하게 변경하는 경우에는 §428의2에 따른 서면이 작성되더라도 변경된 내용은 보증인에게 적용되지 않는다(§430 참조).

> 제428조의2(보증의 방식) ② 보증채무를 보증인에게 불리하게 변경하는 경우에도 제1항과 같다.

- 사례: 물상보증인과 채권자 사이에서 보증 서면은 작성되지 않았으나 근저당권 설정등기 신청서에 근저당권 설정계약서는 첨부된 경우, 이 계약서를 보증 의사를 표시한 서면이라고 단정할 수 없으므로 보증계약도 성립한 것으로 인정될 수 없다. 물상보증 계약과 보증 계약은 별개의 계약이며, §482의2의 '보증 의사표시가 표시된 서면'인지의 여부는 엄격하게 판단해야 하기 때문이다.

> 민법은 구 보증인보호법 제3조의 규정을 반영하여 제428조의2를 신설함으로써 구 보증인보호법의 적용 대상인 보증뿐 아니라 민법상 모든 보증에 있어서 서면 방식을 도입하였다. 보증은 특별한 사정이 있을 경우에 이루어지는 것이므로, **보증의사의 존재나 보증범위는 이를 엄격하게 제한하여 인정**하여야 한다. 근저당권설정계약 당사자인 근저당권자와 근저당권설정자 사이에 근저당권설정을 목적으로 하는 합의가 있음을 증명하는 내용인 점, 물상보증으로서 근저당권설정계약과 인적보증으로서 보증계약은 별개의 계약이라는 점을 고려하면, 근저당권설정계약서가 '보증의사가 표시된 서면'인지 여부는 엄격하게 판단하여야 한다(대법원 2022. 3. 17. 선고 2021다296120 판결).

(c) 소극적 요건

- 법정 방식을 갖추지 못한 보증계약에 따라 이미 보증인이 보증채무를 이행한 경우에는 그 한도에서 요식성 결여를 이유로 보증계약의 무효를 주장할 수 없다.
✓ 법적 안정성을 고려한 것으로 보이지만 보증계약의 유효 여부가 채권자 아닌 제3자에게 영향을 미치는 경우는 드물기 때문에 굳이 이런 조항을 둘 필요가 있었는지는 의문이다.

> 제428조의2(보증의 방식) ③ 보증인이 보증채무를 이행한 경우에는 그 한도에서 제1항과 제2항에 따른 방식의 하자를 이유로 보증의 무효를 주장할 수 없다.

나. 추가요건

(1) 주채무자에게 보증인을 세울 의무가 있는 경우: 보증인의 행위능력과 자력

> 제431조(보증인의 조건)
> ① 채무자가 보증인을 세울 의무가 있는 경우에는 그 보증인은 행위능력 및 변제자력이 있는 자로 하여야 한다.
> ② 보증인이 변제자력이 없게 된 때에는 채권자는 보증인의 변경을 청구할 수 있다.
> ③ 채권자가 보증인을 지명한 경우에는 전2항의 규정을 적용하지 아니한다.

> 제432조(타담보의 제공) 채무자는 다른 상당한 담보를 제공함으로써 보증인을 세울 의무를 면할 수 있다.

(2) 「보증인 보호를 위한 특별법」이 적용되는 경우: 보증한도액의 특정

A. 적용범위

- 이 법은 형식·명칭을 불문하고 채무자가 채권자에 대한 금전채무를 이행하지 아니하는 경우에 보증인이 그 채무를 이행하기로 하는 채권자와 보증인 사이의 계약에 대해 적용된다. 다만 법 §2 1호 본문의 문리해석상 §429 ①에 따른 보증채무를 부담하는 자에 대해서만 적용되므로, 물상보증인에 대해서는 적용되지 않는다(대법원 2015. 3. 26. 선고 2014다83142 판결).
- 이 법은 보증인이 이른바 기관보증인인 경우, 기업의 대표자 등인 경우, 동업과 관련한 채무를 보증한 경우 등에 대해서는 적용되지 않는다(법 §2 1호 가 ~ 바목).
- 이 법은 편면적 강행규정이다(법 §11).

B. 보증채무 최고액의 특정

- 이 법이 적용되는 경우, 보증계약 체결시는 물론 갱신시에도 보증채무의 최고액을 서면으로 특정해야 한다(법 §4).
- 보증채무 최고액이 서면으로 특정되지 않았다면 보증계약은 무효이다(법 §11).

다. 채권자의 정보제공·통지의무

(1) 민법상의 의무

A. 내용

- 보증계약을 체결하거나 갱신할 때, 채권자가 주채무자의 채무와 관련된 신용정보를 보유하거나 알고 있었고 이러한 신용정보가 보증인의 보증계약의 체결 여

부나 그 내용에 영향을 미칠 수 있다고 여겨지면, 채권자는 이를 보증인에게 알려주어야 한다.

- 보증계약 체결 후에도, ㉠ 주채무자가 3개월 이상 이행지체에 빠졌거나 ㉡ 이행기 도래 전에 주채무의 이행불능이 발생하거나 ㉢ 주채무자의 신용정보에 중대한 변화가 생겼다는 사실을 알게 된 채권자는 지체 없이 보증인에게 이러한 사실을 알려야 한다. 또한 ㉣ 채권자는 보증인이 요구하면 언제든지 주채무의 내용과 이행 상황을 알려야 한다.

> 제436조의2(채권자의 정보제공의무와 통지의무 등)
> ① 채권자는 보증계약을 체결할 때 보증계약의 체결 여부 또는 그 내용에 영향을 미칠 수 있는 주채무자의 채무 관련 신용정보를 보유하고 있거나 알고 있는 경우에는 보증인에게 그 정보를 알려야 한다. 보증계약을 갱신할 때에도 또한 같다.
> ② 채권자는 **보증계약을 체결한 후**에 다음 각 호의 어느 하나에 해당하는 사유가 있는 경우에는 지체 없이 보증인에게 그 사실을 알려야 한다.
>   1. 주채무자가 원본, 이자, 위약금, 손해배상 또는 그 밖에 주채무에 종속한 채무를 3개월 이상 이행하지 아니하는 경우
>   2. 주채무자가 이행기에 이행할 수 없음을 미리 안 경우
>   3. 주채무자의 채무 관련 신용정보에 중대한 변화가 생겼음을 알게 된 경우
> ③ 채권자는 보증인의 청구가 있으면 주채무의 내용 및 그 이행 여부를 알려야 한다.

B. 법적 성질
- 이러한 채권자의 의무는 간접의무이다.
- 따라서 이를 위반해도 보증인에 대한 채권자의 손해배상채무가 발생하는 것은 아니고, 법원의 재량에 의한 보증채무의 감경 또는 면제라는 불이익이 채권자에게 부과될 뿐이다.

> 제436조의2(채권자의 정보제공의무와 통지의무 등) ④ 채권자가 제1항부터 제3항까지의 규정에 따른 **의무를 위반하여 보증인에게 손해를 입힌 경우**에는 법원은 그 내용과 정도 등을 고려하여 보증채무를 감경하거나 면제할 수 있다.

(2) 「보증인 보호를 위한 특별법」이 적용되는 경우

A. 통지의무(법 §5)
- 채권자가 이 법 §2 3호의 금융기관에 해당하는 경우, 채권자는 주채무자가 원본·

이자 그 밖의 채무를 1개월 이상 연체하면 지체 없이 그 사실을 보증인에게 알려야 한다(법 §5 ②).

- 채권자가 이 법 §5 ①∼③의 의무를 위반한 경우, 보증인은 이로 인해 발생한 손해의 한도에서 채무를 면한다. 이 법 §5 ①, ③과 §436의2 ①, ③은 사실상 같은 내용을 규정하고 있으므로, 채권자가 이러한 의무를 위반하여 보증인에게 손해가 발생한 경우에 민법이 적용되면 법원의 재량으로 보증채무를 감경 또는 면제할 수 있는 데 비해(§436의2 ④) 이 법이 적용되면 법률에 의해 당연히 채무가 면제된다는 점이 다르다.

B. 채권자가 금융기관인 경우의 특칙(법 §8)

- 채권자가 법 §2 3호의 금융기관에 해당하는 경우, 보증계약 체결시는 물론 이를 갱신할 때도 채무자의 동의를 얻어 채무자의 신용관련 정보를 보증인에게 서면으로 제시하고 그 서면에 보증인의 기명날인·서명을 받아야 한다. 만약 금융기관이 이러한 정보를 제시하지 않으면 보증인은 정보 제시를 요구할 수 있다.
- 금융기관이 정보 제시를 하지 않으면 보증인은 정보 미제시 사실을 안 날부터 1개월 이내에 보증계약 해지를 통고할 수 있는 형성권이 있다. 다만 통고 후 1개월의 유예기간이 경과해야 해지의 효력이 발생한다.

3. 보증채무의 부종성

가. 의미

(1) 개관

- 보증채무는 주채무를 담보하기 위한 것이므로, 주채무가 존재하지 않으면 보증채무도 인정되지 않는다. 따라서 주채무의 원인계약에 무효·불성립, 취소·해제 등의 사유가 있어서 주채무가 존재하지 않으면, 보증계약 자체에는 이러한 사유가 없더라도 보증채무 역시 존재하지 않는다.
- 비교: 주채무가 유효하게 성립한 후 변제 등에 의해 후발적으로 소멸하면 보증채무도 소멸하는데 이것은 채무의 중첩이라는 성질을 반영한 것이다.

(2) 예외

A. 장래채무에 대한 보증계약

- 보증계약 당시에 주채무가 아직 존재하지는 않았으나 그 성립의 원인이 되는 법률관계가 성립했고 주채무의 내용도 확정되어 있었으면, 이러한 장래 채무에 대

한 보증계약은 유효이다.

✓ 보증계약에 주채무의 실제 성립이라는 정지조건이 붙은 것으로 해석할 수 있다.

> 제428조(보증채무의 내용) ② 보증은 장래의 채무에 대하여도 할 수 있다.

주채무 발생의 원인이 되는 기본계약이 반드시 보증계약보다 먼저 체결되어야만 하는 것은 아니고, **보증계약 체결 당시 보증의 대상이 될 주채무의 발생원인과 그 내용이 어느 정도 확정**되어 있다면 장래의 채무에 대해서도 유효하게 보증계약을 체결할 수 있다(대법원 2006. 6. 27. 선고 2005다50041 판결).

B. 근보증(계속적 보증)

(a) 성립

- 근보증은 확정되지 않은 채무를 주채무로 하는 보증을 뜻한다.
- 주채무의 최고액 명시: 근보증 계약이 유효가 되려면 ㉠ 주채무의 최고액이 보증인이 기명·날인 또는 서명한 서면에 명시적으로 기재되어 있거나, ㉡ 이러한 서면에 객관적으로 보증한도액을 알 수 있을 정도의 구체적인 내용이 기재되어 있어서 주채무의 최고액이 명시된 것과 동일시할 수 있을 정도라고 인정되어야 한다.

> 제428조의3(근보증)
> ① 보증은 불확정한 다수의 채무에 대해서도 할 수 있다. 이 경우 보증하는 채무의 최고액을 서면으로 특정하여야 한다.
> ② 제1항의 경우 채무의 최고액을 제428조의2 제1항에 따른 서면으로 특정하지 아니한 보증계약은 효력이 없다.

제428조의3은 불확정한 다수의 채무에 대하여 보증하는 경우 보증인이 보증을 함에 있어 자신이 지게 되는 법적 부담의 한도액을 미리 명확하게 알 수 있도록 함으로써 보증인을 보호하려는 데에 그 입법 취지가 있다. 이러한 입법 취지에 비추어 볼 때 보증인의 보증의사가 표시된 서면에 ㉠ 보증채무의 최고액이 명시적으로 기재되어 있어야 하고, 보증채무의 최고액이 명시적으로 기재되어 있지 않더라도 ㉡ 그 서면 자체로 보아 보증채무의 최고액이 얼마인지를 객관적으로 알 수 있는 등 보증채무의 최고액이 명시적으로 기재되어 있는 경우와 동일시할 수 있을 정도의 구체적인 기재가 필요하다(대법원 2019. 3. 14. 선고 2018다282473 판결).

(b) 사정변경으로 인한 해지권

- 근보증은 대개 주채무자와 보증인 간의 인적 신뢰관계를 반영한 것이다. 따라서 이러한 인적 관계에 변동이 생기면 보증인은 사정변경 원칙을 근거로 근보증계약을 해지할 수 있다. 예컨대 乙이 甲회사의 임원으로 선임되면서 甲의 채무에 대한 근보증인이 된 경우, 乙이 甲회사에서 해임되면 일방적으로 위 근보증계약을 해지할 수 있다.
- 구상보증인도 주채무자와의 인적 신뢰관계 소멸을 이유로 근구상보증계약을 해지할 수 있다.

> **대법원 2018. 3. 27. 선고 2015다12130 판결**
> ‣ **계속적 보증은 계속적 거래관계에서 발생하는 불확정한 채무를** 보증하는 것으로 보증인의 주채무자에 대한 신뢰가 깨어지는 등 정당한 이유가 있는 경우에는 보증인으로 하여금 보증계약을 그대로 유지·존속시키는 것이 **신의칙상 부당하므로 특별한 사정이 없는 한 보증인은 보증계약을 해지**할 수 있다.
> ‣ 보증보험자가 보험계약자의 채무불이행 등 보험사고 발생으로 보험금을 지급할 경우, 보험계약자가 보험자에게 부담하게 될 불확정한 **구상채무를 보증한 사람도 위와 같은 사정이 있는 경우에는 마찬가지로 해지권을 행사**할 수 있다고 보아야 한다.

- 비교: 보증 한도액과 변제기가 특정된 채무에 대한 일반적인 보증계약의 경우에는 주채무자와 보증인 사이의 인적 신뢰관계가 변경되더라도, 보증인에게 해지권이 인정되지는 않는다.

    이사가 **채무액과 변제기가 특정**되어 있는 회사 채무에 대하여 보증계약을 체결한 경우, 계속적 보증이나 포괄근보증의 경우와는 달리 이사직 사임이라는 사정변경을 이유로 보증인인 이사가 일방적으로 보증계약을 해지할 수 없다(대법원 2006. 7. 4. 선고 2004다30675 판결).

나. 부종성을 반영하여 보증인을 보호하기 위한 특칙

(1) 필요성

- 주채무의 원인계약이 불성립·무효이거나 취소·해제되면 보증채무도 소멸하므로, 보증인이 보증채무의 이행을 위해 채권자에게 이미 급부한 것이 있으면 이에 대한 급부부당이득 반환을 청구할 수 있다.

- 그러나 이 경우 보증인은 채권자의 무자력으로 인한 위험을 부담해야 하므로, 주채무의 불성립 또는 소멸 사유를 채권자에 대한 보증인의 항변사유로 인정할 필요가 있다.

(2) 주채무의 원인계약의 불성립·무효: 보증인의 주채무자 항변권(§433, 397면)

(3) 주채무의 원인계약에 취소·해제 사유가 있는 경우

- 주채무자에게 계약을 소멸시킬 수 있는 형성권이 있고 주채무자의 형성권 행사 여부가 불확실한 상태에서 채권자가 보증인에게 이행을 청구한 경우, 보증인은 연기적 항변권을 행사할 수 있다. 이 경우 채권자는 자신이 채무자에 대해 가지는 최고권을 행사하여 주채무자의 형성권을 소멸시켜야 보증인에게 이행을 청구할 수 있다.

> 제435조(보증인과 주채무자의 취소권 등) 주채무자가 채권자에 대하여 취소권 또는 해제권이나 해지권이 있는 동안은 보증인은 채권자에 대하여 채무의 이행을 거절할 수 있다.

- 보증채무는 주채무와 독립적으로 존재하며 항변권 행사 여부는 권리자의 자유이다. 따라서 보증인은 §435의 항변권을 행사하지 않고 채권자에게 변제할 수도 있으며, 이 경우 주채무자가 그 후 형성권을 행사하여 주채무가 소멸하면 보증인은 채권자에게 급부부당이득 반환을 청구할 수 있다.

> 보증채무는 주채무와 동일한 내용의 급부를 목적으로 함이 원칙이지만 주채무와는 별개 독립의 채무이고, 보증채무자가 주채무를 소멸시키는 행위는 주채무의 존재를 전제로 하므로, **보증인의 출연행위 당시에는 주채무가 유효하게 존속하고 있었다 하더라도 그 후 주계약이 해제되어 소급적으로 소멸하는 경우에는 보증인은 변제를 수령한 채권자를 상대로 이미 이행한 급부를 부당이득으로 반환**청구할 수 있다(대법원 2004. 12. 24. 선고 2004다20265 판결).

보증채무의 내용

1. 동일성

가. 원칙

- 보증채무의 내용은 주채무와 같기 때문에 채무의 중첩이 발생한다.

- 보증채무에는 주채무의 주된 채무뿐 아니라 종된 채무도 포함된다.

> 제429조(보증채무의 범위) ① 보증채무는 주채무의 이자, 위약금, 손해배상 기타 주
> 채무에 종속한 채무를 포함한다.

나. 예외: 편면적 부종성

(1) 편면적 부종성의 의미

A. 성립에 관한 원시적 편면적 부종성

- 보증계약 성립 당시 주채무의 내용보다 보증채무의 내용이 불리하면 주채무의
  내용을 한도로 감축된다. 이것은 동일성 원칙이 반영된 것이라고 볼 수도 있다.

> 제430조(목적, 형태상의 부종성) 보증인의 부담이 주채무의 목적이나 형태보다 중한
> 때에는 주채무의 한도로 감축한다.

- 보증채무의 내용을 주채무보다 가볍게 정한 경우에는 동일성 원칙에 대한 예외
  가 인정되므로, 이 경우에는 보증계약은 유효이다. 그 예로서 주채무의 일부에 대
  해서만 보증채무가 성립하는 일부보증 계약을 들 수 있다.

B. 내용변경에 관한 후발적 편면적 부종성

- 보증계약 성립 후 주채무의 내용이 전보다 무겁게 변경되더라도 보증채무는 원
  래의 내용대로 유지된다.

- 이에 비해 보증계약 성립 후 주채무의 내용이 전보다 가벼워지면 보증채무의 내
  용에도 이러한 변경이 반영된다.

(2) 편면적 부종성과 관련된 사례

A. 보증인에게 불리한 것으로 인정된 사례

- 보증채무의 이자율이 주채무보다 높은 경우에는 §430에 따라 주채무와 같은 이
  자율이 적용된다.

- 보증계약 체결 후 주채무자와 채권자가 손해배상액 예정 약정을 한 경우, 실손해의 가액이 예정 배상액보다 작으면 보증인은 실손해 가액에 대해서만 손해배상책임을 진다. 따라서 채권자가 보증인에게 손해배상 청구를 하려면 반드시 실손해의 가액을 산정해야만 한다.

> **대법원 1996. 2. 9. 선고 94다38250 판결**
> ‣ 보증인은 특별한 사정이 없는 한 채무자가 **채무불이행으로 인하여 부담하여야 할 손해배상채무에 관하여도 보증책임**을 진다고 할 것이고, 보증인의 의무는 **보증계약 성립 후 주채무자가 한 법률행위로 인하여 확장, 가중되지 아니하는 것이 원칙**이다.
> ‣ 채무불이행시의 손해배상의 범위에 관하여 주채무자와 채권자 사이의 합의로 **보증인의 관여 없이 그 손해배상예정액을 결정하였다고 하더라도** 보증인인 피고로서는 **손해배상 예정액이 위 원상복구채무 불이행으로 인하여 주채무자가 부담할 손해배상 책임의 범위를 초과하지 아니한 한도 내에서만** 보증책임이 있다. 원심으로서는 **실손해액이 얼마인지의 여부를 확정한 다음 이에 따라 이 사건 원고 청구의 당부를 판단하여야 할 것**임에도 만연히 손해배상 예정액 채무 모두가 포함된다는 취지로 판단하였음은 잘못이다.

- 주채무가 임대인의 임대차보증금 반환채무인 경우, 임대인과 임차인이 당연공제되어야 할 연체차임 등을 임차인의 임대인에 대한 다른 채무와 상계하기로 약정했더라도 보증채무자는 채권자인 임차인에게 당연공제를 주장할 수 있다. 위와 같은 상계 약정은 보증채무자에게 불리하므로 보증채무자에게 그 효력을 주장할 수 없기 때문이다(대법원 1999. 3. 26. 선고 98다22918 판결).

B. 보증인에게 불리하지 않은 것으로 인정된 사례

- 주채무가 외화채무인 경우 채권자와 보증인이 사전에 약정된 환율에 따른 내국통화로 지급하기로 했더라도 채무의 내용이 더 무거워졌다고 볼 수 없으므로 이러한 약정은 유효이다(대법원 2002. 8. 27. 선고 2000다9734 판결). 그러나 미리 약정한 환율이 §378에 따라 결정된 환율보다 높으면 채무자에게 불리한 약정이므로 무효라고 보아야 할 것이다(사견).
- 채권자와 주채무자가 주채무의 내용을 그대로 유지한 채 이행기만 연장하기로 약정한 경우에는 보증인에게도 연장된 이행기가 적용된다. 이행기 연장이 채무의 내용을 무겁게 하는 것이라고 보기는 어렵기 때문이다.

채무가 특정되어 있는 확정채무에 대하여 보증한 연대보증인으로서는 자신의 동의 없이 피보증채무의 이행기를 연장해 주었느냐의 여부에 상관없이 그 연대보증채무를 부담하는 것이 원칙이나, 연대보증인의 동의 없이 피보증채무의 이행기가 연장된 경우 연대보증인의 보증채무의 소멸 여부 및 그 범위에 관한 특별한 약정이 있다면 그 약정에 따라야 한다(대법원 2007. 6. 14. 선고 2005다9326 판결).

(3) 사례: 보증계약 성립 후 주채무의 내용 변경

A. 1단계 판단: 주채무의 동일성 유지 여부

• 주채무의 내용 변경으로 인해 주채무의 동일성이 유지되지 않으면, 채권자와 주채무자간에 경개계약이 체결된 것이다.

• 따라서 원래의 주채무는 소멸하고 보증채무도 보증인이 승낙하지 않는 한 소멸한다.

> 제505조(신채무에의 담보이전) 경개의 당사자는 구채무의 담보를 그 목적의 한도에서 신채무의 담보로 할 수 있다. 그러나 제삼자가 제공한 담보는 그 승낙을 얻어야 한다.

보증계약이 성립한 후에 보증인이 알지도 못하는 사이에 주채무의 목적이나 형태가 변경되었다면, 그 변경으로 인하여 **주채무의 실질적 동일성이 상실된 경우에는 당초의 주채무는 경개로 인해 소멸**했다고 보아야 할 것이므로 **보증채무도 당연히 소멸**한다(대법원 2001. 3. 23. 선고 2001다628 판결).

B. 2단계 판단: 주채무의 동일성이 유지되는 경우, 주채무 내용의 가중 여부

• 주채무의 변경 내용이 채무자에게 유리하거나 채무자의 이해관계에 영향이 없으면, 보증채무의 내용도 변경된다(동일성, 부종성).

• 주채무가 가중되는 등 채무자에게 불리한 변경이면 보증채무는 원래 내용대로 유지된다(편면적 부종성).

보증계약 성립 후 주채무의 목적이나 형태의 변경으로 인하여 **주채무의 실질적 동일성이 상실되지 아니하고 동시에 주채무의 부담 내용이 축소·감경된 것에 불과**한 경우에는 보증인은 그와 같이 축소·감경된 **주채무의 내용에 따라 보증책임**을 질 것이지만, 그 변경으로 인하여 주채무의 실질적 **동일성이 상실되지는 아니하고 주채무의**

부담 내용이 확장·가중된 경우에는 보증인은 확장·가중된 주채무의 내용에 따른 보증책임은 지지 아니하고, **변경되기 전의 주채무의 내용에 따른 보증책임만** 진다(대법원 2000. 1. 21. 선고 97다1013 판결).

2. 독립성

가. 개관

- 보증채무는 주채무와는 별개의 계약에 의해 발생하는 독립한 채무이다. 따라서 보증채무의 내용이 주채무의 내용보다 더 불리한 경우가 아닌 한, 보증채무와 주채무의 내용, 이행기, 이행 방법 등은 서로 달라도 된다.

  채권자와 보증인은 보증채무의 내용, 이행의 시기, 방법 등에 관하여 특약을 할 수 있고, 그 특약에 따른 보증인의 부담이 주채무의 목적이나 형태보다 중하지 않는 한 그러한 특약이 무효라고 할 수도 없다(대법원 2002. 8. 27. 선고 2000다9734 판결).

- 채권자는 보증인의 채무불이행 책임에 대한 담보로서 부보증·부물상보증 등을 설정할 수 있고, 보증채무에 대한 고유한 손해배상액 예정 약정을 할 수도 있다.

> 제429조(보증채무의 범위) ② 보증인은 그 보증채무에 관한 위약금 기타 손해배상액을 예정할 수 있다.

나. 독립성이 반영된 사례

(1) 보증채무의 소멸시효 기간

- 사안의 개요: 주채무가 단기시효 적용 대상인데, 확정판결로 인해 10년으로 시효 기간이 연장되었다.
- 쟁점과 판단: 이 경우 ㉠ 시효기간 연장 전에 성립한 보증채무에 대해서는 주채무에 대해 적용되던 단기시효가 그대로 적용되지만, ㉡ 시효기간 연장 후에 성립한 보증채무에 대해서는 주채무와 마찬가지로 확정판결에 의해 연장된 시효기간이 적용된다(2011다76105, 민총물권, 321면).

(2) 일부보증

A. 개관

- 보증인이 주채무자의 채무 중 일정 범위에 대해서만 보증하는 일부보증 계약도

유효이다. 독립성이 반영된 것이고 동일성 원칙에 대한 예외이다.

연대보증인이 주채무자의 채무를 일정한 한도에서 보증하기로 하는 이른바 **일부보증을 한 경우**에는 달리 특별한 사정이 없는 한, 보증인은 <u>보증한 한도 이상의 채무에 대하여는 그 책임이 없음은 물론이지만 주채무의 일부가 변제되었다고 하더라도 보증한도 내의 주채무가 남아 있다면 그 남아 있는 채무에 대하여는 보증책임을 면할 수 없다</u>(대법원 2002. 10. 25. 선고 2002다34017 판결).

- 보증 한도에는 주채무의 원금채무뿐 아니라 이에 대한 이자·지연손해금 등의 부대채무도 포함된다(대법원 2016. 1. 28. 선고 2013다74110 판결).

B. 주채무자의 일부변제

(a) 개관: 외측설

- 주채무자가 일부변제를 하면 일부보증인의 보증한도를 초과하는 가액부터 충당된다.
- 따라서 주채무자의 일부변제 가액이 주채무 가액에서 일부보증 한도액을 뺀 값에 이르지 못하면, 일부보증인의 보증한도액을 감축시키지 못한다.

(b) 사례: 일부보증과 변제충당

- 주채무자의 원금 1억원, 이자 연10%인 상태에서, 일부보증인이 원금 6000만원을 한도로 보증계약을 체결했고 이자·지연손해금에 대해서는 약정하지 않았다.
- 주채무자가 2년 간 이자·지연손해금이 연체된 상태에서 채권자에게 6000만원을 변제하면 주채무를 기준으로 계산한 미납 이자·지연손해금 2000만원을 충당한 후 남은 4000만원이 원금에 충당된다.
- 주채무의 원금 6000만원이 남아 있으므로, 일부보증인도 원금 6000만원을 변제해야 한다. 다만 일부보증인에 대해 적용되는 지연손해금율은 연5%이다. 이자·지연손해금 약정이 없으면 법정이자율이 적용되고 편면적 부종성 원칙에 따라 채권자·주채무자간 약정에 의한 연10%의 비율이 보증인에게 적용될 수 없기 때문이다.

대법원 2016. 8. 25. 선고 2016다2840 판결

- 연대보증인이 주채무자의 채무 중 **일정 범위에 대하여 보증을 한 경우**에 주채무자가 **일부변제**를 하면, 특별한 사정이 없는 한 그 **일부변제금은 주채무자의 채무 전부**

를 대상으로 변제충당의 일반원칙에 따라 충당되는 것이고, 연대보증인은 이러한 변제충당 후 남은 주채무자의 채무 중 보증한 범위 내의 것에 대하여 보증책임을 부담한다.

‣ 주채무자에게는 연18%의 비율에 따른 지연손해금이 적용되는데 연대보증인은 연 8%의 비율에 따른 지연손해금만 보증한 경우, 주채무자가 변제한 합계 248,500,000원은 연18%의 비율에 의한 각 변제일까지의 이자 또는 지연손해금에 우선 충당되고 나머지가 원금에 충당되는 것이지, 연대보증인에 대한 관계에서라도 연8%의 비율에 의한 각 변제일까지의 이자 또는 지연손해금에만 우선 충당되고 나머지는 원금에 충당되는 것이 아니다.

‣ 위와 같은 방식으로 변제충당하면 원금 162,781,434원이 남게 되므로, 결국 피고는 보증한 범위 내에서 위 변제충당 후의 남은 원금 전부와 이에 대한 주채무자가 일부 변제를 한 날 이후의 연8%의 비율에 의한 지연손해금에 대하여 연대보증책임을 부담한다.

C. 사례: 일부보증과 보증채무자의 지연손해금 채무

(a) 전제

• 지연배상금은 보증한도액과 별도이다.

• 보증채무자에게 적용될 연체이율은 주채무보다 낮게 정해질 수 있으나 높게 정해질 수는 없다. 따라서 특약이 없는 경우, 주채무의 이율이 법정이율보다 높다면 법정이율이, 주채무 이율이 법정이율보다 낮다면 주채무의 이율이 적용된다.

(b) 연습

• 사안의 개요: 乙의 甲에 대한 채무를 丙이 연대보증했는데, 乙의 주채무는 원금 1억, 지연배상금 연 12%였고, 丙의 보증채무에 대해서는 보증한도액 1억원만 정해져 있고 이자·지연손해금에 대한 약정은 없었다.

• 쟁점과 판단: 乙이 이행지체에 빠진 후 1년이 경과했다면 乙·丙 모두에 대해 1년 치 지연배상금이 가산된다. 따라서 ⑤ 乙은 주채무의 가액은 원금 1억원과 1년치 지연배상금 1200만원이고, ⑥ 丙의 보증채무의 원금은 보증 한도액인 1억원이고 여기에 丙 자신의 지연배상금 500만원이 추가된다.

보증채무는 주채무와는 별개의 채무이기 때문에 **보증채무 자체의 이행지체로 인한 지연손해금은 보증한도액과는 별도**인바, 이 경우 보증채무의 연체이율에 관하여 특별한 약정이 있으면 그에 따르고 특별한 약정이 없으면 그 거래행위의 성질에 따라 상법 또는 민법에서 정한 법정이율에 따르는 것이지, **주채무에 관하여 약정된 연체이율이 당연히 적용되는 것은 아니다**(대법원 2014. 3. 13. 선고 2013다205693 판결).

Ⅳ 보증채무의 효과

1. 보증채무자와 채권자의 관계

가. 보증인에 대한 채권 행사와 보증인의 항변권

(1) 보증인에 대한 채권 행사

• 보증채무는 주채무와 중첩된 채무이기 때문에 채권자는 보증채무자에게 채권을 행사할 수 있다. 그러나 보증채무의 본질은 주채무에 대한 담보 기능을 수행하는 것이므로, 보증채무에는 주채무에 대한 보충성이 인정된다.

> 제428조(보증채무의 내용) ① 보증인은 주채무자가 이행하지 아니하는 채무를 이행할 의무가 있다.

• 채권자의 채권 행사에 대해 보증인은 ㉠ 보충성에 근거한 최고·검색 항변권, ㉡ 독립성에 근거한 고유한 항변권, ㉢ 동일성에 근거한 주채무자 항변권을 행사할 수 있다. 구체적인 내용은 후술한다.

(2) 보증인의 고유한 항변권

A. 보증인의 최고·검색 항변권(보충성의 반영)

(a) 의미

• 채권자가 보증인에게 채권을 행사하더라도, 보증인은 채권자가 주채무자에 대해 먼저 채권을 행사하고 강제집행까지 마치기 전까지는 보증채무의 이행을 거절할 수 있다. 이를 최고·검색 항변권이라고 한다. 다만 보증채무자가 이러한 최고·검색 항변권을 행사하려면 주채무자에게 자력이 있고 집행하기 쉬운 책임재산이 있음을 증명해야 한다.

- 비교: 연대보증이란 보증인이 최고·검색 항변권을 포기한 경우를 뜻한다. 따라서 채권자가 주채무자에게 채권을 행사하지 않은 상태에서 연대보증인에게 채권을 행사해도 연대보증인은 고유한 항변사유가 없는 한 이에 대항할 수 없다(416면 이하).

> 제437조(보증인의 최고, 검색의 항변) 채권자가 보증인에게 채무의 이행을 청구한 때에는 보증인은 주채무자의 변제자력이 있는 사실 및 그 집행이 용이할 것을 증명하여 먼저 주채무자에게 청구할 것과 그 재산에 대하여 집행할 것을 항변할 수 있다. 그러나 <u>보증인이 주채무자와 연대하여 채무를 부담한</u> 때에는 그러하지 아니하다.

(b) 최고·검색 항변권 행사의 효과

- 기본적인 효과: 채권자는 주채무자에 대한 최고·검색을 마친 후 변제받지 못한 잔액에 대해서만 보증인에게 채권을 행사할 수 있다.
- 간접의무: 채권자가 적시에 최고·검색을 하지 않아서 주채무자로부터 변제받지 못한 가액만큼 보증채무가 감축된다. 따라서 최고·검색은 채권자의 간접의무라고 볼 여지가 있다.

> 제438조(최고, 검색의 해태의 효과) 전조의 규정에 의한 보증인의 항변에 불구하고 채권자의 해태로 인하여 채무자로부터 전부나 일부의 변제를 받지 못한 경우에는 채권자가 해태하지 아니하였으면 변제받았을 한도에서 보증인은 그 의무를 면한다.

B. 보증계약으로 인정된 고유한 항변권(독립성의 반영)

- 보증채무와 주채무의 내용이 다르더라도 보증인에게 유리하면 그 내용대로 효과가 발생한다. 따라서 주채무자에게는 인정되지 않지만 보증인에게만 인정되는 항변 사유가 있으면, 보증인은 최고·검색 항변권과는 별도로 이러한 고유한 항변에 기초한 항변권을 행사할 수 있다.
- 그 예로서, 보증채무의 이행기가 주채무의 이행기보다 더 뒤인 경우의 기한 항변, 보증채무에 대해 주채무보다 짧은 소멸시효가 약정된 경우의 소멸시효 완성 항변 등을 들 수 있다.

(3) 주채무자의 채권자에 대한 권리의 원용 가능성

A. 주채무자의 항변권: 원용 가능

> 제433조(보증인과 주채무자항변권)
> ① 보증인은 주채무자의 항변으로 채권자에게 대항할 수 있다.
> ② 주채무자의 항변포기는 보증인에게 효력이 없다.

- 보증인은 주채무자가 채권자에 대해 가지는 모든 항변 사유를 원용하여 채권자에게 대항할 수 있다. 예컨대 ㉠ 주채무의 원인계약의 불성립, 무효·취소, 해제 사유를 주장할 수 있고, ㉡ 주채무를 소멸시키는 변제, 소멸시효 완성, 채무면제 등의 사유는 물론, ㉢ 주채무자의 연기적 항변권인 동시이행 항변권이나 기한 항변도 원용할 수 있다.
- 주채무자가 이러한 고유한 항변을 포기해도 보증인은 여전히 이러한 항변을 원용할 수 있다. 보증계약 성립 후 보증인에게 불리하게 주채무의 내용이 변경된 경우와 마찬가지이기 때문이다.

B. 주채무자의 형성권

(a) 원칙

- 주채무자가 가지는 해제권·취소권 등의 형성권은 보증채무자가 대위행사 할 수 없다. 다만 보증인이 주채무자에 대한 채권을 가지고 있고 채권자대위권의 요건이 충족되면 채권자대위권을 근거로 주채무자의 채권자에 대한 형성권을 대위행사할 수 있을 것이다.
- 이에 비해 주채무자가 스스로 이러한 형성권을 행사한 경우에 그 결과를 보증인이 주장하는 것은 §433를 근거로 당연히 인정된다.

(b) 예외: 주채무자의 상계권

> 제434조(보증인과 주채무자상계권) 보증인은 주채무자의 채권에 의한 상계로 채권자에게 대항할 수 있다.

- 주채무를 소멸시킬 수 있는 주채무자의 형성권들 중에서 상계권은 보증인이 대위행사할 수 있다.
- 다만 법률에 의한 상계금지로 인해 주채무자가 상계할 수 없는 경우에는 보증인도 §434의 상계권을 행사할 수 없다. 이에 비해 채권자와 주채무자 간에 상계 금

지 약정이 있어도, 이러한 약정은 보증인에게 불리한 내용이므로 보증인에게는 적용되지 않는다.

(c) 사례: 주채무자 상계권과 상계금지 사유

• 사안의 개요: 甲은 주채무자 乙에게 1000만원의 금전채권을 가지고 있으며 乙은 甲에게 800만원의 반대채권을 가지고 있으나, 법률에 의해 乙의 甲에 대한 상계는 금지되어 있다.

• 쟁점과 판단: 甲이 乙의 보증인 丙에게 1000만원의 지급을 청구하면 丙은 이에 응할 의무가 있다. ㉠ 주채무자의 상계가 법률로 금지된 이상 보증인도 주채무자 상계권을 행사할 수 없고, ㉡ 甲의 상계권 행사 여부는 甲의 자유이기 때문이다.

대법원 2018. 9. 13. 선고 2015다209347 판결

‣ 상계는 단독행위로서 상계를 할지는 <u>자동채권자의 의사</u>에 따른 것이고 상계적상에 있는 자동채권이 있다고 하여 반드시 상계를 해야 할 것은 아니다. <u>채권자가 주채무자에 대하여 상계적상에 있는 자동채권을 상계하지 않았다고 하여 이를 이유로 보증채무자가 보증한 채무의 이행을 거부할 수 없으며 나아가 보증채무자의 책임이 면책되는 것도 아니다.</u>

‣ 제434조에 따라 주채무자의 채권자에 대한 <u>자동채권에 의한 상계로 채권자에게 대항할 수 있다고 하더라도, 법률상 상계가 금지되는 경우까지 이를 허용할 수는 없다.</u>

나. 절대적 효력사유의 범위

(1) 개관

A. 주채무자에 대한 사유

• 원칙: 모두 절대적 효력사유이므로 보증인에 대해서도 적용된다. 예컨대 채권양도의 대항요건인 §450의 통지·승낙이 주채무자에 대해서만 갖춰졌더라도 양수인은 보증인에 대해서도 양수한 채권을 행사할 수 있다.

• 예외: 채무의 내용을 가중시키는 사유는 보증채무자에게는 영향을 미치지 않는다.

• 예외에 대한 예외: 주채무자에 대한 시효중단 사유는 모두 보증채무자에 대해서도 시효중단 사유로 인정된다. §440의 특칙이 적용되기 때문이다.

B. 보증채무자에 대한 사유

• 원칙적으로 모두 상대적 효력사유이다.

• 예외적으로, 채무의 중첩이라는 성질을 반영하여 변제·대물변제·공탁·상계 등

과 같이 채권을 만족시켜 소멸시키는 사유에는 절대적 효력이 인정된다.

(2) 주채무자에 대한 시효중단의 절대적 효력: §440의 특칙

A. 개관

(a) 취지

- §440는 주채무자에 대해 발생한 모든 시효중단 사유에 대해 절대적 효력을 부여하는 특칙이다. 그 취지는 보증채무만 시효소멸 하는 것을 방지함으로써 주채무자에 대해서만 시효중단 조치를 한 채권자를 보호하는 것이다.

  시효중단의 보증인에 대한 효력을 규정한 <u>제440조는 보증채무의 부종성에서 비롯된</u> **당연한 규정이 아니라** 채권자의 보호를 위하여 <u>보증채무만이 따로 시효소멸하는 결과를 방지하기 위한 **정책적 규정**</u>이다(대법원 1998. 11. 10. 선고 98다42141 판결).

(b) 적용범위

- §440는 §169뿐 아니라 §176에 대해서도 특칙으로 작용한다. 따라서 채권자가 주채무자에 대해 (가)압류 등을 마친 경우 보증인에게 이러한 취지를 통지하지 않아도 보증인에 대해 시효중단효가 적용된다.

  제440조는 제169조의 예외 규정으로서 채권자 보호 내지 채권담보의 확보를 위하여 주채무자에 대한 시효중단의 사유가 발생하였을 때는 그 보증인에 대한 별도의 중단조치가 이루어지지 아니하여도 동시에 시효중단의 효력이 생기도록 한 것이고, 그 시효중단사유가 압류, **가압류 및 가처분이라고 하더라도** 이를 보증인에게 통지하여야 <u>비로소 시효중단의 효력이 발생하는 것은 아니다</u>(대법원 2005. 10. 27. 선고 2005다35554 판결).

- 비교: §440는 §165에 대한 특칙은 아니다. 따라서 단기소멸시효가 적용되는 주채무의 이행을 명하는 확정판결이 있더라도 보증채무에 대해서는 여전히 단기소멸시효가 적용된다(2004다26287, 민총물권, 320면).

B. 비교: 채권자가 보증인에 대해서만 시효중단조치를 한 경우

(a) 원칙

- 보증인에 대한 사유는 상대적 효력만 인정되는 것이 원칙이다. 따라서 보증인에 대해서만 이행청구 등의 시효중단 조치를 해도 주채무자에 대해서는 시효가 중단되지 않는다.

- 그 결과 주채무가 시효소멸 하면 보증채무는 비록 시효중단으로 인해 소멸시효가 완성되지 않았더라도 부종성으로 인해 소멸한다.

(b) 예외: 보증채무의 부종성이 부정되는 특별한 사정

- 보증인이 주채무 시효소멸 사실을 알고도 보증채무를 이행할 의사를 표시한 경우에는 보증인은 주채무 소멸에 부종한 보증채무 소멸을 주장할 수 없다. 보증채무에는 독립성이 인정되므로 보증인은 독자적으로 시효이익 포기를 할 수 있기 때문이다(사견).
- 비교: 보증인이 주채무 시효소멸의 원인을 제공했다는 사실만으로는 부종성이 배제되지 않는다.

(c) 사례

- 사안의 개요: 주채무자인 수분양자 乙이 채권자 甲에 대한 중도금 대출채무의 이자를 연체하자 보증인인 분양회사 丙이 이자를 대납하면서 甲에게 만기 연장 요청을 하고 이자를 상환했다. 甲이 주채무자 乙에 대한 별도의 시효중단 조치를 하지 않아서 대출채무의 소멸시효가 완성되자 보증인 丙은 주채무 시효소멸로 인한 부종성을 주장했다.
- 쟁점과 판단: 甲이 乙에 대한 시효중단 조치를 하지 않게 된 원인이 丙의 만기 연장 요청과 이자 상환이라는 사실은 인정되지만, 이러한 사실만을 근거로 丙이 부종성 배제 의사표시를 한 것이라고 볼 수는 없다.

> **대법원 2018. 5. 15. 선고 2016다211620 판결**
> ‣ <u>보증채무에 대한 소멸시효가 중단</u>되는 등의 사유로 인해 그 소멸시효가 완성되지 아니하였다고 하더라도 **주채무에 대한 소멸시효가 완성된 경우에는** 시효완성의 사실로 주채무가 소멸되므로 **보증채무의 부종성에 따라 보증채무 역시 당연히 소멸**되는 것이 원칙이다.
> ‣ 다만 <u>보증채무의 부종성을 부정하여야 할 특별한 사정이 있는 경우에는 예외적으로 보증인은 주채무의 시효소멸을 이유로 보증채무의 소멸을 주장할 수 없으나, 특별한 사정을 인정하여 보증채무의 본질적인 속성에 해당하는 부종성을 부정하려</u> 보증인이 주채무의 시효소멸에도 불구하고 **보증채무를 이행하겠다는 의사를 표시**하거나 채권자와 그러한 내용의 약정을 하였어야 하고, 단지 보증인이 주채무의 시효소멸에 원인을 제공하였다는 것만으로는 보증채무의 부종성을 부정할 수 없다.

2. 내부관계: 보증채무자와 주채무자 간의 구상관계

가. 구상권의 요건

(1) 개관

- 연대채무자간 구상의 경우와 마찬가지로, 보증인의 구상권도 보증인의 출연으로 주채무자가 면책되었을 때 비로소 발생한다. 즉 보증인의 구상권은 원칙적으로 사후구상권이고, 사전구상권은 수탁보증인에게만 인정될 수 있다.
- 사례: 채권자·보증인 간에 주채무에 대한 중첩적 채무인수 계약이 성립했더라도 보증인의 출연과 주채무의 면책이 이루어지지 않았으므로 보증인의 주채무자에 대한 사후구상권은 발생하지 않았고, 이러한 채무인수 후에도 보증인의 지위는 그대로 유지되므로 §442의 요건이 충족된 경우 사전구상권은 인정될 수 있다.

  채권자와 보증인 사이에 보증인이 주채무를 중첩적으로 인수하기로 약정하였다 하더라도 특별한 사정이 없는 한 보증인은 주채무자에 대한 관계에서는 <u>종전의 보증인의 지위를 그대로 유지한다</u>고 봄이 상당하므로, 채무인수로 인하여 보증인과 주채무자 사이의 주채무에 관련된 <u>구상관계가 달라지는 것은 아니라</u> 할 것이다. 원심이 보증인이 채무를 중첩적으로 인수함으로써 보증인의 지위를 상실하였으므로 사전구상권을 행사할 수 없다는 피고의 주장을 배척한 것은 정당하다(대법원 2003. 11. 14. 선고 2003다37730 판결).

(2) 사례: 허위표시로 발생한 주채무에 대한 구상보증과 선의의 제3자

A. 사안의 개요

- 甲과 乙은 허위표시로 공사도급계약을 체결하고 乙이 甲에게 부담하는 허위의 선급금반환채무를 丙(건설공제조합)이 보증했으며, 乙의 丙에 대한 구상채무에 대해 丁이 구상보증을 했다.
- 甲이 丙에게 선급금반환을 구하자 丙은 기관보증인인데도 제대로 조사하지 않은 채 이를 지급하고 丁에게 구상권을 행사한다.

B. 쟁점과 판단

- 甲·乙 간 허위표시에 의한 도급계약과 이에 따른 선급금 반환 약정은 무효이지만 이 사실에 대해 선의인 丙에게는 무효임을 주장할 수 없다. 丙에게 과실이 있어도 마찬가지이다.

- 다만 丙이 甲·乙 간 공사계약이 유효임을 전제로 丁에게 구상권을 행사하는 것은 신의칙에 반한다. 수탁보증인 丙의 주채무자 乙에 대한 사후구상권은 무과실 변제를 전제하는데(§441), 丙에게는 과실이 있기 때문이다.
- 결국 丙은 乙에 대한 구상권이 없기 때문에 구상보증인 丁에 대한 구상보증채권을 행사할 수도 없다.

> **대법원 2006. 3. 10. 선고 2002다1321 판결**
> ‣ 제108조에서 제3자는 특별한 사정이 없는 한 선의로 추정할 것이므로, 제3자가 악의라는 사실에 관한 주장·입증책임은 그 허위표시의 무효를 주장하는 자에게 있다 통정허위표시에 있어서의 제3자는 그 선의 여부가 문제이지 이에 관한 **과실 유무를 따질 것이 아니다.**
> ‣ 보증인이 채권자에 대하여 **보증채무를 부담하지 아니함을 주장할 수 있었는데도 그 주장을 하지 아니한 채** 보증채무의 전부를 이행하였다면 그 주장을 할 수 있는 범위 내에서는 <u>신의칙상 그 보증채무의 이행으로 인한</u> **구상금 채권에 대한 연대보증인들에 대하여도 그 구상금을 청구할 수 없다**고 할 것이다.
> ‣ 통정허위표시에 의하여 이루어진 이 사건 공사하도급계약 및 선급금반환채무에 기초한 이 사건 보증서의 발급 내지 보증금 지급 과정에 <u>중대한 과실이 있는 피고를 제108조 제2항에 의한 선의의 제3자에 해당한다고 보호하여 구상권을 행사할 수 있도록 허용하는 것은 형평에 어긋난다.</u>

나. 구상관계의 유형

(1) 개관

A. 구별기준: 보증인이 된 이유

B. 구별의 실익

(a) 구상권
- 공통점: 어떤 유형이든 주채무자에 대한 사후구상권은 인정되고, 변제할 정당한 이익이 인정되므로 구상권을 확보하기 위한 변제자대위도 인정된다.
- 차이점: 구상채무의 가액 산정 방식이 다르고, 사전구상권은 수탁보증인에게만 인정된다.

(b) 통지의무
- 보증인은 어떤 유형에 속하든 주채무자에 대한 사전통지 의무와 사후통지 의무

를 모두 부담한다. 보증인이 이러한 통지의무를 위반한 경우의 법률관계는 연대채무자들 간 통지의무 위반의 경우에 준한다.

> 제445조(구상요건으로서의 통지)
> ① 보증인이 주채무자에게 통지하지 아니하고 변제 기타 자기의 출재로 주채무를 소멸하게 한 경우에 주채무자가 채권자에게 대항할 수 있는 사유가 있었을 때에는 이 사유로 보증인에게 대항할 수 있고 그 대항사유가 상계인 때에는 상계로 소멸할 채권은 보증인에게 이전된다.
> ② 보증인이 변제 기타 자기의 출재로 면책되었음을 주채무자에게 통지하지 아니한 경우에 **주채무자가 선의로** 채권자에게 변제 기타 유상의 면책행위를 한 때에는 주채무자는 자기의 면책행위의 유효를 주장할 수 있다.

- 주채무자는, 보증인이 어떤 유형에 속하든 사전통지 의무는 없고, 오직 수탁보증인에 대해서만 사후통지 의무를 진다(§446). 다만 주채무자가 사후통지 의무를 위반했더라도 사전통지를 하여 보호가치가 있는 수탁보증인에 대해서만 책임을 지면 된다. 이에 비해 사전통지 없이 이중변제를 한 보증인은 주채무자에게 구상권을 행사할 수 없고 채권자에게 §741 청구를 할 수 있을 뿐이다.

> 제446조(주채무자의 보증인에 대한 면책통지의무) 주채무자가 자기의 행위로 면책하였음을 그 부탁으로 보증인이 된 자에게 통지하지 아니한 경우에 보증인이 선의로 채권자에게 변제 기타 유상의 면책행위를 한 때에는 보증인은 자기의 면책행위의 유효를 주장할 수 있다.

대법원 1997. 10. 10. 선고 95다46265 판결

- 제446조의 주채무자의 사후통지의무는 제445조 제1항의 규정을 전제로 하는 것이어서, 제445조 제1항의 사전 통지를 하지 아니한 수탁보증인까지 보호하는 취지의 규정은 아니므로, 수탁보증에 있어서 **주채무자가 면책행위를 하고도 그 사실을 보증인에게 통지하지 아니하고 있던 중에 보증인도 사전 통지를 하지 아니한 채 이중의 면책행위를 한 경우**에는, 보증인은 주채무자에 대하여 제446조에 의하여 자기의 면책행위의 유효를 주장할 수 없다.
- 이 경우에는 **이중변제의 기본 원칙**으로 돌아가 먼저 이루어진 주채무자의 면책행위가 유효하고 나중에 이루어진 보증인의 면책행위는 무효로 보아야 하므로 보증인은 제446조에 기하여 **주채무자에게 구상권을 행사할 수 없다**.

(2) 비수탁보증인의 구상관계

A. 구상권의 범위

- 비수탁보증인에게도 구상권은 인정되지만, 그 범위가 제한된다. ㉠ 단순 비수탁 보증인은 주채무 소멸 당시에 주채무자가 받은 이익을 한도로 하고 ㉡ 반의사 보증인은 주채무자의 현존이익을 한도로 한다.

- 반의사 보증인이 구상권을 행사하는 경우 주채무자는 채권자에 대한 반대채권으로 상계할 수 있고, 이 반대채권은 반의사 보증인에게 이전한다. §444 ③의 문언이 '전항의 경우'라고 했으므로 문리해석상 비수탁보증인에 대해서는 적용되지 않는다고 보아야 한다.

> 제444조(부탁 없는 보증인의 구상권)
> ① 주채무자의 부탁 없이 보증인이 된 자가 변제 기타 자기의 출재로 주채무를 소멸하게 한 때에는 주채무자는 그 당시에 이익을 받은 한도에서 배상하여야 한다.
> ② 주채무자의 의사에 반하여 보증인이 된 자가 변제 기타 자기의 출재로 주채무를 소멸하게 한 때에는 주채무자는 현존이익의 한도에서 배상하여야 한다.
> ③ 전항의 경우에 주채무자가 구상한 날 이전에 상계원인이 있음을 주장한 때에는 그 상계로 소멸할 채권은 보증인에게 이전된다.

B. 사후구상권, 법정대위권: 모든 유형에 대해 인정됨

(3) 수탁보증인의 구상관계

A. 개관

(a) 수탁보증인과 주채무자간의 관계: 위임

- 수탁보증인과 주채무자 사이에서는 위임계약 관계가 인정된다. 주채무를 대신 변제하는 것도 §681의 '사무 처리'에 해당하기 때문이다.

- 수탁보증인과 주채무자간 위임계약은 묵시적 의사표시를 근거로도 인정될 수 있다. 예컨대 분양회사가 중도금 대출을 알선하고 수분양자의 중도금 대출채무를 보증한 경우, 분양회사와 수분양자 사이에 명시적인 약정이 없었더라도 분양회사는 수분양자의 수탁보증인이 된다.

대법원 2017. 7. 18. 선고 2017다206922 판결

- 민법은 주채무자의 부탁으로 보증인이 된 자, 즉 수탁보증인과 부탁 없이 보증인이 된 자의 구상권의 범위에 관하여 달리 정하고 있다. 그런데 <u>보증인이 주채무자의 부탁을 받아 보증인이 된 경우 양자는 위임관계에 있고, 이러한 보증의 위임에는 일정한 방식이 요구되지 아니하므로 그 의사표시는 명시적인 경우는 물론 묵시적으로도</u> 이루어질 수 있다. 따라서 분양회사 甲은 수분양자 乙의 중도금 대출과 관련하여 적어도 묵시적으로라도 보증을 위임받은 수탁보증인이라고 봄이 타당하다.
- 甲이 수탁보증인의 지위에서 중도금 대출 대위변제금을 지급하였다고 주장하며 **대위변제일 이후의 법정이자 등**을 구함에 대하여, 원심이 원고를 부탁 없는 보증인으로 보아 위 대위변제금에 대하여 이 사건 지급명령 정본 송달 다음 날부터의 지연손해금만 인정하였다. 이러한 원심에는 수탁보증인에 관한 법리를 오해하여 판결에 영향을 미친 잘못이 있다.

(b) 구상권의 범위: 연대채무자의 구상권과 같음

> 제441조(수탁보증인의 구상권) ② 제425조 제2항의 규정은 전항의 경우에 준용한다.

B. 수탁보증인의 사후구상권

(a) 개관

- 구상권의 본질에 비추어, 보증인이 자신의 출연으로 주채무자를 면책시켜야 구상권이 발생하는 것이 원칙이다.

> 제441조(수탁보증인의 구상권) ① 주채무자의 부탁으로 보증인이 된 자가 **과실 없이** 변제 기타의 출재로 주채무를 소멸하게 한 때에는 주채무자에 대하여 구상권이 있다.

- 이 경우 수탁보증인은 주채무자에게 면책 통지를 할 간접의무를 진다(§445, §446).

(b) 사례: 수탁보증인의 기한 전 변제와 사후구상권의 발생

- 사안의 개요: 甲은 乙의 丙에 대한 채무를 담보하기 위해, 甲 소유 X부동산에 丙 명의 저당권을 설정해 주는 한편 甲의 丁은행에 대한 예금채권에 대한 근질권도 설정해 주었다. 乙의 丙에 대한 채무의 이행기가 도래하기 전에 甲은 乙의 채무 전부를 변제하고 乙에게 구상권을 행사했다.
- 쟁점과 판단: 원심은 甲의 기한 전 변제를 과실에 의한 변제라고 보아 사후구상권을 부정했으나, 대법원은 기한 전 변제를 한 보증인에게도 사후구상권이 인정되

고 이에 대해 주채무자는 사전통지 미비를 이유로 기한의 이익을 주장할 수 있다고 보았다.

> **대법원 2024. 10. 25. 선고 2024다252305 판결**
> ‣ 수탁 물상보증인에 대해서도 사후구상권이 인정된다(제441조, 제341조, 제370조). 이러한 수탁보증인의 사후구상권이 발생하기 위해서는 <u>수탁보증인이 반드시 주채무의 변제기가 도래한 후에 변제 등의 면책행위를 할 것이 요구되지 않는다.</u> 당사자의 특별한 의사표시가 없으면 변제기 전이라도 채무자는 변제할 수 있으므로(제468조), 주채무에 관하여 이해관계 있는 제3자인 수탁보증인도 변제기 전에 변제할 수 있다고 보아야 한다(제469조 참조).
> ‣ 다만 그 경우 수탁보증인으로서는 <u>주채무의 변제기가 도래할 때까지 주채무자에 대하여 사후구상권을 행사할 수 없을 뿐이다.</u> 또한 수탁보증인의 출재에 과실이 없어야 하는데 만약 출재에 과실이 존재한다면 그와 인과관계가 있는 범위에서는 구상권이 발생하지 않는다.
> ‣ 제445조에서 구체적인 대항의 효과는 주채무자가 채권자에게 갖는 대항사유에 따라 결정되므로 수탁물상보증인에 해당하는 원고가 주채무인 이 사건 나머지 대출금 채무의 이행기 전에 주채무자인 피고에게 아무런 통지 없이 채권자에게 위 나머지 대출금 채무를 모두 변제하였더라도, 다른 약정이 있는 등 특별한 사정이 없는 한 그것만으로는 '과실 있는 변제'에 해당한다고 단정하기 어렵다. 다만 제445조 제1항에 따라 피고가 원고에 대하여 이행기 전까지의 구상권 행사에 대항할 수 있는 사유에 해당할 여지는 있다.

C. 수탁보증인의 사전구상권

다. 수탁보증인의 사전구상권

(1) 개관: 사전구상권과 사후구상권의 관계

A. 별개의 권리

• 사전구상권이 발생한 상태에서 사후구상권이 발생하더라도 이로 인해 사전구상권이 소멸하지는 않으므로 이들은 병존하게 된다.

• 소멸시효도 독립적으로 진행하므로 사전구상권의 존재 여부는 사후구상권의 소멸시효 완성이나 중단 여부와 무관하다.

B. 청구권 경합: 둘 중 하나가 실현되면 나머지도 목적을 달성하여 소멸함

대법원 2019. 2. 14. 선고 2017다274703 판결
- 수탁보증인의 사전구상권과 사후구상권은 그 **종국적 목적과 사회적 효용을 같이**하는 공통성을 가지고 있으나, 사후구상권은 보증인이 채무자에 갈음하여 변제 등 자신의 출연으로 채무를 소멸시켰다는 사실에 의해 발생하는 것이고, 사전구상권은 **제442조 제1항의 사유나 약정**으로 정한 일정한 사실에 의하여 발생하는 등 그 **발생원인을 달리하고 그 법적 성질도 달리하는 별개의 독립된 권리**이므로, 사후구상권 발생 후에도 사전구상권은 소멸하지 않고 병존하며, 다만 목적달성으로 일방이 소멸하면 타방도 소멸하는 관계에 있을 뿐이다.

사전구상권과 사후구상권이 병존하는 경우 이들의 **소멸시효는 각각 별도로 진행**되는 것이고, 따라서 사후구상권의 소멸시효는 사전구상권이 발생되었는지 여부와는 관계없이 사후구상권 그 자체가 발생되어 이를 행사할 수 있는 때로부터 진행된다(대법원 1992. 9. 25. 선고 91다37553 판결).

(2) 사전구상권의 성립 요건
A. 법률에 의한 사전구상권: §442
- 채권자가 보증인에게 이행청구를 할 개연성이 있으면 사전구상권이 성립한다. 보증인이 과실 없이 채권자에 대한 이행판결을 받은 때(§442 ① 1호), 주채무자가 파산했는데 채권자가 파산재단에 가입하지 않은 때 (§442 ① 2호) 등이 그 예이다.
- 주채무의 이행기가 확정되지 않았고 확정될 수 없으며 보증계약 후 5년이 경과하면 사전구상권이 성립한다(§442 ① 3호).
- 주채무의 이행기가 도래하면 사전구상권이 성립한다(§442 ① 4호). 그 후 채권자가 주채무자에게 기한을 유예해 주더라도, 주채무자는 수탁보증인의 사전구상권 행사에 대해 기한 항변을 할 수는 없다(§442 ②).

> 제442조(수탁보증인의 사전구상권) ①주채무자의 부탁으로 보증인이 된 자는 다음 각호의 경우에 주채무자에 대하여 미리 구상권을 행사할 수 있다.
> 1. 보증인이 과실없이 채권자에게 변제할 재판을 받은 때
> 2. 주채무자가 파산선고를 받은 경우에 채권자가 파산재단에 가입하지 아니한 때

> 3. 채무의 이행기가 확정되지 아니하고 그 최장기도 확정할 수 없는 경우에 보증계약
>   후 5년을 경과한 때
> 4. 채무의 이행기가 도래한 때

> 제442조(수탁보증인의 사전구상권) ② 전항 제4호의 경우에는 보증계약후에 채권자
> 가 주채무자에게 허여한 기한으로 보증인에게 대항하지 못한다.

- 비교: 보증채무자가 출재를 마친 후 사후구상권으로 주채무자·채권자 간 변제기
  연장 약정에 대항할 수 있는지의 여부는 보증채무자가 §445의 사후통지를 했는
  지의 여부에 따라 결정된다.

> 수탁보증인이 <u>본래의 변제기가 도래한 후 과실 없이 변제 기타의 출재로 주채무를 소</u>
> <u>멸하게 한 후 이를 주채무자에게 통지하였다면</u>, 제445조 제1항에 의하여 <u>주채무자는</u>
> <u>위 통지를 받은 후 채권자와 사이에 이루어진 변제기 연장에 관한 합의로서 사후구상</u>
> <u>권을 행사하는 수탁보증인에게 대항할 수는 없다</u>고 할 것이다(대법원 2007. 4. 26. 선
> 고 2006다22715 판결).

B. 주채무자와 수탁보증인의 약정에 의한 사전구상권

- 사적자치 원칙상 주채무자와 수탁보증인의 약정으로 사전구상권의 성립 사유를
  정할 수 있다.
- 사전구상권의 성립요건을 약정하면서 이에 대한 주채무자의 항변사유에 대해 따
  로 약정하지 않았다면, 수탁보증인은 사전구상권을 자동채권으로 삼아 상계할
  수 있다. 이 점에서 §442에 의한 사전구상권과 다르다.

> 주채무자와 보증인이 "제3자가 주채무자의 재산에 대한 **가압류** 또는 압류신청을 한
> 때에는 주채무자는 보증인에 대하여 **즉시 사전상환 의무를 진다**"는 취지의 약정을 한
> 경우, 그러한 약정도 계약자유의 원칙상 유효할 뿐만 아니라, 보증인은 위 **약정에 따**
> **라 취득한 사전구상채권을 자동채권으로 하여 상계**의 주장도 할 수 있다(대법원
> 1989. 1. 31. 선고 87다카594 판결).

(3) 사전구상권의 범위

- 포함: 수탁보증인이 부담해야 하는 것으로 확정된 주채무의 원금과 이에 대해 이미
  발생한 이자·지연손해금, 손해배상액 등의 가액은 사전구상권의 범위에 포함된다.

- 제외: 아직 발생하지 않은 이자·지연손해금 등의 가액은 사전구상권의 범위에 포함되지 않는다. 예컨대 ㉠ 수탁보증인 자신이 채권자에게 보증채무를 이행할 때까지 부담하게 될 이자·지연손해금, ㉡ 수탁보증인이 아직 출연하지 않은 가액에 대한 장래의 법정이자 등은 사전구상권의 범위에서 제외된다.

수탁보증인이 제442조에 의하여 주채무자에 대하여 미리 구상권을 행사하는 경우에 사전구상으로서 청구할 수 있는 범위는 주채무인 **원금**과 사전구상에 응할 때까지 **이미 발생한** 이자와 지연손해금, 피할 수 없는 비용 기타의 손해액이 포함될 뿐이고, 주채무인 원금에 대한 완제일까지의 지연손해금은 사전구상권의 범위에 포함될 수 없으며, 또한 사전구상권은 장래의 변제를 위하여 자금의 제공을 청구하는 것이므로 수탁보증인이 아직 지출하지 아니한 금원에 대하여 지연손해금을 청구할 수도 없다(대법원 2004. 7. 9. 선고 2003다46758 판결).

- 사례: ㉠ 甲에 대한 乙의 주채무에 대한 수탁 근보증인 丙이 장차 乙에게 가지게 될 구상권에 대해 丁이 근보증 계약을 체결했다. 丙의 보증 한도액은 1억원이었으나 丁의 보증 한도액은 위 1억원에 대한 지연손해금 등을 포함할 수 있도록 1억 2000만원으로 약정되었다. ㉡ 乙의 채무불이행이 성립하기 전에 丙이 사전구상권을 행사하는 경우 그 가액은 면책 원금으로 제한되므로 구상 근보증인 丁의 보증한도액은 1억원이라고 보아야 한다.

구상금채무를 근보증하면서, 면책원금 외에 면책일 이후의 법정이자나 피할 수 없는 비용 등까지 담보하기 위하여 근보증한도액을 면책원금에 해당하는 보증인의 보증한도액보다 높은 금액으로 정했다고 하더라도, 보증인이 사전구상권을 행사할 수 있는 금액은 근보증한도액이 아닌 보증인의 보증한도액으로 한정된다고 할 것이다(대법원 2005. 11. 25. 선고 2004다66834 판결).

(4) 사전구상금 지급 후의 법률관계
- 주채무자가 수탁보증인에게 지급한 사전구상금은 위임사무 처리를 위해 선급 받은 비용에 해당한다(§687).
- 수탁보증인은 선량한 관리자의 주의로 사전구상금을 주채무자 면책이라는 사무 처리에 사용해야 할 의무를 진다(§681).

이 금원은 주채무자에 대하여 수임인의 지위에 있는 **수탁보증인이 위탁사무의 처리를 위하여 선급받은 비용의 성질**을 가지는 것이므로 보증인은 이를 선량한 관리자의 주의로서 위탁사무인 주채무자의 면책에 사용하여야 할 의무가 있다(대법원 2002. 11. 26. 선고 2001다833 판결).

(5) 사전구상권 행사에 대한 주채무자의 항변권

A. 내용

• 주채무자는 수탁보증인의 사전구상권 행사에 대해, ㉠ 주채무자 자신의 면책이나 담보제공 등을 요구할 수 있고, ㉡ 사전구상금 상당액을 공탁하거나, 사전구상금 대신 다른 담보를 제공하거나, 보증인을 면책시킴으로써 사전구상 의무를 소멸시킬 수도 있다.

> 제443조(주채무자의 면책청구) 전조의 규정에 의하여 주채무자가 보증인에게 배상하는 경우에 주채무자는 자기를 면책하게 하거나 자기에게 담보를 제공할 것을 보증인에게 청구할 수 있고 또는 배상할 금액을 공탁하거나 담보를 제공하거나 보증인을 면책하게 함으로써 그 배상의무를 면할 수 있다.

• 주채무자에게 인정되는 §443의 담보제공 청구권이나 면책청구권은 수탁보증인의 §442의 사전구상권과 동시이행 관계에 있다. 예컨대 수탁보증인의 사전구상금 청구에 대해 주채무자가 담보제공 청구를 한 경우, 수탁보증인이 담보제공 의사표시를 하면 상환이행판결, 수탁보증인이 담보제공을 거절하면 청구기각 판결을 해야 한다.

> 원고의 피고에 대한 사전구상금 청구에 대해서 피고는 제443조 전단에 근거하여 담보를 제공할 것을 청구하고 있으므로 피고는 원고가 구상금액에 상당한 담보를 제공할 때까지 사전구상의무 이행을 거절할 수 있다. 따라서 피고의 담보제공청구에 대하여 원고가 구상금액에 상당한 <u>담보를 제공하겠다는 의사를 표시</u>하면 원고의 담보제공과 동시에 피고의 사전구상금 지급을 이행할 것을 명하거나 원고가 피고의 <u>담보제공청구에 응하지 않을 것임이 명백하다고 판단</u>되면 원고의 사전구상금 청구를 기각하는 판결을 하여야 한다(대법원 2023. 2. 2. 선고 2020다283578 판결).

• 주채무자에게 §443의 항변권이 인정되지 않는 경우이더라도, 주채무자는 불안의

항변권(§536 ②)을 행사할 수 있으므로 사전구상금을 지급해도 수탁보증인이 이 돈을 주채무자 면책에 사용할 것이라고 기대하기 어려운 특별한 사정이 있으면 주채무자는 사전구상채무 이행을 거절할 수 있다. 또한 수탁보증인이 구상보증 인인 경우에도 같은 법리가 적용되므로 보증인이 파산한 경우 구상보증인은 §443의 항변 사유가 없더라도 불안의 항변권을 행사하여 이행을 거절할 수 있다.

✓ 이러한 법리는 약정을 근거로 §443의 적용이 배제된 경우에도 적용되어야 한다. 불안의 항변은 원래 선이행의무자 보호를 위한 것이기 때문이다.

구상권자가 구상보증인으로부터 사전구상을 받은 경우 채권자에게 이를 지급하여 주 채무자를 면책시킬 의무는 실질적으로 구상보증인의 보증채무금 지급과 견련관계에 있다 할 것인데, 구상권자에 대하여 파산이 선고된 후에 사전구상권을 행사하는 경우 에는, 구상금채무의 보증인이 사전구상에 응하더라도 특별한 사정이 없는 한 구상권 자가 이를 전부 주채무자의 면책을 위하여 사용하는 것은 파산절차의 제약상 기대하 기 어려우므로, 구상금이 전액 주채무자의 면책을 위하여 사용될 것이라는 점이 확인 되기 전에는 구상금채무의 **보증인은 신의칙과 공평의 원칙에 터잡아 제536조 제2항 을 유추적용**하여 사전구상에 대한 보증채무의 이행을 거절할 수 있다(대법원 2002. 11. 26. 선고 2001다833 판결).

B. 효과

• 사전구상권에는 §443의 항변권이 붙어 있으므로, 수탁보증인은 사전구상권을 자 동채권으로 삼아 주채무자의 수탁보증인에 대한 수동채권과 상계할 수 없다.

• 이에 비해 주채무자는 사전구상권을 수동채권으로 하여 자신의 수탁보증인에 대 한 자동채권과 상계할 수 있다.

항변권이 붙어 있는 채권을 자동채권으로 하여 수동채권과의 상계를 허용하면 상계 자 일방의 의사표시로 상대방의 항변권 행사 기회를 상실시키는 결과가 되므로 허용 될 수 없고, 특히 수탁보증인이 주채무자에 대하여 가지는 제442조의 사전구상권에 는 제443조의 담보제공청구권이 항변권으로 부착되어 있는 만큼 이를 자동채권으로 하는 상계는 원칙적으로 허용될 수 없다(대법원 2019. 2. 14. 선고 2017다274703 판결).

C. 임의규정

• §443은 임의규정이므로 주채무자와 수탁보증인의 약정으로 주채무자의 항변권

을 배제할 수 있다.

- 이 경우 수탁보증인은 사전구상권을 자동채권으로 주채무자의 수탁보증인에 대한 수동채권을 상계할 수 있다.

제443조는 **임의규정**으로서 주채무자가 사전에 담보제공청구권의 항변권을 포기한 경우에는 보증인은 사전구상권을 자동채권으로 하여 주채무자에 대한 채무와 상계할 수 있다(대법원 2004. 5. 28. 선고 2001다81245 판결).

(6) 사례: 사전구상권과 상계

A. 개관: 사전구상권에 대한 항변사유가 인정되지 않는 경우

- §443는 임의규정이므로, 보증인과 주채무자가 사전구상권에 대한 주채무자의 항변권을 배제하기로 약정한 경우에는 수탁보증인의 사전구상권 행사에 대해 주채무자는 §443의 항변권을 행사할 수 없다.
- §443의 문리해석에 비추어 볼 때, 수탁보증인의 사전구상권 행사 당시 주채무자가 이미 면책된 경우에도 사전구상권에 대한 주채무자의 항변사유가 인정되지 않는다.

B. 사안의 개요

- 주채무자 乙이 甲에게 부담한 채무를 丙이 보증했는데 乙의 丙에 대한 금전채권을 乙에 대한 일반채권자 丁이 압류했다.
- 丙은 乙에 대한 구상권을 자동채권으로 乙의 丙에 대한 위 피압류채권에 대한 상계를 주장한다.

C. 쟁점과 판단

(a) 사전구상권이 존속하는지의 여부

- 丙의 사후구상권을 자동채권으로 하는 상계는 불가능하다. 사후구상권은 수동채권에 대한 丁의 압류 후에 발생했기 때문이다.
- 丙의 사전구상권을 자동채권으로 하는 상계가 가능한지가 문제되는데, 사후구상권이 발생했더라도 사전구상권이 당연히 소멸하는 것은 아니기 때문이다.

(b) 사전구상권을 자동채권으로 하는 상계가 가능하기 위한 요건

- 丙의 상계 주장이 인용되려면 丁의 압류의 효력 발생 당시에, §443의 항변권이 이미 소멸했거나, 乙·丙 간에 사전구상권에 대한 항변 면제 특약이 있어서 상계적

상이었음이 증명되어야 한다.

- 丁의 압류의 효력이 발생한 후에도 수동채권인 피압류채권의 변제기 도래 전까지 §443의 항변권이 소멸되어 상계적상이 되면 丙의 상계 주장은 인용될 수 있다.

대법원 2019. 2. 14. 선고 2017다274703 판결

- 채권압류명령을 받은 제3채무자가 압류채무자에 대한 반대채권을 가지고 있는 경우에 상계로써 압류채권자에게 대항하기 위하여는, **압류의 효력 발생 당시에 대립하는 양 채권이 상계적상에 있거나, 그 당시 반대채권(자동채권)의 변제기가 도래하지 아니한 경우에는 그것이 피압류채권(수동채권)의 변제기와 동시에 또는 그보다 먼저 도래하여야 한다.**
- 이러한 법리는 **채권압류명령을 받은 제3채무자이자 보증채무자가 압류 이후 보증채무를 변제함으로써 담보제공청구의 항변권을 소멸시킨 다음, 압류채무자에 대하여 압류 이전에 취득한 사전구상권으로 피압류채권과 상계하려는 경우에도 적용된다.**
- 결국 제3채무자가 압류채무자에 대한 사전구상권을 가지고 있는 경우에 상계로써 압류채권자에게 대항하기 위해서는, ㉠ **압류의 효력 발생 당시** 사전구상권에 부착된 담보제공청구의 **항변권이 소멸**하여 사전구상권과 피압류채권이 **상계적상**에 있거나, ㉡ 압류 당시 여전히 사전구상권에 담보제공청구의 항변권이 부착되어 있는 경우에는 제3채무자의 면책행위 등으로 인해 **위 항변권을 소멸시켜 사전구상권을 통한 상계가 가능하게 된 때가 피압류채권의 변제기보다 먼저** 도래하여야 한다.
- 원심은, 2013. 4. 19. 보증채무의 이행기 도래로 사전구상권이 발생했으나, 보증채무자가 사전구상권에 부착된 **담보제공청구권을 2016. 9. 29. 소멸시켰더라도 이 사건 압류·추심명령의 효력이 발생한** 2015. 11. 23. **이후**임이 명백하고, 피고가 이 사건 사전구상권으로 상계하려는 수동채권인 이 사건 부당이득반환채권의 변제기는 늦어도 2013. 12. 27.에 도달하였으므로, 이 사건 압류·추심명령 이후에 비로소 담보제공청구의 항변권이 일부 소멸한 이 사건 사전구상권으로 그 이전에 이미 변제기가 도래한 이 사건 부당이득반환채권과 상계하는 것은 허용되지 않는다고 판단하였다. 원심의 위와 같은 판단은 정당하다.

1. 보증인이 여러 명인 경우: 공동보증

가. 요건

- 동일한 주채무에 대해 여러 명이 보증채무자가 될 수도 있다. 이때 각 보증채무자가 각자 채권자와 별개의 보증계약을 체결하여 각 보증채무의 내용이나 범위 등은 서로 다를 수 있다.

- 보증보험자와 민법상의 보증채무자 사이의 구상관계에 대해서도 보증채무자가 여러 명인 경우에 대해 적용되는 §448가 준용된다.

> 이행보증보험이 실질적으로는 보증의 성격을 가지고 보증계약과 같은 효과를 목적으로 하는 점에서 보험자와 채무자 사이에 민법상의 보증에 관한 규정이 준용될 수 있다고 보는 이상, 보증보험자와 주계약상 보증인 사이에 공동보증인 상호간의 구상권에 관한 법리가 마찬가지로 적용될 수 있으므로 그들 중 어느 일방이 변제 기타 자기의 출재로 채무를 소멸하게 하였다면 그들 사이에 구상에 관한 **특별한 약정이 없다 하더라도 제448조에 의하여 상대방에 대하여 구상권**을 행사할 수 있다(대법원 2008. 6. 19. 선고 2005다37154 전원합의체 판결).

나. 효과

(1) 원칙: 단순공동보증

- 주채무가 가분채무인 경우 보증채무자가 여러 명이고 채권자와 이들 사이에 별도의 특약이 없으면 주채무의 가액이 여러 공동보증인에게 분할되는 '분별의 이익'이 인정된다.

> 제439조(공동보증의 분별의 이익) 수인의 보증인이 각자의 행위로 보증채무를 부담한 경우에도 제408조의 규정을 적용한다.

> 수인의 보증인이 있는 경우에는 그 사이에 **분별의 이익이 있는 것이 원칙**이다(대법원 2009. 6. 25. 선고 2007다70155 판결).

- 공동보증인들 중 한 명이 자신의 부담부분을 초과하여 주채무를 변제하더라도

주채무자에게 비수탁보증인으로서의 구상권만 행사할 수 있다.

> 제448조(공동보증인간의 구상권) ① 수인의 보증인이 있는 경우에 어느 보증인이 자기의 부담부분을 넘은 변제를 한 때에는 제444조의 규정을 준용한다.

(2) 예외: 보증채무의 중첩

A. 요건과 유형

- 주채무가 불가분채무인 경우는 물론 주채무가 가분채무이더라도, 법률(상법 §57 ② 등)이나 당사자들의 약정에 따라 각 공동보증인들이 주채무 전부에 대해 중첩된 보증채무를 부담하게 되는 경우가 있다.
- 보증연대: 주채무자에 대해서는 최고·검색 항변 등이 인정되는 보증인의 지위를 유지하지만, 모든 보증인들이 주채무 전부에 대해 중첩적으로 보증채무를 부담하는 경우를 뜻한다. 보증연대는 분별의 이익 포기를 내용으로 하는 약정이 각 보증인과 채권자 사이뿐 아니라 <u>공동보증인들 간</u>에도 성립해야 한다(지원림, [3435]).
- 연대보증: 연대보증은 최고·검색의 항변권이 인정되지 않는 보증을 뜻하며, <u>채권자</u>와 각 공동보증인 사이의 약정으로 성립한다는 점에서 보증연대와 다르다. 이때 <u>공동보증인들 상호간의 연대특약은 필요 없다</u>(2007다70155, 416면). 다만 연대보증인들 사이에 보증연대 특약을 하는 것도 가능하다(91다37553, 417면).

B. 공통효과: 구상관계

- 보증연대이든 연대보증이든 각 공동보증인들은 주채무자에 대해서는 보증인으로서의 구상권을 행사할 수 있다.

공동보증은 통상의 보증과 마찬가지로 주채무에 관하여 최종적인 부담을 지지 아니하고 전적으로 주채무의 이행을 담보하는 것이므로 공동보증인은 자기의 출재로 공동면책이 된 때에는 그 출재한 금액에 불구하고 주채무자에게 구상을 할 수 있다(대법원 2004. 9. 24. 선고 2004다27440 판결).

- 보증연대이든 연대보증이든 각 공동보증인들 사이에서는 연대채무에 준하는 구상관계가 발생하게 된다.

> 제448조(공동보증인간의 구상권) ② 주채무가 불가분이거나 각 보증인이 **상호연대로 또는 주채무자와 연대로** 채무를 부담한 경우에, 어느 보증인이 자기의 **부담부분을 넘은 변제를 한 때에는 제425조 내지 제427조의 규정을 준용**한다.

다. 연대보증

(1) 요건

A. 약정 또는 법률

B. 분담비율

• 보증채무의 중첩 자체는 연대보증인들 간 약정이 없어도 각 연대보증인과 채권자와의 약정으로 성립할 수 있다.

• 이처럼 연대보증인 간 약정은 연대보증의 성립요건이 아니므로, 분담비율에 관한 연대보증인들 간의 약정이 없을 수도 있으며 이 경우 분담비율은 균분이다.

> **대법원 2009. 6. 25. 선고 2007다70155 판결**
> ‣ 수인이 **연대보증인일 때**에는 각자 별개의 법률행위로 보증인이 되었고 또한 보증인 상호간에 연대의 특약(보증연대)이 **없었더라도** 채권자에 대하여는 분별의 이익을 갖지 못하고 각자의 채무의 전액을 변제해야 한다.
> ‣ 연대보증인들 상호간의 **내부관계**에 있어서는 주채무에 대하여 출재를 분담하는 일정한 금액을 의미하는 부담부분이 있고, 그 부담부분의 비율, 즉 **분담비율에 관하여는 그들 사이에 특약이 있으면 당연히 그에 따르되 그 특약이 없는 한 각자 평등한 비율로 부담**을 진다.

(2) 효과

A. 채권자와 연대보증인 사이의 관계

(a) 연대채무로서의의 속성: 채권자의 채권행사에 대한 최고·검색 항변권 없음

(b) 보증채무로서의 속성

• 주채무자에 대한 사유는 모두 각 연대보증인에 대해 절대적 효력사유이지만 편면적 부종성이 적용된다(§430).

• 연대보증인에 대한 사유는 채권의 만족 사유 외에는 모두 상대적 효력사유이다. 예컨대 ㉠ 연대보증인에 대한 시효중단 사유가 있어도 상대적 효력만 인정되므로 주채무는 시효소멸 할 수 있고 이 경우 연대보증 채무도 부종성 원칙에 따라

소멸한다(대법원 2012. 1. 12. 선고 2011다78606 판결). ⓛ 연대보증인에 대한 채무면제는 주채무자에게는 영향을 미치지 않는다.

> 연대보증인도 **주채무자에 대하여는 보증인에 불과**하므로 연대채무에 관한 면제의 절대적 효력을 규정한 제419조의 규정은 주채무자와 보증인 사이에는 적용되지 아니하는 것이니, 채권자가 연대보증인에 대하여 그 채무의 일부 또는 전부를 면제하였다 하더라도 그 면제의 효력은 주채무자에 대하여 미치지 아니한다 할 것이고, 따라서 채권자의 연대보증인 중 1에 대한 보증채무의 일부면제의 효력은 가사 채권자가 위 연대보증인에 한정하여 면제한다는 특별한 의사표시가 없이 면제했더라도 그 효과가 보증인에게는 미치지 않는다(대법원 1992. 9. 25. 선고 91다37553 판결).

B. 연대보증인과 주채무자 간의 관계: 보증인으로서의 구상권

C. 연대보증인이 여러 명인 경우, 연대보증인 간의 관계

(a) 절대적 효력사유의 범위

• 원칙: 채권을 만족시키는 사유에만 절대적 효력이 인정되고 그 외의 사유에는 상대적 효력만 인정된다. 이 점은 부진정연대채무와 비슷하다.

• 예외: 여러 명의 연대보증인들이 보증연대 특약을 한 경우에는 연대채무에 준하는 절대적 효력사유가 인정된다.

✓ 그러나 절대적 효력사유의 범위는 채권자의 이해관계에도 영향을 미치는데, 연대보증인들 사이의 보증연대 특약만으로 면제, 소멸시효 완성 등의 부담부분형 절대적 효력사유가 인정된다고 볼 수 있을지는 의문이다.

> 수인의 연대보증인이 있는 경우, **연대보증인들 사이에 연대관계의 특약이 있는 경우가 아니면** 채권자가 연대보증인의 1인에 대하여 채무의 전부 또는 일부를 면제하더라도 다른 연대보증인에 대하여는 그 효력이 미치지 아니한다(대법원 1992. 9. 25. 선고 91다37553 판결).

(b) 연대보증인간의 구상관계

• 연대채무와 같은 점: 구상권의 범위·가액 산정, 구상권에 대한 사전·사후 통지 의무 등에 대해서는 연대채무에 관한 조항들이 준용된다(§448②에 의한 §425~§427 준용).

• 연대채무와 다른 점: 연대보증에서는 구상권 행사의 요건과 한도가 더 엄격하다.

연대보증인들 사이에서는, 구상권자 자신의 분담 부분을 초과한 출연액에 한해서, 구상의무자의 분담 부분에 미달한 가액에 대해서만, 구상권을 행사할 수 있다.

연대보증인 가운데 한 사람이 자기의 **부담부분을 초과하여 변제**하였을 때에는 다른 연대보증인에 대하여 구상을 할 수 있는데, 다만 다른 연대보증인 가운데 **이미 자기의 부담부분을 변제한 사람에 대하여는 구상을 할 수 없**으므로 그를 제외하고 **아직 자기의 부담부분을 변제하지 아니한 사람에 대하여만 구상**권을 행사하여야 한다(대법원 2009. 6. 25. 선고 2007다70155 판결).

(3) 사례: 연대보증인간 구상

A. 구상의 요건과 한도

(a) 사안의 개요

* A·B·C는 연대보증인이고, 주채무는 원래 5억원이었으나 지연손해금 1억원이 가산되어 총 6억원이 되었다. 이 상태에서 A가 1억5000만원, B가 3억원을 각각 변제했다.
* 그 후 B가 A에게 구상권을 행사했는데 C는 그전에 무자력이 되었다.

(b) 쟁점과 판단

* 각 연대보증인들의 분담액은 현재의 주채무 가액×분담비율인데, 분담비율에 관한 약정이 없으므로 균분이다. 따라서 분담액은 각 2억원(=6억원×1/3)이다.
* B는 자신이 분담부분을 초과한 1억원을 A·C에게 각 5000만원씩 구상할 수 있다.
* 무자력인 C의 부담부분 5000만원을 A·B가 2500만원씩 분담해야 하므로(§448 ②에 의한 §427 ② 준용), B는 A에게 7500만원을 구상할 수 있다. A는 자신의 분담액에 미달한 상태이므로 이에 응할 의무가 있다.

대법원 2009. 6. 25. 선고 2007다70155 판결

‣ 부담부분은 수인의 연대보증이 성립할 당시 주채무액에 분담비율을 적용하여 산출된 금액으로 일단 정해지지만 그 후 주채무자의 변제 등으로 주채무가 소멸하면 부종성에 따라 각 연대보증인의 부담부분이 그 소멸액만큼 분담비율에 따라 감소하고 또한 연대보증인의 변제가 있으면 당해 연대보증인의 부담부분이 그 변제액만큼 감소하게 되므로, 자기의 부담부분을 초과한 변제를 함으로써 그 초과 변제액에

대하여 다른 연대보증인을 상대로 <u>구상권을 행사할 수 있는 연대보증인인지 여부</u>는 **당해 변제시를 기준으로 판단**하되, ㉠ 그때까지 발생·증가하였던 주채무의 총액에 분담비율을 적용하여 당해 연대보증인의 부담부분 총액을 산출하고 ㉡ 주채무자의 변제 등으로 감소한 부담부분이 있다면 이를 위 부담부분 총액에서 공제하는 방법으로 당해 연대보증인의 부담부분을 확정한 다음, 당해 변제액이 위 확정된 부담부분을 초과하는지 여부에 따라 판단하여야 한다.

· 한편, 이미 자기의 부담부분을 변제함으로써 위와 같은 구상권 행사의 대상에서 제외되는 다른 연대보증인인지 여부도 원칙적으로 구상의 기초가 되는 변제 당시에 위와 같은 방법에 의하여 확정되는 그 연대보증인의 부담부분을 기준으로 판단하여야 한다.

B. 주채무자가 구상금의 일부를 지급한 경우

(a) 사안의 개요

· 채권자 甲에 대한 주채무자 乙의 채무 9000만원을 A·B·C가 연대보증했고 부담부분은 균등하다.

· A가 9000만원 전액을 변제한 후 乙이 A에게 구상금의 일부인 6000만원을 지급했다.

(b) 쟁점과 판단: A에 대한 B·C의 구상의무의 가액

· 乙이 지급한 6000만원은 A의 부담부분 3000만원에 우선 충당되고, 남은 돈 3000만원이 B·C의 각 부담부분에 충당된다.

· 따라서 A는 乙로부터 6000만원을 받은 후 다시 B·C에게 각 1500만원씩 구상하여 결국 9000만원 전액을 회수할 수 있다

· 파기된 원심은, 주채무자가 지급한 6000만원이 각 연대보증인에게 2000만원씩 귀속되므로 A가 乙이 지급한 6000만원 전액을 수령했으면 B·C에게는 각 1000만원씩만 구상할 수 있다고 보았다. 이렇게 계산하면 A도 1000만원은 최종적으로 분담하게 된다.

(c) 논거: 채권자 보호를 위한 대위변제 장려

· 대위변제자를 더 보호하는 것이 공평원칙과 §448의 취지에 부합한다.

· 다른 연대보증인들은 주채무자의 무자력으로 인하여 재구상권 행사가 곤란해질 위험이 있다는 사정을 내세워 대위변제를 한 연대보증인에 대한 구상채무의 감면을 주장하거나 이행을 거절할 수 없다.

> ### 대법원 2010. 9. 30. 선고 2009다46873 판결
> - 공동연대보증인 중 1인이 채무 전액을 대위변제한 후 **주채무자로부터 구상금의 일부를 변제받은 경우** 주채무자의 구상금 일부 변제는 특별한 사정이 없는 한 **대위변제를 한 연대보증인의 부담 부분에 상응하는 주채무자의 구상채무를 먼저 감소시키고** 이 부분 구상채무가 전부 소멸되기 전까지는 다른 연대보증인들이 부담하는 구상채무의 범위에는 아무런 영향을 미치지 않는다고 봄이 상당하다.
> - 주채무자의 구상금 **일부 변제 금액이 대위변제를 한 연대보증인의 부담 부분을 넘는 경우**에는 그 넘는 변제 금액은 주채무자의 구상채무를 감소시킴과 동시에 **다른 연대보증인들의 구상채무도 각자의 부담비율에 상응하여 감소시킨다**고 할 것이다.

(4) 사례: 명의상 주채무자와 실제 주채무자가 다른 경우

A. 개관

(a) 문제의 소재

- 채권자에 대한 명의상의 주채무자와 내부관계에서의 실질적 주채무자가 서로 다른 사람인 경우, 누가 주채무자로서의 구상의무를 지는지, 그리고 구상의무자가 아닌 사람은 어떤 의무를 지는지가 문제된다.
- 예컨대 타인 명의 대출 사안에서, 대출명의인은 甲이지만 甲이 대출받은 돈을 쓰고 원리금을 상환하려는 의사를 가진 자는 乙인 경우, 乙이 채권자와 甲을 주채무자로 하는 연대보증계약을 체결하는 경우가 있다. 나아가 이때 채권자에 대해 甲을 연대보증하는 다른 연대보증인 丙도 있을 수 있다. 이런 사안에서 채권자와 丙에 대해, 甲과 乙 중 누가 주채무자로서의 구상의무를 지는지가 문제된다.

(b) 판례법리의 적용범위

- 확장: 물상보증인이 있는 사안에서도 같은 법리가 적용된다(2013다80429, 421면).
- 적용배제: 채권자가 이런 사정을 알고 있었던 경우, 즉 乙이 실질적으로 주채무자임을 알고 있었던 경우, 명의상 주채무자 甲은 ㉠ 주채무자로서의 채무를 부담하지 않으며 ㉡ 乙에 대한 보증의사도 추정되지 않으므로 보증채무자로서의 책임도 부담하지 않는다.

乙이 A로부터 이 사건 금원을 차용하면서, 甲·乙·A 사이에 대출채무자의 명의만 甲으로 하되 그 대출금채무에 대하여 甲에게 책임을 지우지 않기로 하는 합의가 이루어진 경우, 원심이 甲은 형식상으로는 이 사건 대출금채무에 대한 주채무자이지만 당사자 사이의 실질적인 관계에서는 최종적인 변제책임을 지는 주채무자가 아니라 그 채무를 변제할 경우 A가 실제 채무자인 乙에 대하여 가지는 채권 및 이에 관한 담보권을 당연히 대위행사할 수 있는 지위에 있다고 판단한 것은 정당한 것으로 수긍이 가고 대출절차상의 편의를 위하여 명의만을 대여한 것으로 인정되어 채무자로 볼 수 없는 경우, 그 형식상 주채무자가 실질적인 주채무자를 위하여 보증인이 될 의사가 있었다는 등의 특별한 사정이 없는 한 그 형식상의 주채무자에게 실질적 주채무자에 대한 **보증의 의사가 있는 것으로 볼 수는 없**다(대법원 2005. 5. 12. 선고 2004다68366 판결).

B. 채권자가 선의인 경우, 명의상 주채무자 甲의 법적 지위

(a) 채권자에 대한 관계: 명의상 주채무자 甲은 주채무자로서의 책임을 부담함

(b) 연대보증인 丙과의 관계: 丙이 주채무 9000만원 전액을 변제한 경우

- 丙이 선의일 뿐 아니라 丙이 甲의 연대보증인이 된 것에 대해 甲에게 귀책사유가 인정되는 경우에만, 甲은 丙에게 주채무자로서의 구상의무를 지게 된다. 이 경우 丙은 甲에게 9000만원 전액을 구상할 수 있다.

- 丙이 악의인 경우 또는 丙이 선의이지만 甲에게 귀책사유가 없는 경우, 甲은 丙에 대해 주채무자로서의 책임은 지지 않지만, 실제 주채무자인 乙에 대한 연대보증인으로서의 책임은 부담하게 된다. 따라서 丙은 甲에게 4500만원을 구상할 수 있다.

- 만약 甲·乙과 丙 사이에 甲의 채무를 면제시켜주기로 하는 특약이 있었다면, 丙이 甲의 명목상 주채무 9000만원 전액을 변제했더라도 甲에게 구상권을 행사할 수 없고 결국 변제자대위권도 행사할 수 없다.

대법원 2014. 4. 30. 선고 2013다80429 판결

- 금융기관으로부터 대출을 받음에 있어 제3자가 자신의 명의를 사용하도록 한 경우에는 대출명의인이 채권자인 금융기관에 대하여 주채무자로서의 책임을 지는지 여부와 관계없이, **내부관계**에서는 실질상의 주채무자가 아닌 한 연대보증책임을 이행한 연대보증인에 대하여 **당연히 주채무자로서의 구상의무를 부담한다고 할 수는 없**다.

- 연대보증인이 **대출명의인이 실질적 주채무자라고 믿고** 보증을 했거나 보증책임을 이행했고, 그와 같이 믿은 데에 **대출명의인에게 귀책사유**가 있어 대출명의인에게 그 책임을 부담시키는 것이 구체적으로 타당하다고 보이는 경우 등에 한하여 대출명의인이 연대보증인에 대하여 주채무자로서의 전액 구상의무를 부담한다.

주채무 명의자가 실질적 주채무자가 아니라는 사실을 연대보증인이 알고서 보증을 하였거나 보증책임을 이행한 경우라 할지라도, 그 명의자가 실질상의 주채무자를 연대보증한 것으로 인정할 수 있는 경우에는 명의자는 연대보증인에 대하여 공동보증인 간의 구상권 행사 법리에 따른 구상의무는 부담한다. 명의자가 금융기관으로부터 대출을 받음에 있어 자신을 주채무자로 하도록 승낙한 경우, 대출에 따른 경제적인 효과는 실질상의 주채무자에게 귀속시킬지라도 법률상의 효과는 자신에게 귀속시킬 의사로서, **최소한 연대보증의 책임은 지겠다는 의사였다고 보아야** 하기 때문이다(대법원 2002. 12. 10. 선고 2002다47631 판결).

물상보증인은 자기의 권리에 의하여 구상할 수 있는 범위에서 변제자대위권을 행사할 수 있으므로, 물상보증인이 채무를 변제한 때에도 **다른 사정에 의하여 주채무자에 대하여 구상권이 없는 경우에는 채권자를 대위하여 채권자의 채권 및 그 담보에 관한 권리를 행사할 수 없다**고 해석하여야 한다. 따라서 당사자들 간의 특약으로 甲이 丙에 대하여 주채무자로서의 구상의무를 부담하지 않는다면, 丙이 물상보증인으로 이 사건 대출금채무를 변제하였다고 하더라도 채권자가 甲에 대해 가지는 대출금 채권을 행사할 수 없다(대법원 2014. 4. 30. 선고 2013다80429 판결).

(c) 실제 주채무자인 명의상 연대보증인 乙의 지위

- 선의인 채권자에 대해서는 연대보증인으로서의 지위가 인정되지만, 명목상 채무자 甲에 대해서는 주채무자이다.
- 따라서 乙이 甲의 명목상 주채무를 변제해도 甲에게 구상권을 행사할 수 없고 변제자대위권도 행사할 수 없다. 이러한 효과는 甲소유 부동산과 乙소유 부동산에 공동저당이 설정된 경우에 乙소유 부동산의 후순위 저당권자에게도 미친다.

채권자에 대한 관계에서는 공동 연대보증인이지만 내부관계에서는 실질상의 주채무
자인 乙의 경우에 다른 연대보증인 甲이나 丙이 채권자에 대하여 그 보증채무를 변제
한 때에 그 연대보증인은 실질상의 주채무자인 乙에 대하여 전액에 대해 구상권을 행
사할 수 있는 반면에 실질상의 주채무자인 연대보증인 乙이 자기의 부담부분을 넘어
서 그 보증채무를 변제한 경우 **다른 연대보증인에 대하여 제448조 제2항, 제425조에
따른 구상권을 행사할 수는 없**다(대법원 2004. 9. 24. 선고 2004다27440 판결).

대법원 2015. 11. 27. 선고 2013다41097 판결

- 제481조, 제482조에 의하면 물상보증인은 자기의 권리에 의하여 구상할 수 있는 범
  위에서 채권 및 담보에 관한 권리를 행사할 수 있으므로, **물상보증인이 채무를 변제**
  하거나 저당권의 실행으로 저당물의 소유권을 잃었더라도 다른 사정에 의하여 채
  무자에 대하여 구상권이 없는 경우에는 채권자를 대위하여 채권자의 채권 및 담보
  에 관한 **권리를 행사할 수 없다.**
- 이러한 법리는 실질적 물상보증인인 채무자와 실질적 채무자인 물상보증인 소유의
  각 부동산에 **공동저당이 설정된 후에 실질적 채무자인 물상보증인 소유의 부동산**
  에 후순위저당권이 설정되었다고 하더라도 다르지 아니하다.

2. 주채무자가 여러 명인 경우

가. 개관

- 보증채무의 독립성: 주채무자가 여러 명인 경우, 보증인은 이들 중 일부만 보증할
  수도 있고, 주채무자 전원을 보증할 수도 있다.
- 보증인의 지위(대외관계, 구상관계)는 주채무자들 사이의 관계와 보증계약의 내용
  에 따라 결정된다.

나. 보증인이 주채무자 전원을 보증한 경우

(1) 개관

- 주채무자들간의 관계에 따라 보증인의 구상권의 요건·내용이 결정된다.
- 예컨대 A·B·C가 甲에 대한 9000만원의 채무를 부담하고 있는데, A의 부탁을 받
  고 이들 모두를 위한 보증계약을 체결한 乙이 甲에게 9000만원 전액을 변제한 경
  우, ㉠ 주채무가 분할채무이면 甲은 A·B·C에게 각 3000만원씩 구상할 수 있고,

ⓛ 주채무가 연대채무이면, A·B·C 중 아무에게나 9000만원 전액을 구상할 수 있으나(§447의 적용 배제), B·C에 대해서는 비수탁보증인에 해당하므로 구상범위가 제한된다(§444).

대법원 1990. 11. 13. 선고 90다카26065 판결

· 연대채무자 A·B의 채권자 甲에 대한 채무를 담보할 목적으로 자기 소유의 부동산에 관하여 근저당권을 설정하였다가 그 실행으로 인하여 위 부동산의 소유권을 상실하게 된 물상보증인 乙은 연대채무자들에 대한 구상권이 있고, 다만 연대채무자 **A의 부탁 없이 물상보증인이 되었다면 A는 그 당시에 이익을 받은 한도 내**에서 물상보증인 乙에게 구상하여 줄 의무가 있다.

· 제447조는 어느 연대채무자나 어느 불가분채무자를 위하여 보증인이 된 자의 다른 연대채무자나 다른 불가분채무자에 대한 구상권에 관한 규정에 불과하므로 위와 같이 **연대채무자 모두를 위하여** 물상보증인이 된 원고가 그 연대채무자의 1인인 피고에 대하여 구상권을 행사하는 이 사건에 있어서는 위 규정이 적용될 여지가 없다.

(2) 비교사례: 연대채무자들 중 한 명이 전액을 변제한 경우

· 위의 예에서 B가 9000만원 전액을 변제하면, A·C에 대해 각 3000만원씩을 구상할 수 있고, 이러한 구상권에 기한 변제자대위도 인정된다.

· 그러나 B는 乙에 대해 변제자대위에 근거한 보증채권을 행사할 수는 없다. B도 乙에 대해서는 주채무자이기 때문이다.

연대채무자가 수인이 있는 경우에 이들 모두를 위한 연대보증인은 보증채무의 이행으로 한 출연액 전부에 대하여 어느 연대채무자에게나 구상권을 가지지만 이와 반대로 연대채무자들 중 어느 1인이 자신의 내부 부담부분을 넘어 채무를 변제함으로써 채권자의 그 다른 연대채무자에 대한 원채권을 행사하는 경우에도, **자신의 연대보증인도 겸한** 그 다른 연대채무자의 연대보증인에 대하여는 대위할 수 없다(대법원 1992. 5. 12. 선고 91다3062 판결).

다. 보증인이 주채무자들 중 일부만 보증한 경우

(1) 개관

A. 주채무자들이 분할채무자인 경우

· 보증인은 자신이 보증한 주채무자의 분담부분에 대해서만 보증채무를 부담한다.

- 따라서 보증인이 자신의 주채무자 이외의 주채무자들의 분담부분을 변제해도 이해관계 없는 제3자의 변제일 뿐이고 비수탁보증인으로서의 지위도 인정될 수 없다.

B. 주채무자가 공동채무자인 경우

- 보증인의 주채무자가 불가분·연대·부진정연대 등의 중첩채무를 부담한 경우, 보증인은 이러한 중첩된 채무 전부에 대해 보증채무를 진다.
- 그 대신 자신의 피보증인 아닌 다른 불가분·연대·부진정연대채무자들에게도 이들의 분담부분을 한도로 구상권을 행사할 수 있고, 변제자대위도 인정된다.

> 제447조(연대, 불가분채무의 보증인의 구상권) 어느 연대채무자나 어느 불가분채무자를 위하여 보증인이 된 자는 다른 연대채무자나 다른 불가분채무자에 대하여 그 부담부분에 한하여 구상권이 있다.

- 사례: 주채무자 이외의 부진정연대채무자의 부담부분이 없다고 인정되면, 보증채무자도 주채무자 이외의 부진정연대채무자에 대한 구상권을 행사할 수는 없다.

어느 공동불법행위자를 위하여 보증인이 된 자가 피보증인의 손해배상채무를 변제한 경우 그 보증인은 **피보증인이 아닌 다른 공동불법행위자에 대하여는 그 부담부분에 한하여 구상권 내지 부당이득반환청구권**을 행사할 수 있다 할 것인바, 따라서 보증인이 보증한 공동불법행위자의 부담부분이 전부이고 **다른 공동불법행위자의 부담부분이 없는 경우**에는 보증인은 그 다른 공동불법행위자에 대하여 구상 내지 부당이득반환청구를 할 수 없다(대법원 1996. 2. 9. 선고 95다47176 판결).

(2) 사례: 공동 일부보증

A. 중첩이 인정되는 경우

(a) 사안

- 乙이 甲에게 부담하는 채무들 중, 대여금채무를 A가 보증하고 외상대금채무를 B가 보증했는데, 乙소유 X부동산에 甲명의 1순위 근저당권(채권최고액 10억원)이 설정되었다.
- A의 보증한도액은 2억원, B의 보증한도액은 3억원으로 약정되어 있었고, A·B는 각각 자신의 보증한도액 상당액을 甲에게 지급한 후 변제자대위권을 행사하여 X부동산에 대한 1순위 근저당권 일부 이전 부기등기를 받았다
- A·B는 甲과의 특약에 의해 X부동산이 경매되는 경우 그 배당기일에 각자가 배

당받은 돈으로 甲의 乙에 대한 미수금채권을 변제하고 남은 잔액만 배당받기로 했다.

(b) 쟁점과 판단

- X부동산에 대한 경매절차가 진행되었는데 배당기일에 甲의 채권액은 7억원이고 배당가능 금액은 10억원 중 A가 2억원, B가 3억원, 甲이 5억원을 각각 배당받았다.
- 甲은 乙로부터 2억원을 변제받지 못한 상태였으므로 A에게 위 특약상의 권리를 행사했고 이에 A는 甲에게 자신이 배당받은 2억원 전액을 지급했다.
- 이 경우 A는 B에게 12000만원을 구상할 수 있다. A·B와 甲 간의 특약은 甲의 乙에 대한 미수금채권에 대한 중첩적 공동보증이므로, A가 甲에게 2억원을 지급하면 B·甲 간 특약에 의한 B의 甲에 대한 미수금 지급의무도 그 가액만큼 면책된다. 이때 A·B 간 구상분담 비율은 이에 대한 특약이 없으므로 각각의 보증한도액의 비율로 정해진다. 따라서 A는 자신이 지급한 2억원의 3/5에 해당하는 1억2000만원을 B에게 구상할 수 있다.

대법원 2005. 3. 11. 선고 2004다42104 판결

- 수인의 보증인이 주채무자의 채무를 일정 한도에서 보증하기로 하는 이른바 **일부 보증**을 한 경우 보증인 중 1인이 채무의 전액이나 자기의 부담부분 이상을 변제함으로써 다른 보증인의 책임한도가 줄어들게 되어 **공동으로 면책이 되었다면 다른 보증인에 대하여 구상**할 수 있고, 그 부담부분의 비율에 대하여는 그들 사이에 특약이 있으면 당연히 그에 따르되 그 특약이 없는 경우에는 **각자 보증한도액의 비율**로 부담하게 된다고 할 것이다.
- A·甲 간 제1약정과 B·甲 간 제2약정은 甲의 근저당권의 일부씩을 양수하면서도 내부적으로는 甲에게 우선권을 주겠다는 취지, 즉 甲이 근저당권의 실행으로 인한 배당절차에서 미처 배당받지 못하는 채권이 있으면 그에 대하여는 A와 B가 배당받은 금액을 한도로 전액을 변제하겠다는 취지로 보이므로, 결국 甲과의 관계에서 각각 **별개의 계약으로 주채무자 乙의 甲에 대한 잔존채무를 배당금액 한도에서 일부씩 보증한 것**이다.
- A가 자신의 배당금으로 甲에 대한 乙의 잔존채무를 모두 변제함으로써 B도 공동으로 면책이 된 만큼, 甲은 B에 대해 부기등기금액에 의한 배당금의 안분비율에 따른 자기의 부담부분을 초과하는 부분에 대해 구상할 수 있다.

B. 중첩이 인정되지 않는 경우

(a) 사안

- 乙이 甲에게 부담하는 채무 8억원에 대해, A·B는 각자 甲과의 연대보증계약을 체결했는데, A의 보증한도액은 1억원, B의 보증한도액은 3억원으로 약정되었다.
- A가 1억원을 甲에게 변제하고 B에게 구상권을 행사한다.

(b) 쟁점과 판단

- A·B가 각각 甲과 연대보증계약을 체결했더라도, A·B간 보증연대 특약 사실이 없으므로 중첩이 인정되지 않는다.
- 이 경우 A가 1억원을 변제해도 B의 보증한도액인 3억원을 초과하는 7억원의 주채무가 남아 있으므로, B는 A의 변제로 인해 공동면책되지 않았고, 결국 A는 B에게 구상권을 행사할 수 없다.
- 파기된 원심의 판단: A·B의 보증한도액이 중첩되는 1억원에 대해서는 A·B는 연대보증인이므로 A는 B에게 7500만원(= 1억 × 3/4)의 구상권을 행사할 수 있다.

> **대법원 2002. 3. 15. 선고 2001다59071 판결**
> - **주채무자를 위하여 수인이 연대보증을 한 경우, 어느 연대보증인이 채무를 변제하였음을 내세워 다른 연대보증인에게 구상권을 행사함에 있어서는 그 변제로 인하여 다른 연대보증인도 공동으로 면책되었음을 요건으로 하는 것이다.**
> - 각 연대보증인이 주채무자의 채무를 일정한 한도에서 보증하기로 하는 이른바 일부보증을 한 경우에는 주채무의 일부가 변제되었다고 하더라도 그 <u>보증한 한도 내의 주채무가 남아 있다면 그 남아 있는 채무에 대하여는 보증책임을 면할 수 없다</u>고 보아야 하므로, 연대보증인 중 1인이 변제로써 주채무를 감소시켰다고 하더라도 **주채무의 남은 금액이 다른 연대보증인의 책임한도를 초과하고 있다면 그 다른 연대보증인으로서는 그 한도금액 전부에 대한 보증책임이 그대로 남아** 있어 위의 채무변제로써 면책된 부분이 전혀 없다고 볼 수밖에 없고, 따라서 이러한 경우에는 채무를 변제한 위 연대보증인이 그 채무의 변제를 내세워 보증책임이 그대로 남아 있는 다른 연대보증인에게 **구상권을 행사할 수는 없**을 것이다.

8장

채권관계의 당사자변경:
채권양도, 채무인수, 계약인수

8장

채권관계의 당사자변경: 채권양도, 채무인수, 계약인수

I │ 채권양도

1. 개관

가. 채권 이전의 요건

(1) 개관

- 채권은 채무자의 행위인 급부를 목적으로 하는 권리이지만, 재산권의 일종이므로 특별한 사정이 없는 한 이전될 수 있다. 즉 채권의 동일성을 유지하면서 채권자가 바뀔 수 있는 것이다.
- 채권 이전의 법률요건도 법률행위와 법률의 규정으로 나누어지는데, 전자를 대개 '채권양도'라고 한다. 한편 후자의 예로서 상속, 변제자대위, 채권에 대한 전부명령 등을 들 수 있다.

(2) 법률행위에 의한 채권 이전

A. 개관

- 채권의 이전을 내용으로 하는 법률행위인 '채권양도'는, 급부의 성질이나 법률에 의해 채권자 변경이 불가능한 경우가 아닌 한 원칙적으로 유효이다.
- 이러한 채권양도에 대해서도 공시 원칙이 적용된다. ㉠ 채권의 이전은 채권자 변경을 초래하여 그 상대방인 채무자에게도 영향을 미치므로 채무자 보호가 필요하고 ㉡ 채권이 이중으로 양도되거나, 채권양도와 채권에 대한 (가)압류가 경합하는 사안에서 누가 채권을 행사할 수 있는지를 결정하기 위한 기준이 필요하기 때문이다.

B. 채권 이전의 원인행위의 이원적 구조

• 채권 이전의 원인인 법률행위는 채권행위와 준물권행위라는 두 개의 법률행위로 구성된다. 이들 중에서 ㉠ 채권행위에 해당하는 법률행위를 '양도의무 계약'이라고 하고 ㉡ 준물권행위에 해당하는 법률행위를 '채권양도 계약'이라고 한다.

• 양도의무 계약의 예로서 채권매매, 채권증여, 채권에 대한 양도담보, 추심위임 등을 들 수 있는데, 어떤 경우이든 준물권행위인 채권양도 계약과 §450의 공시방법까지 갖춰져야 채권이 양수인에게 확정적으로 귀속된다.

• 양도의무 계약과 채권양도 계약의 관계: 이들은 별개의 법률행위로 파악된다는 점에서 독자성이 인정되지만, 유인성도 인정된다. 즉 전자가 해제 등으로 인해 소멸하면 후자도 당연 소멸하는 것이다.

✓ 판례는 채권 이전의 원인행위에 대해서는 채권행위와 준물권행위의 독자성·유인성을 인정하면서도 물권 이전의 원인행위에 대해서는 물권행위의 독자성을 부정하는 입장을 고수하고 있다.

대법원 2011. 3. 24. 선고 2010다100711 판결

‣ 지명채권의 양도라 함은 채권의 귀속주체가 법률행위에 의하여 변경되는 것, 즉 법률행위에 의한 이전을 의미한다. 여기서 '법률행위'란 유언 외에는 통상 채권이 양도인에게서 양수인으로 이전하는 것 자체를 내용으로 하는 그들 사이의 합의(이하 '채권양도계약'이라고 한다)를 가리키고, 이는 이른바 준물권행위 또는 처분행위로서의 성질을 가진다. 그와 달리 채권양도의 의무를 발생시키는 것을 내용으로 하는 계약(이하 '양도의무계약'이라고 한다)은 채권행위 또는 의무부담행위의 일종으로서, 이는 구체적으로는 채권의 매매나 증여, 채권을 대물변제로 제공하기로 하는 약정, 담보를 위하여 채권을 양도하기로 하는 채권양도담보계약 등의 다양한 형태를 가질 수 있다.

‣ 비록 채권양도계약과 양도의무계약은 실제의 거래에서는 한꺼번에 일체로 행하여지는 경우가 적지 않으나, 그 법적 파악에 있어서는 역시 구별되어야 하는 별개의 독립한 행위이다. 그리하여 **채권양도계약에 대하여는 그 원인이 되는 개별적 채권계약의 효과에 관한 민법상의 임의규정은 다른 특별한 사정이 없는 한 적용되지 아니**한다고 할 것이다.

C. 법률행위에 의한 채권 이전과 공시 원칙

• 양도의무 계약과 채권양도 계약이 성립하여 효력이 발생하면, 그 당사자인 양도인·양수인 사이에서는 곧바로 즉 공시 방법을 갖추지 않아도 채권이 양수인에게

귀속된다는 법률효과가 발생한다.

- 따라서 채권 변동에 있어서 공시 원칙은 '대항요건주의'의 형태로 적용된다.

D. 사례: 양도의무 계약과 채권양도 계약의 독자성·유인성

(a) 사안의 개요

- 丙이 신축한 X건물(아파트)에 하자가 발생하여 입주자들에게 丙에 대한 하자보수·손해배상채권이 발생했다. 입주자들은 소송수행 등의 편의를 위해 丙에 대한 하자보수·손해배상채권 행사와 관련된 사무의 처리를 입주자 대표로 선임된 乙에게 위임하면서 위 채권을 양도했고, 그 취지를 丙에게 통지했다.

- 그 후 乙의 사무 처리와 관련하여 입주자들 사이에 갈등이 생겼고, 입주자들 중 乙의 사무 처리에 반대하는 입장이던 甲은 乙에 대한 위임계약을 해지하고 丙에게 직접 자신의 하자보수·손해배상청구권을 행사한다.

(b) 쟁점과 판단

- 이 사건에서 양도의무 계약은 위임계약이므로 양 당사자는 자유롭게 계약을 해지할 수 있다(§689). 이에 비해 위임계약과 별개로 존재하는 채권양도 계약에 대해서는 §689가 적용되지 않으므로 채권양도 계약은 이러한 임의해지권의 적용 대상이 아니다. 그러나 양도의무 계약과 채권양도 계약 사이에는 유인성이 인정되므로, 위임계약 해지로 인해 채권양도 계약도 효력을 상실한다고 보아야 한다.

- 채권양도 계약의 효력 상실로 인한 원상회복의 경우에도 대항요건주의가 적용되므로, 乙은 하자보수·손해배상채권이 甲에게 회복되었다는 취지를 丙에게 통지할 의무를 진다.

> 종전의 채권자가 채권의 추심 기타 행사를 위임하여 채권을 양도하였으나 양도의 '원인'이 되는 그 위임이 해지 등으로 효력이 소멸한 경우에 이로써 채권은 양도인에게 복귀하게 되고, 나아가 양수인은 그 양도의무계약의 해지로 인하여 양도인에 대하여 부담하는 원상회복의무(이는 계약의 효력불발생에서의 원상회복의무 일반과 마찬가지로 부당이득반환의무의 성질을 가진다)의 한 내용으로 채무자에게 이를 통지할 의무를 부담한다(대법원 2011. 3. 24. 선고 2010다100711 판결).

나. 절차법: 양수금 청구소송의 청구원인과 항변

(1) 양수인의 청구원인

A. 양도 대상 채권의 존재: 양도 대상 지명채권 발생의 법률요건

B. 유효한 채권양도의 요건: 양도의무 계약과 채권양도 계약의 유효한 성립

C. 대항요건

(2) 채무자의 항변

A. 양도 대상 채권의 원인행위에 근거한 항변

B. 채권양도 자체에 대한 항변: 양도 금지 사유 등

2. 지명채권양도의 요건

가. 양도 대상 채권의 존재

(1) 의미: 양도 대상 채권 발생의 법률요건 충족

• 양도인과 채무자 사이에 유효한 채권계약이 성립했거나, 법정채권관계의 요건이 충족되어야 한다.

• 채권계약이 이 유효하게 성립한 것으로 충분하며 이행기가 도래했을 필요는 없다. 즉 조건이나 기한이 붙어 있어도 양도 대상 채권이 될 수 있다.

(2) 양도 대상 채권이 존재하지 않는 경우

A. 개관: 양도의무 계약의 원시적 불능

• 양도인·양수인 간 양도의무 계약 당시에 양도인·채무자 간 채권계약의 불성립·무효·취소·해제 등으로 인해 양도 대상 채권이 존재하지 않았다면, 양도인·양수인 간 양도의무 계약은 원시적 불능이다.

• 양수인은 양도인에게 §535의 책임을 추궁할 수 있을 뿐이고, 양도인은 물론 양수인도 채무자에게 양수채권을 행사할 수는 없다.

B. 사례: 채무자의 자기 앞 채권 양수와 대항요건주의

(a) 사안의 개요

• 乙은 丙에게 X건물을 매도하고 잔대금을 지급받았으나 X건물에 대한 소유권이전등기를 마쳐주지 않은 상태였다.

• 丙은 乙에 대한 금전채무가 이행지체에 빠지자 대물변제로 위 X건물에 대한 소유권이전등기청구권을 乙에게 양도했으나 확정일자 증서는 갖춰지지 않았다.

- 그 후 丙에 대한 채권자 甲이 丙의 乙에 대한 X건물 소유권이전등기 청구권을 대상으로 하는 채권압류명령을 받아 그 취지가 乙에게 송달되었다.

(b) 쟁점과 판단

- 채권양도의 대상인 채권의 채무자가 양수인 자신인 '자기앞 채권'의 양도도 유효이지만, 그 채권이 양수인 겸 채무자에게 귀속되면 혼동으로 소멸한다(§507). 위 사례에서 양수인 겸 채무자인 乙의 승낙이 있었으므로 丙의 乙에 대한 X건물 소유권이전등기 청구권은 丙·乙 간 채권양도의 효력 발생 즉시 혼동으로 소멸한다.

- 따라서 甲의 채권(가)압류는 존재하지 않는 채권에 대한 것이므로 무효이고 채권양수인 乙의 묵시적 승낙이 확정일자 있는 승낙인지의 여부는 따질 필요도 없다.

✓ 변형: 乙·丙 간 대물변제 전에 甲이 丙의 X건물 소유권이전등기 청구권을 압류했다면 乙은 甲에게 대항할 수 없다.

대법원 2022. 1. 13. 선고 2019다272855 판결

‣ 채권의 귀속주체 변경의 효과는 원칙적으로 **채권양도에 따른 처분행위 시 발생**하는바, 지명채권 양수인이 '양도되는 채권의 채무자'인 경우에는 채권양도에 따른 처분행위 시 채권과 채무가 동일한 주체에 귀속한 때에 해당하므로 제507조 본문에 따라 채권이 **혼동에 의하여 소멸**한다.

‣ 제450조 제2항의 제3자에 대한 대항요건은 양도된 채권이 존속하는 동안에 그 채권에 관하여 양수인의 지위와 양립할 수 없는 법률상의 지위를 취득한 제3자가 있는 경우에 적용된다. 따라서 지명채권 양수인이 '양도되는 채권의 채무자'여서 양도된 채권이 위와 같이 혼동에 의하여 소멸한 경우, 그 후에 그 채권에 관한 압류 또는 가압류결정이 제3채무자에게 송달되더라도 그 채권압류 또는 가압류결정은 존재하지 아니하는 채권에 대한 것으로서 무효이고, 그 압류 또는 가압류채권자는 제450조 제2항에서 정한 제3자에 해당하지 아니한다.

나. 채권의 양도 가능성: 양도 제한 사유의 부존재

(1) 개관: 원칙과 예외

- 지명채권은 재산권의 일종이므로 양도 대상이 될 수 있는 것이 원칙이다. 예컨대 채무자가 '자기앞 채권'을 양수하는 지명채권 양도계약도 유효이다. 따라서 법률, 약정, 성질 등의 양도 제한 사유는 채무자가 주장·증명해야 하는 항변사유이다.

> 제449조(채권의 양도성) ① 채권은 양도할 수 있다. 그러나 채권의 성질이 양도를 허용하지 아니하는 때에는 그러하지 아니하다.

- 지명채권 양도가 제한되는 경우로서, ㉠ 급부의 성질상의 양도 제한, ㉡ 법률에 의한 양도 제한, ㉢ 당사자의 약정에 의한 양도 제한을 들 수 있다. ㉡과는 달리 ㉠·㉢은 채무자 보호를 위한 것이므로 채무자가 동의하면 양도 가능성이 회복된다. 한편 ㉠ ·㉡과는 달리 ㉢은 선의·무중과실인 양수인에게는 주장할 수 없는데, 거래 안전 보호를 위해서이다.

(2) 성질상의 양도제한

A. 개관

(a) 의미

- 채권자가 다른 사람으로 바뀌면 채권의 동일성이 없어지거나 채권의 목적을 실현할 수 없게 되는 경우를 뜻한다. 예컨대 종된 권리는 주된 권리와 분리할 수 없으므로 보증인에 대한 채권만 분리·양도할 수 없다. 담보물권과 피담보채권의 분리·양도, 전세권의 용익기간 존속 중 전세금 반환채권의 분리·양도 등은 물권 법정주의에도 반한다(2001다69122, 민총물권, 807면).

주채권과 보증인에 대한 채권의 귀속주체를 달리하면, 주채무자의 항변권으로 채권자에게 대항할 수 있는 보증인의 권리가 침해되는 등 보증채무의 부종성에 반하고, 주채권을 가지지 않는 자에게 보증채권만을 인정할 실익도 없기 때문에, <u>주채권과 분리하여 보증채권만을 양도하기로 하는 약정은 그 효력이 없다</u>(대법원 2002. 9. 10. 선고 2002다21509 판결).

- 이에 비해 임대차보증금 반환채권은 임차권과 분리하여 양도할 수 있는데(2014다52933, 후술), 이러한 차이는 전세금반환채권이 전세권의 본질적 요소인 것과는 달리 임대차보증금의 지급과 반환은 임대차계약 자체의 효력이 아니라 임대차와 독립된 별개의 계약인 '보증금계약'을 근거로 한다는 점을 반영한 것으로 보인다.

(b) 효과

• 성질상의 양도 제한 사유는 채권양도의 원시적·절대적 불능 사유는 아니고 채무자에 대한 대항요건 가중 사유에 해당한다. 즉 성질상의 양도 제한 사유 있는 채권을 양도하는 경우 채무자에게 대항하려면 통지만으로는 부족하고 채무자의 동의까지 얻어야 한다.

• 다만 피담보채권과 담보물권의 분리 약정은 물권법정주의 위반이므로 채무자가 승낙해도 무효라고 보아야 한다.

> 채권의 **성질상 또는 당사자의 의사표시에 의하여** 권리의 양도가 제한되어 그 양도에 채무자의 동의를 얻어야 하는 경우에는, **통상의 채권 양도와 달리** 양도인의 채무자에 대한 통지만으로는 채무자에 대한 대항력이 생기지 않으며 **반드시 채무자의 동의를 얻어야 대항력이 생긴**다(대법원 1996. 2. 9. 선고 95다49325 판결).

B. 사례: 부동산 소유권이전등기 청구권

(a) 원칙

• 계약에 의해 발생한 부동산 소유권이전등기 청구권은 매수인의 자력·신용도 등에 대한 신뢰관계가 바탕이 되어 있으므로 성질상 양도가 제한되는 채권이다.

✓ 미등기 전매 사안에서 최초매도인이 중간자·최종매수인 간 채권양도를 승낙하면 최종매수인은 직접 최초매도인에게 소유권이전등기청구권을 행사할 수 있다. 이 경우 삼자 합의에 따른 중간생략등기 청구권이 인정되는 경우와는 달리 최초매도인은 채권양도에 대한 승낙 후에 발생한 최초매도인·중간자 간 대금 증액 약정 등으로 최종매수인에게 대항할 수 없다.

> 부동산매매계약에서 매도인과 매수인은 서로 **동시이행관계에 있는 일정한 의무를 부담하므로 그 이행과정에 신뢰관계**가 따른다. 특히 <u>매도인으로서는 매매대금 지급을 위한 매수인의 자력, 신용 등 매수인이 누구인지에 따라 계약유지 여부를 달리 생각할</u> 여지가 있으므로 **그 권리의 성질상 양도가 제한되고 그 양도에 채무자의 승낙이나 동의를 요한다**(대법원 2018. 7. 12. 선고 2015다36167 판결).

• 유효한 명의신탁이 해지된 후 신탁자가 수탁자에 대한 소유권이전등기 청구권을 양도하는 경우에 대해서도 같은 법리가 적용된다. 명의신탁 관계 자체가 인적 신뢰관계에 기초하고 있기 때문이다. 따라서 수탁자의 동의·승낙이 없는 한 양수인이 직접 수탁자에게 소유권이전등기 청구권을 행사할 수는 없다.

명의신탁자가 부동산에 관한 유효한 **명의신탁약정을 해지한 후 이를 원인으로 한 소유권이전등기청구권을 양도한 경우** 비록 부동산 명의신탁자가 명의신탁약정을 해지한 다음 제3자에게 '명의신탁 해지를 원인으로 한 소유권이전등기청구권'을 양도하였다고 하더라도 명의수탁자가 그 양도에 대하여 동의하거나 승낙하지 않고 있다면 그 <u>양수인</u>은 위와 같은 소유권이전등기청구권을 양수하였다는 이유로 **명의수탁자에 대하여 직접 소유권이전등기청구를 할 수 없**다(대법원 2021. 6. 3. 선고 2018다280316 판결).

(b) 예외: 점유취득시효 완성자(대법원 2018. 7. 12. 선고 2015다36167 판결)

• 점유취득시효 완성자의 소유권이전등기 청구권은 양도가 제한되지 않는 일반적인 지명채권이다.

• 점유취득시효 사안의 경우 매매 사안과는 달리 소유권이전등기 청구권자와 채무자 간의 신뢰관계가 전제되지 않기 때문이다.

C. 사례: 장래채권 양도

(a) 개관

• 아직 성립하지 않은 채권인 '장래채권' 양도계약이 유효하려면 ⓐ 동일성 특정 가능성, ⓑ 발생의 개연성, ⓒ 실제 발생이라는 요건이 모두 충족되어야 한다. 이 요건들만 충족되면 채권의 종류나 가액이 구체화되지 않아도 된다. 예컨대 甲·丙 간에 여러 건의 공사도급계약이 체결되어 있는 상태에서 甲이 '丙에 대해 장차 행사할 수 있는 기성고 채권'을 乙에게 양도하면 이러한 채권양도는 무효이다. 어떤 현장에 대한 기성고인지를 특정할 수 없어 위 ⓐ가 충족되지 못했기 때문이다(대법원 2013. 3. 14. 선고 2011다28946 판결).

장래 발생할 채권이라도 현재 그 권리의 **특정이 가능하고 가까운 장래에 발생할 것임이 상당한 정도로 기대**되는 경우에는 채권양도의 대상이 될 수 있다(대법원 2019. 1. 31. 선고 2016다215127 판결).

채권양도에 있어서 양도채권의 **종류나 금액 등이 구체적으로 적시되어 있어야 하는 것은 아니지만, 사회통념상 양도채권은 다른 채권과 구별하여 그 동일성을 인식할 수 있을 정도로 특정**되어야 한다(대법원 2013. 3. 14. 선고 2011다28946 판결).

• 장래채권 양도의 요건이 갖춰진 상태에서 채권양도가 이루어지면 나중에 채권이

발생했을 때부터 양수인만이 채권을 행사할 수 있다. 따라서 양도인은 물론 양도인에 대한 채권자도 이를 압류하거나 대위행사할 수 없다. 예컨대 채권자 甲이 채무자 丙에 대한 장래채권을 乙에게 양도한 상태에서 이 채권이 발생하자 甲에 대한 채권자 丁이 이 채권을 압류한 경우에 장래채권 양수인 乙과 압류채권자 丁 사이의 우열이 문제되는데, 乙이 장래채권을 양수했을 때 위 ⓐ ~ ⓒ의 장래채권 양도의 요건이 충족되었으면 乙이, 그렇지 않으면 丁이 丙에게 채권을 행사할 수 있다.

(b) 사례: 해제 전 §548 청구권의 양도

- 사안의 개요: ㉠ 甲은 丙소유 X토지를 매수하고 대금의 절반인 5억원을 지급한 상태에서, 甲·丙 간 X토지 매매계약 해제시 발생할 기지급대금 반환채권(§548)을 乙에게 양도하고 확정일자 통지를 마쳤다. ㉡ 甲이 잔대금을 지급하지 못하자 丙이 위 매매계약을 해제했고, 이에 甲에 대한 채권자 丁이 甲의 丙에 대한 §548 청구권을 압류했다.

- 쟁점과 판단: 甲·乙 간 채권양도 계약 당시에 '장래채권의 특정(ⓐ)' 요건은 충족된다. §548 청구권의 당사자, 대략적인 가액 등을 확정할 수 있기 때문이다. 한편 '발생의 개연성(ⓑ)' 요건은 장래채권 양도계약 당시에 甲이 잔대금을 조달하지 못해 丙이 X토지 매매계약을 해제할 개연성이 있는지의 여부에 따라 결정된다. 甲이 중도금까지 납부했다는 사실만으로는 해제 개연성이 없었다고 단정할 수 없다.

대법원 1997. 7. 25. 선고 95다21624 판결

- 먼저 양도채권인 위 매매대금 반환채권의 **특정 여부**에 관하여 보면 매매계약이 해제될 경우 소외 회사가 피고에 대하여 가지게 될 대금반환채권은, 그 채권자와 채무자, 채권의 종류와 발생원인, 급부의 내용 등이 이미 정하여져 있어 이를 다른 채권과 구별하여 그 동일성을 인식할 수 있고 그 금액을 확정할 수 있는 기준은 설정되어 있었다 할 것이므로, 위 채권양도 당시 양도의 목적인 매매대금 반환채권은 **특정된 것으로 보아야** 할 것이다.

- 다음 채권양도 당시 甲의 丙에 대한 매매대금 반환채권이 가까운 장래에 발생할 것임을 상당 정도 기대할 수 있었는가 하는 점에 관하여 보면, 당사자 사이에 원상회

복의무를 발생하게 하는 계약의 해제는 이례적이고 예외적인 것이기는 하나, 甲이 채권양도 당시 과도한 부채를 부담하고 있었고 위 채권양도일로부터 불과 6개월도 되지 아니하여 부도나기에 이른 사실, 통상의 매매계약과는 달리 이 사건과 같은 공장용지 매매계약의 경우 매매대금이 다액에 이르고 그 대금 또한 주로 은행 등 금융기관의 대출에 의존하여 장기간에 걸쳐 지급되는 관계로 계약이 중도에 해제되는 사례가 적지 아니한 점 등에 비추어 볼 때, 甲의 거래 은행인 乙로서는 위 채권양도 당시 이미 자금사정이 악화된 甲이 매매대금을 지급할 수 없게 됨으로써 丙이 매매계약을 해제하고 甲의 丙에 대한 매매대금 반환채권이 발생할 것임을 상당 정도 예상할 수 있었던 것으로 볼 여지가 있다.

(3) 법률에 의한 양도제한

A. 개관

✓ 법률에 의해 양도가 금지된 채권을 대상으로 하는 양도의무 계약은 원시적 불능이고 무효이다.

✓ 이 경우 채권양도 계약도 무효이므로 양수인은 §450의 대항요건을 갖추었더라도 채무자에게 채권을 행사할 수 없다(유인성).

B. 압류금지채권(민사집행법 §246)

• 원칙: 압류금지 채권은 대개 금전채권인데 이에 대해서는 압류·양도·채권자대위·상계가 모두 금지된다. 채권자의 생존보장 등을 위해 채권자가 직접 금전을 수령하게 해 줄 필요가 있기 때문이다.

• 예외: 압류금지 채권의 채권자에 대한 보호가 충분히 이루어졌다는 특별한 사정이 있으면 압류금지 채권도 양도나 대위의 대상이 될 수 있다. 다만 이 경우 압류금지 채권의 제3채무자가 압류금지 채권의 양수인이나 전부채권자에 대한 반대채권이 있더라도 상계할 수는 없다. 원래 상계를 기대할 수 없었기 때문이다(대법원 2009. 12. 10. 선고 2007다30171 판결).

C. 비교: 가압류된 채권의 양도(대법원 2002. 4. 26. 선고 2001다59033 판결)

• 채권이 가압류되어 처분금지효가 발생하더라도, 법률상 양도 제한이나 성질상 양도 제한에 걸리는 것은 아니다. 가압류된 채권의 양수인은 가압류에 의해 권리가 제한된 상태의 채권을 양수받게 될 뿐이다.

• 따라서 가압류된 채권의 양수인이 제3채무자를 상대로 이행소송을 제기하면 법원은 이를 인용해야 한다. 시효중단을 위해 재판상 청구가 필요할 수 있고, 가압

류의 처분금지효는 본안 판결로 피보전채권의 존재가 확정되는 것을 조건으로 하여 발생하기 때문이다.

- 가압류권리자가 본안재판에서 패소하면 양수인은 집행단계에서 가압류권리자의 권리 행사를 저지할 수 있다. 이에 비해 가압류권리자가 본안재판에서 승소하여 집행권원을 확보하면 처분금지효가 발효되므로 양수인에 대한 채권양도는 무효가 된다.

(4) 특약에 의한 양도제한

> 제449조(채권의 양도성) ② 채권은 당사자가 반대의 의사를 표시한 경우에는 양도하지 못한다. 그러나 그 의사표시로써 선의의 제삼자에게 대항하지 못한다.

A. 의미

- 채권자와 채무자는 양도 대상 채권을 발생시키는 채권계약을 하면서, 특약으로 ㉠ 채권양도를 금지하거나 ㉡ 채권양도의 요건을 강화할 수 있다. ㉡의 예로서 채무자의 사전 승낙을 받도록 하는 경우를 들 수 있다.
- 양도 제한 특약은 양도 대상 채권을 발생시키는 계약에 대한 종된 계약이다. 따라서 양도 제한 특약의 존부 판단은 의사표시 해석의 문제이다.

B. 원칙: 양도 금지 특약을 위반한 채권양도 계약의 무효

- §449 ② 본문의 취지는 양도인·채무자 간 특약의 효과를 제3자인 양수인에게 확장시켜 양도인·양수인 간 채권양도 계약을 무효화시키는 것이다. §449 ② 단서의 선의의 제3자 보호조항은 이러한 무효를 전제로 선의 양수인을 보호하기 위한 것이다.
- 논거: 특약에 의한 양도 불가능성이라는 성질 역시 양도되는 채권의 동일성을 구성하고, §451 ②에 의하면 채무자는 양도인에 대한 항변사유를 양수인에게도 주장할 수 있으므로, 채무자는 양수인에 대해서도 양도 금지 특약 위반으로 인해 채권양도 계약이 무효라고 주장할 수 있다.

대법원 2019. 12. 19. 선고 2016다24284 전원합의체 판결

- ·양도금지특약을 위반하여 이루어진 채권양도는 원칙적으로 그 효력이 없다는 판례 법리는 다음과 같은 이유에서 그대로 유지되어야 한다.

- 제449조 제2항 본문은 <u>양도금지특약을 위반한 채권양도의 효력을 부정하는 의미</u>라고 해석하여야 한다. 제449조 제2항 단서는 **양도금지특약을 위반한 채권양도는 당연히 무효**이지만 거래의 안전을 보호하기 위하여 **선의의 제3자에게 그 무효를 주장할 수 없다**는 의미로 해석함이 자연스럽다.
- 한편 채권양도에 따라 채권은 그 <u>동일성을 유지하면서 양수인에게 이전</u>되고 채무자는 양도통지를 받을 때까지 채권자에게 대항할 수 있는 사유로 양수인에게 대항할 수 있다(제451조 제2항). 여기서 **'채권자에게 대항할 수 있는 사유'란 채권의 성립·존속, 행사저지, 배척 등 모든 사유**를 말한다. 채권은 이전되더라도 본래 계약에서 정한 내용을 그대로 유지함이 원칙이고 양도금지특약도 이러한 계약의 내용 중 하나에 속하므로, 원칙적으로 **채무자는 지명채권의 양수인을 비롯하여 누구에게도** 양도금지특약이 있음을 주장할 수 있다고 보아야 하고, 제449조 제2항 본문은 명문으로 이를 다시 확인한 규정이라 볼 수 있다.

C. 예외: 양수인의 선의·무중과실

- §449 ② 단서의 문언과는 달리, 양수인이 선의일 뿐 아니라 무중과실이어야 채무자는 양수인에게 양도 금지 특약을 위반한 채권양도 계약이 무효라고 주장할 수 없게 된다.
- 증명책임: 양수인은 선의·무중과실로 추정된다. 따라서 양수인의 채권 행사에 대항하려면, 채무자는 양도 금지 특약을 위반한 채권양도 계약이라는 사실뿐 아니라 이에 대한 양수인의 악의나 중과실도 증명해야 한다.

대법원 2019. 12. 19. 선고 2016다24284 전원합의체 판결
- <u>양도금지특약을 위반하여 채권을 제3자에게 양도한 경우</u>에 **채권양수인이 양도금지특약이 있음을 알았거나 중대한 과실로 알지 못하였다면 채권 이전의 효과가 생기지 아니한다.** 반대로 **양수인이 중대한 과실 없이 양도금지특약의 존재를 알지 못하였다면 채권양도는 유효**하게 되어 채무자는 양수인에게 양도금지특약을 가지고 그 채무 이행을 거절할 수 없다.
- 채권양수인의 <u>악의 내지 중과실은 양도금지특약으로 양수인에게 대항하려는 자가 주장·증명</u>하여야 한다.

D. 비교: 양수인이 악의·중과실이더라도, 양수인이 채권을 행사할 수 있는 경우

(a) 채무자의 사후 승낙

- 채무자는 양도 금지 특약을 위반하여 무효인 채권양도 계약을 사후 승낙할 수 있다. 이러한 승낙은 불요식 행위이고, 채무자가 양수인에게 채무를 이행하면 묵시적으로 승낙한 것으로 볼 수 있다. 다만 이러한 승낙의 소급효는 인정되지 않으므로(§139 참조) 채무자는 승낙 전까지 양도인과의 사이에서 발생한 채무소멸 사유를 승낙 후에 양수인에 대해 주장할 수 있다.
- 양도 금지 특약의 적용 대상인 집합채권이 양도된 경우, 채무자는 이를 구성하는 일부 채권에 대해서만 승낙할 수도 있다.

> **대법원 2009. 10. 29. 선고 2009다47685 판결**
> ㆍ<u>악의 또는 중과실로 채권양수</u>를 받은 후 채무자가 그 양도에 대하여 승낙을 한 때에는 채무자의 사후승낙에 의하여 무효인 채권양도행위가 추인되어 유효하게 되며, 이 경우 다른 약정이 없는 한 <u>소급효가 인정되지 않고 양도의 효과는 승낙시부터 발생</u>한다.
> ㆍ집합채권의 양도가 양도금지 특약을 위반하여 무효인 경우 채무자는 일부 개별 채권을 특정하여 추인하는 것이 가능하다.

(b) 압류·전부명령

- 양도 금지 특약은 법률행위에 의한 채권양도에 대해서만 적용된다. 따라서 압류채권자가 양도 금지 특약에 대해 악의·중과실이더라도 압류·전부명령은 유효이다.
- 민사집행법 §246에 규정된 압류 금지 채권은 제한적 열거이므로 채권자·채무자의 약정으로 압류 금지 채권을 만들 수는 없기 때문이다.

> 양도금지 특약 있는 채권의 <u>압류, 전부가 가능한 것은 양도금지특약의 법적 성질과 상관없이 민사집행법에서 압류금지재산을 열거적으로 규정한 데에 따른 반사적 결과</u>에 불과하다(대법원 2019. 12. 19. 선고 2016다24284 전원합의체 판결).

> 당사자 사이에 양도금지의 특약이 있는 채권이더라도 전부명령에 의하여 전부되는 데에는 지장이 없고, 양도금지의 특약이 있는 사실에 관하여 <u>집행채권자가 선의인가 악의인가는 전부명령의 효력에 영향을 미치지 못하는 것</u>이다(대법원 2003. 12. 11. 선고 2001다3771 판결).

E. 양도금지 채권이 거듭 양도된 경우

- 양수인이 선의·무중과실이면 전득자가 악의이더라도 보호된다. 이미 양수인이 유효하게 채권을 취득했기 때문이다. 양수인이 전부채권자인 경우에도 마찬가지이다.
- 양수인이 악의이더라도 전득자가 선의·무중과실이면 보호된다. 선의자 보호 조항은 최종적으로 권리를 취득한 자에 대해서도 적용되는 것이 원칙이기 때문이다.

대법원 2015. 4. 9. 선고 2012다118020 판결

- 제449조 제2항 단서는 채권양도금지 특약으로써 대항할 수 없는 자를 '선의의 제3자'라고만 규정하고 있어 채권자로부터 직접 양수한 자만을 가리키는 것으로 해석할 이유는 없으므로, **악의 양수인으로부터 다시 선의로 양수한 전득자도 선의의 제3자**에 해당한다.
- 또한 선의 양수인 보호라는 위 조항의 입법 취지에 비추어 볼 때, 이러한 **선의의 양수인으로부터 다시 채권을 양수한 전득자는 선의·악의를 불문**하고 채권을 유효하게 취득한다.

양도금지특약부 채권에 대한 전부명령이 유효한 이상, 그 **전부채권자로부터 다시 그 채권을 양수한 자가 그 특약의 존재를 알았거나 중대한 과실로 알지 못하였다고 하더라도 채무자는 위 특약을 근거로 삼아 채권양도의 무효를 주장할 수 없**다고 보아야 한다(대법원 2003. 12. 11. 선고 2001다3771 판결).

다. 재산권 양도 계약의 일반적 요건

(1) 당사자인 양수인과 양도인의 권리능력, 행위능력

(2) 양도인의 처분권

A. 양도인에게 처분권이 없는 경우: §570의 담보책임

B. 사례: 채권의 이중매매

(a) 사안의 개요

- 甲은 乙에 대한 채무를 담보하기 위해 丙에 대한 채권을 乙에게 양도하고 丙에게 확정일자 통지를 마쳤는데, 甲은 丙에 대한 위 채권을 丁에게 다시 양도하고 丙에게 확정일자 통지를 마쳤다.
- 甲이 乙에 대한 피담보채무를 변제했고 이에 따라 乙은 丙에게 '甲에 대한 채권

양도' 취지를 확정일자로 통지했다.

(b) 쟁점과 판단

• 丁이 丙에게 채권을 행사하면 丙은 이에 응할 의무가 없다.

• 甲·乙 간 제1 매매계약에 따른 대항요건이 갖춰졌을 때 채권은 乙에게 양도되었다. 따라서 甲·丁 간 제2 매매계약은 甲이 무권리자인 상태에서 체결된 것이므로 '준물권행위'로서의 채권양도 계약은 무효이다. 그 후 甲이 채권을 다시 보유하게 되었더라도 이미 무효가 된 甲·丁 간 채권양도 계약이 당연히 유효가 되는 것은 아니다.

✓ 그러나 甲이 무권리자이더라도 양도의무 계약인 제2 매매는 유효이고(§569) 이행불능 상태에 있었을 뿐이라고 본다면, 丁이 甲·丁 간 제2 매매계약을 해제하지 않은 상태에 甲의 이행이 가능하게 된 이상 丁은 이행청구를 할 수 있다고 볼 여지가 있다.

대법원 2016. 7. 14. 선고 2015다46119 판결

‣ 지명채권의 양도는 준물권행위 내지 처분행위의 성질을 가지므로, 그것이 유효이려면 양도인이 그 채권을 처분할 수 있는 권한을 가지고 있어야 한다. 처분권한 없는 자가 지명채권을 양도한 경우 특별한 사정이 없는 한 채권양도로서 효력을 가질 수 없으므로 양수인은 그 채권을 취득하지 못한다.

‣ 양도인이 지명채권을 제1양수인에게 1차로 양도한 다음 제1양수인이 그에 따라 확정일자 있는 증서에 의한 대항요건을 적법하게 갖추었다면 이로써 채권이 제1양수인에게 이전하고 양도인은 그 채권에 대한 처분권한을 상실한다고 할 것이므로, 그 후 양도인이 동일한 채권을 제2양수인에게 양도하였더라도 제2양수인은 그 채권을 취득할 수 없다. 이 경우 양도인이 다른 채무를 담보하기 위해 즉 양도담보로 제1차 양도계약을 했더라도 대외적으로 채권이 제1양수인에게 이전되어 제1양수인이 채권을 취득하게 되므로 그 후에 이루어진 제2차 양도계약에 의하여 제2양수인이 채권을 취득하지 못하게 됨은 마찬가지이다.

‣ 제2차 양도계약 후 양도인과 제1양수인이 제1차 양도계약을 합의해지한 다음 제1양수인이 그 사실을 채무자에게 통지함으로써 채권이 다시 양도인에게 귀속하게 되었더라도 특별한 사정이 없는 한 양도인이 처분권한 없이 한 제2차 양도계약이 채권양도로서 유효하게 될 수는 없으므로, 그로 인하여 제2양수인이 당연히 그 채권을 취득하게 된다고 볼 수는 없다.

(3) 양도인과 양수인 사이의 유효한 계약

* 지명채권의 이전을 근거지우는 법률행위인 양도의무 계약과 채권양도 계약이 모두 유효하게 성립해야 한다. 이들은 모두 불요식 행위이므로 그 성립 여부는 계약의 성립에 관한 일반 법리에 따라 판단해야 한다.
* 채권양도 계약은 지명채권을 그 동일성을 유지하면서 양도인으로부터 양수인에게로 이전시키는 것을 목적으로 한다(대법원 2022. 1. 13. 선고 2019다272855 판결).

3. 지명채권양도의 대항요건

가. 개관

(1) 의미

* 채권양도에 대해서는 대항요건주의가 적용된다.
* 채권양도의 대항요건에는 ㉠ 양도인이 채무자에게 채권양도의 취지를 알리는 '통지'와 ㉡ 채무자가 양도인이나 양수인에게 채권양도의 취지를 알고 있음을 알리는 '승낙'의 두 가지가 있다.

(2) 기능

A. 채무자에 대한 대항요건

* 양수인이 채권을 행사하려면 채무자에게 채권자 변경을 알려 주어야 한다. 채무자가 이중지급 위험에 노출되는 것을 방지해야 하기 때문이다. 이를 위해 채무자에 대한 대항요건이 필요하다.
* 채무자를 위한 대항요건은 채무자 보호를 위한 것이므로, ㉠ 채무자의 동의로 대항요건주의의 적용을 배제할 수 있고 ㉡ 대항요건을 완화하여 통지에 대해 도달주의 대신 발신주의를 적용할 수도 있다.

  제450조의 규정이 채권자가 채권양도의 통지를 하였으나 채무자가 변동된 주소의 신고의무를 게을리하는 등의 귀책사유로 인하여 위 통지를 수령하지 못할 경우 위 통지가 채무자에게 도달한 것으로 간주하기로 하는 합의의 효력까지 부정하게 하는 것은 아니다(대법원 2008. 1. 10. 선고 2006다41204 판결).

B. 제3자에 대한 대항요건

* 양도된 채권에 관하여 양수인의 지위와 양립할 수 없는 법률상의 지위를 가진 제

3자가 있으면 확정일자 증서라는 방식을 갖춰야 이러한 제3자에게 대항할 수 있다(대법원 2022. 1. 13. 선고 2019다272855 판결). 채권양도 계약이 경합하는 경우에는 양수인들 간의, 채권양도 계약과 채권에 대한 압류·전부명령이 경합하는 경우에는 양수인과 전부채권자 간의 우열관계를 가릴 필요가 있기 때문이다.

- 제3자에 대한 대항요건은 거래안전을 위한 것이므로 채무자의 의사와 무관하게 적용된다.

✓ 비교: 물권변동에는 성립요건주의가 적용되므로 따로 대항요건을 둘 필요는 없다.

(3) 적용범위

- 법률행위에 의한 채권양도에 대해서는 대항요건주의가 적용된다.
- 법률 규정에 의한 채권양도의 경우, ㉠ 상속, 변제자대위, §426 ① 등의 경우에는 §450의 대항요건주의가 적용되지 않으므로, 통지·승낙과 무관하게 채권의 이전이 일어난다. ㉡ 이에 비해 압류·전부명령에 의해 채권의 귀속되는 경우에는 제3채무자에 대한 송달이 이루어져야 비로소 압류의 효력이 발생한다(민사집행법 §227 ③).

> 채무자회생법에 의한 채권의 이전은 **법률의 규정에 의한 것이어서 지명채권양도의 대항요건에 관한 민법의 규정이 적용되지 아니**하는 것이므로, 위 이전된 채권의 채무자로서는 그 채권의 이전에 관한 채권양수인의 통지 또는 채권양수인의 동의를 얻은 채권양도인의 철회의 통지 등의 유무와 관계없이 채권자로서의 지위를 상실한 채권양수인의 청구를 거부할 수 있다(대법원 2015. 5. 28. 선고 2015다203790 판결).

> 민사집행법 제227조(금전채권의 압류) ③ 압류명령이 제3채무자에게 송달되면 압류의 효력이 생긴다.

나. 통지: 채권 양도 사실을 채무자에게 알리는 행위

(1) 법적성질

- 채권양도 통지의 법적 성질은 관념의 통지이다.
- 준법률행위의 일종이므로 의사표시에 관한 조항들이 성질에 반하지 않는 한 유추 적용된다(대법원 1997. 6. 27. 선고 95다40977 판결).

(2) 당사자: 양도인·채무자

A. 통지권자

(a) 원칙: 양도인

- 양도인만이 채무자에 대한 채권양도 통지를 할 수 있다.
- 양수인은 양도인에게 채권양도 통지 절차 이행을 청구할 수 있을 뿐이다(대법원 2022. 10. 27. 선고 2017다243143 판결).

(b) 사례: 양수인의 채권양도 통지가 유효인 경우

- 양도인에게만 통지권이 인정되는 이유는 자칭 양수인의 난립을 방지하여 채무자를 보호하기 위한 것이다. 따라서 채권양도가 있었다는 사실과 그 양수인이 누구인지를 채무자가 알 수 있으면, 양수인에 의한 통지도 유효라고 볼 수 있다.
- 양도인은 양수인을 대리인이나 사자로 쓸 수 있다(§114). 채권양도 통지에 대해서는 법률행위에 관한 조항들이 유추 적용되기 때문이다. 예컨대 양수인 자신의 이름으로 한 통지이더라도 여기에 채권양도양수 계약서가 첨부되어 있어서 양수인이 양도인을 대리하고 있음을 채무자가 알 수 있다면 유효한 통지로 인정된다(§115 단서).

대법원 2004. 2. 13. 선고 2003다43490 판결

- 제450조에 의한 채권양도통지는 **양도인이 직접하지 아니하고 사자를 통하여 하거나 대리인으로 하여금 하게 하여도 무방**하고, 채권의 **양수인도 양도인으로부터 채권양도통지 권한을 위임받아 대리인으로서 그 통지를 할 수 있다.**
- **채권양도통지 권한을 위임**받은 양수인이 양도인을 대리하여 채권양도통지를 함에 있어서는 제114조 제1항의 규정에 따라 양도인 본인과 대리인을 표시하여야 하는 것이므로, 양수인이 서면으로 채권양도 통지를 함에 있어 대리관계의 **현명을 하지 아니한 채 양수인 명의로 된 채권양도통지서를 채무자에게 발송하여 도달되었다 하더라도** 원칙적으로 이는 효력이 없다고 할 것이나, 예외적으로 대리에 있어 본인을 위한 것임을 표시하는 이른바 현명은 반드시 명시적으로만 할 필요는 없고 묵시적으로도 할 수 있는 것이고, 나아가 채권양도통지를 함에 있어 **현명을 하지 아니한 경우라도 채권양도통지를 둘러싼 여러 사정에 비추어 양수인이 대리인으로서 통지한 것임을 상대방이 알았거나 알 수 있었을 때에는 제115조 단서**의 규정에 의하여 유효하다.

이러한 법리는 양수인이 양도인으로부터 채권양도통지 권한을 위임받아 그에 대한 대리권을 가지고 있음을 전제로 하는 것이다. 양도인은 양수인의 요구에 의하여 이 사건 채권양도증서를 작성하여 준 사실이 있다고 주장하였을 뿐이고, 나아가 그 채권양도통지 권한을 양수인에게 위임하였다고까지 인정한 사실은 없으며, 그와 같은 권한의 위임 사실을 인정할 만한 내용을 전혀 찾아볼 수 없다면 양수인이 한 채권양도 통지는 무효이다(대법원 2008. 2. 14. 선고 2007다77569 판결).

• 다만 양도인에 의한 묵시적 통지 대리권 수여를 함부로 인정하면 안 된다. 채무자 보호라는 취지를 고려할때 양수인에 의한 통지의 유효 요건인 대리권 수여 등의 사실은 엄격하게 인정해야 하기 때문이다. 예컨대 도급인 A, 수급인 B, 하수급인 C인 사안에서 B가 A에 대한 공사대금채권을 C에게 양도하고 그 취지를 C가 A에게 내용증명 우편으로 통지한 경우, 발신인이 C로 기재되어 있었다면 A가 C에게 공사대금을 직불하는 것에 대한 B의 동의서가 첨부되어 있더라도 §450의 채권양도 통지에 대한 묵시적 대리권 수여로 인정되지 않는다. 이러한 B의 동의서는 채권양도 통지 대리권 수여를 위한 것이 아니라 하도급법 §14가 요구하는 하수급인의 도급인에 대한 직불청구의 요건을 갖추기 위해 작성된 것으로 볼 수 있기 때문이다(대법원 2011. 2. 24. 선고 2010다96911 판결).

B. 상대방: 채무자

(3) 방식·내용·시기

• 방식: 채권양도 통지의 방법에 대해서는 특칙이 없으므로 준법률행위에 관한 일반 법리가 적용된다. 따라서 채권양도 통지는 불요식행위이고 도달주의가 적용된다(대법원 2014. 4. 10. 선고 2013다76192 판결).

• 내용: 채권양도 통지에는, ㉠ 양도대상 채권을 특정하여 ㉡ 채권이 이전되었다는 취지를 명시하고 ㉢ 양수인을 특정하는 내용이 포함되어 있어야 한다.

• 시기: 사후통지가 원칙이고 사전통지는 무효이다. 다만 사전통지이더라도 그 후 통지된 내용대로 실제로 채권이 양도된 경우에는 유효라고 볼 수 있지만, 이때도 대항력의 기준시는 사전통지 도달시가 아니라 실제로 채권양도가 성립한 때이다(대법원 2010. 2. 11. 선고 2009다90740 판결).

(4) 통지의 효과

A. 실질적·본질적 효과: 유효한 채권양도 계약의 법률관계(§451, 후술)

B. 형식적·정책적 효과: 공신력과 구속력(§452)

(a) 전제: 채권양도의 효력이 발생하지 않은 경우에 문제됨

(b) 공신력

> 제452조(양도통지와 금반언) ① 양도인이 채무자에게 채권양도를 통지한 때에는 아직 양도하지 아니하였거나 그 양도가 무효인 경우에도 선의인 채무자는 양수인에게 대항할 수 있는 사유로 양도인에게 대항할 수 있다.

- 전제: 통지된 내용과는 달리 실제로는 양수인에게 채권이 귀속되지 않은 경우, 통지 내용을 믿고 양수인이 채권자임을 전제로 변제나 상계 등을 한 채무자를 보호할 필요가 있다. 채권양도 통지가 도달한 이상 채무자로서는 그 내용을 신뢰하는 것이 일반적이므로 채무자의 선의는 추정된다(대법원 2014. 4. 10. 선고 2013다 76192 판결).
- 내용: 선의 채무자는 통지 도달 후 양수인과의 사이에서 발생한 항변 사유를 양도인(실제 채권자)에게 대항할 수 있고, 이 경우 양도인은 양수인에게 §741 청구나 제3자의 채권침해로 인한 §750의 손해배상청구를 할 수 있을 뿐이다.
- 공신력의 종료 시점: 실제로는 통지된 내용대로 채권양도가 일어나지 않았다는 취지를 양수인이 채무자에게 통지하거나, 양수인의 동의하에 양도인이 통지를 철회한 때 공신력이 소멸한다.

(c) 구속력

> 제452조(양도통지와 금반언) ② 전항의 통지는 양수인의 동의가 없으면 철회하지 못한다.

- 의미: 통지 도달 후에는 양도인이 일방적으로 통지를 철회할 수 없다. 따라서 양수인이 동의해야 통지의 효력을 소멸시킬 수도 있다.
- 적용범위: §452 ②의 문언은 '전항' 즉 채권양도의 효과가 발생하지 않았는데도 통지가 이루어져 채권양도의 외관만 있는 경우를 전제한다. 다만 판례는 유효한 채권양도를 반영한 통지가 이루어진 사안에서도 양수인이 동의하면 양도인이 채권양도 통지를 철회할 수 있다고 본다.

채권양도인이 양수인에게 전대차계약상의 차임채권 중 일부를 양도하고 전차인인 채무자에게 위 양도사실을 통지한 후에 채무자에게 위 채권양도 통지를 취소한다는 통지를 하였더라도 <u>양수인이 양도인의 위 채권양도 통지 철회에 동의하였다고 볼 증거가 없다면 위 채권양도 통지 철회는 효력이 없다</u>(대법원 1993. 7. 13. 선고 92다4178 판결).

C. 사례: 채권양도 계약 해제로 인한 원상회복과 통지의 구속력

(a) 개관: 채권양도 계약 해제로 인한 원상회복을 위한 대항요건

- 채권양도 계약이 해제(해지)된 경우, 원상회복을 위한 대항요건의 원칙적인 모습은 양수인이 채무자에게 채권이 양도인에게 회복되었다는 취지를 통지하거나, 이에 대한 채무자의 승낙을 얻는 것이다.
- 다만 판례는 §452 ②을 유추 적용하여, **양도인**이 양수인의 동의를 얻어 통지를 철회하는 방식으로도 원상회복의 대항요건을 갖출 수 있다고 본다. §452는 채권양도의 불성립·무효인 경우를 전제하지만, 이 조항을 채권양도의 유효를 전제하는 해제(해지) 사안에 대해서 유추 적용하는 것이다.

제452조 제1항, 제2항은 채권양도가 **불성립 또는 무효인 경우**에 선의인 채무자를 보호하는 규정을 두고 있다. 이는 채권양도가 **해제 또는 합의해제되어 소급적으로 무효가 되는 경우에도 유추적용** 할 수 있다고 할 것이므로, 지명채권의 양도통지 후 양도계약이 해제되거나 합의해제된 경우 **양도인이** 그 **해제 등을 이유로** 다시 원래의 채무자에 대하여 **양도채권으로 대항하려면** ㉠ **채권양도인이 채권양수인의 동의를 받거나** ㉡ **채권양수인이 채무자에게 위와 같은 해제 등 사실을 통지**하여야 한다(대법원 2012. 11. 29. 선고 2011다17953 판결).

(b) 채권양도 계약 해제 전의 상계적상에 근거한 상계의 가능성

- 사안의 개요: 甲은 丙에 대한 금전채권을 乙에게 양도하고 그 취지를 丙에게 통지했다. 丙은 그 당시 乙에 대한 반대채권이 있었으나 기한이 도래하기 전이었다. 그 후 乙의 기한 이익 상실 사유가 발생하여 상계적상이 되었고, 그 무렵 甲·乙은 위 채권양도 계약을 합의해제한 후 甲이 乙의 동의를 얻어 그 취지를 丙에게 통지했다.
- 쟁점과 판단: 이 경우 §452 ①이 유추 적용된다. 따라서 통지의 공신력이 작용할

때 상계적상이 발생했다면 채무자는 통지가 철회된 후에도 상계할 수 있다. 위 사안에서 丙은 乙에 대한 상계를 주장하여 甲의 채권 행사에 대항할 수 있다(대법원 2012. 11. 29. 선고 2011다17953 판결).

✓ 대법원과는 달리 원심은 합의해제는 실질적으로 새로운 채권양도와 다를 바 없다고 보아 §452 ① 이 아니라 §451 ②을 적용했다.

다. 승낙

(1) 요건

A. 개관

• 의미: 승낙이란 채무자가 채권양도 사실에 대해 알고 있음을 표명하는 것으로서, 관념의 통지의 일종이다(대법원 2013. 6. 28. 선고 2011다83110 판결).

• 당사자: ㉠ 승낙의 주체는 채무자이고, 양도인·양수인 모두 승낙의 상대방이 될 수 있다는 점에서 통지와 다르다(대법원 2011. 6. 30. 선고 2011다8614 판결). ㉡ 승낙도 통지와 마찬가지로 대리인·사자에 의해서 할 수 있다(대법원 2013. 6. 28. 선고 2011다83110 판결).

• 내용: 원칙적으로 통지와 같지만, 통지와는 달리 사전승낙도 유효이고 조건을 붙일 수도 있다.

B. 사례: 해제조건부 사전승낙

(a) 사안의 개요

• A는 B에게 자재를 공급하면서 자재대금을 담보하기 위해, B가 C에 대해 가지는 공사대금채권 양도를 요구했다

• B의 요구에 따라 C는 A에게 'A가 B로부터 받지 못한 자재대금 상당액의 공사대금을 C가 A에게 직불하기로 한다'라는 내용의 각서를 작성해 주었는데, 이 각서에는 부관으로 B의 완공이 지연되면 이 직불각서는 무효라는 내용도 기재되었다.

(b) 쟁점과 판단

• B의 공사 지연이 발생하면 C는 A의 공사대금 직불 청구에 응할 의무가 없다.

• C가 A에게 작성해 준 직불각서는 B의 C에 대한 공사대금 채권을 A에게 양도하는 것에 대한 해제조건부 승낙에 해당한다. 승낙의 경우 조건·기한을 붙일 수 있고 위 사안에서 'B의 완공 지연'이라는 해제조건이 성취되었다.

피고는 이 사건 채권양도계약상의 양도인인 소외 회사에게 이 사건 채권양도에 관하여 사전에 해제조건이 붙은 승낙을 한 것인데, 피고의 조건부 승낙은 소외 회사가 2007. 11. 30.까지도 이 사건 공사를 완료하지 못함으로써 <u>해제조건의 성취로 그때로부터 그 효력을 상실하였으므로</u> 양수인인 원고는 이 사건 채권양도로써 채무자인 피고에 대하여 대항할 수 없게 되었다(대법원 2011. 6. 30. 선고 2011다8614 판결).

(2) 승낙의 효과

 A. 이의유보 있는 승낙: 통지와 같음

 B. 이의유보 없는 승낙: 공신력(후술)

라. 제3자에 대한 대항요건: 확정일자 있는 통지·승낙

(1) 전제: 제3자에 대한 대항요건이 문제되는 경우

• 제3자에 대한 대항요건은, 양도된 채권이 존속하고 있으며 양수인과 양립할 수 없는 법적 지위를 가진 사람이 있을 때, 양수인과 제3자 중 누가 채무자에 대한 채권자로 인정되는지를 결정하기 위해 필요하다.

지명채권양도의 제3자에 대한 대항요건은, **양도된 채권이 존속하는 동안에 그 채권에 관하여 양수인의 지위와 양립할 수 없는 법률상의 지위를 취득한 제3자가 있는 경우에 적용**되는 것이므로, 양도된 채권이 **이미 변제 등으로 소멸한 경우**에는 그 후 송달된 채권압류 및 추심명령은 존재하지 아니하는 채권에 대한 것으로서 **무효**이고, 위와 같은 **대항요건의 문제는 발생될 여지가 없다**고 할 것이다(대법원 2003. 10. 24. 선고 2003다37426 판결).

• 양수인과 양립할 수 없는 법적 지위를 가진 사람의 예로서, ㉠ 채권의 이중양도 사안에서 모든 양수인이 채무자에 대한 §450의 대항요건을 갖추고 있는 경우와 ㉡ 채권양도와 채권에 대한 (가)압류가 경합하는 경우를 들 수 있다.

• 이에 비해 선순위 저당권부 채권이 양도된 경우의 후순위 저당권자는 §450의 제3자에 해당하지 않는다. 따라서 선순위 저당권부 채권 양수인이 저당권 이전 부기등기만 마쳤고 피담보채권의 양도에 대한 §450의 확정일자를 갖추지 못했더라도 그 저당물에 대한 후순위 저당권자에게는 대항할 수 있다(2004다29279, 민총물권, 896면).

(2) 확정일자 통지·승낙의 의미

• 통지·승낙이라는 준법률행위 자체가 확정일자 있는 증서로 이루어져야 제3자에 대한 대항요건으로 인정될 수 있다.

• 확정일자를 요구하는 이유는 양도인·양수인·채무자 3자 간의 통모로 제3자를 해치는 것을 방지하기 위해서이다.

> '확정일자 있는 증서에 의한 통지나 승낙'은 통지나 승낙행위 자체를 확정일자 있는 증서로 하여야 한다는 것을 의미한다. 그 취지는 채권의 양도인, 양수인 및 채무자가 통모하여 통지일 또는 승낙일을 소급함으로써 제3자의 권리를 침해하는 것을 방지하기 위한 것이다(대법원 2011. 7. 14. 선고 2009다49469 판결).

(3) 효과: 채권양도(들)과 채권 집행이 경합하는 경우의 순위 결정

A. 전제

• 통지와 승낙은 제3자에 대한 대항요건으로 기능할 때는 같은 가치를 가진다. 따라서 이의 유보 없는 승낙도 제3자에 대한 대항요건인 경우에는 통지보다 우월한 효력을 가지지 못한다.

• 확정일자는 채권양도 계약 후에 받아도 되지만 확정일자 부여일을 기준으로 대항력이 인정된다. 예컨대 양수인이 받은 채권양도 승낙서에는 확정일자가 없었으나 그 후 양수인이 양수금 채권 보전을 위한 가압류 신청을 하면서 이 승낙서를 첨부했다면, 가압류 신청서에 법원 접수인이 찍힌 날부터 채권양도에 대한 확정일자 있는 승낙이 있는 것으로 인정된다(대법원 2004. 7. 8. 선고 2004다17481 판결).

B. 우선순위의 판단기준

(a) 1단계: 통지·승낙을 갖춘 사람이 이를 갖추지 못한 사람보다 우선함

(b) 2단계: 통지·승낙이 경합하는 경우

• 확정일자 없는 통지·승낙들이 경합하면 채무자가 먼저 인식한 통지·승낙이 우선한다.

• 확정일자 있는 통지·승낙과 확정일자 없는 통지·승낙이 경합하면 전자가 후자보다 우선한다.

채권이 이중으로 양도된 경우 양수인 상호 간의 우열은 확정일자 있는 **통지가 채무자에게 도달**한 일시 또는 확정일자 있는 **승낙의 일시**의 **선후**에 의하여 결정하여야 하고, 확정일자 있는 증서에 의하지 아니한 통지나 승낙이 있는 양수인은 확정일자 있는 증서에 의한 통지나 승낙이 있는 양수인에게 대항할 수 없다(대법원 2013. 6. 28. 선고 2011다83110 판결).

(c) 3단계: 확정일자 있는 통지·승낙들이 경합하는 경우

- 채무자가 먼저 인식한 채권양도가 우선한다. 대항요건이 승낙인 경우에는 확정일자의 선후가 인식의 선후를 결정하지만, 대항요건이 통지인 경우에는 확정일자의 선후가 아니라 채무자에 대한 도달 순서가 인식의 선후를 결정한다.

- 통지의 선도달은 주장하는 자가 증명책임을 지고 통지 도달의 선후가 증명되지 못하면 동시 도달로 추정된다. 동시 도달로 증명되거나 추정되면 경합하는 양수인들은 연대채권자가 된다. 따라서 채무자는 누구에게든 전액을 변제함으로써 면책되고, 수령자에게는 이를 정산해야 할 분급의무가 발생한다. 채권자 평등원칙이 적용되기 때문이다.

- 이러한 법리는 채권양도 통지·승낙의 도달과 채권 (가)압류 송달이 경합하는 경우에도 마찬가지로 적용된다.

- 채무자의 공탁 가능성: 동시도달로 추정되는 경우, 채무자는 불확지 공탁을 할 수도 있다. 채무자가 특정 양수인에게 패소판결을 받아 양수금을 지급해도 그 기판력이 다른 양수인에게 미치지 않으므로 이중지급의 위험이 있기 때문이다. 이때 채무자는 자신의 책임 하에 변제공탁(불확지공탁), 집행공탁, 혼합공탁 중에서 선택할 수 있으므로, 피공탁자 지정 여부, 공탁 사유, 근거 조문 등을 고려하여 어떤 유형의 공탁이 이루어졌는지를 판단해야 한다(2009다89436, 566면).

대법원 1994. 4. 26. 선고 93다24223 전원합의체 판결

‣ 채권이 이중으로 양도된 경우의 양수인 상호간의 우열은 통지 또는 승낙에 붙여진 **확정일자의 선후에 의하여 결정할 것이 아니라**, 채권양도에 대한 채무자의 인식, 즉 확정일자 있는 **통지가 채무자에게 도달한 일시** 또는 **확정일자 있는 승낙의 일시의 선후**에 의하여 결정하여야 할 것이고, 이러한 법리는 채권양수인과 동일 채권에 대하여 **가압류명령을 집행한 자 사이의 우열을 결정하는 경우**에도 마찬가지이다.

‣ 이 사건에서 채권양도 통지와 채권가압류결정 정본이 피고에게 같은 날 도달되었는 바, 그 선후관계에 대하여 달리 입증이 없으므로 원심 판시와 같이 동시에 도달된 것으로 추정할 것이다. 이처럼 **동시에 송달되어 그들 상호간에 우열이 없는 경우**에 그 채권양수인, 가압류 또는 압류채권자는 모두 제3채무자에 대하여 완전한 대항력을 갖추었다고 할 것이므로, 그 전액에 대하여 채권양수금, 압류전부금 또는 추심금의 이행청구를 하고 적법하게 이를 변제받을 수 있고, 제3채무자로서는 이들 중 누구에게라도 그 채무 전액을 변제하면 다른 채권자에 대한 관계에서도 유효하게 면책된다. 만약 양수채권액과 가압류 또는 압류된 채권액의 합계액이 제3채무자에 대한 채권액을 초과할 때에는 그들 상호간에는 법률상의 지위가 대등하므로 공평의 원칙상 각 채권액에 안분하여 이를 **내부적으로 다시 정산할** 의무가 있다고 할 것이다.

‣ 채무자가 채권양수인 및 추심명령이나 전부명령을 얻은 가압류 또는 압류채권자 중 한 사람이 제기한 급부소송에서 전액패소한 이후에도 다른 채권자가 그 송달의 선후에 관하여 다시 문제를 제기하는 경우 기판력의 이론상 제3채무자는 이중지급의 위험이 있을 수 있으므로, **동시에 송달된 경우에도 제3채무자는 송달의 선후가 불명한 경우에 준하여** 채권자를 알 수 없다는 이유로 변제공탁을 함으로써 법률관계의 불안으로부터 벗어날 수 있다.

C. 사례: 채권 (가)압류가 채권양도보다 우선하는 경우

• (가)압류된 채권에 대해서도 유효한 채권양도가 이루어질 수 있으나 양수인은 가압류에 의해 권리가 제한된 상태인 채권을 양수하게 된다.

• 이 경우에도 양수인은 채무자에게 이행소송을 제기할 수 있다. (가)압류의 처분금지효를 근거로 추심이 금지되더라도 양수인에게는 시효중단이나 집행권원 확보를 위한 소의 이익이 인정될 수 있기 때문이다. 물론 양수인이 가압류 해소 전에 이행판결에 따른 집행을 시도하면 가압류권리자는 집행단계에서 이를 저지할 수 있다.

대법원 2002. 4. 26. 선고 2001다59033 판결

‣ 가압류된 채권도 이를 양도하는데 아무런 제한이 없다 할 것이나, 다만 가압류된 채권을 양수받은 **양수인은 그러한 가압류에 의하여 권리가 제한된 상태의 채권을 양수받는다**고 보아야 할 것이고, 이는 채권을 양도받았으나 확정일자 있는 양도통지나 승낙에 의한 **대항요건을 갖추지 아니하는 사이에 양도된 채권이 가압류된 경우에도 동일하다**고 할 것이다.

‣ 채권에 대한 가압류는 채무자가 제3채무자로부터 현실로 급부를 추심하는 것만을 금지하는 것일 뿐 채무자는 제3채무자를 상대로 그 이행을 구하는 소송을 제기할 수 있고 법원은 가압류가 되어 있음을 이유로 이를 배척할 수는 없는 것이 원칙이다. 채무명의를 취득할 필요가 있고 또는 시효를 중단할 필요도 있는 경우도 있을 것이며 제3채무자에게 이행을 명하는 판결이 있더라도 집행단계에서 이를 저지하면 되기 때문이다.

• 채권양도가 최선순위 채권(가)압류의 처분금지효에 저촉되더라도 양수인은 후순위 (가)압류채권자에게는 대항할 수 있다. 따라서 후순위 (가)압류채권자는 채권집행 절차에 참가할 수 없다.

대법원 2013. 4. 26. 선고 2009다89436 판결

‣ 압류의 처분금지효는 절대적인 것이 아니고, 이에 저촉되는 채무자의 처분행위로 그 압류의 효력이 미치는 범위에서 압류채권자에게 대항할 수 없는 상대적 효력을 가지는 데 그치므로, **채무자가 압류된 채권을 양도 등 처분을 함으로써 그 압류채권자에게는 대항할 수 없는 사정**이 있더라도, 그 **처분 후에 채무자의 채권을 압류하거나 가압류한 다른 채권자에 대하여는 유효한 처분**이 되고, 이는 가압류의 경우에도 마찬가지이다.

‣ 따라서 동일한 채권에 관하여 가압류명령과 확정일자 있는 양도통지가 동시에 제3채무자에게 도달한 경우, 채권양수인은 그 후에 압류나 가압류를 한 다른 채권자에 대해서는 이미 채권이 전부 양도되었음을 주장하여 대항할 수 있으므로 그러한 후행 압류권자 등은 더 이상 그 채권에 관한 집행절차에 참가할 수 없다.

• 양수인보다 선순위인 (가)압류채권자가 본안소송에서 승소하여 집행권원을 확보하면 그 때 비로소 채권양도 계약은 무효가 되고 양수인은 채권을 상실한다.

채권가압류의 처분금지의 효력은 **본안소송에서 가압류채권자가 승소하여 채무명의를 얻는 등으로 피보전권리의 존재가 확정되는 것을 조건으로 하여 발생**하는 것이므로 채권가압류결정의 채권자가 **본안소송에서 승소**하는 등으로 채무명의를 취득하는 경우에는 가압류에 의하여 권리가 제한된 상태의 채권을 양수받는 양수인에 대한 채권양도는 무효가 된다(대법원 2002. 4. 26. 선고 2001다59033 판결).

4. 채권양도의 효과

가. 본질적 효과: 채권의 동일성을 유지한 채 채권자만 변경됨

(1) 양도인·양수인 간의 관계

- 채권양도의 본질적 효과는 채권의 동일성이 유지된 상태로 채권자가 양도인에서 양수인으로 변경되는 것이다.
- 양도인·양수인 사이에서는 채권양도 계약의 효력만을 근거로 즉 대항요건 구비 여부와 무관하게 이러한 효과가 인정된다.

> 채권양도에 따라 채권은 그 **동일성을 유지하면서 양수인에게 이전**되고 채권은 이전되더라도 본래 계약에서 정한 내용을 그대로 유지함이 원칙이다(대법원 2019. 12. 19. 선고 2016다24284 전원합의체 판결).

> 채권양도에 의하여 채권은 그 동일성을 잃지 않고 양도인으로부터 양수인에게 이전되는데, 이는 채권양도의 대항요건을 갖추지 못하였다고 하더라도 마찬가지이다(대법원 2022. 1. 13. 선고 2019다272855 판결).

> 채권양도에 있어서 채권의 양도 자체는 양도인과 양수인 간의 의사표시만으로 이루어지고, 다만 대항요건을 갖추지 아니한 양수인은 채무자 또는 제3자에게 채권을 주장할 수 없을 뿐이다(대법원 2005. 6. 23. 선고 2004다29279 판결).

(2) 채무자에 대한 관계

A. 대항요건이 갖춰지기 전

(a) 개관

- §450의 대항요건이 갖춰지기 전이면 양도인은 채무자에 대해서는 여전히 채권자의 지위에 있다. 예컨대 丙에 대한 채권자 甲이 이 채권을 乙에게 양도했더라도 §450의 대항요건이 갖춰지기 전이면 甲은 丙에게 이 채권의 이행을 청구할 수 있을 뿐 아니라, 丙의 책임재산에 대한 강제집행도 할 수 있다. 따라서 甲이 §450의 대항요건이 갖춰지기 전에 丙의 丁에 대한 채권을 가압류하고 이에 기해 배당을 받았더라도 그 배당은 유효이다(대법원 2019. 5. 16. 선고 2016다8589 판결).
- 양수인은 채무자에게 자신이 채권자임을 주장할 수 없다. ㉠ 대항요건주의의 본

질상 채권양도 사실에 대해 악의의 채무자도 대항요건을 갖추지 못한 양수인을 채권자로 인정하지 않을 수 있으므로 양수인의 이행청구에 채무자가 불응해도 이행지체가 성립하지 않는다. ⓛ 채무자는 대항요건이 갖춰지기 전까지 발생한 양도인에 대한 항변사유로 대항요건이 갖춰진 후 양수인에게 대항할 수 있다 (§451 ②). ⓒ 절차법적으로도 같은 법리가 적용된다.

> **대법원 2020. 9. 3. 선고 2020다210747 판결**
> ‣ 채권을 양수하기는 하였으나 아직 양도인에 의한 통지 또는 채무자의 승낙이라는 **대항요건을 갖추지 못하였다면 채권양수인은 채무자와 사이에 아무런 법률관계가 없어 채무자에 대하여 아무런 권리주장을 할 수 없**다.
> ‣ 채권양수인이 소송계속 중의 승계인이라고 주장하며 참가신청을 한 경우에, 채권 자로서의 **지위의 승계가 소송계속 중에 이루어진 것인지 여부는** 채권양도의 합의 가 이루어진 때가 아니라 **대항요건이 갖추어진 때**를 기준으로 판단하는 것과 마찬 가지로, **채권양수인이 민사소송법 제218조 제1항에 따라 확정판결의 효력이 미치 는 변론종결 후의 승계인에 해당하는지 여부 역시** 채권양도의 합의가 이루어진 때 가 아니라 **대항요건이 갖추어진 때를 기준으로** 판단하여야 한다.

• 채무자는 양수인을 채권자로 인정하여 유효하게 변제 등을 할 수도 있다. 이 경우 대항요건주의의 예외가 인정되는 것은 아니다. 채무자가 양수인에게 변제하는 것은 '묵시적 승낙'으로 인정될 수 있기 때문이다(지원림, [3458]).

(b) 저당권부 채권이 양도된 경우(민총물권, 894면)

B. 대항요건이 갖춰진 경우

(a) 개관

> 제451조(승낙, 통지의 효과) ② 양도인이 양도통지만을 한 때에는 채무자는 그 통지를 받은 때까지 양도인에 대하여 생긴 사유로써 양수인에게 대항할 수 있다.

• 원칙: 통지·승낙이 도달하면 채무자는 양수인에 대해 발생한 항변사유만을 주장 할 수 있으므로 통지·승낙 도달 후 양도인에 대해 발생한 항변사유를 양수인에 게 주장할 수 없다.

• 예외: 채무자에게 통지가 도달하기 전에 상계할 수 있는 원인이 있었다면 통지도 달 후에 상계적상이 되었을 때 채무자는 양수인에게 상계 주장을 할 수 있다. 이때 '상계할 수 있는 원인'의 의미와 관련하여, 판례는 자동채권 성립의 기초가 되는

법률관계뿐 아니라 자동채권과 수동채권의 동시이행관계도 필요하다고 보는 듯하다(2014다80945, 612면).

채무자가 채권양도 통지를 받은 경우 채무자는 그때까지 양도인에 대하여 생긴 사유로써 양수인에게 대항할 수 있고, 당시 이미 **상계할 수 있는 원인이 있었던 경우**에는 **아직 상계적상이 아니었더라도 그 후 상계적상에 이르면** 채무자는 양수인에 대하여 상계로 대항할 수 있다(대법원 2019. 6. 27. 선고 2017다222962 판결).

(b) 사례

• 채권양도의 대항요건이 갖춰졌더라도 양수채권의 원인계약이 해제되면 채무자는 양수인의 채권행사에 대항할 수 있다.
• 해제된 계약으로부터 발생한 채권의 양수인은 §548 ① 단서의 제3자에 해당하지 않기 때문이다(2000다23433, 민총물권, 122면).

(3) 이의 유보 없는 승낙의 경우

> 제451조(승낙, 통지의 효과) ① 채무자가 이의를 보류하지 아니하고 전조의 승낙을 한 때에는 양도인에게 대항할 수 있는 사유로써 양수인에게 대항하지 못한다. 그러나 채무자가 채무를 소멸하게 하기 위하여 양도인에게 급여한 것이 있으면 이를 회수할 수 있고 양도인에 대하여 부담한 채무가 있으면 그 성립되지 아니함을 주장할 수 있다.

제451조 제2항에서 '**채권자에게 대항할 수 있는 사유**'란 채권의 성립·존속, 행사저지, 배척 등 모든 사유를 말한다(대법원 2019. 12. 19. 선고 2016다24284 전원합의체 판결).

A. 원칙: 공신력

(a) 취지

• 채권양도가 유효이면 채권은 동일성을 유지하면서 양도되기 때문에, 채무자는 양도인에 대해 주장할 수 있었던 사유를 양수인에게도 주장할 수 있다.
• 그러나 채무자가 승낙을 하면서 '양도인에 대해 주장할 수 있는 항변사유'가 있음을 알려 주지 않았다면 이러한 사유가 없다고 믿은 양수인의 신뢰를 보호할 필요가 있다.

(b) 이의유보 없는 승낙인지의 여부 판단

• 이의 유보 없는 승낙은 묵시적으로도 할 수 있으나 제반사정을 고려할 때 채무자가 양수인으로 하여금 대항사유가 없을 것으로 신뢰하게 할 정도에 이르렀다고

볼 수 있어야 한다.

- 예컨대 채무자가 '압류 통지 수령 확인서'를 발급하면서 '확인 이외의 목적으로 사용할 수 없고 채무자는 이 확인서로 인한 책임을 지지 않음'이라는 취지를 명시했다면 이의 유보 없는 승낙을 했다고 볼 수 없으므로, 채무자가 그 당시 양도인에 대해 가지고 있던 §741, §750 채권으로 양수인에게 상계를 주장할 수 있다.

채무자가 이 조항에 따른 **이의를 보류하지 않은 승낙을 할 때에 명시적으로 항변사유를 포기한다거나 양도되는 채권에 대하여 이의가 없다는 뜻을 표시할 것까지 요구하지는 않는다.** 그러나 이의를 보류하지 않은 승낙으로 말미암아 채무자가 양도인에 대하여 갖는 대항사유가 단절되는 점을 감안하면, 제반사정을 종합적으로 고려하여 **양수인으로 하여금 양도된 채권에 대하여 대항사유가 없을 것을 신뢰하게 할 정도에 이르렀는지**를 감안하여 판단해야 한다(대법원 2019. 6. 27. 선고 2017다222962 판결).

(c) 공신력의 적용범위

- 객관적 적용범위: 좁은 의미의 항변권에 해당하는 사유뿐 아니라, 채권의 성립·존속·행사를 저지하거나 배척하는 사유 전반에 대해 적용된다.

제451조의 취지는 양수인을 보호하고 거래의 안전을 꾀하기 위한 것이다. 여기에서 양도인에게 대항할 수 있지만 양수인에게는 **대항하지 못하는 사유는 협의의 항변권에 한정되지 않고 넓게 채권의 성립·존속·행사를 저지하거나 배척하는 사유를 포함**한다(대법원 2019. 6. 27. 선고 2017다222962 판결).

- 시간적 적용범위: 이의 유보 없는 승낙 당시에 아직 발생하지 않은 항변 사유이더라도 그 당시 발생의 개연성이 있었고 채무자가 그 존재와 발생의 개연성을 인식하고 이의 유보 없는 승낙을 한 것으로 인정되면, 채무자는 이러한 항변 사유로 양수인에게 대항할 수 없다.

질권설정 후에 비로소 질권설정자에 대한 대항사유가 발생했더라도, 질권 설정에 대한 승낙 당시 채무자가 그와 같은 대항사유가 가까운 장래에 상당한 정도로 발생할 가능성이 있음을 인식하였고 승낙 당시에 이에 대한 이의를 보류하지 않았다면, 채무자는 그와 같은 사유를 질권자에게 주장할 수 없다(대법원 2018. 7. 24. 선고 2016다205687 판결).

B. 예외: 이의 유보 없는 승낙을 한 채무자가 양수인에게 대항할 수 있는 경우

(a) 양수인의 악의·중과실

- 이의 유보 없는 승낙의 공신력은 양수인 보호를 위한 제도이므로 양수인의 보호 가치가 없으면 인정될 필요가 없다. 따라서 승낙 당시까지 양도인·채무자 간에 발생했던 사유들 중 양수인의 악의·중과실이 인정되는 것들은 이의 유보 없는 승낙을 했던 채무자도 양수인에게 주장할 수 있다.

- 예컨대 甲·丙 간 계약 해제로 인해 甲이 丙에게 가지게 될 기지급 대금에 대한 §548 채권이 乙에게 입질된 사안에서, 丙이 甲에게 위 계약에 따라 X부동산을 선이행했다는 사실을 乙이 알았거나 쉽게 알 수 있었다면, 丙이 乙에게 이의 유보 없는 승낙을 했더라도, 乙의 직접청구권 행사에 대해 丙은 §549의 동시이행 항변권을 행사할 수 있다.

> 채권의 양도나 질권의 설정에 대하여 이의를 보류하지 아니하고 승낙을 했더라도, **양수인 또는 질권자가 악의 또는 중과실**의 경우에 해당하는 한 채무자의 **승낙 당시까지 양도인 또는 질권설정자에 대하여 생긴 사유**로써도 양수인 또는 질권자에게 대항할 수 있다(대법원 2018. 7. 24. 선고 2016다205687 판결).

(b) 채무자의 양도인에 대한 항변사유 이외의 사유

- 적법한 양수인이 누구인지가 다투어지는 경우: 채권의 이중양도 사안에서는 이의 유보 없는 승낙에 통지에 우선하는 효력이 인정되지 않는다.

- 채권의 내용·품질에 영향을 미치는 사항에 대한 신의칙상 고지의무는 양도인의 의무이지 채무자의 의무가 아니다. 따라서 이러한 사항으로 인해 발생한 효과는 이의 유보 없는 승낙을 한 채무자도 양수인에게 주장할 수 있고, 이러한 악의·미고지로 인한 채무자의 양수인에 대한 불법행위 책임이 성립하지도 않는다.

> 채권의 내용이나 양수인의 권리 확보에 위험을 초래할 만한 사정을 조사, 확인할 책임은 원칙적으로 양수인 자신에게 있으므로, 채무자는 양수인이 대상 채권의 내용이나 원인이 되는 법률관계에 대하여 잘 알고 있음을 전제로 채권양도를 승낙할지를 결정하면 되고 **양수인이 채권의 내용 등을 실제와 다르게 인식하고 있는지까지 확인하여 위험을 경고할 의무는 없다.** 따라서 채무자가 양도되는 채권의 성립이나 소멸에 영향을 미치는 사정에 관하여 양수인에게 알려야 할 신의칙상 주의의무가 있다고 볼 만한

특별한 사정이 없는 한 채무자가 그러한 사정을 알리지 아니하였다고 하여 불법행위가 성립한다고 볼 수 없다(대법원 2015. 12. 24. 선고 2014다49241 판결).

(c) 채권 자체의 속성: 보증반환채권의 당연공제, 보험금채권의 면책사유

• 임대차보증금 반환채권이 양도에 대해 임대인이 이의 유보 없는 승낙을 한 경우: 이때도 임대인은 연체차임·원상회복 비용 등에 대한 당연공제는 주장할 수 있다. 당연공제는 임대차보증금 반환채권 자체의 성질이기 때문이다. 이에 비해 임대인·임차인이 원상회복 비용의 보증금 명목으로 지급하기로 약정한 경우에는 임대인은 양수인에게 그 가액의 공제를 주장하지 못한다.

> **대법원 2002. 12. 10. 선고 2002다52657 판결**
> ‣ 임대차보증금 반환 채권을 양도함에 있어서 임대인이 아무런 이의를 보류하지 아니한 채 채권양도를 승낙하였어도 임차 목적물의 개축으로 인하여 임차인이 부담할 <u>원상복구비용 상당의 손해배상액은 반환할 임대차보증금에서 당연히 공제할 수 있다.</u>
> ‣ 이에 비해 임대인과 임차인 사이에서 장래 임대목적물 반환시 위 <u>원상복구비용의 보증금 명목으로 지급하기로 약정한 금액은</u>, 임대차관계에서 당연히 발생하는 임차인의 채무가 아니라 임대인과 임차인 사이의 **약정에 기하여 비로소 발생**하는 채무에 불과하므로, 반환할 임대차보증금에서 당연히 공제할 수 있는 것은 아니어서 임대인이 이와 같은 약정에 기한 채권이 존재한다는 이의를 보류하지 아니한 채 채권양도를 승낙하였다면 제451조 제1항이 적용되어 <u>그 원상복구비용의 보증금 청구 채권으로 채권양수인에게 대항할 수 없다.</u>

• 보험금 채권이 양도된 경우: ㉠ 이의 유보 없는 승낙을 한 보험자도 보험계약 상의 면책사유는 양수인에게 주장할 수 있다. 면책사유가 발생하면 보험계약에 붙어 있는 '보험사고 발생'이라는 정지조건의 불성취가 확정되어 보험금 채권이 소멸하는데 이것은 보험금 채권의 속성에 해당하기 때문이다. ㉡ 다만 면책 사유가 보험료 미납인 경우에는 이의 유보의 대상이다. 다른 면책 사유들과는 달리 채무자인 보험자 자신이 알고 있는 사실이기 때문이다. 따라서 보험자가 이의 유보 없는 승낙을 한 경우, 양도인의 보험료 미납을 이유로 양수인에게 면책을 주장할 수는 없다.

대법원 2002. 3. 29. 2000다13887 판결

‣ 보험금청구권은 보험자의 면책사유 없는 보험사고에 의하여 피보험자에게 손해가 발생한 경우에 비로소 권리로서 구체화되는 **정지조건부 권리**이고, 그 조건부권리 도 보험사고가 **면책사유에 해당하는 경우에는 그에 의하여 조건불성취로 확정되어 소멸**하는 것이라 할 것이므로, 위와 같은 보험금청구권의 양도 또는 질권설정에 대한 채무자의 승낙은 **면책사유가 있으면 보험금을 지급하지 않겠다는 취지**를 명시 하지 않아도 당연히 그것을 전제로 하고 있다고 보아야 하고 보험자가 보험금청구 권 양도 승낙시나 질권설정 **승낙시에 면책사유에 대한 이의를 보류하지 않았다 하 더라도 보험계약상의 면책사유를 양수인 또는 질권자에게 주장할 수 있다.**

‣ **보험료 미납이라는 사유는** 승낙시에 이미 발생할 수 있는 가능성이 있다는 점을 보 험자가 누구보다도 잘 알고 있었다고 보아야 할 것이어서, 보험료 미납이라는 면책 사유는 당연히 승낙시에 보험자가 이의를 보류할 수 있는 것이라 할 것이고 보험료 미납을 이유로 한 해지 항변은 보험자가 이의를 보류하지 아니하고 양도·질권설정 을 승낙한 경우 **양수인 또는 질권자에 대하여 대항할 수 없다.**

C. 사례: 허위표시에 의한 채권질권의 피담보채권 양도

(a) 사안의 개요

• X부동산의 매수인 乙은 2억원의 잔대금을 지급하기 위해 매도인 甲의 동의 하에 X부동산에 대해 저당권을 설정하고 丙으로부터 2억원을 빌리기로 했다.

• 이에 甲은 X부동산에 대한 乙명의 소유권이전등기를 마쳐주면서 甲의 배우자 丁 명의로 채권최고액 2억원의 1순위 저당권을 설정했다. 甲은 乙의 승낙 하에 丁에 게 잔대금채권을 양도했는데, 실제로는 甲·丁 간에 잔대금 채권 양도에 대한 의 사 합치는 이루어지지 않았음이 밝혀졌다.

• 乙은 丙에게 X부동산에 대한 2순위 근저당권을 설정해 주고 2억원을 빌렸으나, 甲에 대한 잔대금채무를 지급하지 못했고 그 후 丙에 대한 대여금 채무의 만기가 도래했다.

• 丙의 신청으로 개시된 X부동산에 대한 임의경매 절차에서 배당가능 금액은 3억 원으로 결정되었는데, 丁이 1순위 저당권자로서 2억원을 우선변제 받자 丙은 丁 명의 1순위 저당권은 원인무효라고 주장하여 배당이의소송을 제기했다.

(b) 쟁점과 판단

• 사안의 경우 甲·丁 간의 잔대금채권 양도계약은 허위표시이지만 채무자 乙이 이의유보 없는 승낙을 했으므로 丁은 乙에게 피담보채권을 행사할 수 있다.

• 따라서 丁명의 저당권설정등기는 유효이고 이를 다투는 丙의 주장은 이유 없다.

> 甲이 丁으로부터 매매잔대금과 같은 금액인 2억 원을 차용하는 내용의 차용금증서를 작성·교부하는 방법으로 丁에게 매매잔대금 채권을 귀속시키고 채무자인 乙이 이를 승낙함으로써 그 매매잔대금 채권이 丁에게 이전되었다고 풀이함이 상당하다(대법원 2001. 3. 15. 선고 99다48948 전원합의체 판결).

(c) 비교사례

• 사안의 개요: 丙은 甲에 대한 대여금 채권을 담보하기 위해 甲명의 X부동산에 저당권을 설정하기로 약정했는데 甲·丙 간 특약에 따라 丙의 자녀인 乙명의로 X부동산에 대한 저당권 설정등기가 마쳐졌다. 그 후 甲은 乙명의 저당권 설정등기가 원인무효임을 이유로 말소등기를 청구한다.

• 쟁점과 판단: 丙이 고령이고 乙이 丙의 자녀라는 사정에 비추어 볼 때 丙은 상속분 선급 의사로 자신의 甲에 대한 채권을 乙에게 사인증여한 것으로 보거나, 丙·乙이 불가분채권자라고 볼 여지가 있다. 따라서 乙명의 저당권은 유효이다.

> 근저당권등기가 마쳐질 무렵 丙은 60대 중반이고 乙은 30대였으므로 丙은 상속재산을 선급 등의 법률관계를 간명하게 하기 위해 자녀인 乙 명의로 이 사건 근저당권등기를 마쳐두었을 가능성도 배제하기 어렵다. 甲·乙·丙 사이에 이 사건 근저당권등기나 그에 관련된 법률관계에 대해 별다른 문제나 분쟁도 없었다. 이러한 사정을 고려할 때 근저당권자인 乙이 丙과 함께 유효하게 채권을 변제받을 수 있고 채무자 甲도 이들 중 누구에게라도 유효하게 변제할 수 있는 관계, 즉 丙과 乙이 불가분적 채권자의 관계에 있다고 볼 수 있는 경우에 해당한다고 볼 여지가 상당하다(대법원 2020. 7. 9. 선고 2019다212594 판결).

나. 부수적 효과

(1) 의미: 채권의 '동일성 유지'를 반영하는 효과

(2) 원래의 채권에 수반된 권리 중 양수인이 주장할 수 있는 것

A. 담보

- 보증채무는 당연히 수반된다. 즉 주채무에 대한 채권양도는 절대적 효력사유이다.
- 담보물권은, 부기등기 방식으로 이전등기가 마쳐져야 비로소 이전된다. 법률행위에 의한 채권양도에 수반하는 담보물권 이전은 법률행위에 의한 물권변동이므로 §186가 적용되기 때문이다.

B. 채권자취소권

- 사해행위 이후 채권이 양도된 경우 사해행위취소권도 수반하여 양수인에게 귀속된다.

> 사해행위라고 볼 수 있는 행위가 행하여지기 전에 발생한 채권은 원칙적으로 채권자취소권에 의하여 보호될 수 있는 채권이 될 수 있고, 채권자의 **채권이 사해행위 이전에 성립한 이상 사해행위 이후에 양도되었다고 하더라도 양수인은 채권자취소권을 행사할 수 있으며,** 채권 양도일에 채권자취소권의 피보전채권이 새로이 발생되었다고 할 수 없다(대법원 2012. 2. 9. 선고 2011다77146 판결)

- 다만 양수인이 채권자취소권을 행사하는 경우에도 상대기간은 양도인이 안 날부터 진행된다(2016다272311, 188면).

(3) 원래의 채권에 대한 항변 유지: §451 ②(전술)

Ⅱ 채무인수

1. 면책적 채무인수

가. 개관

- 면책적 채무인수란 채권·채무의 동일성이 유지된 상태에서 채무자만 다른 사람으로 바뀌는 것을 뜻한다.
- 유형: 면책적 채무인수는 법률행위 또는 법률 규정에 의해 발생한다. 법률에 의한 면책적 채무인수의 예로서, 매수인이 집행채권자의 승낙을 얻어 매각대금 지급

에 갈음하여 채무를 인수하는 경우를 들 수 있다(민사집행법 §143 ①).

> 민사집행법 제143조(특별한 지급방법) ① 매수인은 매각조건에 따라 부동산의 부담
> 을 인수하는 외에 배당표 실시에 관하여 매각대금의 한도에서 관계 채권자의 승낙이
> 있으면 대금의 지급에 갈음하여 채무를 인수할 수 있다.

> 민사집행법 제143조 제1항에 따라 매수인이 관계채권자의 승낙을 얻어 매각대금의
> 지급을 갈음하여 채무를 인수한 경우 매수인이 현금으로 매각대금을 내는 것과 효과
> 가 같다. 이러한 채무인수를 승낙한 관계채권자는 인수된 채무액 범위에서 채권의 만
> 족을 얻은 것으로 보아야 하므로, 그 범위에서 채무자의 채무도 소멸한다. 따라서 위
> 규정에서 정하고 있는 채무인수는 면책적 채무인수로 보아야 한다(대법원 2018. 5.
> 30. 선고 2017다241901 판결).

나. 계약에 의한 면책적 채무인수의 요건

(1) 인수될 채무를 발생시키는 채권관계의 유효한 성립

(2) 채무의 이전 가능성

- 채무자가 바뀌더라도 급부의 동일성이 유지될 수 있는 채무만이 채무인수의 대
  상이 될 수 있다.
- 모든 채무는 이전될 수 있음이 원칙이고, 예외적으로 채무의 성질이나 당사자의
  특약에 의해 채무인수가 제한될 수 있다(§453 ①). 다만 이해관계 없는 제삼자는
  채무자의 의사에 반하여 채무를 인수할 수 없다(§453 ②).

> 제453조(채권자와의 계약에 의한 채무인수)
> ① 제삼자는 채권자와의 계약으로 채무를 인수하여 채무자의 채무를 면하게 할 수 있다.
> 그러나 채무의 성질이 인수를 허용하지 아니하는 때에는 그러하지 아니하다.
> ② 이해관계 없는 제삼자는 채무자의 의사에 반하여 채무를 인수하지 못한다.

(3) 채무인수를 목적으로 하는 법률행위

A. 채권행위

- 채무인수를 목적으로 하는 채권행위는 인수인의 채무 부담과 원래 채무자의 채
  무 소멸을 급부의 내용으로 하는 채권관계를 발생시킨다.
- 이러한 채권행위는 채무자·인수인 간 계약(§454 ①) 또는 채권자·인수인 간 계
  약(§453 ①)으로 할 수 있다.

제454조(채무자와의 계약에 의한 채무인수) ① 제삼자가 채무자와의 계약으로 채무를 인수한 경우에는 채권자의 승낙에 의하여 그 효력이 생긴다.

제453조(채권자와의 계약에 의한 채무인수) ① 제삼자는 채권자와의 계약으로 채무를 인수하여 채무자의 채무를 면하게 할 수 있다.

B. 준물권행위: 채권자의 승낙

(a) 의미·요건

- 채권자의 승낙은 종전 채무자에 대한 채권을 소멸시키고 인수인에 대한 채권을 발생시킨다는 점에서 단독행위이고 형성권 행사에 해당한다. 채무자·인수인 모두 상대방이 될 수 있다.
- 채권자·인수인 간 계약으로 채무인수가 이루어지는 경우에는 채권행위에 이미 채권자의 승낙이 포함되어 있으므로, 채무자·인수인 간 계약으로 채무인수가 이루어지는 경우만 별도로 채권자의 승낙 의사표시가 필요하다.

제454조(채무자와의 계약에 의한 채무인수) ② 채권자의 승낙 또는 거절의 **상대방은 채무자나 제삼자**이다.

- 승낙은 불요식 행위이므로 묵시적으로도 할 수 있으나, 인수인의 자력이 의문시되는 상황이거나(대법원 2015. 5. 29. 선고 2012다84370 판결), 채권자가 인수인의 자력을 조사하거나 확인하지 않은 경우에는 함부로 묵시적 승낙을 인정하면 안 된다(대법원 2024. 6. 13. 선고 2024다215542 판결).

(b) 상대방의 최고권

- 채무자와 인수인이 면책적 채무인수 계약을 한 경우, 채무자나 인수인은 채권자에게 상당한 기간을 정하여 승낙 여부를 최고할 수 있다.
- 채권자가 이러한 최고를 받고도 상당한 기간이 지나도록 확답을 발신하지 않으면 승낙을 거절한 것으로 간주된다. 발신주의가 적용됨에 유의해야 한다.

제455조(승낙여부의 최고)
① 전조의 경우에 **제삼자나 채무자**는 상당한 기간을 정하여 승낙 여부의 확답을 채권자에게 최고할 수 있다.
② 채권자가 그 기간내에 확답을 발송하지 아니한 때에는 **거절한 것으로 본다**.

(c) 승낙을 얻지 못한 경우의 효과

* 채무자·인수인 간 면책적 채무인수 계약에 대해 채권자가 승낙을 거절하면, 이행인수 계약이 성립한 것으로 본다. 판례의 논거는 불명확하지만 무효행위 전환의 법리가 적용된 것으로 볼 수 있다(사견).

> **채권자의 승낙이 없는** 경우에는 채무자와 인수인 사이에서 **면책적 채무인수 약정을** 하더라도 **이행인수 등으로서의 효력밖에 갖지 못하며 채무자는 채무를 면하지 못한** 다(대법원 2012. 5. 24. 선고 2009다88303 판결).

* 따라서 종래의 채무자는 채무를 면하지 못하고 채권자는 종래의 채무자에게만 채권을 행사할 수 있다. 한편 채권자가 일단 승낙을 거절한 이상 그 후 일방적인 추인으로 채무인수의 효력을 발생시킬 수는 없다(대법원 1998. 11. 24. 선고 98다33765 판결). 이 점에서 무효행위 추인과는 상황이 다르다.

(d) 승낙을 얻은 경우의 효과: 면책적 채무인수의 효과

다. 면책적 채무인수의 효과

(1) 본질적인 효과

A. 채무의 이전(채무자의 변경)

B. 효력 발생 시점

* 채권자가 당사자인 경우 예컨대 채무인수 계약이 채권자·채무자·인수인 간 3면 계약이나 채권자·인수인 간 계약인 경우, 채무인수 계약의 효력발생 즉시 면책적 채무인수라는 효과도 발생한다.

* 채무자·인수인 간 계약의 경우에는 채권자의 승낙 의사표시가 발신되었을 때 면책적 채무인수의 효과가 발생하지만, 승낙의 소급효가 인정되므로 채무자·인수인 간 계약 시점부터 채무자가 변경된 것으로 간주된다. 다만 이러한 소급효는 제3자의 이익을 해칠 수 없고 다른 의사표시에 의하여 제한될 수 있다.

> 제457조(채무인수의 소급효) 채권자의 채무인수에 대한 승낙은 다른 의사표시가 없으면 채무를 인수한 때에 소급하여 그 효력이 생긴다. 그러나 제삼자의 권리를 침해하지 못한다.

(2) 부수적 효과: 채무의 동일성 유지가 반영된 효과

A. 개관

- 원채무자의 채권자에 대한 항변, 원채무자가 채권자에게 제공한 담보가 인수인과 채권자 사이의 채권관계에 대해서도 유지되는지가 문제되는데, 항변은 유지되는 것이 원칙이지만, 담보는 유지되지 않는 것이 원칙이다.
- 면책적 채무인수는 구상관계를 발생시키지는 않는다. 채무인수인이 원래 채무자의 채권을 소멸시키기는 하지만 '출연'이 인정될 수 없기 때문이다(2017다274703, 513면).

B. 항변

(a) 원칙: 항변의 유지

> 제458조(전채무자의 항변사유) 인수인은 전채무자의 항변할 수 있는 사유로 채권자에게 대항할 수 있다.

- 인수인은 원채무자가 채권자에게 행사할 수 있었던 항변으로 채권자에게 대항할 수 있다.
- 인수인이 행사할 수 있는 항변에는 권리소멸 항변뿐 아니라 동시이행 항변 등도 포함된다.

(b) 예외

- 채무의 원인계약 자체를 대상으로 하는 형성권인 해제권·취소권은 인수인에게 이전되지 않으므로 계약의 당사자인 원채무자와 채권자만 행사할 수 있다. 다만 원채무자가 이러한 형성권을 행사하면 인수인은 그 효과를 근거로 채무 부존재 항변을 할 수는 있다.
- 원채무자가 채권자에게 상계적상인 반대채권을 가지고 있었더라도 인수인에게 상계권이 이전되지는 않는다. 반대채권은 원채무자의 권리로서 채무인수 계약에 따른 이전의 대상이 아니기 때문이다.

(c) 사례

- 도급인이 수급인의 하수급인에 대한 공사대금채무를 면책적으로 인수한 경우, 수급인의 하수급인에 대한 하자보수 채권과의 동시이행 항변권도 함께 이전된다.
- 이처럼 도급인은 하수급인에 대해 원래 채무자인 수급인이 가지는 반대채권과의 동시이행 항변을 주장할 수 있으나, 이 반대채권에 근거한 상계권을 행사할 수는

없다.

> 도급계약에 있어서 완성된 목적물에 하자가 있는 때에는 도급인은 수급인에 대하여 하자의 보수를 청구할 수 있고 그 하자의 보수에 갈음하여 또는 보수와 함께 손해배상을 청구할 수 있는바, 이들 청구권은 수급인의 공사대금 채권과 동시이행관계에 있는 것이므로, 수급인의 하수급인에 대한 하도급 공사대금채무를 인수한 도급인은 특별한 사정이 없는 한 수급인이 하수급인과 사이의 하도급계약상 동시이행의 관계에 있는 수급인의 하수급인에 대한 하자보수청구권 내지 하자에 갈음한 손해배상채권 등에 기한 동시이행의 항변으로서 하수급인에게 대항할 수 있다(대법원 2007. 10. 11. 선고 2007다31914 판결).

C. 담보

(a) 개관

> 제459조(채무인수와 보증, 담보의 소멸) 전채무자의 채무에 대한 **보증이나 제삼자가 제공**한 담보는 채무인수로 인하여 소멸한다. 그러나 보증인이나 제삼자가 채무인수에 동의한 경우에는 그러하지 아니하다.

- 취지: 원채무자의 신용·재산상태를 전제로 담보를 제공한 제3자를 보호할 필요가 있다. 따라서 원채무자 자신이 제공한 담보는 유지되지만 제3자가 제공한 담보는 소멸하는 것이 원칙이다.
- 담보제공자의 동의(§459 단서): ㉠ 채무인수의 효과로 일단 소멸한 담보권을 다시 설정하는 것이 아니라 종래의 담보권을 그대로 유지시키는 것을 뜻한다. 담보물권의 경우 종래의 순위가 그대로 유지되는데, 채무자 명의를 변경하는 부기등기는 원래의 담보권등기에 종속되어 그 등기와 일체를 이루는 것이기 때문이다(대법원 1996. 10. 11. 선고 96다27476 판결). ㉡ 따라서 동의 당시에 존재했던 원채무자의 채무만 담보되고 그 후에 발생한 인수인의 채무는 담보되지 않는다.

(b) 사례: 인수인 명의 변경등기와 근저당권의 피담보채권액

- 사안의 개요: 甲이 乙에 대해 가지는 금전채권을 담보하기 위해 丙소유 X부동산에 채권최고액 1억원의 1순위 근저당권이 설정되었다. 乙의 채무를 丁이 면책적으로 인수했는데 당시의 채무액은 8000만원이었고, 丙은 담보존속에 동의하여 丁명의로 채무자 명의 변경 부기등기를 마쳤다. 변경등기 후 甲의 丁에 대한

2000만원의 채권이 발생했다.

- 쟁점과 판단: 丙의 동의 대상은 丁을 위한 새로운 담보권을 설정하는 것이 아니라 乙의 채무에 대한 담보권을 유지하는 것이다. 따라서 丙은 변경등기 후에도 乙의 채무 8000만원에 대한 담보만 제공하게 된다.

✓ 면책적 채무인수를 근저당권의 피담보채무의 확정사유로 보더라도 같은 결론을 도출할 수 있다 (사견).

물상보증인이 채무인수에 관하여 하는 **동의는 채무인수인을 위하여 새로운 담보를 설정하겠다는 의사표시가 아니라 기존의 담보를 채무인수인을 위하여 계속 유지하겠다는 의사표시에 불과**하여, 그 동의에 의해 유지되는 담보는 기존의 담보와 동일한 내용을 갖는 것이므로 근저당권에 관하여 채무인수를 원인으로 채무자를 교체하는 변경등기(부기등기)가 마쳐진 경우 특별한 사정이 없는 한 그 근저당권은 당초 구 **채무자가 부담하고 있다가 신 채무자가 인수하게 된 채무만을 담보하는 것**이지, 그 후 신 채무자(채무인수인)가 다른 원인으로 부담하게 된 새로운 채무까지 담보하는 것으로 볼 수는 없다(대법원 2000. 12. 26. 선고 2000다56204 판결).

- 변형된 사안: 乙에 대한 물상보증인 丙이 乙의 지위 자체의 계약인수가 아니라 乙의 채무만 면책적으로 인수한 경우에도 같은 법리가 적용된다. 따라서 채무자 명의를 丙 자신으로 변경등기 한 후 丙이 甲에게 부담하게 된 채무에 대해서는 甲의 우선변제권이 인정되지 않는다.

물상보증인이 채무자의 계약상의 지위를 인수한 것이 아니라, 다만 그 **채무만을 면책적으로 인수**하고 이를 원인으로 근저당권 변경의 부기등기가 경료된 것이라면 특별한 사정이 없는 한 그 변경등기는 당초 채무자가 근저당권자에 대하여 부담하고 있던 것으로서 물상보증인이 인수한 채무만을 그 대상으로 하는 것이지, 그 후 채무를 인수한 **물상보증인 자신**이 다른 원인으로 근저당권자에 대하여 부담하게 된 새로운 채무까지 담보하는 것으로 볼 수는 없다(대법원 1999. 9. 3. 선고 98다40657 판결).

2. 병존적 채무인수

가. 개관

(1) 면책적 채무인수와 병존적 채무인수

A. 병존적 채무인수의 특징

• 병존적 채무인수는 채권자·채무자 모두에게 유리하므로 인수인이 원하는 병존적 채무인수를 막을 이유가 없다.

• 따라서 면책적 채무인수와는 달리 채무자·인수인 간 계약만 있으면 채권자의 승낙 여부와 무관하게 유효한 병존적 채무인수가 성립한다.

B. 면책적 채무인수와의 구별

• 채무인수 약정이 어떤 유형에 속하는지를 판단하는 것은 의사표시 해석의 문제이다.

• 채무인수의 유형 중 어떤 것인지가 당사자의 의사표시 해석상 불명확하면 병존적 채무인수로 추정된다.

> 채무인수가 면책적인가 중첩적인가 하는 것은 채무인수계약에 나타난 **당사자 의사의 해석**에 관한 문제이고, 채무인수에 있어서 면책적 인수인지 중첩적 인수인지가 **분명하지 아니한 때에는 이를 중첩적으로 인수한 것으로 볼 것**이다(대법원 2002. 9. 24. 선고 2002다36228 판결).

C. 효과

• 인수인이 채권자에 대해 원채무자와 동일한 내용의 채무를 부담한다는 점에서는 면책적 채무인수의 경우와 같다.

• 원채무자는 면책되지 않고 여전히 인수인과 함께 채무를 부담한다는 점에서는 면책적 채무인수의 경우와 다르다.

(2) 이행인수와의 구별

A. 구별기준: 의사표시 해석

B. 사례: 부동산 양수인이 담보물권의 피담보채무를 인수한 경우(476면 이하)

나. 요건

(1) 채무의 유효한 성립, 채무의 중첩 가능성

(2) 병존적 채무인수 계약의 당사자

A. 개관

- 병존적 채무인수계약은, ㉠ 채권자·채무자·인수인 간 3면 계약, ㉡ 채권자·인수인 간 계약은 물론, ㉢ 채무자·인수인 간 계약으로도 체결될 수 있다.
- 면책적 채무인수의 경우와는 달리, 채무자가 반대해도 ㉡의 형태로 유효한 병존적 채무인수 계약이 성립할 수 있다(대법원 1988. 11. 22. 선고 87다카1836 판결).

B. 제3자를 위한 계약의 성립

- 채무자·인수인 간 계약은 제3자를 위한 계약에 해당한다. 따라서 채권자가 승낙하지 않아도 유효하게 성립하지만, 채권자는 수익의 의사표시를 해야 비로소 인수인에 대한 채권을 취득하게 된다.

> **대법원 2013. 9. 13. 선고 2011다56033 판결**
> - **채무자와 인수인의 합의에 의한 병존적 채무인수는 일종의 제3자를 위한 계약**이므로, 채권자는 인수인에 대하여 채무이행을 청구하거나 기타 채권자로서의 권리를 행사하는 방법으로 수익의 의사표시를 함으로써 인수인에 대하여 직접 청구할 권리를 갖게 된다.
> - 이러한 점에서 면책적 채무인수의 경우와는 달리, 채무자와 인수인의 합의에 의한 중첩적 채무인수의 경우 채권자의 수익의 의사표시는 그 **계약의 성립요건이나 효력발생요건이 아니라 채권자가 인수인에 대하여 채권을 취득하기 위한 요건**이다.

- 채권자의 수익 거절 의사표시는 번복될 수 없는 것이 원칙이다(§541). 다만 면책적 채무인수로 오인하여 수익 거절 의사표시를 한 채권자는 이를 번복하여 인수인에 대한 채권을 취득할 수 있다.

  채무자와 인수인의 합의에 의한 중첩적 채무인수의 경우 **채권자가 수익을 받지 않겠다는 의사표시를 하였다면 채권자는 인수인에 대하여 채권을 취득하지 못하고, 특별한 사정이 없는 한 사후에 이를 번복하고 다시 수익의 의사표시를 할 수는 없다**고 할 것이지만, 인수인이 채권자에게 중첩적 채무인수라는 취지를 알리지 아니한 채 채무인수에 대한 승낙 여부만을 최고하여 채권자가 <u>면책적 채무인 것으로 잘못 알고 면책</u>

적 채무인수를 승낙하지 아니한다는 취지의 의사표시를 한 경우에는, 이는 중첩적 채무인수에 대하여 수익 거절의 의사표시를 한 것이라고 볼 수 없으므로, 채권자는 그 후 중첩적 채무인수 계약이 유효하게 존속하고 있는 한 수익의 의사표시를 하여 인수인에 대한 채권을 취득할 수 있다(대법원 2013. 9. 13. 선고 2011다56033 판결).

다. 효과

(1) 채권자·채무자 간 채권관계의 유지

• 중첩적 채무인수가 성립하더라도 종래의 채권자·채무자 간 채권관계에는 영향이 없다.

• 따라서 종래의 채무에 대한 담보에도 영향을 미치지 않는다(2003다37730, 401면).

(2) 인수인의 지위

• 병존적 채무인수는 채무의 중첩을 발생시킨다.

• 병존적 채무인수는 대개 채무자와 인수인 간의 인적 관계를 전제하므로 진정연대채무를 성립시키는 것으로 추정된다. 따라서 부진정연대채무라고 주장하는 자가 이러한 인적 관계가 없음을 증명해야 한다.

병존적 채무인수에서 인수인이 채무자의 부탁 없이 채권자와의 계약으로 채무를 인수하는 것은 매우 드문 일이므로 채무자와 인수인은 **통상 주관적 공동관계가 있는 연대채무**관계에 있고, 인수인이 채무자의 **부탁을 받지 아니하여 주관적 공동관계가 없는 경우에는 부진정연대**관계에 있다고 보아야 한다(대법원 2014. 8. 26. 선고 2013다49428 판결).

Ⅲ 이행인수, 계약인수

1. 이행인수

가. 의미

• 이행인수란 채무자와 이행인수인 간 채권계약으로서, 이행인수인에게 '채무자의 채권자에 대한 급부에 해당하는 행위를 대신 하는 것'을 내용으로 하는 급부의무

를 발생시킨다.
- 이행인수 계약은 채권관계의 당사자를 변경시키지는 않는다는 점에서 채무인수와 다르다.

이행인수는 채무자와 인수인 사이의 계약에 의하여 인수인이 채권자에 대한 채무를 변제하기로 약정하는 것을 말한다(대법원 2009. 6. 11. 선고 2008다75072 판결).

나. 요건

- 이행인수는 채무자·인수인 간 계약이며 채권자는 당사자가 아니다. 따라서 채권자의 승낙이나 동의는 이행인수 계약의 성립·효력과 무관하다.
- 이행인수 계약의 성립 여부를 판단하는 것은 당사자들의 의사표시 해석의 문제이다. 특히 부동산 매수인이 대금 지급에 갈음하여 물적 부담(예컨대 목적물에 대한 담보물권의 피담보채무)을 인수하기로 한 경우, 이행인수와 병존적 채무인수 중 어떤 것이 성립하는지가 문제된다.
- 이행인수는 이행인수인과 채무자의 관계, 이행인수인이 대신 해야 하는 급부의 내용 등에 따라 위임, 고용, 도급 중 하나에 해당하는 것이 일반적이다.

다. 효과

(1) 채무자와 인수인

A. 인수인이 약정된 행위를 하지 않는 경우
- 채무자는 인수인에게 채권자에 대한 급부 대행 행위를 하라고 청구할 수 있는 채권을 가진다.
- 따라서 채무자는 이행인수 계약상 채무를 위반한 인수인을 상대로 이행판결을 받아 강제집행을 할 수도 있고(대법원 2009. 6. 11. 선고 2008다75072 판결), 채무자가 스스로 채무를 이행한 경우에는 인수인에게 §390의 책임을 추궁할 수도 있다 (2004다13083, 481면).

B. 이행인수인의 지위
- 이행인수인은 §481의 변제할 정당한 이익 있는 제3자이므로 법정대위에 의한 변제자대위권이 인정된다.

법정대위를 할 수 있는 '변제할 정당한 이익이 있는 자'라고 함은 **변제함으로써 당연히 대위의 보호를 받아야 할 법률상의 이익**을 가지는 자를 의미한다. 이행인수인이 채무자와의 이행인수약정에 따라 채권자에게 채무를 이행하기로 약정하였음에도 불구하고 이를 이행하지 아니하는 경우에는 채무자에 대하여 채무불이행의 책임을 지게 되어 특별한 법적 불이익을 입게 될 지위에 있다고 할 것이므로, 이행인수인은 그 변제를 할 정당한 이익이 있다고 할 것이다(대법원 2012. 7. 16.자 2009마461 결정).

- 이행인수인은 시효이익을 받을 자가 아니므로 이행인수인의 채무승인은 시효중단 사유가 아니다(2015다239744, 민총물권, 366면).

(2) 채권자와 인수인

- 이행인수인은 채무자에 대해서만 채무를 부담하므로 채권자에 대한 관계에서는 채무자의 이행보조자에 불과하다. 따라서 채권자가 인수인에게 급부 이행을 청구할 수는 없다.
- 다만 채권자는 채권자대위권을 근거로 채무자를 대위하여 인수인에게 이행을 청구할 수는 있다. 채무자의 인수채무 이행청구권은 채권의 일종으로서 일신전속성이 없고, 그 행사는 채권자의 채무자에 대한 채권 실현을 위한 유효적절한 수단이므로 보전의 필요성도 충족되기 때문이다.

이행인수는 **인수인이 채무자에 대하여** 그 채무를 이행할 것을 약정하는 채무자와 인수인 사이의 계약으로서, 인수인은 채무자와 사이에 채권자에게 채무를 이행할 의무를 부담하는 데 그치고 직접 채권자에 대하여 채무를 부담하는 것이 아니므로 **채권자는 직접 인수인에 대하여 채무를 이행할 것을 청구할 수 없**으나, 채무자의 인수인에 대한 청구권이 인정되고 이러한 **채무자의 인수인에 대한 청구권**은 그 성질상 재산권의 일종으로서 일신전속적 권리라고 할 수는 없으므로, 채권자는 채권자대위권에 의하여 채무자의 인수인에 대한 청구권을 대위행사 할 수 있다(대법원 2009. 6. 11. 선고 2008다75072 판결).

라. 사례: 저당물 매수인의 피담보채무 인수

(1) 문제의 소재: 유해등기가 설정된 부동산 매매에서 피담보 채무의 처리 방법

- 원칙: 매매의 목적물인 부동산에 담보물권, 가압류 등의 유해등기가 마쳐져 있거

나 대항력 있는 임차권이 설정되어 있는 경우, 매도인이 채무를 이행하려면 소유권이전등기를 마쳐주는 것만으로는 부족하고 이러한 권리들을 소멸시킨 후 완전한 소유권을 이전해 주어야 한다.

- 예외: 당사자 간 특약에 의해, 매수인이 이러한 유해등기 말소에 필요한 가액을 조달하기로 하고 매매 대금에서 그 가액을 공제한 가액을 매도인에게 지급하면 매매 대금 전부가 지급된 것으로 간주되는 경우도 있다(이른바 갭투자).

(2) 담보권 등기에 대해 채무자 변경등기를 한 경우: 면책적 채무인수

(3) 담보권 등기에 대해 채무자 변경등기를 하지 않은 경우

A. 피담보채무 인수 특약의 의미: 이행인수 추정

- 매수인·매도인 간에 이행인수가 이루어진 것으로 추정되지만, 특별한 사정이 있으면 병존적 채무인수가 이루어진 것으로 해석된다.
- 면책적 채무인수가 이루어진 것으로 해석할 수는 없다. 채무자 변경등기가 없는 상태에서 피담보채무에 대한 면책적 채무인수가 이루어지면 담보권 자체가 소멸하기 때문이다(부종성).

> 부동산의 매수인이 매매목적물에 관한 **근저당권의 피담보채무, 가압류채무, 임대차 보증금 반환채무**를 인수하는 한편 그 채무액을 매매대금에서 공제하기로 약정한 경우, 이는 매도인을 **면책시키는 채무인수가 아니라 이행인수**로 보아야 하고 매수인이 그 채무를 현실적으로 변제할 의무를 부담한다고도 해석할 수 없다(대법원 2002. 5. 10. 선고 2000다18578 판결).

> 이러한 약정의 내용은 매도인과 매수인과의 계약으로 매수인이 매도인의 채무를 변제하기로 하는 것으로서 매수인은 제3자의 지위에서 매도인에 대하여만 그의 채무를 변제할 의무를 부담함에 그치는 것이다(대법원 2009. 5. 14. 선고 2009다5193 판결).

B. 병존적 채무인수로 인정되기 위한 특별한 사정의 예

- 매도인·매수인 간에 매수인이 직접 채권자에게 피담보채무를 부담하기로 하는 제3자 약관이 있으면 병존적 채무인수로 해석될 수 있다.
- 인수인이 이에 대한 대가를 받거나, 목적물에 관한 책임을 구성하는 권리관계도 함께 인수하는 경우에는 병존적 채무인수로 해석될 수 있다.

> 부동산을 매수하는 사람이 근저당채무 등 그 부동산에 결부된 부담을 인수하고 그 채무액만큼 매매대금을 공제하기로 약정하는 경우, 그러한 약정이 이행인수에 불과한지 아니면 병존적 채무인수 즉 제3자를 위한 계약인지를 구별함에 있어서 그 판별 기준은, ㉠ 계약 당사자에게 제3자 또는 채권자가 계약 당사자 일방 또는 채무인수인에 대하여 직접 채권을 취득하게 할 의사가 있는지 여부에 달려 있다 할 것이고, 종합적으로 고려하여 그 의사를 해석하여야 하는 것인데, ㉡ 인수의 대상으로 된 채무의 책임을 구성하는 권리관계도 함께 양도된 경우이거나 ㉢ 채무인수인이 그 채무 부담에 상응하는 대가를 얻을 때에는 특별한 사정이 없는 한 이행인수가 아닌 병존적 채무인수로 보아야 한다(대법원 2013. 2. 15. 선고 2012다96529 판결).

• 예컨대 甲·乙의 동업용 부동산에 대해 甲이 출자금은 포기한 채 자신의 지분을 乙에게 이전하면서 그 대금에 갈음하여 甲의 지분에 수반되는 부담을 乙이 인수하기로 했다면, 乙이 甲의 채무를 인수하는 것에 대해 '출자금 포기'라는 대가가 지급되었으므로 병존적 채무인수에 해당한다.

> 甲은 자신의 출자금 4억원을 포기하면서까지 이 사건 부동산의 지분과 관련된 채무에서 벗어나기 위하여 자신의 지분을 乙에게 이전하기로 하고, 乙은 그 대금을 현금으로 지급하지 않고 위 甲의 지분과 관련한 채무를 모두 인수하기로 약정함으로써, 그 외에 별도의 돈을 매매대금 명목으로 주고 받지 아니하였다는 것이니, 결국 乙은 위 채무부담의 대가로 이 사건 지분을 이전받은 것으로서 위 법리에 비추어 이를 병존적 채무인수라고 볼 여지가 충분하다(대법원 2010. 2. 11. 선고 2009다73905 판결).

(4) 이행인수로 해석되는 경우의 법률효과

A. 문제의 소재

(a) 전형적 사안

• 甲이 소유한 X부동산에 1순위 근저당권자 丙(피담보채권액 3억)이 있는데, 甲이 乙에게 X부동산을 5억원에 매도하였고, 甲·乙 간 특약으로 乙이 매수대금 중 2억원만 甲에게 지급하고 나머지 3억원은 丙에게 지급하기로 하였다.

• 乙은 甲에게 2억원은 지급하였으나 丙에게는 3억원을 지급하지 않았다.

(b) 쟁점

• 乙이 甲에게 2억원을 지급한 것으로 甲·乙 간 매매계약 상 매수인으로서의 채무

를 이행했다고 볼 수 있는지가 문제된다.

- 甲이 매수인 乙의 매매대금 지급 채무 불이행을 이유로 §390·§544의 권리를 주장하거나, 乙의 소유권이전등기 청구에 대해 동시이행 항변을 할 수 있는지가 문제된다.

B. 담보권 실행경매가 진행되지 않은 경우

- 乙이 甲에게 2억원을 지급하면 乙은 X부동산 매매계약 상의 대금채무 이행을 마친 것으로 인정된다.

- 乙이 丙에게 甲을 대신하여 3억원을 지급할 의무를 이행하지 않은 것은, X부동산 매매계약과 별개의 종된 계약인 이행인수 계약상의 급부 대행 의무의 불이행일 뿐이다. 따라서 이러한 이행인수 계약상 의무의 위반을 매매계약상 대금지급 채무의 불이행으로 평가할 수는 없는 것이 원칙이다. 다만 특별한 사정이 있으면 매매계약상 잔금채무 불이행으로 인정될 수 있는데, 그 예로서 이행인수 계약상 의무 위반으로 인해 목적물에 대한 경매절차가 개시된 경우를 들 수 있다.

매수인이 피담보 채무를 현실적으로 변제할 의무를 부담한다고 해석할 수 없으며, 특별한 사정이 없는 한 **매수인은 매매대금에서 그 채무액을 공제한 나머지를 지급함으로써 잔금지급의무를 다하였다**고 할 것이다(대법원 2004. 7. 9. 선고 2004다13083 판결).

설사 매수인이 위 채무를 현실적으로 **변제하지 아니하였다 하더라도 그와 같은 사정만으로는 매도인은 매매계약을 해제할 수 없는 것**이지만, 매수인이 인수채무를 이행하지 아니함으로써 매매대금의 일부를 지급하지 아니한 것과 동일하다고 평가할 수 있는 특별한 사유가 있을 때에는 계약해제권이 발생한다(대법원 2007. 9. 21. 선고 2006다69479 판결).

C. 담보권 실행경매가 진행된 경우

(a) 담보권 실행경매 절차가 종료되어 매도인의 의무가 급부불능이 된 경우

- 매수인이 이행인수한 피담보채무 이행의무를 이행하지 않아서 담보물권자에 의한 경매절차가 진행되고 그 결과 매도인이 소유권을 상실한 경우, 채무자인 매도인의 소유권이전등기 의무는 채권자인 매수인의 귀책사유로 인해 후발적 불능에 빠지게 된다.

- 이 경우 채무불이행책임이 성립하지 않으므로 매수인은 매도인에게 §546의 해제

권이나 §551·§390의 손해배상청구권을 행사할 수 없다.

> 매수인이 매매목적물에 관한 근저당권의 피담보채무에 관하여 그 이행을 인수한 경우, 채권자에 대한 관계에서는 매도인이 여전히 채무를 부담한다고 하더라도, **매도인과 매수인 사이에서는 매수인에게 위 피담보채무를 변제할 책임**이 있다고 할 것이므로, 매수인이 그 변제를 게을리 하여 근저당권이 실행됨으로써 매도인이 매매목적물에 관한 소유권을 상실하였다면, 이는 **매수인에게 책임 있는 사유로 인하여 소유권이전등기의무가 이행불능**으로 된 경우에 해당하고, 거기에 매도인의 과실이 있다고 할 수는 없다(대법원 2009. 5. 14. 선고 2009다5193 판결).

✓ §538가 적용되므로 매도인은 매수인에게 미납 잔대금 3억원의 지급을 청구할 수 있으나(§538 ①), 매도인으로서의 급부의무가 급부불능이 된 원인인 X부동산 경매로 피담보채무 3억원이 소멸하는 이익을 얻었으므로 이를 공제해야 한다(§538 ②). 결국 매도인은 매수인으로부터 이미 받은 2억원을 보유하는 데 그친다.

(b) 매도인의 출연으로 담보권실행을 저지한 경우

• 매도인이 계약 파기를 원하는 경우: 위의 예에서 매도인이 경매절차가 개시된 후 피담보채무를 변제하여 소유권 상실을 방지한 경우, 매수인의 이행인수 계약상 의무 위반을 매매계약상 잔금채무 불이행과 동일시할 수 있는 특별한 사정이 인정된다. 따라서 매도인은 매수인의 피담보채무 변제 대행 의무 불이행을 매매대금 지급의무 불이행이라고 주장하여, 매매계약에 대한 법정해제권을 행사할 수 있다.

> 피고가 원고의 수차에 걸친 인수채무의 변제요구에 응하지 않고 있는 사이에 인수채무의 채권자인 소외인이 근저당권에 기한 **임의경매를 신청하자, 원고가 부득이 위 인수채무와 경매비용을 대신 변제해 주고 경매를 취하**시킨 사정을 종합하여 보면, 피고가 위 인수채무를 변제하지 않음으로써 '매매대금의 일부를 지급하지 않은 것과 동일하다고 평가할 수 있는 특별한 사유'가 발생하였고, 따라서 원고는 피고의 이행지체로 인한 매매 계약 해제권을 취득하였다고 할 것이다(대법원 2007. 9. 21. 선고 2006다69479 판결).

• 甲이 계약 유지를 원하는 경우: 甲은 乙이 부담한 이행인수 계약상의 의무를 대신 이행한 것이므로 乙에 대해 구상권을 가지게 되고, 이 구상권과 乙의 甲에 대한 소유권이전등기 청구권의 동시이행을 주장할 수 있다. 이 구상권은 실질적으로 잔대금 채권과 동일한 것이기 때문이다.

부동산매매계약과 함께 이행인수계약이 이루어진 경우, **매수인이 인수한 채무는 매매대금지급채무에 갈음한 것**으로서 매도인이 매수인의 인수 채무 불이행으로 말미암아 또는 임의로 인수채무를 대신 변제하였다면, 그로 인한 **손해배상채무 또는 구상채무는 인수채무의 변형으로서 매매대금지급채무에 갈음한 것의 변형**이므로 매수인의 손해배상채무 또는 구상채무와 매도인의 소유권이전등기의무는 <u>대가적 의미가 있어 이행상 견련관계에 있다고 인정되고, 따라서 양자는 동시이행의 관계에 있다고 해석함이 공평의 관념 및 신의칙에 합당하다</u>(대법원 2004. 7. 9. 선고 2004다13083 판결).

(5) 사례: 이행인수 계약상의 채무불이행으로 인한 손해배상책임

A. 사안의 개요

- 甲 소유 X부동산에 甲의 丁에 대한 채무 담보를 위한 丁명의 근저당권 설정등기가 마쳐져 있었다. 甲·丙은 상행위에 해당하는 동업을 청산하면서 甲이 丙에게 X부동산의 소유권을 넘겨주는 대신 丙은 甲의 丁에 대한 채무를 변제하기로 약정했다.

- 丙은 2013. 2. 1. 乙에게 X부동산을 매도하는 매매계약을 체결하면서, 중도금 지급일은 2013. 4. 1., 잔금 지급일은 2013. 5. 1.로 약정했는데, 특약사항으로 X부동산에 설정된 근저당권의 피담보채무를 丙이 변제하는 것으로 중도금을 대체하기로 했다.

- 위 甲·丙 간 동업 청산 약정을 원인으로 X부동산에 대해 2013. 5. 2. 丙명의 소유권이전등기가 마쳐졌고 이어서 2013. 5. 10. 乙명의 소유권이전등기가 마쳐졌다.

- 그 후 乙·丙 모두 甲의 丁에 대한 채무의 이자·지연손해금을 납부하지 않았고, 甲은 2013. 7. 1.부터 2018. 10. 1.까지 丁에게 이자·지연손해금을 납부했다.

B. 논의의 전제

- 손해배상청구권은 손해가 현실적·확정적으로 발생해야 성립한다. 그런데 이행인수 계약상 채무불이행으로 인한 통상손해는 원래의 채무자가 채권자에게 지급한 원리금 상당액이므로, 원래의 채무자가 이러한 원리금을 납부했을 때 비로소 이행인수인에 대한 §390의 손해배상청구권을 행사할 수 있게 된다.

- 위 사안에서는 이행인수 계약이 연쇄적으로 성립한 상태로서, 甲의 채무 변제 의무를 丙이 이행인수한 상태에서 丙의 '이행인수 계약상의 채무' 변제를 다시 乙이 이행인수했다고 볼 수 있다.

C. 쟁점과 판단

- 甲은 2018. 11. 1. 乙을 상대로 1) 주위적으로, 乙·丙 간 매매계약에는 제3자 甲을 위한 이행인수 계약이 포함되어 있으므로 甲은 乙에게 직접 §390 손해배상청구를 할 수 있다고 주장했으나 변론 과정에서 乙·丙 간 매매계약에 제3자 약관이 붙어있다고 해석할 만한 사정이 인정되지 못했다. 이에 甲은 2018. 12. 1. 2) 예비적 청구원인을 추가하여 丙에 대한 청산 약정상 채권을 피보전채권으로 하는 채권자대위권을 근거로, 丙의 乙에 대한 §390의 손해배상청구권을 행사했다.

- 甲의 예비적 청구에 대해 ㉠ 원심은 피대위권리인 §390 채권의 소멸시효는 丙·乙 간 매매계약의 중도금 지급일인 2013. 4. 1.부터 진행하는데, 甲의 이 사건 소 제기는 그로부터 5년의 상사시효기간 경과 후에 제기되었음을 이유로 甲의 청구를 기각했다. ㉡ 대법원은 심리미진을 이유로 원심을 파기했다. §390 채권의 소멸시효는 손해가 현실적·확정적으로 발생했을 때부터 진행하는데, 주위적 청구가 배척되고 예비적 청구가 문제되는 이 사건에서 소멸시효 중단효는 소 제기일이 아니라 예비적 청구원인을 주장한 날 발생하므로, 甲이 2013. 12. 1. 이후에 납입한 원리금 상당액에 대해서는 아직 소멸시효가 완성되지 않았다고 보았다.

대법원 2021. 11. 25. 선고 2020다294516 판결

- 이행인수계약의 불이행으로 인한 손해배상의 범위는 원칙적으로 채무자가 채무의 내용에 따른 이행을 하지 않음으로써 생긴 통상의 손해를 한도로 한다. 매수인이 인수하기로 한 근저당권의 피담보채무를 변제하지 않아 원리금이 늘어났다면 그 원리금이 매수인의 이행인수계약 불이행으로 인한 통상의 손해액이 된다.

- 소멸시효는 권리를 행사할 수 있는 때부터 진행한다. 채무불이행으로 채권자가 제3자에 대해 채무를 부담하게 된 경우 채권자가 채무자에게 제3자에 대한 채무액과 같은 금액을 손해배상금으로 청구하기 위해서는 채무의 부담이 사회통념에 비추어 객관적·합리적으로 판단할 때 현실적·확정적이어서 실제로 변제해야 할 성질의 것이어야 한다.

- 甲이 丙을 대위하여 행사하는 권리는 甲이 이자 등을 지급함으로써 발생한 丙의 乙에 대한 손해배상청구권이다. 乙이 중도금 지급기일에 인수의무를 이행하지 않았다는 사정만으로 곧바로 丙이 甲에게 손해배상채무를 부담하지는 않으므로 丙에게 손해가 현실적으로 발생하였다고 볼 수 없다. 甲이 이자 등을 지급한 때 丙에 대한 채무불이행으로 인한 손해배상청구권을 갖게 되고, 丙이 甲에게 이와 같은 손해

배상채무를 부담하면 乙의 <u>이행인수계약 불이행으로 인한 손해가 丙에게 현실적으로 발생하였고</u>, 이때 乙에게 손해배상청구권을 갖게 된다.

‣ 甲은 이 사건 소를 제기할 당시 乙·丙 간 매매계약이 제3자를 위한 계약임을 전제로 乙을 상대로 직접 손해배상청구를 하였다가 나중에 채권자대위에 기한 손해배상청구를 예비적으로 추가한 사실을 알 수 있다. 따라서 **예비적 손해배상청구에 대해서는 그 내용이 포함된 준비서면 등이 법원에 제출된 때에 비로소 시효중단의 효력이 생긴다**고 보아야 한다.

‣ 원심은 소외인에게 손해가 현실적으로 발생한 시점을 심리하여 예비적 손해배상청구가 제기된 때를 기준으로 소멸시효 완성 여부를 판단했어야 하는데도, 중도금 지급기일인 2013. 4. 20.부터 소멸시효가 진행하여 이 사건 소가 제기된 때를 기준으로 그 전에 소멸시효가 완성되었다고 단정했으니 판결에 영향을 미친 잘못이 있다.

2. 계약인수

가. 의미

• 계약인수는 계약 당사자라는 지위 자체의 이전을 법률효과로 하는 계약이라고 정의할 수 있다. 계약인수의 효과로서 ㉠ 계약으로부터 발생하는 채권·채무뿐 아니라 ㉡ 계약 당사자의 지위에서 가지는 해제권 등도 포함된 포괄적 권리·의무의 이전이 일어난다.

• 명문의 근거 규정은 없지만 사적 자치 원칙상 계약인수 계약도 당연히 인정될 수 있다(대법원 1996. 9. 24. 선고 96다25548 판결). 따라서 그 효과도 기본적으로 당사자들이 약정하는 바에 따른다.

계약당사자로서 지위 승계를 목적으로 하는 계약인수는 **계약으로부터 발생하는 채권·채무의 이전** 외 계약관계로부터 생기는 **해제권 등 포괄적 권리의무의 양도**를 포함하는 것으로서, 계약인수가 적법하게 이루어지면 양도인은 계약관계에서 탈퇴하게 되고, 계약인수 후에는 **양도인의 면책을 유보하였다는 등 특별한 사정**이 없는 한 잔류 당사자와 양도인 사이에는 계약관계가 존재하지 않게 되며 그에 따른 채권채무관계도 소멸한다. 이러한 계약인수가 이루어지면 그 계약관계에서 **이미 발생한 채권·채무도** 이를 **인수 대상에서 배제하기로 하는 특약이 있는 등 특별한 사정이 없는 한** 인수인에게 이전된다(대법원 2023. 9. 27. 선고 2018다260565 판결).

나. 요건

(1) 계약인수 자체의 요건: 불요식 계약

* 계약인수는 계약의 일종이므로 당사자에 해당하는 양도인·양수인·상대방 전원의 의사합치가 필요하다.
* 계약인수는 불요식 계약이므로 묵시적 의사표시로도 할 수 있다. 따라서 당사자들 간의 의사 합치가 동시에 이뤄질 필요는 없고 일부 당사자들 간의 계약이 성립한 후 나머지 당사자가 동의·승낙하는 등의 순차적 의사 합치 방식으로도 성립할 수 있다.
* 다만 계약인수는 포괄적 권리·의무의 이전이라는 중대한 법률효과를 발생시키는 법률행위이므로 묵시적 의사표시에 의한 계약인수 계약 성립을 인정하려면 신중하게 판단해야 한다.

> 계약인수는 3면 계약으로 이루어지는 것이 보통이나 관계 당사자 중 2인이 합의하고 나머지 당사자가 이를 동의 내지 승낙하는 방법으로도 가능하고, 나머지 당사자의 동의 내지 승낙이 반드시 명시적 의사표시에 의하여야 하는 것은 아니며 묵시적 의사표시에 의하여서도 가능하다. 이러한 계약인수 여부가 다투어지는 경우에는, 그것이 계약 주체의 변동을 초래하는 등 당사자 사이의 법률상 지위에 중대한 영향을 미치는 법률행위인 점을 고려하여 당사자가 그 거래행위에 의하여 달성하려는 목적, 거래관행 등에 비추어 신중하게 판단하여야 한다(대법원 2023. 3. 30. 선고 2022다296165 판결).

(2) 인수 대상 지위에 수반되는 권리 이전 요건 충족의 필요성

A. 개관

* 계약인수는 법률행위에 의한 권리변동이므로, 계약 당사자 지위 이전에 수반하는 권리·의무의 이전을 위한 별도의 요건이 있으면 이 요건도 갖춰져야 한다.
✓ 포괄승계 자체만을 근거로 §187가 적용되는 것은 아니기 때문이다. 상속의 경우 포괄승계이기 때문이 아니라 당연승계이기 때문에 §187가 적용되는 것이다.

B. 인수될 지위에 수반한 물권의 양도

✓ 계약인수에 따른 물권 변동에 대해서는 성립요건주의가 적용되므로(§186) 인수인 명의 부기등기가 마쳐져야 한다.

C. 인수될 지위에서 비롯되는 채권·채무가 이전하는 경우

(a) §450·§454의 요건은 적용되지 않음

- 당사자들 사이에서는 별도의 대항요건이 필요 없다.
- 채권양도이든 채무인수이든 '상대방'에 해당하는 당사자는 계약인수 계약의 당사자이므로, 계약인수 계약에 §450·§454의 승낙이 포함된 것으로 볼 수 있기 때문이다.

대법원 2020. 12. 10. 선고 2020다245958 판결
- 계약인수가 이루어지면 계약관계에서 <u>이미 발생한 채권·채무도 이를 인수 대상에서 배제하기로 하는 특약이 있는 등 특별한 사정이 없는 한 인수인에게 이전된다.</u> 계약인수는 개별 채권·채무의 이전을 목적으로 하는 것이 아니라 <u>다수의 채권·채무를 포함한 계약당사자로서의 지위의 포괄적 이전을 목적으로 하는 것으로서 계약당사자 **3인의 관여에 의해 비로소 효력을 발생**</u>하는 반면, 개별 채권의 양도는 채권양도인과 양수인 2인만의 관여로 성립하고 효력을 발생하는 등 양자가 법적인 성질과 요건을 달리하므로, **채무자 보호를 위해 개별 채권양도에서 요구되는 대항요건은 계약인수에서는 별도로 요구되지 않는다.** 그리고 이러한 법리는 상법상 **영업양도에 수반된 계약인수에 대해서도 마찬가지로 적용**된다.
- 甲의 사업을 乙이 인수하면서, 근로자들의 고용승계를 위해 동일한 근로조건으로 근로계약을 체결하면서 종전 근로기간으로 소급하여 작성하는 등의 방법으로 근로계약의 인수를 승낙한 경우, 피용자의 공금횡령으로 인해 양도인이 피용자에게 가지게 된 손해배상청구권도 양수인에게 귀속된다.

(b) 제3자에 대한 대항요건은 필요함

- 이에 비해 계약인수에 의한 채권 이전을 전부채권자 등의 제3자에게 주장하려면, §450에 의해 확정일자 있는 통지·승낙이 필요하므로 계약인수 계약서에 확정일자가 있어야 한다.
- 예컨대 임대차계약상 임차인 지위에 대한 포괄적 양도 계약이 임대인 甲·임차인 乙·인수인 丙 사이에 체결되었는데, 乙에 대한 채권자 丁이 乙의 甲에 대한 보증금반환채권을 압류한 경우, 丙이 보증금반환채권을 행사하려면 압류명령 송달 전에 ㉠ 확정일자 있는 증서에 의해 보증금반환채권 양도의 대항요건이 갖춰졌거나, ㉡ 계약인수 자체가 확정일자 있는 계약서에 의해 이루어졌어야 한다.

대법원 2017. 1. 25. 선고 2014다52933 판결

‣ 채권양도에서 제3자에 대한 대항요건으로 확정일자에 의한 통지·승낙이 필요하다는 법리는 임대차계약상의 지위를 양도하는 등 <u>임대차계약상의 권리의무를 포괄적으로 양도하는 경우에 그 권리의무의 내용을 이루고 있는 임대차보증금 반환채권의 양도 부분에 관하여도 마찬가지로 적용</u>된다.

‣ 따라서 위 경우에 기존 임차인과 새로운 임차인 및 임대인 사이에 임대차계약상의 지위 양도 등 그 <u>권리의무의 포괄적 양도에 관한 계약이 확정일자 있는 증서에 의하여 체결</u>되거나, 임대차보증금 반환채권의 양도에 대한 통지·승낙이 확정일자 있는 증서에 의하여 이루어지는 등의 절차를 거치지 아니하는 한, 기존의 임대차계약에 따른 임대차보증금 반환채권에 대하여 채권(가)압류명령을 받은 채권자 등 그 임대차보증금 반환채권에 관하여 양수인의 지위와 <u>양립할 수 없는 법률상의 지위를 취득한 제3자</u>에 대하여는 임대차계약상의 지위 양도 등 그 권리의무의 포괄적 양도에 포함된 임대차보증금 반환채권의 양도로써 대항할 수 없다.

D. 비교: §750

• 계약인수에 의한 채권·채무의 양도는 계약상의 지위에 수반하여 일어나는 것이다. 따라서 계약에 의한 채권·채무 이외의 권리·의무는 계약인수의 효과인 계약상 지위 이전에 수반하여 이전되지 않으므로, 별도로 §450의 채권양도 요건을 갖춰야만 인수인에게 귀속된다.

• 예컨대 사기분양 사안에서 수분양자의 지위가 양도되더라도, 양수인이 사기분양으로 인한 §750 손해배상채권을 행사하려면 채무자인 분양자에 대해 §450의 대항요건을 갖춰야 한다.

대법원 2019. 4. 23. 선고 2015다28968 판결

‣ 표시광고법상 허위·과장광고로 인한 손해배상청구권은 불법행위에 기한 손해배상청구권의 성격을 가진다고 할 것인데, 계약상 지위의 양도에 의하여 계약당사자로서의 지위가 제3자에게 이전되는 경우 <u>계약상의 지위를 전제로 한 권리관계만이 이전될 뿐 불법행위에 기한 손해배상청구권은 별도의 채권양도절차 없이 제3자에게 당연히 이전되는 것이 아니다.</u>

‣ 따라서 손해배상청구권을 가지고 있던 아파트 수분양자가 <u>수분양자의 지위를 제3자에게 양도하였다는 사정만으로 그 양수인이 당연히 위 손해배상청구권을 행사할</u>

수 있다고 볼 수는 없고 허위·과장광고로 높아진 가격에 수분양자 지위를 양수하는 등으로 양수인이 수분양자 지위를 양도받으면서 허위·과장광고로 인한 손해를 입었다는 등의 특별한 사정이 있는 경우에만 양수인이 그 손해배상청구권을 행사할 수 있다.

다. 효과

(1) 개관: 계약상 지위와 이에 수반된 포괄적 권리의무의 이전

A. 면책적 계약인수 원칙

- 계약인수는 양도인이 계약관계에서 탈퇴하는 면책적 계약인수임이 원칙이다. 채무인수와는 달리 상대방의 승낙이 이루어지기 때문이다. 다만 당사자들이 병존적 계약인수의 취지로 약정했다는 특별한 사정이 인정되면, 양도인·양수인에게 계약상 지위가 중첩될 수도 있다(2018다260565, 483면).
- 사례: 甲·乙 간 계약인수에 따라 甲소유 X부동산에 대한 소유권이전등기와 X부동산에 설정된 丙명의 저당권의 채무자 명의 변경등기가 모두 마쳐졌으면 면책적 계약인수가 이루어진 것이므로, 甲에 대한 채권자가 채권자대위권·채권자취소권을 행사하려 하는 경우 甲의 무자력 여부를 판단할 때 X부동산을 적극재산에 포함시키면 안 됨은 물론 丙에 대한 피담보채무액도 소극재산에 포함시키면 안 된다(대법원 2023. 9. 27. 선고 2018다260565 판결).

B. 이전되는 권리·의무의 동일성 유지

- 채권양도·채무인수의 경우와는 달리 계약의 효과인 채권·채무뿐 아니라, 계약 자체에 영향을 미치는 형성권(취소권·해제권 등)도 이전된다(대법원 2020. 12. 10. 선고 2020다245958 판결).
- 집행채무자로서의 지위도 양수인이 승계한다. 예컨대 甲에 대한 채권자 A가 甲의 丙에 대한 채권에 대한 압류·추심명령을 받은 상태에서, 甲·乙 간 계약인수로 甲의 계약상 지위를 乙이 양수한 경우, A는 乙을 집행채무자로 삼아 丙에게 압류·추심명령에 근거한 권리를 행사할 수 있다. 乙은 압류로 인해 권리가 제한된 상태인 채권을 인수하기 때문이다. 한편 丙에게도 이러한 효과가 미치므로 丙은 면책적 계약인수로 인해 甲의 丙에 대한 채권이 소멸했다고 주장하여 A에게 대항할 수 없다(대법원 2015. 5. 14. 선고 2012다41359 판결).

C. 소급효 원칙

• 계약인수의 효과는 소급적이다. 즉 이미 발생한 권리·의무도 양수인에게 귀속된다.

• 다만 사적 자치 원칙에 비추어 당사자들이 장래효만 인정하기로 약정한 경우에는 계약인수 이후에 발생한 권리·의무만 양수인이 승계하게 된다.

> 계약인수가 이루어지면 그 계약관계에서 **이미 발생한 채권·채무도** 이를 **인수 대상에서 배제하기로 하는 특약이 있는 등 특별한 사정이 없는 한** 인수인에게 이전된다(대법원 2023. 9. 27. 선고 2018다260565 판결).

D. 제3자 보호조항의 적용 배제

• 계약양수인은 원래의 계약의 당사자이므로 원래의 계약상의 권리를 기초로 하여 새로운 이해관계를 가진 사람이 아니다. 따라서 §108 등에서 보호되는 제3자에 해당하지 않는다.

> 계약이전은 금융거래에서 발생한 계약상의 지위가 이전되는 사법상의 법률효과를 가져오는 것이므로 계약이전을 받은 금융기관은 계약이전을 요구받은 금융기관과 대출채무자 사이의 **통정허위표시에 따라 형성된 법률관계를 기초로 하여 새로운 법률상 이해관계를 가지게 된 제108조 제2항의 제3자에 해당하지 않는다**(대법원 2004. 1. 15. 선고 2002다31537 판결).

(2) 사례: 계약인수와 임차권양도

A. 사안의 개요

• 丙은 乙에게 시설공사를 도급주었고, 乙은 丁에게 철근·콘크리트 공사를 하도급주었다. 丁은 甲으로부터 공사 현장에 설치하는 자재인 X동산을 임차했는데 이 자재들은 품목·수량으로 특정이 가능한 종류물이다. 丁이 무단으로 공사를 중단하자 乙이 현장을 인수하여 나머지 공사를 시공했는데 X동산은 乙의 다른 공사현장으로 분산되어 특정하기 힘든 상태가 되었다.

• 甲은 ㉠ 乙이 계약인수에 의해 X동산 임대차계약상 임차인 지위를 丁으로부터 승계했음을 전제로 乙에게 X동산 임대차계약에 따른 미납 차임의 지급과 임대차 종료로 인한 X동산의 반환을 청구했고 ㉡ 설령 계약인수가 인정되지 않더라도 乙은 X동산의 무단 사용으로 인한 차임 상당 부당이득을 甲에게 반환할 의무가

있다고 주장한다.

B. 쟁점과 판단

(a) 乙의 법적 지위에 대한 판단

- 계약인수는 인수 당사자간 합의 후 상대방의 동의를 받는 방식으로 순차적으로도 이루어질 수 있고 묵시적으로도 이루어질 수 있다. 그러나 계약인수는 중대한 법률효과를 발생시키는 계약이므로 묵시적 계약인수의 인정 여부는 신중하게 판단해야 한다.

- 이 사건의 경우 묵시적 계약인수가 인정될 수 없고, 乙·丁 간 X동산 임차권 양도 계약만 인정될 수 있다.

(b) 甲의 원물반환 청구에 대한 판단(㉠에 대한 판단)

- X동산은 대체물이고, 품목·수량을 특정하여 임대차의 목적물이 되었으므로, 원래의 임차물이 공사 현장 아닌 곳으로 이전되어 소재를 파악하기 어려운 상태이더라도 원물반환이 가능하다. 이때 丁·乙의 X동산 반환의무는 부진정연대채무라고 볼 수 있다(사견).

(c) 甲의 차임 또는 차임상당 부당이득 반환청구에 대한 판단(㉡에 대한 판단)

- 임대인의 동의 없는 임차권 양도의 경우에도 임대인이 원래의 임대차를 해지하지 않아서 임대차가 존속하는 한 임대인은 임차인에게 차임지급을 청구할 수 있을 뿐이고 임차물을 점유·사용하는 자에게 §750이나 §741 청구를 할 수는 없다.

- 그러나 임대차가 종료하면 임대인은 ⓐ 임차인에게 임대차 계약에 기한 원물반환 청구권과 §741 청구권을 행사할 수 있으며 ⓑ 무단점유자에게도 §741·§750 청구권을 행사할 수 있다. ㉡ 이 경우 임차인과 임차물 점유자는 공동으로 부당이득을 누리는 자이므로 불가분채무라고 볼 수 있다(2000다13948, 333면).

- 사안의 경우 甲·丁 간 임대차가 종료했으므로 甲은 乙에게 §741의 침해부당이득을 근거로 X동산의 원물반환과 그 차임상당액의 지급을 청구할 수 있고, §750의 손해배상청구를 할 수도 있다. 乙은 X동산을 점유·사용할 권원이 없기 때문이다. 甲이 丁에게 임대차계약상의 임차물 반환채무 위반을 이유로 이에 대한 §390책임을 물을 수 있더라도 마찬가지이다.

대법원 2023. 3. 30. 선고 2022다296165 판결

‣ 乙·丁 간 양도양수 합의에서 丁으로부터 甲의 가설자재 등에 관한 권리를 乙이 양수하였다고 하더라도, 임대인인 甲의 동의가 없는 이상 乙은 그 합의로써 甲에게 대항할 수 없다.

‣ 임차인이 **임대인의 동의를 받지 않고 제3자에게 임차권을 양도하거나 전대**하는 등의 방법으로 임차물을 사용·수익하게 하더라도, 임대인이 이를 이유로 임대차계약을 해지하거나 그 밖의 다른 사유로 임대차계약이 적법하게 종료되지 않는 한 임대인은 임차인에 대하여 여전히 차임청구권을 가지므로, <u>임대차계약이 존속하는 한도 내에서는</u> 제3자에게 불법점유를 이유로 한 차임 상당 손해배상청구나 부당이득반환청구를 할 수 없다. 그러나 **임대차계약이 종료된 이후에는** 임차물 소유자인 임대인은 제3자에게 위와 같은 손해배상청구나 부당이득반환청구를 할 수 있다.

‣ 이 사건 가설자재는 일정한 재질, 규격을 갖추고 건설현장에서 사용되는 것으로 <u>개성이 중시되는 물건이 아니라 종류물 내지 대체물로 볼 수 있고, 그 **품목에 따라 규격과 수량으로 특정**이</u> 가능하다.

‣ 甲·丁 간 임대차계약은 2017. 9.말경 합의 해지되어 종료되었는바, 앞서 본 법리에 비추어 보면 <u>甲은 임차물인 가설자재의 소유자로서 乙을 상대로 부당이득반환청구를 할 수 있다.</u> 甲이 가설자재의 미반환과 관련하여 丁을 상대로 이 사건 임대차계약 종료로 인한 원상회복 및 손해배상청구 등을 할 수 있다고 하더라도, <u>丁의 채무와 乙의 채무는 동일한 경제적 목적을 가지고 있고 서로 중첩되는 부분에 관하여</u> 일방의 채무가 변제 등으로 소멸할 경우 타방의 채무도 소멸하는 관계에 있다고 볼 수 있을지언정, 甲이 실제로 채권의 만족을 얻지 못한 이상 甲의 乙에 대한 <u>부당이득반환청구권 행사가 허용되지 않는다고 보기 어렵다.</u>

9 장

채권의 소멸1: 변제

민법강의: 채권총론

9장

채권의 소멸1: 변제

I 변제의 상대방

1. 개관

가. 변제수령권자

- 채무자가 채무에 좇은 이행을 한 것으로 인정되려면 채무자가 급부의 내용대로 행위한 것만으로는 부족하고 그 행위의 상대방이 변제수령권자에 해당해야 한다. 변제수령권자의 예로는 채권자, 수령보조자(§391), 채권자의 대리인 등을 들 수 있다.

- 변제수령권자가 변제를 수령하면 유효한 변제로 인정되므로 채무자의 선의·무과실 여부는 따질 필요도 없다.

  채무자가 채권의 준점유자에 대한 변제를 가리기 위해서는, 먼저 그 변제를 받은 자가 변제를 수령할 권한이 없는 자임이 전제가 되어야 하고, 만약 <u>변제수령의 권한이 인정되면 채권의 준점유자에 대한 변제의 법리를 적용할 필요 없이 채무자가 변제수령권 인정여부를 제대로 확인하지 않았더라도 그에 대한 변제는 유효하다</u>(대법원 2012. 6. 14. 선고 2010다29034 판결).

나. 변제수령권자 아닌 자에 대한 급부의 효과

(1) 원칙

- 급부의 상대방이 변제수령권자가 아니면 채무의 내용에 좇은 이행이 아니므로 변제로 인정되지 않으며 채권·채무가 그대로 유지된다. ㉠ 채권자가 채무자에게 이행을 청구하면 채무자는 거듭 변제해야 하고 무권수령자에게 §741 청구를 할

수 있을 뿐이다. ⓛ 채권자는 권한 없이 채무자로부터 급부를 수령한 무권수령자에게 §741·§750 청구를 할 수 없다. 채권이 그대로 유지되므로 무권수령자의 변제수령으로 인해 손해를 입지 않았기 때문이다.

채무자가 착오 등으로 정당한 **채권자가 아닌 자에게 변제**를 하였다면, 이는 <u>제470조에 따른 채권의 준점유자에 대한 변제 등 특별한 사정이 인정되지 않는 이상 유효한 변제로 볼 수 없고</u>, 정당한 채권자는 위와 같은 변제행위에도 불구하고 **여전히 채무자에 대하여 채권을 행사할 수 있어서 어떠한 손해를 입었다고 할 수 없**으므로 변제를 <u>수령한 자가 정당한 채권자에게 변제수령액을 부당이득으로 반환할 의무를 부담한다고 볼 수 없다</u>(대법원 2016. 4. 15. 선고 2015다247509 판결).

(2) 예외

- 채무자가 급부와 동일한 내용의 행위를 한 상대방이 변제수령권자가 아니더라도 이러한 행위가 변제로 인정되어 채무가 소멸하는 경우가 있다.
- 예컨대 ㉠ 선의·무과실 채무자 보호를 위한 특칙 규정에 의해 변제의 효력이 인정될 수 있고(§470, §471), ㉡ 채무자가 변제수령권자 아닌 자에게 한 급부가 채권자의 이익으로 귀속된 경우 공평원칙상 변제의 효력이 인정된다(§472). ㉢ 나아가 판례는 채무자가 무권수령자에게 한 급부를 채권자가 추인하면 유효한 변제로 인정된다고 본다(§472의 적용 또는 유추 적용, 498면).

2. 채무자 보호를 위한 특칙

가. 선의·무과실 채무자 보호를 위한 특칙: 채권의 준점유자에 대한 변제

(1) 개관

제470조(채권의 준점유자에 대한 변제) 채권의 준점유자에 대한 변제는 변제자가 선의이며 과실없는 때에 한하여 효력이 있다.

제471조(영수증소지자에 대한 변제) 영수증을 소지한 자에 대한 변제는 그 소지자가 변제를 받을 권한이 없는 경우에도 효력이 있다. 그러나 변제자가 그 권한 없음을 알았거나 알 수 있었을 경우에는 그러하지 아니하다.

- 무권수령자가 채무자로부터 급부를 받은 경우, 무권수령자가 채권의 준점유자에 해당하고 급부를 수령하는 자가 무권수령자라는 사실에 대한 채무자의 선의·무

과실이 인정되면, 무권수령자에 대한 급부가 유효한 변제로 인정된다(§470).

- 무권수령자가 변제수령 권한을 증명하는 증서인 영수증을 소지한 경우에는 채무자의 선의·무과실이 추정된다(§471). §471는 §470에 대한 특칙이므로 무권수령자가 소지한 영수증이 진정한 영수증이 아니어서 §471가 적용될 수는 없더라도 §470는 적용될 수 있다.

(2) §470의 요건

A. 채권의 준점유자의 의미

- 채권을 사실상 행사하거나(§210), 거래 관념상 채권을 행사할 정당한 권한을 가진 것으로 믿을 만한 외관을 갖춘 자를 뜻한다.
- 변제수령권의 외관만 갖추면 되므로 수령자가 채권자를 자칭한 경우는 물론 채권자의 대리인이라고 자칭한 경우에도 §470의 준점유자로 인정될 수 있다.

> 채권의 준점유자는 변제자의 입장에서 볼 때 일반의 **거래관념상 채권을 행사할 정당한 권한을 가진 것으로 믿을 만한 외관**을 가지는 사람이므로, 준점유자가 스스로 채권자라고 하여 채권을 행사하는 경우뿐만 아니라 **채권자의 대리인**이라고 하면서 채권을 행사하는 때에도 채권의 준점유자에 해당한다(대법원 2021. 1. 14. 선고 2018다286888 판결).

B. 사례

(a) 금융기관이 예금채권자 아닌 자에게 예금을 지급한 경우

- 예금채무자인 은행이 예금주 아닌 자에게 예금을 지급한 경우, 유효한 변제로 인정되려면 ㉠ 수령자가 예금주로부터 추심 권한을 위임받았다는 사실이 증명되거나, ㉡ 수령자에게 준점유자의 요건이 갖춰졌어야 한다. ㉡의 예로서 수령자가 예금채권에 대한 변제수령 권한의 외관에 해당하는 서류나 정보, 즉 예금통장·비밀번호·인감 등을 제시한 경우를 들 수 있다.
- 이에 비해 예금명의인 아닌 자가 입금행위를 했다는 사실은 변제수령 권한의 외관이라고 볼 수 없다(대법원 2006. 12. 21. 선고 2004다41194 판결).

(b) 채권가압류 취소판결 후 그 송달 전에 제3채무자가 집행채무자에게 변제한 경우

- 채권가압류 취소판결 후 그 취지가 제3채무자에게 송달되지 않은 경우, 아직 집

행 취소 절차가 마쳐지지 않았으므로 채권가압류 집행에 따른 처분금지효가 유지된다.

- 이 상태에서 제3채무자가 집행채무자에게 변제하면 §470에 의해 유효한 변제로 인정될 수 있다. 가압류 취소판결이 선고되면 송달에 의해 그 효력이 발생하기 전이더라도 집행채무자에게 변제수령권자로서의 외관이 부여되었다고 볼 수 있기 때문이다.

가압류의 취소를 명하는 가집행선고부 판결이 있다고 하더라도, 채무자의 가압류의 집행취소를 신청하여, 집행법원이 이에 따른 <u>가압류의 집행취소절차(제3채무자에게 가압류집행취소통지서를 송달)</u>를 마치지 않은 이상 가압류 집행의 효력은 여전히 유지되는 것이므로 제3채무자가 집행채무자에게 가압류된 채권을 지급한 것을 유효한 변제로 볼 수 없으나, 가압류로 인해 채권의 처분행위에 제한을 받다가 **가압류를 취소하는 가집행선고부 판결을 선고받아 다시 채권을 제한 없이 행사할 수 있을 듯한 외관**을 가지게 된 채권자(집행채무자) 또한 <u>채권의 준점유자</u>로 볼 수 있다(대법원 2003. 7. 22. 선고 2003다24598 판결).

C. 채무자의 선의·무과실

- 의미: 급부 수령자에게 변제수령권이 있음을 과실 없이 적극적으로 믿었어야 하고, 단순히 급부 수령자에게 변제수령권이 없음을 몰랐던 것만으로는 부족하다(대법원 2021. 1. 14. 선고 2018다286888 판결).
- 판단기준시: 급부 당시를 기준으로 판단하는 것이 원칙이다. 다만 전자금융거래의 경우 전자금융거래 개시를 위한 등록 시점은 물론 그 후에도 주의의무가 유지된다.

은행으로서는 **피씨뱅킹 신청을 받아 이를 등록함에 있어 거래처가 통장으로 예금을 찾을 때 예금지급을 위하여 요구되는 주의의무**(예금거래기본약관에 의하면, 은행은 예금지급청구서 등에 찍힌 인영(또는 서명)을 신고한 인감(또는 서명감)과 주의 깊게 비교·대조하여 틀림없는지와 예금지급청구서 등에 적힌 비밀번호가 신고한 것과 동일한지를 확인하여야 한다)와 동일한 정도로 주의를 기울여 위 업무를 처리하여야 할 것이고, **등록 이후**에도 <u>비밀번호 등이 누설되어 예금의 인출이 되지 않도록 주의하여야 할 의무</u>가 있다고 할 것이다(대법원 2006. 12. 21. 선고 2004다41194 판결).

- 사례: 금융기관이 예금을 지급하는 경우, 인감 대조와 비밀번호 확인이라는 통상적 조사만으로 무과실이 인정될 수 있다. 즉 변제수령자의 권한을 의심할 만한 특별한 사정이 없는 한 예금주에게 연락하여 본인의 의사를 확인하는 등의 추가 조사를 할 의무는 인정되지 않는다(대법원 2013. 1. 24. 선고 2012다91224 판결).

(3) §470 적용의 효과

- 준점유자에 대한 급부는 유효한 변제로 인정되므로 채권자는 채무자에게 더 이상 채권을 행사할 수 없다.
- 채권자는 급부수령자에게 §741 청구를 할 수 있으며, 급부수령자의 귀책사유가 인정되면 제3자의 채권침해를 이유로 §750 청구도 할 수 있다.

나. 채권자가 사실상 이익을 얻은 경우

> 제472조(권한 없는 자에 대한 변제) 전2조의 경우 외에 변제받을 권한 없는 자에 대한 변제는 채권자가 이익을 받은 한도에서 효력이 있다.

(1) 개관

A. 취지: 불필요한 연쇄적 §741 관계의 발생 방지

- §472는 부당이득 반환관계의 연쇄적 발생을 방지하는 기능을 수행한다(대법원 2021. 3. 11. 선고 2017다278729 판결).
- 예컨대 甲에게 100만원의 채무를 부담한 乙이 무권수령자 丙에게 100만원을 지급하고 丙이 이 돈으로 甲의 丙에 대한 채무 변제에 충당한 경우, §472가 없으면 甲의 丙에 대한 채무가 그대로 유지되며, 丙은 乙에게 100만원의 부당이득반환 반환을 하고, 乙은 甲에게, 甲은 丙에게 각각 100만원의 채무를 다시 변제해야 한다.

B. 두 가지 유형

- 판례는 변제수령권자 아닌 자에 대한 급부 사안에서, ㉠ 채권자가 이익을 얻은 경우뿐 아니라 ㉡ 채권자가 무권수령자에 대한 변제를 추인한 경우도 유효한 변제가 이루어진 것으로 인정한다. 이러한 추인은 묵시적으로도 할 수 있는데, 채권자가 무권수령자에게 §741 청구를 하면 채무자의 변제를 추인한 것으로 인정된다(대법원 2023. 12. 14. 선고 2023다272234 판결).
- 실익: ㉠의 경우 채무 소멸은 §472의 문리해석을 근거로 인정되고, 급부 수령자가

받은 이익이 채권자에게 귀속되었으므로 부당이득 반환은 문제되지 않는다. 이에 비해 ㉡의 경우 채무 소멸은 '채권자의 이익이라고 볼 수 있는 실질적 관련성'을 근거로 인정되며, 무권수령자가 받은 이익이 채권자에게 귀속되지 않은 상태에서 유효한 변제로 인정되기 때문에 채권자는 일단 추인하여 채무자를 면책시키고 그 대신 무권수령자에게 §741 청구를 할 수 있다(2015다71856, 498면).

(2) 무권수령자가 수령한 이득이 실질적으로 채권자에게 귀속된 경우

A. 의미

- 무권수령자 丙이 甲에 대한 금전채무자 乙로부터 지급받은 돈을, ㉠ 乙의 채무 변제를 위해 甲에게 전달하거나 ㉡ 甲의 丙에 대한 채무 변제에 사용한 경우는 물론, ㉢ 丙이 甲의 丁에 대한 채무를 甲을 대신하여 변제한 경우에도 甲은 실질적 이익을 얻는다.
- 위 ㉠의 경우 甲은 乙이 丙에게 지급한 돈을 丙으로부터 전달받았고, 위 ㉡, ㉢의 경우 甲 자신의 채무가 소멸하기 때문이다.

B. 비교: §472가 적용될 수 없는 경우

- 위의 예에서 무권수령자 丙이 乙로부터 받은 돈을 자신이 甲에게 부담한 채무의 이행을 위해 급부한 경우, 甲으로서는 '丙에 대한 채권'이 '丙으로부터 지급받은 돈'으로 바뀐 것에 불과하고 실질적으로 이익이 추가된 것은 아니다. 따라서 甲의 乙에 대한 원래의 채권은 그대로 유지된다.
- 丙이 乙로부터 지급받은 돈을 戊의 甲에 대한 채무 변제에 사용한 경우에도 마찬가지로 乙에 대한 甲의 채권이 그대로 유지된다.

> **대법원 2021. 3. 11. 선고 2017다278729 판결**
> - 제472조에서 채권자가 이익을 받은 경우란, 변제수령자가 <u>채권자에게 변제로 받은 급부를 전달한 경우</u>는 물론이고, 변제수령자가 변제로 받은 급부를 가지고 **채권자가 수령자에게 부담한 채무의 변제**에 충당하거나 **채권자의 제3자에 대한 채무를 대신 변제**함으로써 채권자의 기존 채무를 소멸시키는 등 채권자에게 실질적인 이익이 생긴 경우를 포함한다.
> - 이에 비해 변제수령자가 변제로 받은 급부를 가지고 **자신이나 제3자의 채권자에 대한 채무를 변제함으로써 채권자의 기존 채권을 소멸시킨 경우**에는, 채권자에게 실질적인 이익이 생겼다고 할 수 없으므로 제472조에 의한 변제의 효력을 인정할 수 없다.

(3) 채권자가 무권수령자의 변제 수령을 추인한 경우

A. 사안의 개요

* A는 B에 대한 금전채권자인데 A는 이 채권을 乙에게 양도한 후 거듭 이 채권에 대해 甲명의 동산채권담보법상 담보권을 설정했다.
* 乙에 대한 채권양도 통지가 B에게 도달하자 B는 乙에게 변제했는데, 그 후 甲에 대한 채권담보권설정 통지가 B에게 도달했다.

B. 쟁점과 판단

* 채권담보권 설정과 §450의 채권양도가 경합하면, 채무자는 채권담보권자에게 변제해야 하고 채권양수인에게 한 변제로 채권담보권자에게 대항할 수 없다. 따라서 乙은 무권수령자이고 B는 §470·§471의 요건을 증명하지 못하면 甲에게 대항할 수 없다. ⓛ 그러나 甲은 B의 乙에 대한 변제를 추인하여 유효로 만들 수 있고 그 대신 乙에게 §741 채권을 행사할 수 있다.

✓ 무권수령자가 채무자보다 자력이 좋으면 채권자로서는 채무자에게 거듭 급부 이행을 청구하는 것보다 무권수령자에게 §741 청구를 하는 것이 더 유리하다.

> **대법원 2016. 7. 14. 선고 2015다71856 판결**
> ‣ 제450조의 채권양도 통지 후 동산채권담보법 제35조 제2항에 따른 담보권설정의 통지가 제3채무자에게 도달한 경우 그 통지가 채권양도의 통지보다 늦게 제3채무자에게 도달하였더라도, **채권양수인에게 우선하는 채권담보권자**가 제3채무자에 대한 대항요건까지 갖추었으므로 제3채무자로서는 채권담보권자에게 채무를 변제하여야 하고, 채권양수인에게 변제하였다면 특별한 사정이 없는 한 이로써 채권담보권자에게 대항할 수 없다.
> ‣ 제472조에서 말하는 '채권자가 이익을 받은' 경우에는, 변제의 **수령자가 진정한 채권자에게 채무자의 변제로 받은 급부를 전달**한 경우는 물론이고, 그렇지 않더라도 **무권한자의 변제수령을 채권자가 사후에 추인**한 때와 같이 무권한자의 변제수령을 채권자의 **이익**으로 돌릴 만한 실질적 관련성이 인정되는 경우도 포함된다. 그리고 이와 같이 **무권한자의 변제수령을 채권자가 추인한 경우에 채권자는 무권한자에게 부당이득으로서 그 변제받은 것의 반환을 청구**할 수 있다.

1. 개관

가. 변제충당의 의미

(1) 실체법적 의미

• 동일한 채권자와 채무자 간에 여러 개의 채무가 있으며 그 급부의 내용이 같은 종류의 행위인 경우에, 채무자가 이들 모두를 만족시키기에 부족한 급부를 하면 이러한 급부로 어떤 채무부터 소멸시킬 것인지가 문제된다. 이때 특정 채무를 먼저 소멸시키는 것을 충당이라고 한다.

• 하나의 채무의 일부에 대해서만 급부가 이루어지는 경우, 채권자는 일부 변제를 수령할 의무를 지지는 않으므로 일부 변제의 수령을 거절하고 법정해제권을 행사하는 것을 선택할 수도 있다. 즉 채권자가 일부 변제를 수령해야 비로소 변제충당이 문제된다.

(2) 절차법적 의미

A. 개관

• 변제충당은 채무자의 변제항변에 대한 채권자의 재항변으로 기능한다.

• 즉 채무자의 변제항변에 대해, 채권자는 변제충당의 법리에 따라 우선 충당되어야 하는 다른 채권의 존재와 채무자의 급부가 그 채권에 우선 충당되기 위한 요건을 주장·증명함으로써 채무자의 변제항변 대상인 채권의 존속을 주장할 수 있다 (대법원 2014. 1. 23. 선고 2011다108095 판결).

B. 주장·증명할 내용

• 변제충당 방법: ㉠ 채권자가 다른 채권의 존재에 대해서만 주장·증명하면 §477 4호, §479에 따라 충당되는 것이 원칙이다. 따라서 채권자이든 채무자이든 안분배당보다 자신에게 더 유리한 충당 방법을 주장하려면 그 요건을 주장·증명할 책임을 진다. ㉡ 예컨대 채권자가 다른 채권에 전액 충당되었다고 주장하거나 채무자가 문제된 채권에 전액 충당되었다고 주장하려면, 그 근거가 될 수 있는 합의충당, 지정충당, 또는 §477 1호~3호의 요건이 충족되었음을 주장·증명해야 한다.

안분비례에 의한 법정변제충당과는 달리, 그 법정변제충당에 의하여 부여되는 법률효과 이상으로 자신에게 유리한 변제충당의 지정 또는 변제충당의 합의가 있다거나 당해 채무가 법정변제충당에서 우선순위에 있으므로 당해 채무에 변제충당되었다고 주장하는 자는 그 사실을 주장·증명할 책임을 부담하고, 이 사실을 주장하는 자가 그 **증명을 다하지 못하였다면 당연히 각 채무액에 안분비례하여 법정충당**이 행하여지는 것이다(대법원 2021. 10. 28. 선고 2021다247937 판결).

- 법정충당의 경우, 충당 순위를 결정하는 요소들인 이행기·변제이익 등은 당사자가 주장·증명해야 하지만, §477 각호의 적용 순서는 법원이 직권 판단해야 하는 법률문제로서 자백의 대상이 될 수 없다(대법원 1998. 7. 10. 선고 98다6763 판결).

나. 적용범위

(1) 개관

- 변제충당 방법에 관한 법리는 하나의 채무를 구성하는 여러 개의 동종 급부에 대해서도 준용된다.

> 제478조(부족변제의 충당) 1개의 채무에 수개의 급여를 요할 경우에 변제자가 그 채무전부를 소멸하게 하지 못한 급여를 한 때에는 전2조의 규정을 준용한다.

- 변제뿐 아니라 상계·공탁 등의 다른 채무 소멸 사유들에 대해서도 준용된다(대법원 2015. 6. 11. 선고 2012다10386 판결).

> 제499조(준용규정) 제476조 내지 제479조의 규정은 **상계에 준용**한다.

(2) 사례: 담보물권의 피담보채무들 사이의 변제충당

A. 동일한 담보물에 대해 순위를 달리하는 담보물권들이 설정된 경우

- 동일한 당사자들 간의 동일한 거래관계로 발생한 여러 채무를 담보하기 위해 동일한 부동산에 순위를 달리하는 여러 개의 근저당권이 설정된 상태에서 그 부동산에 대한 경매·배당이 이루어지면 변제충당이 적용된다. 동일한 거래관계로부터 발생하는 채무 전부를 각 채권최고액의 합산액 한도 내에서 담보하는 것이기 때문이다.
- 선순위근저당권 설정시에 존재했던 채무에 우선적으로 충당되지 않는다(대법원 2002. 12. 10. 선고 2002다51579 판결).

B. 공동근저당권과 후순위 저당권이 설정된 경우

* 이에 비해 동일한 당사자들 사이에 선순위 공동근저당권과 후순위 근저당권이 설정된 후 그 목적물에 대한 경매·배당이 이루어지는 경우, 선순위 공동근저당권의 피담보채무부터 충당되고 그 잔액이 후순위 근저당권의 피담보채무에 충당된다.
  ✓ 다른 부동산에 설정된 후순위자 등의 지위에도 영향을 미치기 때문이다.

> 공동근저당의 목적 부동산 중 일부에 대한 경매절차에서, 공동근저당권자가 선순위 근저당권자로서의 자신의 채권 전액을 청구하였다면 선순위근저당권자가 그 경매대가로부터 우선하여 변제받고, 후순위근저당권자는 그 잔액으로부터 변제를 받는 것이며, 이는 선순위근저당권자와 후순위근저당권자가 동일인이라고 하여 달라지는 것은 아니다(대법원 2018. 7. 11. 선고 2017다292756 판결).

2. 변제충당의 요건: 변제충당이 필요한 경우

가. 당사자의 동일성

* 변제충당은 동일한 채권자와 채무자 사이에 여러 개의 채무 또는 하나의 채무를 구성하는 여러 개의 급부의무가 있는 경우에만 문제된다.
* 유효한 제3자 변제의 요건이 갖춰진 경우에도 변제충당의 문제가 발생할 수 있다.

나. 여러 개의 동종 채무

* 채무의 개수 판단 기준은 채무의 발생 원인인 계약 또는 법정채권관계의 발생요건이다.
* 예컨대 하나의 근저당권으로 여러 번에 걸친 대출금 채무를 담보한 경우 채무가 여러 개이므로 근저당물에 대한 경매 후 배당가능 금액이 이들 모두를 변제하기에 부족하면 변제충당이 적용된다.

> 변제충당의 문제는 채무자가 동일한 채권자에 대하여 같은 종류를 목적으로 하는 수개의 채무를 부담한 경우에 발생하는바, 채무가 1개인지 수개인지는 보통 발생 원인에 따라 이를 정하여야 할 것인데, 광업권근저당권에 의하여 담보된 피담보채무는 여러 차례에 걸쳐 대여받은 채무들로 이루어져 있어 그 발생 원인을 달리하고 있으므로 수개의 채무라고 보아야 할 것이다(대법원 1999. 8. 24. 선고 99다22281 판결).

3. 변제충당의 방법

가. 개관: 합의충당, 지정충당, 법정충당

- 경매 · 배당의 경우에는 법정충당만 적용된다.

> **담보권 실행을 위한 경매**에서 배당된 배당금이 담보권자가 가지는 수개의 피담보채권 전부를 소멸시키기에 부족한 경우에는 제476조에 의한 **지정변제충당은 허용될 수 없고**, 채권자와 채무자 사이에 변제충당에 관한 합의가 있었다고 하여 그 **합의에 따른 변제충당도 허용될 수 없**다(대법원 2000. 12. 8. 선고 2000다51339 판결).

- 일반적인 변제인 경우, 합의충당 · 지정충당 · 법정충당 순서로 적용된다. 합의충당에 대한 명문규정은 없으나 변제충당 조항들은 임의규정이므로 당사자들의 약정이 최우선적으로 적용되기 때문이다.

> 변제충당에 관한 제476조 내지 제479조의 규정은 **임의규정이므로** 변제자와 변제받는 자 사이에 위 규정과 다른 약정이 있다면 ㉠ 그 **약정에 따라 변제충당의 효력**이 발생하고, 위 규정과 **다른 약정이 없는 경우**에 ㉡ **제476조의 지정변제충당**에 의하여 변제충당의 효력이 발생하고, ㉢ **보충적으로 제477조의 법정변제충당**의 순서에 따라 변제충당의 효력이 발생한다(대법원 2015. 11. 26. 선고 2014다71712 판결).

나. 합의충당

(1) 의미

- 당사자들이 약정한 순서에 따라 충당이 이루어지는 경우를 뜻한다.
- 합의충당은 사후적으로도 할 수 있다. 따라서 일단 지정충당에 의한 변제가 이루어진 후 이를 번복하고 합의충당으로 새로 충당순서를 정할 수 있다. 다만 이러한 사후 합의충당으로 이해관계 있는 제3자의 이익을 해칠 수는 없다. 예컨대 보증인이 있는 채무에 대한 지정충당이 이루어져 보증인이 면책된 후에는, 채권자와 주채무자의 합의로 충당순서를 번복하여 이미 소멸한 채무를 부활시킬 수 없다.

> 변제자(채무자)와 변제수령자(채권자)는 변제로 소멸한 채무에 관한 보증인 등 이해관계 있는 제3자의 이익을 해하지 않는 이상 **이미 급부를 마친 뒤에도 기존의 충당방법을 배제하고** 제공된 급부를 어느 채무에 어떤 방법으로 다시 충당할 것인가를 약정할 수 있다(대법원 2013. 9. 12. 선고 2012다118044 판결).

(2) 유형

- 당사자의 약정으로 ⊙ 직접적으로 즉 어떤 채무부터 충당으로 변제할 것인지를 결정하는 것뿐 아니라, ⊙ 변제충당 지정권이라는 형성권을 당사자나 제3자에게 부여하는 것도 합의충당의 일종이다. ⊙의 경우도 '지정충당'이 아니므로 지정충당에 관한 조항들이 적용되지 않는다. 예컨대 약정에 근거한 지정권을 채권자가 행사한 경우 채무자가 이의를 제기해도 무의미하고(§476의 적용 배제), 채무자가 행사하는 경우에는 원본부터 충당할 수도 있다(§479의 적용 배제).

  채권자와 채무자 사이에 변제충당에 관한 약정이 있고, 그 <u>약정내용</u>이 변제가 채권자에 대한 모든 채무를 소멸시키기에 부족한 때에는 <u>채권자가 적당하다고 인정하는 순서와 방법에 의하여 충당하기로 한 것이라면, 채권자가 위 약정에 터 잡아 스스로 적당하다고 인정하는 순서와 방법에 좇아 변제충당을 한 이상 변제자에 대한 의사표시와 관계없이 충당의 효력이 있다</u>(대법원 2012. 4. 13. 선고 2010다1180 판결).

(3) 방법

A. 명시적 합의충당과 묵시적 합의충당

- 사전적·명시적 충당합의는 물론 사후적·묵시적 충당합의도 인정된다.
- 따라서 충당에 관한 합의가 없는 상태에서 일방이 지정충당에 관한 규정을 위반하는 내용으로 충당 지정을 했는데도 이에 대해 상대방이 상당 기간 내에 이의하지 않으면 사후적·묵시적 합의충당으로 인정되고 지정충당에 관한 조항들의 적용이 배제된다.

대법원 2014. 12. 11. 선고 2012다15602 판결

- 비용, 이자, 원본에 대한 변제충당에 있어서는 제479조에 그 충당 순서가 법정되어 있고 지정 변제충당에 관한 제476조는 준용되지 않으므로 원칙적으로 <u>비용, 이자, 원본의 순서</u>로 충당하여야 하고, 채무자는 물론 채권자라 할지라도 위 법정 순서와 다르게 일방적으로 충당의 순서를 지정할 수는 없다.
- 그러나 당사자 사이에 ⊙ **특별한 합의가 있는 경우**이거나 ⊙ 당사자의 **일방적인 지정에 대하여 상대방이 지체 없이 이의를 제기하지 아니함으로써 묵시적인 합의**가 되었다고 보이는 경우에는 <u>법정충당의 순서와는 달리 충당의 순서를 인정</u>할 수 있다.

B. 사례: 묵시적 합의충당에 대한 주장이 없는 경우

• 묵시적 합의충당으로 인정되려면 그 효과를 주장하는 당사자가 묵시적 합의충당에 대해 주장·증명해야 한다.

• 사례: 채권자의 일방적 지정에 대해 채무자가 이의를 제기하지 않았더라도 채권자가 묵시적 합의충당 주장을 하지 않으면 법정충당이 적용된다.

> 피고(임차인)가 원고(임대인)에게 지급한 차임의 변제충당 여부가 문제되는 경우, 원고가 제시한 계산 방식에 대하여 피고가 별다른 의견을 제시하지 않고 있다는 이유를 들어 원고가 계산한 방식에 따라 피고의 미지급 차임·연체료를 정산 계산하였음을 알 수 있다. 그러나 위와 같은 사정만으로는 이 사건에서 원고가 제시한 것과 같은 방식으로 변제충당의 지정이나 합의가 있었다거나 우선적 법정변제 충당 사유 등이 있었다고 보기 부족하다. 원심으로서는 원고와 피고들 사이에 별도로 변제충당의 지정이나 합의가 있는지 추가로 심리하고, 위와 같은 사정이 존재하지 않는다면 법정변제 충당에 의하여 피고들의 미지급 차임 및 연체료를 계산하였어야 한다(대법원 2021. 10. 28. 선고 2021다247937 판결).

(4) 효과: 합의된 기준에 따라 충당됨

다. 지정충당

> 제476조(지정변제충당)
> ① 채무자가 동일한 채권자에 대하여 같은 종류를 목적으로 한 수개의 채무를 부담한 경우에 변제의 제공이 그 채무전부를 소멸하게 하지 못하는 때에는 변제자는 그 당시 어느 채무를 지정하여 그 변제에 충당할 수 있다.
> ② 변제자가 전항의 지정을 하지 아니할 때에는 변제받는 자는 그 당시 어느 채무를 지정하여 변제에 충당할 수 있다. 그러나 변제자가 그 충당에 대하여 즉시 이의를 한 때에는 그러하지 아니하다.
> ③ 전2항의 변제충당은 상대방에 대한 의사표시로써 한다.

(1) 지정권자

A. 원칙: 채무자

• 충당에 관한 합의가 없는 경우 채무자에게 지정권이 부여된다.

• 채무자의 지정에 대한 채권자의 이의 제기는 무의미하다.

B. 예외: 채권자

- 채무자가 지정하지 않으면 채권자에게 지정권이 이전한다.
- 채권자의 지정에 대해 ㉠ 채무자가 즉시 이의를 제기하면 채권자에 의한 지정충당의 효력이 소멸하고 법정충당이 적용된다. 즉 채무자는 채권자의 지정충당의 효력을 소멸시킬 수 있을 뿐 다시 지정충당을 할 수는 없다. ㉡ 채무자가 즉시 이의를 제기하지 않으면 묵시적 합의충당으로 인정될 수 있다.

(2) 지정충당의 효과

- 지정충당으로 §477의 적용은 배제할 수 있으나, §479의 적용은 배제할 수 없다.
- 따라서 채무자가 이자보다 원본에 우선 충당한다는 취지로 지정하더라도 무효이다.

> 비용, 이자, 원본에 대한 변제충당에 관해서는 제479조에 충당 순서가 법정되어 있고 지정변제충당에 관한 제476조는 준용되지 않으므로 당사자가 법정 순서와 다르게 일방적으로 충당 순서를 지정할 수 없다(대법원 2020. 1. 30. 선고 2018다204787 판결).

라. 법정충당

(1) 개관

- §477·§479가 모두 적용되는 경우로서, ㉠ 일반적인 변제 상황에서, 합의충당이나 지정충당이 없거나, 채권자의 지정에 대해 채무자가 즉시 이의를 제기하여 지정충당의 효력이 소멸한 경우와 ㉡ 경매 절차에서 배당이 이루어지는 경우를 들 수 있다.
- §479만 적용되는 경우로서 적법한 지정충당이 적용되는 경우를 들 수 있다. 즉 적법한 지정충당은 §477의 적용만 배제할 수 있다.

(2) 비용, 이자, 원본에 대한 충당(§479)

> 제479조(비용, 이자, 원본에 대한 변제충당의 순서)
> ① 채무자가 1개 또는 수개의 채무의 비용 및 이자를 지급할 경우에 변제자가 그 전부를 소멸하게 하지 못한 급여를 한 때에는 비용, 이자, 원본의 순서로 변제에 충당하여야 한다.
> ② 전항의 경우에 제477조의 규정을 준용한다

- 지연손해금에 대해서는 명문 규정이 없으나, 이자에 준하여 충당한다(대법원

2020. 1. 30. 선고 2018다204787 판결).

• 비용, 이자, 원본이 여러 개인 경우에는 ㉠ 총비용, 총이자, 총원금 순서로 충당하고,(대법원 2000. 12. 8. 선고 2000다51339 판결), ㉡ 각 비용간, 각 이자간, 각 원금간에는 §477에 따라 충당한다(§479 ②).

(3) 여러 채무들 사이의 충당(§477)

A. 충당 기준: 이행지체 여부, 변제이익의 정도, 이행기의 선후, 안분배당

> 제477조(법정변제충당) 당사자가 변제에 충당할 채무를 지정하지 아니한 때에는 다음 각호의 규정에 의한다.
> 1. 채무중 이행기가 도래한 것과 도래하지 않은 것이 있으면 이행기가 도래한 채무의 변제에 충당한다.
> 2. 채무전부의 이행기가 도래하였거나 도래하지 않은 때에는 채무자에게 변제이익이 많은 채무의 변제에 충당한다.
> 3. 채무자에게 변제이익이 같으면 이행기가 먼저 도래한 채무나 먼저 도래할 채무의 변제에 충당한다.
> 4. 전2호의 사항이 같은 때에는 그 채무액에 비례하여 각 채무의 변제에 충당한다.

B. 판단의 기준시

(a) 개관

• 이행지체 여부가 문제되는 §477 1호를 적용하는 경우 채무자의 변제 제공 당시를 기준으로 이행지체 여부를 판단한다. 예컨대 변제제공 당시에는 ⓐ채무와 ⓑ채무 모두 이행기가 도래하지 않았으나, 그 후 ⓐ채무만 이행기가 도래했고 변제이익은 ⓑ채무가 더 많으면, §477 2호가 적용되어 ⓑ채무부터 충당된다.

> <u>제477조의 법정변제충당의 순서는 채무자의 변제제공 당시를 기준</u>으로 정하여야 한다(대법원 2015. 11. 26. 선고 2014다71712 판결).

• 변제이익의 정도가 문제되는 §477 2호의 경우에도 채무자의 변제제공 당시를 기준으로 판단한다.
• 변제기의 선후가 문제되는 §477 3호의 경우, 특정 채무에 유예기간이 부여되면 원래의 변제기 아닌 유예된 변제기를 기준으로 판단해야 한다.

법정변제충당의 순위를 정함에 있어서 변제의 유예가 있는 채무에 대하여는 유예기까지 변제기가 도래하지 않은 것과 같게 보아야 할 것이다(대법원 1999. 8. 24. 선고 99다22281 판결).

(b) 사례

- 사안의 개요: ㉠ 임차인 乙의 임대인 甲에 대한 차임채무와 차임상당 §741 채무가 2019. 1. 이후 연체되었는데 乙이 2021. 1. 일부를 변제했고, 甲이 2024. 1. 乙을 상대로 차임지급청구 소송을 제기했다. ㉡ 연체 차임채무 중 2019. 1. ~ 2021. 1.까지 발생한 채무는 시효소멸했는데, 乙이 2021. 1. 일부를 변제하여 채무승인을 했어도 그로부터 다시 소멸시효가 재기산하여 2024. 1. 소멸시효가 완성되었기 때문이다.

- 쟁점과 판단: 乙의 2021. 1. 일부변제에 대한 변제충당에서 변제 이익을 판단할 때, ⓐ 2019. 1. ~ 2020. 12.까지 발생하여 2024. 1. 당시 이미 소멸시효가 완성된 연체차임채무와, ⓑ 2021. 1. 이후에 발생하여 아직 소멸시효가 완성되지 않은 연체차임채무 사이에는 변제이익에 차이가 없다. 乙이 일부변제를 한 2021. 1. 당시에는 ⓐ도 소멸시효가 완성되지 않은 상태였기 때문이다.

피고가 차임에 대한 **변제의 제공을 할 당시를 기준**으로는 3년의 **소멸시효가 완성되지 아니한 차임채권들**이 있었다고 할 것이고, 그렇다면 원심으로서는 피고의 <u>변제제공 당시를 기준</u>으로 제477조의 법정변제충당의 순서를 정하였어야 할 것이다. 그럼에도 이와 달리 원심은 재판상 청구일로부터 역산하여 3년 이전에 발생한 차임채권은 모두 소멸시효가 완성되어 소멸했으므로 피고의 지급액이 변제충당된 바 없다고 단정하고 말았으니, 이러한 원심의 판단에는 잘못이 있다(대법원 2015. 11. 26. 선고 2014다71712 판결).

C. 변제이익의 정도 판단

- 개관: 변제이익은 채무자의 입장에서 판단한다. 전형적인 예로서 이자율·지연배상금율이 높을수록 변제이익이 크다.
- 담보의 유무에 따른 판단: ㉠ 채무자 자신이 담보를 제공한 채무가 무담보 채무보다 변제이익이 크다. 담보가치를 다시 활용할 수 있기 때문이다. ㉡ 이에 비해 제3자인 보증인이나 물상보증인이 담보를 제공한 채무는 무담보 채무와 변제이익이

같다. 이러한 제3자에게 구상의무를 부담하기 때문이다.

담보로 주채무자 자신이 발행 또는 배서한 어음이 교부된 채무는 다른 채무보다 변제이익이 많은 것으로 보아야 한다(대법원 1999. 8. 24. 선고 99다22281 판결).

변제자가 주채무자인 경우 보증인이 있는 채무와 보증인이 없는 채무 사이에 전자가 후자에 비하여 변제이익이 더 많다고 볼 근거는 전혀 없으므로 양자는 변제이익의 점에서 차이가 없다고 보아야 한다. 변제자가 채무자인 경우 **물상보증인이 제공한 물적 담보가 있는 채무와 그러한 담보가 없는 채무 사이에도 변제이익의 점에서 차이가 없**다(대법원 2014. 4. 30. 선고 2013다8250 판결).

* 채무자의 지위에 따른 판단: 주채무자로서 부담한 채무가 보증채무자·연대채무자로서 부담한 채무보다 변제이익이 크다. 후자의 경우 구상금을 받을 가능성이 있기 때문이다.

변제자가 타인의 채무에 대한 보증인으로서 부담하는 보증채무(연대보증채무도 포함)는 변제자 자신의 채무에 비하여 변제자에게 그 변제의 이익이 적다고 보아야 할 것이다(대법원 2002. 7. 12. 선고 99다68652 판결).

(4) 사례: 배당이의소송과 변제충당

A. 사안의 개요
* 甲은 乙소유 X부동산에 대해 1순위 근저당권(채권최고액 2억원)을 설정했다. 확정 당시의 피담보채권의 원금은 1억원, 이자는 연3%, 지연손해금은 연5%이었다.
* 乙은 甲에게 이자는 모두 지급했으나 원금을 지급하지 못했고 적법한 경매절차가 진행되어 이행기로부터 6개월이 지난 후 배당기일이 열렸는데, 적법한 배당이의 소송이 제기되어 그로부터 다시 6개월 후에 비로소 배당표가 확정되었다.

B. 쟁점과 판단
* 근저당권자가 우선변제받을 수 있는 지연손해금의 종기가 언제인지가 문제된다.
* 근저당권자에게 배당될 우선변제 가액을 계산할 때는 다른 이해관계인들을 보호하기 위해 배당기일을 종기로 하므로, 배당기일에 배당이 이루어지지 못한 경우 배당기일부터 배당표 확정일까지 발생한 지연손해금은 우선변제 대상이 아니다.

따라서 지연손해금은 250만원만 우선변제된다.

- 근저당권자·채무자 간에 변제충당이 문제될 때는 다른 이해관계인이 없으므로 실체법상 지연손해금 전액을 기준으로 계산해야 한다. 따라서 실제로 지급받을 수 있는 가장 빠른 날인 배당표 확정일을 기준으로 한 500만원이 충당된다. 다만 배당표 확정일 이전에 (무슨 수를 썼는지는 모르겠으나) 실제로 배당금을 지급받아 갔다면 실제로 지급받은 날까지를 기준으로 산정한 지연손해금이 충당된다.

> **대법원 2018. 3. 27. 선고 2015다70822 판결**
> - 근저당권자가 적법하게 채권최고액 범위 내에서 제출되거나 보정된 채권계산서에 기재된 이자 또는 지연손해금으로서 **배당기일까지 발생한 것은 배당에 포함될 수 있지만 배당기일 이후에 발생한 이자나 지연손해금은 배당에 포함될 여지가 없다.** 이러한 법리는 채권계산서를 제출한 근저당권자의 피담보채권에 대하여 다른 채권자가 이의를 하여 해당 배당액이 공탁되었다가 <u>배당이의소송을 거쳐 배당표가 확정됨에 따라 공탁된 배당금이 지급되는 경우</u>에도 마찬가지로 적용된다. 배당기일 이후 배당금이 공탁되어 있는 동안 실체법상 이자나 지연손해금이 발생하더라도, 해당 근저당권자가 수령할 배당액을 정하는 단계에서는 채권최고액 범위 내에서 배당기일까지의 이자나 지연손해금만이 배당액에 포함될 수 있다.
> - 채권계산서를 제출한 근저당권자의 피담보채권에 대하여 다른 채권자가 이의함으로써 해당 배당액이 공탁되었다가 배당이의소송을 거쳐 배당표가 확정됨에 따라 공탁된 배당금이 지급되는 경우에, 그 배당금은 특별한 사정이 없는 한 <u>제479조 제1항에 따라 배당표의 확정 시까지</u>(배당표 확정 시보다 앞서는 공탁금 수령 시에 변제의 효력이 발생한다고 볼 수 있는 경우에는 공탁금 수령 시까지를 의미한다. 이하 같다) 발생한 이자나 **지연손해금 채권에 먼저 충당**된 다음 원금에 충당된다고 보아야 한다.

Ⅲ | 변제자대위

1. 변제자대위의 전제: 제3자 변제

가. 개관

(1) 의미

- 제3자 변제란 채무자 아닌 제3자가 타인인 채무자의 채무를 소멸시킬 의사로 채

권자에게 급부에 해당하는 행위를 하고, 이것이 채무의 내용에 따른 변제로 인정되어 채무가 소멸하는 경우를 뜻한다.

- 제3자 변제는 원칙적으로 인정된다. 채권의 신속한 실현을 촉진할 필요가 있기 때문이다. 따라서 급부에 해당하는 행위를 제3자가 하더라도 채권자는 이를 수령해야 하고 이에 따라 유효한 변제가 이루어져 채무가 소멸한다고 보아야 한다.

(2) 제3자 변제의 제한

- 일신전속적 급부를 목적으로 하는 채무는 제3자가 변제할 수 없는 성질을 가진다. 한편 대체적 급부를 목적으로 하는 채무이더라도 채권자·채무자 간 약정으로 제3자 변제를 제한할 수도 있다.

> 제469조(제삼자의 변제) ① 채무의 변제는 제삼자도 할 수 있다. 그러나 채무의 성질 또는 당사자의 의사표시로 제삼자의 변제를 허용하지 아니하는 때에는 그러하지 아니하다.

- 급부의 성질이나 당사자의 약정에 의한 제한이 없더라도 이해관계 없는 제3자는 채무자의 의사에 반하여 변제하지 못한다. 다만 이러한 채무자의 반대 의사가 명확하게 인식되어야 제3자 변제에 의한 채무 소멸이 부정될 수 있다.

> 제469조(제삼자의 변제) ② 이해관계 없는 제삼자는 채무자의 의사에 반하여 변제하지 못한다.

> 이해관계 없는 제3자는 채무자의 의사에 반하여 변제할 수 없는데, 채무자의 반대의사는 제3자가 변제할 당시의 객관적인 제반 사정에 비추어 명확하게 인식될 수 있는 것이어야 하고, <u>함부로 채무자의 반대의사를 추정함으로써 제3자의 변제 효과를 무효화시키는 일은 피해야</u> 한다(대법원 2020. 7. 23. 선고 2016다271455 판결).

나. 효과

(1) 제3자 변제가 유효인 경우

- 제3자의 변제가 유효한 경우를 대위변제라고 하고 채무자 대신 변제를 한 제3자를 대위변제자라고 한다.
- 대위변제가 이루어지면 채권자가 채무자에 대해 가지는 채권은 만족을 얻어 소멸하지만, 대위변제자가 채무자에 대한 구상권을 가지게 된다. 이러한 구상권의

실현을 돕기 위해 채권자가 가졌던 원래의 채권과 담보권이 대위변제자에게 이전하는데 이것을 변제자대위라고 한다.

채무자 아닌 제3자가 <u>타인의 채무를 변제할 의사로 타인의 채무를 변제하고 채권자도 변제를 수령하면서 그러한 사정을 인식하였다면</u> 제469조에 의하여 제3자 **변제의 대상인 타인의 채무는 소멸하고 제3자는 채무자에게 구상**할 수 있다(대법원 2020. 7. 23. 선고 2016다271455 판결).

(2) 제3자 변제가 무효인 경우

A. 요건

• 제3자가 대위변제 의사로 급부했으나 제3자 변제 제한 사유에 해당하면 변제로 인정되지 못한다.

• 이러한 상황의 예로서, 급부의 성질이나 채권자·채무자 간 약정으로 제3자 변제가 제한되거나(§469 ① 단서), 이해관계 없는 제3자의 급부에 대해 채무자가 반대 의사를 명확하게 밝혔음이 인정된 경우(§469 ②)를 들 수 있다.

B. 효과

✓ 채권은 소멸하지 않고 원래의 채무자에 대해 존속한다.

✓ 구상권이 발생하지 않으므로 채권자가 승낙해도 임의대위조차 일어나지 않음에 유의해야 한다.

2. 변제자대위의 요건

가. 개관

• 임의대위와 법정대위에 공통된 요건은 구상권 발생과 구상권자의 변제자대위권 행사이다.

• 이러한 공통 요건이 충족되더라도, 임의대위의 경우에는 채권자의 승낙, 법정대위의 경우에는 정당한 이익이라는 추가요건도 각각 충족되어야 비로소 변제자대위권이 발생한다.

나. 공통요건: 구상권의 발생, 구상권자의 변제자대위권 행사

(1) 구상권의 발생

A. 개관

• 변제자대위권는 구상권의 실현을 확보하기 위한 제도이다. 따라서 변제자대위권

은 구상권이 성립·존속하는 경우, 그 범위에 한해서만 인정된다(2021다276539, 515면).

- 사례: 대출명의 대여 사안에서 명목상 보증인인 실질적 채무자가 채권자에게 대출금을 변제한 경우, 명목상 주채무자에 대한 구상권이 없으므로 변제자대위도 인정될 수 없다.

> 변제자대위는 제3자 또는 공동채무자의 한 사람이 주채무를 변제함으로써 채무자 또는 다른 공동채무자에 대하여 갖게 된 **구상권의 효력을 확보하기 위한 제도이므로, 대위에 의한 원채권 및 담보권의 행사 범위는 구상권의 범위로 한정**된다. 따라서 원고가 피고에 대하여 구상권을 가지지 못하는 이상, 구상권의 효력을 확보하기 위하여 인정되는 변제자대위는 허용될 수 없다(대법원 2020. 2. 6. 선고 2019다270217 판결).

✓ 변제자대위의 실익은 채권자의 채무자에 대한 채권과 담보권, 그중에서도 특히 담보권을 대위변제자가 행사할 수 있게 해 주는 것이다. 구상권이 발생한 상황이라면 구상권자가 추가로 확보할 수 있는 채무자의 책임재산은 이미 거의 없을 것이기 때문이다. 변제자대위 제도가 없으면, 대위변제로 채권이 소멸할 때 담보권도 소멸한다(부종성). 따라서 그 담보물은 채무자에 대한 다른 채권자들을 위한 공동담보가 된다. 대위변제를 촉진하려면 이런 현상을 방지하고 구상권자가 담보권을 확보할 수 있게 해 줄 필요가 있다. 그런데 담보물권의 부종성 원칙상 대위변제자가 담보물권을 취득하게 하려면 그 피담보채권도 함께 취득하게 하는 수밖에 없다. 요컨대 채권자가 채무자에 대해 가진 채권 자체의 대위보다는 이 채권을 담보하기 위한 담보물권 등을 대위하게 해 주는 것이 변제자대위 제도의 실질적 기능이다.

B. 구상권의 요건: 제3자의 출연에 의한 채무 소멸

(a) 구상권의 의미, 요건(346면 이하)

(b) 구상권을 근거지우는 출연의 의미

- 자신의 재산을 출연하여 채무자의 채무를 소멸시키면 출연의 형태가 무엇이든 구상권이 인정된다. 따라서 공탁·대물변제 등으로 채무를 소멸시킨 경우에도 변제자대위에 관한 조항들이 준용된다.

> 제486조(변제 이외의 방법에 의한 채무소멸과 대위) 제삼자가 공탁 기타 자기의 출재로 채무자 채무를 면하게 한 경우에도 전6조의 규정을 준용한다.

- 이에 비해 면책적 채무인수는 ㉠ 채무를 소멸시키는 효력이 없으므로 구상권을 발생시키지 않는 것이 원칙이다. ㉡ 다만 채무자가 면책적 채무인수의 대가를 약

정한 경우에는 이를 근거로 구상권이 인정될 수 있다.

대법원 2019. 2. 14. 선고 2017다274703 판결

‣ 타인의 채무를 담보하기 위하여 그 소유의 부동산에 저당권을 설정한 물상보증인 의 **구상권 취득의 요건인 '채무의 변제'**라 함은 채무의 내용인 급부가 실현되고 이 로써 채권이 그 목적을 달성하여 소멸하는 것을 의미하므로, 기존 채무가 동일성을 유지하면서 종래의 채무자로부터 인수인에게 이전할 뿐 기존 채무를 소멸시키는 효력이 없는 면책적 채무인수는 설령 이로 인하여 기존 채무자가 채무를 면한다고 하더라도 이를 가리켜 채무가 변제된 경우에 해당한다고 할 수 없다.

‣ 따라서 **채무인수의 대가로 기존 채무자가 물상보증인에게 어떤 급부를 하기로 약 정**하였다는 등의 사정이 없는 한 물상보증인이 기존 채무자의 채무를 면책적으로 인수하였다는 것만으로 물상보증인이 기존 채무자에 대하여 구상권 등의 권리를 가진다고 할 수 없다.

C. 구상권의 내용

• 구상권의 구체적인 내용은 대위변제의 원인인 법률관계에 따라 달라진다.

• 예컨대 대위변제자가 연대채무자이면 §425, 비수탁보증인이면 §444, 수탁보증인 이면 §441·§688에 따라 구상권의 내용·범위가 정해진다. 만약 채무자와 대위변 제자 사이에 위와 같은 계약관계가 없으면, 사무관리비용 상환청구권(§739)이 구 상권이 된다.

대법원 2022. 3. 17. 선고 2021다276539 판결

‣ 불가분채무자, 연대채무자, 보증인, 물상보증인, 담보물의 제3취득자, 후순위 담보 권자가 구상권을 가짐은 민법의 개별적 규정에 의하여 분명하고 제3자가 채무자의 부탁으로 채무자를 위하여 변제하는 경우에는 **제688조** 소정의 위임사무처리비용 의 상환청구권에 의하여 구상권을 취득한다.

‣ 제3자가 유효하게 채무자가 부담하는 채무를 변제한 경우에 채무자와 계약관계가 있으면 그에 따라 구상권을 취득하고, 그러한 **계약관계가 없으면 제734조 제1항에 서 정한 사무관리가 성립하여 제739조에 정한 사무관리비용의 상환청구권**에 따라 구상권을 취득한다.

✓ 이행인수의 경우 이행인수의 원인계약을 근거로 구상권이 발생할 수 있다. 예컨대 계약에 의한 이 행인수의 경우 그 원인계약은 대개 위임이므로 §688가 구상권의 근거가 될 것이다.

D. 구상권과 변제자대위권의 관계

(a) 독립성, 청구권 경합

• 구상권과 변제자대위권은 별개의 권리로서 병존·경합한다. 따라서 대위변제자는 변제자대위의 요건이 충족된 경우에도 구상권 행사가 더 유리하면 변제자대위권 대신 구상권을 행사할 수 있다.

✓ 구상권을 행사하는 것이 더 유리한 사안의 예로서 ⑤ 대위 대상 채권(이하 '원채권'이라고 한다)에는 대위변제자 자신 이외의 보증인이 없지만 구상권에 대해서는 구상보증인이 있는 경우, ⑥ 대위변제자가 채무자에게 수동채무를 부담하고 있어서 구상권을 자동채권으로 하여 상계할 수 있는 경우, ⑥ 대위변제자가 원채권의 원리금을 대위변제했는데 구상권을 행사하면 그 가액 전부에 대해 지연배상금이 합산되는 반면 원채권을 대위하면 대위변제일 당시 원금에 대한 지연배상금만 합산되는 경우 등을 생각해 볼 수 있다.

• 구상권과 원채권 중 하나에만 붙어 있는 종된 약정의 효력은 다른 권리에는 미치지 않는다. 예컨대 구상권에 대해서만 손해배상액 예정 약정이나 지연손해금 비율 약정 등이 붙어 있다면, 변제자대위권자가 원채권을 대위행사할 때는 이러한 약정들이 적용되지 않는다(대법원 2009. 2. 26. 선고 2005다32418 판결).

• 채무자의 구상채무가 회생절차에서 면책되더라도 대위변제자는 변제자대위권을 근거로 원채권을 행사할 수 있다.

> 회생채권자가 자신의 구상권을 회생채권으로 신고하지 아니하여 채무자가 채무자 회생 및 파산에 관한 법률 제251조 본문에 따라 **구상권에 관하여 책임을 면한다 하더라도** 회생채권자가 채무자에 대하여 이행을 강제할 수 없을 뿐 구상권 자체는 그대로 존속하므로, 회생채권자가 변제자대위에 의하여 채권자를 대위하여 채권자의 채권 및 그 담보에 관한 권리를 행사하는 데에는 영향이 없다(대법원 2015. 11. 12. 선고 2013다214970 판결).

(b) 구상권의 범위와 변제자대위권의 범위

• 변제자대위권은 구상권의 실현을 확보하기 위해 인정된다. 따라서 변제자대위권은 구상권이 성립할 때만 인정되고 변제자대위권의 범위는 구상권의 범위 내로 제한된다.

• 따라서 구상권의 가액과 대위변제 대상 채권의 가액이 서로 다르면 변제자대위권의 가액은 이들 중 더 적은 금액이다.

✓ 구상권의 가액이 원채권의 가액보다 작다면 §483의 일부대위 사안으로 연결된다.

변제자대위권에 따라 행사하는 원채권과 담보권의 범위는 구상권의 범위 내로 한정되므로, 대위변제자가 이 사건 경매절차에서 배당받을 수 있는 금액은 배당기일까지 이자 또는 지연손해금을 가산하여 산정한 구상금과 채권 중 적은 금액이다(대법원 2021. 2. 25. 선고 2016다232597 판결).

E. 사례: 변제자대위권 포기 약정과 구상권 양수인의 지위

(a) 사안의 개요

- 甲의 乙에 대한 5억원의 대여금채권를 담보하기 위해 丙은 자신이 소유한 X부동산에 甲명의 1순위 저당권(피담보채권액 6억원)을 설정해 주었다. 丙은 저당권설정계약 당시 변제자대위권을 사전 포기하기로 약정했다.
- 丙은 X부동산을 丁에게 10억원에 매도하면서 잔대금 6억원은 丁이 甲에 대한 근저당권의 피담보채무의 이행을 인수하는 것으로써 갈음하기로 약정했다.
- 乙이 원리금을 지급하지 않아서 X부동산에 대한 임의경매가 진행되었다. 甲은 원리금 전액을 배당받았고, 이에 따라 丙은 乙에 대해 甲에게 배당된 5억원과 이에 대한 배당일 이후 법정이자 상당액의 구상권을 취득했다. 丙은 이 구상권을 戊에게 양도하고 乙에게 §450의 확정일자 통지를 마쳤다.

(b) 쟁점과 판단

- 물상보증인으로부터의 제3취득자가 잔대금 지급에 갈음하여 피담보채무를 이행인수한 상태에서 목적물이 경매되면, 물상보증인이 채무자에 대한 구상권을 가진다.
- 구상권과 변제자대위권은 별개 권리이고, 甲·丙 간 특약사항은 변제자대위권의 대상인 '채권·담보권'에 대한 사전포기 약정이므로 구상권에 대해서는 효력이 없다. 따라서 丙으로부터 구상권을 양수한 戊는 적법하게 乙에게 구상권을 행사할 수 있다.

대법원 1997. 5. 30. 선고 97다1556 판결

> ‣ 물상보증인이 담보부동산을 제3취득자에게 매도하더라도 제3취득자가 담보부동산에 설정된 근저당권의 피담보채무의 이행을 인수한 경우에는, 그 이행인수는 그 매매당사자 사이의 내부적인 계약에 불과하여 이로써 **물상보증인의 책임이 소멸하**

지 않는 것이고, 그 담보부동산에 대한 **담보권이 실행된 경우에도 제3취득자가 아**
닌 원래의 물상보증인이 채무자에 대한 구상권을 취득한다.

- 물상보증인이 채무자의 채무를 변제한 경우, 제370조·제341조에 의해 채무자에
대하여 구상권을 가짐과 동시에 제481조에 의하여 당연히 채권자를 대위하는데,
구상권과 변제자 대위권은 그 원본, 변제기, 이자, 지연손해금의 유무 등에 있어서
그 내용이 다른 별개의 권리로서, 물상보증인은 **고유의 구상권을 행사하든 대위하**
여 채권자의 권리를 행사하든 자유이며, 다만 채권자를 대위하는 경우에는 제482
조 제1항에 의하여 고유의 구상권의 범위에서 채권 및 그 담보에 관한 권리를 행사
할 수 있는 것이어서, 변제자 대위권은 고유의 구상권의 효력을 확보하는 역할을 한
다 할 것이다.
- 이 사건 특약사항은 물상보증인의 피고(채무자)에 대한 구상권이 아니라 대위에 의
하여 채권자로부터 취득한 채권자의 채무자에 대한 원채권상의 권리임이 문언상
명백하여, 물상보증인의 구상권에 기한 원고(구상권 양수인)의 청구에 대해서는
적용되지 않는다.

(2) 대위변제자의 변제자대위권 행사 선택

다. 추가요건: 임의대위의 경우, 채권자의 승낙(§480)

> 제480조(변제자의 임의대위)
> ① 채무자를 위하여 변제한 자는 변제와 동시에 채권자의 승낙을 얻어 채권자를 대위
> 할 수 있다.
> ② 전항의 경우에 제450조 내지 제452조의 규정을 준용한다.

(1) 임의대위의 의미

- 타인의 채무를 대위변제하는 것이 자신의 이익과 무관한 자도 유효하게 제3자 변
제를 할 수 있고, 대위변제 후에는 구상권을 취득하며 그 실현을 담보하기 위한
변제자대위도 인정된다.
- 다만 이러한 '임의대위'의 경우, 대위변제자가 변제자대위권을 행사하려면 구상
권의 발생·존속뿐 아니라 추가적인 요건이 필요하다.

(2) 변제자대위를 위한 요건

A. 유효한 제3자 변제

- 제3자 변제가 성립하려면 ㉠ 제3자가 채무자를 위하여 즉 타인의 채무를 변제할 의사로 ㉡ 채무의 내용에 따른 급부 행위를 해야 한다.
- 임의대위의 경우처럼 이해관계 없는 제3자가 급부하는 경우 유효한 제3자 변제로 인정되려면 채무자의 의사에 반하지 않아야 한다(§469 ②).

B. 채권자의 승낙

- 제3자 변제가 유효이더라도 채권자가 승낙해야 채권·담보권에 대한 변제자대위가 일어날 수 있다.
- ✓ 다만 채권자가 대위변제를 수령했다면 원채권·담보권에 대한 임의대위 승낙으로 추정되어야 할 것이다.

C. 채권 이전을 위한 §450의 대항요건

- 변제자대위는 채권자의 채무자에 대한 채권과 담보권의 이전을 초래한다.
- 임의대위의 경우 대위변제자가 이해관계 없는 제3자이므로 채무자로서는 대위변제 사실이나 대위변제자의 인적 사항을 모를 수도 있다. 따라서 대위변제자가 채권·담보권을 대위행사하려면 채권자·채무자 사이에 §450의 대항요건이 갖춰져야 한다.

D. 채권에 수반한 담보권 이전: 법률상 당연히 발생함

- 채권 이전에 수반하는 담보권 이전은 법정대위의 경우와 마찬가지로 법률상 당연히 일어난다(2016다232597, 520면).
- ✓ 임의대위의 경우에도 담보권은 당연히 이전된다고 보는 판례의 태도를 따른다면 임의대위 역시 법정대위와 마찬가지로 법률에 의한 채권·담보권 이전이라고 보아야 한다. §480 ②에도 불구하고 채권자의 의사표시에 의한 채권·담보권 이전으로 볼 수는 없는 것이다. 판례는 임의대위의 경우에도 담보권이 '당연히 이전'한다는 결론만 판시하고 있을 뿐 그 논거에 대해서는 명시적으로 언급하지 않았다. 생각컨대 §482의 '전2조' 부분의 문리해석이 당연 이전의 근거가 될 수 있을 것이다.

(3) 임의대위와 관련된 사례

A. 사무관리와 임의대위

(a) 사안의 개요

- 甲의 배우자였던 丁은 甲과 이혼한 후 乙과 재혼하여 슬하에 자녀 丙을 두었으

나, 乙과 불화를 겪게 되자 다시 甲과 동거를 시작했다. 이에 乙이 丁을 상대로 이혼소송을 제기했으나 丁의 사망으로 종료되었다.

- 甲은 丁과 동거하는 동안 丁의 A에 대한 대여금채무 3억원을 대신 갚아주었는데 A는 丁에 대한 대여금채권의 이전에 대해 승낙하지 않았다.
- 丁이 사망한 후 甲은 丁에 대한 3억원의 구상금채권이 발생했다고 주장하면서, 법정상속분에 따라 乙에게 2억원, 丙에게 1억원의 구상권을 행사한다.
- 이에 乙·丙은, 1) 甲이 丁의 의사와 무관하게 임의로 변제한 것이므로 丁에게는 구상의무가 없고 2) 甲은 丁의 채무를 변제할 정당한 이익이 없고 A가 丁에 대한 채권의 이전에 대해 승낙했다는 사실도 증명되지 못했으므로 甲에게는 A의 丁에 대한 대여금 채권을 대위행사할 권리가 없다고 주장한다.

(b) 쟁점과 판단

- 甲에게 丁의 위 대여금채무를 대위변제할 법률상·계약상 의무가 없었더라도 甲의 변제로 丁의 대여금채무가 소멸하면 사무관리가 성립하므로 甲은 丁에게 §739에 근거한 구상권을 취득한다.
- 구상권과 변제자대위권은 별개의 권리이다. 따라서 A의 승낙을 얻지 못한 甲은 변제자대위를 근거로 A의 丁에 대한 원채권을 대위행사할 수 없지만 甲 자신이 丁에 대해 가지는 §739에 근거한 구상권은 행사할 수 있다.

대법원 2022. 3. 17. 선고 2021다276539 판결

‣ 제3자가 유효하게 채무자가 부담하는 채무를 변제한 경우에 채무자와 계약관계가 있으면 그에 따라 구상권을 취득하고, 그러한 계약관계가 없으면 특별한 사정이 없는 한 제734조 제1항에서 정한 사무관리가 성립하여 제739조에 정한 사무관리비용의 상환청구권에 따라 구상권을 취득한다. 한편 甲이 丁의 의사에 반하여 대위변제를 하였다거나 甲과 丁 사이에 위 대위변제에 관한 별도의 약정이 있었다는 주장이나 증명은 전혀 이루어지지 않았다. 이러한 사정을 위에서 본 법리에 비추어 보면, 위 대위변제에 관하여 사무관리가 성립하고, 甲은 丁에 대하여 그에 따른 구상권을 취득한다고 볼 여지가 있다.

‣ 채무자를 위하여 채무를 변제한 자는 채무자에 대한 구상권을 취득할 수 있는데, 구상권은 변제자가 제480조 제1항에 따라 가지는 변제자대위권과 원본, 변제기, 이자, 지연손해금 유무 등에서 그 내용이 다른 별개의 권리이다. 甲은 제3자 변제에 따

른 구상권 취득을 이유로 구상금 청구를 한 것인데, 원심은 甲이 주장하지도 않은 제480조·제481조에 따른 변제자대위 요건을 심사한 뒤 이를 충족하지 않는다는 이유도 함께 들어 甲의 주장을 배척하였다. 이러한 원심판결에는 **처분권주의·변론주의 원칙**, 구상권과 변제자대위권의 구분에 관한 위 법리를 위반한 잘못이 있다.

B. 원인무효 본등기를 마친 가등기담보권자 지위의 임의대위

(a) 사안의 개요

• A는 丙에 대한 대여금채권자로서 丙명의 X부동산에 대한 가등기담보권을 설정해 두었는데, 적법한 청산절차를 거치지 않은 채 본등기를 마쳤다.

• 甲은 丙과의 대위변제 약정에 따라 A의 승낙을 얻어 대위변제를 마쳤다. 당시 丙의 A에 대한 채무는 원금 3억원, 이자·지연손해금 1억원이었다. 甲·丙 간 약정에 따르면, 甲이 대위변제를 하면 丙은 X부동산에 대한 A명의 담보가등기를 甲에게 이전하고, 원인무효인 A명의 본등기를 말소해 주기로 했다.

• 그런데 丙은 丁에게 X부동산을 매도하고 A·丁의 합의에 따라 A에게서 丁에게로 X부동산에 대한 소유권이전등기가 마쳐졌고, 그 직후 丁에 대한 채권자 乙이 X부동산에 대해 근저당권을 설정했다.

• X부동산에 대한 임의경매절차에서 甲은 자신이 최선순위 가등기담보권자라고 주장하면서 가등기담보권자로서의 채권신고서를 제출했다. 그런데도 배당절차에서 乙이 최선순위 저당권자임을 전제로 배당표가 작성되자 甲은 배당기일에 출석하여 乙의 배당액 전부에 대해 이의했다.

(b) 쟁점과 판단: 가등기담보권에 대한 변제자대위

• A명의 본등기는 원인무효 등기이지만 소유자 겸 채무자 겸 청산금채권자인 丙이 A·丁과 중간생략등기의 취지로 합의했으므로 A로부터 丁 앞으로 마쳐진 소유권이전등기는 실체관계에 부합하는 유효한 등기이다.

• 그러나 丁은 담보가등기의 부담도 인수한다. 甲의 대위변제는 임의대위에 해당하고 채권자 A의 승낙(§480)과 채무자 丙의 승낙(§450)을 모두 얻어 유효인데, 이때 A의 丙에 대한 채권·담보권은 법률상 당연히 즉 A명의 가등기 이전 부기등기 없이 甲에게 이전되었기 때문이다.

• 가등기담보법 §15·§16, 민사집행법 §148에 의하면, 임의경매로 가등기담보권이 소멸하는 경우, 채권신고를 한 가등기담보권자는 배당요구 없이 우선변제 받을

수 있는 지위를 가지며, 이 지위도 변제자대위의 대상인 '담보권'을 구성한다.

- 이때 甲의 구상권(ⓐ)의 내용은 4억원과 이에 대한 대위변제일 이후의 지연배상금이며, 甲이 대위할 수 있는 A의 채권(ⓑ)의 내용은 4억원과 이중 원금 3억원에 대한 대위변제일 이후의 지연배상금이다. 따라서 甲은 ⓐ, ⓑ중 더 작은 값에 대해 가등기담보권자로서 우선변제를 받을 수 있다.

대법원 2021. 2. 25. 선고 2016다232597 판결

▸ 채무자를 위하여 변제한 자는 <u>변제와 동시에 채권자의 승낙을 얻어 채권자를 대위할 수 있다</u>(제480조 제1항). 제3자가 채무자를 위하여 채무를 변제함으로써 채무자에 대하여 구상권을 취득하는 경우, 그 구상권의 범위 내에서 종래 채권자가 가지고 있던 <u>채권과 그 담보에 관한 권리는 동일성을 유지한 채 **법률상 당연히** 변제자에게 이전한다</u>. 이때 대위할 범위에 관하여 종래 채권자가 **배당요구 없이도 당연히 배당받을 수 있었던 경우**에는 대위변제자는 따로 배당요구를 하지 않아도 배당을 받을 수 있다.

▸ 이 사건 담보가등기는 이 사건 경매절차의 경매개시결정 전에 등기가 되어 있었고, 경매법원이 원고에게 채권신고를 최고하기 전에 <u>원고가 담보가등기권리자라고 주장하며 그 채권을 신고하였다</u>. 따라서 원고는 부동산 매각으로 소멸하는 담보가등기를 가진 채권자로서 이 사건 경매절차의 <u>배당요구 종기 전에 배당요구를 하였는지 여부와 관계없이 이 사건 임야의 매각대금에서 배당받을 수 있다.</u>

(c) 배척된 주장: 후순위담보권자의 소멸시효 원용

- 위 사안에서 甲의 구상권의 소멸시효가 완성된 경우, 乙은 이 사실을 원용하여 甲의 주장에 대해 항변할 수 없다. 담보물권의 피담보채권이 시효소멸한 경우 후순위 담보권자는 피담보채권 소멸로 직접 이익을 얻는 자가 아니라 반사 이익을 얻는 자에 불과하기 때문이다.

✓ 다만 '보전의 필요성' 요건이 충족된다면, 乙은 채권자대위권을 근거로 담보물의 제3취득자 丁이 甲에 대해 가지는 시효완성 원용권을 행사할 수 있을 것이다.

소멸시효가 완성된 경우 이를 주장할 수 있는 사람은 시효로 채무가 소멸되는 결과 직접적인 이익을 받는 사람에 한정된다. 후순위 담보권자는 선순위 담보권의 피담보채권이 소멸하면 담보권의 순위가 상승하고 이에 따라 피담보채권에 대한 배당액이 증가할 수 있지만, 이러한 배당액 증가에 대한 기대는 담보권의 순위 상승에 따른 반사적 이익에 지나지 않는다. 후순위 담보권자는 선순위 담보권의 피담보채권 소멸로 직접 이익을 받는 자에 해당하지 않아 **선순위 담보권의 피담보채권에 관한 소멸시효가 완성되었다고 주장할 수 없다**고 보아야 한다(대법원 2021. 2. 25. 선고 2016다232597 판결).

C. 저당권부 채권질권의 피담보채무 대위변제와 임의대위

(a) 사안의 개요

- 丙은 2008. 2. 1. 채무자 A 소유 X부동산에 대해 채권최고액 7000만원의 근저당권 설정등기를 마쳤다.

- 丙은 丁으로부터 4700만원을 약정이자율 연 7%, 지연배상금률 연 10%, 상환기간 1년으로 정하여 대출받는 제1 대출 약정을 체결하고 丁에게 채권액 7000만원의 근저당권부 질권을 설정하여 주고 그 부기등기를 마쳤는데, 당시 등기부에는 연 7%의 약정이자만 기재되고 지연손해금은 기재되지 않았다. 丙이 2015. 4. 20. A에게 발송한 이러한 내용의 질권설정 통지가 그 무렵 A에게 도달하였다.

- 丙은 乙로부터 2015. 5. 30. 3000만 원을 이자율 연 10%, 연체이율 연 20%, 상환기일 2016. 5. 30.로 정하여 대출받는 제2 대출 약정을 체결하였다. 丙은 乙에게 이자는 지급했으나 2016. 5. 30. 원금을 상환하지 못하고 잠적했다.

- 乙은 2016. 5. 31. 丙을 대신하여 丁에 제1 대출 채무 잔액 3000만 원을 변제하고, 丁으로부터 2016. 5. 31.자 채권양도를 원인으로 위 근저당권부 질권을 이전받았으며 이에 따라 X부동산에 대한 근저당권 이전 부기등기가 마쳐졌다.

- 丁은 대위변제를 받았으므로 근저당권부 질권 및 그 권리 일체를 이전함을 확인한다는 취지의 확인서를 작성하여 乙에게 교부하고, 나아가 A에게 위와 같은 내용의 근저당권부 질권 및 채권양도 통지서를 2016. 7. 8. 발송하여 그 무렵 A에게 도달하였다.

- X부동산은 임의경매절차에서 매각되었다. 乙은 2019. 5. 30. 청구채권액을 4800만원(=원금 3000만원+연20% 비율에 의한 3년치 지연배상금)으로 기재한 채권계산서를 제출하였고, 1순위 근저당권의 근저당권부 질권자로서 배당 가능 금액인 3900만원 전액을 배당받았다. 이에 X부동산에 대한 후순위 근저당권자인 甲은 배당기일에 출석하여 乙에 대한 배당액에 관하여 이의를 한 후 이 사건 배당이의의 소를 제기하였다.

(b) 쟁점과 판단

- 甲은 乙의 변제자대위 대상인 丁의 근저당권부 질권과 관련하여 X부동산 등기부에는 약정이율만 기재되어 있으므로 이를 초과하는 지연손해금에 대해서는 우선변제권이 없다고 주장했으나 배척되었다. 부동산등기법에 의하면 저당권부 채권에 대한 질권 설정을 공시하기 위한 부기등기에 있어서 지연손해금은 등기사항이 아니므로 근저당권의 피담보채권의 범위는 등기부에 기재된 약정이자에 한정되지 않기 때문이다.

- 그러나 乙은 제1 대출계약상 채무의 대위변제로 발생하는 구상권 한도 내에서 제1 대출계약상의 채권·담보권을 대위행사할 수 있고, 乙은 임의대위자이므로 구상금에 대한 지연배상금율은 법정이자율이다. 따라서 乙은 3450만원(＝원금 3000만원＋연5% 비율에 의한 3년치 지연배상금)에 대해서만 우선변제권이 있다.

- 파기된 원심의 판단: 원심은 乙은 丙과 제2 대출 약정을 체결하였으므로, 乙은 제1 대출 약정 채무의 대위변제에 따른 변제자대위권 등과 더불어 제2 대출 약정에 따른 채권도 행사할 수 있는데, 乙이 제출한 채권계산서의 내용에 비추어 보면 지연손해금율을 연20%로 적용하여 제2 대출 약정에 따른 채권을 행사한 것으로 볼 수 있음을 이유로, 乙의 주장을 인용했다.

> ### 대법원 2023. 1. 12. 선고 2020다296840 판결
>
> - 제355조에 의해 제334조가 준용되는데 부동산등기법 제76조 제1항은 **채권의 지연손해금을 등기사항으로 정하고 있지 않**다. 이러한 사정에 비추어 보면, 채권의 지연손해금을 별도로 등기부에 기재하지 않았더라도 근저당권부 질권의 **피담보채권의 범위가 등기부에 기재된 약정이자에 한정된다고 볼 수 없다.**
>
> - 임의대위의 경우에도 제3자가 채무자를 위하여 채무를 변제함으로써 채무자에 대하여 구상권을 취득하는 경우, 그 **구상권의 범위** 내에서 종래 **채권자가 가지고 있던 채권과 그 담보에 관한 권리**는 동일성을 유지한 채 **법률상 당연히** 변제자에게 이전한다. 乙은 丙을 위하여 제1 대출 약정 채무 잔액 3000만 원을 丁에게 대위변제함으로써 채무자 丙에 대하여 구상권을 취득하였고, 그 범위에서 종래 丁이 가지고 있던 제1 대출 약정 채권과 그 담보에 관한 권리는 동일성을 유지한 채 법률상 당연히 乙에게 이전한다. 乙이 이전받은 근저당권부 질권은 위 **구상금 채권액**을 담보하는 범위 내에서 유효하고 그 **피담보채권은 원채권, 즉 대위변제자의 변제에 의하여 소멸하는 제1 대출채권**이다. 乙의 구상금 채권을 초과하여 X부동산에 대한 근저당권부

- 질권이 乙 자신의 丙에 대한 대출채권을 담보한다고 볼 근거가 없다.
  - 다만 乙·丙 사이에 X부동산에 대한 **근저당권부 질권으로 대출채권을 담보한다는 의사의 합치가 있었다면 이를 등기 유용의 합의로 볼 여지**는 있으나, 그러한 합의의 존부나 효력 등에 대하여 아무런 주장·증명이 이루어지지 않았다. 원심으로서는 X부동산에 대한 근저당권부 질권이 **구상금 채권을 초과하여 乙·丙간 대출 약정 채권을 담보하는 근거에 대해 주장·증명을 촉구하는 등으로 석명권을 행사**한 다음, 이를 바탕으로 이 사건 각 근저당권부 질권의 피담보채권의 범위에 관하여 심리·판단했어야 한다.

라. 추가요건: 법정대위의 경우, 정당한 이익(§481)

(1) 개관

- 법정대위는 채권자의 승낙 없이 일어나는 채권·담보권의 이전이라는 점에서 임의대위와 다르다. 임의대위에서도 원채권 이전에 대해 채권자의 승낙과 §450의 대항요건이 갖춰지면 이에 따라 담보권은 법률상 당연히 대위변제자에게 이전되므로, 임의대리와 구별되는 법정대위의 특징은 '채권'이 채권자의 의사와 무관하게 대위변제자에게 이전하는 것이라고 보아야 한다.
- 법정대위는 채권자의 사적 자치를 제한하기 때문에 제3자 변제를 해야 하는 정당한 이익이 있는 자가 대위변제를 한 경우에만 인정된다.

  변제할 정당한 이익이 있는 자가 채무자를 위하여 채권의 일부를 대위변제할 경우에 대위변제자는 변제한 가액의 범위 내에서 **종래 채권자가 가지고 있던 채권 및 담보에 관한 권리를 법률상 당연히 취득**하게 되는 것이다(대법원 2002. 7. 26. 선고 2001다53929 판결).

- 법정대위의 요건인 '정당한 이익'은 §469 ②의 '이해관계'와 같은 의미이다. 따라서 이해관계 있는 제3자는 ㉠ 채무자의 의사에 반하여 유효하게 제3자 변제를 할 수 있고 ㉡ 채권자의 의사에 반하여 채권·담보권을 변제자대위할 수 있다.

  제469조 제2항, 제481조에서 말하는 "이해관계" 내지 "변제할 정당한 이익"이 있는 자라고 함은 변제를 하지 않으면 채권자로부터 집행을 받게 되거나 또는 채무자에 대한 자기의 권리를 잃게 되는 지위에 있기 때문에 변제함으로써 당연히 대위의 보호를

받아야 할 <u>법률상 이익을 가지는 자를 말하고, 단지 사실상의 이해관계를 가진 자는</u> <u>제외된다</u>고 할 것이다(대법원 2009. 5. 28.자 2008마109 결정).

(2) 정당한 이익의 의미

- 정당한 이익이란 '법률상 이익'만을 뜻하고 사실상 이익이나 반사이익은 여기에 해당하지 않는다.

- 법정대위를 할 수 있는 정당한 이익 있는 제3자로 인정되려면, 이러한 제3자가 대위변제를 하지 않으면 ㉠ 자신의 재산에 대해 강제집행을 당하거나 ㉡ 채무자에 대한 자신의 권리를 잃어버리거나 ㉢ 채무자에게 자신이 §390 책임을 지게 되는 경우이어야 한다. ㉠의 예로서 보증인, 물상보증인, 저당물 양수인, 유치권의 부담을 인수한 매수인 등을 들 수 있고, ㉡의 예로서 일반채권자를 들 수 있다. 일반채권자도 채무자 소유 부동산에 대해 설정된 담보물권의 피담보채무를 대위변제하면 공동담보를 확보할 수 있기 때문이다. ㉢의 예로서 이행인수인(2009마461, 476면)을 들 수 있다.

- 사례: 부동산의 시효취득자는 진정권리자에 대한 가등기담보권자가 청산절차를 거치지 않은 상태에서 마쳐진 본등기의 말소등기청구권을 행사하기 위해 그 가등기담보권의 피담보채무를 변제할 정당한 이익이 인정된다(대법원 1991. 7. 12. 선고 90다17774 판결).

(3) 사례

A. 유치물 매수인

- 유치권의 목적물인 부동산의 매수인은 변제할 정당한 이익 있는 제3자이다.

- 논거: 매수인은 피담보채무를 변제할 책임이 있을 뿐(민사집행법 §91 ⑤) 피담보채무자가 되는 것은 아니므로 '제3자'에 해당하고, 피담보채무를 변제하지 않으면 목적물을 인도받아 사용할 수 없을 뿐 아니라, 소유권을 상실할 수도 있다. 유치권자에게도 경매신청권이 인정되기 때문이다(§322).

대법원 2021. 9. 30. 선고 2017다278743 판결
- 민사집행법 제91조 제5항에서 '변제할 책임이 있다.'는 의미는 매수인이 경매목적 부동산에 관한 유치권의 부담을 승계한다는 것이지 <u>유치권의 피담보채무까지 인수</u>

한다는 것은 아니다. 따라서 유치권의 부담이 있는 경매목적 부동산의 매수인이 유치권의 피담보채무를 변제하는 것은 제469조에서 정하는 제3자의 변제에 해당한다.

- 유치권의 부담이 있는 경매목적 부동산의 매수인은 유치권의 피담보채권을 만족시키는 등으로 유치권을 소멸시키지 않는 한 그 인도를 받을 수 없고, 나아가 유치권자의 경매신청으로 부동산의 소유권을 잃을 위험도 있는 점(제322조) 등에 비추어 보면 유치권의 피담보채무를 대신 변제할 이해관계 있는 제3자에 해당한다. 따라서 이 경우 매수인은 채무자의 의사에 반하여 유치권의 피담보채무를 변제할 수 있고, 그 피담보채무를 변제하였다면 특별한 사정이 없는 한 채무자에게 구상권을 행사할 수 있다

B. 후순위저당권자

(a) 개관

- 일반채권자에게도 '정당한 이익'이 인정되는 것에 비추어 본다면, 저당물에 대한 후순위저당권자에게는 선순위저당권의 피담보채무를 변제할 '정당한 이익'이 인정되어야 한다(지원림, [3096]). 판례도 같은 입장이다(2012다48855, 후술). 선순위저당권자에 의한 경매를 저지하지 못하면 자신의 피담보채권액을 우선변제 받기 어려우므로 '자신의 권리를 잃어버리는 자'에 해당한다고 볼 수 있기 때문이다(사견).
- 이에 비해 공동저당 사안에서는 '정당한 이익'이 부정된다. 다른 공동저당물에 대한 후순위자 대위 또는 변제자대위권에 대한 물상대위를 할 수 있으므로, '대위변제를 하지 않으면 자신의 권리를 잃어버리는 자'에 해당하지 않기 때문이다.

(b) 사안의 개요

- 甲의 乙에 대한 3억원의 채권을 담보하기 위해 乙소유 X부동산(시가 4억원), 丙소유 Y부동산(시가 2억원)에 1순위 공동저당권이 설정되었는데, 丁은 자신의 丙에 대한 채권을 담보하기 위해 Y부동산에 2순위 저당권을 설정했다.
- 그 후 Y부동산에 대한 경매절차가 시작되자 丁은 乙을 대위하여 甲에게 Y부동산의 분담액 1억원을 변제하려 했으나 甲은 乙의 동의가 없음을 이유로 수령을 거절했고, 이에 丁이 1억원을 공탁했으나 공탁관도 丁에게는 변제할 정당한 이익이 없음을 이유로 불수리 처분을 했다.

(c) 쟁점과 판단

- 공탁관의 불수리 처분에 대해 丁이 항고하면 기각된다.

- 丁에게는 乙의 채무를 대위변제할 사실상 이익만 인정될 뿐 법률상 이익은 인정될 수 없다. 丁이 대위변제를 하지 않아서 Y부동산에 대한 1순위 공동저당권이 실행되더라도 丁 자신의 재산이 집행되거나, 채무자에 대한 권리를 상실하거나, 채무자에게 책임을 지지 않기 때문이다.

> 위 丙은 乙 소유의 부동산에 대한 甲의 선순위근저당권을 대위취득하고, 丁은 위 선순위근저당권에 대하여 물상대위함으로써 우선하여 변제를 받을 수 있다고 할 것이고, 丁이 乙 소유의 부동산에 대하여 직접 경매신청을 하기 위하여 위 채무 잔액을 변제하려고 한다는 취지의 주장은 <u>채권자로부터 집행을 받게 되거나 또는 채무자에 대한 자기의 권리를 잃게 되는 지위</u>에 있기 때문이 아닌 사실상의 이해관계에 지나지 않는다고 할 것이다. 따라서 丁은 乙의 甲에 대한 채무 잔액 변제에 있어서 '이해관계 있는 제3자' 내지 '변제할 정당한 이익이 있는 자'에 해당한다고 볼 수 없다(대법원 2009. 5. 28.자 2008마109 결정).

3. 변제자대위의 효과1: 채권자·채무자·대위변제자 사이의 관계

가. 채무 전부의 대위변제(전부대위)의 효과

(1) 본질적 효과: 채권·담보권 전부의 이전

> 제482조(변제자대위의 효과, 대위자간의 관계) ① <u>전2조의 규정</u>에 의하여 채권자를 대위한 자는 자기의 권리에 의하여 구상할 수 있는 범위에서 채권 및 그 담보에 관한 권리를 행사할 수 있다.

A. 개관

(a) 법률에 의한 권리변동

- 변제자대위의 요건이 충족되면 임의대위이든 법정대위이든 채권·담보권은 대위변제자에게 이전한다.

- 법률상 당연히 이전하므로 담보물권 이전을 위한 부기등기를 갖출 필요는 없다.

(b) 변제자대위의 대상인 담보권의 의미

- 채권 실현을 용이하게 하거나 채권의 실현 가능성을 높여 주는 모든 권리·법적

지위를 뜻한다. 전형적인 예로서 담보물권, 보증채권, 채무자가 보험계약자인 보증보험금 청구권 등을 들 수 있으나 여기에 한정되지 않는다.

> **대법원 2015. 3. 26. 선고 2012다25432 판결**
>
> • 구상권의 범위 내에서 법률상 당연히 변제자에게 이전되는 채권자의 담보에 관한 권리에는 질권, 저당권이나 보증인에 대한 권리 등과 같이 전형적인 물적·인적 담보는 물론, **채권자와 채무자 사이에 채무의 이행을 확보하기 위한 특약**이 있는 경우에 그 특약에 기하여 채권자가 가지는 권리도 포함되므로, 면책행위를 한 다른 공동수급체 구성원은 하자보수를 요구받은 보험계약자에게 구상권을 행사할 수 있는 범위에서 제481조에 따라 채권자인 도급인의 권리인 **하자보수보증보험계약에 따른 보험금청구권**을 대위행사할 수 있다.
>
> • 도급인 甲에 대한 공동수급체의 구성원인 乙, 丙 중 乙이 책임보험을 가입하여 甲이 보험자 丁에게 보험금청구권을 취득한 경우, 丙이 甲에게 전액을 변제하면 乙에 대한 구상권이 발생하고 이에 기한 변제자대위로 甲의 丁에 대한 보험금청구권도 대위행사할 수 있다.

• 위와 같은 전형적인 담보권뿐 아니라 ㉠ 배당요구 없이 배당받을 수 있는 지위, ㉡ 채무자·채권자 간 손해배상액 예정 약정에 따른 예정배상액을 지급받을 권리도 변제자대위의 대상이 된다.

제480조 제1항에 의해 대위할 범위에 관하여 종래 채권자가 **배당요구 없이도 당연히 배당받을 수 있었던 경우**에는 대위변제자는 따로 배당요구를 하지 않아도 배당을 받을 수 있다(대법원 2021. 2. 25. 선고 2016다232597 판결).

종전의 근저당권자와 채무자 사이에 지연손해금 약정이 있었다면 이러한 약정에 기한 지연손해금 또한 근저당권의 피담보채권에 포함되어 종전의 근저당권자가 배당받을 수 있는 금액으로서 대위변제자들이 안분 배당받을 금액에 포함되어야 한다(대법원 2014. 5. 16. 선고 2013다202755 판결).

B. 법정대위 후 채권·담보권의 양도
(a) 개관
• 대위변제자는 대위변제로 취득한 채권·담보권을 양도할 수 있다.

- 다만 법정대위로 취득한 채권·담보권을 법률행위로 양도하는 경우에는 채권에 대한 §450, 담보물권에 대한 §186의 요건도 충족되어야 한다.

(b) 사안의 개요

- 丙은 丁에 대한 채무를 담보하기 위해, 丙 소유 X부동산에 1순위 저당권을 설정해 주었고, 戊가 丁과 연대보증계약을 체결했다. 그 후 丙은 甲에 대한 채무를 담보하기 위해 위 X부동산에 2순위 저당권을 설정해 주었다.
- 戊는 丁에게 丙의 채무를 전부 대위변제했는데, 戊의 요청에 따라 戊대신 乙명의로 1순위 저당권 이전 부기등기가 마쳐졌고, 이에 甲은 위 乙명의 부기등기는 무효등기 유용에 해당하므로 제3자인 甲에 대해서는 무효라고 주장한다.

(c) 쟁점과 판단

- 戊는 법정대위로 §450의 대항요건이나 부기등기 없이 채권과 담보권을 취득하지만, 乙에게 이 채권·담보권을 양도하려면 §450의 대항요건과 저당권 이전의 부기등기를 갖춰야 한다.
- 丁이 戊의 요청에 따라 1순위 저당권을 乙에게 부기등기해 준 것은 저당권 이전의 중간생략등기라고 할 수 있다. 따라서 乙명의 등기는 실체관계에 부합하여 유효이다.

> **대법원 2012. 6. 28. 선고 2010다36773 판결**
> ‣ 戊는 연대보증인으로서 <u>변제할 정당한 이익이 있는 사람이므로 이 사건 근저당권의 피담보채무를 대위변제함으로써 채무자에 대하여 구상권을 취득하고 아울러 이를 담보하기 위하여 丁에게 이 사건 근저당권 이전의 부기등기를 청구할 수 있다.</u>
> ‣ 戊가 <u>이 사건 근저당권을 乙에게 양도</u>하고 丁이 근저당권 이전의 부기등기를 마쳐줌으로써, 丁·戊·乙 사이에 戊 명의의 등기를 생략한 채 丁으로부터 乙에게 직접 근저당권 이전의 부기등기를 마치기로 하는 합의가 성립하였다고 할 것이므로, 乙 명의의 근저당권 이전의 부기등기는 유효한 등기라고 할 것이다.

(2) 부수적 효과: 채권자의 협조의무

> 제484조(대위변제와 채권증서, 담보물) ① 채권 전부의 대위변제를 받은 채권자는 그 채권에 관한 증서 및 점유한 담보물을 대위자에게 교부하여야 한다.

- 변제자대위의 효과로서 채권·담보권은 법률상 당연히 대위변제자에게 귀속되

지만, 변제자대위의 편의를 위해 채권자는 채권증서·담보물 등을 대위변제자에게 교부할 협조의무를 진다. 명문규정은 없으나 담보물권 이전 부기등기 의무도 채권자의 협조의무의 내용에 속한고 볼 수 있다.

✓ §485와는 달리 §484는 의무 위반의 효과를 규정하고 있지 않으므로 §484의 협조의무는 간접의무에 그치는 것이 아니라 법률에 의한 고유한 법정채무라고 볼 여지가 있다. 이렇게 본다면 채무자는 §484의 협조의무 위반을 이유로 채권자에게 §390이나 §750의 손해배상채권을 행사할 수 있게 된다.

(3) 법정대위·전부대위 관련 사례

A. 변제자대위와 양도담보권

(a) 사안의 개요

• 甲은 丙에 대한 물품대금 채무를 담보하기 위해 자신이 소유한 X주택에 양도담보권을 설정해 주고 물품대금 채무의 이행지체시 곧바로 丙명의 소유권이전등기를 마쳐 주기로 약정하는 한편, 丙에게 X주택의 소유권이전등기에 필요한 서류 일체를 넘겨 주었다. 또한 甲은 丙이 甲에 대한 위 물품대금채권을 양도해도 좋다는 취지의 사전승낙서를 작성·교부했다.

• 甲이 위 물품대금 채무의 이행지체에 빠져서 丙이 X주택에 대한 담보권을 실행하려 하자, 乙이 甲의 위 채무를 대위변제하고 丙으로부터 X주택의 소유권이전등기 소요서류를 교부받았다. 그 후 이를 이용하여 乙명의 소유권이전등기가 마쳐졌다.

(b) 쟁점과 판단

• 乙은 변제할 정당한 이익 있는 제3자에 해당하지 않지만, 丙이 乙의 대위변제를 수령했으므로 묵시적 승낙에 의해 임의대위의 요건이 충족되었고, 甲의 사전승낙도 §450의 대항요건으로 인정된다. 따라서 乙은 적법한 변제자대위권자이다.

• 乙의 변제자대위권의 대상인 丙의 甲에 대한 양도담보권에 수반된 유담보 특약도 대위 대상인 '담보권'을 구성하므로 乙명의 소유권이전등기는 적법하다.

대법원 2007. 3. 16. 선고 2005다10760 판결

‣ 변제자대위에서 말하는 '담보에 관한 권리'에는 질권, 저당권이나 보증인에 대한 권리 등과 같이 전형적인 물적·인적 담보뿐만 아니라, 채권자와 채무자 사이에 채무의 이행을 확보하기 위한 특약이 있는 경우에 그 특약에 기하여 채권자가 가지게 되

는 권리도 포함된다.

- 乙의 대위변제를 丙이 승낙했고 甲에 대한 대항요건도 갖춰졌으므로 乙은 임의대위를 규정한 제480조에 따라 종래 丙이 가지던 채권 및 그 담보에 관한 권리인 이 사건 양도담보권을 이전받은 것이고, 乙명의의 위 소유권이전등기도 이러한 양도담보권의 이전에 기하여 적법하게 경료된 것이다.

B. 여러 명의 대위변제자가 근저당권부 피담보채무 전부를 대위변제한 경우

(a) 사안의 개요

- 甲은 乙에 대한 1억원의 대여금채권을 담보하기 위해 乙 소유 X부동산에 채권최고액 1억5000만원의 근저당권을 설정했고, 乙을 위해 丙·丁이 甲과 보증계약을 체결했다. 甲·乙 간 특약으로 지연배상금은 연 4%로 약정되었다.
- 이행기에 乙이 잠적하자, 丙은 6000만원을, 丁은 4000만원을 각 변제하고, 위 甲 명의 근저당권에 대해 丙 3/5, 丁 2/5의 비율로 각 근저당권 공유지분 이전의 부기등기를 마쳤다.
- 이행기로부터 1년이 경과한 상태에서 X부동산이 경매되었고 배당가능금액은 1억500만으로 산정되었다.

(b) 쟁점과 판단

- 여러 명의 대위변제자의 일부변제로 채무 전부가 변제된 경우 각 변제가액에 비례하여 근저당권을 준공유하고, 구상권의 가액과 종전의 채권자가 배당받을 수 있었던 가액 중 더 작은 값을 근저당권 준공유 비율에 따라 배당받을 수 있다.
- 丙·丁의 乙에 대한 구상권에 대한 지연손해금율은 법정이자율인 연 5%이지만 원래의 채권자 甲이 지연배상금율을 연 4%로 약정했기 때문에, 丙·丁이 채권·담보권을 대위행사하는 경우에는 지연배상금은 연 4% 이내에서만 받을 수 있다. 결국 원금은 丙 : 丁 = 6000 : 4000, 이자는 丙 : 丁 = 240 : 160의 비율로 각 배당받을 수 있다.

채권의 일부에 대하여 대위변제가 있는 경우에 대위자는 제483조 제1항에 따라 그 변제한 가액에 비례하여 종래 채권자가 가지고 있던 채권 및 담보에 관한 권리를 취득하고, 수인이 시기를 달리하여 근저당권 피담보채무의 일부씩을 대위변제하여 피담보채무액을 모두 대위변제한 후 **근저당권 일부이전의 부기등기를 각 경료한 경우에 대**

위변제자들은 그 변제한 가액에 비례하여 근저당권 전체를 준공유하므로, 들이 근저
당권을 실행하여 배당받는 경우에는 구상채권액 범위 내에서 대위변제가 없었다면
종전의 근저당권자가 배당받을 수 있는 금액을 각 변제채권액에 비례하여 안분 배당
받아야 한다(대법원 2014. 5. 16. 선고 2013다202755 판결).

나. 채무 일부의 대위변제(일부대위)의 효과

(1) 개관

• 대위변제자가 채무의 일부를 변제하면 이에 상응하는 비율로 채권·담보권이 대
위변제자에게 이전하지만, 아직 변제받지 못한 부분에 대해서는 채권자가 여전
히 채권·담보권을 행사할 수 있다. 따라서 전부대위와는 다른 특칙이 적용된다.

✓ 일부변제 사안에서는 변제충당도 문제될 수 있다.

(2) 본질적 효과: 채권·담보권 일부의 이전

> 제483조(일부의 대위) ① 채권의 일부에 대하여 대위변제가 있는 때에는 대위자는 그
> 변제한 가액에 비례하여 채권자와 함께 그 권리를 행사한다.

A. 개관

• 변제자대위의 효과로서 채권·담보권의 일부가 대위변제자에게 이전되며, 이때
도 §450의 대항요건주의·§186의 성립요건주의는 적용되지 않는다.

• 채권자와 일부 대위변제자가 일부변제 가액의 비율에 따라 채권·담보권을 준공
유하게 되지만, 채권자 보호를 위해 채권자의 우위가 인정된다.

수인이 시기를 달리하여 채권의 일부씩을 대위변제한 경우 그들은 각 일부 대위변제
자로서 **변제한 가액에 비례하여 근저당권을 준공유**한다고 보아야 하나, 채권자는 특
별한 사정이 없는 한 채권의 일부씩을 대위변제한 일부 대위변제자들에 대하여 우선
변제권을 가지고, **채권자의 우선변제권은 채권최고액을 한도로 자기가 보유하고 있
는 잔존 채권액 전액**에 미치므로, 결국 근저당권을 실행하여 배당할 때에는 채권자가
**자신의 잔존 채권액을 일부 대위변제자들보다 우선하여 배당받고, 일부 대위변제자
들은 채권자가 우선 배당받고 남은 한도액을 각 대위변제액에 비례하여 안분 배당받
는 것이 원칙이다(대법원 2011. 6. 10. 선고 2011다9013 판결).**

B. 채권자의 우위

(a) 권리행사: §483의 문리해석과 다름

- §483는 "채권자와 함께"라고 규정하고 있으나, ㉠ 채권자는 일부 대위변제자의 동의 없이 독자적으로 채권·담보권을 행사할 수 있는 반면 ㉡ 일부 대위변제자는 독자적으로 채권·담보권을 행사할 수 없고, 채권자가 변제받지 못한 가액에 대한 채권·담보권을 행사할 때 비로소 채권자와 함께 채권·담보권을 행사할 수 있다.

- §483는 "변제가액의 비율에 따라"라고 규정하고 있으나, ㉠ 일부 대위변제자는 채권자가 잔존 채권액을 모두 회수한 후 그 잔액에 대해서만 변제자대위를 할 수 있다. 즉 채권자와 대등한 자격으로 채권액 비율에 따라 안분하여 채권을 행사할 수는 없다. ㉡ 예외적으로 일부 대위변제자와 채권자 사이에, 보증인이 우선변제를 받기로 하는 우선회수특약 또는 채권자와 보증인이 각 채권액에 비례하여 배당받기로 하는 안분배당 특약 등이 있으면 그 당사자인 일부 대위변제자와 채권자 사이에서는 이러한 특약이 적용된다.

  채권자는 일부 대위변제자에 대하여 우선변제권을 가진다 할 것이고, 다만 일부 대위변제자와 채권자 사이에 변제의 순위에 관하여 따로 약정하는 **우선회수특약을 했다면 이에 따라 변제의 순위가 정해진다**(대법원 2017. 7. 18. 선고 2015다206973 판결).

(b) 해제·해지의 불가분성에 대한 예외

> 제483조(일부의 대위) ② 전항의 경우에 채무불이행을 원인으로 하는 계약의 해지 또는 해제는 채권자만이 할 수 있고 채권자는 대위자에게 그 변제한 가액과 이자를 상환하여야 한다.

C. 사례: 담보권이 근저당권인 경우, 일부대위의 효과

(a) 사안의 개요

- 甲은 乙 소유 X부동산에 1순위 근저당(최고액 5억원)을 설정하고 5억원을 대여했다.
- 乙의 보증인 丙이 乙의 대여금 5억 중 3억원을 변제했으나 근저당권의 피담보채무 확정 사유는 없었다. 甲은 丙의 요구에 따라 근저당권 일부 이전의 부기등기를 마쳤다. 그 후 甲은 다시 乙에게 2억원을 추가로 대여했다.

(b) 쟁점과 판단

- X부동산에 대한 경매절차에서 배당가능 금액이 3억원으로 정해지면 이 돈은 甲에게 전액 배당된다.
- 일부 대위변제로 인한 변제자대위 자체는 근저당권의 피담보채권 확정 사유가 아니므로 그 후 발생한 피담보채권에 대해서도 근저당권의 효력이 미치고, 일부 대위변제자 명의로 근저당권 일부 이전 부기등기가 마쳐졌더라도 채권자는 여전히 우선적으로 피담보채권 전액을 회수할 수 있다.

대법원 2002. 7. 26. 선고 2001다53929 판결

▸ 변제할 정당한 이익이 있는 자가 채무자를 위하여 **채권의 일부를 대위변제**하는 경우 법정대위 사안에서 채권자가 부동산에 대하여 <u>근저당권을 가지고 있는 경우에는</u>, 채권자는 대위변제자에게 일부 대위변제에 따른 저당권의 일부 이전의 부기등기를 경료해 주어야 할 의무가 있다 할 것이나, **이 경우에도** 채권자는 일부 변제자에 대하여 부기등기 해 준 가액에 대해서도 <u>우선변제권</u>을 가지고 있다.

▸ 근저당권이라고 함은 거래가 종료하기까지 채권은 계속적으로 증감변동하는 것이므로, 근저당권의 **피담보채권이 확정되기 전**에 그 채권의 일부를 양도하거나 대위변제한 경우 **근저당권이 양수인이나 대위변제자에게 이전할 여지는 없다**.

근저당권의 일부 이전을 받은 경우에는 저당권의 불가분성 때문에 채권자와 그 근저당권을 준공유하는 관계에 있다 할 것인데, 이러한 경우에도 <u>근저당권 채권최고액의 일부가 일부대위변제자에게 분리·이전되는 것으로 보기</u>는 어렵고, 일부대위변제자가 근저당권을 준공유하면서 채권자의 권리를 해하지 아니하는 범위 내에서 채권자와 함께 그 변제가액에 비례하여 권리를 행사할 수 있을 뿐이며, 채권 만족을 위한 **배당절차에서도 채권자가 종래의 채권최고액 범위 내에서 우선하여 배당받고 그 잔액이 있을 때 일부대위자가 배당**받을 수 있다(대법원 2004. 6. 25. 선고 2001다2426 판결).

(3) 부수적 효과: 채권자의 협조의무

> 제484조(대위변제와 채권증서, 담보물) ② 채권의 일부에 대한 대위변제가 있는 때에는 채권자는 채권증서에 그 대위를 기입하고 자기가 점유한 담보물의 보존에 관하여 대위자의 감독을 받아야 한다.

- 일부대위의 경우에도 채권자는 변제자대위의 편의를 위한 협조의무를 지지만,

전부대위 사안과는 의무의 내용이 다르다.

- 즉 채권증서에는 일부대위의 취지를 기입해야 하고, 담보물은 채권자가 여전히 점유하지만 그 보존을 위해 대위변제자의 감독을 받아야 한다. 명문규정은 없지만 채권자는 담보권 일부 이전의 부기등기를 해 줄 의무를 진다.

(4) 사례: 일부 변제한 보증채무자와 채권자 사이의 우선회수특약

A. 일부 대위변제자들 사이의 관계

(a) 사안의 개요

- A는 B에 대한 1억원의 채권을 담보하기 위해 B 소유 X부동산에 1순위 저당권(채권최고액 1억원)을 설정했다. 그 후 대위변제자 甲이 2000만원, 乙이 4000만원을 각각 대위변제했다.
- A의 신청으로 개시된 X부동산에 대한 임의경매에서 배당가능금액이 7000만원으로 책정되었는데 채권자 A와 乙 간에는 乙이 우선회수하기로 하는 특약이 있다.

(b) 쟁점과 판단

- 우선 일반원칙에 따라, A가 잔존채권액 4000만원을 우선 배당받고 남은 3000만원을 甲이 1000만원, 乙이 2000만원씩 각 배당받는다. A와 乙 간 특약은 甲에게는 효력이 없기 때문이다.
- A와 乙 사이에서는 우선회수 특약이 적용되므로 A는 자신이 배당받은 4000만원 중 2000만원을 乙에게 지급해야 한다. 결과적으로 배당가능금액 7000만원은 A : 甲 : 乙 = 2000 : 1000 : 4000의 비율로 배당된다.
- 비교: 乙의 우선회수특약이 A · 甲 · 乙 사이에 있었다면, 乙이 4000만원을 배당받고 남은 3000만원을 모두 A가 배당받는다.

대법원 2011. 6. 10. 선고 2011다9013 판결

- 일부대위로 인한 근저당권 준공유가 발생해도 채권자가 잔존채권액을 전액 우선변제받는 것이 원칙이다. 다만 채권자가 어느 **일부 대위변제자와 변제 순위나 배당금 충당에 관하여 따로 약정을 한 경우**에는 약정에 따라 배당방법이 정해지는데 약정의 효력은 <u>약정 당사자에게만</u> 미치므로, 약정 당사자가 아닌 다른 일부 대위변제자가 대위변제액에 비례하여 안분 배당받을 권리를 침해할 수는 없다.
- 따라서 경매법원으로서는 ㉠ 채권자와 일부 대위변제자들 전부 사이에 변제 순위나 배당금 충당에 관하여 동일한 내용의 약정이 있으면 약정 내용에 따라 배당하고,

ⓒ 채권자와 어느 일부 대위변제자 사이에만 그와 같은 약정이 있는 경우에는, 먼저 원칙적인 배당방법에 따라 채권자의 근저당권 채권최고액 범위 내에서 **채권자에게 그의 잔존 채권액을 우선 배당하고, 나머지 한도액을 일부 대위변제자들에게 각 대위변제액에 비례하여 안분 배당하는 방법**으로 배당할 금액을 정한 다음, **약정 당사자인 채권자와 일부 대위변제자 사이에서 약정 내용을 반영하여 배당액을 조정하는 방법**으로 배당을 하여야 한다.

B. 보증인과 구상보증인 사이의 관계

(a) 문제의 소재: 채권자·보증인 간 우선변제 특약과 구상보증인의 대위가능성

- 구상보증인이 보증인에게 구상보증채무를 이행하더라도 보증인이 채무자에 대해 가지는 권리만 대위행사할 수 있을 뿐이다. 따라서 보증인이 채권자에 대해 가지는 우선회수권은 변제자대위에 의해 구상보증인에게 법률상 당연히 이전되지는 않는다.

- 다만 구상보증인이 구상채무 전부를 대위변제한 경우 §484·§485가 적용된다. 따라서 보증인은 채권자에 대한 우선회수 청구권을 §450의 방식으로 구상보증인에게 양도해야 한다. 만약 보증인이 우선회수 청구권을 구상보증인에게 양도해주지 않아서 구상보증인에게 손해가 발생하면, 구상보증인은 보증인에게 §485에 따른 면책을 주장하거나 §484의 의무위반으로 인한 손해배상 청구를 할 수 있다.

(b) 사안의 개요

- 甲의 乙에 대한 채권 1억원을 담보하기 위해 乙은 자신이 소유한 X부동산에 甲명의 1순위 근저당을 설정해 주었고, B는 甲과 보증계약을 체결했는데 甲·B 간에는 B의 우선변제권을 인정하는 특약이 포함되었다. 또한 B가 장차 乙에게 가지게 될 구상권을 담보하기 위해 B·A 간 구상보증계약이 체결되었다.

- B는 甲에게 4000만원을 대위변제한 후 구상보증인 A로부터 전액을 회수했다. 그 후 X부동산이 경매되어 배당가능금액은 7000만원으로 산정되었다.

(c) 쟁점과 판단

- 甲·B 간 우선회수 특약상의 효과를 특약의 당사자가 아닌 A가 주장할 수는 없고, 우선회수특약은 채무자·채권자 간 특약도 아니므로, 이 특약상의 우선회수권은 구상보증인 A가 대위할 수 있는 '보증인의 주채무자에 대한 담보권'에 해당하지 않는다.

- 따라서 X부동산에 관한 배당가능 금액 7000만원은 甲의 잔존채권액 6000만원에 배당되고 남은 1000만원만 A에게 배당되는 것이 원칙이다.
- 다만 A는 B에게 '우선회수특약 상의 권리 이전을 내용으로 하는 협조의무' 위반을 이유로 손해배상청구를 할 수 있고, 그 가액은 차액설에 따라 산정하면 3000만원이다.

> **대법원 2017. 7. 18. 선고 2015다206973 판결**
> - 변제로 채권자를 대위하는 경우에 '**채권 및 그 담보에 관한 권리**'가 변제자에게 이전될 뿐 **계약당사자의 지위가 이전되는 것은 아니다**. 그리고 변제로 채권자를 대위하는 사람이 구상권 범위에서 행사할 수 있는 '채권 및 그 담보에 관한 권리'에는 **채권자와 채무자** 사이에 채무의 이행을 확보하기 위한 특약이 있는 경우에 특약에 기하여 채권자가 가지는 권리도 포함되나, **채권자와 일부 대위변제자** 사이의 약정에 지나지 아니하는 '우선회수특약'이 '채권 및 그 담보에 관한 권리'에 포함된다고 보기는 어렵다.
> - 일부 대위변제자의 채무자에 대한 구상채권에 대하여 보증한 **구상보증인**이 자신의 구상보증채무를 변제함으로써 보증인인 일부 대위변제자를 다시 대위하게 되더라도, 그것만으로 채권자의 채무자에 대한 권리가 아니라 채권자와 일부 대위변제자 사이의 약정에 해당하는 '우선회수특약'에 따른 권리까지 **당연히 대위하거나 이전받게 된다고 볼 수는 없다.**
> - 그렇지만 '우선회수특약'은 일부 대위에 부수하여 이루어진 약정이고, 일부 대위변제자는 자신을 다시 대위하는 보증채무 변제자인 **구상보증인을 위하여 제484조 및 제485조에 따라 채권 및 그 담보권 행사에 협조하고 이에 관한 권리를 보존할 의무**를 진다는 사정 등에 비추어 보면, 일부 대위변제자로서는 특별한 사정이 없는 한 보증채무 변제자가 대위로 이전받은 담보에 관한 권리 행사 등과 관련하여 채권자 등을 상대로 '우선회수특약'에 따른 권리를 주장할 수 있도록 권리의 승계 등에 관한 절차를 해 주어야 할 의무를 지고, 이를 위반함으로 인해 보증채무 변제자가 채권자 등에 대하여 권리를 주장할 수 없게 되어 **손해를 입은 경우에는 그에 대한 손해배상책임**을 진다.

다. 법정대위 · 전부대위의 경우에만 인정되는 효과: 담보보존 (간접)의무

> 제485조(채권자의 담보상실, 감소행위와 법정대위자의 면책) 제481조의 규정에 의하여 대위할 자가 있는 경우에 채권자의 고의나 과실로 담보가 상실되거나 감소된 때에

는 대위할 자는 그 상실 또는 감소로 인하여 상환을 받을 수 없는 한도에서 그 책임을 면한다.

(1) 적용범위

A. 임의규정

* §485에 의한 채권자의 담보보존의무는 당사자의 약정으로 배제할 수 있다. 예컨대 채권자·보증인 간 보증계약 체결시 §485의 의무를 배제하는 특약을 붙일 수 있다.
* 다만 이러한 특약은 담보보존 의무의 당사자인 변제할 정당한 이익 있는 제3자와 채권자 사이에서 체결되어야 하므로, 채무자·채권자 간 담보보존 의무 면제 약정은 무의미하다.

B. 확장적용

* §485는 대위변제자가 채권자에게 변제자대위권을 행사하는 경우는 물론, 대위변제자가 다른 변제자대위권자에게 변제자대위권을 행사하는 경우에도 적용된다.
* 예컨대 A의 B에 대한 채무에 대한 연대보증인 甲·乙이 있는 경우, ㉠ 乙은 B에게 주채무 전부를 변제하고 B에게 §485의 담보보존 의무 위반으로 인한 면책을 주장할 수 있고, ㉡ 甲이 먼저 B에게 주채무 전부를 대위변제하고 乙에 대한 B의 보증채권을 대위행사 하는 경우 乙은 이러한 甲에게도 §485의 담보보존 의무 위반으로 인한 면책을 주장할 수 있다(2010다11651, 544면).

(2) 요건: 담보의 상실이나 감소를 초래하는 채권자의 행위

A. 담보의 상실·감소

(a) 의미

* 담보의 의미: 담보란 변제자대위로 대위변제자에게 이전하게 될 채권의 모든 권리·지위를 뜻한다. 따라서 '담보의 상실·감소'에는 담보물권의 포기나 순위 변경뿐 아니라 보증인에 대한 채무면제 등도 포함된다.

여기서의 '담보'라 함은 주된 채무를 담보하기 위한 **인적 담보 또는 물적 담보**를 말하며, 담보의 상실 또는 감소의 전형적 예는 채권자가 **인적 담보인 보증인의 채무를 면제해 주거나 물적 담보인 담보물권을 포기하거나 순위를 불리하게 변경하거나 담보물을 훼손하거나 반환**하는 행위 등을 들 수 있을 것이다(대법원 2000. 12. 12. 선고 99다13669 판결).

- 상실·감소의 의미: 작위뿐 아니라 부작위도 담보를 상실·감소시키는 행위가 될 수 있다. 예컨대 채권자가 담보권 설정계약만 체결하고 담보권 설정등기를 게을리하여 타인이 담보물에 대해 가압류 등기나 선순위 담보권 설정등기를 마친 경우, 채권자의 §485의 의무 위반이 인정될 수 있다.

> 주채무자가 채권자에게 가등기담보권을 설정하기로 약정한 뒤 이를 이행하지 않고 있음에도 채권자가 그 약정에 기하여 가등기가처분 명령신청, 가등기설정등기 이행청구 등과 같은 **담보권자로서의 지위를 보전·실행·집행하기 위한 조치를 취하지 아니하던 중 그 부동산을 제3자가 압류·가압류함으로써 가등기담보권자로서의 권리를 제대로 확보하지 못한 경우**도 담보가 상실되거나 감소된 경우에 해당한다(대법원 2009. 10. 29. 선고 2009다60527 판결).

(b) 판단의 기준시: 법정대위의 근거인 '정당한 이익'의 요건인 법률관계 발생 후

- §485의 취지는 대위변제자가 될 수 있는 자의 변제자대위에 대한 기대를 보호하는 것이므로, 변제자대위의 전제가 되는 법률관계가 성립한 후에 발생한 채권자의 담보상실·감소행위에 대해서만 §485의 의무 위반이 성립할 수 있다.
- 예컨대 보증인은 보증계약 체결 전에 채권자가 담보를 상실했음을 이유로 §485에 따른 감액을 주장할 수 없다.

> 제485조는 보증인 등 **법정대위를 할 자가 있는 경우**에 채권자에게 담보보존의무를 부담시킴으로써 대위할 자의 **구상권과 대위에 대한 기대권을 보호**하려는 것이다(대법원 2022. 12. 29. 선고 2017다261882 판결).

(c) 사례: 이미 소멸한 담보를 대위변제자가 신뢰한 경우

- 甲은 乙에 대한 채권을 담보하기 위해 乙이 丙에 대해 가진 ⓐ채권을 양도받았는데, 甲이 乙을 대리하여 丙에게 한 채권양도 통지에서 양도 대상 채권을 제대로 특정하지 않아서 통지가 무효가 되었다.
- 丁은 甲이 ⓐ채권을 담보로 취득했다고 믿고 乙의 甲에 대한 채무를 보증했는데, 그 당시 이미 乙에 대한 다른 채권자 戊가 ⓐ채권에 대해 적법한 채권집행을 실시하여 이 채권은 소멸해 버린 상태였다.
- 이 경우 보증인 丁은 채권자 甲이 甲·丁 간 보증계약 체결 전에 이미 소멸한 ⓐ채권을 상실했음을 이유로 §485의 적용을 주장할 수 없다. 담보의 존재에 대한 신

뢰는 보증계약 체결의 동기에 불과하기 때문이다.

제485조에 의하여 법정대위자가 **면책되는지 여부 및 면책되는 범위는 담보가 상실 또는 감소한 시점을 표준시점**으로 하여 판단되는 점 등을 종합하면, **법정대위의 전제가 되는 보증 등의 시점 이전에 이미 소멸한 채권자의 담보**에 대해서는 **제485조가 적용되지 않는다**고 보아야 하고, 위와 같은 담보 소멸에 채권자의 고의나 과실이 있다거나 법정대위의 전제가 되는 보증 등의 시점 당시 소멸된 담보의 존재를 신뢰하였다는 등의 사정이 있다고 하여 달리 볼 것은 아니다. 피고가 이미 소멸한 채권의 존재를 신뢰하였다는 등의 사정은 근보증계약을 체결하게 된 **동기 내지 경위에 불과**할 뿐 제485조의 적용 여부와는 무관하다(대법원 2014. 10. 15. 선고 2013다91788 판결).

B. 채권자의 고의·과실

(a) 고의·과실의 대상

• 채권자의 담보보존의무 위반의 요건인 고의·과실의 대상은 변제자 대위의 요건 충족 여부가 아니라 담보의 상실이나 감소라는 사실이다.

• 따라서 채권자가 담보의 상실·감소를 초래하는 행위를 할 때 대위변제로 인해 변제자대위권이 발생했다는 사실을 몰랐더라도, 담보의 상실·감소 자체에 대한 고의·과실이 인정되면 §485가 적용된다.

(b) 고의·과실 판단

• 채권자가 담보권등기 말소등기를 한 경우에는 고의가 추정된다. 공동신청주의가 적용되기 때문에 채권자의 의사와 무관하게 담보권등기가 말소될 수 없기 때문이다.

• 제3자가 채권자를 기망한 경우처럼 담보권등기 말소등기 과정에 제3자의 위법행위가 개입했더라도 채권자의 과실은 인정될 수 있다.

(c) 판단의 기준시: 담보상실·감소 행위 당시

• 채권자의 고의·과실은 담보상실·감소을 초래하는 행위 당시를 기준으로 판단해야 한다.

• 담보상실·감소 행위 후의 담보물의 시가 변동은 고려 대상이 아니다. 따라서 채권자가 과실로 상실한 담보가 저가로 매각되어 실제로 대위 대상 채권에 대한 배당금이 발생하지 않아서 담보 기능을 할 수 없었더라도 §485는 그대로 적용된다 (2007다66590, 543면).

(3) 효과

A. 담보보존의무의 법적 성질: 간접의무

(a) 법정된 불이익: 대위변제자의 면책

• 채권자의 담보보존 의무는 간접의무이다.

• 따라서 채권자가 고의·과실로 담보보존 의무를 위반해도, 대위변제자의 면책이라는 법정된 불이익만 발생하고, 그 밖의 법률관계에는 영향이 없다.

(b) 담보보존 의무과 무관한 효과: 대위 대상 채권 자체에는 영향 없음

• 대위변제자의 책임만 감축되고 채무의 내용에는 영향을 미치지 않는다.

• 예컨대 피담보채무의 가액은 1억원이고 담보의 가액이 8000만원이었는데 채권자가 과실로 5000만원어치의 담보를 상실하면 보증인은 5000만원의 면책을 주장할 수 있으나 주채무자는 여전히 1억원의 채무를 부담한다.

제485조에 의한 물상보증인의 면책은 근저당권의 **피담보채무 자체가 소멸한다는 뜻은 아니고 피담보채무에 관한 물상보증인의 책임이 소멸**한다는 의미이다(대법원 2017. 10. 31. 선고 2015다65042 판결).

(c) 담보보존 의무 위반과 §750

• 원칙: 담보권 행사는 담보권자의 권리이지 의무가 아니므로 담보권을 제대로 행사하지 못했더라도 위법성이 인정되지 않는다. 따라서 채권자의 담보보존 의무 위반이 인정되는 경우에도 변제자대위권자는 §485의 면책만 주장할 수 있을 뿐 채권자에게 §750의 손해배상청구를 할 수는 없다.

법정대위를 할 자는 채권자가 고의나 과실로 담보를 상실하게 하거나 감소하게 한 때에는 원칙적으로 **제485조에 따라 면책을 주장할 수 있을 뿐**이고, 채권자가 제3자에 대하여 자신의 담보권을 성실하게 보존·행사하여야 할 의무를 부담하는 등의 특별한 사정이 없는 한 채권자의 담보권 포기는 **불법행위에 해당하지 않는**다(대법원 2022. 12. 29. 선고 2017다261882 판결).

• 예외: 대위변제자에게 이미 구상권이 발생하여 변제자대위권 행사에 대한 정당한 기대를 가지게 된 상태에서 채권자가 고의·과실로 담보권을 상실·감소시키면 §750의 책임이 발생한다.

B. 채권자의 담보 상실이 §750의 불법행위에 해당하는 경우

(a) 사안의 개요

- 乙의 丙에 대한 채무를 담보하기 위해, 丙은 채무자 乙소유 X부동산과 물상보증인 甲소유 Y부동산에 대한 공동저당권을 설정했다.

- 乙의 원리금 지급이 연체되자 丙은 Y부동산에 대해서만 임의경매를 신청했고, 매수인 丁이 대금을 완납하고 Y부동산의 소유권을 취득했다.

- 매각대금의 배당절차에서 丙은 1순위 저당권자로서 신고한 채권 전액을 배당받을 것이 예정되어 있었고, 丙이 배당금을 수령하면 甲은 乙소유 X부동산에 대한 변제자대위권을 행사할 수 있는 상황이었다.

(b) 변제자대위에 대한 정당한 기대 침해는 §750의 근거가 됨

- 위와 같은 상태에서 丙이 X부동산에 대한 근저당권 설정등기를 말소하면 甲은 丙에게 §750의 손해배상청구를 할 수 있다.

- 공동저당물 중 물상보증인 소유물에 대해 먼저 임의경매가 실행된 경우, 물상보증인 甲은 채무자 乙소유 X부동산에 대한 변제자대위권 행사에 대해 정당한 기대를 가지게 된다. 이로 인해 채권자의 담보보존은 더 이상 §485의 간접의무에 머물지 않고 법적 의무로 성질이 바뀐다. 이 상태에서 채권자가 고의·과실로 담보물을 상실·감소시키면 이러한 행위는 §750의 불법행위에 해당한다.

(c) 배척된 항변

- 丙은, 甲이 §485에 의한 책임 감면을 주장하여 丙에게 §741 청구를 할 수 있는 이상 손해를 입었다고 할 수 없으므로 甲의 丙에 대한 §750 청구는 이유없다고 주장했지만 배척되었다. §741 채무와 §750 채무는 병존·경합할 수 있기 때문이다.

- 丙은, 甲이 §485에 의한 책임 감면이라는 취지로 배당이의를 하지 않았으므로 §750 채권을 행사할 수 없다고 주장했지만 배척되었다. 다만 甲이 배당이의 단계에서 §485에 의한 면책 주장을 하지 않은 것이 과실상계 사유는 될 수 있을 것이다.

대법원 2022. 12. 29. 선고 2017다261882 판결

- 물상보증인인 甲의 지분에 관하여 담보권이 실행될 가능성이 단순히 예상되는 수준을 넘어 실제로 현실화됨으로써 甲은 배당절차를 통하여 변제가 이루어졌을 때에 준하는 변제자대위에 관한 정당한 기대를 가지게 되었고, 채권자인 丙은 甲에 대하여 자신의 담보권을 성실하게 보존·행사하여야 할 의무를 부담한다고 보아야 한다.

- 그런데도 丙이 변제자대위의 대상이 될 채무자에 대한 근저당권설정등기를 말소하여 줌으로써 저당권을 포기한 행위는 변제자대위에 의하여 취득한 권리의 침해에 준하는 물상보증인의 변제자대위에 대한 **정당한 기대를 침해하는 행위로서 제750조에 정한 불법행위에 해당**한다고 봄이 타당하다.
- 이러한 불법행위의 성립은 甲이 배당이의를 통하여 제485조에 따른 면책을 주장하지 않았다거나, 제485조에 따른 면책을 전제로 丙에 대하여 면책되는 금액 상당의 배당금에 관한 부당이득반환을 청구할 수 있다고 하더라도 달라지지 않는다.

C. 면책의 의미와 가액

(a) 면책의 의미

- 채권자의 담보보존 의무로 인해 상실·감소된 담보가치만큼 대위변제자는 면책된다.
- 대위변제자는 대위변제를 할 때 면책 가액을 공제한 만큼만 이행하면 되고, 이미 이행을 마친 경우라면 담보상실·감소의 가액만큼 §741 청구를 할 수 있다.

대법원 2017. 10. 31. 선고 2015다65042 판결

- 채권자인 피고가 공동근저당권 가운데 일부를 포기함으로써 물상보증인인 원고의 대위권을 침해하였다면, 비록 <u>피담보채무 자체가 소멸하는 것은 아니지만</u> 원고는 제485조에 따라 상환을 받을 수 없는 한도에서 물상보증인으로서의 책임을 면한다.
- 안분분담권이 침해되었다는 이유로 일정한 범위에서 **피담보채무가 소멸되었다는 확인을 구하는 원고의 청구**에는 제485조에 따른 책임 소멸의 확인을 구하는 취지도 포함되어 있다고 해석할 수 있다. 그런데도 <u>원심이 원고의 주장을 배척한 것은 잘못</u>이다.

(b) 담보물의 시가 산정 기준시: 담보상실·감소 행위 당시

- 담보상실·감소 가액 산정을 위한 담보물의 가치는 담보상실·감소를 유발하는 행위 당시를 기준으로 산정해야 한다(2007다66590, 543면).
- 면책될 가액을 산정할 때는 채권자의 행위와 인과관계 있는 가액만큼만 공제된다. 예컨대 대위변제자가 채권자에게 8000만원을 지급한 후 채권자의 과실로 인해 ㉠ 담보가치가 2억원에서 1억원으로 감소하더라도, 대위변제자는 여전히 8000만원을 회수할 수 있으므로 §485가 적용되지 않지만, ㉡ 담보가치가 2억원

에서 5000만원으로 감소하면 대위변제자는 회수할 수 없게 된 3000만원의 면책을 주장할 수 있다.

(4) §485가 문제된 사례

A. 과실에 의한 담보 상실과 면책 가액 산정의 기준시

(a) 사안의 개요

- 甲은 乙에 대한 1억원의 채권을 담보하기 위해 乙 소유 X부동산에 2순위 근저당권(채권최고액 1억원)을 설정하는 한편 丙과 보증계약을 체결했는데 그 당시 X부동산에는 A명의 1순위 근저당권(채권최고액 2억원)이 설정되어 있었다.
- 乙이 피담보채무를 변제한 것처럼 甲을 기망했고 이에 속은 甲은 위 2순위 근저당권을 말소해 주었다. X부동산의 시가는 甲이 위 2순위 근저당권을 말소할 때는 3억원이었으나 그 후 A의 신청에 의한 임의경매 절차에서는 2억원에 매각되었다.

(b) 쟁점과 판단

- 이 경우 丙은 1억원의 면책을 주장할 수 있다.
- 甲의 과실로 인한 담보 상실에 대해서도 §485가 적용되고 이때 면책 가액은 담보 상실 당시의 시가를 기준으로 판단해야 하기 때문이다.

대법원 2008. 12. 11. 선고 2007다66590 판결

- 채무자에게 기망당하여 원고가 근저당권 해지에 동의함으로써 근저당권이 말소된 경우 이러한 근저당권 상실은 원고의 과실에 의한 것으로 볼 여지가 충분하고, 위 근저당권의 상실로 인하여 원고는 그 채권최고액인 1억 2,000만 원을 상환받을 수 없게 되었으므로, 피고는 위 근저당권이 말소된 때에 이 사건 보증채무를 면하였다고 보아야 한다.
- 한편 위 근저당권이 말소된 후 이 사건 토지에 관한 임의경매절차에서 이 사건 토지가 시가 이하로 매각됨으로써 위 근저당권에 기하여는 배당받을 수 없었다 하더라도, 이러한 사정은 피고가 **이미 면책된 후의 사정에 불과하여 이를 참작할 수는 없**다.

B. 대위변제자의 담보물 상실과 §485의 적용

(a) 사안의 개요

- 甲의 乙에 대한 2억원의 금전채권을 담보하기 위하여 乙 소유 X부동산에 대한 1순위 근저당권을 설정하였다. 丙·丁은 乙의 채무를 보증했다.
- 乙이 돈을 갚지 못하자 丙은 전액을 대위변제 한 후 자신이 대위행사 하게 된 X부

동산에 대한 甲명의 근저당권설정등기를 말소했는데, 그 직후 乙은 X부동산을 戊에게 팔았고 이에 따라 戊명의 소유권이전등기가 마쳐졌다.

(b) 쟁점과 판단

- 甲명의 근저당권 설정등기 말소 당시에 X부동산의 가액이 9000만원이었다면 丙이 丁에게 구상할 수 있는 가액은 1000만원이다.
- 변제자대위의 본질상 구상권자인 대위변제자(丙)와 다른 보증인(丁)의 관계는 §485에서 말하는 '채권자'와 '§481에 의하여 대위변제할 자'의 관계에 해당한다.
- 다만, 일반적인 사안과는 달리, 丁의 면책 액수는 채권자 甲에 대한 보증채무 전액이 아니라 변제자대위권자 丙에 대한 丁의 분담액(1억원)을 기준으로 판단해야 한다.

> **대법원 2012. 6. 14. 선고 2010다11651 판결**
> ‣ 제485조를 적용할 때 채권자가 당초의 채권자이거나 장래 대위로 인하여 채권자로 되는 자이거나를 구별할 이유가 없다. 변제로 당초 채권을 대위 행사하는 연대보증인과 다른 연대보증인의 관계는 바로 제485조에서 정한 <u>'채권자'와 '제481조의 규정에 의하여 대위할 자'의 관계</u>가 된다.
> ‣ 따라서 변제로 공동면책시켜 구상권을 가지는 연대보증인이 주채무자에 대한 채권담보를 상실 또는 감소시킨 경우 제485조의 '채권자의 고의나 과실로 담보가 상실되거나 감소된 때'에 해당하여, 다른 연대보증인은 **구상의무를 이행하였을 경우**에 담보 소멸로 인하여 주채무자로부터 상환을 받을 수 없는 한도에서 책임을 면한다고 보아야 한다.

4. 변제자대위의 효과2: 변제자대위권자들 사이의 관계(§482 ②)

가. 개관: 문제의 소재와 해결 방법

(1) 문제의 소재: 법정대위 요건을 갖춘 대위변제자가 여러 명인 경우

- 대위변제자 여러 명이 서로 전액에 대한 법정대위를 할 수 있게 하면 법정대위가 순환된다.
- 예컨대 甲의 乙에 대한 1억원의 채무에 대해 보증인 A·B가 있는 경우, A가 甲에게 1억원을 변제하여 발생한 乙에 대한 구상권 1억원 전액에 대해 B에게 변제자대위권을 행사할 수 있게 하면, 이에 따라 A에게 1억원을 지급한 B도 乙에 대한

1억원의 구상권을 근거로 1억원 전액에 대해 A에게 변제자대위권을 행사할 수 있게 된다.

제482조 제2항 제5호는 동일한 채무에 대하여 인적 무한책임을 지는 보증인과 물적 유한책임을 지는 물상보증인이 여럿 있고 그 중 어느 1인이 먼저 대위변제를 하거나 경매를 통한 채무상환을 함으로써 다른 자에 대하여 채권자의 권리를 대위하게 되는 경우, 먼저 대위변제 등을 한 자가 부당하게 이익을 얻거나 **대위가 계속 반복되는 것을 방지하고 대위관계를 공평하게 처리하기 위해 대위자들 상호간의 대위순서와 분담비율을 규정**하고 있다(대법원 2010. 6. 10. 선고 2007다61113 판결).

(2) 해결방법(특칙의 내용: §482 ②)

• 1단계: 변제할 정당한 이익 있는 제3자의 유형에 따라 이들 사이의 서열을 결정함으로써 변제자대위권을 행사할 수 있는 관계와 그렇지 못한 관계를 규정한다.
• 2단계: 서열이 같은 변제자대위권자가 여러 명이면 각자의 분담비율을 정한 후 이에 따라 산정된 자신의 분담액을 초과한 가액에 대해서만 변제자대위를 허용한다.

나. 변제자대위권자들 사이의 관계

(1) 1단계: 서열 결정

A. 보증인과 물상보증인: 동순위(§482② 5호 본문)
• 보증인과 물상보증인은 순위가 같으므로 서로에게 변제자대위권을 행사할 수 있다.
• 따라서 이들 간의 책임분담액 결정이 문제된다.

B. 보증인과 (채무자로부터의) 제3취득자: 보증인 우선

> 제482조(변제자대위의 효과, 대위자간의 관계) ②
> 1. **보증인은** 미리 전세권이나 저당권의 등기에 그 대위를 부기하지 아니하면 전세물이나 저당물에 권리를 취득한 제삼자에 대하여 채권자를 대위하지 못한다.
> 2. 제삼취득자는 보증인에 대하여 채권자를 대위하지 못한다.

• 보증인은 채무자로부터의 제3취득자에게 변제자대위를 할 수 있지만, 이를 위해 변제자대위로 인한 담보권 이전의 부기등기를 마쳤어야 한다(대항요건주의).
• 이에 비해 채무자로부터의 제3취득자는 보증인에게 변제자대위를 할 수 없다.

C. 물상보증인과 (채무자로부터의) 제3취득자: 물상보증인 우선

- 물상보증인과 (채무자로부터의) 제3취득자 사이의 서열에 대해서는 명문 규정이 없지만, 물상보증인에게는 보증인에 준하는 지위가 인정된다.
- 물상보증인의 구상관계에 대해서는 §341이 준용되고, 물상보증인이 자신이 제공한 담보물에 대한 담보권 실행으로 소유권을 상실한 경우 보증인이 자신의 재산으로 타인의 채무를 변제한 경우와 다를 바 없기 때문이다.

> ### 대법원 2014. 12. 18. 선고 2011다50233 전원합의체 판결
>
> ▸ 물상보증인과 제3취득자 사이의 변제자대위에 관하여는 명확한 규정이 없다. 제341조에 의하면 물상보증인은 보증채무에 관한 규정에 따라 채무자에 대한 구상권이 있고 제482조 제2항 제5호에 따르면 물상보증인과 보증인 상호 간에는 그 인원수에 비례하여 채권자를 대위하게 되어 있을 뿐 이들 사이의 우열은 인정하고 있지 아니하다.
>
> ▸ 보증인과 제3취득자 사이의 변제자대위에 관한 제482조 제2항 1호, 2호의 취지에 비추어 물상보증인이 채무를 변제하거나 담보권의 실행으로 소유권을 잃은 때에는 **보증채무를 이행한 보증인과 마찬가지로** 채무자로부터 담보부동산을 취득한 제3자에 대하여 구상권의 범위 내에서 출재한 전액에 관하여 채권자를 대위할 수 있는 반면, **채무자로부터** 담보부동산을 취득한 제3자는 채무를 변제하거나 담보권의 실행으로 소유권을 잃더라도 **물상보증인에 대하여 채권자를 대위할 수 없다**고 보아야 한다.

(2) 2단계: 대등한 지위인 변제자대위권자들 간의 분담

A. 개관: 분담액 초과액에 대해서만 변제자대위 가능

- 변제자대위 서열이 같은 경우 각자의 분담액이 정해져야 한다. 변제자대위의 순환을 방지해야 하기 때문이다.
- 이 경우 자신의 분담액을 초과하는 가액에 대해서만 변제자대위권을 행사할 수 있다.

> ### 대법원 2010. 6. 10. 선고 2007다61113 판결
>
> ▸ 여러 보증인과 물상보증인 사이에서는 그 중 어느 1인에 의하여 주채무 전액이 상환되었을 것을 전제로 하여 그 주채무 전액에 제482조 제2항 제5호에서 정한 대위비율을 곱하여 산정한 금액이 각자가 대위관계에서 **분담하여야 할 부담** 부분이다.

- 여러 보증인 또는 물상보증인 중 어느 1인이 위와 같은 방식으로 산정되는 **자신의 부담 부분에 미달하는 대위변제** 등을 한 경우 곧바로 다른 자를 상대로 채권자의 권리를 대위할 수 있도록 한다면, 먼저 대위변제 등을 한 자가 부당하게 이익을 얻거나 대위자들 상호간에 대위가 계속 반복되게 되고 대위관계를 공평하게 처리할 수도 없게 되므로, 제482조 제2항 제5호의 규정 취지에 반하는 결과가 생기게 된다.
- 보증인과 물상보증인이 여럿 있는 경우 어느 누구라도 위와 같은 방식으로 산정한 **각자의 부담 부분을 넘는 대위변제 등을 하지 않으면 다른 보증인과 물상보증인을 상대로 채권자의 권리를 대위할 수 없다.**

B. 분담비율 결정

(a) 개관: 임의규정

- §482는 임의규정이므로 대위변제자들간의 특약으로 분담의 순서나 비율을 다르게 정할 수 있다(2007다61113, 548면).
- 특약이 없는 경우 §482 ②에 따라 분담비율이 정해진다.

(b) 구체적인 예

- 보증인: 인원수에 비례하여 분담한다. 즉 모든 보증인은 분담비율이 같다.
- 물적 담보를 제공한 물상보증인이 여러 명이거나, 담보물의 제3취득자가 여러 명이면, 각자의 담보물의 가액에 비례하여 분담한다.

> 제482조(변제자대위의 효과, 대위자간의 관계) ②
> 4. 자기의 재산을 타인의 채무의 담보로 제공한 자가 수인인 경우에는 전호의 규정을 준용한다.

> 제482조(변제자대위의 효과, 대위자간의 관계) ②
> 3. 제삼취득자 중의 1인은 각 부동산의 가액에 비례하여 다른 제삼취득자에 대하여 채권자를 대위한다.

- 물상보증인과 보증인: ㉠ 1단계로 보증인들과 물상보증인들 각각의 인원수에 비례하여 보증인들의 분담액과 물상보증인들의 분담액을 산정한다(§482 ② 5호 본문). ㉡ 2단계로 보증인들의 분담액을 각 보증인이 인원수에 비례하여 분담하고, 물상보증인들의 분담액을 각 물상보증인이 각 제공한 담보물의 가액에 비례하여 분담한다(§482 ② 5호 단서).

> 제482조(변제자대위의 효과, 대위자간의 관계) ②
>
> 5. 자기의 재산을 타인의 채무의 담보로 제공한 자와 보증인간에는 그 인원수에 비례
>   하여 채권자를 대위한다. 그러나 자기의 재산을 타인의 채무의 담보로 제공한 자가
>   수인인 때에는 보증인의 부담부분을 제외하고 그 잔액에 대하여 각 재산의 가액에
>   비례하여 대위한다.

- 이때 보증인 겸 물상보증인은 보증인 1명으로 간주한다.

대법원 2010. 6. 10. 선고 2007다61113 판결

- 보증인과 물상보증인 상호간에는 보증인의 총 재산의 가액이나 자력 여부, 물상보증인이 담보로 제공한 재산의 가액 등을 일체 고려하지 아니한 채 형식적으로 인원수에 비례하여 평등하게 대위비율을 결정하도록 규정한 것은 당사자 간의 특약 등의 특별한 사정이 없는 한 오히려 인원수에 따라 대위비율을 정하는 것이 공평하고 법률관계를 간명하게 처리할 수 있어 합리적이며 그것이 대위자의 통상의 의사 내지 기대에 부합하기 때문이다.
- 이러한 취지는 보증인과 물상보증인의 지위를 겸하는 자가 포함되어 있는 경우에도 동일하게 참작되어야 하므로, 위와 같은 경우 제482조 제2항 제4호, 제5호 전문에 의한 대위비율은 보증인과 물상보증인의 지위를 겸하는 자도 1인으로 보아 산정함이 상당하다.

C. 분담액 산정 기준인 주채무액

(a) 개관

- 분담비율이 정해지더라도 분담 대상인 주채무의 가액이 정해져야 각 변제자대위권자의 분담액이 정해질 수 있다.
- 이때 주채무의 가액은 대위변제 당시를 기준으로 산정해야 한다. 따라서 대위변제시까지 발생한 지연손해금도 포함된다.

제482조 제2항 5호에 의한 부담 부분을 정하는 경우, 당초 성립한 주채무가 주채무자의 변제나 채무 면제 등으로 감소하거나 이자·지연손해금이 증가하는 때에는 그 당시 현존하고 있는 보증인이나 물상보증인의 부담 부분도 원칙적으로 그에 상응하여 감소하거나 증가하게 되므로, 보증인이나 물상보증인이 대위변제 등을 할 당시에 이미 주채무자의 변제나 채무 면제 등으로 주채무가 감소하거나 이자·지연손해금이 증

가한 사정이 있다면, **이를 반드시 참작하여 그 대위변제 등 당시를 기준**으로 하여 당해 보증인이나 물상보증인의 대위변제액 등이 그의 부담 부분을 초과하는 것인지 여부를 판단하여야 한다(대법원 2010. 6. 10. 선고 2007다61113 판결).

D. 연습

(a) 사안의 개요

• 甲에 대한 乙의 채무 9000만원을 담보하기 위하여, A·B·C는 보증인이 되었고, 이에 더하여 B는 4000만원의 담보물을, D는 3000만원의 담보물을, E는 2000만원의 담보물을 각각 제공했다. 지연손해금 1000만원이 발생한 상태에서 乙이 4000만원을 甲에게 변제했다.

• A가 甲에게 1000만원을 변제한 경우, 다른 보증인·물상보증인에게 변제자대위권을 행사할 수 있는 가액은 얼마인가?

(b) 쟁점과 판단

• 분담 대상인 채무의 가액은 변제자대위권 행사 당시를 기준으로 판단해야 하는데, 원래의 채무액 9000만원에서 주채무자 乙이 일부 변제한 4000만원을 빼고 지연손해금 1000만원을 더해야 하므로, 분담 대상 채무의 가액은 6000만원이다.

• 보증인 겸 물상보증인 B는 보증인으로 본다. 따라서 보증인 3명, 물상보증인 2명으로 보아야 한다. 따라서 보증인 3명이 3600만원(= 6000×3/5)을 각 1/3씩 분담하고, 물상보증인 2명이 2400만원을 담보물 가액의 비율에 따라 3:2의 비율로 분담한다.

• A·B·C는 각 1200만원을 분담하고, D는 1440만원, E는 960만원을 분담하므로, 1000만원을 대위변제한 A는 누구에게도 변제자대위를 할 수 없다.

E. 사례: 물상보증인의 임의 변제와 §482 3·4호의 적용

(a) 사안의 개요

• 甲의 乙에 대한 3억원의 금전채권을 담보하기 위해 丙 소유 X부동산(3억원), Y부동산(2억원)에 대한 甲명의 1번 공동저당권이 설정되었다. 그 후 X부동산에 대해서는 A명의 소유권이전등기가 마쳐졌고, Y부동산에 대해서는 B명의 소유권이전등기가 마쳐졌다.

• 甲이 X, Y부동산에 대한 경매를 신청하자 A·B는 각 1억5000만원씩을 변제공탁했다.

(b) 쟁점과 판단

- 이 경우 A가 B에게 변제자대위권을 행사할 수 있는지가 문제된다. 원심은 이들이 공동으로 대위변제를 했으므로 甲의 채권·담보권에 대해 각 1/2의 비율로 변제자대위권을 행사할 수 있다고 보았다.

- 대법원은 이러한 원심은 파기했다. 물상보증인은 담보물의 가액에 비례하여 변제자대위권을 행사할 수 있다고 한 §482 ② 3호는 경매로 소유권을 상실한 경우뿐 아니라 대위변제를 한 경우에도 적용되기 때문이다. 또한 물상보증인으로부터의 제3취득자에 대해서도 같은 법리가 적용된다(§482 ② 4호).

- 따라서 B는 A에게 3000만원에 대한 변제자대위권을 행사할 수 있다. A의 책임분담액이 1억8000만원, B의 책임분담액이 1억2000만원인데도 A·B가 피담보채무 3억원을 각 1억5000만원씩 변제했기 때문이다.

> **대법원 2024. 7. 31. 선고 2023다266420 판결**
>
> ▸ 제481조, 제482조 제1항, 제2항 3호·4호 등을 종합하면] 수인의 물상보증인 또는 <u>그로부터 담보의 목적이 된 부동산에 관한 소유권 등을 취득한 제3취득자 중 1인이 채무를 ㉠ 변제하거나 ㉡ 담보권의 실행으로 소유권을 잃은 때</u>에는 다른 물상보증인 또는 그로부터 담보의 목적이 된 부동산에 관한 소유권을 취득한 제3취득자에 대하여 구상권의 범위 내에서 채권자를 대위하여 채권 및 그 담보에 관한 권리를 행사할 수 있고, 이때에도 특별한 사정이 없는 한 그 행사는 **물상보증인 상호 간의 대위를 규정한 제482조 제2항 제3호 및 제4호에 따라 각 부동산의 가액에 비례**한다고 봄이 타당하다.
>
> ▸ A, B는 모두 물상보증인으로부터 공동담보물을 각각 취득하게 된 제3취득자에 해당하는데, 그중 일방이 이 사건 피담보채무를 '변제'하여 다른 제3취득자에 대하여 채권자를 대위하는 경우에도 변제자대위 범위는 제482조 제2항 제3호 및 제4호에 따라 각 부동산의 가액에 비례하여 정해져야 한다. 따라서 B가 그 소유 부동산이 먼저 '경매'되었음을 이유로 다른 부동산의 제3취득자를 상대로 변제자대위를 하는 것이 아니라고 하여 제482조 제2항 제3호의 적용을 배제할 이유가 없다.

다. 대항요건주의

(1) 개관

- 법정대위는 §187에 의한 물권변동이므로 등기 없이 당연히 그 효과가 발생한다

(§481). 다만 제3취득자에게 변제자대위로 대항하려면 담보권 이전의 부기등기를 마쳐야만 한다.

> 제482조(변제자대위의 효과, 대위자간의 관계) ②
>
> 1. 보증인은 미리 전세권이나 저당권의 등기에 그 대위를 부기하지 아니하면 전세물이나 저당물에 권리를 취득한 제삼자에 대하여 채권자를 대위하지 못한다.

> 제482조(변제자대위의 효과, 대위자간의 관계) ②
>
> 5. 단서: 그러나 자기의 재산을 타인의 채무의 담보로 제공한 자가 수인인 때에는 보증인의 부담부분을 제외하고 그 잔액에 대하여 각 재산의 가액에 비례하여 대위한다.

> 제482조(변제자대위의 효과, 대위자간의 관계) ②
>
> 5. 제3문: 이 경우에 그 재산이 부동산인 때에는 제1호의 규정을 준용한다.

• 변제자대위로 인한 채권·담보권 이전 사실을 알지 못하고 담보물을 취득하는 제3자 보호를 위해 대항요건주의가 적용되는 것이다.

제482조 제2항 제1호, 제5호는 **변제자대위**의 효과로 채권자가 가지고 있던 채권 및 그 담보에 관한 권리가 **법률상 당연히** 변제자에게 이전하는 경우에도, 변제로 인하여 저당권 등이 소멸한 것으로 믿고 그 목적부동산을 취득한 제3취득자를 불측의 손해로부터 보호하기 위하여 미리 저당권 등에 대위의 부기등기를 하지 아니하면 제3취득자에 대하여 채권자를 대위하지 못하도록 정하고 있다(대법원 2015. 3. 20. 선고 2012다99341 판결).

(2) 인적 적용범위

A. 개관

• 채무자로부터의 양수인이나 물상보증인으로부터의 양수인 모두에게 대항요건주의가 적용된다. 이에 비해 공동저당물의 후순위담보권자에 대해서는 대항요건주의가 적용되지 않는다(2012다48855, 554면).

물상보증인이 수인일 때 그중 일부의 물상보증인이 채무를 변제한 뒤 다른 물상보증인 소유 부동산에 설정된 근저당권설정등기에 관하여 대위의 부기등기를 하여 두지 아니하고 있는 동안에 제3취득자가 위 부동산을 취득했다면 대위변제한 물상보증인들은 제3취득자에 대하여 채권자를 대위할 수 없다고 해석된다(대법원 2015. 3. 20. 선고 2012다99341 판결).

- 물상보증인 자신이 변제자대위권을 행사하는 경우뿐 아니라 공동저당 사안에서 물상보증인 소유 공동저당물에 대한 후순위저당권자가 물상대위를 근거로 물상보증인의 변제자대위권을 행사하는 경우에도 대항요건주의가 적용된다.

B. 사례

(a) 사안의 개요

- 채무자 乙 소유 X부동산과 물상보증인 丙 소유 Y부동산에 대한 공동저당권자인 甲이 丙 소유 Y부동산을 먼저 경매했다.
- 이 경우 Y부동산에 대한 후순위저당권자 丁이 丙에 대한 물상대위권을 근거로 X부동산에 대한 丙의 변제자대위권을 행사할 수 있는데, X부동산에 대한 丁명의 부기등기가 마쳐지기 전에 甲이 임의로 X부동산에 대한 1순위 공동저당권을 말소했다. 그 후 乙은 X부동산을 戊에게 양도했고 X부동산에 대해 戊명의 소유권 이전등기가 마쳐졌다.

(b) 쟁점과 판단

- 이러한 사안에 대해서도 대항요건주의가 적용되므로 X부동산에 대해 공동저당권 이전 부기등기를 마치지 않은 丁이나 丙은 채무자로부터 그 소유권을 취득한 戊에게 변제자대위권으로 대항할 수 없다.
- 그 대신 丁은 甲을 상대로 §750의 손해배상청구를 할 수 있다. 甲이 임의로 한 말소등기로 인해 발생한 손해이므로 丁이 부기등기를 하지 않았더라도 상당인과관계가 부정되지는 않는다(2017다261882, 541면).

대법원 2011. 8. 18. 선고 2011다30666 판결

- 공동저당의 목적물인 채무자인 乙 소유의 X부동산과 물상보증인 丙 소유의 Y부동산 중 Y부동산 대한 경매가 이루어져 그 매각대금의 교부에 의하여 공동저당권자 甲이 배당금을 지급받으면 丙은 乙에 대하여 구상권을 취득함과 동시에 제481조, 제482조의 규정에 의한 변제자대위에 의하여 이 사건 공동저당권을 취득하고, 이 경우 Y부동산에 대한 후순위저당권자인 丁은 위 공동저당권에 대하여 물상대위를 할 수 있다.

- 그런데 그 후 이 사건 공동저당권을 말소할 권한이 없는 甲이 임의로 이를 말소하였고, 丁이 대위의 부기등기를 마치지 아니하여 대항할 수 없는 상태에서 X부동산에 관하여 경매절차가 진행된 결과 <u>戊가 낙찰받고 그 대금을 완납하였다면,</u> 丁으로서는 더 이상 물상보증인인 丙의 권리를 대위하여 이 사건 공동저당권 설정등기의 회복등기절차의 이행을 구하거나 그 경매절차에서 실제로 배당받은 자에 대하여 부당이득반환청구로서 그 배당금의 한도 내에서 이 사건 근저당권설정등기가 말소되지 아니하였더라면 배상받았을 금액의 지급을 구할 여지가 없다 할 것이므로, 같은 날 甲의 공동저당권에 대한 불법말소로 인한 丁의 손해가 확정적으로 발생하였다고 봄이 상당하다. 甲이 배당을 받은 날부터 甲에 의해 이 사건 공동저당권 설정등기가 말소된 날까지 사이에 丁이 위 <u>공동저당권에 대한 부기등기를 경료하지 않은 사정만으로 甲의 불법행위와 丁의 손해 사이에 존재하는 인과관계가 단절된다고 할 수 없다.</u>

(3) 시간적 적용범위

- 대위변제 후 즉 변제자대위가 발생한 후 담보물을 양수한 자에 대해서는 대항요건주의가 적용되므로, 담보권 이전의 부기등기를 하지 않은 변제자대위권자는 이러한 양수인에게 자신의 권리를 주장할 수 없다.

- 이에 비해 변제자대위가 발생하기 전에 담보물을 양수한 자에 대해서는, 변제자대위 후 담보권 이전 부기 등기를 하지 않은 대위변제자도 변제자대위권을 주장할 수 있다. 대항요건주의의 취지는 변제자대위가 일어난 후 그 사실을 알지 못하고 담보물을 취득한 양수인을 보호하는 것이기 때문이다.

대법원 2020. 10. 15. 선고 2019다222041 판결

- 보증인이 채무를 변제한 후 저당권 등의 등기에 관하여 대위의 부기등기를 하지 않고 있는 동안 제3취득자가 목적부동산에 대하여 권리를 취득한 경우 보증인은 제3취득자에 대하여 채권자를 대위할 수 없다.

- 그러나 뜻밖의 불이익 방지라는 대항요건주의의 취지상 **제3취득자가 목적부동산에 대하여 권리를 취득한 후 채무를 변제한 보증인은 대위의 부기등기를 하지 않고도 대위할 수 있다.** 보증인이 변제하기 전 목적부동산에 대하여 권리를 취득한 제3자는 등기부상 저당권 등의 존재를 알고 권리를 취득하였으므로 나중에 보증인이 대위하더라도 **예측하지 못한 손해를 입을 염려가 없다.**

라. 연구: '제3취득자'의 의미

(1) 개관

- 변제자대위가 가능한지의 여부를 판단하는 경우(§482 ② 2호): 채무자에 준하는 지위가 인정되는 자를 뜻하므로, 채무자로부터 담보물을 양수한 자만을 의미한다. 물상보증인이 소유한 담보물의 양수인에게는 물상보증인에 준하는 지위가 인정되어야 하기 때문이다.
- 대항요건주의 적용 여부가 문제되는 경우(§482 ② 1호): 대항요건주의의 보호를 받아야 할 필요성은 모든 제3취득자에 대해 인정되므로, 이때는 양도인이 채무자이든 물상보증인이든 양수인은 보호되는 제3취득자에 해당한다.

(2) 제3취득자의 의미가 문제된 사례

A. 채무자 소유 담보물에 대한 후순위저당권자

- 사안의 개요: 甲에 대한 채무를 담보하기 위해 채무자 乙이 소유한 X부동산에 1순위 저당권이 설정되고 甲·丙 간 보증계약이 체결된 후 丁이 X부동산에 2순위 저당권을 설정했다.
- 쟁점과 판단: 丁은, ㉠§482 ② 2호의 제3취득자가 아니기 때문에 보증인에게 변제자대위권을 행사할 수 있으나, ㉡§482 ② 1호의 제3취득자가 아니기 때문에 대항요건주의에 의한 보호를 받을 수는 없다.

> ### 대법원 2013. 2. 15. 선고 2012다48855 판결
>
> ‣ 선순위 근저당권의 피담보채무에 대하여 직접 보증책임을 지는 보증인과 달리 선순위 근저당권의 피담보채무에 대한 직접 변제책임을 지지 않는 **후순위 근저당권자는 보증인에 대해 채권자를 대위할 수 있다**고 봄이 타당하므로, 제482조 제2항 제2호의 제3취득자에 후순위 근저당권자는 포함되지 아니한다.
>
> ‣ 후순위 근저당권자는 통상 자신의 이익을 위하여 선순위 근저당권의 담보가치를 초과하는 담보가치만을 파악하여 담보권을 취득한 자에 불과하므로 변제자대위와 관련해서 후순위 근저당권자를 보증인보다 더 보호할 이유도 없다. 따라서 후순위자에게 보증인에 대한 변제자대위를 허용한 것과의 균형을 고려하여 보증인은 미리 저당권의 등기에 그 **대위를 부기하지 않고서도 저당물에 후순위 근저당권을 취득한 제3자에 대하여 채권자를 대위할 수 있다**고 할 것이므로 제482조 제2항 제1호의 제3자에 후순위 근저당권자는 포함되지 않는다.

B. 물상보증인 소유 공동저당물의 일부를 채무자가 양수한 경우

(a) 사안의 개요

* 丁은 X·Y부동산의 소유자인데 戊의 A에 대한 채무 4억5000만원을 담보하기 위해 2013. 4. 15. X·Y부동산 전부에 대해 A명의 1순위 공동근저당권(채권최고액 7억원)을 설정해 주었다.

* 甲은 2013. 4. 23. X부동산에 대해 전세권(전세금 2억원)을 설정받고 전세권설정등기를 마쳤고 乙은 2013. 11. 1. Y부동산을 매수하고 소유권이전등기를 마쳤다.

* 주채무자 戊는 물상보증인 丁으로부터 X부동산을 매수하고 2013. 12. 1. X에 대해 丁·戊 간 매매를 원인으로 戊명의 소유권이전청구권 가등기를 마쳤다.

* 물상보증인으로부터의 제3취득자인 乙은 2016. 2. 1. 戊의 A에 대한 위 공동근저당권의 피담보채무 채무 4억5000만원을 전액을 대위변제했다.

* 戊는 2016. 6. 1. X부동산에 관하여 2013. 12. 1.자 가등기에 기한 소유권이전의 본등기를 마쳤다.

* 乙은 2018. 2. 1. A로부터 X부동산에 관한 근저당권에 대하여 확정채권양도를 원인으로 근저당권이전 부기등기를 했고 이 근저당권에 기하여 같은 달 7. X부동산에 대한 임의경매가 개시되었다.

* 이 경매 절차에서 X부동산의 배당금 4억5000만원 전액을 乙이 배당받는 내용의 배당표가 작성되자, 甲은 乙의 배당액 중 2억원에 대한 배당이의 소송을 제기했다.

(b) 쟁점과 판단

* 물상보증인이 소유하는 여러 개의 부동산에 공동저당이 설정된 후, 그 중 일부에 후순위저당권이 설정되면 후순위저당권자는 §368에 근거한 후순위자대위를 할 수 있는 지위를 얻게 된다. 또한 공동저당물의 후순위 전세권자에 대해서도 §368 ②의 후순위자대위가 인정된다.

* 공동저당물 중 일부가 채무자에게 양도되고 이 저당물이 먼저 경매되는 경우, 위와 같은 후순위저당권자의 지위는 그대로 유지된다. 따라서 후발적으로 채무자에게 귀속된 공동저당물에 대한 후순위자는 여전히 후순위자대위를 주장할 수 있다. 공동저당물의 소유권 변동이라는 우연한 사정때문에 후순위자에게 불이익이 발생하면 부당하기 때문이다.

대법원 2021. 12. 16. 선고 2021다247258 판결

- 동일한 물상보증인이 소유한 복수의 부동산에 대한 이시경매시 제368조 제2항에 근거한 후순위자대위가 인정된다. 이 경우 <u>공동저당이 설정된 부동산이 제3자에게 양도되더라도 제482조 제2항 제3호, 제4호에 따라 각 부동산의 소유자는 그 부동산의 가액에 비례해서만 변제자대위를 할 수 있으므로 **후순위저당권자의 지위는 영향을 받지 않**</u>는다.

- 동일한 물상보증인이 소유하는 복수의 부동산에 공동저당이 설정되고 그 중 <u>한 부동산에 후순위저당권이 설정된 다음에 그 부동산이 **채무자에게 양도**됨으로써 채무자 소유의 부동산과 물상보증인 소유의 부동산에 대해 공동저당이 설정된 상태에 있게 된 경우, **물상보증인의 변제자대위는** 후순위저당권자의 지위에 영향을 주지 않는 범위에서 성립한다고 보아야 하고, 이는 **물상보증인으로부터 부동산을 양수한 제3취득자가 변제자대위를 하는 경우에도 마찬가지**</u>이다.

- 위와 같은 법리는 공동저당이 설정된 복수의 부동산에 선순위 공동근저당권이 설정되고 그 후 <u>**일부 부동산에 후순위 전세권이 설정된 경우에도 마찬가지**</u>로 적용된다.

- X, Y부동산의 전체 가액은 합계 15억원(X부동산 5억원, Y부동산 10억원)이고, A의 채권액은 4억5000만 원이다. 만일 동시에 경매가 진행되어 배당이 되었다면 책임분담액은 X부동산 1억5000만원(＝4억5000만×5억/15억), Y부동산 3억원이다. 따라서 甲은 이 사건 전세권을 설정할 당시 전세금 2억원에 관하여 제368조 제2항에 따라 대위를 할 수 있는 지위에 있었다. 乙은 이 사건 근저당권 채무 4억5000만원을 대위변제함으로써 변제자대위에 의하여 X부동산에 관한 근저당권을 취득하게 되나, 위와 같이 <u>甲이 대위할 수 있었던 2억원의 범위에서는 변제자대위를 할 수 없으므로</u> 乙 명의의 2018. 2. 1.자 근저당권이전등기도 그 범위에서는 효력이 없다. 따라서 乙은 위 금액의 범위에서는 甲보다 우선하여 배당받을 수 없으므로, 이 사건 배당표 중 甲에 대한 배당액 0원은 2억원으로, 乙에 대한 배당액 4억5000만 원은 2억5000만 원으로 경정되어야 한다.

마. 변제자대위(§482)와 후순위자대위(§368 ②)의 관계(민총물권, 936면 이하)

10 장

채권의 소멸2: 공탁, 상계

채권의 소멸2: 공탁, 상계

I 공탁

1. 공탁의 법적 성질

가. 공법관계

- 공탁의 본질은 공탁소의 수탁 처분이고 공탁의 법률관계는 공탁자와 공탁소 간의 공법관계이다. 따라서 당사자들이 변제 방법을 공탁으로 약정했더라도 변제공탁의 요건이 갖춰지지 않았다면 채권자는 채무자에게 공탁 절차의 이행을 청구할 수 없다. 집행공탁의 요건이 갖춰졌더라도 마찬가지이다.

- 공탁의 요건·효과에 대해서는 민법이 적용되지만, 공탁의 방법·절차에 대해서는 공탁법과 대법원규칙이 적용된다.

나. 공탁 관련 처분에 대한 불복

- 채권자가 공탁물 출급청구권을 행사했으나 공탁관이 이에 불응하면 채권자는 공탁법에 따른 이의신청과 항고를 할 수 있을 뿐이고 국가에 대해 민사소송을 제기하여 공탁금 지급 청구를 할 수는 없다(대법원 2013. 7. 25. 선고 2012다204815 판결).

- 공탁관이 실제 채권자 아닌 자에게 공탁물 출급을 인가했더라도 이로써 공탁절차는 종료되기 때문에 실제 채권자는 더 이상 국가를 상대로 공탁물 출급 청구를 할 수는 없고 그 대신 국가배상청구를 할 수 있을 뿐이다(대법원 1993. 7. 13. 선고 91다39429 판결).

2. 공탁의 요건

가. 공탁적성: 공탁할 수 있는 채무

(1) 개관

- 공탁에 의한 채무 소멸은 급부의 내용이 공탁하기에 적합한 경우에만 가능하다.
- 채무의 공탁적성이 인정되려면, 동산이나 금전을 주는 급부를 목적으로 하고 그 내용이 현존·확정된 상태이어야 한다.

(2) 주는 채무

A. 원칙

- 급부의 내용이 동산이나 금전의 인도인 채무는 원칙적으로 공탁 적성이 인정된다.
- 예외적으로, 급부의 목적물인 동산이 ㉠ 성질상 공탁에 적당하지 않거나 ㉡ 멸실·훼손의 염려가 있거나 ㉢ 과도한 보관 비용을 필요로 하는 경우에는, 변제자는 법원의 허가를 얻어 그 동산을 경매나 그 밖의 방법으로 처분하고 그 대금을 공탁할 수 있다.

> 제490조(자조매각금의 공탁) 변제의 목적물이 공탁에 적당하지 아니하거나 멸실 또는 훼손될 염려가 있거나 공탁에 과다한 비용을 요하는 경우에는 변제자는 법원의 허가를 얻어 그 물건을 경매하거나 시가로 방매하여 대금을 공탁할 수 있다.

B. 예외: 급부의 내용이 부동산 소유권 이전인 경우

- 급부의 내용이 부동산 소유권 이전인 경우에는 공탁 적성이 인정되지 않는다. 공동신청주의로 인해 채무자의 공탁만으로는 채무가 변제될 수 없기 때문이다.
- 그 대신 채무자는 채권자를 상대로 등기인수 청구 소송을 제기하여 승소한 후 단독으로 채권자 명의 소유권이전등기를 마칠 수 있다.

부동산등기법상 승소한 등기권리자 외에 **등기의무자도 단독으로 등기를 신청**할 수 있게 한 것은 통상의 채권채무 관계에서는 채권자가 수령을 지체하는 경우 채무자는 공탁 등에 의한 방법으로 채무부담에서 벗어날 수 있으나, 등기에 관한 채권채무 관계에 있어서는 이러한 방법을 사용할 수 없으므로, 등기의무자가 자기 명의로 있어서는 안 될 등기가 자기 명의로 있음으로 인하여 사회생활상 또는 법상 불이익을 입을 우려가 있는 경우에는 소의 방법으로 등기권리자를 상대로 등기를 인수받아 갈 것을 구하고 그 판결을 받아 등기를 강제로 실현할 수 있도록 한 것이다(대법원 2021. 6. 30. 선고 2021다213019 판결).

(3) 현존·확정된 채무

- 공탁으로 소멸시킬 수 있는 채무는 현존하는 확정채무이어야 한다. 따라서 장래 채권이나 내용이 확정되지 않은 채권은 공탁으로 소멸시킬 수 없다.
- 이에 비해 채권자가 누구인지가 다투어지고 동일한 급부에 대해 각 채권자가 가지는 권리의 종류가 다르더라도 불확지 공탁은 가능하다. 이 경우 각 채권에 대해서는 현존·확정이 인정되기 때문이다.

변제공탁의 목적인 채무는 **현존하는 확정채무**여야 하지만, 그 의미는 장래의 채무나 불확정채무는 원칙적으로 변제공탁의 목적이 되지 못한다는 것일 뿐, 채무자에 대한 각 채권자의 채권이 **동일한 채권이어야 한다는 의미는 아니**다(대법원 2014. 12. 24. 선고 2014다207245 판결).

나. 공탁원인

제487조(변제공탁의 요건, 효과) 채권자가 변제를 받지 아니하거나 받을 수 없는 때에는 변제자는 채권자를 위하여 변제의 목적물을 공탁하여 그 채무를 면할 수 있다. 변제자가 과실없이 채권자를 알 수 없는 경우에도 같다.

(1) 개관: 공탁원인의 유형과 결정 방법

A. 공탁자의 선택

- 공탁은 기능에 따라 변제공탁, 집행공탁, 혼합공탁으로 나누어진다. 이들 중 변제공탁은 다시 그 원인에 따라 ㉠ 채권자의 수령불능·수령거절로 인한 변제공탁과, ㉡ 채권자 불확지로 인한 변제공탁의 두 가지로 나누어진다.
- 공탁자는 자신의 책임하에 공탁의 유형과 공탁원인을 결정해야 하고, 공탁소는 공탁자가 공탁서에 기재한 내용을 근거로 공탁원인의 존부를 판단한다. 따라서 공탁자가 선택한 공탁원인이 인정되지 않아서 발생하는 불이익은 공탁자가 부담해야 한다. 예컨대 공탁원인이 부정되어 공탁의 효력이 발생하지 않으면 이행지체의 효과인 법정해제·지연배상 등이 인정된다.

공탁은 **공탁자가 자기의 책임과 판단 하에 하는 것**으로서 공탁자는 누구에게 변제하여야 할 것인지를 판단하여 그에 따라 변제공탁이나 집행공탁 또는 혼합공탁을 선택하여 할 수 있을 뿐만 아니라, 변제공탁을 함에 있어서도 제487조 전단과 후단 중 어느 사유를 공탁원인사실로 할 것인지를 선택할 수 있다(대법원 2008. 10. 23. 선고 2007다35596 판결).

B. 사례: 공탁원인사실·피공탁자 등의 추가·정정이 가능한지의 여부

• 공탁자가 공탁서에 기재한 내용에 따라 공탁원인의 존부가 결정되므로, 공탁서 제출 후의 정정은 공탁의 동일성을 해하지 않는 범위 내에서만, 즉 실체적 법률관계에 영향을 미치지 않는 사항에 대해서만 허용된다.

• 따라서 공탁의 동일성을 변경시키는 추가·정정은 무익적 기재사항이다. 원래의 공탁원인이 부정되면 정정된 공탁원인이 인정되더라도 공탁은 무효이고, 원래의 공탁원인이 유효이면 정정된 공탁원인의 무효이더라도 공탁은 유효이다. 예컨대 불확지 공탁을 했던 채무자가 공탁원인에 수령불능을 추가해도 불확지 공탁 사유가 인정되지 않는 한 공탁은 무효이다(대법원 2008. 10. 23. 선고 2007다35596 판결).

(2) 채무자의 변제제공에 대한 채권자의 수령거절·수령불능(§487 전문)

> 제487조(변제공탁의 요건, 효과) 전문: 채권자가 변제를 받지 아니하거나 받을 수 없는 때에는 변제자는 채권자를 위하여 변제의 목적물을 공탁하여 그 채무를 면할 수 있다.

A. 수령거절

• 채권자가 채무자의 이행제공 후에 수령을 거절한 경우는 물론, 채무자의 이행제공에 대한 채권자의 수령거절이 예상되는 경우에도 채무자는 이행제공 없이 변제공탁 할 수 있다. 후자의 예로서 채권자가 반대급부에 대한 이행거절을 한 경우를 들 수 있다.

• 이때 공탁자가 주장하지 않은 사실을 근거로 법원이 채권자의 수령거절 가능성을 인정하여 변제공탁이 유효라고 판단하더라도 변론주의 위반이 아니다. 주요사실인 공탁원인은 채권자의 수령거절 사실 자체이고 이를 판단하기 위한 근거가 되는 제반 사정은 간접사실에 불과하기 때문이다.

당사자가 주장하지 아니한 일련의 사실을 근거로 **변제를 제공하였더라도 이를 수령하지 아니하였을 것이라고 판단**하였다고 하더라도, 이와 같이 수령거절을 추인하게 해주는 일련의 사실은 당사자 주장의 **공탁원인에 대한 간접사실에 불과한 것이므로** 변론주의의 원칙에 위배된다고 볼 수 없다(대법원 1994. 8. 26. 선고 93다42276 판결).

B. 수령불능

- 채권자의 수령불능이 인정되면 이에 대한 채권자의 귀책사유 유무와 무관하게 변제공탁의 원인이 갖춰진 것으로 인정된다. 변제공탁 자체가 채권자에게 불리하지는 않기 때문이다.

- 수령불능의 사유에는 법적 불능·사실적 불능이 모두 포함된다. 예컨대 채권자가 소재 불명인 경우 채무자는 사실적 불능을 이유로 변제공탁할 수 있으므로, 공탁을 하지 않는 한 이행지체 책임을 면할 수 없다.

- '수령'이란 채무를 소멸시킬 수 있는 유효한 변제수령만을 뜻한다. 따라서 채권이 가압류되어 집행채무자에게 법적 수령불능 사유가 발생하면 제3채무자는 유효한 변제공탁을 할 수 있으며, 이중지급 위험을 이유로 이행을 거절하면 이행지체 책임을 면할 수 없다. 한편 채권 가압류를 이유로 제3채무자가 변제공탁을 하면 가압류의 효력은 공탁물 출급청구권에 대해 작용한다.

대법원 1994. 12. 13. 선고 93다951 판결

‣ 제487조 소정의 변제공탁의 요건인 "채권자가 변제를 받을 수 없는 때"의 변제라 함은 채무자로 하여금 종국적으로 채무를 면하게 하는 효과를 가져다 주는 변제를 의미하는 것이므로, 채권이 가압류된 경우와 같이 형식적으로는 채권자가 변제를 받을 수 있다고 하더라도 채무자에게 여전히 2중변제의 위험부담이 남는 경우에는 마찬가지로 "채권자가 변제를 받을 수 없는 때"에 해당한다고 보아야 할 것이다. 제3채무자가 이와 같이 채권의 가압류를 이유로 변제공탁을 한 때에는 그 가압류의 효력은 채무자의 공탁물 출급청구권에 대하여 존속한다고 할 것이므로 그로 인하여 가압류 채권자에게 어떤 불이익이 있다고도 할 수 없다. 이처럼 제3채무자가 변제공탁에 의하여 그 채무를 면할 길이 있는 점에 비추어 보면 공탁을 하지 아니한 제3채무자에게 이행지체의 책임을 지게 하더라도 그것이 반드시 불합리하다고는 할 수 없다.

- 이러한 법리는 <u>부당이득반환채권이 가압류된 후에 제3채무자가 악의로 되어</u> 그 받은 이익에 덧붙여 반환하여야 할 이자지급책임을 면하기 위한 경우에도 마찬가지라 할 것이고, 또 <u>채권자의 소재가 불명한 경우</u>에도 채무자로서는 변제공탁을 하지 않는 한 그 이행지체의 책임 내지 부당이득에 대한 이자의 배상책임을 면할 수 없음은 물론이다.

(3) 채권자 불확지에 대한 채무자의 무과실(§487 후문)

> 제487조(변제공탁의 요건, 효과) 후문: 변제자가 과실없이 채권자를 알 수 없는 경우에도 같다.

A. 의미

- 채권자가 객관적으로 특정되어 있는 사안이더라도, 자신이 채권자라고 주장하는 자들이 여러 명이고 채무자가 선관주의의무를 다해 조사해도 누가 진정한 채권자인지를 알 수 없으면 공탁원인이 충족된 것으로 인정된다(대법원 2008. 10. 23. 선고 2007다35596 판결).
- 불확지 공탁이 인정된 예로서, ㉠ 예금채권 명의인 A와 예금의 실제 출연자라고 주장하는 B가 모두 적극적으로 권리를 주장하여 이들 중 누가 진정한 예금채권자인지 알기 어려운 경우, ㉡ 채권자가 사망했는데 상속에 관한 다툼이 있어서 상속인의 범위와 상속분을 알기 어려운 경우 등을 들 수 있다. ㉢ 채권양도와 채권압류가 경합하는 경우에도 불확지 공탁이 인정될 수 있는데 이에 대해서는 후술한다.

예금계약의 출연자와 예금명의자가 서로 다르고 양자 모두 예금채권에 관한 권리를 <u>적극 주장하고 있는 경우</u>로서 금융기관이 그 예금의 지급시는 물론 예금계약 성립시의 사정까지 모두 고려하여 <u>선량한 관리자로서의 주의의무를 다하여도 어느 쪽이 진정한 예금주인지에 관하여 사실상 혹은 법률상 의문이 제기될 여지가 충분히 있다고 인정되는 때</u>에는 채무자인 금융기관으로서는 제487조 후단의 채권자 불확지를 원인으로 하여 변제공탁을 할 수 있다(대법원 2004. 11. 11. 선고 2004다37737 판결).

B. 불확지 공탁과 관련된 사례

(a) 채권에 대한 (가)압류나 지급금지 가처분이 내려진 경우

- 乙에 대한 채권자 甲이 乙의 丙에 대한 채권에 대해 지급금지 가처분을 받은 경우, 丙은 불확지 공탁을 할 수 있다. 다만 채권에 대한 지급금지 가처분이 집행공탁의 원인으로는 인정되지 않는데 채권(가)압류와는 달리 배당절차 진행을 전제하지 않기 때문이다.

- 금전채권의 일부만 (가)압류되었는데 제3채무자가 전액을 공탁한 경우, 압류의 효력이 미치는 가액에 대해서는 집행공탁, 이를 초과한 가액은 불확지 변제공탁이 각각 이루어진 것으로 보아야 한다.

> ### 대법원 2008. 5. 15. 선고 2006다74693 판결
>
> ‣ 집행공탁은 공탁 이후 행해질 배당 등 절차의 진행을 전제하는데, **처분금지가처분**은 그것이 설령 금전채권을 목적으로 하더라도 이러한 배당 등 절차와는 관계가 없으므로 제3채무자로서는 이를 이유로 **집행공탁을 할 수는 없**고, 다만 **채권자불확지**에 의한 변제공탁을 할 수 있다.
>
> ‣ 민사집행법 제248조 제1항은 채권자의 공탁청구, 추심청구, 경합 여부 등을 따질 필요 없이 당해 압류에 관련된 채권 전액을 공탁할 수 있도록 규정하고 있는바, 이에 따라 금전채권의 일부만이 압류되었음에도 그 채권 **전액을 공탁한 경우**에는 그 공탁금 중 압류의 효력이 미치는 금전채권액은 그 성질상 당연히 **집행공탁**으로 보아야 하나, **압류금액을 초과하는 부분은 압류의 효력이 미치지 않으므로 집행공탁이 아니라 변제공탁**으로 보아야 한다.

(b) 사례: 채권양도와 불확지공탁

- 채권양도의 효력에 의문이 있어 채권양수인이 진정한 채권자인지가 불확실한 경우 불확지 공탁의 원인이 될 수 있다.

  채권양도 등의 사유로 제3채무자가 종전의 채권자와 새로운 채권자 중 누구에게 변제하여야 하는지 과실 없이 알 수 없는 경우 제3채무자로서는 제487조 후단의 채권자 불확지를 원인으로 한 변제공탁사유가 생긴다(대법원 2005. 5. 26. 선고 2003다12311 판결).

- 예컨대 ㉠ 채권양도 통지(들)의 도달과 채권압류 결정 송달이 경합하는데 동시도

달로 추정되어 우열관계를 알 수 없는 경우(93다24223, 454면), ⓛ 채권양도 통지가 철회된 경우(대법원 2008. 1. 17. 선고 2006다56015 판결), ⓒ 양도금지 특약이 있는 채권이 양도된 경우에는 불확지 변제공탁 원인으로 인정된다. 이들 중 ⓛ, ⓒ의 경우 진정한 채권자를 결정하기 위한 요건에 대해 채무자 자신이 증명책임을 지지만, 그렇다 하더라도 채무자가 불확지 공탁을 할 수 있음에 유의해야 한다.

채권양도금지특약에 반하여 채권양도가 이루어진 경우, 양수인의 악의·중과실 여부에 따라 양수채권의 채권자가 결정되는데 <u>양수인의 악의·중과실에 관한 입증책임을 채무자가 부담하지만</u> 채무자로서는 양수인의 선의 등의 여부를 알 수 없어 과연 채권이 적법하게 양도된 것인지에 관하여 의문이 제기될 여지가 충분히 있으므로 특별한 사정이 없는 한 제487조 후단의 <u>채권자 불확지를 원인으로 하여 변제공탁을 할 수 있</u>다고 할 것이다(대법원 2000. 12. 22. 선고 2000다55904 판결).

- 채권양도 통지 후 채권(가)압류 결정이 송달되어 집행공탁 원인이 발생한 경우, ⓐ 채무자는 불확지 변제공탁과 집행공탁을 아울러 할 수 있는데, 이때 채권양수인에게는 변제공탁으로서의 효력이, 압류채권자에게는 집행공탁으로서의 효력이 각각 인정된다. ⓑ 다만 집행채무자가 진정한 채권자임이 확정판결 등에 의해 증명되지 않는 한 집행공탁에 수반되는 배당절차는 사실상 정지된다.

대법원 2008. 1. 17. 선고 2006다56015 판결

- 채권양도 통지 후에 그 채권에 관하여 채권가압류 또는 채권압류 결정이 내려짐으로써 민사집행법 제248조 제1항의 집행공탁의 사유가 생긴 경우에, 채무자는 제487조 후단 및 민사집행법 제248조 제1항을 근거로 하여 **채권자불확지를 원인으로 하는 변제공탁과 압류 등을 이유로 하는 집행공탁을 아울러** 할 수 있고, 이러한 공탁은 변제공탁에 관련된 **채권양수인에 대하여는 변제공탁으로서의 효력**이 있고, 집행공탁에 관련된 **압류채권자 등에 대하여는 집행공탁으로서의 효력**이 있다.
- 이러한 경우 집행법원으로서는 채권자불확지의 변제공탁 사유 예컨대 채권양도의 유·무효 등의 확정을 통하여 <u>공탁된 금액을 수령할 본래의 채권자가 확정되지 않는 이상 배당절차를 진행할 수 없어</u> 그때까지는 <u>사실상 절차를 정지</u>하여야 하므로, 집행채권자가 위 공탁금에서 그 채권액을 배당받기 위하여는 압류의 대상이 된 채권이 **집행채무자에게 귀속하는 것을 증명**하는 문서, 예컨대 채무자에게 공탁물 출급청구권이 있다는 것을 증명하는 확인판결의 정본과 그 판결의 확정증명서나 그와

동일한 내용의 양수인의 인감증명서를 붙인 동의서 등을 집행법원에 제출하여야
한다.

- 채권양도 통지와 채권(가)압류 결정 송달이 동시에 도달하거나, 도달의 선후가
증명되지 못해서 동시도달로 추정되는 경우, 채무자는 이중지급 위험을 회피하
기 위해 공탁을 할 수 있다. 이때 공탁원인으로는 불확지 변제공탁, 집행공탁, 혼
합공탁이 모두 가능한데 공탁원인은 공탁자가 자신의 책임 하에 선택하는 것이
므로 제반사정을 고려하여 이들 중 어떤 것을 공탁원인으로 할 것인지를 공탁자
가 스스로 판단해야 한다.

대법원 2013. 4. 26. 선고 2009다89436 판결

- 채권가압류명령과 채권양도통지가 동시에 제3채무자에게 송달된 경우, ㉠ 제3채
무자는 송달의 선후가 불명한 경우에 준하여 채권자를 알 수 없다는 이유로 변제공
탁을 할 수도 있고, ㉡ 민사집행법 제291조, 제248조 제1항에 의하여 가압류에 관
련된 금전채권에 대한 집행공탁을 할 수도 있으며, ㉢ **채권자 불확지 변제공탁과
집행공탁을 합한 혼합공탁**을 할 수도 있다.
- 공탁자는 자기의 책임과 판단하에 변제공탁이나 집행공탁 또는 혼합공탁을 선택하
여 할 수 있으므로, 제3채무자가 어느 공탁을 한 것인지는 피공탁자의 지정 여부, 공
탁의 근거조문, 공탁사유, 공탁사유신고 등을 종합적·합리적으로 고려하여 판단할
것이다.

3. 공탁의 내용: 채무의 내용에 따른 급부

가. 개관

- 공탁에 의한 채무 소멸이라는 효력이 인정되려면 공탁소에 대해 채무자가 채무
의 내용에 따른 급부를 이행해야 한다.
- 특히, 채무자가 급부의 일부만 공탁하는 일부공탁과 채무자가 급부의 전부를 공
탁했지만 원래 채무에는 붙어 있지 않은 조건을 붙인 조건부 공탁의 경우, 채무
소멸이라는 효력이 인정되기 위한 요건이 문제된다.

나. 일부공탁

(1) 일부공탁에 해당하는지가 문제되는 사안

A. 근저당권의 피담보채권액에 대한 공탁

(a) 문제의 소재

• 근저당권의 피담보채권액이 등기된 채권최고액 이상의 가액으로 확정된 후 채권 최고액만큼만 공탁된 경우에 전부공탁인지 일부공탁인지가 문제된다.

(b) 일부공탁으로 인정되는 경우

• 공탁자가 채무자 자신이면 확정된 피담보채무액 전액을 변제공탁하지 않는 한 적법한 변제공탁으로 인정될 수 없다. 불가분성이 적용되기 때문이다.

• 후순위저당권자가 변제공탁한 경우에도 마찬가지인데, 후순위저당권자에게는 §364가 적용되지 않으므로 §469에 따른 제3자 변제만 가능하고 이때는 채무자와 동일한 내용의 급부를 해야 하기 때문이다.

> 근저당부동산에 대하여 소유권, 전세권 등의 권리를 취득한 <u>제3취득자는 피담보채무</u> <u>가 확정된 이후에 채권최고액의 범위 내에서 그 확정된 피담보채무를 변제하고 근저</u> <u>당권의 소멸을 청구할 수 있으나, 채무자가 그 부동산의 소유자 겸 근저당설정자인 경</u> 우에는 그 피담보채무는 채무자가 채권자인 근저당권자에 대하여 부담하는 **채무 전** **액**으로 보아야 하므로 채무자로서는 채권최고액이 아니라 **확정된 피담보채무액 전액** **을 변제공탁**하지 않는 한 적법한 변제공탁이 될 수 없다(대법원 2011. 7. 28. 선고 2010다88507 판결).

> 근저당부동산에 대하여 <u>후순위근저당권을 취득한 자는 제364조에서 정한 권리를 행</u> <u>사할 수 있는 제3취득자에 해당하지 아니한다.</u> 따라서 이러한 후순위근저당권자가 선 순위근저당권의 피담보채무가 확정된 이후에 그 확정된 피담보채무를 변제한 것은 <u>제469조의 규정에 의한 이해관계 있는 제3자의 변제</u>로서 유효한 것인지 따져볼 수는 있을지언정 제364조의 규정에 따라 선순위근저당권의 소멸을 청구할 수 있는 사유로 는 삼을 수 없다(대법원 2006. 1. 26. 선고 2005다17341 판결).

(c) 전부공탁으로 인정되는 경우

• 공탁자가 ㉠ §364의 제3취득자나 ㉡ 물상보증인인 경우, 채권최고액 한도 내에

서 확정된 피담보채권액과 집행비용을 공탁하면 전부공탁으로 인정되어 적법한 변제공탁의 효력이 인정된다.

✓ 다만 판례가 물상보증인에 대해서도 §364가 적용된다고 본 것인지는 불명확하다. 오히려 근저당권의 '피담보채무'는 채권최고액을 한도로 한다는 §357의 취지, 채무자와는 달리 물상보증인에게는 불가분성이 적용되지 않는다는 점 등을 전제로 판단한 것으로 볼 여지가 있다. 후속판례는 검색되지 않는다.

> 근저당권에 의하여 담보되는 채권액의 범위는 **청산기에 이르러 확정되는 채권중 근저당권설정계약에 정하여진 채권최고액을 한도**로 하는 것이고 이 최고액을 초과하는 부분의 채권액까지 담보하는 것이 아니며 제357조에서 말하는 담보할 채무의 최고액이란 뜻도 이와 같은 내용으로 해석하여야 할 것이다. <u>원심은 채권최고액을 초과하는 이자까지 포함한다는 전제에서 위와 같이 판시하였음은 법률해석을 그릇하여 판단을 잘못한 위법이 있다.</u> 원심판결은 당원1972.1.26. 71마1151 결정에 따른 것 같으나 이는 **채무자 겸 저당권설정자에 관한 것으로 이 사건에선 선례가 될 수 없**다(대법원 1974. 12. 10. 선고 74다998 판결).

B. 채권자가 공탁자의 공탁금 회수청구권을 가압류한 경우

• 채권자가 변제공탁 대상 채권을 피보전권리로 삼아 채무자(공탁자)가 공탁으로 당연히 취득하게 되는 공탁금 회수청구권을 가압류한 경우, 일부공탁 수령 의사표시라고 볼 수 없다.

• 채권자의 공탁물 출급청구권과 채무자의 공탁금 회수청구권은 별개의 권리이므로 후자에 대한 가압류가 전자의 행사라고 볼 수는 없기 때문이다.

> 공탁물 회수청구권은 변제공탁의 경우 변제자가 당연히 취득하는 권리로서 동 권리에 관하여 채권자가 <u>변제공탁의 목적이 된 채권을 피보전권리로 하여 가압류집행을 하였다고 하더라도 그 공탁금을 채권의 일부로서 수령한다는 의사를 표시한 것이라고 볼 수 없으므로 그로 인하여 일부공탁이 유효로 되는 것은 아니다</u>(대법원 1998. 10. 13. 선고 98다17046 판결).

C. 계속적 거래관계

• 계속적 거래관계에서 발생하는 다수 채무 중 일부 채무에 대한 공탁은 그 계속적 채무에 대한 전부공탁이 아니다.

- 채권자가 과거에 일부공탁을 수령했더라도 현재의 일부공탁에 대한 수령의사가 추단될 수 없다.

  채무 전액이 아닌 일부에 대하여 공탁한 이상 그 채무가 계속적 거래에서 발생하는 다수의 채무의 집합체라고 하더라도, <u>공탁금액에 상응하는 범위 내에서 채무소멸의 효과가 발생하는 것은 아니다</u>(대법원 2005. 10. 13. 선고 2005다37208 판결).

(2) 일부공탁의 효과

A. 개관: 전부무효 원칙과 이에 대한 예외

- 전부무효 원칙: 변제공탁은 채무 전부에 대한 변제이어야 하므로 일부공탁은 공탁 전부에 대한 무효사유이다. 즉 공탁된 부분에 대해서도 유효한 변제로 인정되지 않는다.
- 예외적인 일부유효: ㉠ 부족 부분이 매우 근소하여 신의칙상 채무 전부에 대한 공탁이라고 볼 수 있거나 ㉡ 채권자가 일부공탁을 수락한 경우에는, 공탁된 부분에 대해서는 유효한 변제로 인정된다.

  변제공탁이 유효하려면 **채무 전부에 대한 변제의 제공 및 채무 전액에 대한 공탁**이 있어야 하고, 채무 전액이 아닌 일부에 대한 공탁은 **일부의 제공이 유효한 제공이라고 볼 수 있**거나 변제자의 공탁금액이 채무의 총액에 비하여 **아주 근소하게 부족하여 해당 변제공탁을 신의칙상 유효한 것이라고 볼 수 있는 등의 특별한 사정**이 있는 경우를 제외하고는 **채권자가 이를 수락**하지 않는 한 그 **공탁 부분에 관하여서도** 채무소멸의 효과가 발생하지 않는다(대법원 2022. 11. 30. 선고 2017다232167 판결).

B. 무효사유의 치유: 부족한 가액의 추가 공탁

(a) 개관

- 채무자가 부족 가액을 추가로 공탁하여 전부공탁에 이르게 되면 하자가 치유되지만 장래효만 인정된다. 따라서 추가공탁으로 전부공탁이 이루어지기 전까지의 이행지체 책임을 면할 수는 없다.
- 채무자는 채권자의 공탁 수령 의사표시 전까지는 추가공탁을 할 수 있으므로 추가공탁을 하면서 공탁 목적인 채무의 내용을 변경할 수도 있다.

(b) 사례: 추가공탁과 약정해제

- 甲·乙은 乙 소유 X물건 매매계약을 체결하면서 대금 1000만원 중 계약금 100만

원은 당일 지급하고, 중도금 400만원은 1개월 후, 잔금 500만원은 2개월 후 지급
하기로 했다. 특약사항으로 이행착수 후에도 100만원의 예정 배상액을 추가 지
급하면 약정해제를 할 수 있는 것으로 정했다.

- 중도금이 지급된 상태에서 甲이 계약파기를 주장하면서 계약금의 배액 200만원
을 공탁했다가, 乙의 이행착수 사실을 알게 되자 100만원을 추가로 공탁하면서
공탁 목적인 채무의 내용을 '계약금 배액상환'에서 '계약금 배액상환 및 예정배상
액 지급'으로 변경했다. 이 경우 甲의 약정해제권 행사는 유효이다.

> 채무자가 채무액의 일부만을 변제공탁하였으나 그 후 부족분을 추가로 공탁하였다면
> 그 때부터는 전 채무액에 대하여 유효한 공탁이 이루어진 것으로 볼 수 있는 것이고,
> 이 경우 채권자가 공탁물수령의 의사표시를 하기 전이라면 추가공탁을 하면서 제1차
> 공탁시에 지정된 공탁의 목적인 채무의 내용을 변경하는 것도 허용될 수 있다(대법원
> 1991. 12. 27. 선고 91다35670 판결).

(3) 채권자가 일부공탁을 수령한 경우

A. 채권의 일부에 충당한다는 이의 유보 의사표시를 하고 수령한 경우

- 이의 유보의 요건: ㉠ 이의 유보의 상대방은 공탁소 또는 채무자이며, ㉡ 공탁물
수령시에 한 이의 유보만 유효이므로 공탁물 수령시에 이의 유보를 하지 않았다
가 뒤늦게 이의 유보를 하더라도 이의 유보 없는 수령으로 인정된다.

> 이의 유보의 의사표시는 그 공탁 원인에 승복하여 공탁금을 수령하는 것이 아님을 분
> 명히 함으로써 공탁한 취지대로 채권소멸의 효과가 발생함을 방지하고자 하는 것이
> 므로, 그 의사표시의 **상대방은 반드시 공탁공무원에 국한할 필요가 없고 보상금 지급**
> **의무자**인 기업자에 대하여 이의유보의 의사표시를 하는 것도 가능하다(대법원 1982.
> 11. 9. 선고 82누197 전원합의체 판결).

> 공탁금 수령자로서 공탁통지서를 받은 자가 그 **공탁금을 이의없이 수령하였다면 그**
> **공탁의 취지에 의하여 수령한 것**이 되어 그에 대한 법률효과만이 발생하는 것이고 그
> 후에 있어서 이에 저촉되는 의사표시를 하였다 하더라도 이에 의하여 아무런 법률효
> 과도 발생하지 않는다(대법원 1984. 11. 13. 선고 84다카465 판결).

- 이의 유보의 효과: 채권자가 수령한 가액에 대해서만 변제의 효과가 발생한다. 이

러한 일부 충당 의사표시는 묵시적으로도 할 수 있다. 그 예로서 채무의 가액에서 일부공탁된 가액을 공제한 가액에 대한 이행청구를 한 경우를 들 수 있다(대법원 2014. 8. 20. 선고 2014다30650 판결).

• 일부공탁금의 충당 순서에 대해서는 변제충당의 법리가 적용된다. 예컨대 공탁 자가 원금에 충당하려는 의사를 표시했으나 피공탁자가 이자부터 충당한다는 취 지의 이의유보를 하고 일부공탁금을 수령하면, §479에 따라 집행비용, 이자, 원금 의 순서로 충당된다.

> 변제공탁한 돈은 이 사건 판결상의 대여금의 이자 합계에도 미치지 못하는 사실이 인 정되는데 경우 채권자가 공탁금을 채권의 일부에 충당한다는 유보의 의사표시를 하 고 이를 수령한 때에는 그 공탁금은 채권의 일부의 변제에 충당되고 피고가 위 공탁금 수령 시 공탁금을 대여금 원금이 아닌 이자의 **일부 변제에 충당한다는 취지의 이의를 유보하고 이를 수령하였으므로 위 공탁금은 법정변제충당의 순서에 따라** 이 사건 부 동산강제경매절차의 진행으로 발생한 집행비용과 이 사건 판결상의 대여금의 이자의 일부 변제에 충당되었다고 할 것이고, 이 사건 집행권원상의 대여금 **원금채권은 원고 들의 변제공탁으로 인하여 소멸하였다고 할 수 없다**(대법원 2012. 3. 15. 선고 2011다 83776 판결).

B. 채권자가 이의 유보 없이 수령한 경우

(a) 채무자가 주장하는 공탁원인에 따른 효과: 전부변제

• 공탁자가 주장하는 공탁원인의 내용대로 공탁의 효과가 발생한다. 공탁원인 사 유가 부적법하더라도 채권자가 이의를 유보하지 않으면 채무자가 주장한 공탁원 인을 수락한 것으로 간주되어 그 공탁원인에 따른 법률효과가 발생하기 때문이다.

• 예컨대 공탁자가 실제로는 일부공탁인데 전부공탁이라고 주장했고 이에 대해 채 권자가 이의 유보 없이 수령하면 채무 전부에 대해 공탁의 효과가 발생하므로 결 국 채무 전부가 소멸하게 된다(대법원 1992. 5. 12. 선고 91다44698 판결).

(b) 비교: 채권자가 공탁원인에 대해서만 이의를 유보하고 공탁금을 수령한 경우

• 개관: 채권자가 일부공탁인지의 여부에 대해서는 이의 유보를 하지 않은 채 공탁 원인인 채권관계에 대해서만 이의 유보를 하면 공탁의 효력이 발생하지 않는다. 따라서 채권자는 여전히 채권을 보유하고 채권자가 공탁금을 출급하면 §741 채 무가 발생한다. 다만 채권자는 원래의 채권을 자동채권으로 삼아 이러한 §741 채

무와 상계할 수 있다.

- 사안의 개요: 甲은 자신이 소유한 X부동산을 乙에게 양도하고 중도금까지 수령한 후 이를 丙에게 이중매매했고, 乙에 대한 §548의 원상회복의무를 공탁원인으로 삼아 乙로부터 수령한 대금과 받은 날로부터의 이자를 합산한 가액을 공탁했다. 이에 乙은 공탁금을 수령하면서 甲에 대한 §390의 손해배상채권을 변제받는 것이라는 취지의 이의를 유보했다.

- 쟁점과 판단: ㉠ 甲이 丙에게 소유권이전등기를 마치지 않은 이상 아직 甲의 乙에 대한 채무가 이행불능이 되었다고 볼 수 없어서 乙의 甲에 대한 §390 채권은 존재하지 않는다. ㉡ 乙은 수령한 공탁금을 반환할 §741 채무를 지지만, 甲의 공탁이 무효이므로 그대로 존속하는 乙의 甲에 대한 §548 채권을 자동채권으로 삼아 상계할 수 있다.

대법원 1996. 7. 26. 선고 96다14616 판결

- 채권자가 공탁원인인 요건사실을 다투지 않고 단지 **채무액에 관하여만 다툼이 있어 이를 유보하여 위 공탁금을 수령한 것이 아니라, 피고의 공탁원인 사실과 다른 손해배상채무금으로서 이를 수령**한 이상 원고의 위 공탁금 수령으로 피고의 위 공탁원인대로의 채무의 일부 소멸의 효과가 발생하지 않음은 당연하다 할 것이고, 원고가 공탁금을 수령함에 있어 유보한 취지대로 피고의 원고에 대한 손해배상채무가 인정되지도 않는 이상 위 공탁의 하자가 치유되어 위 공탁이 손해배상채무의 일부 변제로서 유효하다고 할 수도 없다.

- 따라서 원고의 위 공탁금 수령은 법률상 원인 없는 것이 되고 이로 인하여 피고는 위 공탁금을 회수할 수 없게 됨으로써 동액 상당의 손해를 입었다 할 것이므로 원고는 피고에게 위 출급한 공탁금을 반환하여야 한다 할 것인바, 원심이 원고는 이를 피고에게 반환할 의무가 있다고 판단하여 피고의 원고에 대한 위 출급공탁금의 반환채권 등을 자동채권으로 하여 원고의 피고에 대한 이 사건 계약금반환채권을 대등액에서 상계한다는 피고의 주장을 받아들인 것은 그 설시에 부적절한 점이 없지 않으나 결론에 있어서 정당하다.

다. 조건부 공탁

(1) 원칙: 조건부 공탁은 무효임

A. 개관

- 공탁은 '채무의 내용에 따른 이행'을 내용으로 한다. 따라서 원래 채무에 대해 붙어 있지 않은 조건을 붙인 공탁은 무효이다.
- 비교: 공탁자가 기재한 내용이 채권자의 법적 의무 이행에 대한 주의를 환기하는 것에 불과하다면 조건부 공탁이 아니므로 유효이다. 그 예로서 대위변제자가 담보권 이전 부기등기와 채권증서 교부를 조건으로 공탁한 경우, §484에 근거한 의무의 이행을 촉구한 것에 불과하므로 이러한 공탁은 유효이다(대법원 2002. 12. 6. 선고 2001다2846 판결).

B. 조건부 공탁이 무효로 인정된 사례

- 동시이행관계인데 선이행을 조건으로 붙인 변제공탁은 무효이다. 예컨대 임대인이 임대차보증금 반환채무에 대해 공탁하면서 임차물 인도 확인서 첨부라는 조건을 붙이면, 원래 동시이행관계인 임차물 반환의무의 선이행을 조건으로 붙인 것에 해당하여 조건부 공탁 자체가 무효가 된다(대법원 1991. 12. 10. 선고 91다27594 판결).
- 담보물권 설정자가 피담보채무를 변제공탁하면서 담보권 설정등기의 말소등기를 선이행 또는 동시이행 조건으로 기재하면 공탁은 무효이다. 채무자의 피담보채무 변제 의무가 채권자의 담보권등기 말소등기보다 선이행 의무이기 때문이다. 이에 비해 전세권설정등기 말소등기를 조건으로 한 전세금반환채무의 변제공탁은 유효이다. 이들 사이에서는 동시이행관계가 인정되기 때문이다(§317).

  채무담보를 위하여 근저당권설정등기, 가등기 등이 경료되어 있는 경우 그 채무의 변제의무는 그 등기의 말소의무보다 선행되는 것이며, 채무의 변제와 그 등기말소절차의 이행을 교환적으로 구할 수 없으므로, 그 등기의 각 말소등기절차이행에 소요되는 일체의 서류를 교부할 것을 반대급부로 하여 한 변제공탁은 채무의 본지에 따른 것이라 할 수 없다(대법원 1991. 4. 12. 선고 90다9872 판결).

- 법률이나 계약상의 근거 없이 채권자에게 인감증명서 등의 서류 제출을 요구하는 변제공탁은 무효이다(대법원 1979. 10. 30. 선고 78누378 판결).

(2) 예외: 조건부 공탁이 유효인 경우

A. 요건

• 공탁자가 붙인 조건이 실체법상 조건이나 항변권을 반영한 것이라면 조건부 변제공탁이더라도 유효이다. 예컨대 어음금 채무를 변제공탁 하면서 동시이행관계에 있는 어음 반환을 조건으로 붙여도 공탁은 유효이다(대법원 1992. 12. 22. 선고 92다8712 판결).

• 채권자가 조건부 공탁을 수락한 경우에는 실체법상 근거 없는 조건을 붙인 조건부 변제공탁도 유효이다(대법원 2002. 12. 6. 선고 2001다2846 판결).

• 채무자가 조건의 철회·정정 청구를 하여 이에 대한 인가 결정을 받으면 하자가 치유되지만, 소급효가 없으므로 인가 결정을 받은 때부터 변제의 효력이 인정된다.

> 변제공탁의 경우 채권자가 반대급부 또는 기타 조건의 이행을 할 의무가 없음에도 불구하고 채무자가 이를 조건으로 공탁한 때에는 채권자가 수락하지 않는 한 그 변제공탁은 효력이 없으며, 그 뒤 채무자의 공탁에 붙인 조건의 철회정정청구에 따라 공탁공무원으로부터 위 정정청구의 인가결정이 있었다 하더라도 그 변제공탁은 <u>인가결정시부터 반대급부 조건이 없는 변제공탁으로서의 효력을 갖는 것으로서 그 효력이 당초의 변제공탁시로 소급하는 것은 아니다</u>(대법원 1986. 8. 19. 선고 85누280 판결).

• 공탁자가 붙인 조건이 무의미해진 경우, 예컨대 공탁자가 임의로 붙인 정지조건의 성취나 해제조건의 불성취가 확정된 경우에는 조건부 공탁이라는 하자가 치유된다. 일부 문헌에서 판례의 태도로 소개하고 있으나 검색되지 않는다.

B. 반대급부 조건부 공탁이 유효인 경우의 법률관계

• 반대급부 조건부 공탁이 유효이면 피공탁자(채권자)는 반대급부를 이행해야 공탁물 출급청구권을 행사할 수 있다.

• 공탁자(채무자)가 반대급부의 수령을 거절한 경우: ㉠ 피공탁자는 반대급부를 변제공탁하고 이때 교부받은 공탁서를 '반대급부 사실을 증명하는 서면'으로 첨부하여 공탁물 출급청구권을 행사할 수 있다. ㉡ 이 경우, 공탁자가 피공탁자의 공탁물 출급을 저지하려면 피공탁자가 반대급부에 대한 공탁물 회수권을 행사했다는 사실을 소명해야 한다.

공탁물을 수령하려고 하는 사람이 공탁자에게 **공탁서에 기재된 반대급부의 이행을 제공하였으나 공탁자가 그 수령을 거절**하는 때에는 그 **반대급부를 변제공탁**하고 공탁공무원으로부터 교부받은 공탁서를 공탁법 제9조 소정의 반대급부가 있었음을 증명하는 공정서면으로 첨부하여 공탁물 출급청구를 할 수 있는 것이고 반대급부의 공탁자가 공탁물을 회수하였다는 소명이 없는 한 공탁공무원은 위 공탁물 출급청구에 응하여 공탁물의 출급을 하여야 할 것이다(대법원 1990. 3. 31.자 89마546 결정).

4. 공탁의 방법 · 절차: 공탁법

5. 공탁의 효과

가. 채권소멸

(1) 개관: 공탁 즉시 변제의 효력 발생

- 공탁이 적법하면 공탁관의 수탁처분과 공탁물보관자의 공탁물 수령이 행해진 시점에 채권이 소멸한다. 채권자의 수익 의사표시나 공탁물 출급청구권 행사 여부는 채권 소멸이라는 효력에 영향을 미치지 못한다. 따라서 공탁물 출급청구권에 대한 (가)압류로 인해 채권자가 공탁물 출급청구권을 행사하지 못하는 상태이더라도 채권 소멸이라는 효력에는 영향이 없다.

변제공탁이 적법한 경우에는 채권자가 **공탁물 출급청구를 하였는지 여부와는 관계없이 공탁을 한 때에 변제의 효력**이 발생한다(대법원 2020. 5. 22.자 2018마5697 결정).

그 후 **공탁물 출급청구권에 대하여 가압류 집행이 되더라도 그 변제의 효력에 영향을 미치지 않**는다(대법원 2011. 12. 13. 선고 2011다11580 판결).

- 공탁이 부적법하여 무효이면 이러한 효과가 발생하지 않음은 물론이다(대법원 2011. 7. 28. 선고 2010다88507 판결).

(2) 사례: 공탁자가 피공탁자의 공탁물 출급청구권을 (가)압류한 경우

- 甲에 대한 대여금채무자 乙은 甲에 대해 외상대금 채권을 가지고 있었으나 외상대금 채권의 변제기가 대여금채무의 변제기보다 나중이므로 상계할 수 없는 상태였다.

- 乙의 대여금채무의 변제기가 먼저 도래하여 乙이 이행제공을 했으나 甲이 변제 수령을 거절했다. 이에 乙은 적법하게 대여금채무에 대한 변제공탁을 마친 후, 甲에 대한 외상대금 채권을 집행채권으로 삼아 甲의 공탁물 출급청구권을 (가)압류했다.
- 이 경우에도 乙의 甲에 대한 대여금채무에 대한 공탁은 유효이므로 변제의 효력은 유지된다.

대법원 2011. 12. 13. 선고 2011다11580 판결
- 원고가 피고 종중을 피공탁자로 하여 변제공탁한 다음, 원고의 피고에 대한 별개의 부당이득반환청구권을 청구채권으로 하여 피고의 이 사건 변제공탁물 출급청구권에 대하여 가압류결정을 받아 그 결정이 그 무렵 대한민국에게 송달된 사실이 인정된다.
- 원심은 피고가 변제공탁금을 출급할 수 없으므로, 원고의 이 사건 변제공탁은 채무 변제로서의 효력이 없다고 판단하였다. 그러나 비록 원고가 이 사건 변제공탁 후 피공탁자인 피고에 대한 채권 보전을 위해 피고의 공탁물 출급청구권에 대해 가압류 결정을 받았다고 하더라도 이미 발생한 변제공탁에 의한 변제의 효력에 영향을 미치지 아니한다.

나. 공탁자의 공탁물 회수권

(1) 요건

A. 개관

(a) 원칙: 공탁자의 형성권
- 공탁자는 원칙적으로 공탁물을 회수할 수 있으므로 이러한 공탁물 회수권은 형성권의 일종이라고 할 수 있다.
- 공탁물 회수권은 재산권의 일종이므로 일신전속성이 없다. 따라서 공탁자에 대한 채권자는 공탁물 회수권을 대상으로 채권집행이나 채권자대위권을 행사할 수 있다.

(b) 예외
- 채권자인 피공탁자가 공탁을 승인하거나 공탁소에 공탁물 출급을 통고한 경우 또는 공탁 유효 판결이 확정된 경우에는 채무자는 더 이상 공탁물 회수권을 행사할 수 없다.

> 제489조(공탁물의 회수) ① 본문: 채권자가 공탁을 승인하거나 공탁소에 대하여 공탁물을 받기를 통고하거나 공탁유효의 판결이 확정되기까지는 변제자는 공탁물을 회수할 수 있다.

- 위와 같은 사유가 발생하기 전이더라도, 공탁으로 인해 공탁자의 채무 담보를 위해 설정되었던 질권·저당권이 소멸하면 공탁자는 공탁물 회수권을 행사할 수 없다. 판례는 §489 ②은 질권·저당권에 대해서만 적용되므로, 공탁자의 채무를 담보하기 위한 양도담보·가등기담보권이 소멸한 경우에는 공탁자가 공탁물 회수권을 행사할 수 있다고 본다(대법원 1982. 7. 27. 선고 81다495 판결). 그러나 질권·저당권과 양도담보·가등기담보를 다르게 취급하고 있는 논거는 불명확하다.

> 제489조(공탁물의 회수) ② 전항의 규정은 질권 또는 저당권이 공탁으로 인하여 소멸한 때에는 적용하지 아니한다.

✓ 부종성 원칙에 의하면 피담보채무가 변제되면 말소등기 여부와 무관하게 담보물권은 소멸한다. 따라서 §489 ②를 문리해석하면 담보물권이 설정된 피담보채무에 대해서는 사실상 공탁자의 공탁물 회수권은 인정될 수 없게 된다.

B. 사례: 공탁자가 여러 명인 경우(공탁물 회수권의 준공유)

- 공탁자가 여러 명이면 각 공탁자들은 균등한 비율로 공탁한 것으로 간주된다. 따라서 각 공탁자의 채권자는 공탁금을 균분한 가액에 대해 공탁금 회수권을 대위하거나 압류할 수 있다.
- 공탁자들 간의 실제 분담액이 다르더라도 이러한 관계는 공탁자들 간의 내부관계에서 정산 대상이 될 뿐이다.

대법원 2015. 9. 10. 선고 2014다29971 판결

- 제3자가 다른 공동공탁자의 공탁금 회수청구권에 대하여 압류 및 추심명령을 한 경우에 그 **압류 및 추심명령은 공탁자 간 균등한 비율에 의한 공탁금액의 한도 내에서 효력**이 있고, 공탁자가 공탁한 내용은 공탁의 기재에 의하여 형식적으로 결정되므로 수인의 공탁자가 공탁하면서 <u>각자의 공탁금액을 나누어 기재하지 않고 공동으로 하나의 공탁금액을 기재한 경우에 공탁자들은 균등한 비율로 공탁한 것으로 보아야</u> 하고, 공탁자들 내부의 실질적인 분담금액이 다르다고 하더라도 이는 공탁자들 내부 사이에 별도로 해결하여야 할 문제이다.

> ‣ 공동공탁자들 중 실제로 담보공탁금을 **전액 출연한 공탁자**가 있다 하더라도 이는 공동공탁자들 사이의 내부관계에서만 주장할 수 있는 사유에 불과하여 담보공탁금을 전액 출연한 공탁자는 그 압류채권자에 대하여 자금 부담의 실질관계를 이유로 대항할 수 없다.

(2) 공탁물 회수권 행사의 효과

A. 개관: 공탁의 효과의 소급적 소멸

- 공탁물 회수권이 행사되면 공탁하지 않은 것으로 간주되므로 공탁에 의한 채무 소멸이라는 효과는 소급적으로 소멸한다.

> 제489조(공탁물의 회수) ① 단서: 이 경우에는 공탁하지 아니한 것으로 본다.

- 공탁자 자신이 아니라 제3자가 적법한 권원에 의해 회수해도 공탁의 효과는 소급 적으로 소멸한다. 예컨대 공탁자 乙이 甲에 대한 채무 변제를 위해 공탁한 후 乙 에 대한 다른 채권자 丙이 채권자대위권이나 압류·추심명령을 근거로 공탁물 회 수권을 행사하면, 乙의 甲에 대한 채무는 소멸하지 않는다.

> 변제공탁자가 공탁물 회수권의 행사에 의하여 공탁물을 회수한 경우에는 **공탁하지 아니한 것으로 보아 채권소멸의 효력은 소급하여 없어**진다. 이와 같이 채권소멸의 효 력을 소급적으로 소멸시키는 공탁물의 회수에는, 공탁자에 의하여 이루어진 경우뿐 만 아니라, **제3자가** 공탁자에게 대하여 가지는 별도 채권의 집행권원으로써 공탁자의 **공탁물 회수청구권에 대하여 압류 및 추심명령을 받아 그 집행으로 공탁물을 회수한 경우도 포함**된다(대법원 2014. 5. 29. 선고 2013다212295 판결).

B. 사례: 부적법한 공탁, 공탁원인 소멸과 공탁물 회수권에 대한 압류

(a) 개관

- 공탁물 회수권은 공탁이 무효인 경우에도 인정된다. 이 점에서 공탁물 출급청구 권과 다르다.
- 예컨대 공탁자가 착오로 공탁한 경우나 공탁원인이 소멸한 경우, 공탁물 회수권 은 인정되지만 공탁물 출급청구권은 인정되지 않는다.

(b) 기초 사실관계와 이에 대한 판단

- 乙은 실제로는 甲에 대한 공사대금채무가 없는데도 착오로 甲을 피공탁자로 하

여 공사대금채무 변제를 위해 1000만원을 공탁했다. 이에 甲의 채권자 丙은 甲의 공탁물 출급청구권에 대해 압류·전부명령을 받아 공탁금을 출급했다.

* 이 경우 丙은 乙에게 §741 채무를 진다. 공탁물 출급청구권은 존재하지 않았기 때문이다.

> 공탁자가 **착오로 공탁한 때 또는 공탁의 원인이 소멸**한 때에는 공탁자가 공탁물을 회수할 수 있을 뿐, 피공탁자의 공탁물 출급청구권은 존재하지 않는 것이므로, 이러한 경우 공탁자가 공탁물을 회수하기 전에 위 공탁물 출급청구권에 대한 전부명령을 받아 공탁물을 수령한 자는 법률상 원인 없이 공탁물을 수령한 것이 되어 공탁자에 대하여 부당이득반환의무를 부담한다(대법원 2008. 9. 25. 선고 2008다34668 판결).

(c) 변형된 사실관계와 이에 대한 판단

* 甲에 대한 대여금채무자 乙이 조건부 공탁을 한 후 甲에 대한 채권자 丙이 甲의 공탁물 출급청구권을 압류한 경우, 甲은 乙에 대한 다른 채권을 집행채권으로 삼아 乙의 공탁물 회수권에 대한 유효한 압류·추심명령을 받을 수 있다.

* 공탁물 출급청구권과 공탁물 회수권은 별개의 권리이므로 전자가 존재하지 않아도 후자는 인정되고, 전자에 대한 압류는 후자에 대해 영향을 미치지 않는다.

> **대법원 2020. 5. 22.자 2018마5697 결정**
> ‣ 부적법한 변제공탁으로 변제의 효력이 발생하지 않았다고 하더라도, 피공탁자는 이를 수락하여 공탁물 출급청구를 하는 대신 공탁자에 대한 **다른 채권에 기하여 공탁자의 공탁물 회수청구권에 대하여 압류 및 추심명령을 받아 그 집행으로 공탁물을 회수**할 수 있다.
> ‣ 공탁물 출급청구권과 공탁물 회수청구권은 서로 **독립한 별개의** 청구권이므로 설령 공탁물 출급청구권에 대한 압류 등이 있었다고 하더라도 이는 공탁물 회수청구권에 대하여 아무런 영향을 미치지 않는다.

다. 피공탁자의 공탁물 출급청구권

(1) 공탁물 출급청구권자의 결정

A. 개관: 공탁서 기재에 의한 형식적 결정

* 공탁물 출급청구권자는 실체법상의 채권자가 아니라 공탁법상의 피공탁자(대리인, 승계인 포함)이므로, 공탁서 기재에 의해 형식적으로 결정된다. 따라서 실체법

상의 권리자이더라도 공탁서에 피공탁자로 기재되지 않았다면, 비록 피공탁자를 상대로 공탁물 출급청구권 존재확인판결을 받았더라도 곧바로 공탁물 출급청구권을 행사할 수는 없다. 이러한 확정판결은 공탁물 출급청구권을 증명하는 서면이 될 수 없기 때문이다(공탁선례 제2-238호).

• 실체법상 권리자가 공탁물 출급청구권을 행사하려면 피공탁자로부터 공탁물 출급청구권을 양도받거나 채권양도 통지 의사표시를 구하는 이행소송을 제기하여 승소 확정판결을 받아야 한다(공탁선례 제2-238호).

• 사례: 여러 명의 채권자 중 1인이 공탁물출급청구권 전부에 대한 존재확인 판결을 받은 경우, 공탁서에 기재된 지분에 따른 가액에 대해서만 공탁물출급청구권을 행사할 수 있으며 실제 지분이 이를 초과하더라도 그 초과액에 대해서는 피공탁자에 해당하지 않으므로 직접 공탁물 출급청구를 할 수 없다.

> 변제공탁의 공탁물출급청구권자는 피공탁자 또는 그 승계인이고 피공탁자는 공탁서의 기재에 의하여 **형식적으로 결정**되므로, 실체법상의 채권자라고 하더라도 피공탁자로 지정되어 있지 않으면 공탁물출급청구권을 행사할 수 없다. 따라서 피공탁자 아닌 제3자가 피공탁자를 상대로 하여 공탁물출급청구권 확인판결을 받았다 하더라도 그 확인판결을 받은 제3자가 직접 공탁물출급청구를 할 수는 없다(대법원 2006. 8. 25. 선고 2005다67476 판결).

B. 공탁물 출급청구권 존재확인소송

(a) 개관

• 공탁은 실체법상 권리에 영향을 미치지 않는다. 따라서 실체법상 채권자 아닌 자를 피공탁자로 하는 공탁이 마쳐지더라도, 공탁물 출급청구권은 실체법상의 채권자에게 귀속된다.

• 이 경우 실체법상 채권자가 공탁물 출급청구권을 행사하려면 공탁물 출급청구권 존재확인 판결을 거쳐야 한다.

(b) 상대적 불확지 변제공탁의 경우

• 피공탁자들 간 확인소송을 통해 밝혀진 진정한 채권자가 공탁물 출급청구권자이다.

피공탁자가 된 채권자의 공탁물 출급청구권은 채무자에 대한 본래의 채권을 갈음하는 권리이므로, 그 귀속 주체와 권리 범위는 본래의 채권이 성립한 법률관계에 따라 정해진다. 따라서 채무자가 **누가 진정한 채권자인지를 알 수 없어 상대적 불확지의 변제공탁**을 하여 피공탁자 중 1인이 **다른 피공탁자들을 상대로 자기에게 공탁물 출급청구권이 있다는 확인**을 구한 경우에, 피공탁자들 사이에서 누가 진정한 채권자로서 공탁물 출급청구권을 가지는지는 **피공탁자들과 공탁자인 채무자 사이의 법률관계에서 누가 본래의 채권을 행사할 수 있는 진정한 채권자인지를 기준으로 판단**하여야 한다 (대법원 2017. 5. 17. 선고 2016다270049 판결).

- 사례: 사해행위 취소소송이 경합하여 각 채권자취소권자에게 가액배상을 명하는 판결이 확정된 경우, 피고 수익자는 가액배상금 중 최고액을 공탁할 수 있다. 이 때 각 피공탁자들은 각자가 받을 수 있는 가액반환 가액 비율에 따른 안분된 가액에 대해서만 공탁물 출급청구권을 행사할 수 있다.

동일한 금액 범위 내의 사해행위취소 및 가액배상을 구하는 소송을 제기한 수인의 취소채권자들 중 누구에게 가액배상금을 지급하여야 하는지 알 수 없다는 이유로 채권자들의 청구금액 중 판결 등에 의하여 <u>가장 다액으로 확정된 금액 상당을 공탁금액으로 하고 그 취소채권자 전부를 피공탁자로 하여 상대적 불확지공탁을 한 경우, 피공탁자 각자는 공탁서의 기재에 따라 각자의 소송에서 확정된 판결 등에서 인정된 가액배상금의 비율에 따라 공탁금을 출급청구할 수 있을 뿐이다</u>(대법원 2007. 5. 31. 선고 2007다3391 판결).

(c) 절대적 불확지 변제공탁의 경우

- 실체법상 채권자는 공탁자 즉 실체법상 채무자를 상대로 공탁물 출급청구권 존재확인소송을 제기해야 한다. 실체법상 채권자가 누구인지를 파악하기에 적합한 당사자는 채무자이기 때문이다. 이에 비해 공탁소를 상대로 공탁물출급 청구소송을 제기하는 것은 허용되지 않는다.

공탁공무원은 형식적 심사권을 가질 뿐이므로 피공탁자와 정당한 보상금수령권자라고 주장하는 자 사이의 동일성 등에 관하여 종국적인 판단을 할 수 없고 누가 정당한 공탁금 수령자인지는 공탁자가 가장 잘 알 수 있다는 점, 정당한 공탁금 수령자이더라도 직접 국가를 상대로 하여 민사소송으로써 그 공탁금의 지급을 구하는 것은 허용되지 아니하는 점 등에 비추어 볼 때, 정당한 공탁금수령권자이면서도 <u>공탁공무원으로부터 공탁금의 출급을 거부당한 자</u>는 그 법률상 지위의 불안·위험을 제거하기 위하여 **공탁자를 상대방**으로 하여 그 **공탁물 출급권의 확인을 구하는 소송을 제기할 이익**이 있다(대법원 2007. 2. 9. 선고 2006다68650 판결).

- 사례: 채권자 사망 후 상속인을 파악할 수 없어서 망인의 상속인을 피공탁자로 하는 변제공탁이 이루어진 경우, 실체법상 채권자인 상속인은 공탁자를 상대로 공탁물 출급청구권 존재확인 소송을 제기할 소의 이익이 인정된다(대법원 2014. 4. 24. 선고 2012다40592 판결).

(d) 비교: 제3자가 피공탁자를 상대로 제기한 공탁물 출급청구권 확인소송

- 원칙: 실체법상 채권자 아닌 제3자에게는 공탁물 출급청구권 존재확인 소송을 제기할 소의 이익이 인정되지 않는다. 어차피 공탁물 출급청구권은 실체법상 채권자에게만 인정되는 것이기 때문이다.
- 예외: 피공탁자들 중 1인에 대한 채권자가 그의 공탁물 출급청구권에 대한 압류·추심명령이나 압류·전부명령을 받은 경우, 이러한 채권자는 자신의 이름으로 다른 피공탁자를 상대로 공탁물 출급청구권 존재확인 소송을 제기할 소의 이익이 인정된다.

피공탁자 중 1인을 채무자로 하여 **공탁물 출급청구권에 대하여 채권압류 및 추심명령을 받은 추심채권자라는 등의 특별한 사정이 없는 한, 피공탁자가 아닌 제3자는 피공탁자를 상대로 하여 공탁물 출급청구권의 확인을 구할 이익이 없**다(대법원 2016. 3. 24. 선고 2014다3122 판결).

(e) 사례

- 사안의 개요: 乙에 대한 채무자 甲은, 채권양도 당사자인 乙·丙 사이에 채권양도의 효력이 다투어지자, 양도인 乙과 양수인 丙을 피공탁자로 기재한 상대적 불확지 변제공탁을 마쳤다.
- 쟁점과 판단: 丁이 자신의 丙에 대한 채권을 집행채권으로 삼아 丙의 양수채권에 대한 압류·추심명령을 받은 경우 丁은 원고로서 乙을 상대로 하여 공탁물 출급청구권이 丙에게 있음을 확인하는 소를 제기할 수 있다. 추심채권자는 집행채무

자의 제3채무자에 대한 권리를 재판상 행사할 수 있기 때문이다.

채권압류 및 추심명령을 받은 **추심채권자는 추심에 필요한 채무자의 권리를 대위절차 없이 자기 이름으로 재판상 또는 재판 외에서 행사할 수 있**으므로, 상대적 불확지 변제공탁의 피공탁자 중 1인을 채무자로 하여 그의 공탁물 출급청구권에 대하여 채권압류 및 추심명령을 받은 **추심채권자는 공탁물을 출급하기 위하여 자기의 이름으로 다른 피공탁자를 상대로** 공탁물 출급청구권이 추심채권자의 <u>채무자에게 있음을 확인한다는 확인의 소를 제기할 수 있다</u>(대법원 2011. 11. 10. 선고 2011다55405 판결).

(2) 공탁물 출급청구권의 행사

A. 요건: 공탁인가처분

B. 주체

(a) 개관

• 공탁물 출급청구권자의 결정과 이에 대한 다툼이 있는 경우의 해결 방법이 문제되는데 이에 대해서는 이미 설명했다(579면 이하).

• 공탁물 출급청구권 행사는 대리할 수 있으며, 이에 대한 표현대리도 성립할 수 있다(대법원 1990. 5. 22. 선고 89다카1121 판결).

(b) 피공탁자가 여러 명인 상대적 불확지 변제공탁의 경우

• 피공탁자 중의 1인이 공탁물 출급청구를 하려면, 다른 피공탁자들의 승낙서 또는 그들을 상대로 받은 확정된 공탁물 출급청구권 존재확인 판결이 있어야 있어야 한다.

• 피공탁자들 중 1인에 대한 채권자가 공탁물 출급청구권을 압류한 경우: ㉠ 압류채권자도 다른 피공탁자들을 상대로 공탁물 출급청구권 확인소송을 제기할 수 있으나, ㉡ 다른 피공탁자들이 피공탁자들 중 1인에 대한 압류채권자를 상대로 공탁물 출급청구권 확인소송을 제기할 확인의 이익은 인정되지 않는다. 예컨대 피공탁자가 A·B이고 B에 대한 채권자 甲이 B의 채권을 압류한 경우 甲은 A를 상대로 공탁물 출급청구권 존재확인 소송을 제기할 수 있으나 A는 B를 상대로 이러한 소를 제기해야 하므로 A가 甲을 피고로 이러한 소를 제기하면 소의 이익이 인정되지 않는다.

상대적 불확지 변제공탁의 경우 피공탁자 중의 1인이 공탁물을 출급청구하기 위해서는 다른 피공탁자들의 **승낙서**나 그들을 상대로 받은 **공탁물 출급청구권확인 승소확**

정판결이 있으면 되므로, 위와 같은 경우에 **피공탁자가 아닌 제3자인** 피공탁자들 중 1인의 공탁원인 채권을 가압류한 자를 상대로 공탁물 출급청구권의 확인을 구하는 것은 확인의 이익이 없다(대법원 2008. 10. 23. 선고 2007다35596 판결).

C. 소멸시효

• 공탁물 출급청구권은 10년의 소멸시효에 걸리는 일반적인 채권이다(공탁법 §9 ③). 공탁물 회수권도 마찬가지이다.

• 공탁물 출급청구권이 시효소멸하면 공탁자는 공탁금 회수권을 행사할 수 있다. 다만 공탁금 회수권도 시효소멸했거나 법령에 의해 공탁금 회수권이 인정되지 않는 경우에는 공탁금은 국고에 귀속된다. 따라서 이 경우에는 공탁물 출급청구권의 시효소멸로 이익을 얻는 자는 국고이다.

대법원 2007. 3. 30. 선고 2005다11312 판결

▸ 공탁물 출급청구권이 시효로 소멸된 경우 공탁자에게 공탁금 회수청구권이 인정되지 않는 한 그 공탁금은 국고에 귀속하게 되는 것 공탁물 출급청구권의 종국적인 채무자로서 소멸시효를 원용할 수 있는 자는 국가라 할 것이다.

▸ 공탁자는 진정한 보상금수령권자에 대하여 그가 정당한 공탁물 출급청구권자임을 확인하여 줄 의무를 부담한다고 하여도 공탁물 출급청구권의 시효소멸로 인하여 직접적인 이익을 받지 아니할 뿐만 아니라, 채무자인 국가에 대하여 아무런 채권도 가지지 아니하므로, 독자적인 지위에서나 국가를 대위하여 공탁물 출급청구권에 대한 소멸시효를 원용할 수 없다.

(3) 공탁물 출급청구권 행사의 효과

A. 절차법적 효과: 공탁절차 종료

• 피공탁자 아닌 자에게 공탁물이 출급되더라도 공탁절차는 종료된다.

• 따라서 실체법상 채권자이더라도 거듭 공탁물 출급청구권을 행사할 수는 없고, 그 대신 국가배상 청구를 할 수 있을 뿐이다(대법원 1993. 7. 13. 선고 91다39429 판결).

B. 실체법적 효과

• 전제: 적법한 공탁이 이루어져야 한다.

• 효과: 공탁 내용대로 채무가 소멸한다.

Ⅱ　상계

1. 개관

가. 의미 · 법적성질

(1) 의미

- 동일한 당사자들 사이에서 같은 종류의 급부를 목적으로 하는 채권과 반대채권이 대립하는 경우가 있다. 甲이 乙에게 100만원의 대여금채권을 가지고 있는데 乙이 甲에게 80만원의 물품대금채권을 가진 경우가 그 예이다. 이때 甲이 乙에게 100만원의 지급을 청구하면 乙은 甲에게 100만원을 지급하고 甲으로부터 80만원을 지급받을 수 있지만, 그 대신 乙은 '상계' 의사표시를 함으로써 두 채권이 동시에 지급된 것과 같은 효과를 발생시킬 수 있다. 상계의 효과는 대등액에 대한 채권 · 반대채권의 소멸이므로 위의 예에서 乙의 상계 후 甲의 乙에 대한 대여금채권은 20만원만 남게 된다.
- 상계 의사표시를 하는 사람이 소멸시키고자 하는 채무를 수동채무라고 하고, 상계자인 수동채무자가 상대방인 수동채권자에게 가진 채권을 자동채권이라고 한다. 즉 상계란, 상계자가 채권자에 대한 자동채권으로 자신에 대한 수동채권을 소멸시키는 것이다. 위의 예에서 乙이 상계 의사표시를 한 경우 甲의 乙에 대한 대여금 채권이 수동채권이고 乙의 甲에 대한 물품대금채권이 자동채권이다.

> 제492조(상계의 요건) ①쌍방이 서로 같은 종류를 목적으로 한 채무를 부담한 경우에 그 쌍방의 채무의 이행기가 도래한 때에는 각 채무자는 대등액에 관하여 상계할 수 있다.

상계는 당사자 **쌍방이 서로 같은 종류를 목적으로 한 채무를 부담**한 경우에 서로 같은 종류의 급부를 현실로 이행하는 대신 <u>일방 당사자의 의사표시로 대등액에 관하여 채권과 채무를 동시에 소멸시키는 것이다</u>(대법원 2011. 4. 28. 선고 2010다101394 판결).

(2) 법적성질

A. 개관

- 상계는 채무자의 일방적 의사표시로 수동채무 소멸이라는 효과를 가져온다. 따라서 상계의 법적 성질은 단독행위이다. 또한 상계권은 형성권의 일종이므로 형

성권에 대해 적용되는 일반적인 원칙이 모두 적용된다. 즉 조건·기한을 붙일 수 없고 특별한 사정이 없으면 10년의 제척기간이 적용된다.

- 비교: 채권과 반대채권을 소멸시키기로 하는 채권자·채무자 간 약정을 상계계약이라 한다. 사적 자치 원칙상 상계계약은 유효이며 그 내용도 당사자의 약정으로 정해진다. 또한 당사자 일방을 보호하기 위한 상계 금지 사유들은 적용되지 않는다.

B. 비교: 공제

(a) 공제의 의미

- 공제는 ㉠ 대립하는 채권·채무의 상호 정산을 내용으로 하며 ㉡ 채권의 소멸 사유라는 점에서 상계와 비슷하다. 그렇지만 상계에 대한 법률상의 금지·제한 사유가 적용되지 않으며, 별도의 의사표시 없이 채권·반대채권 소멸이라는 효력이 발생한다는 점에서 상계와 다르다.

- 사적 자치 원칙상, 채권자와 채무자는 강행법규에 반하지 않는 한 상계나 공제의 요건·효과를 자유롭게 정할 수 있다. 따라서 당사자의 의사표시가 상계와 공제 중 어디에 해당하며 그 요건·효과가 어떠한지를 결정하는 것은 의사표시 해석의 문제이다.

대법원 2024. 8. 1. 선고 2024다227699 판결

- 공제는 복수 채권·채무의 상호 정산을 내용으로 하는 채권소멸 원인이라는 점에서 상계와 유사하다. 그러나 공제에는 원칙적으로 상계적상, 상계 금지나 제한, 상계의 기판력 등 상계에 관한 법률 규정이 적용되지 않는다는 점, 부동산임대차관계 등 특정 법률관계에서는 일정한 사유가 발생하면 원칙적으로 공제의 의사표시 없이도 당연히 공제가 이루어진다고 보는 점 등에서 공제는 상계와 구별된다. 또한 공제는 **상계 금지나 제한과 무관하게 제3자에 우선하여 채권의 실질적 만족을 얻게 한다는 점에서 상계보다 강한 담보적 효력**을 가진다.

- 계약자유의 원칙에 따라 당사자는 강행규정에 반하지 않는 한 공제나 상계에 관한 약정을 할 수 있으므로, 공제나 상계적상 요건을 어떻게 설정할 것인지, 공제 기준 시점이나 상계적상 시점을 언제로 할 것인지, 공제나 상계의 의사표시가 별도로 필요한지 등을 자유롭게 정하여 당사자 사이에 그 효력을 발생시킬 수 있다. 또한 공제와 상계 중 무엇에 관한 약정인지는 약정의 문언과 체계, 약정의 경위와 목적, 채권들의 상호관계, 제3자의 이해관계 등을 종합적으로 고려하여 합리적으로 해석하여야 한다.

(b) 공제 주장과 상계 주장이 경합하는 경우

- 당사자가 공제 주장과 상계 주장을 각각 한 경우, 이들을 별도로 판단해야 하는 것이 원칙이다.
- 분양계약에서 분양자가 수분양자의 중도금 대출을 보증하면서 수분양자의 기한 이익 상실 사유 발생시 분양자의 사전구상권이 발생하고, 분양자는 즉시 기지급 대금에서 사전구상권의 가액을 공제한 가액을 수분양자에게 반환하기로 약정한 경우, 기한 이익 상실 시점이 되면 분양계약이 해제되기 전이더라도 공제의 효과가 발생한다.

대법원 2024. 8. 1. 선고 2024다227699 판결

- 공제와 상계는 구별되므로 당사자가 공제와 상계에 관한 주장을 각각 하였다면 이를 별도로 판단하는 것이 원칙이다. 한편 이 사건 확인서나 이 사건 분양계약서에 따라 위약금, 대출원리금 등 원고들이 부담하는 각종 명목의 금원을 그가 반환받을 분양대금 등에서 가감하는 행위의 법적 성격이 공제와 상계 중 무엇인지는 앞서 살핀 법리에 따라 각 금원마다 개별적으로 판단하여야 한다.
- 공제 내지 상계의 기준시점을 이 사건 분양계약 해제일로 본 원심의 판단은 수긍하기 어렵다. 이 사건 확인서의 문언에 의하면, 원고들에게 **중도금 대출에 관한 기한의 이익 상실 사유**가 발생함과 동시에 대출원리금 등 일체의 금원에 대하여 피고의 사전구상권이 발생하고, 원고들은 해당 사유가 발생하는 '즉시' 그 금원을 피고에게 지급하여야 하며, 피고는 '이와 동시에' 원고들의 분양대금 등 반환채권에서 위 사전구상권에 기한 금원을 공제 내지 상계할 수 있다. 따라서 '기한의 이익 상실 시'를 공제 기준시점 내지 상계적상 시점으로 정하였다고 해석할 수 있으며, 기한의 이익 상실 시점에 아직 이 사건 분양계약이 해제되지 않아 원고들의 분양대금 등 반환채권이 발생하지 않았더라도, 장차 분양대금 등 반환채권이 발생하여 공제나 상계를 할 경우 그 **기준시점이나 상계적상 시점을 기한의 이익 상실 시점으로 보겠다는 취지로 해석**하는 것이 타당하다.

나. 취지 · 기능

(1) 개관

A. 본질적 기능: 대립하는 채권과 반대채권에 대한 간이한 결제 방법

> 상계제도의 취지는 서로 대립하는 두 당사자 사이의 채권·채무를 간이한 방법으로 원활하고 공평하게 처리하려는 것이다(대법원 2011. 4. 28. 선고 2010다101394 판결).

B. 담보기능: 사실상의 우선변제

* 상계를 하면 상계자는 수동채권액만큼 자신의 자동채권액을 사실상 우선변제 받게 된다. 즉 수동채권은 자동채권의 만족을 담보하는 것이다.
* 예컨대 甲이 乙에게 100만원의 대여금채권을 가지고 있고 乙은 甲에게 80만원의 물품대금 채권을 가지고 있으며 丙이 乙에게 400만원의 채권을 가지고 있는데 乙의 유일한 재산이 甲에 대한 80만원의 채권인 경우, 채권자 평등 원칙이 적용되면 甲은 乙에게 80만원을 지급한 후 그 1/5인 16만원만 배당받을 수 있다. 甲·丙은 이 80만원을 1 : 4의 비율로 배당받아야 하기 때문이다. 이에 비해 甲이 상계권을 행사하면 80만원 전액을 배당받은 것과 마찬가지가 된다.

> 상계권을 행사하는 자에 대하여는 수동채권의 존재가 사실상 자동채권에 대한 담보로서의 기능을 하는 것이어서 그 담보적 기능에 대한 당사자의 합리적 기대가 법적으로 보호받을 만한 가치가 있음에 근거하는 것이다(대법원 2003. 4. 11. 선고 2002다59481 판결).

(2) 상계권의 남용

A. 개관

* 상계는 자동채권과 수동채권의 실질적 가치가 대등함을 전제한다. 따라서 이들의 액면가는 같지만 실질적 가치가 다른 경우에도 상계를 허용하면 실질적 불공평이 발생하게 된다.
* 이러한 불공평이 발생하는 경우, 이해관계인은 상계권의 남용을 주장할 수 있다. 이때 일반적인 권리남용의 경우와는 달리 '해의'라는 주관적 요건은 필요 없다. 상계적상을 형성하는 과정에서 이미 해의가 드러났다고 보기 때문인 듯하다.

상계제도의 취지, 기능, 근거에 비추어 볼 때 상계의 대상이 되는 채권이나 채무를 취득하게 된 목적과 경위, 상계권을 행사함에 이른 구체적·개별적 사정에 비추어, 그것이 위와 같은 상계 제도의 목적이나 기능을 일탈하고, 법적으로 보호받을 만한 가치가 없는 경우에는, 그 **상계권의 행사는 신의칙에 반하거나 상계에 관한 권리를 남용하는 것으로서 허용되지 않는다**고 함이 상당하고, 상계권 행사를 제한하는 위와 같은 근거에 비추어 볼 때 **일반적인 권리 남용의 경우에 요구되는 주관적 요건인 해의를 필요로 하는 것은 아니다**(대법원 2003. 4. 11. 선고 2002다59481 판결).

B. 사례: 상계권 남용의 효과
- 사안의 개요: 乙은 丙에게 100만원의 채무를 부담하고 있고 丙에 대해 甲은 400만원의 채권을, A는 100만원의 채권을 각각 가지고 있다. 乙은 A로부터 丙에 대한 100만원의 채권을 헐값에 양수하여 상계를 주장한다.
- 쟁점과 판단: 상계적상은 상계 당시에만 인정되면 되므로 상계적상은 일단 충족된다. 그러나 乙의 상계권 남용이 인정되므로 상계의 효과가 부정되고, 결국 乙은 丙에게 100만원의 수동채무를 이행한 후, 丙에 대한 100만원의 자동채권자로서 甲과 안분배당을 받아야 한다.

2. 상계의 요건: 상계적상의 현존(유지, 계속)

가. 상계적상의 의미: 동종 급부를 목적으로 하는 자동채권과 수동채권의 대립

(1) 동종채권의 대립

A. 동종채권
- 상계의 본질은 대립하는 채권들을 대등한 범위에서 소멸시키는 것이므로, 대등한 가치를 가지는 채권들 사이에서만 인정될 수 있다. 따라서 상계는 급부의 내용이 같은 동종채권들 사이에서만 성립할 수 있다.
- 동종채권이면 발생 근거를 달리해도 상계적상이 인정될 수 있다. 예컨대 형사재판에 따른 공매처분 후 재심으로 일부 무죄판결을 받은 자가 국가에 대해 처분대금에 대한 §741 채권을 행사하면 국가는 유죄판결 확정으로 변제기가 도래한 벌금채권을 자동채권으로 삼아 상계할 수 있다(대법원 2004. 4. 27. 선고 2003다37891 판결).

B. 대립

(a) 의미

- 채권자의 수동채권 행사에 대한 상계가 인정되려면 채무자는 채권자에 대한 동종의 반대채권인 자동채권이 있어야 한다.
- 이처럼 동종채권의 당사자가 동일한 사람들이지만 한 채권의 채권자가 다른 채권에서는 채무자인 상태를 '대립'이라고 한다.

(b) 자동채권: 상계자인 채무자가 채권자에 대해 가진 반대채권

- 원칙: 채무자가 내세우는 자동채권은 채무자가 채권자에 대해 가진 채권이어야 한다. 따라서 ㉠ 제3자가 채권자에게 가지는 채권이거나 ㉡ 채무자 자신이 제3자에 대해 가지는 채권을 자동채권으로 내세우면 상계적상이 인정되지 않는 것이 원칙이다.
- 예외: 다만 법률상 예외규정이 있으면 대립 요건은 완화된다. ㉠에 대한 예외의 예로서 보증인(연대채무자)은 주채무자(다른 연대채무자)가 채권자에게 가지는 반대채권을 자동채권으로 삼아 상계할 수 있다(보증인에 대해 §434, 연대채무자에 대해 §418 ②). 이에 비해 현행법상 ㉡에 대한 예외는 없다.

(c) 수동채권: 채무자의 상계로 인해 소멸하게 될 채권

- 수동채권이란 채무자가 소멸시키고자 하는 채권으로서 그 채권자는 자동채권의 채무자이어야 한다.

(2) 사례: '대립'이 인정되지 않는 경우

A. 유치물 매수인의 §741 채권과 유치권자의 공사대금 채권

(a) 사안의 개요

- 乙은 A가 소유한 X건물에 대한 공사를 마쳤으나 공사대금 1억원을 받지 못하여 적법하게 유치권을 행사하여 X건물을 점유했다. 경매절차에서 甲이 X건물을 매수하고 매수대금을 전액 납부했으며 X건물의 차임상당 부당이득액은 월 400만원이다. 乙은 X건물을 10개월째 사용하고 있다.
- 甲은 乙의 공사대금채권 1억원과 자신의 §741 채권 4000만원을 상계한다고 통지한 후 6000만원을 공탁하고 乙에게 X건물 인도청구를 한다.

(b) 쟁점과 판단

- 乙의 유치권은 물권이므로 피담보채무자 A뿐 아니라 유치물 소유자인 甲에게도

주장할 수 있다.

- 甲이 주장하는 자동채권인 §741 채권의 당사자는 甲·乙임에 비해 그 수동채권인 공사대금채권의 당사자는 乙·A이므로 '대립'이 인정되지 않는다. 유치물 양수인은 물적 부담을 인수할 뿐이고 피담보채무를 인수하는 것은 아니기 때문이다. 따라서 甲의 상계 주장은 이유 없다.

대법원 2011. 4. 28. 선고 2010다101394 판결

- 수동채권으로 될 수 있는 채권은 상대방이 상계자에 대하여 가지는 채권이어야 하고, **상대방이 제3자에 대하여 가지는 채권과는 상계할 수 없다**고 보아야 한다. 만약 상대방이 제3자에 대하여 가지는 채권을 수동채권으로 하여 상계할 수 있다고 한다면, 이는 상계의 당사자가 아닌 상대방과 제3자 사이의 채권채무관계에서 상대방이 제3자에게서 채무의 본지에 따른 현실급부를 받을 이익을 침해하게 될 뿐 아니라, 실질적으로 상대방의 제3자에 대한 채권을 압류·전부명령 없이 독식하게 되므로 상대방의 채권자들 사이에서 상계자만 독점적인 만족을 얻게 되는 불합리한 결과를 초래하게 되므로, 상계의 담보적 기능에 대한 당사자의 합리적 기대가 이러한 경우에까지 미친다고 볼 수는 없다.
- 유치권이 인정되는 아파트를 경락·취득한 자가 아파트 일부를 점유·사용하고 있는 유치권자에 대한 임료 상당의 부당이득금 반환채권을 자동채권으로 하고 유치권자의 종전 소유자에 대한 유익비상환채권을 수동채권으로 하여 상계의 의사표시를 한 사안에서, 위 상계의 의사표시로 부당이득금 반환채권과 유익비상환채권이 대등액의 범위 내에서 소멸하였다고 본 원심판결에 법리오해의 위법이 있다.

B. 채무자가 채권자에 대한 추심권한만 가진 경우

(a) 개관

- 채권자가 채무자에게 수동채권을 행사하는 경우, 제3자가 채권자에게 동종의 채권을 가지고 있으며, 채무자는 이러한 제3자의 채권자에 대한 동종채권을 행사할 수 있는 추심권능만 가지는 경우가 있다. 이 경우 채무자는 제3자의 동종채권을 대위 행사하여 자신이 채권자에게 부담한 수동채무를 소멸시킬 수는 없다. '대립'이 인정되지 않아서 상계적상이 충족될 수 없기 때문이다.
- 예컨대 수동채권의 채권자는 甲, 채무자는 乙이고, 제3자 丙이 甲에 대해 동종채권을 가진 경우 ㉠ 乙이 丙의 甲에 대한 채권에 대해 압류·추심명령을 받았거나, ㉡ 乙이 丙에 대한 피보전채권이 있어서 채권자대위권을 행사할 수 있더라도, 乙

은 丙의 甲에 대한 채권을 자동채권으로 삼아 상계할 수는 없다.

(b) 삼각 채권관계에서 채권자대위권 행사와 상계적상 인정 여부

• 사안의 개요: ㉠ 甲의 乙에 대한 물품대금 채권자이고 乙은 丙에 대한 공사대금 채권자이며 丙은 甲에 대한 대여금 채권자이다. ㉡ 甲이 乙에게 물품대금 채권을 행사하자 乙은 무자력인 丙을 대위하여 丙의 甲에 대한 대여금채권을 행사하면서 상계를 주장한다.

• 쟁점과 판단: 乙의 상계 주장은 이유 없다. ㉠ 채권자대위권자는 제3채무자에게 피대위권리를 행사하면서 채권자대위권자 자신에게 이행하라는 취지의 직접 지급을 청구할 수 있지만, 이 경우 채권자대위권자에게 피대위권리가 이전하는 것은 아니고 채권자대위권자에게 추심권능·변제수령권능이 인정되는 것에 지나지 않는다. ㉡ 따라서 乙의 상계 주장에서 자동채권은 丙의 甲에 대한 대여금 채권인 반면 수동채권은 甲의 乙에 대한 물품대금 채권이므로, 동종채권의 대립이 인정되지 않는다.

대법원 2019. 5. 16. 선고 2016다239420 판결

‣ 채권자대위소송에서 제3채무자로 하여금 직접 대위채권자에게 금전의 지급을 명하는 판결이 확정되더라도, 대위의 목적인 권리, 즉 채무자의 제3채무자에 대한 피대위채권이 판결의 집행채권으로서 존재하고 대위채권자는 채무자를 대위하여 피대위채권에 관한 **추심권능 내지 변제수령권능**을 행사할 수 있을 뿐 이로 인하여 채무자의 제3채무자에 대한 **피대위채권이 대위채권자에게 이전되거나 귀속되는 것은 아니다.**

‣ 이러한 법리에 비추어 볼 때, 乙이 丙을 대위하여 甲을 상대로 제기한 채권자대위소송에서 甲이 乙에게 직접 지급을 명하는 판결이 선고되어 확정되었다고 하더라도 피대위채권인 丙의 甲에 대한 채권이 乙에게 이전되거나 귀속되지 않는다. 따라서 위 확정된 판결금채권은 乙이 甲에 대해 가지는 채권이 아니므로 乙은 甲에 대해 위 판결금채권을 자동채권으로 하여 상계할 수 없다.

(c) 국제징수법상의 압류가 문제된 사례

• 사안의 개요: 甲이 국세징수법상 체납처분을 근거로 丙의 乙에 대한 채권을 물품대금채권을 압류했다. 이에 乙은 甲에 대한 환급금채권을 자동채권으로 하여 甲이 丙 대신 행사하는 물품대금채권을 수동채권으로 하는 상계를 주장한다.

- 쟁점과 판단: 이러한 乙의 상계 주장은 이유 없다. 체납처분에 의한 압류는 추심권을 부여할 뿐이고 피압류채권 자체가 甲에게 전부되는 것은 아니므로, 乙에 대한 물품대금채권자는 여전히 丙이다. 따라서 乙이 주장하는 자동채권은 甲에 대한 것이고 수동채권은 丙의 것이므로, 대립이 인정되지 않는다.

대법원 2022. 12. 16. 선고 2022다218271 판결
- 법률의 규정 등 특별한 사정이 없는 한 자동채권으로 될 수 있는 채권은 상계자가 상대방에 대하여 가지는 채권이어야 하고 제3자가 상대방에 대하여 가지는 채권으로는 상계할 수 없다.
- 국세징수법에 의한 채권압류의 경우 압류채권자는 체납자에 대신하여 추심권을 취득할 뿐이고, 이로 인하여 채무자가 제3채무자에 대하여 가지는 채권이 **압류채권자에게 이전되거나 귀속되는 것은 아니**다. 따라서 압류채권자가 채무자의 제3채무자에 대한 채권을 압류한 경우 그 채권은 **압류채권자가 제3채무자에 대하여 가지는 채권이 아니**므로, 압류채권자는 이를 자동채권으로 하여 제3채무자의 압류채권자에 대한 채권과 상계할 수 없다.

나. 상계적상의 현존

(1) 원칙: 상계 당시 상계적상의 존재

A. 상계적상 현존의 의미
- 상계적상의 현존이란, 상계 의사표시 당시에 상계의 모든 요건이 충족되어 있음을 뜻한다.
- 상계적상은 원시적으로 형성될 필요는 없다. 즉 수동채권 성립 당시에는 상계자가 자동채권자가 아니었더라도 상계자가 상계 의사표시를 하기 전에 채권양도 등의 방법으로 상대방(수동채권자)에 대한 채권을 양수하면 이 채권을 자동채권으로 하는 상계적상이 인정된다.

일반적으로 당사자 사이에 상계적상이 있는 채권이 현존하고 있는 경우에는 이를 상계할 수 있는 것이 원칙이고, 이러한 상계의 대상이 되는 채권은 상대방과 사이에서 직접 발생한 채권에 한하는 것이 아니라, 제3자로부터 양수 등을 원인으로 하여 취득한 채권도 포함한다(대법원 2003. 4. 11. 선고 2002다59481 판결).

B. 사례: 수동채권의 분할과 수동채무자의 선택에 따른 상계

(a) 사안의 개요

• 乙은 甲에게 100만원의 채무를 부담하고 있는데 甲에 대한 40만원의 자동채권을 가지게 되었다.

• 그후 甲의 乙에 대한 수동채권 중 4/10가 丙에게 귀속되었다.

(b) 쟁점과 판단

• 수동채무자 乙은 수동채무를 분할·취득한 丙을 선택하여 상계할 수 있고, 원래의 채권자 甲에게 남은 부분을 우선 상계하거나 甲·丙에 대해 채권의 가액에 비례하여 상계할 의무는 없다.

• 따라서 乙은 甲에 대한 자동채권 40만원으로 丙이 분할·취득한 수동채권 40만원 전액과 상계해도 된다.

> 채권의 **일부 양도가 이루어지면 특별한 사정이 없는 한 각 분할된 부분에 대하여 독립한 분할채권이 성립**하므로, **양도인에 대한 반대채권으로** 상계하고자 하는 채무자로서는 양도인을 비롯한 각 분할채권자 중 **어느 누구도 상계의 상대방으로 지정하여 상계**할 수 있고, 그러한 채무자의 상계 의사표시를 수령한 분할채권자는 제3자에 대한 대항요건을 갖춘 양수인이라 하더라도 양도인 또는 다른 양수인에 귀속된 부분에 대하여 먼저 상계되어야 한다거나 각 분할채권액의 채권 총액에 대한 비율에 따라 상계되어야 한다는 이의를 할 수 없다(대법원 2002. 2. 8. 선고 2000다50596 판결).

• 이러한 법리는 수동채권 분할귀속의 원인이 채권양도이든 압류·전부명령이든 마찬가지로 적용된다.

> 가분적인 금전채권의 **일부에 대한 전부명령이 확정**되면 특별한 사정이 없는 한 전부명령이 제3채무자에 송달된 때에 소급하여 전부된 채권 부분과 전부되지 않은 채권 부분에 대하여 각기 **독립한 분할채권이 성립**하게 되므로, 그 채권에 대하여 압류채무자에 대한 반대채권으로 상계하고자 하는 제3채무자로서는 **전부채권자 혹은 압류채무자 중 어느 누구도 상계의 상대방으로 지정하여 상계하거나 상계로 대항**할 수 있고, 그러한 제3채무자의 상계 의사표시를 수령한 전부채권자는 압류채무자에 잔존한 채권 부분이 먼저 상계되어야 한다거나 각 분할채권액의 채권 총액에 대한 비율에 따라 상계되어야 한다는 이의를 할 수 없다(대법원 2010. 3. 25. 선고 2007다35152 판결).

(2) 예외: 상계적상이 현존하지 않는데도 상계가 허용되는 경우

> 제495조(소멸시효완성된 채권에 의한 상계) 소멸시효가 완성된 [자동]채권이 그 완성전에 상계할 수 있었던 것이면 그 채권자는 상계할 수 있다.

A. 취지

- 일단 상계적상이 발생하면 당사자들 특히 수동채무자는 상계로 수동채무가 소멸할 것이라고 기대하는 것이 일반적이다. 이러한 기대는 보호가치가 있는데 상계는 공평원칙을 반영하기 때문이다.
- 따라서 상계적상에 있었던 자동채권이 수동채무자의 상계 의사표시 전에 시효소멸했더라도, 수동채무자는 그 후 채권자가 수동채권을 행사하면 이미 시효소멸한 자동채권으로 상계할 수 있다.
- ✓ 그러나 상계적상에 있을 때 상계하지 않았던 것은 상계권의 묵시적 포기라고 볼 여지도 있고 스스로 권리행사를 하지 않은 자에 대한 제재가 소멸시효 제도의 취지라고 본다면, §495의 정당성에 대해서는 의문이 제기될 수 있다. 그런데도 판례는 심지어 그 적용 범위를 확장하고 있다.

  제495조의 취지는 당사자 쌍방의 채권이 <u>상계적상에 있었던 경우에 당사자들은 그 채권·채무관계가 이미 정산되어 소멸하였다고 생각하는</u> 것이 일반적이라는 점을 고려하여 당사자들의 **신뢰를 보호**하기 위한 것이다(대법원 2016. 11. 25. 선고 2016다 211309 판결).

- 비교: 시효소멸한 채권을 수동채권으로 하는 상계는 특칙이 없어도 당연히 가능하다. 수동채무자의 상계 주장은 시효이익 포기라고 볼 수 있기 때문이다. 이 경우 수동채무자에 대한 수동채권자 이외의 다른 채권자는 이러한 상계 의사표시에 대해 채권자취소권을 행사할 수 있을 것이다. 채무승인이나 시효이익 포기도 채권자취소권의 대상이 될 수 있기 때문이다(215면).

B. 적용범위 확장: 제척기간에도 유추 적용

- 상계적상에 있었던 자동채권이 제척기간 경과로 인해 소멸한 후에도 수동채무자는 이 자동채권으로 상계할 수 있다. 이때도 당사자들 간의 상계에 대한 신뢰를 보호할 필요가 있다는 점은 마찬가지이므로 §495가 유추 적용되기 때문이다.
- 예컨대 매도인은 이미 제척기간이 지난 §580의 손해배상채권으로 물품대금채무를 상계할 수 있고, 도급인은 이미 제척기간이 지난 하자보수청구권으로 공사대금채무를 상계할 수 있다.

매도인의 담보책임을 기초로 한 매수인의 손해배상채권 또는 수급인의 담보책임을 기초로 한 도급인의 손해배상채권이 각각 상대방의 채권과 상계적상에 있는 경우에 당사자들은 채권·채무관계가 이미 정산되었거나 정산될 것으로 기대하는 것이 일반적이므로, 그 신뢰를 보호할 필요가 있다. 이러한 손해배상채권의 **제척기간이 지난 경우에도 그 기간이 지나기 전에 상대방에 대한 채권·채무관계의 정산 소멸에 대한 신뢰를 보호할 필요성이 있다**는 점은 소멸시효가 완성된 채권의 경우와 아무런 차이가 없다. 따라서 **제척기간이 지나기 전 상대방의 채권과 상계할 수 있었던** 경우에는 매수인이나 도급인은 **제495조를 유추적용**해서 위 손해배상채권을 자동채권으로 해서 상대방의 채권과 상계할 수 있다고 봄이 타당하다(대법원 2019. 3. 14. 선고 2018다255648 판결).

C. 사례: 소멸시효가 완성된 차임채권과 임대차보증금

(a) 사안의 개요

• 전제: 임차인이 차임을 연체해도 임대차 기간 중에는 임대인이 공제의사표시를 하지 않는 한 연체차임이 보증금에서 당연공제되지 않는다. 또한 차임채권에 대해서는 단기 소멸시효가 적용된다.

• 甲이 소유한 X건물을 乙이 보증금 1000만원, 차임 월100만원으로 임차했는데, 임대차 종료 당시 미납 차임채권 400만원에 대해서 소멸시효가 완성된 상태였다.

• 임대차 종료시 乙이 甲에게 보증금 1000만원의 반환을 청구하자 甲은 600만원만 반환하겠다고 한다.

(b) 쟁점과 판단

• 보증금반환채권은 임대차 종료시 기한이 도래하므로 항변이 붙어 있는 채권이다. 따라서 차임채권이 시효소멸 할 때 상계적상이 아니었으므로 §495가 적용될 수 없다.

• 그러나 연체차임의 당연공제를 신뢰한 임대인의 기대를 감안하여 이미 시효소멸한 연체차임도 보증금에서 공제된다고 봄이 타당하다(§495의 유추 적용).

대법원 2016. 11. 25. 선고 2016다211309 판결

‣ 제495조는 '자동채권의 소멸시효 완성 전에 양 채권이 상계적상에 이르렀을 것'을 요건으로 하는 것인데, 임대인의 임대차보증금 반환채무는 임대차계약이 종료된

때에 비로소 이행기에 도달하므로, 임대차 존속 중 차임채권의 소멸시효가 완성된 경우에는 그 소멸시효 완성 전에 임대인이 임대차보증금 반환채무에 관한 기한의 이익을 실제로 포기하였다는 등의 특별한 사정이 없는 한 양 채권이 상계할 수 있는 상태에 있었다고 할 수 없다. 그러므로 그 이후에 임대인이 이미 소멸시효가 완성된 차임채권을 자동채권으로 삼아 임대차보증금 반환채무와 상계하는 것은 제495조에 의하더라도 인정될 수 없다고 보아야 할 것이다,

‣ 다만 임대차 존속 중 차임이 연체되고 있음에도 임대차보증금에서 연체차임을 충당하지 않고 있었던 임대인의 신뢰와 차임연체 상태에서 임대차관계를 지속해 온 임차인의 묵시적 의사를 감안하면 그 연체차임은 제495조의 유추적용에 의하여 임대차보증금에서 공제할 수는 있다고 봄이 타당하다.

(c) 비교: 소멸시효가 완성된 유익비 상환채권

• 임대인의 임차인에 대한 연체차임 채권의 소멸시효가 임대차 기간 중에 완성된 경우, 임대인은 임차인의 유익비상환채권을 수동채권으로 삼아 상계할 수 없다.

• 판례는 이러한 사안에 대해서는 §495가 유추적용될 수 없다고 보는데, 그 논거로는 다음 두 가지를 생각해 볼 수 있다. ㉠ 판례는 임대차 종료 전까지 유익비 상환채권이 '발생하지 않은' 것으로, 즉 수동채권의 부존재 상황이라고 보기 때문에 상계적상은 물론 상계 가능성에 대한 당사자들의 신뢰·기대도 인정되지 않는다고 보는 듯하다. ㉡ 이와 달리 유익비 상환채권은 유익비 지출 즉시 발생하지만 임대차 종료시라는 기한이 붙어 있는 것으로 볼 여지도 있다. 그러나 보증금반환채무와는 달리 유익비 상환채무의 경우 인정여부나 가액산정에 다툼이 있을 수 있으므로 임대인의 묵시적 기한이익 포기 의사 즉 연체차임과의 상계 의사를 보충적 해석으로도 인정하기 어렵다.

임차인의 유익비상환채권은 임대차계약 종료시에 비로소 **발생한다**고 보아야 한다. 따라서 임대차 존속 중 임대인의 구상금채권의 소멸시효가 완성된 경우에는 위 구상금채권과 임차인의 유익비상환채권이 **상계할 수 있는 상태에 있었다고 할 수 없**으므로, 임대인이 이미 소멸시효가 완성된 구상금채권을 자동채권으로 삼아 임차인의 유익비 상환채권과 상계하는 것은 **제495조에 의하더라도 인정될 수 없**다(대법원 2021. 2. 10.선고 2017다258787 판결).

3. 상계의 소극적 요건

가. 개관

* 상계의 소극적 요건이란, 수동채무자가 상계적상의 현존 상태에서 상계 의사표시를 하더라도 상계의 효과가 인정될 수 없게 하는 사유를 뜻한다. 이러한 소극적 요건이 인정되면 수동채무자는 동종채권이 있어도 수동채무를 이행해야만 하다.
* 절차법: 채권자의 이행청구에 대한 채무자의 상계항변이 있을 때 상계의 소극적 요건은 이에 대한 재항변으로 기능한다.

나. 유형

(1) 당사자의 약정에 의한 상계금지(§492 ②)

> 제492조(상계의 요건) ② 전항의 규정은 당사자가 다른 의사를 표시한 경우에는 적용하지 아니한다. 그러나 그 의사표시로써 선의의 제삼자에게 대항하지 못한다.

* 상계금지 약정은 채권 발생의 원인계약에 대한 종된 약정이다.
* 상계금지 약정으로 선의의 제3자에게 대항할 수 없다. 선의의 제3자의 예로서 채무인수인을 들 수 있다.

(2) 급부의 성질로 인한 상계금지(§492 ① 단서)

> 제492조(상계의 요건) ① 단서: 그러나 채무의 성질이 상계를 허용하지 아니할 때에는 그러하지 아니하다.

A. 개관

* 급부의 성질로 인한 상계 금지는 ㉠ 급부의 성질상 실제로 이행되지 않으면 채권의 목적을 달성할 수 없거나 ㉡ 상계로 인해 급부가 이행된 것으로 간주되면 부당한 결과가 초래되는 경우에 적용된다.
* ㉠의 예로서 급부의 내용이 부작위이거나 '하는 급부'인 경우를 들 수 있고 ㉡의 예로서 자동채권에 대해 항변이 붙어 있는 경우를 들 수 있다.

B. 자동채권에 대한 항변권이 있는 경우

* 상계의 궁극적인 효과는 수동채권·자동채권을 모두 실현(만족)시키는 것이고, 자동채권에 대한 항변권의 기능은 자동채권의 실현을 저지하는 것이다. 만약 항변이 붙은 자동채권자에 의한 상계를 허용하면 상대방은 자동채권에 대한 항변을 박탈당하게 된다. 따라서 이 경우 상계가 허용되지 않는다.

항변권이 붙어 있는 채권을 자동채권으로 하여 다른 채무(수동채권)와의 상계를 허용한다면 상계자 일방의 의사표시에 의하여 상대방의 항변권 행사의 기회를 상실시키는 결과가 되므로 그러한 상계는 허용될 수 없다(대법원 2004. 5. 28. 선고 2001다81245 판결).

- 이에 비해 수동채권에 대한 항변권이 있어도 상계의 효력 발생에는 지장이 없다. 수동채권에 대한 항변권은 수동채무자인 상계자 자신을 위한 것이고 항변 포기는 채무자의 자유이기 때문이다.
- 예컨대 甲의 乙에 대한 ⓐ채권에 대해서는 항변권이 없고 乙의 甲에 대한 ⓑ채권에 대해서는 기한 미도래 항변권이 있는 경우, 乙은 상계할 수 없으나 甲은 상계할 수 있다. 甲의 입장에서는 수동채권인 ⓑ채권에 대한 자신의 기한 미도래 항변권을 포기할 수 있기 때문이다.

C. 동시이행항변권도 상계금지 사유인지의 여부

(a) 개관

- 동종 채권 사이에 동시이행관계가 있을 때는 양 당사자는 자유롭게 상계할 수 있다.
- 동시이행 항변권의 궁극적인 목적은 '항변 상태 유지'가 아니라 '채무 이행에 대한 심리적 강제'인데, 동시이행 항변권이 붙은 채권을 자동채권으로 하는 상계가 이루어지면 이로 인해 자동채무자의 동시이행 항변권이 박탈당하는 것이 아니라 동시이행 항변권의 목적인 수동채권의 만족이 이루어지기 때문이다.

상계의 대상이 될 수 있는 자동채권과 수동채권이 동시이행관계에 있다고 하더라도 서로 현실적으로 이행하여야 할 필요가 없는 경우라면 상계로 인한 불이익이 발생할 우려가 없고 오히려 상계를 허용하는 것이 동시이행관계에 있는 채권·채무 관계를 간명하게 해소할 수 있으므로 특별한 사정이 없는 한 상계가 허용된다(대법원 2006. 7. 28. 선고 2004다54633 판결).

- 비교: 자동채권이 수동채권 이외의 채권과 동시이행 관계에 있으면, 자동채권에 대해서만 항변권이 있으므로 자동채권자는 상계할 수 없고 수동채권자만 상계할 수 있다.

(b) 사례: 도급인의 공사대금채무와 수급인의 하자보수·손해배상채무

- 사안의 개요: 도급인 乙에 대한 수급인 甲의 공사대금채권을 丙이 압류했는데,

그 후 하자가 발생하자 乙은 甲에 대한 하자보수·손해배상채권을 자동채권으로 하여 상계를 주장한다.

- 쟁점과 판단: 수동채권이 (가)압류된 경우 제3채무자는 수동채권과 동시이행 관계에 있는 자동채권으로 상계할 수 있으며 이 자동채권이 (가)압류 이후에 발생했더라도 마찬가지이다.

- 논거: 장차 발생할 수도 있는 자동채권인 하자보수·손해배상채권과의 동시이행 관계 및 이 채권과의 상계 가능성은 수동채권인 공사대금채권의 성질로서 내재되어 있었으므로, 이러한 상계 가능성을 부정하면 (가)압류채권자인 丙이 원래의 채권자인 집행채무자 甲보다 더 유리해지게 되어 부당하다. 또한 (가)압류 당시에 하자가 존재하여 자동채권 발생의 기초가 되는 원인이 성립해 있었음을 감안한다면 乙의 甲에 대한 하자보수·손해배상채권을 (가)압류 이후에 취득한 자동채권과 동일시할 수 없다. 따라서 이 경우 §498가 적용되지 않는다. 이 점에서 당연공제라는 속성이 내재된 보증금반환채권이 (가)압류된 사안과 비슷하다.

대법원 2010. 3. 25. 선고 2007다35152 판결

- 금전채권에 대한 압류 및 전부명령이 있는 때에는 <u>압류된 채권은 동일성을 유지한 채로 압류채무자로부터 압류채권자에게 이전되고, 제3채무자는 채권이 압류되기 전에 압류채무자에게 대항할 수 있는 사유로써 압류채권자에게 대항할 수 있는 것</u>이므로, 제3채무자의 압류채무자에 대한 자동채권이 수동채권인 피압류채권과 **동시이행의 관계에 있는 경우에는, 압류명령이 제3채무자에게 송달되어 압류의 효력이 생긴 후에 자동채권이 발생하였다고 하더라도** 제3채무자는 동시이행의 항변권을 주장할 수 있다.

- 이 경우에 **자동채권이 발생한 기초가 되는 원인은 수동채권이 압류되기 전에 이미 성립하여 존재하고 있었던 것**이므로, 그 자동채권은 제498조 소정의 채권에 해당<u>하지 않는다</u>고 봄이 상당하고, 제3채무자는 그 자동채권에 의한 상계로 압류채권자에게 대항할 수 있다.

(3) 법률에 의한 상계금지

A. 취지

- 수동채권이 실제로 이행되도록 할 필요가 있을 때 즉 상계자(수동채무자)가 실제로 급부를 실현하도록 강제하고 이를 통해 상대방(수동채권자)가 실제로 급부이

익을 누릴 수 있게 해 줄 필요가 있는 경우에는 상계가 법적으로 금지된다.

- 따라서 법률상의 상계금지는 모두 '수동채권'에 대해만 적용되고, 보호 대상자가 법률상 상계금지 대상 채권을 자동채권으로 하여 상계하는 것은 가능하다. 상계 금지 조항의 보호 대상인 수동채권자 자신이 수동채권의 실제 만족을 원하지 않는다면 이러한 의사를 존중해야 하기 때문이다.

가정법원의 심판에 의하여 구체적인 청구권의 **내용과 범위가 확정된 후의 양육비채권 중 이미 이행기에 도달한 후의 양육비채권은 완전한 재산권**으로서 친족법상의 신분으로부터 독립하여 처분이 가능하고, 권리자의 의사에 따라 포기, 양도, 상계의 **자동채권**으로 하는 것도 가능하다(대법원 2006. 7. 4. 선고 2006므751 판결).

B. 유형
- 상계금지 사유는 §496 ~ §498에 규정되어 있다. 아래의 다 ~ 마에서 자세하게 설명한다.

다. 고의 불법행위로 인한 §750 채권이 수동채권인 상계의 금지(§496)

> 제496조(불법행위채권을 수동채권으로 하는 상계의 금지) 채무가 고의의 불법행위로 인한 것인 때에는 그 채무자는 상계로 채권자에게 대항하지 못한다.

(1) 취지
- 금전채권 있는 자의 보복적 불법행위에 대한 민사적 면책을 허용하는 것은 정의관념에 반한다. 따라서 이 경우 불법행위자에게 피해자에 대한 금전채권이 있더라도 불법행위자로 하여금 실제로 손해배상채무를 이행하게 할 필요가 있다.
- 이러한 취지를 감안하여 §496의 적용 범위가 결정된다는 점에 유의해야 한다.

고의의 불법행위로 인한 손해배상채권에 대하여 상계를 허용한다면 고의로 불법행위를 한 사람까지도 상계권 행사로 현실적으로 손해배상을 지급할 필요가 없게 되어 **보복적 불법행위를 유발하게 될 우려**가 있고, 피해자가 가해자의 상계권 행사로 현실의 변제를 받을 수 없는 결과가 됨은 사회적 정의관념에 맞지 않는다. 따라서 고의에 의한 불법행위의 발생을 방지함과 아울러 고의의 불법행위로 인한 **피해자에게 현실의 변제를 받게 하려는 데 이 규정의 취지**가 있다(대법원 2017. 2. 15. 선고 2014다19776 판결).

제496조는 보복적 불법행위의 가능성을 줄이고 불법행위의 피해자는 현실적으로 변제받도록 하는 한편, 상계 금지라는 불이익을 부과하여 고의의 불법행위자를 제재함으로써 장차 그러한 불법행위를 억지하기 위한 것으로서, 불법행위의 피해자는 보호하고 가해자는 제재한다는 사회적 정의관념이 상계 제도에 반영된 규정이다(대법원 2024. 8. 1. 선고 2024다204696 판결).

(2) 적용범위

A. 적용제외

• 과실(중과실 포함)에 의한 불법행위의 경우에는 §750 채권을 수동채권으로 하는 상계가 허용된다. §496의 취지는 고의로 불법행위를 한 자에 대한 응징이기 때문이다.

> **중과실의 경우**에는 비록 그것이 고의에 준하는 것이라고 하더라도 결과 발생을 미필적으로라도 의욕한 바 없다는 점에서 고의와는 구별되는 것인바, 중과실의 불법행위에 인한 손해배상채권에 대하여 상계를 허용한다고 하여도 다른 채권이 있는 채권자가 의도적으로 중과실의 불법행위를 일으킬 수는 없는 것이므로 이에 대한 상계의 허용여부는 중과실에 의한 불법행위의 발생방지와 특별한 관련성이 없고, **중과실로 인한 불법행위**의 경우에는 상계로 상호채권을 대등액에서 소멸시킴으로써 피해자가 현실로 지급받지 못하더라도 사회적 정의관념에 부합되지 아니한다고까지는 말할 수 없다(대법원 1994. 8. 12. 선고 93다52808 판결).

• 고의 불법행위로 인한 손해배상채권을 자동채권으로 하여 피해자가 상계하는 것은 허용된다.

B. 적용확장

(a) 피해자에게 보호가치가 없는 경우

• 자동채권·수동채권이 모두 고의 불법행위로 인한 채권인 경우에는 쌍방 모두 보호가치가 없으므로 쌍방 모두에 대해 상계금지가 적용된다(대법원 1994. 2. 25. 선고 93다38444 판결).

(b) 청구권 경합, 부진정연대

• 청구권 경합: 고의 불법행위로 인해 발생하는 다른 채권이 있으면 이 채권에 대해서도 §496가 유추 적용된다. 예컨대 ㉠ 불법행위로 인해 피해자에게 발생한 §750

채권과 청구권 경합 상태에 있는 §741 채권이나, ⓛ 고의 불법행위로 인한 §750과 청구권 경합 상태에 있는 §390 채권에 대해서도 §496가 유추 적용된다.

상계권은 채무가 고의의 불법행위에 기인하는 채무자에게는 적용이 없는 것이고, 나아가 **부당이득의 원인이 고의의 불법행위에 기인함으로써 불법행위로 인한 손해배상채권과 부당이득반환채권이 모두 성립하여 양채권이 경합**하는 경우 피해자가 부당이득반환채권만을 청구하고 불법행위로 인한 손해배상채권을 청구하지 아니한 때에도, 그 청구의 실질적 이유, 즉 부당이득의 원인이 고의의 불법행위였다는 점은 불법행위로 인한 손해배상채권을 청구하는 경우와 다를 바 없다 할 것이어서, 고의의 불법행위에 의한 손해배상채권은 **현실적으로 만족을 받아야 한다는 상계금지의 취지는 이러한 경우에도 타당하므로, 제496조를 유추적용함**이 상당하다(대법원 2002. 1. 25. 선고 2001다52506 판결).

제496조는 고의의 불법행위로 인한 손해배상채권을 수동채권으로 한 상계에 관한 것이고 **고의의 채무불이행으로 인한 손해배상채권에는 적용되지 않는다.** 그렇지만 고의 행위가 불법행위를 구성함과 동시에 채무불이행을 구성하여 **불법행위로 인한 손해배상채권과 채무불이행으로 인한 손해배상채권이 경합하는 경우에는 제496조를 유추적용할 필요**가 있다. 이러한 경우에 고의의 채무불이행으로 인한 손해배상채권을 수동채권으로 한 상계를 허용하면 이로써 고의의 불법행위로 인한 손해배상채권까지 소멸하게 되어 고의의 불법행위에 의한 손해배상채권은 현실적으로 만족을 받아야 한다는 이 규정의 입법 취지가 몰각될 우려가 있기 때문이다(대법원 2017. 2. 15. 선고 2014다19776 판결).

- 부진정연대: 고의 불법행위자의 §750 채무와 경제적 목적이 같은 부진정연대채무에 대해서도 §496가 유추 적용된다. 예컨대 사용자책임이 성립하는 경우 사용자는 고의 불법행위자가 아니지만 §496에 의한 상계금지가 적용되므로 피해자에 대한 반대채권이 있어도 상계할 수 없다.
  ✓ 이렇게 본다면 부진정연대채무에서 상계의 절대적 효력이 인정된다고 한 판례(2008다97218, 359면)의 법리는 과실 불법행위 사안에 대해서만 적용될 수 있을 것이다.

제756조에 의한 사용자의 손해배상책임은 피용자의 배상책임에 대한 대체적 책임이라 할 것이고 사용자책임에서의 사용자의 과실은 직접의 가해행위가 아닌 피용자의 선임·감독에 관련된 것으로 해석되는바 피용자의 고의의 불법행위로 인하여 사용자 책임이 성립하는 경우에도, 불법행위의 피해자에게 현실의 변제에 의하여 손해를 전보케 하려는 취지에서 규정된 제496조의 적용을 배제하여야 할 이유는 없다. 사용자 책임이 성립하는 경우 **사용자는 자신의 고의의 불법행위가 아니라는 이유로 제496조의 적용을 면할 수는 없**다(대법원 2006. 10. 26. 선고 2004다63019 판결).

(3) 사례

A. 고의 불법행위자의 채권자취소권 행사 가능성

(a) 사안의 개요

- 甲은 乙에게 고의 불법행위를 하여 손해배상채무를 지게 되었는데, 乙은 채무초과 상태에서 유일한 재산인 이 §750 채권을 丙에게 양도하였다.
- 乙·丙 간 채권양도가 사해행위이고, 甲은 乙에 대한 금전채권자로서 사해행위 취소권의 행사 요건을 모두 갖추었다.

(b) 쟁점과 판단

- 甲의 乙에 대한 자동채권에 §496의 상계금지라는 제한이 붙어 있어도, 이 채권을 피보전채권으로 삼아 채권자취소권을 행사하는 데는 지장이 없다.
- 채권양도의 경우 양도된 채권은 동일성을 유지하는데 상계금지 상태도 동일성에 포함된다. 따라서 수익자 丙도 乙과 마찬가지로 甲에게 §496의 상계금지를 주장할 수 있지만, 甲이 乙·丙 간 사해행위를 취소하고, 丙에게 가액배상 청구를 하는 것은 가능하다.

고의의 불법행위로 인한 손해배상채권의 채무자는 그 채권을 수동채권으로 한 상계로 채권자에게 대항하지 못하고, 그 결과 그 채권이 양도된 경우에 양수인에게도 상계로 대항할 수 없다(제451조 제2항 참조). 그 채권양도가 사해행위에 해당하는 경우 그 손해배상채권의 채무자가 채권양도인에 대한 채권자 지위에서 채권자취소권을 행사하여 채권양도의 취소를 구함과 아울러 그 취소에 따른 원상회복의 방법으로 직접 자신 앞으로 가액배상의 지급을 구하는 것 자체는 제496조에 반하지 않으므로 허용된다(대법원 2011. 6. 10. 선고 2011다8980 판결).

B. 고의 불법행위자에 대한 §741 채권을 자동채권으로 하는 상계

• 사안의 개요: 甲은 乙법인의 이사로서 乙법인의 운영자금을 丙으로부터 甲 자신의 명의로 대출받아 乙법인의 운영자금 계좌에 입금했다. 그후 丙의 고의 불법행위로 乙법인에게 손해가 발생했다.

• 쟁점과 판단: 甲이 乙법인을 대위하여 乙법인의 §741 채권으로 丙의 乙법인에 대한 대출채권을 상계하는 것은 가능하다. ㉠ 우선, 甲은 乙법인에게 위임계약상의 대변제청구권이 있고(§688), 이 청구권과 乙법인의 丙에 대한 §741 채권 간에는 밀접관련성이 인정된다. ㉡ 피대위권리인 §741 채권이 고의 불법행위로 인해 발생한 채권이지만, 이러한 채권을 자동채권으로 상계하는 경우에는 §496의 상계금지가 적용되지 않는다.

대법원 2002. 1. 25. 선고 2001다52506 판결

  • 甲은 乙법인의 이사이므로 그들 사이에는 상법 제382조 제2항에 의하여 위임의 규정이 준용되고, 甲이 乙 법인의 공장 매수대금 일부를 마련하기 위하여 丙으로부터 이 사건 대출금 1억원을 차용하여 乙 법인에 교부함으로써, 甲은 위임사무의 처리에 관하여 이 사건 대출금 채무를 부담하였다. 제688조 제2항 전단의 규정에 의하여 甲은 乙 법인에게 자신에 갈음하여 이 사건 대출금 채무를 변제할 것을 청구할 권리가 있다 할 것이고, 이 대변제청구권을 보전하기 위하여 앞서 乙 법인의 丙에 대한 확정판결상의 부당이득반환채권과 이 사건 대출금 채무를 대등액에서 상계할 권리를 대위행사할 수 있다.

  ‣ 수임인이 가지는 제688조 제2항 전단 소정의 <u>대변제청구권은 통상의 금전채권과는 다른 목적을 갖는 것</u>이므로 수임인이 이 대변제청구권을 보전하기 위하여 채무자인 위임인의 채권을 <u>대위행사하는 경우에는 채무자의 무자력을 요건으로 하지 아니한다.</u>

C. 고의 불법행위에 의해 성립한 계약상 채권이 수동채권인 경우

(a) 사안의 개요

• 甲은 乙에게 1억원을 대여하면서 대여 기간 1년, 이자 연10%로 약정했다. 乙은 자력이 충분한 것처럼 甲을 기망하였고 이에 따라 甲은 위와 같은 소비대차 계약을 체결하게 된 것이다. 그 후 乙은 甲으로부터 도급받은 일을 완성하여 1억원의 공사대금 채권이 발생했다.

• 甲이 乙에게 1억원의 대여금 상환을 청구하자 乙은 甲에 대한 공사대금 채권으

로 상계한다고 주장한다. 이에 甲은 수동채권이 乙의 기망으로 인해 발생한 것이므로 상계 금지 사유가 적용되어야 한다고 반박한다.

(b) 쟁점과 판단

- 乙의 주장은 타당하고 甲의 주장은 부당하다.
- §496의 취지에 비추어, 고의 불법행위가 동시에 채무불이행을 구성하는 경우의 §390 채권이나 고의 불법행위로 발생한 손실에 대한 §741 채무 등과 같이 실질적으로 고의 불법행위로 인한 §750 채권과 마찬가지라고 평가할 수 있는 채권이 수동채권인 경우에만 §496가 적용될 수 있다.
- 甲이 乙에게 행사하는 대여금 채권은 乙의 기망으로 인해 체결된 계약상의 채권이므로 실질적으로 §750 채권과 마찬가지라고 평가하기 어렵다.

> **대법원 2024. 8. 1. 선고 2024다204696 판결**
>
> - 제496조는 고의의 불법행위로 인한 손해배상채권을 수동채권으로 한 상계에 관한 것이므로 그 외의 채권을 수동채권으로 한 상계에는 적용되지 않는다. 다만 ㉠ 고의의 불법행위가 동시에 채무불이행을 구성함으로써 하나의 행위에 기초하여 두 개의 손해배상채권이 발생하여 경합하는 경우나 ㉡ 고의의 불법행위가 동시에 부당이득 원인을 구성함으로써 하나의 원인에 기초하여 두 개의 청구권이 발생하여 경합하는 경우 등 상계 금지의 취지에 비추어 볼 때 수동채권이 실질적으로 고의의 불법행위로 인한 채권과 마찬가지라고 평가할 수 있는 때에는 제496조가 유추적용될 수 있다.
> - 상대방의 기망행위로 소비대차계약을 체결한 자가 불법행위로 인한 손해배상청구를 하지 아니하고 계약상 채권에 따른 대여금 및 이자 등의 지급을 구하는 경우에는 제496조가 유추적용될 수 없다고 보아야 한다. 계약상 채권은 상대방의 기망행위가 아니라 쌍방 사이의 계약에 기초하여 발생하는 권리이고, 그 급부의 이행으로 지향하는 경제적 이익이 불법행위로 인한 손해배상채권과 동일하여 양자가 경합하는 관계에 있다고 보기도 어려우며, 달리 제496조가 정한 상계 금지의 취지에 비추어 계약상 채권이 실질적으로 고의의 불법행위로 인한 채권과 마찬가지라고 평가할 만한 사정도 없기 때문이다.

라. 압류금지채권을 수동채권으로 하는 상계의 금지

(1) 개관

> 제497조(압류금지채권을 수동채권으로 하는 상계의 금지) 채권이 압류하지 못할 것인 때에는 그 채무자는 상계로 채권자에게 대항하지 못한다.

- 압류금지채권은 생존 배려를 위해 현실 지급이 보장되어야 하는 채권이다. 따라서 압류금지채권에 대한 채무자는 반드시 그 채권자에게 현실 지급을 해야 하고 그 채권자에 대한 반대채권이 있어도 이 반대채권을 자동채권으로 압류금지채권을 수동채권으로 하여 상계할 수는 없다.
- 압류금지채권의 종류는 민사집행법에 규정되어 있는데, 법적 부양의무에 근거한 부양료, 급료·연금 등의 1/2, 주택임대차보호법상 소액보증금 등이 그 예이다.

> 민사집행법 제246조(압류금지채권) ① 다음 각호의 채권은 압류하지 못한다.
> 1. 법령에 규정된 부양료 및 유족부조료
> 4. 급료·연금·봉급·상여금·퇴직연금, 그 밖에 이와 비슷한 성질을 가진 급여채권의 2분의 1에 해당하는 금액. 다만, 그 금액이 국민기초생활보장법에 의한 최저생계비를 고려하여 대통령령이 정하는 금액에 미치지 못하는 경우 또는 표준적인 가구의 생계비를 고려하여 대통령령이 정하는 금액을 초과하는 경우에는 각각 당해 대통령령이 정하는 금액으로 한다.
> 6. 「주택임대차보호법」 제8조의 규정에 따라 우선변제를 받을 수 있는 금액

(2) 사례: 압류금지채권의 목적이 실현된 경우, 예외적인 상계의 가능성

A. 사안의 개요

- A·B의 쌍방 과실로 발생한 교통사고로 A가 사망한 경우 A의 상속인 丙과 가해자측 보험회사 乙은 서로에 대해 $750 채권이 발생한다. 이때 丙의 乙에 대한 직접지급청구권은 압류·양도가 금지되는 압류금지채권에 해당한다.
- 위 사고가 산업재해로 인정되어 甲(근로복지공단)이 丙에게 유족급여를 지급한 경우, 甲은 보험자대위의 법리에 따라 丙의 乙에 대한 $750의 손해배상채권을 대위행사할 수 있다. 피해자 유족의 생존보장이라는 목적이 실현되었기 때문에 손해보험금 채권에 대한 압류·양도 금지가 적용되지 않는다.

B. 쟁점과 판단

• 甲이 乙에게 §750 채권을 대위행사하자 乙은 A에 대한 §750의 손해배상채권으로 상계를 주장했다.

• 이러한 乙의 상계 주장은 배척된다. §497에 의한 상계 금지는 수동채권자의 생존 배려라는 목적이 달성되었더라도 그대로 적용된다. 乙은 상계 금지 사유 해소를 기대할 수 없었기 때문에, 乙로 하여금 우연한 사정에 근거한 뜻밖의 이익을 누리게 해 줄 필요는 없기 때문이다(대법원 2009. 12. 10. 선고 2007다30171 판결).

마. 압류된 채권(지급 금지된 채권)을 수동채권으로 하는 상계금지

(1) 개관

> 제498조(지급금지채권을 수동채권으로 하는 상계의 금지) 지급을 금지하는 명령을 받은 제삼채무자는 그 후에 취득한 채권에 의한 상계로 그 명령을 신청한 채권자에게 대항하지 못한다.

A. 전제

• 乙이 丙에 대한 채권자인 경우 乙에 대한 채권자 甲이 乙의 丙에 대한 채권을 대상으로 하는 압류나 지급금지 가처분 결정을 받으면, 제3채무자인 丙에게는 지급금지효가 미치고 丙은 乙에 대한 변제로 甲에게 대항할 수 없게 된다.

• 이러한 지급금지효는 乙에 대한 압류 등의 결정이 丙에게 송달된 때 발생한다.

B. 견해의 대립

(a) 개관

• 문제의 소재: 지급금지효 발생 후 丙의 乙에 대한 반대채권이 발생한 경우 이 반대채권으로 상계할 수 없음은 의문이 없다. 다만 그렇다고 해서 지급금지효 발생 전에 존재했던 丙의 乙에 대한 반대채권으로 상계하는 것이 항상 가능하지는 않으며, 이러한 상계가 가능하려면 일정한 추가 요건이 충족되어야 한다.

• 제1설(상계적상설): 丙은 수동채권에 대한 지급금지효 발생 전에 상계적상이 존재했던 자동채권으로만 상계할 수 있다.

• 제2설(변제기 선도래설, 판례): ㉠ 지급금지 전에 존재했던 자동채권의 변제기가 수동채권의 변제기와 같거나 그전이었고 자동채권에 대해 기한 이외의 항변이나 다른 상계 제한 사유가 없어서 기한 도래 즉시 상계할 수 있었다면, 비록 자동채권의 변제기가 도래하여 상계 적상이 되는 시점이 지급금지효 발생 후이더라도

상계적상 성립시에 상계할 수 있다고 본다. ⓛ 이 견해의 논거는 제3채무자 丙의 상계에 대한 기대 이익을 보장할 필요가 있다는 것이다. 즉 丙의 乙에 대한 자동채권의 변제기가 수동채권의 변제기보다 먼저 도래하는 경우 제3채무자 丙으로서는 자동채권의 변제기 도래 즉시 상계할 수 있을 것으로 기대하게 마련이므로 그 후 수동채권에 대해 지급금지효 있는 (가)압류 등이 마쳐지더라도 이러한 기대는 보호되어야 한다는 것이다.

제498조의 취지, 상계제도의 목적 및 기능, 채무자의 채권이 압류된 경우 관련 당사자들의 이익상황 등에 비추어 보면, 채권(가)압류명령을 받은 **제3채무자가 압류채무자에 대한 반대채권을 가지고 있는 경우에 상계로써 압류채권자에게 대항하기 위하여는, 압류의 효력 발생 당시**에 대립하는 양 채권이 상계적상에 있거나, 그 당시 반대채권(자동채권)의 변제기가 도래하지 아니한 경우에는 그것이 피압류채권(수동채권)의 변제기와 동시에 또는 그보다 먼저 도래하여야 할 것이다(대법원 2012. 2. 16. 선고 2011다45521 전원합의체 판결).

(b) 제2설의 적용범위 확장: 지급금지효 발생 후에 성립한 자동채권에 의한 상계

• 제3채무자가 집행채무자에 대해 가지는 반대채권(자동채권)이 피압류채권(수동채권)에 대한 처분금지효 발생 이후에 성립한 경우에도 예외적으로 제3채무자의 상계가 허용되는 경우가 있다.

• 수동채권에 대한 처분금지효 발생 전에 제3채무자의 집행채무자에 대한 반대채권 발생의 근거인 법률관계가 성립했고 피압류채권(수동채권)과 반대채권 간의 동시이행관계가 인정되는 경우에는, 제3채무자는 처분금지효 발생 후 실제로 발생한 반대채권으로 상계할 수 있다.

(c) 사례: 공사대금채권 압류 후 선급금 반환채무를 자동채권으로 하는 상계

• 수급인 乙이 공사 자금을 대출받을 수 있게 해 주기 위해 도급인 甲 소유 X부동산에 乙을 채무자로 하는 저당권이 설정된 경우, 甲의 담보가치 제공은 실질적으로는 선급금 지급에 해당한다. 따라서 乙이 이 저당권의 피담보채무를 변제하고 말소등기 절차를 이행할 의무와 甲의 공사대금 채무 사이에는 공평원칙상의 동시이행 관계가 인정된다. 한편 乙이 이러한 의무를 위반하여 甲이 대위변제한 경우 甲에 대한 乙의 구상금채무도 乙의 말소등기 의무가 변형된 것이므로 乙의 구상금채무와 甲의 공사대금 채무 간에도 동시이행관계가 인정된다.

- 따라서 甲은 乙의 甲에 대한 공사대금채권이 압류된 후 성립한 甲의 乙에 대한 구상금 채권을 자동채권으로 하여, 이미 압류된 위 공사대금채권을 수동채권으로 하는 상계를 주장할 수 있다.

대법원 2010. 3. 25. 선고 2007다35152 판결

- 甲은 乙이 이 사건 공사를 원활하게 시행할 수 있도록 공사자금을 지원하기 위해 甲 소유의 이 사건 빌라 부지를 담보로 제공하여 乙이 여기에 근저당권을 설정하고 대출받아 공사비용을 지출할 수 있게 한 것이므로, **甲의 담보제공에 의한 자금지원은 실질적으로 이 사건 도급계약의 공사대금의 선급과 같은 기능**을 하는 것으로서 甲·乙 사이의 위 근저당권 설정에 관한 권리의무관계는 도급계약의 공사대금에 관한 권리의무관계와 서로 동일한 경제적 목적을 위하여 밀접한 관련을 맺고 있다고 봄이 상당하다.

- 乙이 법률적으로는 자신이 그 대출금채무의 주채무자로 되어 있어 위 대출금 상당의 공사대금채권이 소멸되지 아니하였다는 이유로 공사대금채권을 행사함에 있어서는, 완성·인도 의무뿐만 아니라, 위 근저당권을 말소시켜 자금지원 이전의 상태로 회복시켜야 할 의무(이하 '근저당권 말소의무'라고 한다)와의 견련성도 아울러 고려함이 당사자 간 거래의 경제적 실질과 당사자들의 합리적인 의사에도 부합한다.

- 乙의 근저당권 말소의무는 완성·인도의무처럼 피고의 공사대금채무에 대하여 공사도급계약상 고유한 대가관계가 있는 의무는 아니지만, 그 담보제공 경위와 목적, 대출금의 사용용도 및 그에 따른 공사대금의 실질적 선급과 같은 자금지원 효과와 이로 인하여 피고가 처하게 될 이중지급의 위험 등 구체적 계약관계에 비추어 볼 때 **이행상의 견련관계를 인정함이 상당**하므로, 양자는 서로 **동시이행의 관계**에 있다고 할 것이다. 나아가 乙이 근저당권 말소의무를 이행하지 아니한 결과 甲이 위 대출금 및 연체이자를 **대위변제함으로써 乙이 지게 된 구상금채무도 근저당권 말소의무의 변형물**로서 그 대등액의 범위 내에서 甲의 공사대금채무와 동시이행의 관계에 있다고 봄이 상당하다. 그렇다면, **甲의 구상금채권은 비록 가압류 및 압류의 효력이 생긴 후에 비로소 발생된 채권이라 하더라도, 甲은 그 구상금채권을 자동채권으로 하여 이 사건 공사대금채권의 압류·전부채권자인 丙에게 상계로 대항**할 수 있다.

(2) 비교: 상계 가능한 자동채권인지를 판단하기 위한 기준시

A. 문제의 소재
- 甲·丙 간 쌍무계약 관계에서 발생한 甲의 丙에 대한 채권이 乙에게로 넘어간 후,

乙이 丙에 대한 채권을 행사할 때 丙이 甲에 대한 자동채권으로 丙에게 상계를 주장하려면 어떤 요건이 갖춰져야 하는지가 문제된다.

• 이를 위해 우선 언제까지 성립한 채권이 자동채권으로 인정될 수 있는지가 문제되고, 나아가 상계적상 시점이 언제이어야 하는지도 문제된다.

B. 1단계 판단: 자동채권의 성립 시점

• 판단기준시: ㉠ 압류 사안에서는 압류의 효력으로 처분금지효가 발생했을 때, ㉡ 채권양도 사안에서는 통지·승낙의 효력이 발생했을 때, ㉢ 채권질권 사안에서도 통지·승낙의 효력이 발생했을 때(2016다265689)이다. 이에 비해 ㉣ 전세권저당권 사안에서는 전세권저당권 설정등기가 마쳐졌을 때(2013다91672)를 기준으로 한다. 제3채무자 겸 상계자인 丙에게 위의 각 기준시 전에 성립한 甲에 대한 자동채권이 있어야 상계를 주장할 여지가 있다.

• 다만 위와 같은 판단의 기준시 당시에 ㉠ 자동채권 발생의 기초가 되는 원인이 성립했고 ㉡ 그 자동채권이 발생하면 수동채권과의 동시이행관계로 인정되며 ㉢ 기준시 이후에 실제로 자동채권이 발생하여 수동채권에 대한 동시이행 항변이 가능한 상태라면, 이러한 자동채권에 의한 상계도 가능하다(압류 사안에 대해서는 2007다35152, 채권양도 사안에 대해서는 2014다80945).

C. 2단계 판단: 자동채권과 수동채권의 변제기 비교

• 판단기준시에 자동채권의 변제기가 도래했어야 상계할 수 있는 것이 원칙이다.

• 다만 판단기준시에 자동채권의 변제기가 도래하기 전이었더라도 수동채권도 변제기 도래 전이고 자동채권의 변제기가 수동채권보다 먼저 또는 동시에 도래하여 상계의 기대 가능성이 인정되면 그 후 자동채권의 변제기가 도래하여 상계적상이 되면 상계할 수 있다.

대법원 2010. 3. 25. 선고 2007다35152 판결

‣ 금전채권에 대한 압류 및 전부명령이 있는 때에는 <u>압류된 채권은 동일성을 유지한 채로 압류채무자로부터 압류채권자에게 이전</u>되고, 제3채무자는 채권이 압류되기 전에 압류채무자에게 대항할 수 있는 사유로써 압류채권자에게 대항할 수 있는 것이므로, 제3채무자의 압류채무자에 대한 자동채권이 수동채권인 피압류채권과 **동시이행의 관계에 있는 경우에는, 압류명령이 제3채무자에게 송달되어 압류의 효력이 생긴 후에 자동채권이 발생**하였다고 하더라도 제3채무자는 <u>동시이행의 항변권</u>

을 주장할 수 있다.

- 이 경우에 **자동채권이 발생한 기초가 되는 원인은 수동채권이 압류되기 전에 이미 성립하여 존재하고 있었던 것**이므로, 그 자동채권은 제498조 소정의 채권에 해당하지 않는다고 봄이 상당하고, 제3채무자는 그 자동채권에 의한 상계로 압류채권자에게 대항할 수 있다.

대법원 2015. 4. 9. 선고 2014다80945 판결

- 채무자의 채권양도인에 대한 자동채권이 발생하는 기초가 되는 원인이 양도 전에 이미 성립하여 존재하고 그 자동채권이 수동채권인 양도채권과 동시이행의 관계에 있는 경우에는, 양도통지가 채무자에게 도달하여 채권양도의 대항요건이 갖추어진 후에 자동채권이 발생하였다고 하더라도 채무자는 동시이행의 항변권을 주장할 수 있고, 따라서 그 채권에 의한 상계로 양수인에게 대항할 수 있다.
- 도급계약에 의하여 완성된 목적물에 하자가 있는 경우에 도급인은 수급인에게 하자의 보수에 갈음하여 또는 보수와 함께 손해배상을 청구할 수 있는데, 이들 청구권은 제667조 제3항에 따라 수급인의 공사대금채권과 동시이행관계에 있다.
- 丙이 甲에게 공사대금 채권을 양도하고 그 양도통지를 한 후에 비로소 乙의 丙에 대한 하자보수보증금 채권이 발생하였다 하더라도, 채무자인 乙은 위 하자보수보증금 채권을 들어 양수인인 甲의 공사대금 지급 청구에 대하여 동시이행의 항변권을 행사할 수 있고 이를 자동채권으로 하여 甲의 공사대금 지급 청구에 대하여 상계로 대항할 수 있다.

D. 사례: 전세권저당권자의 우선변제권과 전세권설정자의 상계 주장

(a) 사안의 개요

- 丙은 2019. 5. 1. 乙 소유 X건물에 전세권을 설정했는데 전세금은 1억원이고 존속기간 2019. 5. 1.부터 2024. 4. 29.까지였다. 甲은 2020. 9. 15. 丙에게 1억 5,000만 원을 대출하면서 2020. 9. 20. 위 전세권에 관하여 채권최고액 1억 원의 전세권근 저당권 설정등기를 마쳤다.
- 丙은 2023. 6. 15. 乙과 전세권설정계약을 합의해지하고 乙에게 이 사건 건물을 인도했고, 甲은 2023. 7. 1. 물상대위권을 행사하여 丙의 乙에 대한 전세금반환채권에 대한 채권압류 및 추심명령을 받아 그 취지가 2023. 7. 3. 乙에게 송달되었다.
- 甲이 2023. 9. 1. 乙에 대해 전세금반환청구소송을 제기하자 乙은 2023. 9. 5.자

준비서면으로 丙에게 2020. 8. 31. 7,000만 원을 대여했으므로 위 대여금채권을 자동채권으로 하여 상계한다는 항변을 했다.

(b) 쟁점과 판단

• 원칙: 전세권 저당권자가 물상대위의 요건을 갖춘 경우, 전세권 저당권자는 전세권자에 대한 일반채권을 가진 설정자에 대해서도 우선변제권을 주장할 수 있으므로 설정자는 전세권자에 대한 반대채권에 의한 상계로 전세권 저당권자에게 대항할 수 없다.

• 예외: 전세권 저당권 설정 당시에, ㉠ 설정자가 자동채권 즉 전세권자에 대한 반대채권을 가지고 있었고, ㉡ 이 자동채권의 변제기가 수동채권인 전세금 반환채권보다 먼저 도래하거나 늦어도 동시에 도래하도록 정해져 있어서 설정자에게 상계에 대한 기대 이익이 인정되면, 설정자는 전세권 저당권자의 물상대위권 행사에 상계로 대항할 수 있다.

• 사안의 경우, 전세권 설정자 乙의 丙에 대한 반대채권인 대여금 채권은 전세권 저당권이 설정된 2020. 9. 20. 이전인 2020. 8. 31. 발생했다. 따라서 그 변제기가 수동채권인 전세금 반환채권의 이행기인 2024. 4. 29. 이전이었으면 乙은 이 채권으로 상계할 수 있다.

(c) 변형된 사안

• 전세권 저당권 설정 이후에 설정자가 전세권자에 대한 반대채권을 취득한 경우, 설정자로서는 이 반대채권을 자동채권으로 하는 상계를 기대할 수 없었다. 따라서 이 반대채권이 전세금반환채권의 압류 전에 발생했음을 이유로 상계를 주장할 수는 없다.

• 전세권 저당권자에 의한 전세금반환채권 압류는 물상대위권 행사에 근거한 것으로서 우선변제권을 전제한다. 따라서 §498의 압류와는 성질이 다르다.

대법원 2014. 10. 27. 선고 2013다91672 판결

• 원칙: 전세권저당권자가 전세금반환채권에 대하여 물상대위권을 행사한 경우, 종전 저당권의 효력은 물상대위의 목적이 된 전세금반환채권에 존속하여 저당권자가 그 전세금 반환채권으로부터 다른 일반채권자보다 우선변제를 받을 권리가 있으므로, 설령 **전세금 반환채권이 압류된 때**에 전세권설정자가 전세권자에 대하여 반대채권을 가지고 있고 그 반대채권과 전세금반환채권이 상계적상에 있다고 하더라도

그러한 사정만으로 전세권설정자가 전세권저당권자에게 상계로써 대항할 수는 없다.

- 예외: 전세금반환채권은 전세권이 성립하였을 때부터 이미 그 발생이 예정되어 있다고 볼 수 있으므로, 전세권저당권이 **설정된 때에 이미 전세권설정자가 전세권자에 대하여 반대채권을 가지고 있고 그 반대채권의 변제기가 장래 발생할 전세금반환채권의 변제기와 동시에 또는 그보다 먼저 도래하는 경우**와 같이 전세권설정자에게 **합리적 기대 이익**을 인정할 수 있는 경우에는 특별한 사정이 없는 한 **전세권설정자는 그 반대채권을 자동채권으로 하여 전세금반환채권과 상계함으로써 전세권저당권자에게 대항**할 수 있다.

4. 상계의 방법과 효과

가. 상계의 방법

(1) 상계권 행사의 필요성

- 상계권은 형성권이고 단독행위이다. 따라서 상계권자가 상계 의사표시를 하지 않으면 상계의 효력이 발생하지 않고 수동채무에 대한 이행지체가 성립한다.
- 다만 상계적상시 이후에 채무자가 상계를 하면 그 효과는 상계적상시로 소급하므로 이미 발생했던 지연배상 채무는 소멸한다.

(2) 상계권의 행사방법: 형성권 행사에 관한 일반 원칙 적용

- 상계는 불요식행위이므로 묵시적 의사표시로도 할 수 있다.
- 상계 의사표시에는 조건·기한을 붙일 수 없다.

> 제493조(상계의 방법, 효과) ① 상계는 상대방에 대한 의사표시로 한다. 이 의사표시에는 조건 또는 기한을 붙이지 못한다.

나. 상계의 효과

(1) 기본적 효과

A. 자동채권·수동채권 모두 대등한 가액만큼 소멸함

B. 상계충당

> 제499조(준용규정) 제476조 내지 제479조의 규정은 상계에 준용한다.

- 의미: 수동채권액과 자동채권액의 가액이 다르면 변제충당에 관한 조항이 준용된다.

- 변제충당 조항 적용시에는 상계자를 채무자로 본다. 따라서 자동채권의 가액이 수동채권보다 크더라도 수동채무자인 상계자가 채무자로서의 지정충당을 할 수 있으므로, 자동채권들 중 어떤 것으로 충당할지를 지정할 수 있다. 상계자가 지정하지 않았을 때 상대방이 지정할 수 있으며, 이들이 모두 지정하지 않으면 법정충당이 적용된다.
- 법정충당을 할 때는 상계적상 시점을 기준으로 판단해야 한다.

대법원 2013. 2. 28. 선고 2012다94155 판결

- 상계의 의사표시가 있는 경우, 채무는 상계적상시에 소급하여 대등액에서 소멸한 것으로 보게 되므로, 상계에 의한 양 채권의 차액 계산 또는 **상계충당은 상계적상의 시점을 기준**으로 하게 된다. 따라서 그 시점 이전에 수동채권의 변제기가 이미 도래하여 지체가 발생한 경우에는 상계적상 시점까지의 수동채권의 약정이자 및 지연손해금을 계산한 다음 자동채권으로 그 약정이자 및 지연손해금을 먼저 소각하고 잔액을 가지고 원본을 소각하여야 한다.
- 상계의 경우에도 제499조에 의하여 제476조, 제477조에 규정된 변제충당의 법리가 준용된다. 따라서 여러 개의 자동채권이 있고 수동채권의 원리금이 자동채권의 원리금 합계에 미치지 못하는 경우에는 우선 **자동채권의 채권자 즉 수동채무의 채무자인 상계자가 상계의 대상이 되는 자동채권을 지정**할 수 있고, 다음으로 자동채권의 채무자가 이를 지정할 수 있으며, 양 당사자가 모두 지정하지 아니한 때에는 법정변제충당의 방법으로 상계충당이 이루어지게 된다.
- 상계를 주장하면 그것이 받아들여지든 아니든 상계하자고 대항한 액수에 대하여 기판력이 생긴다(민사소송법 제216조 제2항). 따라서 여러 개의 자동채권이 있는 경우에 법원으로서는 그중 어느 자동채권에 대하여 어느 범위에서 상계의 기판력이 미치는지 판결 이유 자체로 당사자가 분명하게 알 수 있을 정도까지는 밝혀 주어야 한다. 그러므로 상계항변이 이유 있는 경우에는, 최소한 상계충당이 지정충당에 의하게 되는지 법정충당에 의하게 되는지 여부를 밝히고, 지정충당이 되는 경우라면 어느 자동채권이 우선 충당되는지를 특정하여야 할 것이며, 자동채권으로 이자나 지연손해금채권이 함께 주장되는 경우에는 그 기산일이나 이율 등도 구체적으로 특정해 주어야 할 것이다.

(2) 상계의 소급효

> 제493조(상계의 방법, 효과) ② 상계의 의사표시는 각 채무가 상계할 수 있는 때에 대등액에 관하여 소멸한 것으로 본다.

- 상계로 인한 채무 소멸이라는 효과는 상계적상시로 소급한다. 즉 자동채무와 수동채무는 상계적상이 발생한 때 소멸한 것으로 간주되므로 상계적상시 이후에는 이자·지연손해금이 발생하지 않는다.
- 주의: 상계의 소급효는 이자·지연손해금 산정 기준으로만 작용할 뿐이고, 상계적상시에 자동채권·수동채권이 실제로 지급된 것으로 간주되지는 않음에 유의해야 한다.

(3) 상계의 소급효 관련 사례

A. 소급효의 의미

(a) 사안의 개요

- 甲이 소유한 건물은 X, Y의 두 부분으로 나누어져 있었다. 乙은 먼저 X부분을 임차했고 1년 후 Y부분을 임차했으며, 각각에 대해 임대차보증금 1억원씩이 지급되었다.
- 2019. 2. 1. X부분에 대한 임대차계약의 존속기간이 만료했는데 미납 차임 등이 1억6000만원에 이르렀다. Y부분에 대한 차임이 4회 연체되자 甲은 해지 의사표시를 하여 2019. 4. 30. 乙에게 도달했는데, Y부분에 대한 미납차임은 4000만원이었다.
- 乙은 2019. 6. 30. 甲에게 X, Y부분 모두를 인도했고, 甲은 乙에게 Y부분에 대한 보증금 잔액 6000만원은 X부분의 미납차임 중 보증금의 당연공제로 회수하지 못한 6000만원에 충당한다고 통지했다.
- 그 후 甲은 乙이 2019. 4. 30.부터 2019. 6. 30.까지 Y부분을 불법점유했음을 이유로 §750의 손해배상을 청구한다.

(b) 쟁점과 판단

- 비록 당사자는 동일하지만, X부분 임대차와 Y부분 임대차는 별개의 계약이므로, X부분에 대한 미납차임이 Y부분에 대한 보증금에서 당연공제될 수는 없다.
- 따라서 甲이 Y부분의 보증금에서 당연공제되고 남은 6000만원으로 X부분의 미납차임에 충당한 것은, 甲의 乙에 대한 미납차임채권을 자동채권, 乙의 甲에 대

한 Y부분에 대한 보증금반환채권을 수동채권으로 하여 상계한 것이라고 보아야한다.

- 상계의 소급효에 의해, Y부분에 대한 보증금반환채권의 기한이 도래하여 상계적상이 된 2019. 4. 30. 상계의 효력이 인정된다. 그러나 상계의 소급효는 이자나 지연손해금 등의 정산 시점을 소급하는 것에 불과하다. 즉 상계의 소급효에 따라 상계의 효력이 발생하는 것으로 간주되는 2019. 4. 30. Y부분에 대한 보증금 잔액 6000만원이 실제로 甲에게 지급된 것으로 간주되는 것은 아니다.

- 甲의 상계 의사표시에 의해 쌍방의 채무가 실제로 소멸한 2019. 6. 30.까지는 Y부분에 대한 보증금 6000만원이 반환되지 않은 상태라고 보아야 한다. 따라서 이때까지 乙이 Y부분을 점유한 것은 동시이행항변권 행사로서 불법점유가 아니다.

대법원 2015. 10. 29. 선고 2015다32585 판결

- 제2 임대차계약의 보증금은 제2 임대차계약에 기한 임대차관계에서 발생하는 乙의 채무를 담보할 뿐이고, 달리 甲과 위 乙이 제2 임대차계약의 보증금으로써 제1 임대차계약상의 채무불이행으로 인한 손해까지 담보하기로 약정하였다는 등의 특별한 사정이 없는 이상, 제1 임대차계약에 기한 임대차관계에서 발생한 채무를 그와 별도로 체결된 제2 임대차계약의 보증금에서 당연히 공제할 수는 없다고 보아야 한다. 제2 임대차계약의 종료 무렵까지 제2 임대차관계에서 발생한 위 乙의 연체차임 등의 합계액이 제2 임대차계약의 보증금에 미치지 못하므로, 甲이 위 乙에게 나머지 임대차보증금의 반환의무를 이행하거나 적법한 이행제공을 하는 등의 사유로 동시이행 항변권을 상실시키지 아니한다면, 위 乙이 제2 임대차계약의 종료 후에 Y를 계속 점유한다 하더라도 부당이득 인정 여부는 별론으로 하고 이를 불법점유라고 할 수 없다.

- 제493조 제2항의 **상계의 소급효는 양 채권 및 이에 관한 이자나 지연손해금 등을 정산하는 기준시기를 소급**하는 것일 뿐이고 특별한 사정이 없는 **한 상계의 의사표시전에 이미 발생한 사실을 복멸시키지는 아니**한다. 乙이 Y의 점유를 중단하고 甲에게 이를 인도한 후에 제1 임대차계약에 관한 미지급 연체차임 등 채권을 당연공제가 인정되지 않으므로 제2 임대차계약의 나머지 보증금 반환채권과 **상계하는 의사표시가 이루어져 위 나머지 보증금 반환채권이 소멸**된다 하더라도, 그 상계의 의사표시에 의하여 양 채권을 정산하는 기준시기가 상계적상이 있었던 때로 소급하여 그 대등액에 관하여 정산되는 것일 뿐, 그 **상계의 의사표시 전까지 있었던 제2 임대**

차계약의 나머지 보증금 반환채권과 Y점포에 대한 위 乙의 인도의무 사이의 동시이행관계가 상계적상이 있었던 위 시기로 소급하여 소멸되고 이로 인하여 위 乙의 인도의무가 소급하여 이행지체에 빠지게 된다고 할 수 없다.

‣ 따라서 제2 임대차계약의 종료 시에 甲이 상계의 의사표시를 하는 등으로 제2 임대차계약에 관한 나머지 임대차보증금의 반환의무를 소멸시켰음을 알 수 있는 자료가 없는 이 사건에서, 원심이 인정한 위 상계 의사표시에 의하여 甲의 위 나머지 임대차보증금 반환의무가 소멸하였다고 하여 Y점포에 대한 위 乙의 점유가 제2 임대차계약 종료 시에 소급하여 불법점유로 된다고 할 수는 없다.

B. 채권양도와 상계의 소급효

(a) 사안의 개요

• 계속적 거래관계에 있던 甲·乙은 정산 약정을 체결하여 甲·乙 각자가 상대방으로부터 변제를 수령하면 1개월 단위로 이를 정산하기로 했다.

• 甲에 대해 丙은 1000만원의 금전채권을 가지고 있었는데 이 채권은 2024. 2. 1. 이행기가 도래했다. 甲이 지급을 거절하자 丙은 이 채권을 乙에게 양도하고 2024. 6. 1. 채권양도 통지가 甲에게 도달했다.

• 甲의 乙에 대한 정산금채권은 2024. 2. 1. 당시에는 1000만원이었으나 2024. 6. 1. 당시에는 1200만원이었다면, 甲이 2024. 12. 1. 乙에게 정산금 지급을 청구하고 이에 대해 乙이 상계를 주장할 경우 乙이 얼마를 지급해야 하는지가 문제된다.

(b) 쟁점과 판단

• 상계의 소급효에 의해 상계의 효과는 상계적상시로 소급하는데, 자동채권이 양수채권이면 채권양도의 대항요건 발생시가 상계적상시라고 보아야 한다. 그전까지는 자동채권자는 丙이므로 상계적상이 인정될 수 없기 때문이다.

• 따라서 2024. 6. 1. 상계의 효력이 발생하고 그 날을 기준으로 甲은 乙에게 200만원의 정산금채권을 가지게 된다. 따라서 乙은 200만원과 이에 대한 2024. 12. 1. 까지의 지연손해금을 배상해야 한다.

• 파기된 원심은 상계의 소급효는 乙이 주장하는 자동채권의 기한이 도래한 2024. 2. 1.로 소급한다고 보았고, 이에 따라 甲의 乙에 대한 정산금채권이 전액 소멸했다고 보았다.

제493조 제2항에 의하면 상계의 효력은 상계적상 시로 소급하여 발생한다. <u>상계적상은 자동채권과 수동채권이 상호 대립하는 때에 비로소 생긴다. 채권양수인이 양수채권을 자동채권으로 하여 그 채무자가 채권양수인에 대해 가지고 있던 기존 채권과 상계한 경우, **채권양수인은 채권양도의 대항요건이 갖추어진 때** 비로소 자동채권을 행사할 수 있으므로 **채권양도 전에 이미 양 채권의 변제기가 도래하였다고 하더라도 상계의 효력은 변제기로 소급하는 것이 아니라 채권양도의 대항요건이 갖추어진 시점으로 소급**한다</u>(대법원 2022. 6. 30. 선고 2022다200089 판결).

C. 부당이득반환채권이 자동채권인 경우 상계의 소급효

(a) 사안의 개요

- 甲의 乙에 대한 1000만원의 §741 채권이 2021. 1. 31. 발생했다. 乙은 甲에게 1000만원을 대여했는데 대여금채권의 이행기는 2021. 1. 31.이었다. 甲·乙 간 대출계약에 의하면 연체이율은 연10%이다.
- 甲은 2021. 1. 31. 대출만기가 되었는데도 대출금을 반환하지 못했지만 그때까지의 이자는 모두 지급한 상태였다.
- 乙은 2021. 6. 1. 甲에게 대여금 청구 소송을 제기했고 甲은 2022. 1. 31. 상계항변을 했다.

(b) 쟁점과 판단

- 상계의 소급효에 의해 상계적상시에 상계가 이루어진 것으로 간주된다.
- 상계자 甲의 자동채권인 §741 채권은 법정채권으로서 기한을 정하지 않은 채권에 해당하며 성립 즉시 이행기가 도래한다. 따라서 이 채권이 성립한 2021. 1. 31. 자동채권에 대한 기한이 도래하여 상계적상으로 인정되고 그 날 대등액 1000만원에 대한 상계의 효력이 인정된다. 따라서 甲의 乙에 대한 수동채무인 대여금 채무는 2021. 1. 31. 모두 소멸했으므로 지연배상금이 발생하지 않는다.
- 파기된 원심은 甲이 상계항변을 한 2022. 1. 31. 자동채권인 §741 채권을 행사하여 乙이 이행지체에 빠졌으므로 이때 상계적상이 인정된다고 보아, 甲은 乙에게 1년치 지연배상금 100만원을 지급할 의무가 있다고 보았다. 이러한 원심의 판단은 §741 채권과 같이 기한을 정하지 않은 채권의 경우에, 이행기는 즉시 도래하는 것이고 이행청구를 받은 때 성립하는 것은 이행지체 책임이라는 점을 혼동한 것으로 보인다.

대법원 2022. 3. 17. 선고 2021다287515 판결

‣ 제492조 제1항에서 '채무의 이행기가 도래한 때'는 채권자가 채무자에게 <u>이행의 청구를 할 수 있는 시기</u>가 도래하였음을 의미하고 채무자가 이행지체에 빠지는 시기를 말하는 것이 아니고, **이행기의 정함이 없는 채권**의 경우 그 <u>성립과 동시에 이행기</u>에 놓이게 되고, **부당이득반환채권은 이행기의 정함이 없는 채권으로서 채권의 성립과 동시에 언제든지 이행을 청구**할 수 있으므로, 그 채권의 성립일에 상계적상에서 의미하는 이행기가 도래한 것으로 볼 수 있다.

‣ 제493조 제2항에 의하면 상계의 의사표시는 각 채무가 상계할 수 있는 때에 대등액에 관하여 소멸한 것으로 본다. 상계의 의사표시가 있는 경우 채무는 상계적상 시에 소급하여 대등액에 관하여 소멸하게 되므로, **상계에 따른 양 채권의 차액 계산 또는 상계 충당은 상계적상의 시점을 기준**으로 한다.

‣ 원고의 <u>부당이득반환채권은 그 성립일에 상계적상에서 의미하는 이행기가 도래</u>하므로, 이를 기준으로 수동채권의 이행기와 비교하여 상계적상의 시점을 판단해야 한다. 그런데도 부당이득반환채권의 이행기의 도래 시기가 아니라 이행의 청구를 통해 피고가 이행지체에 빠지는 시기를 기준으로 상계적상의 시점을 판단한 원심판결에는 상계적상에 관한 법리를 오해하여 판결에 영향을 미친 잘못이 있다.

D. 법정해제와 상계의 소급효

(a) 사안의 개요

‣ 乙은 2020. 2. 1. A 소유 X토지를 1억1000만원에 매수하고 계약금 1000만원을 지급했는데, 잔대금 1억원은 2년 후 지급하되 이에 대한 연 12%의 이자를 가산하여 지급하기로 했다. A는 乙명의 소유권이전등기를 마쳐주었고 乙은 A명의 저당권(피담보채권액 1억원) 설정등기를 마쳐 주었다.

‣ 乙은 1년간 1200만원의 이자를 A에게 지급한 후 2021. 2. 1. 丙에게 X토지를 1억5000만원에 매도했는데, 대금 지급과 관련하여 계약금 1000만원, 중도금 4000만원은 당일 乙이 X토지를 인도함과 동시에 丙이 乙에게 지급하고, 잔금 1억원 지급에 갈음하여 A명의 저당권의 피담보채무 원리금을 丙이 책임지고 해결하기로 약정했다. 이에 따라 乙은 丙으로부터 5000만원을 수령했고 丙의 요청에 따라 X토지에 대한 丙명의 가등기가 마쳐졌다. 乙·丙은 계약 해제시 연 6%의 가산율을 적용하기로 약정했고 丙의 귀책사유로 계약이 해제되면 丙은 乙에게 1000만원을 지급하기로 약정했다.

- 丙은 2021. 2. 1. 이후 A에게 이자를 한 번도 지급하지 않았고 A는 2021. 7. 20. 임의경매를 신청했다. 이에 乙은 2021. 7. 31. A에게 연체 이자 600만원과 잔금 1억원을 모두 지급했다. 乙은 丙에게 계약 파기를 주장하여 2021. 8. 1. X토지를 인도받았다. X토지의 차임상당 부당이득의 가액은 월15만원으로 산정되었다.

- 丙은 2022. 1. 25. 乙을 상대로 1) X부동산에 대한 소유권이전등기 절차 이행을 청구하고 2) 예비적으로 기지급 대금 5000만원과 이에 대한 2021. 2. 1.부터 다 갚는 날까지 연 6%비율에 의한 이자 상당액의 지급을 청구했다. 이에 乙은 ㉠ A에게 1억원을 6개월 조기 상환함으로써 2021. 7. 31. 발생한 손해에 대한 예정배상액 1000만원과 이에 대한 6개월치 법정이자 50만원과 ㉡ 2021. 2. 1.부터 2021. 8. 1.까지의 6개월분 차임 상당 부당이득 90만원을 자동채권으로 상계한다고 항변했다.

- 가액산정 기준일은 소장부본이 乙에게 송달된 2022. 2. 1.로 간주한다.

(b) 쟁점과 판단

- 丙이 丙·乙 간 이행인수 계약상 의무를 위반했고, 이것은 丙·乙 간 X부동산 매매계약상 잔금지급채무 불이행에 해당한다. 따라서 2021. 7. 31. X부동산 매매계약은 해제되었다. 이에 따라 乙, 丙은 §548의 원상회복 의무를 지고, 丙은 乙에게 손해배상 책임도 진다(§551, §390).

- 丙이 乙에게 X토지를 인도하기 전까지의 6개월 동안 매달 이자 25만원과 사용이익 15만원이 발생하고 이들이 상계되므로 결국 乙이 丙에게 지급해야 할 §548의 이자는 월10만원이다.

- 그런데 같은 날 손해배상액 예정 약정에 따라 乙은 丙에게 1000만원의 자동채권을 가지게 되고 상계의 소급효에 의해 같은 날 상계가 이루어진다. 상계충당에 의해 이 1000만원은 먼저 60만원에 충당되고 잔액 940만원이 원금에 충당된다. 따라서 2021. 8. 1. 기준 乙이 丙에게 반환해야 할 기지급대금은 4060만원이고, 乙이 丙에게 2022. 2. 1. 지급해야 할 가액은 4060만원과 이에 대해 연 6%의 비율에 의한 6개월분 이자를 합산한 값이다.

- 파기된 원심의 판단: 산정의 기준시(소장부본 송달일) 2022. 2. 1. 당시, 丙의 乙에 대한 §548 채권의 가액은 5300만원(=5000만원+1년치 법정이자 300만원)이고, 乙의 丙에 대한 채권은 위 ㉠, ㉡을 합산한 1140만원이므로, 乙은 丙에게 4160만원을 지급할 의무가 있다.

대법원 2021. 5. 7. 선고 2018다25946 판결

- 제493조 제2항에 의하면 상계에 따른 양 채권의 차액 계산 또는 상계 충당은 상계적 상의 시점을 기준으로 한다. 따라서 그 시점 이전에 <u>수동채권에 대하여 이자나 지연 손해금이 발생한 경우 상계적상 시점까지 수동채권의 이자나 지연손해금을 계산한 다음 자동채권으로써 먼저 수동채권의 이자나 지연손해금을 소각하고 잔액을 가지 고 원본을 소각하여야 한다.</u>

- 수동채권인 매매대금 반환채권은 이 사건 매매계약이 해제된 2009. 6. 9. 발생하였 고 자동채권은 매매계약 해제 무렵부터 차례로 발생하였다. <u>각각의 자동채권이 발 생한 때 양 채권은 모두 이행기에 이르러 상계적상에 있으므로, 자동채권으로 상계 적상일을 기준으로 발생한 수동채권의 이자나 지연손해금을 소멸시키고, 잔액이 있으면 원금을 소멸시켜야 한다. 수동채권의 원금이 일부 소멸되면 그 부분에 대해 서는 상계적상일 다음 날부터 제548조 제2항에서 정한 이자가 발생하지 않고, 남은 원금에 대해서만 이자가 발생한다.</u>

- 그런데도 원심은 <u>상계적상일을 기준으로 수동채권인 매매대금 반환채권의 원금이 소멸되는지 여부를 심리하지 않은 채 매매대금 반환채권 전부에 대해 제548조 제2 항에 따라 지급한 날부터 연 5%의 비율로 계산한 이자가 계속 발생한다는 전제에서 매매대금 반환채권의 원리금에서 자동채권의 합계액을 빼는 방식으로 상계하였다.</u> 이러한 원심판결에는 상계의 소급효 등에 관한 법리를 오해하고 필요한 심리를 다 하지 않아 판결에 영향을 미친 잘못이 있다.

저자약력

권재문

서울대학교 법학사(1993), 법학석사(2001), 법학박사(2010)

서울대학교 법학연구소 조교(2001)

제42회 사법시험 합격, 사법연수원 33기

변호사 개업(2004~2006)

숙명여자대학교 법학부 조교수, 부교수, 교수(2006~2020)

서울시립대학교 법학전문대학원 교수(2020~현재)

경찰대학, 덕성여자대학교, 성균관대학교, 서울대학교, 연세대학교, 한국외국어대학교, 한양대학교 출강

사법시험, 변호사시험 출제위원

민법강의: 채권총론

초판발행   2025년 1월 22일

지은이   권재문
펴낸이   안종만 · 안상준

편 집   윤혜경
기획/마케팅   장규식
표지디자인   권아린
제 작   고철민 · 김원표

펴낸곳   (주) **박영시**
             서울특별시 금천구 가산디지털2로 53, 210호(가산동, 한라시그마밸리)
             등록 1959. 3. 11. 제300-1959-1호(倫)

전 화   02)733-6771
f a x   02)736-4818
e-mail   pys@pybook.co.kr
homepage   www.pybook.co.kr
ISBN   979-11-303-4883-4 93360

copyright©권재문, 2025, Printed in Korea

* 파본은 구입하신 곳에서 교환해 드립니다. 본서의 무단복제행위를 금합니다.

정 가   39,000원